杜詩講解 ②

杜詩講解

2

崔年均 講解
鄭煥鍾
鄭垣杓 監修

도서출판 월인

이 책이 나오기까지

二十년전 우리는 杜甫詩를 通讀하자고 합의하였다. 물론 믿고 기대는 바가 있었으니 雨田선생님의 가르치심이었다. 선생님께서는 내켜하지 않으셨으나 우리는 ≪詩·小雅·大田≫에서도 "雨我公田, 遂及我私. 우리 公田에 비 오더니, 우리 私田에도 내리네"라 했는데 선생님의 橫溢하는 天才를 우리에게도 좀 나누어 주십사. 雨田의 弟子가 火田이 되어서야 쓰겠습니까 하고 懇請을 지나 우격다짐에 가깝도록 떼를 썼었다.

그러나 한 首 한 首는커녕, 한 句 한 句 아니 한 字 한 字가 그토록 어려운 줄은 몰랐다. 아주 尋常하고 平凡한 字를 별 뜻 없이 풀고 넘어가면 선생님은 전혀 다른 해석을 해 주셨고 우리는 당혹·당황하였고 결국 황당하다고 속 편하게 결론을 지었다.

그리고 典故·故事는 공부를 더 하면 저질로 알게 된다며 절대 인 가르쳐주셨는데 다만 人間事·世上事나 個人의 心境이나 感情에 관한 것은 공부로는 해결이 안 되는지라 선선히 일러주셨다. 부끄럽지만 솔직히 말해 우리는 선생님의 한숨·탄식을 끝없이 보았고 譏笑·面駁도 수없이 당했다. 그리고 항상 하시는 말씀이 杜詩를 알기 위해 杜詩를 매일 들여다보는 것은 虛事라는 것이었다. 즉 "臨川羨魚, 不如歸而結網. 물가에 서서 고기를 탐내고 부러워함은 돌아가 그물 짜는 것만 못하리라"(漢·揚雄의 〈河東賦〉)이라는 말씀이셨다. 杜詩에는 그 以前의 經·史·子·集이 다 녹아있는데 그러한 바탕 없이 杜詩 自體를 들여다보아야 말짱 헛일이니 經·史·子·集을 먼저 읽는 것이 순서라는 것이었다. 句句節節

이 옳고 言則是也나 우리도 한 말씀 올렸다. “日暮途遠, 倒行而逆施. 날은 저문데 갈 길은 머니 거꾸로 가고 뒤집어 실천한다”(≪史記・伍子胥列傳≫)라고. 선생님은 늙은이 앞에서 日暮요 途遠이요 하다니 라며 역정을 내시다 픽 웃으셨다.

어쨌든 아침 아홉시부터 밤 열두시까지 꾸준히 읽었다. 이렇게 삼년동안 선생님의 핀잔 속에 一讀하였는데 결국 선생님 말씀이 옳다고 저절로 느끼게 되었다. 선생님께서는 지금의 너희 수준에 앞으로 십년간 經・史・子・集을 부지런히 읽으면 그때에는 제대로 杜詩를 함께 읽으며 즐길 수 있다고 하셨다. 그때 선생님께서는 팔십이 눈앞에 있었는데 십년 뒤면 구십이라 어떻게 앞날을 기약할 수 있겠는가. 걱정이 태산이었다.

이것을 눈치 채신 듯 그때에는 나 없어도 독자적으로 읽을 수 있을 것이라고 격려해주셨다. 그리고 망설이시다가 조선 오백년간 杜詩를 읽는데 수많은 시행착오 끝에 얻은 要訣이 있는데 너희들만 알고 있으라며 알려주셨다.

첫째, 杜詩는 詩題를 벗어난 것이 없다. 만약에 풀이가 多岐하고 해석이 紛紛할 때에는 지체 없이 詩題로 돌아가면 된다. 우리는 〈巳上人茅齋〉에서 “枕簟入林僻”이 “목침과 대자리가 얼마나 시원한지 깊은 숲에 든듯하다”라는 해석이 왜 나왔는지를 비로소 알 수 있을 것이다. 詩題를 따르면 모든 것은 茅齋에서 일어난 일과 보고 들은 것을 읊은 것이요 숲은 전혀 관계없는 것이다.

둘째, 杜詩는 人情・物情・實情에 어긋난 것이 없다. 만약에 그렇다면 풀이가 잘못된 것이니 다시 살펴야 한다. 두 가지 경우가 있는데 하나는 글자의 뜻 전혀 다르게 쓰인 경우가 있으니 너희가 아는 字義는 극히 한정적이니 다른 含義를 찾아내야 한다는 것이다. 우리는 〈劉九法曹鄭瑕邱石門宴集〉에서 “鞍馬到荒林”이 “안장 얹은 말 타고 이 외진 郊外에 오시다”라는 해석이 왜 나왔는지 쉽게 알 수 있을 것이다. 宴會를 황량한 숲에서 가질 리가 없는 것이다. 결국 荒林은 외진 郊外가 되는 것이다. 또 하나는 두 글자로 이루어진 말을 생략, 한 자만 쓴 경우가 꽤 많다. 우리는 〈空囊〉에서 "無衣牀夜寒"이 "작은 이불도 없으니 침상은 밤에 춥구나"라는 풀이를 고생 끝에 해낼 수 있었다. 성인 남자가 옷이 없다는 것은 말이 안 된다. 여기의 衣는 ≪論語 · 鄕黨≫에 나오는 寢衣 즉 작은 이불인 것이다. 그래야만 실정에 맞는 것이다.

셋째, 漢詩는 倒置가 많은데 杜甫의 詩가 특히 심하며 더 어려운 것은 平仄 · 聲調 · 其他 어려운 이유로 무질서하게 즉 語法에 맞지 않게 뒤섞은 것이 많으니 다시 再配置해야 한다는 것이다. 〈日暮〉에서 "石泉流暗壁, 草露滴秋根"이라 했는데 "暗泉流石壁, 秋露滴草根"이 본뜻이라고 ≪杜詩詳注≫에서 풀었으니 그저 감탄 또 감탄할 밖에.

그 후 우리는 죽기 살기는 아니지만 그래도 상당히 열심히 經 · 史 · 子 · 集을 골고루 읽어나갔다. 그리고 십 오년이라는 세월이 눈 깜박할 사이는 아니지만 참으로 빨리 지나갔다.

우리는 杜詩를 다시 읽어 보기로 작정하였다. 예전과는 달랐으니 수월하지는 않지만 그런대로 큰 잘못 없이 대의를 파악했다고 자부하기도 하였다. 모든 것은 선생님 덕분이니 "蒼蠅附驥尾而致千里. 파리가 준마의 꼬리에 붙어 천리를 간다"(≪史記 · 伯夷列傳 · 索引≫)는 格이긴 하지만 말이다.

詩를 하는 사람들은 杜詩라는 難攻不落의· 鐵甕城을 克服하였으면 여러 사람들에게 公開함이 좋으리라 권하였다. 그러나 焉敢生心 克服이리오! 그저 鳥瞰 · 俯瞰일 뿐인데. 우여곡절 끝에 우리의 心得을 펴 보이기로 하였다. 그러나 杜詩는 간단명료하게 보여줄 수 있는 것이 아니다. 우리가 내린 유감스러운 결론은 杜詩는 번역이 불가능하다는 것이었다. 그저 제대로 해석하고 감상할 수 있는 방법을 많은 注와 자상한 해설로 알려주고 그것을 밑바탕으로 하여 杜詩自體를 독자가 스스로 吟味할 수 있게 도와줄 뿐인 것이다.

前人들 중에는 注와 해설이 독자를 誤導하고 先入見에 빠지게 한다고 주장하며 모든 것이 없는 상태의 原作을 직접 보아야 한다고 하는 분들이 꽤 있었다. 상당 부분 수긍이 가나 그분들 같은 學識·情報·經驗없는 사람들이 그렇게 한다면 船長없이, 키도 없이, 나침반도 없이 茫茫大海를 홀로 가는 꼴이 되기 십상일 것이다. 그분들에게는 注와 解說이 거추장스러운 군더더기에 불과할 따름이나 世人들의 水準을 어찌 그분들에게 비할 수 있겠는가?

우리는 삼년이라는 기간 동안 ≪杜詩鏡銓≫의 第一卷 46首를 注解하였다. 짧지 않은 시간에 겨우 46首라니 할 수도 있으나 杜詩의 理解를 위하여 수많은 詩歌를 소개하였고 讀者의 常識을 넓히도록 많은 양의 典故·故事를 提供하려고 努力하였기 때문이다. 杜詩를 正面만이 아닌 側面과 背面에서도 살필 수 있도록 배려한 것인데 一見 어수선하고 복잡하여 굳이 깎아 내린다면 多岐亡羊·支離滅裂이라고 할 수도 있겠다. 그러나 杜詩뿐 아니라 漢詩를 이해하고 풀이하는데 큰 도움이 되리라고 확신하니 이럴 때에는 多多益善이라고 强辯해야 하겠다.

≪孟子·離婁下≫에서 "舜, 人也; 我, 亦人也. 舜임금도 사람이요, 나 또한 사람이다"라 하였는바 우리는 배짱 좋게 斷章取義하여 "歷代 注家들도 사람이요 우리도 사람이니 우리라고 注解달지 말라는 법 있느냐?"라고 큰소리 한번 쳐보았다. 따라서 우리는 前人들의 注解를 參考하였으나 우리가 나름대로 攄得한 것과 蒐集한 情報에 依據, 우리의 判斷을 많이 실었다. 당연히 큰 批判과 엄한 叱正을 기대하는 바이다.

우리도 世上事를 나름대로 알고 있으니 이 拙稿가 요행 出刊되어도 世間의 注目을 받지 못하고 그대로 死藏될 것이라 짐작한다. 그렇다고 "藏之名山, 傳之其人. 명산에 깊이 숨겨두면 뜻이 맞는 제 사람에게 전해진다"(司馬遷 〈報任少卿書〉) 같은 큰 꿈도 꿀 처지가 못된다. 다만 한 사람이라도 읽고 共感한다면 그 또한 多幸이라 여길 뿐이다.

끝으로 한 部의 販賣도 難望한 拙稿의 出版을 決定하신 도서출판 月印의 上下 諸位에게 심심한 감사의 뜻을 올리는 바이다.

2009. 12.

講解者 一同

❖ 일러두기

*이 책은 《杜詩鏡銓》을 底本으로 第一卷 46首를 注解하였다.

*參考한 前人들의 注解書

《杜臆》 明・王嗣奭

《錢牧齋箋注杜詩》 淸・錢謙益

《杜詩解》 淸・金聖歎

《杜詩詳注》 淸・仇兆鰲

《杜詩鏡銓》 淸・楊倫

《讀杜心解》 淸・浦起龍

《讀杜詩說》 淸・施鴻保

《讀杜劄記》 淸・郭曾炘

*參考한 今人들의 注解書

《杜詩注解商榷》 徐仁甫

《杜詩注解商榷續編》 徐仁甫

《杜詩箋記》 成善楷

《杜詩繁詁》 鄭文

《杜甫詩選注》 蕭滌非

《杜甫草堂詩注》 李誼

《杜甫全詩集》 日本・鈴木虎雄

*參考한 우리나라의 注譯書

《杜詩諺解》 朝鮮

《杜甫》 李丙疇

《杜甫》(初期詩)

(至德年間詩)(爲官時期詩)

(秦州・同谷時期詩) 李永朱 外

*≪杜詩鏡銓≫ 第一卷 46首의 理解를 돕기 위해 杜甫의 다른 作品과 其他 詩人들의 作品을 全部 또는 一部를 拔萃하여 실었는데 다음과 같다.

(≪詩經≫, ≪楚辭≫는 집계에서 제외함)

• 漢 8명

無名氏 15首, 武帝 2首, 班婕妤 1首, 辛延年 1首, 楊惲 1首, 李延年 1首, 朱虛侯 劉章 1首, 卓文君 1首 總 23首.

• 三國(魏) 8명

曹植 7首, 曹操 3首, 王粲 2首, 繆襲 1首, 阮瑀 1首, 阮籍 1首, 曹丕 1首, 陳琳 1首, 總 17首.

• 晉 6명

陶淵明 50首, 潘岳 3首, 顧凱之 1首, 王康琚 1首, 陸機 1首, 陸雲 1首. 總 57首.

• 南北朝 24명

陰鏗 35首, 庾信 27首, 鮑照 21首, 謝靈運 5首, 謝眺 4首, 何遜 4首, 簡文帝 3首, 江總 3首, 江淹 2首, 張正見 2首, 樂昌公主 1首, 傅玄 1首, 徐德言 1首, 蘇子卿 1首, 荀仲擧 1首, 沈約 1首, 梁武帝 1首, 梁元帝 1首, 吳均 1首, 王僧孺 1首, 王籍 1首, 劉孝威 1首, 劉孝綽 1首, 惠標 1首. 總 120首.

• 隋 1명

法宣 1首. 總 1首.

• 唐 81명

杜甫 52首, 李商隱 44首, 李白 34首, 李賀 34首, 王維 27首, 白居易 22首, 韓愈 10首, 杜牧 9首, 劉禹錫 8首, 孟浩然 7首, 劉長卿 6首, 賀知章 6首, 曹唐 5首, 高適 4首, 羅鄴 4首, 沈佺期 4首, 岑參 4首, 許渾 4首, 胡曾 4首, 溫庭筠 3首, 王翰 3首, 韋應物 3首, 李邕 3首, 曹松 3首, 賈島 2首, 皎然 2首, 羅隱 2首, 盧綸 2首, 王勃 2首, 王昌齡 2首, 韋承慶 2首, 李世民(太宗) 2首, 李華(文章) 2篇, 張說 2首, 錢起 2首, 齊己 2首, 崔顥 2首

賈至, 喬知之, 歐陽詹, 郭元振, 駱賓王, 來鵠, 盧照鄰, 戴叔倫, 東方虯, 杜審言, 杜荀鶴, 馬戴, 孟郊, 薛能, 梁獸, 吳均, 吳燭, 王建, 王季友, 王灣, 王無競, 王叡, 元稹, 袁暉, 劉駕, 劉廷芝, 李群玉, 李適之, 李廓, 任蕃, 莊南傑, 張志和, 張蠙, 鄭谷, 鄭愔, 儲光羲, 曹鄴, 趙蝦, 朱光弼, 陳陶, 陳子昂, 崔宗之, 韓偓, 荊叔. 各

1首

• 女流詩人 4명

梁氏瓊 1首, 魚玄機 1首, 張氏琰 1首, 程氏長文 總 377首

• 五代十國 4명

李煜(南唐 · 後主) 7首, 韋莊 2首, 歐陽炯 1首, 李山甫 1首. 總 11首.

• 宋 15명

蘇軾 6首, 梅堯臣 3首, 王安石 2首, 陸游 2首, 歐陽修 1首, 范成大 1首, 蘇麟 1首, 邵雍 1首, 宋祁 1首, 辛棄疾 1首, 王禹偁 1首, 柳永 1首, 周邦彥 1首, 秦觀 1首, 眞宗皇帝 1首. 總 24首.

• 金 1명

元好問 1首.

• 明 · 淸 3명

金聖歎 2首, 馮夢龍 1首, 景翩翩(女) 1首. 總 4首.

• 民國 1명

心畬, 愛新覺羅 溥儒 1首.

• 高麗 3명

鄭知常 1首, 鄭夢周 1首, 禹倬(時調) 1首. 總 3首.

• 朝鮮 6명

金正喜 4首, 林悌 1首, 曹植(時調) 1首, 鄭澈(時調) 2首, 無名氏(時調) 2首, 朴後雄(時調) 1首. 總 11首.

• 韓國 2명

辛鎬烈 2首, 鄭寅普 1首. 總 3首

*總引用詩人 165명, 總引用詩 653首.

杜詩講解 【2】

目 次

附 錄

【1】

【2】

【3】

杜詩講解 【1】

目 次

34. 〈贈陳二補闕〉(五言律詩)

世儒多汨沒, 夫子獨聲名. 獻納開東觀, 君王問長卿.
皀雕寒始急, 天馬老能行. 自到青冥裏, 休看白髮生.

❖ 詩題

註

▸陳二: 杜甫가 夫子라한 것으로 杜甫보다 훨씬 나이 많다는 것 以外에는 아무 것도 알 수 없다.

▸補闕: 임금의 缺陷과 過失을 때우고 메우는 것인데 아예 官名을 삼아버렸다. 唐·武后 垂拱元年에 처음 두었는데 左·右로 나뉜다. 左補闕은 門下省에 속하고 右補闕은 中書省에 속하는데 諷諫을 담당하였다. 宋나라 때에 司諫으로 바뀌었다.

➥ 參考로 拾遺를 말하겠다. 글자 그대로 풀면 흘린 것을 줍는다는 뜻인데 遺逸된 事迹을 采錄한다는 뜻으로도 발전하였다. 그러나 또한 他人의 缺點·過失을 補正한다는 의미도 갖게 되었으니 "拾遺補闕"이라 連用하며 같은 內容이 되었다. 武后때에 左右拾遺를 두어 諷諫을 담당하게 하였으니 補闕과 機能이 비슷하다고 하겠다. 宋나라 때에 正言으로 바뀌었다.

拾遺가 世上에 널리 알려진 것은 杜甫가 左拾遺를 지냈기 때문이며 唐初의 傑出한 詩人 陳子昻이 右拾遺를 담당하여 世人의 常識을 넓히는데 一助하였다.

간단히 말하면 "拾遺·補闕"은 諫官인데 조금 어렵게 쓰면 제3구에 登場하는 "獻納"이 바로 그것이다. 이것의 자세한 說明은 "獻納"에서 다시 하겠다.

解說

補闕 벼슬에 계신 陳二 어른께 드립니다.

❖ 제1·2구: 世儒多汨沒, 夫子獨聲名.

註

▶世儒: ① 俗儒의 뜻. 三國·魏·曹植의 〈贈丁廙〉 詩에서 "君子通大道, 無願爲世儒. 君子는 大道에 통해야하니 世儒가 되지 말 것이라"라 하여 平凡한 知識人, 깊은 學識없는 儒者의 의미로 쓰였다. ② 經師의 뜻. 즉 經學에 通達한 學者. 經書를 가르치는 사람을 말한다. 聖賢과 스승의 가르침을 墨守할 뿐 權變, 變通을 모르며 옛 것을 옳다하여 고지식하게 외곬으로 나아가며 의문을 가지지 않는 固執不通을 가리킨다. 漢·王充은 ≪論衡·問孔≫에서 "世儒學者, 好信師而是古, 以爲聖賢所言皆無非, 專精講習, 不知難問. 世儒 學者는 스승을 믿고 옛것을 옳다 여기길 좋아하며 聖賢의 말씀은 절대 잘못이 없다고 여겨 專心一志로 그것을 講議, 硏習할 뿐 疑問을 提出할 줄 모른다."라 하였으며 다시 ≪論衡·書海≫에서 "著作者爲文儒, 說經者爲世儒. 著作하는 사람은 文儒, 說經하는 사람은 世儒다"라 하였다. ③ 當代의 學者. 以上 세 가지인데 무어라 단언하기 어렵다. ≪讀杜心解≫에서 世儒는 隱然自謂(즉 슬며시 자신을 말함)라 하였다. 천착하여 말하면 自嘲·自虐的인 面도 있다 하였다. 꼭 그렇지는 않더라도 飛沈 — 하나는 떴다 봐라 하고 나는데 하나는 푹 잠겨서 바닥에 가라앉는 것 — 에 대한 슬픔은 있을 수 있다. ≪讀杜心解≫에서 또한 말하기를 "陳遇旣晩, 公且中年未遇, 故詞氣間喜憾交集. 陳氏의 뜻을 얻고 대우를 제대로 받음이 늦었거니와 公 또한 中年에 아직 기회를 잡지 못했으니 말투 속에 남의 慶事를 기뻐함과 同時에 自己의 不遇에 대한 遺憾이 뒤섞여 나타났다"하였다. 金聖歎의 ≪杜詩解≫에서도 "不言世人早榮, 子獨晩遇, 却言世

多汨沒, 子獨聲名, 似慶快之至, 而實感傷也. 世人들은 일찌감치 榮達했는데 그대만이 늦게 뜻을 얻었다고 하지 않고 도리어 世人들은 대부분 묻혀있고 잠겨있는데 그대 홀로 聲名을 날린다고 말했으니 축하·경하의 지극함 같으나 실인즉 感傷이다"라 하였다. 그러니까 金聖歎·浦起龍 두 양반이 읽은 행간(行間), 把握한 言外之意는 杜甫의 슬픔이다. 그러나 ≪杜臆≫에서는 "陳蓋晩達, 公亦深羨之, 而勉以老當益壯也. 陳氏는 늘그막에 榮達했으니, 公 또한 자신도 晩年을 기약할 수 있는지라 대단히 부러워하며 늙을수록 더욱 奮鬪하라고 격려한 것이다"라 하였으며 ≪杜詩詳注≫는 前四句는 "頌語"라고 簡略하나 斷乎하게 잘랐다. 忠厚한 儒者로 杜甫를 보면 ≪杜臆≫, ≪杜詩詳注≫가 그럴듯하나 感情이 豊富한 文士로 杜甫를 보자면 金聖歎·浦起龍의 말씀 또한 一理가 있다. 우리가 이 詩를 보며 느낀 것은 自己의 不遇에 대한 슬픔이 약간 배어나옴은 事實이나 相對가 또한 青春을 虛送한 끝에 晩年에 겨우 얻은 榮光이며 慶事이므로 眞心으로 祝賀하고 衷心으로 激勵하고 있다는 것이다. 만약 相對가 同年輩였다면 學識·修養있는 知識人으로 嫉視, 羨望을 露骨的으로 表現은 못하는 대신 自身의 處地, 形便에 대한 悲哀와 悽然함은 훨씬 짙게 나타났을 것이다. 以上 여러 어른들의 의견을 두루 살피고 생각하면 世儒는 이러한 뜻일 것이다. 世上物情 모르고 공부만 하는 고지식한 經學者, 大道를 모르는 한낱 俗儒, 그리고 지금같은 세상에 현재와 같은 環境에 나올 수밖에 없는 知識人, 그러니까 아주 짧게 줄이면 出世하기 어렵고 名聲얻기 힘든 融通性없고 털뽑아 제 구멍 메우기에 이력이 난 화상들. 물론 自己를 포함하는 것은 말할 것도 없다. 世上에 때한 怨望이 느껴지리라.

▶多: 1구의 "多"와 2구의 "獨"은 "대부분", "홀로" 이렇게하면 아주 간단하고 문제될 것이 전혀 없다. 그러나 杜詩는 뜯어볼수록 여러가지 의미가 있나 하는데 억지인 줄 아나 이렇게도 해석할 수 있겠다. 多는 마침,

막, 한창의 뜻이 있으며 獨은 도리어, 오히려의 뜻이 있다. 자, 이렇게 되면 杜先生께서 벌컥 역정을 내실까 아니면 會心의 미소를 지으실까?

▶汩沒(골몰): 汩: 어지럽다. 깊이 빠지다. 인멸(湮滅). 묻히다. 파묻다. 汩沒: ① 매몰(埋沒)〉인멸(湮滅). ② 침륜(沈淪). 윤락(淪落). ③ 침닉(沈溺). 침몰(沈沒). 本詩에서는 묻혀서 자취도 없이 사라짐의 뜻이니 ①에 해당한다.

▶夫子: ① 學者나 年長者에 대한 尊稱. ② 弟子의 스승에 대한 尊稱. 특히 孔門에서 孔子를 夫子라 하여 後世에는 孔子를 가리킬 때 夫子라 함. ③ 남편을 가리킴.

▶聲名: 名聲과 같다. 즉 세상에 널리 퍼져 평판 높은 이름이다. 흔히 名聲을 날리다. 名聲을 떨치다. 名聲이 높다, 자자하다로 쓰인다. ≪杜臆≫에서 "陳氏가 훌륭한 名聲을 얻으니 이에 獻納之臣이 推薦하여 東觀에 들게 하였고 임금께서 그에게 下問하시기에 이르렀다. 陳起盛名, 故獻納者薦入東觀, 而致君王之問也" 하였는데 일의 順序가 어긋나는 것 같다. ≪杜詩詳注≫는 "獻納之官은 君王의 顧問이니 바로 그 名聲이 顯赫한 부분이다. 獻納之官, 君王顧問, 正其聲名顯赫處"라 하였는데 名聲의 內容이 잘못된 것 같다. 한마디로 陳氏가 世間에 名聲이 자자(藉藉)하여 마침내 임금이 이를 알고 그에 관해 獻納에게 下問, 陳氏가 補闕로 拔擢되었다 해야 順理로울 것이다. ≪讀杜心解≫에서도 3·4구는 그가 官職을 얻은 것을 말함이며 그가 職責을 맡고 있다는 것을 말함은 아니다. "三四, 是敍其得官, 非稱其供職也"라 하였으니 ≪杜詩詳注≫의 풀이는 아주 빗나갔다고 할 수 밖에 없다. ≪杜詩詳注≫가 이러한 풀이를 한 까닭을 따져보면 獻納에 걸려 넘어진 듯하다. 즉 獻納은 諫官을 말하는데 拾遺 補闕이 바로 이에 該當하니 陳補闕의 補闕과 3구의 獻納을 同一한 사람으로 여긴 탓일 것이다. 그러나 獻納이 어디 한두 명인가? 杜先生이 故意로 獻納을 3구에 넣은 것인지 實際 發生한 事實인지는 알 길

이 전혀 없다. 그러나 金聖歎은 이를 事實로 받아들인 듯하다. 뒤에서 다시 論하겠다.

解說

지금 세상의 物情모르고 經書만 뒤적이는 앞뒤가 막히고 權變도 모르는 俗儒. 自尊心만 높고 눈만 높은 固執不通. 털 뽑아 제 구멍 메우기에 이력이 난 첨지들. 그래서 대부분 콩 심은데 콩 나듯이 제 코스 따라 묻히고 잠겨서 자취도 없이 사라져 가는데 선생께서는 홀로 도리어 名聲이 籍籍하셨고 令名을 떨치셨습니다.

❖ 제3·4구: 獻納開東觀, 君王問長卿.

註

▶獻納: 忠言을 올려 採納되도록 하는 것을 말한다. 여기에서는 獻納臣으로 쓰였는데 拾遺·補闕이 이에 該當하며 諫官이라고도 한다. ≪舊唐書·職官志≫에 "補闕·拾遺의 職責은 諷諫을 올리고 天子를 호종(扈從)하는 일을 맡는다. 무릇 命令을 發布하여 일을 處理함에 있어서 時宜에 便利하지 않거나 法度에 適合하지 않는 것이 있으면 큰 것은 朝廷에서 論議하고 작은 것은 封緘하여 上書한다. 만약 賢良한 사람이 낮은 곳에 버려졌거나 忠孝한 사람이 위에 알려지지 않았다면 그 事實과 情況을 條目條目 列擧하여 言論으로 薦擧한다. 補闕·拾遺之職, 掌供奉諷諫, 扈從乘輿. 凡發令擧事, 有不便於時, 不合于道. 大則廷議, 小則上封. 若賢良之遺滯於下, 忠孝之不聞于上, 則條其事狀而薦言之"라 하였으니 人才의 推薦 또한 그들의 所任인 것을 분명히 알 수 있다.

▶開: 開陳하다. 陳說하다. 表達하다. 開가 이렇게 쓰인 다른 例를 杜詩에서 찾는다면 〈奉待嚴大夫〉에서 "身老時危思會面, 一生襟抱向誰開. 몸은 늙어가고 時局은 危殆하여 만나보길 생각하니, 그대 말고 평생 내 가슴속 뜻을 누굴 향해 陳說하리오."라 한 것이 그것이다.

▶東觀: 後漢 洛陽 南宮안의 觀. 明帝때에 班固에게 이곳에서 ≪漢書≫를 修撰하게 하였으며 完成되자 ≪東觀漢記≫라 이름하였다. 章帝・和帝때에 皇宮의 藏書之府로 삼았다. ≪後漢書・和帝・殤帝記≫를 보면 “(永元)十三年, 春正月丁 丑, (和)帝幸東觀, 覽書林, 閱篇籍, 博選術藝之士以充其官. 永元13年 春 正月 丁丑日에 임금께서 東觀에 납시어 群書와 篇籍을 閱覽하시고 儒家經書에 能通한 선비들을 널리 선발하여 그 官署에 充當하셨다.”라 하였다.

▷書林: 藏書. 林은 많은 것을 나타냄.

▷術藝: 經藝니 즉 儒家經書의 統稱이다. 六經을 六藝라고도 한다.後에 東觀은 國史를 修撰하는 곳, 宮中의 藏書閣의 뜻으로 쓰이게 되었다.

▶問長卿: ≪史記・司馬相如列傳≫에 “……蜀人楊得意爲狗監, 侍上. 上讀〈子虛賦〉而善之, 曰: ‘朕獨不得與此人同時哉!’ 得意曰: ‘臣邑人司馬相如自言爲此賦.’ 上驚, 乃召問相如.…… 蜀人인 楊得意가 임금의 사냥개지기가 되어 임금을 모시고 있을 때였다. 임금이 〈子虛賦〉를 읽고 칭찬하며 ‘짐이 어찌 이러한 인물과 같은시대에 살지 못하였던가!’ 하니 楊得意가 ‘臣의 고향사람인 司馬相如가 자기가 이 賦를 지었다 하더이다.’하였다. 上께서 놀라 司馬相如를 불러 下問하였다”라는 대목이 있다. 本詩를 보면 “陳氏의 盛名을 듣고 임금께서 궁금증이 나서 그에 관한 仔細한 履歷을 左右의 獻納之臣에게 下問하셨다”는 풀이가 可能하며 또한 가장 近接하는 推測이라 할 수 있겠다. 조금 길게 그러나 알아듣기 쉽게 풀어보자. 임금께서 옛날 漢 武帝가 〈子虛賦〉에 감탄하자, 사냥개지기인 楊得意가 司馬相如라고 아뢰고 이에 相如를 불러보셨듯이 近者에 世間에서 名聲을 날리는 陳氏에 대해 下問하셨겠다. 그러자 人材 推薦의 權限과 任務를 가진 拾遺와 補闕의 獻納之臣들이 陳氏에 관한 詳細하고 豊富한 經歷을 開陳 表達했으니 그 場所

가 宮中의 藏書閣안이었던 것이다. 임금께서 이에 헛소문이나 誇張된 情報가 아닌 것으로 判斷하여 그에게 補闕한 자리를 내려 주셨다는 것이다. 이렇게 되면 제4구가 먼저고 제3구는 나중이 되는 것이다. 약간 까다롭게 썼다. 앞에서 누누(累累)이 말했지만 唐人들은 典故運用時 必要한 部分만 選擇的으로 뽑아 썼지 꼼꼼히 따지지를 않았다. 그러나 아해 다르고 어해 다르다 했듯이 왜 誤解의 餘地가 많은 典故를 꼭 選擇했는지도 논란(論難)이 될 수 있다. 金聖歎은 3・4구에는 時政을 譏切함이 含蓄되어 있다(寓譏切時政意)고 하였다. 그리고 本詩 自體를 嘲笑 諷刺로 讚歎하였음(以嘲諷爲讚歎)이라 하였다. 陳氏가 經世濟民의 人材가 아니고 諫官되기 또한 어려움은 그가 司馬相如같은 文藝로 立身하였음이며 사냥개지기가 紹介하듯 치사한 經路를 통하여 임금에게 알려진 듯하고 朝廷이 아닌 東觀에서 官職任命이 決定된 것을 비꼰듯하다. 또한 金氏는 어느 면에서 陶淵明의 詩句를 떠올렸는지도 모른다. "牛馬파는 가축시장은 講義하는 곳 아닌데 書籍의 校勘 또한 勤實하다네. 馬隊非講肆, 校書亦已勤"을 念頭에 두고 "東觀은 朝廷이 아닌데, 薦擧・任命 또한 着實하군"하고 말이다. 우리같은 凡人이야 金氏같이 超絶하고 出群한 天才의 말씀에 어찌 토를 달겠는가? 다만 이렇게 多岐 多樣한 해석이 나오게 創作하신 杜先生에게 그저 고개를 숙일 뿐이다.

解說

獻納之臣이 東觀에서 그들이 아는 바와 느끼는 것을 開陳하였음은 君王께서 司馬相如같이 名聲이 있는 陳夫子에 대하여 下問하심이 있으셨기 때문이었습니다. 그리하여 君臣間에 意見一致를 보아 陳夫子는 補闕이 되셨습니다.

❖ 제5 · 6구: 皂雕寒始急, 天馬老能行.

註

▸皂(조): 黑色. 皁로 쓰기도 한다.

▸雕(조): 鵰로도 쓴다. 猛禽類로 수리를 말한다. 수리에는 독수리, 참수리, 흰죽지참수리, 검독수리가 있다. 독수리는 온몸이 어두운 갈색이며 머리 꼭대기와 목덜미가 벗겨져 살이 드러나 보인다. 참수리는 온몸이 어두운 잿빛이고 꼬리만 흰색이다. 흰죽지참수리는 몸은 어두운 갈색이고 이마, 어깨 깃, 꽁지깃은 흰색이다. 검독수리는 온몸이 어두운 갈색이고 꽁지에 회색의 가로무늬가 있다. 以上의 여러 수리를 보건대 皂雕는 독수리가 아닌가 생각이 드나 확실한 것은 알기 어렵다. ≪杜詩詳注≫에서 ≪唐書≫를 引用하였는데 "王志愔, 除左臺御史, 時人呼爲皂雕, 言其顧瞻人吏, 如皂雕之視燕雀也. 王志愔(왕지음)이 左臺御史에 除授되자 당시 사람들이 皂雕라 불렀으니 그가 官吏를 돌아봄이 마치 皂雕가 燕雀을 보는 것 같았음을 말함이다"라 하였다. 御史와 補闕은 職責이 다르나 몸을 사리지 않음은 같은지라 비유한 듯하다. 漢代에도 비슷한 呼稱이 있었으니 蒼鷹(창응)이 그것이다. ≪史記 · 酷吏傳≫에 登場하는 郅都(질도)는 中尉가 되어 百官은 監察하였는데 法을 適用함이 嚴酷하였고 특히 貴戚이라고 보아줌이 없어 列侯나 宗室들도 그를 대할 때 감히 바로보지 못하고 곁눈질하였으며 蒼鷹이라고 불렀다 한다.

▸寒始急: 寒은 날씨가 추울 때, 추운 날 즉 겨울을 말한다. 始는 ① 方. 비로소. ② 然後. ③ 正. 한창. 바야흐로. 막. 急은 ① 빠르다. ② 猛烈. 劇烈. ③ 날쌔다. 평소 독수리는 시베리아같이 寒冷한 곳에서 살다가 겨울을 나기 위하여 우리나라나 中國같이 緯度가 낮은 곳으로 移動하는 철새다. 따라서 늦가을이나 겨울이 되어야 비로소 이것들의 활동을 볼 수 있는데 사람들은 봄 여름에 보이지 않는 것을 이들이 그때에는 별로 움직이지 않고 조용히 지내다가 날이 추워져야 活潑하게 움직인다

고 誤解하고 있는 것이다. 本詩에서도 이 猛禽에 대한 理解와 事實把握에 錯誤가 있는 것 같다. 그러나 우리는 이것은 제쳐놓고 그 含意와 譬喩만 따지는 것이 좋을 듯하다. 杜先生은 지금 陳補闕이 地位가 높거나 權力 金力이 强盛한 者들의 壓力이나 懷柔라는 모질고 힘든 環境속에서 더욱 奮發하여 맡은 任務를 充實히 履行하라고 當付하는 중이다. 그러니까 "寒"이라는 말은 모질고 힘든 環境이며 "急"은 諫官의 任務를 억세고 힘차게 不屈의 氣魄으로 遂行한다는 뜻이 될 것이다.

▶天馬: 앞에서 여러 번 言及하였는데 大宛의 汗血馬를 巨하게 부른 것이다. 本詩에서도 駿馬를 썩 보기 좋고 듣기 좋게 美化한 것이다.

▶老能行: "行"字는 앞의 "急"字보다 너무 무르다는 느낌이 들 것이다. 또한 能行도 肯定이지만 연약하고 여린 맛이 드는 것은 事實이다. 中國에는 "늙어서도"가 아니고 "늙을수록 더욱"이라는 强한 맛의 成語가 있어 여기에 소개한다. ① ≪後漢書·馬援傳≫에서 "……常爲賓客曰: '丈夫爲志, 窮當益堅, 老當益壯.' ……일찍이 賓客에게 말하였다. 대장부가 뜻을 세움에 窮할수록 마땅히 더욱 굳어야 하고 늙을수록 응당 더욱 씩씩해야 한다"라고 하였다. 우리는 "老益壯"이라하나 中國에서는 "老當益壯"이라 쓴다. ② ≪宋史·晏敦復傳≫에서 "吾終不爲身計誤國家. 况吾薑桂之性, 到老愈辣. 나는 끝끝내 自身의 이익을 따져 國事를 그르치지 않았다. 하물며 나는 생강과 계피의 本性을 지녀 늙을수록 더욱 매웠다."이라 하였다. 생강과 桂皮로 사람 本性의 剛直을 比喩하였는데 지금도 "薑是老的辣. 생강은 묵은 것이 맵다", "薑桂之情愈老愈辣. 생강과 계피의 본성은 묵을수록 더욱 맵다"라고 쓰고 있다. "老當益壯"은 원래 뜻(志)을 위한 말이었는데 後世에는 身體의 强壯으로 살짝 바뀌었다. 杜先生에게는 미안한 말이지만 "老能行"보다는 "老愈辣"이 諫官인 陳補闕에게 더 잘 어울리며 훨씬 强烈하고 멋지다는 생각이 드니 이를 어떡합니까? 너무 辣한 進言은 아니겠지요? ③ "늙어서도" 또

는 "늙을수록"은 조금 억지가 느껴지며 造作의 냄새가 나는지라 늙음을 인정하고 늙음이 가지는 長點을 浮刻시킨 말이 있다. "老氣橫秋"가 그것인데 본래 南朝・齊・孔稚珪의 〈北山移文〉에 "風情張日, 霜氣橫秋. 風情은 日月보다 盛大하고, 서릿발 같은 神氣는 가을하늘에 充溢하다"라 하여 霜氣같은 氣槪가 秋天에 充溢함을 말한 것인데 가을은 한해가 가우는 때라 어느새 老氣로 바뀌어 "老氣橫秋" 즉 老鍊한 기운이 맑은 가을하늘을 채우다로 되었다. 杜先生도 〈送韋十六評事充同谷判官〉에서 "子雖軀幹小, 老氣橫九州. 그대 비록 체수는 작으나, 老鍊한 氣槪는 中國 九州를 가득채우리"라 하였다. 老能行보다는 그야말로 老鍊한 言語驅使라 하겠다.

➡ 앞에서 王志愔을 애기할 때 皂雕가 燕雀보는 것 같다는 말이 나왔다. 뜻은 좀 다르지만 우리의 경우 "독수리가 병아리 채가듯", "솔개 뜨자 병아리 간 곳 없다"는 속담이 있다.

解說

수리는 차가운 날씨 모진 환경 속에서야 날쌔고 猛烈하게 活動하며 天馬는 늙어서도 능히 갈 수 있습니다.

❖ 제7・8구: 自到青冥裏, 休看白髮生.

註

▸自: ① 自然히. 當然히. ② 本來.

▸青冥: 푸르고 아득함. 푸르고 아득한 곳의 뜻이니 그러한 곳은 ① 青天. ② 仙境. ③ 山嶺을 말함인데 더 擴大 發展하여 ④ 宮殿, 帝王도 나타내고 ⑤ 높은 地位, 顯要한 職位도 뜻하였다. 本詩에서는 外形上 ① 青天의 뜻으로 쓰였으니 이유는 皂雕는 當然히 하늘을 날고 天馬 또한 行空하니 青天이 登場하게 된 것인데 內容上 ④ 宮殿 ⑤ 高位職의 意味를 갖고 있다.

▸看: ① 살펴보다. 고려하다. ② 보살피다. 돌보다. ①로 해석하면 白髮돋는 것을 살펴보며 상심하다, 意氣가 沮喪하다는 뜻이다. ②로 해석하면 白髮 돋는 늙은 몸을 돌보다. 즉 몸을 사리는 것을 말한다. ①이나 ②나 모두 靑冥속에 가지 못한 못난 화상들의 몫이니 夫子는 열심히 뛰라는 뜻.

解說

本來 푸른 하늘에 올라가신 분들은 더 이상 흰머리 생기는 것 살피거나 따져서는 안 되고 늙었다고 意氣沮喪해서도 안 되는 법. 그저 애오라지 發憤忘食, 一路邁進하십시오.

☛ **參考**

杜甫는 워낙 고생을 밥 먹듯 한 양반인지라 그의 作品속에 白鬢, 白髮, 白首, 白頭라는 말이 칠팔십 번은 나온다. 이 양반의 作品은 앞으로 계속 읽어 나갈 작정이니 여기서는 더 이상 따질 것 없고 唐詩中에 白髮을 읊은 것으로 世間에 알려지고 잘 된 것을 片鱗이지만 吟味해 보기로 하자.

(1) 李白〈秋浦歌〉十七首中 其十五

白髮三千丈, 緣愁似箇長. 不知明鏡裏, 何處得秋霜?

흰 머리 삼천 장(丈), 시름 때문에 이렇게 긴듯하다. 모르겠다. 환한 거울 속 언제 가을 서리 맞았는지.

▹丈: 열자(十尺). 약 3미터.

▹緣: ~때문에. ~까닭으로.

▹箇: 如此. 이렇게.

▹何處: 何時.

(2) 李白〈將進酒〉에서 抄.

高堂明鏡悲白髮, 朝如靑絲暮成雪.

넓고 화려한 방에서 환한 거울 보며 흰머리를 슬퍼하니, 아침에 푸른 실 같더니 저녁에는 흰 눈이 되었다네.

(3) 王維〈歎白髮〉

我年一何長, 鬢髮日已白. 俛仰天地間, 能爲幾時客.

悵惘故山雲, 徘徊空日夕. 何事與時人, 東城復南陌.

나도 꽤 늙었나 보다. 살쩍이 날로 희끗희끗해지니. 天地間에 몸을 둠이 굽어보고 우러러 보는 짧은 기간 동안이니, 얼마나 더 이 세상에 몸 부쳐 살겠는가? 옛 동산의 구름 그립다 슬퍼하면서도, 부질없이 밤낮으로 우물쭈물 주저하고 있다니. 무엇을 하려함인가? 지금 세상 사람들과 城의 東西로 길의 南北으로 헤매는 것은.

▷一何: 상당히. 꽤. 어찌 그리.

▷鬢髮: 귀밑머리. 살쩍.

▷俛仰: 굽어보고 우러러 봄. 아주 짧은 시간을 나타냄.

▷悵惘: 惆悵. 슬퍼하고 탄식함.

▷故山: 고향.

▷徘徊: ① 배회하다. 방황하다. ② 주저하다. 망설이다. 우물쭈물하다.

▷東城: 城의 東西.

▷南陌: 陌의 南北.

(4) 王維〈歎白髮〉

宿昔朱顔成暮齒, 須臾白髮變垂髫. 一生幾許傷心事, 不向空門何處銷.

얼마 전에는 紅顔의 少年이다가 老齡의 늙은이 되니, 잠깐일세! 어린아이 다박머리 백발로 바뀜이. 일생동안 가슴마다 속 썩인 일 그 얼마였던가? 佛門으로 향하지 않으면 어느 곳에서 녹일까?

▷宿昔: ① 지난 날. ② 어제 밤. ③ 짧은 시간.

▷暮齒: 老齡.

▷垂髫(초): 어린아이는 머리를 묶지 않고 그대로 늘이고 다님. 다박머리를 말한다.

▷幾許: 幾何. 얼마. 어느 정도.

▷空門: 佛教는 모든 사물과 現象은 空하다(諸法皆空)고 하며 이 空을 깨달음이 入道의 門이 된다 함. 따라서 佛教를 空門이라 함.

(5) 韋應物〈歎白髮〉

還同一葉落, 對此孤鏡曉. 絲縷乍難分, 楊花復相遶.

時役人易衰, 吾年白猶少.

(허무한 인생) 나뭇잎 하나 지는 것과 또한 같군, 나를 저버린 거울 마주하고 깨달았네. 언뜻 보면 실오리와 구분하기 어려웠고, 다시 버들 꽃이 감돌고 얽힌 듯, 隨時로 戰役이니 사람은 늙기 쉬워, 내 나이에 이 정도 되면 오히려 적으리.

▷還: ① 또 더. ② 여전히.

▷孤鏡: 孤鸞照鏡의 준말이니 짝 없거나 짝 잃은 者를 슬퍼함인데 이것은 本詩와 관계가 없다. 따라서 이때 孤는 辜 즉 孤負, 辜負로 기대와 희망을 저버리다, 헛되게 하다, 배반하다, 배신하다의 뜻이다. 孤鏡은 검은머리 대신 흰머리를 보여주니 나의 희망, 기대를 저버린 거울이라는 뜻이다. 애꿎은 거울을 이렇게 나무라보는 것이다.

▷曉: ① 새벽. ② 깨닫다. 그러나 흰머리를 曉髮이라고 하니 거울 속의 흰머리를 가리킨다고 해도 또한 통한다.

▷縷: 실오리.

▷乍(사): ① 언뜻. 졸지에. ② 갓. 방금. ③ 잠깐.

▷遶: 감돌다. 얽히다.

▷時: 時時로. 隨時로.

▷役: 戰役.

(6) 劉長卿〈送李錄事兄歸襄·鄧〉

十年多難與君同, 幾處移家逐轉蓬. 白首相逢征戰後, 青春已過亂離中.

行人杳杳看西月, 歸馬蕭蕭向北風. 漢水楚雲千萬里, 天涯此別恨無窮.

〈錄事 李兄이 襄州 鄧州땅으로 돌아가니 배웅 한다〉

多事多難한 십년은 그대와 마찬가지였는데, 뿌리 뽑혀 굴러다니는 가을 쑥같이 이사다님 몇 번이었던가? 征戰 뒤에 만나보니 白首요, 亂離판에 지나갔네 靑春은. 떠나는 사람은 서편으로 지는 달을 보는데, 가는 말은 북풍 향해 힝힝 울어댄다. 漢水가 지나고 楚 땅의 구름 있는 襄州 鄧州는 千里萬里 먼 곳이니, 이번 이별하면 하늘 끝이라 한은 다함이 없으리라.

▷幾處: 幾時.

▷轉蓬: 飛蓬이라고도 쓴다. 쑥은 본래 줄기와 가지 잎은 발달했으나 뿌리가 아주 약해 가을에 바람 한번 불면 뽑혀 여기저기 굴러다닌다. 그래서 轉, 飛를 붙이는 것이다. 이것으로 고향 떠나 이리저리 떠돌아다님을 나타내곤 하였다.

▷杳杳(묘묘): 어두운 모양. 깊은 모양. 먼 모양.

▷蕭蕭: 말 울음소리.

▷漢水·楚雲: 漢水는 襄州 鄧州를 지나간다. 또한 襄州 鄧州의 江東은 옛날 東楚땅이었다.

(7) 白居易〈早梳頭〉

夜沐早梳頭, 窗明秋鏡曉. 颯然握中髮, 一沐知一少.
年事漸蹉跎, 世緣方繳繞. 不學空門法, 老病何由了.
未得無生心, 白頭亦爲夭.

〈새벽에 머리 빗다〉

밤에 머리감고 새벽에 빗질하니, 창이 환해지자 가을날의 거울도 밝아진다. 손아귀 안의 머리칼 숱은 적고 까칠하여, 한번 감을 때마다 매번 줄어듬을 알겠다. 나이는 점점 늙고 시들어 가는데, 세상과 맺은 인연은 한창 얽히고설키누나. 空門의 佛法을 배우지 않는다면, 生·老·病·死를 어떻게 분명히 알겠는가? 本來 生도 없고 滅도 없다는 心意를 깨닫지 못하면 머리 흰 늙은이도 또한 갓난아이와 같은 것을.

▷梳頭(소두): 머리 빗다.

▷颯然(삽연): 衰頹貌. 蕭索冷落貌.

▷年事: 年齡. 나이.

▷蹉跎(차타): ① 失時. ② 失意. ③ 衰退.

▷世緣: 世俗之因緣.

▷繳繞(교요. jiǎorào): 얽힘. 휘감김.

▷空門: 佛教는 모든 事物과 現象이 空하다고 하며 이 空을 깨닫는 것이 入道의 門이 된다고 함. 따라서 佛教를 空門이라 한다.

▷老病: 生·老·病·死를 줄여서 쓴 것임.

▷了: ① 了解. 明瞭. 이해하다. 분명히 알다. ② 清楚. 분명하다. 명백하다. 뚜렷하다.

▷無生: ≪心經≫에서 "不生不滅"이라 하였고 ≪最勝王經≫에서도 "無生是實, 生是虛妄. 無生이 眞實이고, 生이란 虛妄하다."라 함. 佛教에서 天地萬物은 本來 生도 없고 滅도 없다고 하는 것이다.

▷夭: 短命, 早死일 때에는 (요. yāo)로 읽으니 平聲蕭韻이다. 本詩는 曉·少·繞·了·夭가 韻인데 上聲篠韻에 속한다. 이때에 夭는 (오. ǎo)로 읽어야 되며 그 뜻은 간난아이, 動物의 어린새끼, 植物의 어린 싹이다. 아주 주의를 要한다.

(8) 白居易〈白髮〉

白髮知時節, 暗與我有期. 今朝日陽裏, 梳落數莖絲.
家人不慣見, 憫默爲我悲. 我云何足怪, 此意爾不知.
凡人年三十, 外壯中已衰. 但思寢食味, 已減二十時.
況我今四十, 本來形貌羸. 書魔昏兩眼, 酒病沉四肢.
親愛日零落, 在者仍別離. 身心久如此, 白髮生已遲.
由來生老死, 三病長相隨. 除却念無生, 人間無藥治.

흰머리는 때를 잘 아니, 나와 기약한 듯 슬며시 찾아왔다. 오늘 아침 햇빛 찬란한데, 빗에서 떨어진 흰 실 몇 올. 아내는 이 꼴에 익숙하질 않아, 안타까워 묵묵히 슬퍼만 한다. 내말을 들어 보구려 이상할 것 없소, 이 백발의 意味를 당신은 모르리라. 무릇 사람이란 나이 삼십이면, 겉은 튼실해도 속은 벌써 곯았다오. 잠자고 먹는 재미만을 따져보아도, 이미 이십대보다 별 볼일 없다오. 하물며 나야 지금 사십, 젊어서도 본래 비쩍 마른 몸 아니었소. 책이라는 魔鬼가 두 눈을 흐리게 하고, 술이라는 疾病이 四肢를 노곤하게 하였소. 가깝고 아끼던 사람 날로 세상 버리고, 산사람은 또한 이별뿐이라오. 몸과 마음이 긴 세월 이와 같았으니, 흰머리 지금 난 것은 늦은 편이라오. 옛부터 生·老·死 이 세 가지 患難은 언제나 따라다니는 것. 無生無滅의 佛法을 깊이 생각하는 외에, 인간세상의 허망함을 고칠 약은 없다오.

▷暗: 은밀히. 슬며시. 남몰래.

▷日陽: 日暘. 햇볕. 햇빛.

▷家人: ① 一家의 사람들. ② 奴僕. ③ 妻.

▷慣見: 慣看. 보는 것에 익숙하다, 습관이 되다. 길이 들다.

▷憫: 근심. 불쌍히 여김.

▷憫默: 근심, 걱정하나 말을 못함.

▷寢食味: 달게 자고 맛있게 먹는 재미와 기쁨. 나이 먹은 사람은 깊은 잠 못 이루고 무엇을 먹어도 관심이 없고 시들해진다. 陶淵明의 〈雜詩〉 十二首의 其五에서 "憶我少壯時, 無樂自欣豫. 내 젊고 튼튼하던 날을 생각해 보니, 즐길거리가 없어도 절로 기쁘고 흐뭇했다"라 하였다. 젊은 날에는 자는 것 먹는 것 하나하나의 世上事가 다 즐겁고 흐뭇한 것이라는 말이다.

▷羸(리): 파리하다. 야위다. 수척하다. 병 앓다.

▷沉: 물에 빠지고 가라앉다는 뜻이니 四肢가 힘을 못 씀을 말한다.

▷零落: ① 草木이 시들어 떨어짐. ② 流落함. ③ 散失됨. ④ 衰頹함. ⑤ 死亡.

▷三病의 病: 근심. 憂患. 困難. 患難.

▷無生: 앞에서 나온 無生無滅.

(9) 白居易〈醉中對紅葉〉

臨風杪秋樹, 對酒長年人. 醉貌如霜葉, 雖紅不是春.

〈취하여 단풍든 잎 마주하다〉

바람을 마주하는 晩秋의 나무와, 술을 앞에 둔 皤皤(파파) 늙은이. 사람의 취한 모습은 서리 맞은 나뭇잎과 같아, 둘 다 비록 붉게 물들었지만 봄은 절대 아니고말고.

▷臨風: 迎風. 當風.
▷杪(초): 나무 끝. 끝. 말단. 가는 가지.
▷杪秋: 晩秋. (杪春: 暮春. 杪冬: 季冬. 杪歲: 歲末.)
▷長年: 年長. 年老한 사람.
▷霜葉: 서리 맞아 단풍든 잎. 杜牧〈山行〉: "霜葉紅於二月花. 서리 맞은 잎은 仲春의 꽃보다 붉다."

(10) 白居易〈戲答諸少年〉

顧我長年頭似雪, 饒君壯歲氣如雲. 朱顏今日雖欺我, 白髮他時不放君.

〈청년들에게 농담삼아 답하다〉

나 같은 늙다리 눈처럼 흰 머리를 생각하면, 그대들 壯年의 구름같이 피어나는 旺盛한 혈기를 봐줄 수밖에. 紅顔을 자랑하며 오늘 나를 업신여긴다만, 白髮이 침노하여 뒷날 그대들 놓아주지 않으리.

▷顧: ① 뒤돌아보다. 돌이켜보다. ② 고려하다. 주의하다. 돌보다.
▷饒: ① 풍부하다. 많다. ② 용서하다. 양보하다. 보아주다.
▷壯: ≪禮記≫에 의하면 三十을 壯이라 한다. 壯歲는 壯年이니 삼십에서 사십 전후의 혈기왕성하고 활동이 활발한 때 또는 그 나이의 사람이다.
▷欺: ① 기만하다. 속이다. ② 업신여기다. 깔보다. 억누르다.
▷他時: 他日. ① 過去의 어떤 날, 어떤 시기. ② 未來의 어떤 날, 어떤 시기.
▷放: ① 풀어주다. 놓아주다. ② 쫓아내다. 내치다. ③ 거리낌 없이하다. 제멋대로 하다.

(11) 白居易〈白髮〉

雪髮隨梳落, 霜毛繞鬢垂. 加添老氣味, 改變舊容儀.

不肯長如漆, 無過總作絲. 最憎明鏡裏, 黑白半頭時.

눈 같은 머리카락 빗을 따라 떨어지고, 서리 같은 터럭은 귀밑에서 얽히고 늘어지니, 老熟한 맛과 멋이 보태졌고, 예전의 容貌와 風采가 바뀌었다나. 영원히 옷 칠 같으려 하지 않았으니, 모두가 흰 실되는 것을 벗어나지 못했구나. 제일 밉살맞은 것은 환한 거울 속에 흑백이 머리의 반반일 때렸다.

▷加添: 增加. 增添.

▷氣味: 맛. 냄새. 意趣. 情調.

▷容儀: 容貌와 風采.

▷無過: 벗어나지 못함.

➡ 여보 白先生, 그래도 禿頭(독두)라 대머리보다는 낫다오!

(12) 白居易〈白髮〉

白髮生來三十年, 而今鬚鬢盡皤然. 歌吟終日如狂叟, 衰疾多時似瘦仙. 八戒夜持香火印, 三元朝念蕊珠篇. 其餘便被春收拾, 不作閑遊卽醉眠.

흰머리 돋은지 삼십년, 지금은 수염 머리 모두 새하얗다. 온 종일 노래하고 시 읊으니 똑 미친 영감 같고, 오랫동안 쇠약 질병으로 바로 말라깽이의 모범됐다. 八戒지켜 밤이면 香과 燈에 불붙여 놓고, 三元받들어 아침마다 蕊珠經을 읽는다. 그 밖의 일들은 술에 의해 대충 정리됐으니, 한가롭게 노닐지 않으면 취하여 잠드는 것.

▷而今: 지금. 현재.

▷皤然(파연): 희다. 새하얗다.

▷多時: 아주 긴 기간. 오랫동안.

▷衰疾: 衰弱과 疾病.

▷瘦仙: 仙은 神仙이 아니고 보통을 넘는 사람이나 사물에 붙이는 말이다. 술 잘 마시면 酒仙, 칼 잘 쓰면 劍仙이니 道敎의 神仙과는 거리가 멀다. 本詩의 瘦仙은 무지무지하게 말랐다, 대단히 수척하다는 뜻을 나타낼 뿐이다.

▷八戒: 佛敎의 여덟 가지 戒律. 첫째 殺生하지 말 것, 둘째 도둑질하지 말 것, 셋째 음란하지 말 것, 넷째 허튼 소리 하지 말 것, 다섯째 술 고기 먹지 말 것, 여섯째 花環 瓔珞(영락) 걸지 말고 香油를 바르지 말며 노래하고 춤추는 여인 있는 곳에 가서 보고 듣지 말 것, 일곱째 높고 큰 平牀에 앉지 말 것, 여덟째 午時 즉 한 낮이 지나면 먹지 말 것.

▷香火: 香과 燈.

▷印: 香에 불붙이다. 香을 태우다.

▷三元: 道教에서 天·地·水를 三元이라하며 그들이 받드는 天官·地官·水官을 三神이라 한다.

▷蕊珠篇: 道教의 經籍.

▷春: 唐人들은 술을 春이라하며 좋은 술 이름에도 春字를 붙여 썼다. 예컨대 石凍春, 土窟春, 燒春 等이다.

(13) 許渾〈秋思〉

琪樹西風枕簟秋, 楚雲湘水憶同遊. 高歌一曲掩明鏡, 昨日少年今白頭.

〈가을날의 상념〉

碧玉 같던 나무에 西風 불고 木枕 대자리에 가을이 들면, 楚땅의 구름 湘江의 물에 함께 놀던 날이 생각나네. 목 놓아 노래하며 환한 거울 덮어버리니, 어제는 젊은이 오늘은 白頭翁.

▷琪樹(기수): 仙界의 玉樹. 여기에서는 여름에 碧玉같이 푸르던 아름다운 나무로 쓰였다.

▷枕簟(침점): 여름에 쓰는 木枕과 대자리.

(14) 盧綸〈白髮嘆〉

髮白曉梳頭, 女驚妻淚流. 不知絲色後, 堪得幾回秋.

새벽 빗질에 보이는 흰 머리털, 딸은 놀라고 아내는 눈물 흘린다. 모르겠다, 검은머리 하얀 실 빛으로 바뀐 뒤 몇 번의 가을을 더 견뎌낼지.

▷梳頭: 머리 빗다.

▷堪: 견디다. 감당하다. 이겨내다.

▷秋: ① 가을. ② 一年. ③ 어떤 時期나 어떤 時刻. 가장 흔히 쓰이는 것이 危急存亡之秋다. ④ 한 季節. 3個月. 本詩에서는 해, 年의뜻인데 가을이라 써도 통한다.

(15) 劉駕〈白髭〉(一本 劉象作)

到處逢人求至藥, 幾回染了又成絲. 素絲易染髭難染, 墨翟當年合泣髭.

가는 곳마다 사람만 만나면 妙藥을 구하여, 몇 번이나 물들였나? 또 흰 실이 되고 말 것을. 흰 실 물들이기는 쉬워도 코밑수염 물들이긴 어려워, 그 옛날 墨子도 코밑수염을 두고 울었어야 합당했으리.

▷髭(자): 코밑수염. 콧수염.

▷至藥: 妙藥. 方士들이 만든 丹藥. 여기에서는 수염 머리털 물들이는 약을 말함.

▷墨翟(묵적) 云云: 楊朱는 갈림길을 보면 통곡했다. 東으로도 西로도 갈 수 있었기 때문이다. 墨翟은 흰 실 물들이는 것을 보고 탄식했다. 푸르게 될 수도 있고 누렇게 될 수도 있기 때문이다. 한 번의 결정 순간의 결심으로 다시는 돌이킬 수 없는 결과가 나타나고 마니 간단히 말해 인생길이 어렵다는 이야기다. 本詩에서는 물드는 것이 문제가 아니라 물 안드는 것, 돌아갈 수 없는 청춘을 슬퍼해야했다고 장난스럽게 돌려서 썼다.

(16) 杜荀鶴 〈白髮吟〉

一莖兩莖初似絲, 不妨驚度少年時. 幾人亂世得及此, 今我滿頭何足悲.
九轉靈丹那勝酒, 五音淸樂未如詩. 家山蒼翠萬餘尺, 藜杖楮冠輸老兒.

한 올 두 올 처음에는 똑 흰 실 같았는데……, 뜻밖이었네, 젊은 날을 이렇게 빨리 보낼 줄은. 이런 亂世에 이렇게라도 살아남은 이 몇이나 되리, 지금 내 머리를 가득 채워도 무에 그리 슬플 게 있나. 九轉金丹이 아무리 영검해도 어찌 술보다 낫겠나? 宮・商・角・徵・羽 어우러진 맑은 음악도 詩만은 못해. 故鄕땅 山은 일만 자 넘게 높고 푸르른데, 누구도 명아주 지팡이에 닥나무 껍질 모자 쓴 이 영감만 못하리.

▷不妨: 不料. 뜻밖에. 의외에. 생각하지 못했다.

▷驚: 빠르다는 뜻으로 쓰였다.

▷九轉靈丹: 즉 九轉金丹. ≪漢語大詞典≫에 의하면 아홉 번 精鍊한 金丹이다. 道敎에서 말하기를 金丹을 精鍊할 때 한 번에서 아홉 번까지의 많은 종류가 있는데 아홉 번 精鍊한 것이 가장 약발이 좋다고 한다. ≪표준국어대사전≫에 의하면 道敎에서 쇠와 돌을 녹여서 아홉 번 불려 약처럼 만든 것이라 하며 이것을 먹으면 신선이 된다고 한다.

▷家山: 故鄕이란 뜻이 通常的이나 여기에서는 글자 그대로 집이 있는 곳의 山이란 뜻으로 쓰였다.

▷楮冠: 닥나무 껍질로 만든 冠인데 貧士나 隱者가 愛用하였다 한다. ≪韓詩外傳〉을 보면 子貢이 肥馬에 輕裘로 골목이 容納할 수 없는 큰 수레 타고 原憲을 訪問하였는데 原憲의 차람이 명아주 지팡이에 닥나무 껍질 冠이었다 한다.

(17) 僧・齊己〈白髮〉

莫染亦莫鑷, 任從伊滿頭. 白雖無耐藥, 黑也不禁秋.

靜枕聽蟬臥, 閒垂看水流. 浮生未達此, 多爲爾爲愁.

물들이지 말고 뽑지도 말며, 그것이 머리를 가득 채우는 대로 맡겨라. 흰 것은 본래 약으로도 어쩔 수 없으니, 검다 해도 시드는 가을을 못 견딘다. 고요히 베개 베고 듣자니 매미도 소리 멈췄고, 한가히 엎드려 보자니 물은 그대로 흐른다. 덧없는 인생 이것에 통달 못하고, 대개가 너 때문에 시름하는구나.

▷鑷(섭): 족집게. 뽑다.

▷任從: 그래도 따르다. 맡기다.

▷雖: 本來.

▷無耐: 無奈.

▷不禁: 견디지 못하다.

▷臥: 止息.. 그치다. 멈추다.

▷垂: 엎드리다. 굽히다.

➡ 僻字를 쓰면 辭典 찾아 금방 알아 낼 수 있다. 그러나 쉬운 字의 경우 通常的인 뜻이 아니고 야릇한 의미는 알아내기가 참 어렵다. 本詩는 用字가 진정 辣하다. 아마 제기랄의 語源이 齊己辣은 아닐까 하는 생각까지 든다.

35. 〈冬日有懷李白〉(五言律詩)

寂寞書齋裏, 終朝獨爾思. 更尋嘉樹傳, 不忘角弓詩.
短褐風霜入, 還丹日月遲. 未因乘興去, 空有鹿門期.

❖ 詩題

註

▸冬日: ① 겨울. 겨울 날. ② 겨울의 태양. “冬日可愛, 夏日可畏. 겨울의 태양은 따뜻하여 근사하나, 여름의 태양은 더워서 겁난다. 이것으로 인자하고 온화한 사람과 근엄하고 엄숙한 사람을 비유하였다.”라는 말이 유명하다.

▸懷: 그리워하다. 다음에 나오는 〈春日憶李白〉의 憶은 생각하다, 회상하다, 기억하다로 약간 다르다. 그런데 “有懷”라고 하는 語詞가 “有感”의 뜻으로 쓰이기도 하는데 이때는 인상, 느낌, 감상, 체득이 있다는 말이 된다. 本詩 詩題의 有懷는 글자 그대로 그리움이 있다고 하는 것이 作者의 意中에 더 近接하리라 생각된다.

▸寫作時期는 天寶4年 겨울이라고 ≪杜詩詳注≫에서 자세히 記述하였다. 〈春日憶李白〉은 따라서 天寶5年 봄이 되겠으며 當時 李白은 吳·越을 放浪中이었다. 杜甫는 이때 어느 곳에 이었느냐 하면 〈春日憶李白〉을 지을 때는 “渭北春天樹”를 考慮하면 長安이었을 것인데 〈冬日有懷李白〉에서는 根據될 만한 것을 찾기 어렵다. ≪讀杜心解≫에서는 李白과 杜甫가 만난 齊·魯 즉 山東에 여전히 머물렀으며 詩中의 書齋는 〈與李十二白同尋范十隱居〉의 “醉眠秋共被”하던 곳이라고 斷言하였다. 그런데 杜甫의 經濟事情上 寢室, 客室, 書齋 따위를 갖춘 一流宿泊施設을 使用했을리 없겠고 또 當時의 旅舍에 그런 高級의 水準높

은 호텔 類似한 곳이 있었을 것 같지도 않다. 아무래도 洛陽이었던 것 같다.

解說

〈겨울날 李白을 그리워함이 있어서 짓는다〉

❖ 제1 · 2구: 寂寞書齋裏, 終朝獨爾思.

註

▸寂寞: ① 썰렁하다. 적막하다. 場所를 표현함이다. ② 외롭다. 쓸쓸하다. 고독하다. 외톨이이다. 이것은 사람을 가리킴이다. 金聖歎은 ≪杜詩解≫에서 "寂寞, 非言書齋寂寞, 乃言書齋裏人寂寞也. 寂寞은 書齋가 썰렁한 것을 말함이 아니고, 書齋안의 사람이 외롭고 쓸쓸함을 말한다."라 하였다. 그럴듯하나 동시에 알쏭하기도 하다.

▸書齋: 書籍을 갖추어 두고 冊을 읽거나 글을 쓰는 방.(≪표준국어대사전≫) 집안의 讀書하고 글 쓰는 방.(≪漢語大詞典≫) 以上을 따져보면 客地의 旅舍에서 書齋라는 말을 쓰기는 조금 거시기하다. 아무래도 자기 집의 書齋가 맞는 말이 되겠다.

▸終朝: ① ≪詩經≫의 毛傳에 의하면 날이 밝고부터 아침식사 할 때까지를 말한다. 그냥 아침이라고 해도 된다. ② 歲月이 흘러 뜻이 달라졌으니 온종일, 진종일의 뜻으로 쓰이게 되었다. ≪漢語大詞典≫에서는 아예 本詩를 그런 뜻으로 쓰인 例로 들었다.

▸獨: ① 단독으로. 혼자서. 홀로. ② 애오라지. 단지. 다만. ③ 아직도. 여전히.

解說

書齋안이 寂寞江山이니 저 또한 절로 외로워, 온종일 애오라지 그대만을 생각합니다.

❖ 제3·4구: 更尋嘉樹傳, 不忘角弓詩.

註

▶嘉樹傳: 嘉樹이야기가 나오는 ≪左傳≫. ≪左傳·昭公二年≫의 冒頭에 다음과 같은 이야기가 나온다. "昭公二年 봄. 晉나라 임금이 韓宣子를 우리 魯나라에 보냈으니 이는 韓宣子가 趙武를 대신하여 執政하였음을 同盟國에 알리는 것으로 이를 위해 우리 魯나라 임금을 뵙는 것은 禮에 맞는 일이었다……우리 魯나라 임금이 享禮—使臣이 禮訪한 나라의 임금에게 禮物을 올리는 儀式을 말한다. 이때에는 앉지 않고 서서 儀式을 행하였으며 술 먹고 노래하는 宴會와는 전혀 다른 公式行事일 뿐이다—를 행하게 하였고 우리 魯나라의 臣下인 季武子가 ≪詩·大雅·緜≫의 마지막 章—虞(우)나라와 芮(예)나라가 다투다가 西伯 文王이 어질다 하니 그에게 가서 물어보자고 갔다. 그리고 그곳의 사람들이 서로 양보하며 사이좋게 사는 것을 보고 감동하여 화해하였다. 즉 文王이 그들을 감동시켰다는 것이다. 文王의 德과 仁으로 먼 사람들이 가깝게 따라오고 먼저 따른 이가 뒷사람을 또 끌어왔으며 文王의 臣下들리 바쁘게 다니면서 보좌하여 外部의 넘봄을 잘 막아냈다는 內容인데 晉나라 임금을 文王에 비하였고 韓宣子를 文王의 臣下로 비한 것이다—을 읊으니 答禮로 韓宣子가 ≪詩·小雅·角弓≫—그 속에 피를 나눈 兄弟나 婚姻으로 맺어진 姻戚은 서로 멀리하지 말자는 대목이 있다. 즉 晉과 魯는 兄弟나 姻戚처럼 가까이 지내자는 의미를 나타낸다—을 읊었다……享禮가 끝나고 季武子의 집에서 宴會가 열렸다. 그 집에 아주 근사한 나무 한그루(嘉樹)가 있어서 韓宣子가 稱讚해 주었다. 이에 季武子가 말했다. 宿(季武子의 이름)이 어찌 감히 이 나무를 북돋아 잘 길러 兄弟처럼 姻戚처럼 잘 지내자고 〈角弓〉 읊으신 뜻을 잊지 않도록 안할 수 있겠습니까. 그리고는 ≪詩·召南·甘棠≫—어질고 착한 召公이 머물고 쉬시던 甘棠을 베지도 꺾지도 말라는 것이니

우러러 보는 사람에 대한 尊敬이 나무에까지 미침을 말한다. 여기에서는 韓宣子가 칭찬한 嘉樹를 韓宣子의 仁德과 그와의 義理로 더욱 잘 북돋고 돌보겠다는 말이 된다 — 을 읊으니 韓宣子가 起(韓宣子의 이름)가 어찌 감히 召公을 따라가겠습니까 하며 겸손해한다. 二年春, 晉侯使韓宣子來聘, 且告爲政, 而來見, 禮也.……公享之, 季武子賦〈緜〉之卒章. 韓子賦〈角弓〉.……旣享, 宴于季氏. 有嘉樹焉, 宣子譽之. 武子曰: '宿敢不封殖此樹, 以無忘〈角弓〉.' 遂賦〈甘棠〉. 宣子曰: '起不堪也, 無以及召公.'"

그런데 ≪杜臆≫, ≪杜詩詳注≫, ≪讀杜心解≫, ≪杜詩鏡銓≫ 等은 "嘉樹"와 "角弓"을 한데 엮어 季武子와 韓宣子가 서로 잊지 않고 兄弟처럼 지내자는 뜻이라고 하였다. 간단히 말하면 〈角弓〉의 含意만 浮刻시켰을 뿐 嘉樹는 들러리에 不過할 뿐이었다. 〈角弓〉을 말하려 한다면 ≪詩·小雅·魚藻之什〉을 뒤적여 〈角弓〉을 읊었다 하면 簡單明瞭할 것을 어렵고 힘들게 굳이 ≪左傳≫을 꺼내 昭公二年에 登場하는 角弓을 왜 썼을까 하는 점은 정신 멀쩡하고 머리 맑은 인사들이면 누구나 다 가지는 疑問事項일 것이다. 五言律詩 여덟 句에서 한 句를 이렇게 어정쩡하게 두루뭉수리로 써도 되는지? "獨立縹緲之飛樓"(〈白帝城最高樓〉)가 아닌 "獨立縹緲之飛句"로 놓아두어도 되는지? 그리하여 별로 좋지도 않은 머리를 굴려 우리는 이것이 先輩가 後輩를 稱讚하고 激勵하는 말일 것이라고 추측하였다. 우리는 쓸 만한 사람을 보고 人材라 한다. 즉 사람으로 材木감이 된다는 말이다. 사람과 좋은 나무는 옛부터 竝稱되었으며 함께 擧論되었다. 제일 흔한 말이 棟梁之材니 기둥과 들보처럼 가장 중요한 일을 맡을 인재라는 것이다. 우리도 한 번 유식한 척하려고 옛글을 찾아보았는데 다음과 같다.

≪管子·權修≫에서 "一年之計, 莫如樹穀; 十年之計, 莫如樹木; 終身之計, 莫如樹人. 일년의 계획은 곡식을 심는 것 만함이 없고, 십년의

계획은 나무를 심는 것 만함이 없으며, 평생의 계획은 사람을 심는 것 만함이 없다."이라 하였고, ≪韓詩外傳≫ 卷七에서는 "夫春樹桃李, 夏得陰其下, 秋得食其實. 봄에 복사 오얏 심으면, 여름에는 그 아래 그늘을 누릴 수 있고, 익을 때에는 그 열매를 먹을 수 있느니라. ⇨ 秋는 가을이 아니고 익을 때라는 뜻이니 예컨대 음력 4·5月을 麥秋라 한다. 즉 보리가 익는 때라는 것으로 계절상의 가을과는 별개의 뜻이 된다."이라 하였으며 ≪史記·李將軍列傳≫에서 司馬遷은 俗談을 引用하였는데 "桃李不言, 下自成蹊. 복사 오얏은 말이 없어도 밑으로 절로 길이 난다."라 하여 桃李를 默默히 職務에 忠實한 李廣에 비하였다. 以上의 例에 의해 後世에는 桃李로 정성껏 養成한 後輩, 後學, 잘 가르친 門生, 弟子를 뜻하게도 되었으니 한참 밑으로 唐나라 때의 例를 들겠다.

狄仁杰(적인걸)은 門生이 아주 많아서 則天武后에게 將相감으로 많은 사람을 推薦하였다. 或者가 仁杰에게 말했단다. "天下桃李, 悉在公門. 天下의 桃李는 모두 公의 門에 있소이다."이라고. 그래서 狄仁杰을 두고 "桃李滿天下"라는 말이 생겨났단다.

杜先生은 〈古柏行〉에서 古柏으로 諸葛亮을 빗대서 읊었는데 "古來材木難爲用. 옛부터 材木이 크면 써먹기가 어려워라"이라고 끝맺었다. 白居易는 〈寓意〉 五首의 其一에서 "養材三十年, 方成棟梁姿. 一朝爲灰燼, 柯葉無孑遺. 地雖生爾材, 天不與爾時.……豫樟이라는 훌륭한 나무는 天子가 明堂을 지으려할 때 꼭 알맞는 材木이엇단다. 그런데 그만 산불이 나고만 것이다.……나무 기른지 삼십 년, 막 기둥 들보의 모습이 갖추어졌는데 하루아침에 재가 되어 가지고 잎이고 하나도 남은 것이 없구나. 땅은 비록 너에게 材를 주었지만 하늘이 너에게 時 를 주지 않았구나.……"라 하여 재수 옴 붙은 不運한 人材를 愛惜해하고 탄식하였다.

李白은 杜甫보다 십여 년 年上이다. 先輩가 後輩에게 또는 어른이 젊은이에게 칭찬을 하고 德談을 하는 것은 常例다. 李白도 杜甫를 장차 文壇의 巨木이 될 것이며 될성부른 나무라고 입에 침이 마르는 것까지는 아니더라도 한 말씀하였을 可能性은 充分하다. 그리고 杜甫는 李白을 형님으로 모시고 받들며 가르침을 받겠노라고 해야 앞뒤 아귀가 맞는 것이다. 그렇다면 집 뜰에 嘉樹가 있다는 것은 그 사람에게 재주, 재능이 있다는 象徵이 될 수 있다. ≪左傳・昭公二年≫에서는 嘉樹를 칭찬한 것도 〈角弓〉을 읊은 것도 모두 韓宣子였다. 굳이 이것에 執着한다면 杜甫의 才能을 칭찬하고 兄弟처럼 잘 지내자고 한 것은 모두 李白의 몫이 된다. 그러나 典故의 運用, 故事의 援用時 그렇게 까다롭게 하지는 않는다. 3・4句는 對句가 되니 李白 杜甫가 하나씩 맡아 役割分擔하는 것이 훨씬 더 妥當하리라.

▶角弓: ≪詩・小雅・魚藻之什≫에 있는 노래. 그 가운데 "兄弟昏姻, 無胥遠矣.(▷胥는 相, 서로의 뜻이다.) 피를 나눈 兄弟와 婚姻으로 맺어진 姻戚은 서로 멀리 하지 말라."라는 대목이 있는데 ≪左傳・昭公二年≫에서는 두 나라가 형제처럼 姻戚같이 잘 지내라고 이 詩를 쓴 것이다.

➡ 〈角弓〉은 親族과 姻戚이 親善을 圖謀하는지 紐帶를 敦篤히 하는지 하여튼 "우리가 남이가! 똘똘 뭉치자"는 패거리 意識이 主가 된다 하겠다. 우리의 경우 父子有親이라 父子 祖孫사이에 自然發生한 소리가 있으니 이른바 天籟가 아니겠는가? 올롤롤롤 까꿍!

☛ **參考**

(1) 〈春日憶李白〉에서 "渭北春天樹, 江東日暮雲."이라 하여 봄날의 나무는 杜甫 자신을, 해 저물녘의 구름은 李白을 나타냈는데 굳이 "樹"字를 쓴 것이 혹시 嘉樹 즉 自己에 대한 칭찬의 말인 훌륭한 나무에서 끌어다 쓴 것이 아닌가 생각할 수도 있겠다. 생각은 자유입니다.

(2) 집 뜰에 근사한 나무 있으면 그것도 幸運이요 福이다. ≪新唐書・王義方傳≫에 다음과 같은 이야기가 실려 있다. "爲御史時, 買第, 後數日, 愛廷中樹, 復召主人曰: '此佳樹, 得無欠償乎?' 又予之錢. 王義方이 御史가

되었을 때 집을 샀다. 며칠 뒤 뜰의 나무를 아주 좋아하게 되었다. 이전의 집주인을 불러 말하기를 '이것은 근사한 나무인데 報償이 없을 수 없지요' 하며 또 돈을 주었다."

≪漢語大詞典≫에 嘉樹는 佳樹, 美樹라 하였고 佳樹는 嘉樹, 良木이라 하였다. 自己들도 답답했을 것이다. 둘러치나 메어치나 그것이 그것이니.

解說

그리고 저에게 嘉樹가 한 그루 있다고 하신 말씀 즉 될성부른 나무요 훌륭한 棟梁이 될 나무라고 칭찬하셨음을 想起하며 ≪左傳≫에 나오는 季武子가 한 말대로 잘 북돋아 키워 大成하리라 결심하였습니다. 또한 우리가 兄弟처럼 친하고 가깝게 지내자고 굳게 言約한 것이 생각나 亦是 ≪左傳≫ 그 대목에 나오는 ≪詩·小雅≫의 〈角弓〉을 언제까지나 잊지 않으리라 다짐합니다.

❖ 제5·6구: 短褐風霜入, 還丹日月遲.

註

▸短褐: 褐은 칡베나 삼베 그리고 짐승 털로 만든 貧賤한 사람들의 옷을 말한다. 短은 그나마 넉넉한 크기도 못되고 꽉 끼거나 짧다는 것이니 안팎곱사등이처럼 가난이 겹친 것을 말한다. 우리말로 옮긴다면 깡총한 헌 털뱅이 옷이 되겠다. 이 句는 現實生活에 쫓기는 杜甫의 處地를 말한다.

▸風霜: 바람과 서리. 다시 發展하여 艱難辛苦를 比喩하게 되었다. 短褐도 봄 여름 지내기에는 별 지장이 없으리라. 문제는 가을 겨울이다. 그렇다고 杜甫가 가을 겨울에만 고생했다고 할 수는 없다. 다만 우리나라에서도 하는 말이 가난한 사람 지내기는 봄 여름이 좋다고 하니 지금 겨울날 杜甫는 바람과 서리 즉 寒氣가 옷을 파고드는 것을 切感하고 있을 것이다. 옷도 더 짧게 느껴졌을 것이고.

▸還丹: 九轉還丹인데 九轉金丹, 九轉丹이라고도 한다. 轉은 道家에서 金丹을 굽고 불리는 회수를 말하는 量詞다. 晉·葛洪의 ≪抱朴子·內篇·金丹≫에서 "九轉之丹者, 封塗之於土釜中, 糠火, 先文後武, 其一轉至九轉, 遲速各有日數多少, 以此知之耳. 其轉數少, 其藥力不足, 故服之用日多, 得仙遲也. 其轉數多, 藥力盛, 故服之用日少, 而得仙速也. 一轉丹부터 九轉丹까지의 金丹. 질솥의 틈을 진흙으로 막고 겨로 불을 때는데 먼저 약하지만 꾸준히 타는 文火로 하고 나중에 활활 세게 타는 武火로 하는 법이다. 따라서 一轉에서 九轉까지는 더디고 빠르며 각각 날자의 적고 많은 차이가 있음을 이것으로 알 수 있는 것이다. 굽고 불리는 回數가 적으면 藥效가 不足하니 服用하는 날자는 많고 仙人이 됨은 더디나 굽고 불리는 回數가 많으면 약발이 세니 服用하는 날자는 적으나 仙人이 됨은 빠른 것이다"라 하였다.

▹封塗: 진흙으로 틈을 막음.

▹土釜: 土鼎. 질솥. 질흙으로 구워 만든 솥.

▹糠: 겨. 벼, 보리, 조 따위의 곡식을 찧어 벗겨낸 껍질.

▹文: 文火. 약하지만 끊이지 않고 꾸준히 타는 불.

▹武: 武火. 활활 세게 타는 불.

▹藥力: 藥效. 약발.

또한 "一轉之丹, 服之三年得仙. 二轉之丹, 服之二年得仙. 三轉之丹, 服之一年得仙. 四轉之丹, 服之半年得仙. 五轉之丹, 服之百日得仙. 六轉之丹, 服之四十日得仙. 七轉之丹, 服之三十日得仙. 八轉之丹, 服之十日得仙. 九轉之丹, 服之三日得仙. 一轉丹, 삼 년 먹으면 仙人이 되고, 二轉丹, 이 년 먹으면 仙人이 되고, 三轉丹, 일 년 먹으면 仙人이 되고, 四轉丹, 반 년 먹으면 仙人이 되고, 五轉丹, 백 일 먹으면 仙人이 되고, 六轉丹, 사십 일 먹으면 仙人이 되고, 七轉丹, 삼십 일 먹으면 仙人이 되고, 八轉丹, 열흘 먹으면 仙人이 되고, 九轉丹, 사흘 먹

으면 仙人된다"라 하였다.

▶日月遲: 日月은 하루와 한 달. 每日과 每月의 뜻에서 다시 時間, 歲月, 때, 時節로 擴大되었다. 遲는 느리다. 더디다. 緩慢하다. 늦다. 오래다의 뜻이 있다. 日月遲는 遲日曠久, 曠日持久의 뜻과 같다. 즉 헛되이 시일을 보내면서 오래 끈다는 의미다. 한마디로 丹藥의 製造가 遲遲不進함을 말한다. 丹藥의 完成이 이렇게 더딘 것은 事實일 수도 있고 杜甫의 느낌일 수도 있다. 즉 實際는 그렇게 오래되지 않았으나 杜甫가 마음으로 느끼기에는 아주 긴 시간이 흐른 것 같다는 말이다. 얼핏들은 바로는 아인슈타인(Einstein Albert)의 相對性理論을 아주 쉽게 말하면 아름다운 여인과 보낸 한시간은 아주 빠르게 지나가고 지겨운 화상과 함께한 한시간은 몹시 더디게 지나간다고 생각하면 된다나. 지금 杜甫도 丹藥의 製造에 큰 期待를 하지 않았거나 아니면 아예 否定的 立場이었지만 그저 相對에 대한 예의, 인사치레로 건성건성 따라가는 정도인 듯하다. 별 관심도 없고 成事도 難望인데 李白이 기를 쓰고 시작한지가 벌써 얼마더냐 꼭 수십 년은 흐른 것 같으나 實인즉 얼마 안되었을 것이다. 따라서 세월이 오래 지난 것 같다는 것은 사실이 아니고 다만 심정적으로 그렇다는 것이 실정에 맞는 말이 되겠다. 이 6句는 夢想家 李白을 간결하나 정확하게 나타낸 것이다. ≪杜詩鏡銓≫에서 이句는 "李白이 일찍이 道籙을 齊州의 紫極宮에서 北海의 高天師로부터 받았으므로 그렇게 말한 것이다"라 하였고 ≪讀杜心解≫에서도 6句를 "李白과 呼應한다"하였다. 다만 ≪杜詩詳注≫도 이 두句는 "杜甫가 流離하며 허송세월함을 스스로 아파하는 것이다"라 하였다. 그러나 杜甫와 金丹은 심하게 말하면 氷炭不相容까지는 아니더라도 아주 因緣이 薄한 것 같다. 杜甫의 性格上 相對의 趣向, 嗜好가 逐臭나 嗜痂정도만 아니면 만수받이에 맞장구쳐 줄 만큼의 雅量은 있었고 세상살이에 他人과 調和할 만한 너그러움도 터득했을 것이다. 文壇에 같이 몸을 담고 있으며

십여년 先輩에게 그 정도의 包容이야 당연한 일이었을 것이다. 아무래도 6句는 李白차지가 되겠다.

解說

그런데 저는 요즈음 형편이 말이 아닙니다. 흔히 가난뱅이를 두고 말하는 깡총한 헌털뱅이에 바람과 서리 겨울의 寒氣가 인정사정없이 파고듭니다. 그리고 그대의 九轉還丹 또한 웬 시간을 그리 끌며 成功했다는 소식은 들을 길이 없으니 실례의 말씀이나 한마디로 遲遲不進하다고 할 수 밖에 없습니다.

❖ 제7 · 8구: 未因乘興去, 空有鹿門期.

註

▸未因: 無由. 無從. ~할 길이 없다. 어쩔 도리가 없다.

▸乘興: 신이 나다. 흥이 나다. 이 말은 ≪世說新語 · 任誕≫에 나오는 王徽之의 이야기를 念頭에 두고 쓴 것이다. "王子猷居山陰, 夜大雪, 眠覺, 開室, 命酌酒, 四望皎然. 因起彷徨, 咏左思〈招隱詩〉, 忽憶戴安道. 時戴在剡, 卽便夜乘小船就之. 經宿方至, 造門不前而返. 人問其故, 王曰: '吾本乘興而行, 興盡而返, 何必見戴?' 王子猷 즉 王徽之가 山陰땅에 살 때 어느 날 밤에 큰 눈이 내렸다. 잠에서 깨어 방문을 열고 술을 따르게 하며 사방을 보니 하얗고 깨끗했다. 이에 일어나 배회하며 左思의 〈招隱詩〉를 읊다가 문득 戴安道 즉 戴逵가 생각났다. 그때 戴는 剡(섬)땅에 살고 있었다. 그 즉시 밤인데도 작은 배를 타고 찾아갔다. 하룻밤 걸려 겨우 이르렀는데 문앞에 가자 들어가지 않고 돌아갔다. 사람들이 그 까닭을 묻자 王徽之는 '내 본시 흥이 나서 갔는데 흥이 다하여 돌아왔으니 꼭 戴逵를 볼 필요가 있겠는가?" 하였다.

▹眠覺의 覺. 잠깨다는 뜻일 때에는 (교)로 읽는다.

▹卽便: 즉시. 곧. 당장. 냉큼.

▷經宿: 하룻밤 지나다. 하룻밤 걸리다.

▷方至의 方. 비로소. 겨우. 막.

▷造門의 造. 이르다. 도달하다.

後世에 "乘興而來, 敗興而去. 신이 나서 왔다가 흥이 깨져 돌아간다."라는 成語가 이로부터 생겨났다 한다. 杜甫의 率直한 告白이다. 自己의 처지나 형편 그리고 자기의 성격상 기분이 좋다거나 흥이 난다거나 하여 그에 따라 거리낌 없이 李白을 찾아갈 수는 없다는 것이다. 본디 王徽之 행동의 事實與否도 말이 많거니와 事實이라고 하여도 多分히 意圖的인 行動으로, 말하자면 言論플레이를 하였다고 사람들은 생각하여 왔다. 杜甫처럼 着實하고 꼼꼼한 사람이 그렇게 못 하겠다는 것은 너무나 당연한 말씀이다.

▶空: ① 헛되이. 부질없이. 공연히. ② 다만. 겨우. 한갓. 오직.

▶鹿門: 後漢末 龐德公이 隱居하였다는 산 이름. 龐德公은 ≪後漢書·逸民傳≫에서는 그냥 龐公으로 되어있다. 그에 관해서는 ≪後漢書≫와 ≪尙友錄≫, ≪襄陽記≫에 行跡이 記錄되어 있는데 약간 差異는 있지만 大同小異라 하겠다. 主要한 것을 추려보겠다. 後漢의 襄陽사람으로 峴山의 南에 살았는데 城市에 들어가지를 않았다. 當時의 名士인 荊州刺史 劉表가 아무리 불러도 응하지 않자 할 수 없이 직접 찾아갔다 한다. 龐公은 밭을 갈고 그 아내는 김을 매는데 相敬如賓이라 夫婦間이지만 존중함이 손님대하듯 하였다한다. 劉表가 一身을 保全함보다 天下를 保全함이 더 좋지 않을까 하며 이렇게 살면 도대체 자손에게 무엇을 물려줄 수 있겠느냐 하였다. 龐公의 대답인 즉 사람들은 危險을 물려주나 나는 오히려 安全을 물려준다 하니 劉表도 할 말이 없게 되어 歎息하고 가버렸다 한다. 사실 劉表는 荊州를 자식에게 물려주었으나 曹操에게 먹혔으니 龐公의 말이 옳기는 옳게 되어 버린 꼴이다. 諸葛孔明은 매번 龐德公을 찾아오면 그가 앉은 상탑(牀榻) 아래에서 남에게는

하지않는 特別한 敬禮를 올렸는데 龐 또한 사양하지 않았다 한다. 司馬徽 즉 司馬德操는 龐公보다 십년 年下라 兄으로 섬겼는데 아주 친하였다. 어느 날 司馬가 龐을 訪問하였는데 마침 강건너에 있는 선영(先塋)에 가고 없었다. 司馬는 거리낌없이 곧장 대청에 올라가 龐의 아내와 자식들을 불러 밥 지으라 하며 徐元直이 일찍이 말하기를 여기와서 龐德公과 애기를 나누기로 되어있다고 하였다. 그 아내와 자식들은 모두 대청아래에 빙 둘러서서 禮를 올리고는 바쁘게 다니며 준비하고 차리고 하였다. 얼마있다 龐이 돌아와 그에게 다가가니 누가 主人이고 누가 客인지 알 수 없더란다. 獻帝 建安年間에 妻子를 거느리고 鹿門山에 숨어 약초를 캐며 다시는 세상에 모습을 드러내지 않았다한다. 司馬徽는 諸葛亮과 龐統을 劉備에게 薦擧하였다 한다. 이 세 사람은 臥龍, 鳳雛, 水鏡으러 世間에 널리 알려졌는데 모두 龐德公의 말씀이란다. 司馬徽는 뒷말 曹操에게 重用될 뻔 하였으나 마침 病으로 死亡하였다 한다. ≪杜詩鏡銓≫에서 盛宏之의 ≪荊州記≫를 引用하였다. "龐德公居漢之陰, 司馬德操居漢之陽, 望衡對宇, 歡情自接. 龐德公은 漢水의 남쪽에 살고 司馬德操는 漢水의 북쪽에 살아 衡門으로 이루어진 오막살이가 서로 바라보니 기쁜마음이 절로 이어졌다."(▷衡宇: 衡은 나무 하나 가로질러 걸어 놓은 문이니 아주 간소한 문이다. 이렇게 이루어진 宇 즉 집이라는 뜻이다. 두사람의 오막살이가 마주 바라보고 있으니 꽤 가깝게 있다는 말이다.) 지금 ≪杜詩鏡銓≫은 사람들이 誤解하기 좋게 이 글을 引用하였다. 鹿門山에 隱居한 것은 龐 한쪽이지 司馬는 鹿門과는 관계가 없다. 그런데 漢水의 南北云云하며 두 사람이 아주 咫尺에 살고 있는 대목을 그곳에 注로 달았으니 鹿門과는 아무 상관없는 行跡이 猝地에 出現한 것이다. 다시 말한다. 鹿門은 司馬와는 관계가 없으며 龐의 專用이다. 지금 杜甫가 말하는 鹿門期는 龐德公처럼 世上의 名利를 다 버리고 隱居한다는 期約은 절대 아니다. 앞에서도 말했지만 功成身

退하겠다는 말씀이다. 이룰 것 다 이루고 쌓을 것 모두 쌓은 뒤에 그 자리에 연연하여 치사하게 눌어 붙지않고 떠나가겠다는 뜻이다. 鹿門은 隱居地중에 世間에 잘 알려진 곳 즉 매스콤 탄 곳을 선택한 것이지 龐德公의 行跡을 金科玉條삼아 俗世를 떠나 숨어 살겠다는 뜻은 절대 아니다. ≪杜詩詳注≫에서 "上四懷李, 下四自敍. 위의 네 구는 이백을 그리워함이며 아래 네 구는 스스로를 서술함이다."라 하였다. 雨田선생님과 杜詩의 諸家注를 이야기할 때 선생님은 ≪杜詩鏡銓≫이 簡潔하고 明瞭하여 큰 支持를 얻는 것은 당연하다고 하셨다. 그러나 杜詩라는 泰山峻嶺을 넘게하는 길라잡이로 많은 사람들에게 杜詩를 맛보게 해준 至大한 功勞를 생각하면 ≪杜詩詳注≫만한 것이 없고 이를 덮을 注가 아직은 없다 하셨다. 그런데 ≪杜詩詳注≫의 가장 큰 缺點이 바로 上・下, 前・後 이렇게 詩를 둘로 나누어 해설한 점이라는 것이었다. 杜詩가 蹴球나 무슨 운동경기처럼 前半 後半 이렇게 둘로 쪼개놓은 것이 가장 큰 잘못인데 그것을 勘案하고 ≪杜詩詳注≫를 보아야 된다 하셨다. 지금도 上四 下四 이렇게 하다보니 下四는 모두 杜甫 이야기가 되어야만 하게끔 스스로를 拘束한 셈이 되고 말았다. 우리가 어찌 仇兆鰲先生의 萬分의 일이나 되겠는가? 그러나 愚人의 눈에도 傍觀者의 눈에도 잘못이 잘 보이는 점 양해하시라.

解說

제 처지나 형편상 흥이 나는 대로 기분이 내키는 대로 모든 일을 훌훌 털어버리고 그대 계신 江東으로 갈 수는 없습니다. 그러니 우리 둘이 만나기는 당분간은 어렵겠지요. 그래서 생각하는데 이제 남은 것은 功成한 뒤에 身退하여 함께 隱居하기로 한 그 約束만이 남아있을 뿐입니다. 그날이 오기를 기다리겠습니다.

36. 〈春日憶李白〉(五言律詩)

白也詩無敵, 飄然思不群. 清新庾開府, 俊逸鮑參軍.
渭北春天樹, 江東日暮雲. 何時一樽酒, 重與細論文.

❖ 詩題

〈봄날 李白을 생각하며〉

❖ 제1·2구: 白也詩無敵, 飄然思不群.

註

▸也: 句中에 쓰는데 잠시 중지하거나 잠시 쉬는 역할을 한다. 오래전부터 也字에 이러한 用法이 있었으니 ≪詩·陳風·墓門≫에서 "夫也不良, 國人知之. 그 사람으로 말하자면 좋지 못하니, 나라 사람들이 다 알고 있지"가 그 例다. 굳이 풀어서 말한다면 ~로 말하자면, ~이야말로가 그런대로 적당하다. 이 "白也"는 〈春日憶李白〉이라는 秀作의 첫머리에 돌올(突兀)히 登場하여 상당히 强烈한 印象을 주었다. 後世에는 李白이라는 흔한 姓名 代身 "白也"로 李白을 指稱하였는데 그런대로 멋과 끼가 있다고 하였다.

▸無敵: 匹敵할 者가 없다. 對抗할 者가 없다. 比較할 者가 없다. ≪杜詩詳注≫는 재주가 庾信, 鮑照를 겸하니 思不群하여 當世無敵이라(才兼庾鮑, 則思不群而當世無敵) 하였다.

▸飄然: 높고 아득한 모습. 超脫한 모습(高遠貌. 超脫貌). 以上은 ≪漢語大詞典≫의 풀이니 例로 本詩를 들었다. 우리나라에서는 바람에 나부끼는 모양이 가볍다. 훌쩍 나타나거나 떠나는 모양이 거침없다로 되어있다. 따라서 그냥 표연히, 표연하게로 쓰면 뜻이 조금 달라진다.

▸思: 思는 思想, 意念이라고 하며 例로 本詩를 들었다. (≪漢語大詞典≫) 우리 생각에는 詩思, 詩想이란 우리말이 適當하다고 보는데 그 풀이는 ≪표준국어대사전≫에 의하면 시에 나타난 사상이나 감정으로 되어 있다. 따를만하다.

▸不群: 拔群. 어떤 무리와도 견줄 수 없는 정도로 뛰어남. 出衆하다. 卓越하다. 홀로 超然해 있다.

解說

李白으로 말하면 詩에 있어서는 匹敵할 者 없으니 높고 아득하게 詩想이 무리 속에서 벗어나 홀로 뛰어나기 때문이라.

❖ 제3·4구: 淸新庾開府, 俊逸鮑參軍.

註

▸淸新: 맑고 아름다우며 새롭고 독특하여 俗套, 陳腐를 벗어던짐. 이 淸新은 물론 좋은 詩風이나 굳이 따진다면 氣魄과 힘이 不足하거나 缺如될 수밖에 없다. 따라서 다음 句의 俊逸로 補充해야 盡善盡美, 完璧을 期할 수 있다고 보는 것이다.

▸庾開府: 庾信(513~581)이니 字는 子山으로 南陽 新野 사람이다. 梁나라의 著名한 詩人 庾肩吾의 아들로 徐陵과 함께 宮體詩에 뛰어나 世上에서는 "徐庾體"라 불렀다. 그의 젊은시절 作品은 綺麗, 纖細, 淸新하였으며 特히 小品의 賦인 〈春賦〉, 〈燈賦〉, 〈對燭賦〉, 〈鏡賦〉 等을 보면 무엇이라 形容할 수 없는 瓏玲한 美感을 느낄 수 있다. 이 時期의 詩는 〈詠畵屛風詩〉 二十四首가 특히 人口에 膾炙되었다. 侯景의 亂 때에 江陵으로 逃避하였는데 그곳에서 元帝가 卽位하자 右衛將軍, 散騎侍郞이 되었고 武康縣侯에 封해졌다. 西魏에 使臣으로 갔는데 西魏는 梁을 滅亡시켰고 그는 그곳에 抑留되었으며 西魏가 亡한 뒤에 다시 北周에서 벼슬을 받아 驃騎大將軍, 開府儀同三司가 되었으며 이 때문

에 庾開府라 불리게 되었다. 北朝에 抑留되었을 때의 詩風은 젊은 날과는 逈異하였으니 鄕關之思 卽 望鄕의 情과 亡國의 悲哀, 悔恨이 짙게 배어있고 風骨은 늠연(凜然)하였다. 이때의 대표작은 詩로는 〈擬詠懷〉 二十七首가 있고 賦로는 〈哀江南賦〉라는 長篇巨作이 있는데 當時의 文壇을 震驚시켰다. 杜甫가 〈詠懷古跡〉 五首 其一에서 "庾信平生最蕭瑟, 暮年詩賦動江關."이라 한 것이 이때를 두고 한 말이다. 杜甫는 그의 〈戱爲六絶句〉의 其一에서 "庾信文章老更成, 凌雲健筆意縱橫"이라 하여 "老成"을 다시 稱讚하였다. 杜甫는 庾信에게서 "淸新"과 "老成"을 본받을 만하며 또한 長點이라고 본 것이다. 아마 그의 綺麗, 纖細는 不足掛齒라 여긴 듯하다.

▶俊逸: ≪표준국어대사전≫에서는 재능이 뛰어남 또는 그러한 사람이라고 풀이하였는데 재능의 범위나 한계가 모호하여 그야말로 捕風捉影이라 바람 잡고 그림자 붙들듯 알쏭하다. ≪漢語大詞典≫에서는 英俊灑脫(쇄탈), 超群拔俗이라 하였으니 좋은 것은 다 網羅하여 仲媒의 新郎감 紹介狀같기도 하다. 쉽게 풀면 英敏하고 俊秀하며 疎脫 大汎하고 여럿 가운데 뛰어나며 世俗에 얽매이지 않고 超脫함이 되겠다. 아주 간단히 말하면 머리 좋고 행동거지는 거리낌 없이 시원시원하다는 말씀이다. 이것은 아차 잘못하면 거칠고 사나울 수도 있으니 이른바 粗惡이다 앞句의 淸新을 덧붙이고 보태야 巨創히 말해 集大成했다 할 수 있으리라.

▶鮑參軍: 鮑照(約 414~466). 字는 明遠으로 東海人이다. 집안이 寒微하였으니 門閥, 閥閱을 심하게 따지는 六朝라는 貴族社會에서 이것이 平生의 멍에가 되었다. 이십여 세 때 臨川王 劉義慶에게 시를 바쳐 侍郎이 되었다. 다시 衡陽王 劉義秀, 始興王 劉濬(유준) 밑에서 侍郎노릇을 하였는데 貧困과 疾病속에서 세월을 보냈다. 나중에 가서야 中央政府의 관리가 될 수 있었으니 太學博士, 中書舍人, 海虞令, 秣陵令, 永嘉令 등을 거쳤다. 南朝・宋의 世祖는 재주있는 인물을 아주 미워하고

꺼렸다. 그래서 그는 故意로 "鄙言累句. 천박한 말과 흠있는 구절"를 써서 文章을 지어 겨우 禍를 피하였다는 유명한 이야기가 전해진다. 臨海王 劉子頊(유자욱)이 前軍參軍으로 삼았는데—이 때문에 鮑照를 鮑參軍이라 부른다—劉子頊이 亂을 일으키자 그 渦中에 亂兵들에게 殺害되었다. 鮑照는 文에도 能하였는데 〈蕪城賦〉가 탁월하다. 詩는 古詩와 樂府가 半半인데 樂府가 뛰어나고 그중에서도 〈擬行路難〉 十八首가 冠絶로 後世 盛唐의 高適, 岑參, 李白의 豪放한 格調는 여기에 뿌리를 두고 있다고 하며 특히 七言詩에 대한 影響이 깊고 컸다고 한다.

解說

맑고 아름다우며 새롭고 독특하여 舊態 俗套(속투)를 벗어남은 바로 庾開府니 庾信이 不死함이요, 英敏 俊秀하고 疎脫(소탈) 大汎(대범)이라 거리낌 없이 시원시원함은 그대로 鮑參軍이니 鮑照가 復生함이라.

❖ 제5·6구: 渭北春天樹, 江東日暮雲.

註

- 渭北: 渭水의 北. 지금 杜甫가 머물고 있는 長安一帶를 가리킨다.
- 春天: 봄날. 天은 日의 뜻으로 쓰이니 例컨대 今天은 今日이고 明天은 明日이다.
- 春天樹: 봄날의 나무는 겨울의 裸木에서 안개처럼 피어나는 연두색으로 치장하고 있다. 박영수 著 ≪색채의 상징, 색채의 심리≫에 의하면 봄의 상징색은 밝은 연두색과 노란색인데 생기와 활기를 전하며 사람들은 생명의 기운을 느끼고 움직이고픈 충동을 받는다 한다. 앞의 〈冬日有懷李白〉에서도 "未因乘興去"라 했는데 지금 봄날의 연두빛으로 물든 나뭇잎은 그에게 江東의 李白을 찾아 그대로 떠나고 싶은 마음을 일으키게 하였을 것이다. 風景의 描寫지만 同時에 情을 담고 있다. 형편상 몸은 달려가지는 못하지만 마음은 훨훨 날아가고 있었을 것이다.

▸江東: 長江의 東南. 지금의 江蘇, 浙江一帶. 또한 三國時代 吳나라의 疆域을 가리키기도 한다.

▸日暮雲: 해 저물녘의 구름. 悲哀와 虛無를 背景으로 정처없이 떠도는 나그네 신세를 나타낸다. 앞에서 나온 ≪색채의 상징, 색채의 심리≫에 의하면 日出과 夕陽은 太陽이 地平線과 맞닿아 있다는 점에서 똑 같지만 사람이 느끼는 감정은 확연히 다르다 하였다. 새벽의 하늘은 파란색을 기조로 하여 선명한 노랑이 강한 빛을 내뿜고 있는 반면 저녁의 하늘은 주황색을 기조로 하여 어두운 노란색과 탁한 붉은색이 그레데이션(gradation)효과를 드러내고 있다 한다. 사람은 동트는 새벽에 활기를 얻으며 검붉은 저녁노을을 보며 휴식 또는 허무를 느낀다는 것이다. 杜甫의 〈滕王亭子〉 二首 其二에서도 "鳥雀荒村暮, 雲霞過客情"이라 함. 앞에서 나온 〈陪李北海宴歷下亭〉의 "落日將如何"의 註에서 落日의 여러 意味를 많은 例와 함께 說明하였으니 참고하시라.

➡ 第5·6句는 너무나 印象的이라 人口에 膾炙되었으며 아예 "春樹暮雲", "雲樹之思"라는 成語로 定着되어 벗님을 그리워 한다는 뜻을 이것으로 나타내게 되었다.

➡ 杜甫를 제대로 배워 精髓를 얻었다는 李商隱은 이 雲樹를 써서 秀作을 한 首 지었으니 七言絶句 〈寄令狐郎中〉의 첫句 "嵩雲秦樹久離居. 崇山 있는 洛陽의 구름은 내 모습이고 秦나라의 都邑이었던 곳 長安의 나무는 그대의 뜻인데 오래됐구나, 서로 떨어져 산지가"가 바로 그것이다.

解說

渭水 북쪽 長安의 나무, 안개처럼 피어나는 봄날의 연두빛 나뭇잎은 내 그리움이니 내 마음은 남쪽으로 달려가고, 長江의 東南 해 저물녘의 붉게 물든 구름은 떠도는 나그네 그대가 아니신가?

❖ 제7 · 8구: 何時一樽酒, 重與細論文.

註

▸樽: 술 단지. 술통. 술잔.

▸重: 재차. 다시. 거듭.

▸與: 더불어. 함께.

▸細: 자세히. 상세히. 찬찬히. 면밀하게.

▸論文: 詩를 討論하다. 詩에 관해 論議하다. 六朝以來로 詩를 文이라고 하였으니 여기에서 文은 詩를 가리킨다.(蕭滌非 先生 말씀) 蕭先生은 또한 杜甫가 詩文討論하기를 즐겨 詩作속에서 往往 言及했다고 하였다. 우리가 얼핏 생각나는 것이 〈戲爲六絶句〉와 〈解悶〉 十二首였다. 그리고 두 사람은 再會했을까? 蕭先生의 말씀인즉 可惜하게도 두 분 大詩人은 다시는 만나지 못하였다 한다. 韓愈는 〈醉留東野〉 詩에서 “昔年因讀李白杜甫詩, 長恨二人不相從. 나는 과거 李白이 杜甫에 관해 쓴 詩와 杜甫가 李白을 그리는 詩를 읽었기 때문에 두 사람이 함께 어울리지 못함이 영원한 恨이 되었다”라 하였다. 이것으로 짐작할 수 있을 것이다.

解說

언제쯤이 될 것인가? 한가하게 한 통 술 앞에 두고 다시 우리 함께 어울려 찬찬히 詩에 관해 討論할 때가.

37. 〈送孔巢父謝病歸遊江東兼呈李白〉(七言古詩)

巢父掉頭不肯住, 東將入海隨烟霧.
詩卷長留天地間, 釣竿欲拂珊瑚樹.
深山大澤龍蛇遠, 春寒野陰風景暮.
蓬萊織女回雲車, 指點虛無引歸路.
自是君身有仙骨, 世人那得知其故.
惜君只欲苦死留, 富貴何如草頭露.
蔡侯靜者意有餘, 淸夜置酒臨前除.
罷琴惆悵月照席, 幾歲寄我空中書.
南尋禹穴見李白, 道甫問訊今何如.

❖ 詩題

天寶六年 봄 長安에서 지은 것으로 杜甫集中 가장 이른 七言古詩가 된다.…… 孔(巢父)의 뜻이 求神仙, 訪道士·眞人에 있으므로 詩中에 縹緲恍惚(표묘황홀)한 語詞가 많고 濃厚한 浪漫主義의 色彩를 띠었다. 그러나 이로써 杜甫가 早期에 屈原의 影響을 받았다는 것을 알 수 있다.(蕭滌非先生의 ≪杜甫詩選注≫)

➥ 아마 天寶六年 봄 長安에서 지은 것이리라. 비슷한 時期에 지은 〈飮中八仙歌〉(역시 七言古詩다)와 함께 名作이다. (陳貽焮先生의 ≪杜甫評傳≫)

▸孔巢父: 먼저 巢父에 대해 說明하겠다. 父는 이때에는 (보. fǔ) 上聲으로 읽어야 하며 才德있는 男子의 美稱. 年老한 男子의 尊稱이다. 甫도 (fǔ) 上聲으로 男子의 美稱 또는 年老者의 尊稱이니 두 글자는 通用된다. 父親·父母의 父는 (부. fù) 去聲이 된다. 晉·皇甫謐(황보밀)이 撰

한 ≪高士傳 · 巢父≫에 의하면 巢父는 堯임금 때의 隱者로 山에 살며 世間의 利益 · 官祿을 追求 · 圖謀하지 않았는데 年老하자 나무에 둥지를 틀고 그 위에서 잠을 잤으므로 당시 사람들이 巢父 卽 둥지어르신 · 둥지영감님이라 불렀다는 것이다. 堯임금이 天下를 許由에게 양보하려 하자 許由가 巢父에게 告하였다. 巢父가 너는 왜 너의 形體를 숨기고 너의 才華를 감추지 않았단 말이냐? 너는 나의 벗이 아니다 하며 그의 가슴을 치고 下視하였다. 許由는 悵然(창연)이라 즉 서운하고 섭섭하여 마음이 편하지 않았다. 이에 맑고 찬 물에 가서 귀를 씻고 눈을 닦으며 아까 더러운 말을 들어 내 벗을 저버렸구나 하며 가버렸는데 죽을 때까지 만나지 않았다 한다.(巢父者, 堯時隱人也. 山居不營世利, 年老以樹爲巢而寢其上, 故時人號曰巢父, 堯之讓許由也. 由以告巢父, 巢父曰汝何不隱汝形藏汝光, 若非吾友也. 擊其膺而下之, 由悵然不自得, 乃過淸泠之水, 洗其耳, 拭其目, 曰向聞貪言, 負吾之友矣, 遂去, 終身不相見.) 그런데 ≪高士傳 · 許由≫를 보면 堯임금이 天下를 許由에게 물려주려하자 頑强히 拒否하며 遁耕 즉 世上을 피하여 隱遁하며 農耕하니 潁水의 北이며 箕山의 기슭으로 天下를 經營하려는 氣色이 전혀 없었다. 堯임금이 다시 天下 九州의 우두머리로 부르니 許由는 들으려 하지 않고 潁水의 물가에서 귀를 씻었다. 그 때 그의 벗인 巢父가 송아지를 끌고 와 물을 먹이려다 許由가 귀 씻는 것을 보고 까닭을 물었다. 대답하길 堯임금이 나를 불러 天下 九州의 우두머리로 삼고자 하여 그 말이 듣기 싫어 귀를 씻는다 하였다. 巢父가 말하기를 만약 그대가 높은 강 언덕이나 깊은 산골에 있어 人間世上과 통하지 않았다면 누가 너를 알아보았겠는가? 그대는 고의로 여기저기 싸다니며 名聲과 榮譽를 듣고 얻으려했다. 내 송아지 입이 더러워지겠구나 하며 송아지를 끌고 上流로 가 물을 먹였다 한다. (……堯又召爲九州長, 由不欲聞之, 洗耳於潁水濱. 時其友巢父牽犢欲飮之, 見由洗耳, 問其故, 對曰 “堯欲召我

爲九州長, 惡聞其聲, 是故洗耳." 巢父曰 "子若處高岸深谷, 人道不通, 誰能見子. 子故浮游, 欲聞求其名譽, 汚吾犢口." 牽犢上流飮之.……)

같은 사람이 쓴 하나의 책인데 內容이 좀 다르다. 그런데 그 要旨는 隱逸에게도 輕重·高下·眞僞·虛實의 是非가 있었다는 것이다. 진정한 隱者는 姓도 名도 알려지지 않고 그 行跡도 五里霧中이라야 한다는 것이리라. 事實與否는 確實하지 않으나 ≪高士傳≫에 許由는 字가 武仲이며 陽城·槐里人也라 한 것을 보면 巢父처럼 모든 것이 장막에 가리우고 베일에 싸인 人物보다 人間世上과 交流가 있었다고 볼 수 있다. 조금 야속하고 각박하게 평하면 "너 언론플레이 했지? 매스콤을 이용했구나!"할 수도 있다. 그래서 巢父가 더 高級(?)의 隱者며 世稱 巢父·許由지 許由·巢父라고는 하지 않는가보다.

아버지 또는 할아버지가 아들이나 손자의 이름을 지을 때 아주 공을 들이고 自己들의 希望과 祈願을 거기에 담는 것은 當然하며 人之常情이다. 劉學鍇(유학개)先生의 ≪李商隱傳論≫을 보면 李商隱이라는 이름은 秦末漢初의 高士요 隱士인 商山四皓에게서 따온 것이란다. 또한 名과 字는 매양 相關되는바 李商隱의 堂兄의 字가 기왕에 讓山 —〈柳枝〉五首의 序에 登場한다— 이므로 商隱은 거기에 맞춰 山字를 쓰되 商山四皓의 高義가 山과 같다는 뜻 또한 兼事兼事 取하여 義山으로 했다는 것이다. 勿論 아버지 李嗣의 本意는 아들이 隱居하며 出仕하지 말라는 뜻은 아니었다. 四皓는 張良의 薦擧로 出山하여 太子를 補佐, 趙王 如意에게 빼앗길 뻔한 東宮의 자리를 無事히 지켜낼 수 있었으므로 그와 같이 때를 기다렸다가 큰 功을 세우고 帝王之佐가 되라는 것이 속생각이었다.

孔巢父도 自身이 作名한 것은 아닐 것이다. 字인 弱翁도 당연히 집안 어른들이 지었을 것이며 그들의 所望이 담겨있었을 것이다. 그래도 그렇지 아무리 所望·期待가 强烈하더라도 이름을 이렇게 露骨的으로

赤裸裸하게 公然히 내놓고 까놓고 지은 例도 드물 것이다.

字인 弱翁은 조금 隱晦한듯 하나 識者들은 대부분 알 수 있으니 그게 그것이다. ≪老子≫ 3章에서 "是以聖人之治, 虛其心, 實其腹, 弱其志, 强其骨. 그래서 聖人의 政治란 사람들의 마음을 淸虛하게 하되 배는 부르게 하며 心志를 약하게 하여 智慧·機巧가 나오지 못하게 하되 肉身은 강하게 하여 일 잘하게 만드는 것이다"라 했고 36章에서 "柔弱勝剛强. 柔弱이 剛强을 이긴다"라 했으며 76章에서 "人之生也柔弱, 其死也堅强. 사람이 살아있을 때에는 柔弱하나 죽으면 굳고 뻣뻣해진다", "堅强者死之徒, 柔弱者生之徒. 堅强은 死亡의 部類, 柔弱은 生存의 部類.", "强大處下, 柔弱處上. 强大함은 아랫자리에 있고, 柔弱함이 윗자리를 차지한다"라 했는데 다시 78章에서 "天下莫柔弱於水, 而攻堅强者, 莫之能勝. 天下에 물보다 柔弱한 것이 없으나 堅强을 치는데 이보다 나은 것이 없다", "弱之勝强, 柔之勝剛, 天下莫不知, 莫能行. 弱이 强을 이기고 柔가 剛을 이기는 것을 天下에 모르는 자 없으나 實踐하는 이 없다"이라 하였다. 以上 巢父란 名과 弱翁이란 字를 보면 그 집안 어른들의 內心을 쉽게 알아챌 수 있으리라. 그리고 當事者인 孔巢父 本人도 이것을 人生航路의 指針으로 삼을 수도 있었을 것이나 同時에 無言의 壓迫·굴레로 느낄 때도 있었을 것이다. 그가 隱居와 出仕를 反復함은 이러한 葛藤과 心的 彷徨을 그대로 證明함이 되겠다. 勿論 이것은 좋게 보아주었을 때의 일이고 나쁘게 말하면 隱居하여 이름을 世上에 알린 뒤 이를 밑천으로 獵官했다고 하여도 自身의 行跡에 비추어 볼 때 억울하다고 抗辯하기는 어려울 것이다.

그러면 孔巢父와 有關한 三種의 글을 보기로 하자. 첫째는 列傳이고, 둘째는 李白의 〈送韓準·裴政·孔巢父還山〉이란 詩며, 셋째는 杜甫의 〈雜述〉이란 文章이다.

① ≪舊唐書≫, ≪新唐書≫ 모두 列傳에 실려 있는데 여기에서는 ≪新唐書≫의 列傳을 보겠다.

孔巢父字弱翁, 孔子三十七世孫. 少力學, 隱徂來山. 永王璘稱兵江淮, 辟署幕府, 不應, 鏟蹟民伍. 璘敗, 知名. 廣德中, 李季卿宣撫江淮, 薦爲左衛兵曹參軍. 三遷庫部員外郎. 出爲涇原行軍司馬. 累拜湖南觀察使, 未行, 會普王爲荊襄副元帥, 署行軍司馬. 俄而德宗狩奉天, 行在擢給事中, 爲河中・陝・華招討使, 累上破賊方略, 帝嘉納. 未幾, 兼御史大夫, 爲魏博宣慰使. 巢父辯而才, 及見田悅, 與言君臣大義, 利害逆順, 開曉其衆. 是時, 悅久不臣, 下皆厭亂, 雜然喜曰: 不圖今日還爲王人. 酒中, 悅起, 自陳騎射工, 曰: 陛下見用, 何敵不摧. 巢父曰: 若爾, 不蚤自歸, 乃一劇賊耳. 悅曰: 能爲劇賊, 豈不能爲功臣乎. 巢父曰: 國方多虞, 待子而息. 悅謝焉. 數日, 田緖殺悅, 與大將邢曹俊等聽命. 巢父卽以緖權知軍務, 紓其難. 李懷光據河中, 帝復令巢父宣慰, 罷其兵, 以太子太保授之. 懷光素服待命, 巢父不止. 衆忿曰: 太尉無官矣. 方宣詔, 乃譟而合, 害巢父, 幷殺中人啖守盈. 初, 巢父至, 懷光以其使魏博而田悅死. 疑其謀出巢父, 故軍亂不肯救. 帝聞震悼, 贈尙書左僕射, 謚曰忠. 詔具禮收葬, 賜其家粟帛, 存卹之.

孔巢父, 字는 弱翁. 孔子의 37代孫이다. 어려서 열심히 공부하였는데 徂來山에 隱居하였다. 永王 李璘이 江淮에서 擧兵할 때 幕府로 불러 자리를 주려했으나 不應하고 百姓들 틈에 자취를 감췄다. 이 때문에 李璘이 失敗하자 世上에 이름이 널리 알려졌다. 廣德年間에 李季卿이 江淮地域을 宣撫할 때 薦擧하여 左衛兵曹參軍이 되었다. 세 번 즉 여러 번 승진하여 庫部 員外郎이 되었으며 地方으로 나가 涇原의 行軍司馬가 되었다. 功을 여러 번 세워 湖南觀察使로 승진하였는데 赴任하기 전에 普王이 荊襄副元帥가 되자 그를 行軍司馬로 任命하였다. 얼마 안 되어 德宗임금께서 奉天으로 巡狩하셨을 때 行在所에서 給事中으로 拔擢하여 河中·陝·華地域의 招討使로 삼았다. 여러 차례 賊을 擊破하는 策略을 올리니 임금께서 칭찬하시며 받아들이셨다. 얼마 후 御史大夫를 兼職하였고 魏博의 宣慰使가 되었다. 巢父는 口辯이 있는데다 才能 또한 뛰어나 田悅을 만나자 君臣間의 大義·利害得失, 君臣間의 順·不順, 事態의 輕重, 境遇의 好·不好, 事理의 當·不當을 말하여 그 무리들을 깨우쳐주었다. 이때에 田悅이 오랫동안 朝廷의 臣下노릇을 안하여 아랫사람들은 叛亂에 염증을 내고 있었는데 모두들 기뻐하며 오늘 다시 임금님의 臣民이 된 것은 의외요 뜻밖이다 하였다. 술 마시는 도중에 田悅이 일어나 騎馬와 弓術의 뛰어남을 떠벌리며 "陛下에게 重用된다면 어느 敵 인들 격파 못하랴"하자 巢父가 "그와 같은데도 일찍이 歸順하지 않는다면 그저 하나의 大盜일 뿐이리"하자 田悅은 "大盜가 될 수 있다면 功臣 또한 어찌 못 되리"하였다. 巢父가 "나라가 바야흐로 근심·걱정이 많은데 그대를 의지해서 그칠 수 있으리라"하자 田悅이 謝禮하였다. 며칠 뒤 田緖가 田悅을 죽이고 大將 邢曹俊 等과 함께 나라의 命을 따르겠다 하니 巢父는 즉시 田緖로 하여금 軍務를 代理로 主管하게 하여 難局을 해결하였다. 李懷光이 河中을 근거로 하여 반항하자 임금은 다시 巢父로 하여금 宣慰 그 軍隊를 罷하게하며 太子太保의 벼슬을 내렸다. 懷光이 罪人을 自處, 素服으로 命을 받들려하는데 巢父는 말리지 않았다. 무리들이 성이 나서 우리 太尉께서 벼슬을 못 받으시나보다 하였다. 그때 막 詔書를 衆人들 앞에서 朗讀하고 있었는데 아우성치며 모여들어 巢父를 해치고 같이 온 宮中의 宦官인 啖守盈(담수영)도 함께 殺害하였다. 당초 巢父가 왔을 때 懷光은 그가 魏博에 使命을 받들고 가자 田悅이 죽었으니 그 꾀가 巢父에게서 나온 것이 아닌가 의심하였으므로 軍士들이 亂動을 부릴 때 구하려하지 않은 것이다. 皇帝께서 들으시고 驚愕·哀悼하사 尙書左僕射(상서좌복야)를 追贈하시고 諡號를 忠이라 하셨으며 禮를 갖춰 屍身

을 收拾·葬事지내게 하시고 遺族들에게 곡식과 옷감을 하사하시어 慰勞·救恤하셨다.

▷≪舊唐書≫에 의하면 巢父는 冀州人이다. 冀州는 옛날 九州의 하나였다. 그러나 漢에서 淸까지는 行政區域의 이름이 되겠는데 河北省의 中南部 河南省의 北端 山東省의 西端이 管轄이다. 그가 젊었을 때 徂來山(조래산)에 隱居하였다 하는데 徂來山은 山東省 泰安縣 東南에 位置하니 그는 故鄕에서 멀지 않은 곳에 隱居한 것이다. 함께 隱居한 사람은 李白·韓準·裵政·張叔明·陶沔(도면)이며 山아래 竹溪에서 매일 실컷 마시고 취하여 노래하였는데 사람들이 竹溪六逸이라 불렀다 한다. 그 時期는 대략 開元末로 추정하는데 李白이 35歲쯤 되었으니 孔巢父는 20歲쯤 되었을 것이다. 왜냐하면 그가 杜甫를 兄이라 하였는데 杜甫는 李白보다 열 한두 살 아래니까 그렇게 추측하는 것이다. 따라서 孔巢父의 경우 지금의 눈으로 보면 大學 再修生 아니면 高等考試 準備中이었을 것이니 隱逸이고 隱居라고 하기보다는 試驗準備中 빗나가 술 좀 마시고 큰소리 땅땅치거나 허풍 떨었다고 보는 것이 妥當할 것이다.

▷永王 李璘: 玄宗의 第十子. 永王에 封해져 荊州大都督을 겸하게 되었는데 바로 뒤이어 山南·江西·嶺南·黔中 四道節度使를 겸하게 되었다. 그는 世事에 밝지 못하여 江陵에 이르자 그곳의 富强함에 현혹되어 드디어 江左를 차지하려 하였다. 많은 名士들을 불러 勢力을 떨치려 하였는데 이에 응한 李白과 불응한 孔巢父가 正反對의 處身으로 꽤 알려졌다. 그러나 永王은 오래지 않아 失敗하고 被殺되었다. 李白은 거의 죽을 뻔 하였으나 가까스로 減刑되어 夜郎으로 流配되었으나 孔巢父는 앞일을 잘 맞춰 이름이 나게 되었다.

▷辟署幕府: 辟(벽): 徵召함. 薦擧함. 署: 職位를 委任함. 幕府: 固定된 建物이 아닌 천막·텐트로 이루어진 外地에 있어서의 將帥의 府署官

署. 후에는 그냥 將帥의 사무실로 쓰였다.

▷鏟蹟: 鏟(산)은 대패. 여기에서 깎다, 밀어버리다, 삭제하다, 소멸하다로 발전함. "鏟跡銷聲. 산적소성"이라 쓰이는데 行跡을 깎아 없애고 名聲을 銷滅하여 隱居함을 말한다. 滅跡, 削跡도 같은 뜻이다.

▷民伍: 平民의 行列.

▷知名: 出名과 같다. 名聲이 世上에 알려진다는 말이다.

▷廣德: 代宗의 年號. AD. 763~764年.

▷宣慰: 朝廷에서 某 大臣을 어떤 地域에 派遣하여 皇命을 전하며 아울러 軍民을 위로하고 안심시키며 일을 합당하게 處理하게 하는 것을 말한다.

▷三遷: 遷은 晉升, 즉 승진과 轉任을 말한다. 三遷은 세번 승진하였다는 말이다.

▷累拜: 累는 積聚, 重疊이니 功을 쌓았다는 말로 쓰였고 拜는 官職拜受를 말한다. 累拜는 功을 쌓아 升官하였다는 뜻이다.

▷署: 委任. 任命. 署理. 兼攝.

▷德宗狩奉天: 狩는 ① 君主의 겨울사냥. ② 征伐. ③ 帝王이 도망가거나 포로가 된 것의 婉曲한 표현. 이때 朱泚(주체)가 大秦이란 나라를 세우고 帝王이 되었다. 그는 德宗을 奉天(지금의 陝西省 乾縣)에서 包圍하였다. 李晨이 서울을 收復하였으며 朱泚는 部下에게 피살되어 亂은 수습되었다. 요즈음 식으로 말하면 德宗임금이 奉天땅에 視察가셨을 때가 되겠다.

▷行在: 行在所. 本來의 의미는 天子가 계시는 곳이란 뜻이다. ≪漢書≫ 顔師古注에서 "天子는 或은 京師에 '在'하시고 或은 巡狩하고 地方으로 '行'하셔 계시는 곳을 豫定할 수 없어 行在所라 한다……"라 하였다. 그러나 後世에는 天子가 地方을 巡行하며 머무는 곳을 가리킨다.

▷招討: 招撫와 征討. 어르고 구슬리며 한편으로 꾸짖고 치는 것이니 즉 强弱·冷溫을 함께 쓰는 것을 말한다.

▷方略: 計劃. 策略.

▷嘉納: 稱讚하며 받아들임.

▷宣慰: 大臣이 朝廷을 대표하여 어느 지역을 視察하며 政令을 宣揚하고 百姓들을 按撫함. 宣撫와 비슷하다.

▷田悅: 田承嗣의 조카. 剽悍(표한)이라 말했으니 즉 성질이 몹시 급하고 사납다는 뜻일 것이며 善鬪라 하였으니 싸움에는 자신만만했었던 모양이다. 承嗣가 그의 才能을 사랑하여 臨終時에 田悅에게 節度의 일을 主管하게 하였으며 朝廷에서는 하는 수 없이 그에게 節度使를 맡도록 詔命을 내렸다. 즉 追認한 셈이다. 德宗이 卽位하자 더 이상 方鎭—즉 한 地方의 兵權을 掌握하고 鎭守하는 節度使·觀察使·經略 等을 가리킨다—들을 너그럽게 보아주지 않았다. 여러 地方의 將帥들이 이에 두려워하였는데 田悅은 이들을 糾合하여 함께 叛逆, 魏나라를 세우고 王을 僭稱하였다. 마침 朱泚의 亂이 일어나 皇帝는 奉天으로 避難하였고 不得已 田悅의 죄를 赦하고 濟陽郡王으로 封하였다. 朝廷이 또 밀린 셈이다. 田悅이 軍士들을 利用하여 힘을 쓴지 사 년 士卒들이 힘들어하며 원망하게 되었다. 이에 從弟인 田緖와 그 手下들이 담을 넘어 들어가 찔러죽이니 그의 나이 서른 넷이었다.

▷利害逆順: 利害得失과 君臣間의 順·不順, 事態의 輕重, 境遇의 好·不好, 事理의 當·不當.

▷雜然: 모두, 함께.

▷王人: 君王의 臣民.

▷騎射: 騎馬와 射箭. 말타기와 활쏘기.

▷劇賊: 억세고 사나운 도둑. 大盜. 勢力이 强盛한 叛逆者.

▷待子而息의 待: 의지하다. 믿다. 필요로 하다.

▷聽命: 從命.

▷權知: 代理로 掌握・主管함.

▷紓難(서난): 危難・難局을 해결함. 紓: 解除. 舒緩.

▷素服: 喪服. 凶事 있을 때의 服裝. 囚衣. 여기에서는 李懷光이 罪人을 自處하여 입었으니 囚衣가 되겠다.

▷太尉: 李懷光은 前에 太尉의 벼슬과 함께 鐵券을 받았다.

▷宣詔: 詔書를 宣讀(즉 衆人 앞에서 朗讀함)하여 命을 下達함.

▷震悼: 驚愕하며 哀悼함.

▷收葬: 收殮(屍身을 收拾, 入棺함)하여 埋葬함.

▷存卹(존휼): 存恤. 慰勞하고 救濟함.

② 李白 〈送韓準・裴政・孔巢父還山〉

獵客張兎罝, 不能挂龍虎. 所以青雲人, 高歌在巖戶.

韓生信英彦, 裴子含清眞. 孔侯復秀出, 俱與雲霞親.

峻節凌遠松, 同衾臥盤石. 斧氷潄寒泉, 三子同二屐.

時時或乘興, 往往雲無心. 出山揖牧伯, 長嘯輕衣簪.

昨宵夢裏還, 云弄竹溪月. 今晨魯東門, 帳飮與君別.

雪崖滑去馬, 蘿徑迷歸人. 相思若烟草, 歷亂無冬春.

〈韓準・裴政・孔巢父가 산으로 돌아감을 배웅하며〉

사냥꾼이 토끼그물을 놓으니 龍이나 범을 걸리게는 못하지. 그래서 青雲의 隱者는 巖穴에서 목청껏 노래하네. 韓生은 참으로 英俊하며 裴子는 天眞과 質朴을 품었지. 孔侯 또한 俊秀・特出하여 모두가 구름・노을과 가깝다네. 高尙하고 出衆한 節槪는 낙락장송(落落長松)을 凌駕하고 兄弟처럼 친해 한 이불로 너럭바위에 누웠지. 도끼로 얼음 깨고 찬 샘으로 양치질하며 세 분 모두 謝公의 두 가지 나막신을 신었다네. 때때로 신이 나고 홍이 솟으면 왕왕 구름이 무심히 산을 나오듯 하였지. 산을 나와도 守

令・方伯에게 揖할 뿐 절하지 않았고 衣冠簪纓의 世族을 우습게 여겨 길게 휘파람 불 뿐. 어젯밤 꿈속에 돌아가서 竹溪의 달빛을 즐겼는데 오늘아침 魯郡의 東門밖에서 장막치고 술 마시며 그대들과 헤어지네. 벼랑에 눈 쌓여 가는 말 미끄러워 할 텐데 松蘿 늘어진 길은 돌아가는 사람 헷갈리게 하겠지. 장차 그리움은 안개 덮인 풀숲처럼, 겨울・봄・여름・가을 없이 어지럽겠지.……

▷兎罝(토저): 토끼 잡는 그물. 本詩에서는 富貴功名을 比喩한다.

▷挂(괘): ① 걸다. 걸리다. 매달다. ② 그물. 그물질하다. 그물에 걸리다. ③ 구속. 속박. 굴레.

▷青雲: ① 高官顯爵. ② 遠大한 抱負와 志向(을 가진 사람). ③ 隱居. 本詩에서는 ②와 ③을 겸한 것으로 볼 수 있다.

▷高歌: 高聲으로 노래함. 목청 돋워 노래함. 목청을 뽑다. 목청껏 노래하다.

▷巖戶: 巖은 ① 山峰. ② 石窟, 洞穴의 뜻으로 쓰인다. 戶는 ① 家戶, 人家. ② 洞穴의 뜻으로 쓰인다. 內容上 巖穴인데 協韻 때문에 巖戶로 썼을 것이다. 巖穴은 巖穴之士를 가리키니 바로 隱士다. 옛날 隱士들은 대개 산의 굴속에 살았으므로 이렇게 표현한 것이다.

▷韓生・裴子・孔侯: 세 사람을 稱할 때 같은 말을 거듭 쓸 수 없어 이렇게 세 가지로 바꿔 썼다. 生이나 子・侯 모두 尊稱인데 지금의 先生과 비슷하다.

▷信英彦: 信은 진실로. 참으로. 英彦은 英俊. 彦은 賢士・俊才를 말하며 美好함도 뜻한다. 보통 彦士라고 쓰이는데 賢人・才士를 이렇게 쓰면 더 그럴듯해 보인다. 물론 쓰는 사람도 더 유식해보이고.

▷清眞: ① 純眞하고 質朴함. ② 眞實하고 자연스러움. ③ 이슬람(islam)을 말함. 이슬람교를 清眞教, 이슬람의 모스크(mosque)를 清眞寺라 한다.

▷秀出: 俊秀하고 特出함. 優秀하고 出衆함.

▷雲霞: ① 彩霞, 즉 色色의 아름다운 노을. 이러한 의미로 쓰인 例가 바로 杜甫가 자랑으로 여기는 그의 祖父 杜審言의 作品에 있다. 너무나 有名하고 또한 秀作이라 吟味할 가치가 있다고 생각한다.

* 杜審言 〈和晉陵陸丞早春游望〉

獨有宦遊人, 偏驚物候新. 雲霞出海曙, 梅柳渡江春.

淑氣催黃鳥, 晴光轉綠蘋. 忽聞歌古調, 歸思欲沾巾.

〈晉陵고을의 縣丞인 陸氏의 〈早春游望〉에 和하는 詩〉

다만 外地로 나도는 벼슬아치라야, 유달리 景物·氣候가 새로워짐에 깜짝 놀라곤 한다. 色色의 아름다운 노을은 바다에서 솟는 새벽의 환한 曙光이며, 활짝 핀 梅花·푸른 실 같은 버들은 江 건너 온 봄빛이고말고. 부드럽고 따뜻한 바람은 꾀꼬리를 재촉하는 듯하고, 말끔히 갠 날의 햇볕은 푸른 네가래 잎에서 구르며 요동친다. 홀연히 옛 곡조 노래하는 소리 듣고, 돌아가고 픈 생각 수건을 막 적시누나.

▷宦遊: 外地에서 官吏生活하거나 外地로 나가 벼슬을 구함.

▷偏: ① 不公正하게. 한쪽으로 치우치게. ② 몹시. 특별히. 유달리. ③ 지금 한창.

▷淑氣: 溫和한 空氣·氣候·바람. 아랫句의 晴光을 考慮하면 옛부터 날씨는 바람과 햇볕, 즉 風日이라 흔히 쓰니 氣는 風 즉 바람으로 보아야 할 것이다.

▷晴光: 말끔히 갠 날의 화창한 햇볕.

▷轉: 굴러가다. 移轉하다. 搖動하다. 漂蕩하다.

▷蘋: 田字草. 네가래.

▷欲沾巾의 欲은 ① 이미. 벌써. ② 한창. 바야흐로.

② 塵世를 멀리 떠난 곳으로 雲霞를 쓴다. ③ 우리의 愚鈍한 所見으로는 "乘雲餐霞"도 된다고 본다. 乘雲은 馭雲·駕雲이니 구름 몰고

싸다니는 것이야 仙人들의 몫이고 餐霞는 물론 修仙學道함을 말한다. 仙人들은 아침노을을 먹고(餐朝霞), 이슬기운 또는 北方 夜半의 氣를 자신다(食沆瀣. 식항해)고 알려져 왔으니 韓·裴·孔 三人을 한껏 추어올리는데 무슨 말인들 못하랴! 돈냥도 안 드는데.

▷峻節: 高超(즉 高潔·高尙한 또는 優秀·出衆)한 節操·節概.

▷遠松: ① 俗世에서 멀리 떨어진 僻遠한 곳의 소나무. ② 아랫句의 盤石과 짝이 되려면 松自體를 形容한 것이라야 되므로 高松이라고 할 수도 있다.

▷同衾: 앞에 나온 〈與李十二白同尋范十隱居〉의 "共被"와 같은 뜻이다. 이불을 함께 덮는다는 것이니 兄弟처럼 가깝다는 말이다. 仔細한 것은 共被의 解說을 參考하시면 된다.

▷盤石: 大石. 너럭바위. 넓고 평평한 큰 돌. 여름에 시원한 맛으로 다듬잇돌을 베고 있으면 어른들이 꾸짖는다. 입이 돌아간다고. 안면신경마비증상을 구안괘사(口眼喎斜)라 하는데 즉 입과 눈이 한쪽으로 틀어지는 병이다. 세상에서는 흔히 구안와사라 하는데 잘못된 말이다. 말이 그렇지 盤石에 잠시 눕는 것이 아니고 이불까지 덮고 본격적으로 잠들면 결과는 가벼우면 감기몸살이요, 무거우면 신경마비일 것이다. 따라서 實際生活이 그렇다기보다는 比喩요 象徵이니 盤石으로 決心·志操의 굳고 단단함을 나타냈다 할 수 있다.

▷斧氷: 도끼로 얼음을 깨다. 日人 久保天隨先生께서 이 말은 魏·武帝·曹操의 〈苦寒行〉에서 "擔囊行取薪, 斧氷持作糜. 자루 메고 다니며 땔나무 거두고, 도끼로 얼음 찍고 물 길어 죽 끓인다."라 한 것을 뿌리로 삼는다 하였다.

▷漱(수): 양치질 하다. 빨다. 씻다. 寒泉으로 양치질함은 몸과 마음의 淸淨·高潔함이니 隱居의 必須인 듯하다. ≪世說新語·排調≫를 보면 孫楚가 젊었을 때 隱居하려 하였다. 그래서 王濟에게 枕石漱流

(돌을 베고 流水에 양치질하다)라 할 것을 잘못 漱石枕流(수석침류. 돌로 양치질하고 流水를 베다)라 하였다. 王濟가 流水를 베고 돌로 양치질할 수 있는가 하니 孫楚는 유수를 베는 까닭은 귀를 깨끗이 씻고자 함이요 돌로 양치질하는 이유는 이를 말끔히 갈고자 함이라 했다. (孫子荊年少時欲隱, 語王武子當枕石漱流, 誤曰漱石枕流. 王曰: 流可枕, 石可漱乎? 孫曰: 所以枕流, 欲洗其耳; 所以漱石, 欲礪其齒.)라 하였다. 옛 隱士들에게 있어 流水던 寒泉이던 깨끗이 양치질함은 깔끔하고 淸潔한 生活習慣의 代表요 象徵이었던 모양이다.

▷同二屐: 屐(극)은 나막신이다. 日人 久保天隨先生의 말씀인즉 三人이 二人分의 木屐을 共用했으리라 하였다. 그런데 가난하나 정이 도탑게 느껴짐은 三人이 한 켤레 두 짝의 나막신을 共用했다가 더욱 그럴 듯하다. 무좀 옮을까 걱정이지만. ≪李白全集編年注釋≫에서 朱諫의 注를 引用하였는데 가라사대 “세 사람이 모두 登山하는 나막신 신고 遊樂之情을 한껏 했느니라. 三子者俱著登山之屐, 以盡遊樂之情” 하였으니 朱先生도 二屐을 한 켤레 두 짝으로 把握하셨음이라. 물론 세 사람이니 세 켤레 여섯 짝을 가진 것으로 낙착이 된 듯하다. 사실 나막신이 얼마나 싼지 비싼지는 모르겠으나 오순도순 共同生活에서 한 두 사람은 등산하는데 나머지 한 두 사람은 동그마니 남아서 손가락이나 빤다면 그게 무슨 재미있는 生活이겠는가? 죽으나 사나 함께 움직이고 같이 쉬어야 죽과 장이 맞는다 할 것이다. 그런데 우리는 주제도 파악못하고 제 意見을 내놓곤하는 고질병이 있는데 이 二屐도 두 가지 형태의 나막신이라고 해석해 보았다. 中國에서 登山하면 떠오르는 人物이 謝靈運이다. 물론 지금의 알피니스트(alpinist)하고는 距離가 있긴하다. 그의 登山은 산에다 훤하게 道路를 내고 오르는 식이었으니 말이다. ≪宋書・謝靈運傳≫에서 “登躡常著木履, 上山則去其前齒, 下山去其後齒. 등산할 때 언제나 나막신을 신는데 산을 올라

갈 때에는 나막신의 앞굽을 빼고 내려갈 때에는 뒷굽을 뺀다."라 하였다. 이렇게하면 上山할 때에는 몸이 앞으로 쏠리고 下山할 때에는 몸이 뒤로 젖혀지니 失足할 염려가 없고 훨씬 편하게 느껴졌을 것이다. ≪南史·謝靈運傳≫에서는 木履 대신 木屐이라 하였으니 本詩의 語詞와 一致한다. 李白은 또한 〈夢遊天姥吟留別〉에서 "脚著謝公屐, 身登青雲梯. 발에는 謝公의 앞굽·뒷굽 빼는 나막신 신고, 몸은 青雲에 이르는 사다리 역할을 하는 높은 산에 오른다."라 하였다. 이것이 평소의 등산관례를 따른 것이면 李白은 꿈속이지만 謝先生의 創案인 굽빼는 나막신을 몸소 著用한 實例가 된다. 따라서 本句의 二屐은 요즈음 식으로 말하자면 두 가지 機能·형태를 가진 나막신 정도가 될 것이다. 整理하면 세 양반 모두 두 가지 機能과 형태의 나막신을 소유하였으며 이를 活用하여 登山·遊山하였다가 되겠다.

▷乘興: 앞에 나온 〈冬日有懷李白〉에서 이미 설명하였다.

▷雲無心: 陶潛의 〈歸去來辭〉에서 "雲無心以出岫, 鳥倦飛而知還. 구름은 무심히 산봉우리를 벗어나 흘러가고, 새들은 날다 지치면 돌아올 줄 안다."라 하였다. 구름이 제자리였던 산을 벗어나 흘러감이나 창공을 유유히 날던 새가 지치면 제 깃으로 돌아오는 것이나 다 自然而然이니 强制·억지는 아니다. 李白은 지금 세 사람이 出山하여 고을에 나온 것을 무슨 目的이나 意圖없이 自然스럽게 솟아오른 흥을 타고 그리됐다고 아주 巧妙하게 合理化하고 辯護하기로 작정하여 이렇게 쓴 것이다. 그러나 아는 이는 다 짐작하게 마련이다.

▷揖: 禮의 하나. 두손을 맞잡아 이마 앞까지 들어올리고 허리를 앞으로 구부렸다가 몸을 펴면서 손을 내린다. 마땅히 절을 해야 할 때에 자존심 강한 선비나 隱士들이 이것을 행하며 도도하게 군다. 그러면 사람들은 또한 대단하다고 감탄하지만 敬而遠之의 결과가 되기 쉽다.

▷牧伯: 州郡의 우두머리. 牧은 百姓을 牧養한다는 뜻이고 伯은 한 고

을의 어른이다. 지금으로 말하면 도지사·군수 등이 이에 해당한다.

▷長嘯: ≪晉書·阮籍傳≫에 의하면 그는 일찍이 蘇門山에서 隱士로 이름난 孫登을 만났다. 그래서 함께 往昔의 일과 道家의 棲神(精神을 集中함. 根本을 보존하고 元神을 기른다함)과 導氣(呼吸調節)에 대하여 토의하려 했으나 모두 응하지 않았다. 阮籍이 할 수 없이 돌아섰는데 자기도 조금 안다고 長嘯(길게 휘파람 붊. 道家의 修行)하였다. 영마루 중간에 이르자 鸞새와 鳳凰의 소리가 산골짜기에 올려 펴지니 바로 孫登의 휘파람이었다. (籍嘗於蘇門山遇孫登, 與商略終古及棲神導氣之術, 登皆不應. 籍因長嘯而退, 至半嶺, 聞有聲若鸞鳳之音, 響乎巖谷, 乃登之嘯也.)

▷衣簪: 衣冠簪纓의 略語. 벼슬하는 사람의 차림이니 官吏나 世族(代代로 높은 벼슬한 집안)을 가리키게 되었다. 衣는 보통의 옷이 아니라 正式의 禮服을 말하며 冠은 옛날에는 士 이상이라야 쓸 수 있었다. 簪은 冠에 꽂는 비녀요 纓은 갓끈이다. 이 모든 것은 시시한 庶人들의 차림과는 별개로 仕宦者의 몫이었다.

▷揖牧伯·輕衣簪은 事實일 수도 있고 아닐 수도 있다. 自古로 隱士나 奇人, 괴짜들의 行動擧止는 常軌를 벗어난 것이 正常으로 되다시피 하였으니 充分히 可能한 일이다. 그러나 속에 감투 한자리 얻으려는 慾心이 있을 때 相對 또한 산전수전 다 겪은 노련한 인물들이라 無心속의 逸脫된 것과는 差異가 있는 것을 단박에 알아차린다. 그러면 揖이고 輕이고 萬事는 休矣로 돌아간다. 事實이 아닐 경우 哀乞伏乞까지는 아니더라도 鄙陋하고 너절하게 微官末職을 얻으려다 그것마저 失敗했다고 露骨的으로 말할 수야 없으니 修飾하고 治粧하는 것이 어찌 妓女에게만 해당하랴.

▷云弄竹溪月: 云은 語句의 맨 앞에 의미없이 쓰인다. 弄은 玩賞의 뜻이 있다. 따라서 弄月은 달빛을 감상한다는 뜻이다. 南朝·宋·謝靈

運의 〈怨曉月賦〉에서 "滅華燭兮弄曉月. 환한 촛불 끄고 새벽달을 감상한다."이라 하였고 李白의 〈別山僧〉에서 "乘舟弄月宿涇溪. 배타고 달빛 완상하며 涇溪에서 잠들다."라 한 것이 그 例다. 우리나라에서는 아예 亭子이름으로 삼아버렸으니 慶南·咸陽郡 안의면에 아담한 亭子가 소나무 숲을 뒤로 하고 맑은 溪流를 앞에 둔채 흰 盤石위에 자리잡고 있다. 바로 弄月亭으로 하늘의 달보다는 물속의 달그림자를 즐기기에 꼭 알맞게 되어있다.(허균 著 ≪한국의 정원≫을 참고함)

▷帳飮: 길 떠나는 사람을 배웅할 때 市井이 아닌 郊外의 넓고 탁트인 곳에 햇볕·비·바람을 피할 수 있게 帳幕을 치고 술을 마신다. 이것을 帳飮이라 한다.

▷蘿徑: 松蘿(송라)가 늘어진 길. 松蘿는 女蘿라고도 한다. 地衣類로 안개가 잘 끼는 고산지대에서 자라는 나무의 줄기와 가지에 실타래처럼 주렁주렁 늘어져 달리는데 누런 녹색이 돌며 가지가 갈라진다. 분위기를 신비스럽게 또는 스산하게 만들기 때문에 詩歌에 자주 등장하였다. ≪楚辭·九歌·山鬼≫에서 "若有人兮山之阿, 被薜荔兮帶女蘿. 사람이 있는듯하네 산모퉁이에, 담쟁이 걸치고 女蘿를 띠었군."라 한 것이 좋은 例다. 李白도 이것을 자주 다루었는데 〈和盧侍御通塘曲〉에서 "靑蘿嫋嫋挂烟樹. 푸른 松蘿 안개 낀 나무에서 하늘거린다."라 하였고 〈下終南山過斛斜山人宿置酒〉에서 "綠竹入幽徑, 靑蘿拂我衣. 綠竹우거진 오솔길 들어서니 靑羅는 내 옷을 스치네."라 하였다.

▷煙草: ① 煙霧가 뒤덮힌 풀숲. ② 담배.

▷歷亂: 어지럽다. 어수선하다. 너저분하다. 소란하다.

➥ 〈李白全集編年注釋〉에서 瞿蛻園·朱金城 두 양반의 말씀을 引用하였는데 六逸이 徂來山에 산 기간은 오래지 않았으며 대개 魯郡에 寓居하였다 한다. 韓·裴·孔 또한 진짜 隱士가 아니며 이 詩를 보건대 干謁(간알. 즉 求하는 것이 있어 뵙기를 청함)이 이루어지지 않자 또 다시 산

으로 돌아가는 것이다라고 하였다.

③ 杜甫 〈雜述〉

杜子曰: 凡今之代, 用力爲賢乎? 進賢爲賢乎? 進賢爲賢, 則魯之張叔卿·孔巢父, 二才士者, 聰明深察, 博辯閎大, 固必能伸於知己, 令問不已, 仕重致遠, 速於風飇也. 是何面目黧黑, 常不得飽飯喫, 曾未如富家奴, 玆敢望縞衣乘軒乎? 豈東之諸侯深拒於汝乎? 豈新令尹之人未汝之知也? 由天乎? 有命乎? 雖岑子·薛子引知名之士, 月數十百, 塡爾逆旅, 請誦詩, 浮名耳. 勉之哉! 勉之哉! 夫古之君子, 知天下之不可蓋也, 故下之. 又知衆人之不可先也, 故後之. 嗟乎叔卿! 遣辭工於猛健放蕩, 似不能安排者, 以我爲聞人而已, 以我爲益友而已, 叔卿靜而思之. 嗟乎巢父! 執雌守常, 吾無所贈若矣. 泰山冥冥崒以高, 泗水瀰瀰瀰以清. 悠悠友生, 復何時會於王鎬之京? 載飮我濁酒, 載呼我爲兄!

杜子가 말한다. 무릇 지금 세상에 제 才能을 펼쳐 힘을 쓰는 것이 훌륭하나? 아니면 賢明한 人才를 薦擧함이 훌륭하나? 賢明한 人才를 推薦함이 훌륭하다면 魯郡의 張叔明·孔巢父 두 사람을 추천할 만하니 두 才士는 귀밝고 눈 밝아 微細한 것까지 살필 줄 알며 雄辯 또한 宏壯하여 분명 자신들을 알아주는 분들에게 재주를 펼쳐 아름다운 名譽가 그치지 않을 것이며 무거운 짐을 지고 먼 곳에 갈 때 회오리바람보다 빠를 것이리라. 그런데 이 어찌된 일인가? 얼굴은 시커멓고 누르퉁퉁하며 늘 배불리 밥 먹지 못하여 아예 부자집 종놈만도 못하다니……. 이러하니 감히 비단옷 입고 고급수레 타기를 바랄 수 있겠는가? 거 莫强한 節度使들이 그대들을 한사코 거절했단 말인가? 아마 新任의 宰相이 그대들을 못 알아 모았단 말인가? 하늘의 뜻인가? 또한 운명인가? 지금 岑參어른, 薛據어른께서 有名人士를 薦擧하고자 하시니 한 달에 수십에서 백 명이 旅舍에서 와글와글한데 詩를 읊어보라 하신다지만 虛名의 人士들이라! 그러하니 그대들이여 더 努力하고 힘쓰시라. 무릇 옛 君子들은 自身이 天下를 덮을 수 없음을 아는지라 그래서 제 몸을 낮추었으며 또한 뭇 사람들의 앞장을 설 수 없음을 아는지라 그래서 뒤로 처졌던 것이라. 아! 叔卿이여. 語詞를 運用하여 글을 지음에 꿋꿋하고 억세며 막힘없고 거침없어 꼼꼼하게 布置할 수 없는 듯하구나. 나를 名聲있는 人物일 뿐이라 하고 나를 유익한 벗이라 여길 뿐이니 叔卿이여 곰곰이 생각하고 차분하게 살펴보시라. 아! 巢父여. 柔順하여 남의 뒤에 서며 常道를 지키고 常軌를 따르니 나는 그대에게 해줄 말이 없다오. 泰山은 아득하고 험하며 높고 泗水는 깨끗하고 넓으며 맑은데 길이 그립고 보고 싶을 벗님이여. 언제 다시 首都 鎬京에서 만날까? 나에게 막걸리를 대접하며 나를 兄이라 불러주었도다.

▷今代: 今世. 現代. 當代.

▷用力: ① 힘을 쓰다. 정력을 소비하다. ② 才能을 펼치다.

▷進賢: 賢人을 推薦하다, 紹介하다. 보통 "進賢用能", "進賢任能"이라 쓰는데 賢明한 사람을 추천하고 有能한 사람을 任用한다는 뜻이다.

▷張叔卿: 竹溪六逸의 張叔明이 아닌가 하지만 확실한 증거가 없다.

▷深察: 隱微한 곳까지 洞察함. 아주 깊이 考察함.

▷博辯: 雄辯.

▷閎大(굉대): 宏大. 弘大.

▷能伸: ≪易·繫辭下≫: "尺蠖之屈, 以求信也. ➪ 信: 伸과 통함. 자벌레가 굽힘은 그렇게 하여 펴기 위함이다." 遠大한 抱負를 가지고 숨어 있다가 때를 만나면 한껏 재주·기량을 펴 보인다는 뜻이다.

▷令問: 令聞과 같다. 아름다운 聲譽. 훌륭한 名譽.

▷任重致遠: 무거운 짐을 맡아 멀리까지 간다는 뜻. ≪易·繫辭下≫: "服牛乘馬, 引重致遠, 以利天下. 소를 부리고 말을 몰아서 무거운 것을 멀리까지 가게 하여 天下를 이롭게 한다."

▷黧(리): 검고 누름. 곪어서 부황이 나면 누렇게 뜬다.

▷縞衣乘軒: 곱고 흰 비단 옷 입고 大夫가 타는 수레를 탄다. ≪列子·黃帝≫: "子華之門徒皆世族也, 縞衣乘軒. 子華의 門徒들은 다 世族이라 호의승헌(縞衣乘軒)한다."

▷東諸侯: 本來 ≪左傳·成公16年≫에 나오는 말로 强盛한 東方의 諸侯를 가리켰다. 후에는 藩鎭 — 地方의 長官. 唐代에는 莫强한 節度使 — 이나 職位가 높은 官員을 이렇게 썼다. 즉 西·南·北에 있는 藩鎭도 東諸侯인 것이다.

▷令尹: 春秋戰國時代 楚의 執政官이니 宰相에 해당한다. 일부러 옛 이름을 쓴 것이다. 東諸侯나 令尹이나 다 尙古의 趣向이다.

▷引: 薦擧.

▷塡爾: 塡然. 盛多함.

▷浮名: 虛名.

▷勉之哉: 盡力하라. 努力하라. 요즈음 식으로 말하면 파이팅(fighting)이다.

▷不可蓋也: 蓋는 덮다는 뜻 이외에 ~보다 뛰어나다, 초과하다. ~보다 낫다, 우수하다는 뜻이 있다. 그런데 우리말의 덮다 또한 기세·능력 따위에서 앞서거나 누르다 — 예컨대 그를 덮을 사람이 없다. 산삼을 덮을 약이 없다 — 는 뜻이 있으니 그대로 덮다로 써도 될 것이다. 杜甫의 〈八陣圖〉에서 "功蓋三分國, 名成八陣圖. 功績은 셋으로 나뉜 나라 중에서 가장 뛰어났고, 名聲은 八陣圖로 이루어졌다"라 하였다.

▷故下之: 下는 自己를 낮춘다는 뜻이다. 이 대목은 ≪노자≫ 61章을 참고하면 될 것이다. 거기에서 "大國者下流, 天下之交.……故大國以下小國, 則取小國; 小國以下大國, 則取大國.……大國은 강물의 下流와 같아야하니 그러면 天下의 모든 물이 모여드는 것과 같다.……그래서 大國이 小國에 대하여 겸손하게 낮추면 곧 小國의 섬김을 받으

며 小國이 大國에 대하여 겸손하게 낮추면 곧 大國의 包容을 얻느니라.……”라 하였다.

▷不可先, 故後之: ≪老子≫ 67章: “不敢爲天下先, 故能成器長. 天下萬物에 앞서지 않으므로 萬物의 우두머리가 될 수 있다.”

▷故下之, 故後之라고 杜甫가 强調한 것을 보면 張叔卿이라는 爲人의 態度에 杜甫가 상당히 언짢아하고 있는 것이리라. 愼重·慇懃·婉曲으로 定評이 난 中國 知識層의 表現치고는 상당히 직선적이다.

▷遣辭: 語詞를 運用함. 遣: 運用. 使用.

▷放蕩: 拘束받지 않고 거침이 없으며 제멋대로 임. 흔히 “放蕩不羈”로 쓰임.

▷安排: ① 自然의 變化에 맡김. ② 安置함. 알맞게 布置함.

▷聞人: 名聲을 떨치는 인물. 聲譽가 높은 인물. 聞: 名聲. 聲譽.

▷益友: ≪論語·季氏≫: “子曰 益者三友……友直, 友諒, 友多聞, 益矣. 孔子가라사대 유익한 세 가지 종류의 벗이 있으니 ……벗이 正直하고, 벗이 誠實하고, 벗이 見聞이 넓으면 유익하니라.”

▷靜思: 차분하고 침착하게 생각하고 살피다.

▷執雌: 柔順한 德을 지키다. 雌雄은 암컷과 수컷인데 흔히 柔順과 勇猛, 婉曲과 直截, 守備와 攻擊 같이 對立되는 뜻으로 使用하였다. ≪老子≫ 28章: “知其雄, 守其雌, 爲天下谿. 爲天下谿, 常德不離. 强剛하고 勇猛한 雄을 알지만 軟弱하고 柔順한 雌를 지키면 모든 것을 容納하는 天下의 골짜기가 된다. 天下의 골짜기가 되면 영원히 不變하는 이른바 常德이 떠나지 않는다.” 王弼의 注에서 “雄, 先之屬, 雌, 後之屬. 雄은 先의 무리요, 雌는 後의 부류다.”이라 하였다. 이것으로 杜甫가 앞에서 故下之, 故後之라고 한 것은 孔巢父가 아닌 張叔卿에게만 해당하는 말인 것을 짐작할 수 있다. 孔巢父에게 杜甫는 無所贈이라 하였는데 그 이유가 執雌守常인 점도 있지만 맨

뒤에 나오는 말씀도 하나의 까닭이 될 수 있다.

▷守常: 固定不變하는 常道, 常規를 지킴.

▷無所贈若: 그대에게 줄 것이 없다. 즉 이미 잘하고 있으므로 더 이상 激勵하고 勸勉할 말이 없다는 것이다. 옛 사람들은 좋은 말로 서로 激勵・勸勉하였는데 대개 작별할 때에 많이 주고받았다. ≪荀子・非相≫에서 "故贈人以言, 重於金石珠玉. 따라서 좋은 말을 남에게 주는 것은 金이나 美石, 珍珠, 玉보다 중하니라."이라 하였다. 言則是也라 말인즉 옳은데 까딱하면 맨입으로 생색낸다는 비난을 받을 수도 있다. 우리의 인생경험상 아무래도 눈에 보이고 손에 쥐는 것이 말보다 더 낫더라! 너무 俗物이라 욕하지 마세요. 그리고 若은 汝 즉 그대・당신이라는 말입니다.

▷冥冥: 어둑어둑함. 아득함. 아스라함. 그윽함.

▷崒(줄): 높다. 험준(險峻)하다.

▷潾潾(린린): 물이 맑은 모습. 빛을 받은 물결이 섬삭(閃爍) 즉 번쩍번쩍하는 모양.

▷瀰(미): 물이 가득함(瀰漫). 끝없이 넓음(瀰茫).

▷悠悠: 그리워함. 근심함.

▷友生: 벗님. 친구.

▷王鎬之京: 鎬京은 西周의 國都로 漢・唐의 首都인 長安부근이다. 詩人 文士들은 尙古의 趣向이 강하여 되도록이면 옛 이름을 빌려 쓴다. 여기에서는 長安을 말한다.

▷載~, 載~: ~도 하고, 또한 ~도 하다. ~하고 동시에 ~하다.

▷飮: 上聲이면 술. 마시다. 去聲이면 술을 대접하다.

▷兄: ① 親戚中 자기보다 나이 많은 同輩. ② 同輩相互間의 尊稱. ③ ≪禮記・曲禮上≫: "年長以倍則父事之, 十年以長則兄事之, 五年以長則肩隨之. 자기 나이보다 배가 되면 아버지처럼 섬기고, 십년 위면

형으로 대접하고, 오년 위면 比肩이라 어깨를 나란히 하여 同等하나 약간 낮춘다." ③을 따르면 孔巢父는 杜甫보다 十年 아래 杜甫는 李白보다 十年 아래라 孔巢父와 李白은 二十年 以上 차이가 난다. 李白이 徂來山에 놀 때를 三十代 中半으로 치는데 그렇다면 孔巢父는 열댓살이 될까말까하니 아무래도 아닌 것 같다. ②를 따르면 彼此 兄이라 부르는데 杜甫가 이렇게 感激해하고 기뻐할 리가 없다. 이것도 파의로구나! ①을 따르면 孔巢父가 집안의 형처럼 杜甫를 살갑게 정답게 대하고 杜甫가 느꺼워했다고 할 수 있다. 요놈 같다.

이 글을 통하여 그들이 만나고 헤어진 곳은 山東하고도 兗州일 것이다 하고 陳貽焮教授는 추측하였다. 그리고 서울에서 다시 만날 것을 期約하였는데 孔巢父가 먼저 入京하여 史書에는 실리지 않았지만 微官末職을 얻었던 듯하니 그가 서울을 떠날 때 謝病이라 한 것으로 알 수 있다. 즉 병을 핑계하여 관직에서 물러났다는 것이다. 그리고 隱居라던가 學道求仙은 전혀 言及함이 없었고 그러한 人才를 알아주지 않는 것에 慨歎하고 恨歎하였으나 더욱 努力하고 힘쓰라고 激勵·勸勉하였지 다 때려치우고 隱居하라던가 仙人될 꿈이나 꾸라고 하지도 않았다. 즉 儒家의 主張이지 道家는 결코 아니었다. 陳貽焮教授는 執雌守常이라는 말과 그전에 徂來山에 隱居한 것으로 미루어 孔巢父는 李白과 學道求仙한 伴侶일 것이라 하였는데 그가 長安을 떠나 江東으로 갈 때와 이 〈雜述〉을 지을 때가 뒤섞인 듯하다. 이 〈雜述〉에서 執雌守常은 張叔卿을 前提하여 쓴 말일 뿐이니 孔巢父의 다소곳하며 謙遜한 마음과 태도를 약간 유식하게 써서 張叔卿에 대한 不滿을 표현한 것이다. 張叔卿은 마땅히 下之, 後之, 낮추고 처져야 하는데 孔巢父는 이미 柔順하고 下하였으니 즉 낮추었으니 더 이상 해줄 말이 없다는 것이다. 너무 飛躍하지 말자. 蕭滌非先生은 "杜甫是不信神仙的. 杜甫는 神仙을 믿지 않는 사람이다"라고 ≪杜甫詩選注≫의 〈送孔巢父謝病歸遊江東兼呈李

白〉에서 斷乎하게 말씀하셨다. 결국 〈雜述〉에서는 立身揚名, 救世濟民하라고 激勵했으나 〈送孔巢父謝病歸遊江東兼呈李白〉에서는 君身有仙骨이라고 전혀 딴 말을 하였는데 境遇에 따라 말과 생각이 바뀌는 것은 어쩔 수 없으니 이른바 此一時, 彼一時라 하겠다.

그리고 우스갯소리지만 막걸리 사서 대접하고 깍듯이 형님대접해 주는 것에 杜先生은 아주 감격하였으니 역시 사람은 술에 약한가 보다. 그래서 孔巢父를 完璧에 가깝게 보아 해줄 말이 없다고 하는 지경에 이를 때 이 술대접과 형님이 크게 作用한 듯도 하다.

▶謝兵: 謝疾. 병을 핑계삼거나 아픈 것을 빙자하여 관직에서 물러남, 사직함. 또는 병을 구실로 손님을 사절함.

▶歸: 본래 여자가 시집간다는 뜻이니 시집이 바로 여자가 가 있어야 할 자리라는 말씀이란다. 그리고 故鄕 제집으로 돌아갈 때에도 썼다. 다시 擴大·發展하여 歸屬하다, 歸順하다, 따르다의 뜻을 갖게 되었고 歸宿 즉 結局·結末·終局·歸着點·歸結點도 나타내게 되었다. 흔히 歸하면 돌아가다로 풀이하나 조금 까다롭다. 例를 든다. ① 歸山하면 山으로 가는 것이니 죽는다는 말씀이다. 다른 뜻으로는 世上을 버리고 산으로 가다, 산을 따르다, 산에 귀속하다니 隱居가 된다. 이 때 山으로 돌아간다면 조금 어색하니 산에서 나온 것이 전제가 되기 때문이다. ② 歸任하면 任地로 赴任함이니 職場을 따라감이지 故鄕이나 제 집으로 돌아감은 절대 아니다. 王維의 〈春夜竹亭贈錢少府歸藍田. 봄밤 竹林의 亭子에서 藍田縣의 縣尉로 赴任하는 錢起에게 주다〉을 보면 錢起가 藍田縣의 少府 즉 縣尉로 赴任할 때 歸를 썼다. 錢起는 吳興사람이니 지금의 浙江땅이 故鄕이다. 따라서 歸藍田의 歸는 위와 같이 풀어야 마땅할 것이다. ③ 歸隱. ≪漢語大詞典≫에서 回家隱居라 하였다. 집으로 또는 고향으로 돌아가 隱居한다는 풀이다. 그러나 그렇게 쓰이지는 않는다. 陳貽焮教授는 ≪杜甫評傳≫에서 本作品을 이렇게 解說하였다.

孔巢父가 天寶年間에 長安에 머물다가 辭官하고 歸隱하였는데 이 때의 일이 史書에 실리지 않았다. 山東에서 杜甫와 헤어진 李白이 吳越地方에서 求仙訪道한다는 소문을 들은 巢父는 辭官하고 南遊하여 李白을 따라 歸隱하려고 準備하니 杜甫가 이에 本詩를 지어 餞送하고 겸하여 李白에게 安否를 묻고 전하였다. 陳教授는 앞에서 이미 巢父가 冀州人이라고 밝혔다. 冀州는 河北・河南・山東省에 걸쳐 있다. 따라서 江東이던 江南이던 巢父가 혼자 하던 李白을 따라 하던 隱居하는 것을 歸隱이라고 두 번씩이나 陳教授가 썼는데 이것은 잘못된 말은 아닐 것이다. 歸隱은 隱居로 歸着함, 隱遁이라는 제길로 들어섬, 제 理想으로 향함이라고 할 수 있다. 그리고 王康琚도 大隱은 朝市(朝廷과 市場)에 있다 했는데 朝市에 있다면 가긴 어디로 돌아간단 말이냐? 젠장! ④ 본래의 布衣로 돌아감.

▸謝病歸, 遊江東인가 아니면 謝病, 歸遊江東인가? 句讀點에 관한 문제다. 歸에서 끊으면 歸隱하여 江東에서 遊覽하다 또는 江東을 周遊하다가 된다. 그대로 붙여서 해석하면 江東의 遊覽하는 일을 따르다, 遊覽하는 일에 몸을 부치다가 되겠다. 두 풀이가 다 可能하나 딱 하나 "돌아가"라는 해석은 無理다. "돌아가다"는 "원래의 있던 곳으로 다시 가거나 다시 그 상태가 된다"는 것이다. 江東은 孔巢父의 故鄕도 本鄕도 아닌데 무슨 재주로 원래있던 곳으로 돌아간단 말이냐? 日本의 鈴木虎雄先生은 謝病歸, 遊江東으로 끊어 읽었는데 이것이 順通하다고 생각한다. 일의 進行順序上 병을 핑계하고 관직을 물러나 다시 布衣되고 歸隱하는데 그 다음으로 着手할 것은 무엇이냐. 江東의 遊覽이로구나! 이렇게 하면 아주 매끄럽게 나아간다고 할 수 있다.

▸江東: 자주 나왔다. 지금 安徽省 蕪湖以下의 長江下流 南岸地區다. 또한 三國時代에 吳나라 지역을 江東이라고도 불렀다.

▸呈: 드리다. 올리다. 바치다.

解說

〈孔巢父가 병을 핑계삼아 관직에서 물러나 다시 布衣가 되고 歸隱하여 江東을 遊覽한다기에 그를 餞送하며 아울러 李白에게 올리는 詩〉

❖ 제1·2구: 巢父掉頭不肯住, 東將入海隨烟霧.

註

▸掉: 흔들다. 搖動시킴. 흔들리다. 搖動함.

▸掉頭: ≪漢語大詞典≫에 의하면 ① 搖頭 즉 고개를 젓다. 고개를 설레설레 흔들다. 머리를 절레절레 내두르다. 例로 ≪莊子·在宥≫의 "鴻濛이 넓적다리를 두드리고 팔짝뛰며 머리를 흔들면서 나는 모른다고 말했다. 鴻濛拊脾雀躍掉頭曰吾弗知."를 들었다. 搖頭는 부정·거부를 뜻한다. ② 轉過頭 즉 머리를 돌리다. 例로 本作品을 들었다. 돌아보지 않고 간다는 뜻이다. 우리생각에는 ①이 더 강한 뜻을 나타내므로 훨씬 어울린다고 본다. 蕭滌非先生도 ①의 뜻으로 把握하였다. 蕭先生은 또한 不肯住는 아래의 苦死留와 함께 보아야 한다 하였다. 强力한 勸誘와 激烈한 拒絶로 이어지니 掉頭도 比較的 消極的이고 婉曲한 ②보다는 ①이 適合할 것이다.

▸東將入海: 〈奉贈韋左丞丈二十二韻〉에서도 "今欲東入海. 장차 東쪽의 바다로 가려한다."라 하였다. 勿論 주체는 杜先生이었다. 唐代人士들은 西쪽의 長安 서울에서 걸핏하면 東쪽의 바다로 간다고 엄포를 넣거나 투정을 부리곤 한다. 이유야 바다는 蹤跡을 감추기에 좋고 三神山이 있으니 지치고 고단한 몸과 마음에 지푸라기라도 잡는 마음으로 仙人이라고 우연히 만나볼까 하는 기대 때문이었을까? 東海는 ① 中國大陸 東쪽의 바다. ② 中國의 바다와 접한 東쪽 地域, 즉 山東省·江蘇省·浙江省 等이다. 지금 詩題를 보면 遊江東이 분명하니 ②가 맞는 것이고 隨煙霧·拂珊瑚를 考慮하면 海邊도 無妨하나 海中의 意味가 더 濃厚

하니 ①이 되겠는데 이럴 경우 어디까지나 象徵·比喩로 썼을 뿐이다. 詩의 끝부분에 尋禹穴이라 한 것도 海中이 아닌 하나의 證左가 될 것이다.

▸煙霧: 연기, 구름, 안개, 아지랑이, 김을 두루 일컫는 말이다. 이것이 있는 곳은 꼭 바다, 강, 호수 부근은 아니다. 〈李監宅〉 二首의 其一에서도 "華館春風起, 高城煙霧開."라 하였으니 말이다. 그런데 隱逸 내지 神仙에게는 煙霧보다 煙霞, 煙雲이 더 適切하다고 보여진다. 앞에서 言及했지만 仙人들은 찬조하(餐朝霞) 식항해(食沆瀣) 즉 아침노을 먹고 이슬기운 北方 夜半의 氣를 자신다 했다. 唐·高宗때의 隱逸로 이름난 田游巖은 천석고황(泉石膏肓)·연하고질(煙霞痼疾)로 자신의 處地와 心境을 임금에게 아뢰었다. 膏는 심장의 아랫부분이고 肓은 횡격막의 윗부분인데 이 사이에 병이 들면 고치기 어렵다 하였으니 痼疾이나 마찬가지다. 泉, 石, 煙, 霞는 塵世를 벗어난 自然의 代表요 象徵이 되는 것이다. 또한 道家에서는 煙雲供養이라는 표현으로 自身들의 脫俗한 生活을 自負하였다. 그들은 각식탄기(却食呑氣) 즉 음식을 거부하고 氣를 삼켜 長生을 追求하였는데 이 때에 煙雲을 供養한다고 우아하게 멋을 부렸다. 杜先生의 경우 煙雲, 煙霞를 쓰는 것이 隱逸이나 神仙에 휘뚜루마뚜루 잘 통하는데 오늘날 스모그(smog)도 뜻하는 煙霧로 쓴 것은 아마 協韻 때문이리라.

解說

孔巢父 머리를 절레절레 내두르며 머무르려 하지 않으시니 장차 동쪽 바다에 들어 煙霧를 좇으려 하심이라.

❖ 제3·4구: 詩卷長留天地間, 釣竿欲拂珊瑚樹.

註

▸詩卷: 孔巢父의 詩를 적은 두루마리.

▶天地: ① 自然界. ② 天下. 즉 인간세상. "詩卷長留天地間"을 蕭滌非 先生은 다음과 같이 풀이하였는데 ①과 ②를 다 취한듯하다. "한편으로는 巢父가 富貴에 연연하지 않을 뿐 아니라 自己의 詩集조차 세상에 남는 것을 바라지 않는다는 것이며, 한편으로는 巢父의 詩는 인멸(湮滅) 되지 않고 영원히 남을 것이라는 뜻이다. 지금 巢父의 詩는 전해지지 않으니 이 句는 도리어 杜甫의 自評이 되고 말았다." 蕭先生의 말씀인즉 그는 自身의 詩作을 인간세상이 아닌 天地自然에나 남겨두겠다는 뜻도 되고 한편으로는 第三者가 보기에 傑作·秀作이므로 인간세상에 길이 전해지리라는 뜻도 된다는 것이리라. 그럴듯하다.

▶釣竿: 낚싯대.

▶拂: 스치다. 건드리다. 닿다. 부딪치다.

▶珊瑚樹: 珊瑚의 모양이 樹木과 비슷하므로 이렇게 부른다. 낚싯대 드리우면 무엇인가를 낚자는 目的이 있는 것이다. 勿論 擧皆가 붕어·잉어·메기·자라 따위의 魚鼈(어별)을 잡는다. 附隨的으로 바람과 달의 閒適·고요를 누릴 수 있다. 그러나 이것 가지고는 이야기 거리가 안 된다. 姜太公은 皤皤老人이 되도록 時節을 낚았는데 結局 周文王을 낚았고 더 나아가 武王을 도와 殷나라 紂王을 꺾고 天下를 낚았다. 그러나 대부분의 隱者들은 그렇게 거창하고 政治的이지 않았다. 柳宗元의 〈江雪〉에서 孤舟의 蓑笠翁(사립옹. 도롱이 걸치고 삿갓 쓴 영감님)은 "獨釣寒江雪"이라 홀로 겨울 강의 雪中情趣를 낚았다. 그런가하면 張松齡의 〈漁父〉는 "樂是風波釣是閒. 즐기는 것은 바람과 물결, 낚는 것은 閒暇함"이라 하여 아주 확실하고 분명하게 漁隱의 處地와 心境을 밝혔다. 지금 孔巢父의 경우 姜太公의 時節도 蓑笠翁의 寒江雪도 漁父의 閒도 아니며 그렇다고 珊瑚樹를 낚는 것도 아니고 스치거나 건드릴 뿐이다. 당연히 釣竿은 珊瑚樹를 낚을 수 없다. 釣竿은 隱逸을 象徵한다. 珊瑚樹는 사람들에게 採取되어 世上에 出現하면 富貴의 表象이

되며 世俗的인 裝飾品에 不過하나—≪世說新語·汰侈≫에 石崇과 王愷가 珊瑚를 가지고 富를 誇示하는 것이 世間에 有名하다—碧海中에 있을 때에는 神秘와 恍惚 그 自體며 仙界를 연상시키기에 充分하다. 孔巢父의 경우 隱逸과 同時에 神仙이라는 아름답고 超現實的인 幻想의 世界를 追求하니 杜先生께서 이렇게 美麗하며 朦朧하게 표현했을 뿐이다. 珊瑚樹를 건드린다는 것은 仙界와 接觸하며 疏通이 된다는 의미일 것이다.

➡ 珊瑚는 푸르고 깊은 바닷 속에서 그렇게 玲瓏한 붉은 색을 띠므로—勿論 흰색·검은색도 있다. 그러나 世人들은 붉은색을 좋아하고 아끼니 珊瑚하면 으레 붉은 것을 생각한다—옛사람들은 신기해하며 온갖 상상을 다하였다. 그래서 다음의 이야기가 생겨난 듯하다. ≪世說新語·汰侈≫ 八項의 劉孝標 注에서 ≪南州異物志≫를 引用하였는데 아래와 같다. "珊瑚는 大秦國 즉 로마에서 난다. 그곳의 漲海에 섬이 있는데 大秦國에서 칠 팔 백리 떨어졌으며 珊瑚樹洲 즉 珊瑚섬이라 부른다. 바다 밑에 너럭바위가 있는데 水深은 스무길 정도며 珊瑚는 그 돌 위에 난다. 처음에는 흰색이고 버섯처럼 연약하다. 그 나라 사람들이 큰 배를 타는데 배위에 鐵網을 싣는다. 鐵網을 물밑에 가라앉히고 일년이면 珊瑚가 鐵網의 눈에 생기는데 그 빛은 아직 노랗지만 가지가 서로 얽히고 높이는 서 너 자며 큰 것은 둘레가 한자를 넘는다. 삼년이면 붉은 빛이 되는데 쇠끝으로 그 뿌리를 파내고 鐵網을 배에 연결시킨 뒤 捲揚機로 鐵網을 들어올린다. 돌아와서는 자르고 뚫고 마음대로 만든다. 珊瑚生大秦國, 有洲在漲海中, 距其國七八百里, 名珊瑚樹洲. 底有盤石, 水深二十餘丈, 珊瑚生於石上. 初生白, 軟弱似菌. 國人乘大船, 載鐵網, 先沒在水下, 一年便生網目中, 其色尙黃, 枝柯交錯, 高三四尺, 大者圍尺餘. 三年色赤, 便以鐵鈔發其根, 繫鐵網於船, 絞車擧網. 還, 裁鑿恣意所作.

▷鈔: 杪字와 통한다. 끝. 末端.

▷絞車: 윈치(winch). 捲揚機."

이 이야기 때문에 珊瑚와 鐵網은 함께 어울리게 되었으며 詩人들은 佳期 즉 사랑을 맺게되는 아름다운 기약의 이루어짐을 鐵網에 珊瑚가 걸린다고 하였다. 李商隱은 그의 〈碧城〉 三首의 其三에서 "鐵網珊瑚未有枝. 鐵網에는 아직 珊瑚가지가 없구나."라 하며 애타는 마음을 노래하였다.

解說

詩 쓴 두루마리는 天地自然에나 길이 남기겠다 하시나 우리생각에는 인간세상에 영원히 전해질 것이며 앞으로는 낚싯대로 碧色 深海의 紅色 珊瑚나 건드리겠다 하시니 바로 縹渺 恍惚한 仙界와 接觸하려 하심이라.

❖ 제5 · 6구: 深山大澤龍蛇遠, 春寒野陰風景暮.

註

▸深山: 깊은 산하면 간단하게 풀릴듯하나 좀 모호하다. 사전적 풀이로는 山 밖의 세상과 거리가 멀고 사람이 尋常하게 찾을 수 없는 산이다. 세간에서는 흔히 深山窮谷 · 深山幽谷으로 쓴다.

▸大澤: 큰 湖沼. 衒學的으로 말하면 大藪澤(대수택)이니라.

▸龍蛇: 여러 意味로 쓰인다. ① 첫째, ≪易 · 繫辭下≫에서 "龍蛇之蟄, 以存身也. 龍蛇의 숨는 것은 그렇게 하여 몸을 보존하려 함이다."라 하였다. 後에는 이 때문에 隱退를 比喩하게 되었으니 ≪漢書 · 揚雄傳上≫에서 "君子得時則大行, 不得時則龍蛇. 君子는 때를 만나면 크게 活躍하나 때를 못 만나면 龍蛇처럼 숨는다"라 하였다. ② 둘째, 傑出한 사람이나 사물을 가리킨다. ≪左傳 · 襄公 二十二年≫에 다음의 기록이 있다. "當初에 叔向의 母親은 叔虎의 어미가 예쁜 것을 질투하여 남편을 모시지 못하게 하였다. 아들들이 모두 母親을 諫하니 母親은 '深山大澤은 확실히 龍蛇를 生長하게 하느니라. 그가 예쁘니 내 두

렵기는 그가 龍蛇를 낳아 너희들에게 禍를 끼칠까 함이다. 너희들은 衰退하는 家門의 一族인데 나라 안에는 총애를 받는 高官들이 많다. 어질지 못한 사람이 중간에서 너희들과 高官사이를 이간질하면 이 또한 어려운 일이 아니겠느냐? 내가 무슨 애석해함이 있다고 모시지 못하게 하겠느냐? '하고는 그로 하여금 잠자리를 받들게 하였다. 叔虎를 낳았는데 잘 생긴데다 勇猛하고 힘이 셌다. 欒懷子가 그를 총애하니 이로써 이 羊舌氏 一族이 禍를 당하였다. 初, 叔向之母妬叔虎之母美而不使, 其子皆諫其母. 其母曰: '深山大澤, 實生龍蛇. 彼美, 余懼其生龍蛇以禍女, 女敝族也. 國多大寵, 不仁人間之, 不亦難乎? 余何愛焉.' 使往視寢, 生叔虎, 美而有勇力, 欒懷子嬖之, 故羊舌氏之族及於難." ③ 自然과 合一하여 造化가 無窮, 變化가 無常한 人物. ≪讀杜心解≫에서 "山澤龍蛇는 비록 左傳의 말을 썼지만 실인즉 老子가 龍같다는 것을 쓴 것이니 이러한 人物은 응당 遠引 즉 遠去·遠遊해야 한다는 말이다"라고 하였다. ≪莊子·天運≫을 보면 孔子가 老聃을 만나 仁義를 力說하다가 "쌀을 키질하여 까불다가 겨가 눈에 들어가면 天地四方이 모두 헷갈리며 모기나 등에가 물면 밤새도록 잠들 수 없다. 仁義가 사람의 本性을 해치고 心智를 어지럽히니 이보다 더 큰 禍가 없을 것이다. 네가 天下로 하여금 純眞質樸을 잃지 않게 하려면 造化에 順應하여 행하게 하고 道德과 合一하여 서있게 하면 된다…… 백조는 매일 씻어서 흰 것이 아니고 까마귀는 매일 물들여서 검은 것이 아니다. 黑白의 本質은 모두 自然에서 나온 것이니 美醜의 辯論은 필요가 없으며, 名聲·榮譽의 美好는 本性을 넓히거나 크게 할 수 없다. 물이 마르면 물고기들은 맨 땅에 있게 되니 서로 입김을 불어 축축하게 해주고 거품을 내어 적셔주지만 江湖에서 서로의 存在·도움을 모르는 채 살아가는 것만 못하니라"하는 老子의 야단만 직사하게 맞고 돌아왔다. 그리고는 사흘 동안 말을 잊고 멍하니 있다가 弟子들이 물은즉 대답이 "나는 오늘날에 와서야 龍을 보았다. 合하면 妙體를 이루고 흩어지면 文采가 생기며 구름을 타고 陰陽之間에 飛翔한다. 내 입을 벌린 채 다물 수 없으니 어떻게 老聃을 충고하고 권고했단 말인가?"였다. 老子를 龍으로 본 것은 ≪莊子·山木≫에도 나오는데 省略하겠다. 浦起龍先生의 뜻은 孔巢父가 既往에 學道求仙한다니 杜甫가 아예 이김에 孔巢父를 最高至上의 道를 행하는 至人·眞人으로 기리지 않았나 하는 것이리라. 연이나 浦先生의 해석은 너무 나간 것이 아닌가 하는 생각이 든다. 杜先生께서 그렇게까지 거창하게 추어올리지는 않았을 것이다. 아무리 送詩가 激勵와 德談이 가는 것이 常例라지만 程度가 있고 限界가 있었으리라. 蕭滌非先生은 孔巢父의 遁世高蹈함이 꼭 龍蛇가 深山大澤에 멀찌감치 처함과 비슷하다는 말이라 하였다. 우리생각에는 杜先生이 ①, ②의 뜻을 겸하여 쓰신 듯하다. 隱遁도 맞는데 또한 傑出한 人物이므로 앞으로 분명 學仙과 求道가 成功할 것이다. 原來 枳棘叢中(지극총중)에 鸞鳳이 깃들 수 없듯이 雜沓喧囂(잡답훤효)한 市井이 어찌 龍蛇가 처할 곳이겠는가? 그저 深山大澤 찾아 부지런히 가시라 하는 것은 仙과 道를 빙자하여 떠나는 사람에게 하는 덕담이니 무슨 상관있으랴?

▸遠: 遠處의 뜻.(蕭滌非先生)

▸野陰: 野는 郊外다. ≪詩·邶風·燕燕≫에서 "之子于歸, 遠送于野. 이 사람 시집가는데, 멀리 郊外에서 餞送한다"라 하였는데 〈毛傳〉에서 "郊外曰野. 郊外를 野라 한다"라 하였다. 陰은 구름이 낀 날씨를 말한다. 漢나라 董仲舒의 ≪春秋繁露·陽尊陰卑≫에서 "陰猶沈也. 陰은 沈이다"라 하였다. 凌曙의 注에서 "蔡邕의 〈月令章句〉에서 陰은 密雲 즉 두껍게 낀 구름이며 沈은 구름이 겹겹으로 있는 것이다. 蔡邕〈月令章句〉曰: 陰者, 密雲也; 沈者, 雲之重也"라 하였다. ≪文選≫의 〈李善注〉에서도 "陰者, 密雲也"라 하였다. 물론 陰에 昏暗의 뜻도 있다. 그

러나 바로 밑에 風景暮가 나오니 뜻이 重複되지 않나 생각된다. 어둡다는 뜻보다는 구름 낀 날씨가 더 나을 듯하다.

▸暮: 저녁이라는 뜻이지만 여기에서는 暮色 즉 날이 저물어가는 어스레한 빛을 말한다. 흔히 暮色蒼然이라 쓰는데 이는 저녁무렵의 경치가 어스레함을 표현한 것이다.

➥ 第6句는 스산하고 蕭條하며 아쉽고 서글픈 것을 나타내려고 寒·陰·暮와 같이 低調·沈滯한 語詞를 잇달아 썼는데 比較的 成功的인 運用이라 하겠다.

➥ 第6句에 대해 ≪杜詩詳注≫, ≪杜詩鏡銓≫ 모두 別去之時를 쓴 것이라 하였다. 넓게 보면 그런대로 통하기는 하나 자세히 따지면 약간의 문제가 있다. 6句는 우리생각에 餞別宴을 베푸는 곳과 때를 쓴 것이며 뒤에 淸夜·月照가 나오니 別去는 그 다음의 黎明·淸晨이 타당하리라. 江이나 바다에서는 바람·潮水에 따라 登程의 時刻을 정한다. 그러나 陸路는 새벽 일찍 떠남이 常例다. 저녁이나 밤에 登途하면 十里도 못가가 아니고 몇 里도 못가 投宿할 판인데 그게 말이 되는가? ≪杜詩詳注≫와 ≪杜詩鏡銓≫은 餞別宴과 出發을 뭉뚱그려 말한 것이라 생각되는데 자칫 오해의 素地가 있어 老婆心으로 끼적거려 보았다.

解說

深山과 大澤이야말로 龍蛇가 몸을 감추고 더 큰 飛躍을 위하여 멀리 處하고 居하는 곳. 아직은 쌀쌀한 봄. 그리고 구름 낀 郊外. 게다가 경치는 저녁 무렵이라 어스레한 때. 그대를 보내기 위해 우리는 모였습니다.

❖ 제7·8구: 蓬萊織女回雲車, 指點虛無引歸路.

註

▸蓬萊: 傳說에 의하면 中國의 동쪽 바다에 神仙이 사는 三神山이 있으니 즉 蓬萊·方丈·瀛洲라 한다. ≪史記·秦始皇本紀≫에서도 "齊나라 사람인 徐市(서불) 等이 上書하여 海中에 三神山이 있으니 이름이

蓬萊・方丈・瀛洲로 僊人이 산다고 하였다. 齊人徐市等上書, 言海中有三神山, 名曰蓬萊・方丈・瀛洲, 僊人居之."고 하였다. (徐市은 徐福이라고도 한다. 市이나 福이나 모두 (fú)로 중국에서는 同音이고 平聲으로 四聲 또한 같다. 흔히 서시(徐市)라고 쓰고 읽는데 잘못된 것이다.) 本句에서는 蓬萊山의 男女仙人을 省略하여 蓬萊로 쓴 것이다.

▸織女: 그냥 풀면 베짜는 여인이다. 옛날에는 自給自足하는 生活을 營爲하였으니 아낙들이 길쌈하여 피륙을 낳는 것은 當然之事였다. 말하자면 家家戶戶 집집마다 織女가 한 둘씩 있게 마련이었다. 또한 農耕社會라 男子들은 밭가는 것이 主任務인데 耕牛가 農事에 必須不可缺이었다. 約 삼십년 전 만해도 農家의 財産目錄 第一號는 힘좋은 耕牛였으니 아득한 옛날에는 어떠하였겠는가? 그리하야 牽牛와 織女는 堂堂하게 天上의 별님으로 昇格하게 된다. 얘긴즉 織女는 天帝의 따님으로 銀河의 東에서 길쌈으로 여가가 없었고 牽牛는 銀河의 西쪽에서 소끌고 열심히 밭을 갈았다. 天帝가 가상히 여기고 불쌍히 여기사 짝을 지워주니 사랑에 취하여 베짜기고 소몰아 밭갈이고 모두 다 때려치우고 말았다. 天帝께서 아뿔싸! 일이 잘못된 방향으로 가는 것을 아시고 織女를 銀河의 東쪽으로 돌아오게 한 뒤 일 년에 한번만 만나게 하셨다는 것이다. 結局 要旨는 天下 百姓들에게 女工과 耕田을 作破하거나 解弛 내지 懶惰하면 重罰을 받는다는 嚴重한 警告요 恐喝인데 잘 포장돼 애절한 스토리 안에 담겨있는 것이다. 本論으로 들어가자. 本句에서는 天上의 여자 별님을 말한다. 蓬萊는 바닷속의 三神山과 거기에 있는 男女仙人들을 代身하였고 織女는 하늘나라의 모든 남녀별님의 看板으로 登場한 것이다. 이렇게 되면 하늘과 바다, 銀河의 東西와 三神山, 뭇별님과 神山의 仙人들, 이 모두를 귀찮고 성가시게 다 舞臺에 올릴 것 없이 蓬萊 織女만 내보내도 눈치 빠른 사람은 절에 가서도 젓국을 얻어먹듯이 다 알아차리게 되어있는 것이다. 즉 杜先生 特有의 果敢한 省略法으로 앞에서 이미

소개한 〈自京赴奉先縣詠懷五百字〉의 "朱門酒肉臭, 路有凍死骨"도 바로 이 省略法을 쓴 것이다. "술・고기 썩고, 옷감은 삭아 없어지고 먼지되는데, 굶어죽은 사람 얼어 죽은 사람이 즐비하다"를 省略하여 "술・고기 썩는데 얼어 죽은 시체가 있다"로 한 것이다.

➥ 牽牛・織女가 풀어써도 통하고 固有名詞로 써도 말이 되니 가끔 장난기 있는 詩歌도 나오게 되었다. ≪李白集校注≫의 卷30 〈詩文補遺〉에 他人이 解說한 形式의 題目 내지 序 아래 詩 한수가 나와 있다. 勿論 李白이 自身을 客觀化 第三者의 立場에서 썼다고 할 수도 있다. 그러나 그의 言語驅使를 考慮하면 그렇지는 않은 것 같다. 〈贈黃山胡公求白鷴〉의 序에서 "……予平生酷好, 竟莫能致. 而胡公輟贈於我, 唯求一詩……(白鷴. 백한새를) 내 평소 좋아했건만 끝내 손에 넣을 수 없었다. 그런데 胡公이 나에게 白鷴새를 나누어주고 다만 詩 한수를 要求하니……"라 하였는데 自身을 予・我로 썼다. 또한 〈答族姪僧中孚贈玉泉仙人掌茶〉의 序에서도 "余聞荊州玉泉寺近清溪諸山 …… 余遊金陵, 見宗僧中孚示余茶數十片 …… 因持之見遺, 兼贈詩, 要余答之 …… 내가 듣기로 荊州의 玉泉寺는 清溪땅의 여러 산에 가까운데 …… 내가 金陵을 遊覽할 때 宗氏 스님 中孚를 만났는데 나에게 茶 數十片을 보여주었다…… 그것을 나에게 주고 詩도 주었는데 내가 答하길 요구하였다……"라 하였는데 自己를 나타낼 때 余로 一貫하였다. 당연히 李白이 自身을 "나 白이", "나 白은"하여도 안 될 것은 없으나 그의 表現 習慣上 이러한 可能性은 稀薄하다 하겠다. 眞僞의 是非가 있지만 破閑 즉 심심풀이로 紹介하겠다.

〈白微時, 募縣小吏, 入令臥內. 嘗驅牛經堂下, 令妻怒將加詰責, 白亟以詩謝云〉

素面倚欄鉤, 嬌聲出外頭. 若非是織女, 何得問牽牛.

〈李白이 微賤할 때 고을의 말단으로 불려가 일하였는데 원님의 內室에도 出入할 수 있었다. 언젠가 소를 몰고 內堂부근을 지나가니 원님의 부인이 노하여 꾸짖으려 하였다. 李白은 재빨리 시를 지어 응답하였다〉 흰 얼굴로 굽은 난간에 다가서더니, 아리따운 목소리가 밖에까지 새어나오네. 그대는 베 짜는 아낙네(織女星)도 아닌데, 어떻게 소 끄는 남정네(牽牛郎)를 나무랄 수 있으리?

▷微: 微賤. 寒微. 卑微.

▷募: 募集. 召募.

▷小吏: 末端官吏. 縣의 小吏는 朝鮮時代의 衙前과 비슷할 것이다.

▷令: 縣令. 원님. 사또.

▷臥內: 寢室. 內堂. 內室.

▷堂下: 대청아래. 內堂附近. 內室近處.

▷嘗驅牛經堂下: ≪孟子・梁惠王上≫에 "王坐於堂上, 有牽牛而過堂下者"라는 말이 있다.

▷詰責(힐책): 꾸짖다.

▷亟: ① (극. jí). 재빨리. 민첩하게. ② (기. qì). 자주. 여러 번.

▷云: 句末에 의미 없이 쓰이는 助詞.

▷欄鉤: 난간의 구부러진 곳. 鉤는 갈고리인데 여기에서 派生되어 갈고리처럼 구부러진 것도 뜻한다. 참고로 말하면 鉤欄은 曲折된 즉 구불구불한 난간을 가리킨다.

▷外頭: 外邊. 外面.

▷若은 汝와 같다. 그대. 당신. 너.

▷問: 問責. 꾸짖다. 나무라다.

末端官吏인지 衙前인지 하는 젊은 남자가 守令의 부인에게 감히 夫婦・男女를 빗대고 對等한 關係인듯 弄하는 것이 可能한지 모르겠다. 그러니까 李白이지 하면 할 말은 없다. 그러나 일단 보고나면 莞爾而笑라 모두들 빙그레 웃고 만다.

▶雲車: 흔히 雲車風馬라 쓴다. 仙人들은 下界의 인간들이 車馬부리듯 雲과 風을 몰고 다닌다는 것이다. 仙人의 存在與否가 아리송한데 風雲이던 虹霓던 무슨 상관이랴! 마음대로 상상할 수 있었으리라. 回雲車는

神仙들이 太上老君의 金丹試食會에 가던지 西王母가 蟠桃園에서 여는 파티에 가던지 하여튼 가던 目的地를 놔두고 孔巢父를 위해 구름수레를 돌렸다는 것이다. 간단히 말해 神仙들도 孔에 대한 마음가짐이나 자세가 各別하고 至誠스럽다는 것이니 한마디로 줄이면 잘났다는 것이다.

▶指點: 손이나 물건으로 가리킨다는 말이다.

▶虛無: ① 道家에서는 虛無로 道의 本體를 가리켰다. 즉 道의 本體는 虛無 즉 형상이 없으므로 능히 萬物을 包容하며 그 本性은 道와 합하므로 有하면서도 즉 있으면서도 無같고 즉 없는 것 같고 實하면서도 즉 꽉 차있으면서도 虛한 것 즉 텅 빈 것 같다는 것이다. ≪莊子・刻意≫에서 "夫恬惔寂寞・虛無無爲, 此天地之本而道德之質也. 恬靜・淡泊・寂寞・虛無・無爲, 이것들은 天地의 根本이며 道德의 本質이다"라 하였다. ② 淸靜하여 無慾하며 愛도 憎도 없는 것. ≪呂氏春秋≫의 高誘 注에서 "虛無, 無所愛惡也"라 하였다. ③ 天空 즉 하늘. 하늘은 맑고 텅 빈 곳이라 虛無로 나타낼 수 있다. 杜先生은 그의 〈白帝樓〉의 首聯에서 "漠漠虛無裏, 連連睥睨侵. 아득한 텅 비고 맑은 하늘 속으로 끝없이 이어진 성가퀴는 침입하누나"이라 하였으니 이때의 虛無는 바로 虛空, 蒼穹이 된다. ④ 空無所有. 아무 것도 가진 것 없다는 뜻. 杜先生은 그의 〈熱〉 三首의 其一에서 "雷霆空霹靂, 雲雨竟虛無. 격렬한 천둥과 번개는 헛것이니, 구름과 비 소식은 꽝이로구나"라 하였다. 결국 杜先生은 虛無를 세 가지 뜻으로 다르게 쓰신 것이 된다. 우리의 경우 虛無는 "無價値하고 無意味하게 느껴져 매우 허전하고 쓸쓸함"의 뜻으로 사용하니 "人生의 虛無", "虛無와 絶望에 빠지다"가 그 例다. ⑤ 蕭滌非先生은 ≪莊子・逍遙遊≫에 나오는 "無何有之鄕"으로 보았다. 後世人들은 이것을 텅 비고 架空의 非現實的인 境界로 使用하였다. 우리나라에서는 사람이 손대지 않은 자연 그대로의 세계로 파악하였다. ⑥ 日人 鈴木虎雄先生은 煙霧가 縹渺함, 즉 안개・구름이 끝없이 멀리 퍼져

있는지 없는지 알 수 없게 어렴풋함이라 하고 그것은 江東 海邊을 가리킨다 하였다. 杜先生의 경우 무 자르듯 두부 썰듯 딱 이것이다 하고 하나의 의미로 語詞를 運用하지는 않는다. 그의 腦裏에 貯藏된 該博한 知識과 無量한 情報가 混合하여 一時에 噴水처럼 湧泉처럼 나오기 때문이다. 虛無는 實在하는 場所로 본다면 ③과 ⑥이 된다. 즉 위로는 ③이요 아래로는 ⑥이니 결국은 江東의 하늘과 땅이다. 그러나 잡을 수 없고 만질 수 없는 精神世界로 본다면 ①, ②가 맞는다. 그리고 그러한 精神世界를 具現할 수 있다면 ⑤가 될 것이다.

▸引歸路: 引路는 ① 길을 떠남. ② 先導하다. 案內하다. 引導하다. 歸路는 孔巢父가 가고자하는 곳이다. 蕭滌非先生은 歸宿이라 하셨으니 즉 歸結處, 歸着地, 歸着點이다.

解說

海中의 三神山 蓬萊·方丈·瀛洲의 뭇 神仙들, 天上의 牽牛·織女를 비롯한 많은 별님들. 타고 가던 구름의 수레를 그대 위해 돌리고는 虛無라 맑고 텅 빈 저쪽 하늘밑, 縹渺 한 바닷가의 안개구름 속, 그대가 實踐履行할 淸靜無欲한 境地, 道의 本體에 到達할 수 있는 世界, 그리고 逍遙할 無何有之鄕을 가리키며 그대의 歸着地로 引導할 것입니다.

❖ 제9·10구: 自是君身有仙骨, 世人那得知其故.

註

▸自是: 원래. 본래.

▸仙骨: ≪漢語大詞典≫에 의하면 ① 道敎語로 神仙이 될 수 있는 資質. ② 凡俗을 뛰어 넘는 氣質을 比喩함. 例로 本詩를 들었다. 그러나 우리 생각에 本詩에서 杜先生은 孔巢父를 將來 神仙이 될 수 있다고 추어 올리고 있으니 뭇 神仙·별님들이 가리키고 引導함은 未來의 同僚에 대한 配慮며 激勵일 것이다. ≪漢語大詞典≫의 擧例는 錯誤가 있는

듯하니 本詩는 ①에 속할 것이다. ≪표준국어대사전≫에 의하면 "신선의 골격이라는 뜻으로 비범한 骨相을 이르는 말"이라 하였다.

➥ 우리는 "仙骨"이라는 말 보다는 "仙風道骨"이라는 말에 익숙하다. ≪漢語大詞典≫에 의하면 ① 道教語로 仙人이나 得道한 사람의 內的인 氣質과 外的인 風采를 말함. ② 凡俗을 벗어난 人品·容貌·風格을 가리킴. ≪표준국어대사전≫에 의하면 "神仙의 風采와 道人의 骨格이란 뜻으로 남달리 뛰어나고 古雅한 風采를 이르는 말"이라 하였다. 두 나라의 해석이 약간 다른데 우리나라가 外樣에 置重한데 비하여 中國은 內面과 外樣 골고루 신경을 썼다고 말할 수 있다. 선골은 仙風道骨의 준말 같은데 알기 쉽게 말해서 난놈이라 하면 좀 상스럽고 난 인물이라 하면 高尙은 아니지만 그런대로 쓸 만하다.

▸那得知: 那는 어찌. 어떻게. 得은 能이니 ~할 수 있다는 뜻이다.

▸其故: 벼슬·감투 내던지고 學道·求仙하는 까닭.

解說

본래 그대의 몸에는 仙人될 資質이 있어서 超凡絶俗은 애쓰지 않고 努力하지 않아도 저절로 이루어지는 當然之事라. 그러나 俗界·塵世의 사람들이야 그대가 벼슬 버리고 감투 던지고 멀리 떠나는 까닭을 어찌 알겠습니까?

❖ 제11·12구: 惜君只欲苦死留, 富貴何如草頭露.

註

▸惜: 愛惜해 함. 즉 소중히 여기는 사람·물건을 잃어 섭섭하고 서운한 느낌이 듦.

▸苦死: 副詞임. ① 斷乎하고 決然함을 나타냄. ② 아주 懇切함을 나타냄. ③ 대단히 苦心함. 心血을 기울임을 나타냄.(≪漢語大詞典≫) 蕭滌非先生은 이말은 唐代의 方言으로 지금 中國語의 拼命과 같다 하였다.

즉 "목숨을 걸고", "목숨을 내던지고", "필사적으로", "적극적으로"의 뜻인데 出處가 不分明하여 望文生義의 疑惑이 있다. 그러나 適切하다는 느낌도 강하게 드는 것은 어쩔 수 없다.

▶何如: ① 어떠냐? 어떠한가? ② ~에 비하여 어떠한가? ①을 따르면 "富貴가 어떠하냐 물으신다면 풀끝의 이슬 같다고 말하겠어요"가 된다. 즉 自問自答이다. 徐仁甫先生은 이 說을 주장하였다. (≪杜詩注解商榷≫) 蕭滌非先生은 이것도 되기는 된다고 하였다. ②를 따르면 "富貴가 풀끝의 이슬에 비해 어떠한가?"가 된다. 즉 富貴나 풀끝의 이슬이나 다 똑같이 虛妄하다는 것이다. 蕭滌非先生은 孔巢父를 대신하여 世人을 각성시키는 것이라 하였는데 日人 鈴木虎雄先生도 이렇게 풀이하였다. 唐人들은 何如를 ②의 뜻으로 많이 썼다. 例컨대 王昌齡의 〈採蓮〉을 보면 "摘取芙蓉花, 莫摘芙蓉葉. 將歸問夫壻, 顏色何如妾? 연꽃을 꺾자, 연잎은 꺾지 말고. 가지고 돌아가 서방님께 물어보자, 용모가 나에 비해 어떠한지?"라 하였다.

▶草頭露: 우리같이 본 것 들은 것 배운 것 적은 사람은 그저 죽으나 사나 辭典을 活用하는 수밖에 없다. 그리하야 ≪漢語大詞典≫을 찾으니 "草頭露"를 說明하였는데 다음과 같다. "草上的露水, 稀少易乾. 比喩難以持久. 풀끝의 이슬은 드문데다 마르기 쉽다. 오래 버티기 어려움을 比喩한다." 여기까지는 그럴듯하였는데 例를 든 것이 바로 杜先生의 本作品이다. 이렇게 되면 정말 虛妄하고 어처구니없다는 말 밖에는 할 말이 없다. 杜先生은 글자 하나를 써도 由來 없는 것이 없다 하였는데 그럴 리가 없다. 그래서 "草露"를 찾았다. 草上의 露水라 풀었는데 例를 든 것은 다음과 같다. 漢 王粲의 〈從軍行〉 五首 其三 "下船登高防, 草露霑我衣. 배에서 내려 높은 둑을 오르니, 풀 이슬은 내 옷을 적신다." 그리고 다시 杜甫의 〈日暮〉 "石泉流暗壁, 草露滴秋根"을 들었는데 이것은 "暗泉流石壁, 秋露滴草根"을 어렵게 쓴 것이라 하니 草露하고는

상관이 없다. 內容은 "들리지만 보이지 않는 샘물이 石壁에 흐르고, 가을의 이슬은 풀뿌리에 떨어진다"다. 무식한 우리도 생각나는 것이 있다. 晉 陶潛의 〈歸園田居〉 五首 其三에서 "道狹草木長, 夕露霑我衣. 길은 좁은데 풀은 길게 자라, 저녁 이슬 내 옷을 적신다."라 하였다. 王粲이나 陶潛 모두 풀의 이슬이 옷 적시니 축축하고 기분이 안 좋다는 것이지 虛妄하다는 것과는 인연이 없다. 따라서 草頭露는 앞에서 이미 紹介한 〈薤露歌〉 "薤上露, 何易晞. 露晞明朝更復落, 人死一去何時歸. 염교 위의 이슬이여, 어찌 그리 쉬이 마르는가? 이슬은 말라도 다음날 아침이면 또 방울지지만 사람 죽어 한번 가면 어느 때 돌아오나!"를 念頭에 두고 쓴 것이 아마 맞을 것이다. 이 또한 무식한 우리의 추측인데 "富貴何如薤上露"하면 제대로 정코스로 가긴 하는데 그 다음에 "人死一去"가 나오니 送詩에서 쓰기에는 좀 거시기하여 草頭露로 바꾸지 않았나하고 우리끼리 좋아하였다. 草頭의 頭는 ① 끝. 꼭대기. ② 邊. 畔. (예컨대 江頭는 江邊·江畔이다.)의 의미로 쓰인다. 앞에서도 말했지만 僻字는 사전 찾으면 그만이지만 "一", "上", "下", "人", "正"같이 쉬운 字는 그 뜻이 많고 복잡하여 아무리 사전을 보아도 골치아프기 짝이 없다. 頭도 머리 말고 다른 뜻 생각해내기 쉽지는 않다.

解說

세상 사람들은 그대같이 소중한 인재를 잃는 것이 너무나 섭섭하고 서운하여 그저 죽자 사자 붙들고 말리지만 富貴가 풀잎 끝 이슬에 비하여 어떠합니까? 무에 나을 것이 있겠습니까? 생각 잘 하였으니 그대로 밀고 가십시오.

❖ 제13·14구: 蔡侯靜者意有餘, 淸夜置酒臨前除.

註

▸蔡侯: 侯는 尊稱이니 일찍이 李白도 李侯라 하였다. 蔡先生쯤 되는데

누구인지 알 수 없다. ≪杜詩詳注≫에서 "置酒者. 酒宴을 베푼 사람"이라 하였는데 맞기는 하나 하나마나한 얘기다.

▸靜者: 靜은 恬靜(염정. 평안하고 고요하다)의 뜻으로 蔡夢弼이 말한 뒤 ≪杜詩詳注≫에서 그대로 引用하였고 蕭滌非先生도 이를 따른 뒤 "不熱衷富貴. 富貴에 열중하지 않는다"를 덧붙였다. 그러나 富는 안 맞는다. 원래 ≪論語・雍也≫에서 "子曰: 知者樂水, 仁者樂山. 知者動, 仁者靜. 知者樂, 仁者壽. 孔子가라사대: 총명한 사람 물을 좋아하고, 어진 사람 산을 좋아한다. 총명한 사람은 활동적이고, 어진 사람은 정적이다. 총명한 사람은 즐겁고, 어진 사람은 오래 산다"라 하였는데 後世에는 靜이 꼭 그렇게만 쓰이지는 않았다. 王維의 〈酬張少府〉에서 "晩年唯好靜, 萬事不關心. 늘그막에는 오직 고요만을 즐기니, 오만가지 잡다한 세상일에 관심이 없다"라 하였는데 이때의 靜은 世俗的인 人間事를 벗어남이다. 孟浩然의 〈宿終南翠微寺〉에서 "遂造幽人室, 始知靜者妙. 드디어 幽人의 거처에 이르렀는데, 비로소 靜者의 奧妙함을 알겠다"라 하였다. 이때 靜者는 世俗을 超脫한 隱士・僧侶・道士의 뜻인데 詩題를 따르면 翠微寺의 僧侶가 分明하다. 王維의 詩에도 〈同比部楊員外十五夜遊有懷靜者季〉가 있으니 靜者는 당시에 널리 쓰이던 말인 듯하다. 그러나 杜先生이 本詩에서 쓴 것은 약간 다르다. 晉의 陶潛은 〈時運〉에서 "延目中流, 悠想清沂. 童冠齊業, 閒詠而歸. 我愛其靜, 寤寐交揮. 但恨殊世, 邈不可追. 멀리 강 가운데를 바라보며, 아득히 맑은 沂水(기수)를 생각한다. 아이・어른 함께 공부하며, 한가하게 노래하며 돌아왔다지. 나는 그 담백・고요를 사랑하여, 자나 깨나 마음속에 뒤섞여 요동친다. 다만 한스러운 것은 시대가 다르니 까마득하게 따를 수 없음이라."라 하였다. 이 詩의 背景은 ≪論語・先進≫에 나온다. 孔子에게 子路・冉有・公西華가 그들의 抱負・希望을 다 밝힌 뒤 曾皙이 제 뜻을 말하는데 "莫春者, 春服旣成, 冠者五六人, 童子六七人, 浴乎沂, 風乎

舞雩, 詠而歸. 暮春이라 三月에 새로 지은 봄옷을 갈아입고 어른 대여섯과 아이 예닐곱이 沂水에서 몸씻고 舞雩(무우)에서 바람쐰 뒤 노래하며 돌아옴입니다"하였는데 孔子도 여기에 同意했겠다. 따라서 陶先生이 사랑한 靜은 立身揚名·濟世救民·富貴榮華 다 떠난 淸貧하나 마음 편한 선비의 姿勢를 말함이 되겠다. 간단히 말해 "安貧樂道", "守分知命"이다. ≪杜詩詳注≫에서 引用한 謝靈運의 〈過始寧墅〉 "拙疾相倚薄, 還得靜者便. 世上일에 어수룩함과 끊이지 않는 疾病 이 둘이 늘 함께 나에게 붙어있으니, 아무래도 故園으로 감이 적합하겠지"의 靜은 ≪老子≫ 16章에서 "夫物芸芸, 各復歸其根. 歸根曰靜, 是謂復命. 만물이 하고 많아도 결국 그 根本으로 돌아간다. 根本으로 돌아감을 靜—즉 살아있을 때의 動에서 다시 沈默寧靜으로 간다는 뜻—이라 하니 이것은 本性으로 復歸함이다."라 한 그 靜인데 根本으로 돌아감을 故園으로 돌아감이라고 再解釋한 것이다. 謝靈運의 詩는 本詩와는 距離가 먼 정도가 아니라 아주 다르다. 그러면 蔡侯靜者란 무엇을 말하는 것일까? 孔巢父의 餞別宴을 열어주었는데 고맙다 또는 기특하다 대견하다 하지 않고 靜者라고 쓴 그 內幕은 무엇일까? 우리의 어리석은 소견에 蔡侯는 詩人·文人·隱逸에게 好感을 가졌으며 追從하는 일종의 팬(fan) 즉 愛好家인 듯하다. 詩의 중간에 이렇게 뜬금없이 뚱딴지같이 등장하는 이유는 그가 돈푼깨나 있어 이렇게 조촐한 자리를 代價없이 마련해주니 한마디 言及은 해야 하겠는데 도대체 家門·門閥도 별볼일 없고 官職·감투 또한 인연이 먼 人物이니 紹介하기가 참으로 난감하였을 것이다. 그러나 杜先生이 누구냐? 그 긴 역사 그 많은 人總中에서도 뛰어난 天才아니더냐? 結局 벼슬·감투가 싫어서 없으나 못해서 없으나 現在 布衣인 것은 같다. 그러니 靜者라고 휘갑치면 知者는 知요 不知者는 不知라! 알만한 인사들은 다 알아차리고 고개를 끄덕이면 되는 것이다. 사실 우리는 杜先生의 言語驅使에 감탄 또 감탄했지만 이

靜者의 運用만큼 絶妙한 것도 드물다고 생각한다. 그러나 아쉬운 점이 없는 것도 아니다. ≪後漢書 · 黨錮列傳≫을 보면 後漢末 外戚과 宦官의 跋扈에 이갈고 몸서리치던 선비 · 太學生들은 淸流 · 名士를 稱揚하며 氣勢를 올렸다. 代表的인 것이 許劭 · 許靖이 鄕黨의 人物을 品評하며 매달 새로운 意見을 開陳하던 “汝南月旦”이다. 이들은 지금으로 치면 言論擔當인데 상당히 큰 影響力을 發揮하였다. 그리하여 海內英俊과 天下彦士들의 等級을 매긴 결과 “三君”, “八俊”, “八顧”, “八及”, “八廚”가 나오게 되었다. ≪後漢書≫에서 “廚者, 言能以財救人者也. 廚는 財物로 사람들을 救濟하는 者를 말한다”라 하였다. 廚의 본래 뜻은 부엌 · 요리사인데 이 “八廚”라는 말이 생긴 뒤에는 “財物을 흩어 사람을 救濟하는 者”라는 의미가 追加되었다. 앞뒤 눈치를 보건대 “八廚”는 아마 貧民救濟보다는 선비들의 뒷바라지를 착실히하여 困境에 빠진 선비들의 부엌 · 곳간 노릇을 단단히 한 몫 한 듯하다. 그리하여 여덟 명의 姓名은 堂堂히 靑史 · 竹帛에 길이 남은 것이다. 家門의 榮光이었을 것이다. 蔡先生도 이름을 밝혀주었으면 지금까지 榮譽를 누렸을텐데 하는 생각이 든다. 蔡先生으로서는 杜先生이 약속했을지도 모르며 第三者인 우리로서는 좀 야박하다는 느낌을 지울 수 없다. 그러나 李白보다는 낫다. 作品을 보자.

〈酬中都小吏攜斗酒雙魚于逆旅見贈〉

魯酒若琥珀, 汶魚紫錦鱗.

山東豪吏有俊氣, 手攜此物贈遠人.

意氣相傾兩相顧, 斗酒雙魚表情素.

雙鰓呀呷鰭鬣張, 跋刺銀盤欲飛去.

呼兒拂几霜刃揮, 紅肥花落白雪霏.

爲君下筯一餐飽, 醉著金鞍上馬歸.

〈中都고을의 下級官吏가 한 말술과 한 쌍의 고기를 가지고 여관에 와서 나에게 주니 詩로 答한다〉

魯땅의 술은 빛깔이 발그레한 琥珀, 汶水의 고기는 비늘이 보라색 비단. 山東의 호탕한 관리 기상도 뛰어나, 손수 가져와 먼 곳에서 온 사람에게 주었네. 意氣相投하면 서로 아끼는 법, 한 말 술 한 쌍 고기로 眞情을 표했네. 아가미는 벌름벌름 등·가슴지느러미는 한껏 폈는데, 은쟁반 위에서 펄떡 펄떡 날아갈 듯하네. 아이 불러 도마 닦고 서릿발 칼날 휘두르게 하니, 붉고 기름진 살은 꽃잎이 지듯 하얀 살은 눈이 내리듯하네. 그대 덕분에 젓가락 대고 한 끼를 배불리 먹으니, 취한 뒤 안장 얹고 말에 올라 돌아가네.

▷汶(문): 江 이름.

▷情素: 素는 愫다. 眞情의 뜻이다.

▷鰓(새): 아가미.

▷呀呷(하합): 아가미를 벌리고 닫는 모양.

▷鰭鬣(기렵): 등지느러미를 鰭. 가슴지느러미를 鬣이라 한다.

▷跋剌(발랄): 펄떡 펄떡.

▷几: 도마. 작은 상.

▷下箸: 젓가락을 대다, 즉 먹다는 뜻.

小吏가 旅舍로 술과 고기를 가져오자 그것을 가지고 다시 술집으로 가서 요리하여 먹고 마신 뒤 다시 旅舍로 돌아간다는 것 같다.

李白의 경우 小吏의 이름은 말할 것도 없고 姓도 言及하지 않았다. 그들의 관습상 벼슬·직책을 姓의 뒤에 붙이는데 小吏의 경우 아마 마땅히 붙일 말이 없었으리라. 그래서 豪吏·俊氣·意氣相傾·相顧·情素같이 그럴듯한 말은 잔뜩 늘어놓았는데 정작 당사자가 누구인지를 밝히지 않았다. 하기야 姓을 밝힌들 同姓人이 어디 한둘인가? 결국 그게 그것이지! 그 사람이 서운해 하였는지 또는 당연시 했는지는 잘 모르겠으나 조금 거시기 하기는 하다. 또 하나 알게 된 것은 小吏나 시시한 末端보다는 布衣가 훨씬 낫다는 것이다. 실속이야 어떤지 모르겠으나 布衣의 경우 무한한 가능성이 있으니까 그래도 侯字를 붙이게 되는 것이 아니겠는가? 小吏에게야 아무리 고맙기로 侯·公 等을 도저히 쓸 수 없으리라.

▶意有餘: 意는 意氣. 情意(즉 感情·好意·愛情을 말한다). 胸懷(즉 속생각·胸襟·抱負·度量을 뜻한다) 等의 뜻이 있다. 有餘는 여유가 있다. 남다. 남아돌다. 정리하면 蔡氏姓의 돈 좀 있는 양반에게 없는 것은 벼슬·감투·출세·명성에 대한 욕심이며 있는 것은 높은 意氣·넓은 度量·풍부한 感情이라는 것이다. 以上의 內容을 아주 어렵고 알아먹기 힘들게 쓴 것이 第13句인 것이다.

▶淸夜: 맑게 개이고 고요한 밤. 第6句 春寒의 寒氣는 가셨고 野陰의 陰雲도 깨끗이 걷혀 비록 섭섭하고 아쉬운 모임이지만 그런대로 괜찮다는 말이다.

▶置酒: 酒宴을 베풀다. 술자리를 벌이다.

▶臨: ① 마주하다. 直面하다. ~를 향하다. ② 接近하다. 가까이하다. 가깝다.

▶前除: 正堂 앞에 붙어있는 섬돌. 前은 屋前이며 除는 섬돌·층계다. 前後事情을 考慮하면 郊外에 있는 別墅의 뜰에서 餞別宴을 베푼듯하다. 別墅의 본채에 붙어있는 섬돌 바특이 하여 뜰에서 이른바 가든파티 形式으로 이별의 술자리를 베푼 것으로 보인다. 본채가 있고 거기에 잇닿아 섬돌이 있으며 그 앞에 뜰이 넓게 자리 잡고 다시 더 나가면 다른 건물이나 문이 있을 것이다.

解說

蔡先生은 평안하고 고요하신 분이라 벼슬·감투·출세·명성에 대한 욕심은 없고 높은 意氣·넓은 度量·풍부한 感情은 남아돌게 가졌습니다. 그리하여 이 맑게 개이고 고요한 밤 본채에 붙어있는 섬돌 가까운 뜰에다 고운 님 보내는 餞別宴을 벌여주셨습니다.

❖ 제15·16구: 罷琴惆悵月照席, 幾歲寄我空中書.

註

▸罷琴惆悵의 풀이는 蕭滌非先生의 말씀이 그럴듯하여 그대로 따른다. "唐時宴會多用妓樂, 送巢父却不合適, 所以只用琴. 罷琴, 彈完了琴. 酒闌琴罷, 就要分別, 故不免惆悵, 唐나라 때에는 잔치에 대부분 妓女들의 음악·춤을 곁들였으나 孔巢父를 餞送함에는 적합하지 않아 다만 琴을 썼을 뿐이다. 罷琴은 琴의 彈奏가 끝났다는 것이다. 술도 다하고 琴도 끝났으니 이내 이별이라 그래서 슬픔을 면할 수 없는 것이다."

▸幾歲: ① ≪讀杜心解≫에서 "冀其得道見招, 非止泛然通信, 故曰幾歲. 그가 得道하여 불러주기를 희망하니 대강대강 소식이나 전하는 것에 그침이 아니다. 그래서 어느 해에나라고 한 것이다." 杜先生이 神仙을 믿는다는 말이 된다. ② 蕭滌非 ≪杜甫詩選注≫ "幾歲二字很幽默, 意思是說不知你何歲何年才成得個神仙. 어느 해란 말은 대단히 유머러스하다. 의미는 그대가 何歲·何年에야 비로소 神仙이 될지 모르겠다고 한 것이다."蕭先生은 杜甫는 절대 神仙을 믿지 않았다고 하였다. 그러니까 幾歲는 不知何歲月이 된다. 우리생각도 같다. 암만!

▸空中書: ≪杜詩詳注≫, ≪杜詩鏡銓≫에서 梁·≪高僧傳≫을 引用하였다. "史宗不知何許人, 常在廣陵白土埭. 有一道人取小兒到一山, 山上人作書付小兒, 令其捉杖, 飄然而去, 或聞足下波浪聲, 送至白土埭. 史宗開書大驚曰: 汝那得蓬萊道人書耶? 史宗은 어디 사람인지 알 수 없었는데 廣陵의 白土埭(백토태)에 머물렀다. 어떤 道人이 아이를 데리고 어느 山에 가자—山은 蓬萊山인 듯하다—山위의 사람이 書信을 써 아이에게 맡겼다. 그리고는 지팡이를 잡게 하고 훌쩍 날아갔다. 발아

래 파도소리가 계속 들렸는데 白土埭로 보내준 것이다. 史宗 이 書信을 펴 보더니 깜짝 놀라 말하였다. 네가 어떻게 蓬萊道人의 書信을 얻었단 말이냐?" 위의 글을 고려하면 杜先生의 말씀인즉 孔巢父가 蓬萊道人같은 神仙이 되어 自己에게 書信을 神通力으로 보내 줄 것이라는 것이다. 그러나 蕭滌非先生의 말씀처럼 仙人의 書信을 一般的으로 가리킨다는 설명이 더 妥當하리라. 日人 鈴木虎雄先生은 空中書는 雲中의 書니 하늘가 아득한 곳에서 보내는 書信이라 하였다. 結局 孔巢父의 成仙 與否는 알 수가 없다는 말도 되고 아예 믿지 않았다는 말도 되겠다.

解說

琴을 타는 소리는 끝났고 술도 다 하였으니 이제 이별이라 슬픈 생각만 솟아오르는데 이 자리를 달빛만 비치니 無心한 달인가? 有情한 달인가? 그대 가고나면 장차 어느 해일까 나에게 空中으로 글을 날려 보내 줄 때가.

➡ 空中書라 하였는데 지금 air mail이란 말이 있다. 杜先生이 만약 이것을 아신다면 會心의 微笑를 지으실지 아니면 다 내가 元祖니라 하며 著作權을 主張하실런지 모르겠다. 말이 나온 김에 하나 더. 旅客機의 女乘務員인 스튜어디스를 中國에서는 空中小姐(즉 空中 아가씨)라 한다. 그러나 여기에 神仙·仙女의 의미는 전혀 없다.

❖ 제17·18구: 南尋禹穴見李白, 道甫問訊今何如.

註

▸禹穴: 禹임금의 葬地라 전해지는 곳으로 浙江省 紹興의 會稽山에 있다. ≪史記·太史公自序≫에서 "二十而南遊江·淮, 上會稽, 探禹穴. 스물에 남쪽 江·淮를 遊覽하였는데 會稽山에 올라 禹穴을 찾았다"라 하였다. 〈裴駰集解〉에서 張晏의 말을 引用하였는데 "禹巡狩至會稽而崩, 因葬焉. 上有孔穴, 民間云禹入此穴. 禹임금이 巡狩하다가 會稽에

이르러 崩御하셔 그대로 장사지냈다. 위에 구멍이 있는데 민간에서 禹임금이 그 구멍으로 들어갔다고 한다"라 하였다. ≪杜詩詳注≫에서 周珽의 글을 引用하였는데 "禹穴有兩處, 蜀之石泉, 禹生之地. 古碑刻有太白書禹穴二字, 今紹興會稽亦有禹穴, 乃窆所也.(▷窆(폄): 묘구덩이. 하관하다.) 禹穴은 두 군데가 있다. 蜀의 石泉은 禹가 태어난 곳이니 옛 碑에 李白이 쓴 禹穴 두 字가 새겨져있다. 대저 紹興의 會稽山에도 禹穴이 있으니 이곳은 禹를 장사지낸 곳이다"라 하였다. 穴은 구멍·동굴로 흔히 쓰이나 土室의 의미도 있고 또한 墓穴 즉 壙中의 뜻도 있다. 태어난 곳의 穴은 土室이 되고 묻힌 곳의 穴은 壙中이 될 것이다. 우리나라 제주도의 三聖穴을 考慮하면 태어난 곳도 큰 구멍이 될 것이며 ≪史記·集解〉.에서 禹임금이 그 구멍으로 들어갔다 한 말을 參酌하면 이 또한 큰 구멍의 뜻이 될 것이다. 우리생각에 ≪老子≫의 玄牝을 勘案하면 구멍이라는 전설이 說得力이 있고 사람의 實際生活 즉 實情·物情에 맞게 해석하면 土室과 墓穴이 그럴듯하다. 한 가지 疑問點이 있다. 杜甫가 그들이 相逢하는 곳으로 禹穴을 들었는데 무슨 수로 그것을 알 수 있단 말인가? 禹穴에 宿泊施設이 있고 또한 李白이 그곳에 長期滯留한다는 前提가 있어야 可能한 일을……. 結局 禹穴은 江東, 壓縮하면 會稽의 이름난 名勝古跡이니 그것으로 넓게는 江東, 좁게는 會稽를 가리킨 것일 뿐이다. 그래야 말이 된다. ≪杜詩詳注≫에서 "天寶初白居會稽, 故云. 天寶 初에 李白이 會稽에 居住하였으므로 그렇게 말한 것이다"라 하였다. 맞는 말일 것이다.

▸見李白의 見: ① 만나다. 마주치다. ② 보다. 눈에 띄다. 눈에 닿다.

▸道: 말하다.

▸問訊: 安否를 묻다. 蕭滌非先生의 말씀에 問訊이라는 말은 漢代에 이미 있었으며 唐代의 詩文中에 특히 많이 쓰였다 한다. 例는 생략하겠다.

▶今何如: 近況이 어떠하냐는 뜻. ≪杜詩鏡銓≫, ≪讀杜心解≫에서는 앞의 〈贈李白〉 두 首에서 "拾瑤草", "就丹砂"를 쓴 것과 같이 金丹・成仙에 所得・進展이 있느냐고 묻는것이며 常套的인 問安이 아니다 하였다. 그러나 우리생각에 杜甫는 金丹・神仙을 믿는 사람이 아니라고 確信한다. 相對가 熱中하는 일에 長短을 맞춰준 것일 뿐 實際 큰 關心은 없다고 앞에서 누누히 설명하였다. 지금 여기에서도 今如何는 말그대로 풀어 요즈음 어떠하십니까? 하는 인사일 뿐이다. 事實 成仙・金丹은 知識層에서 이미 그 虛妄함을 看破하고 있었는데 뻔히 이루어질 수 없는 일을 자꾸 들먹이면 짓궂다 할 수도 있고 어떻게보면 揶揄(야유)・빈정댐・이죽댐이라고 할 수도 있는 것이다. 成功 못해 焦燥해하는 사람에게 어떻수? 잘 돼가우? 하고 자꾸 물어보라. 結果는 뻔하다. 너무 穿鑿하지 말자.

解說

南쪽으로 禹穴이 有名한 會稽땅 一帶를 찾다가 李白을 만나시거든 杜甫가 근래 어떠하신지 安否여쭙는다고 말씀해 주십시오.

☛ 參考

1) 本詩가 別本에서는 十二句로 짧고 내용도 약간 다른 것이 있기에 紹介하겠다.

巢父掉頭不肯住, 東將入海隨烟霧. 書卷長攜天地間, 釣竿欲拂三珠樹.
我擬把袂苦留君, 富貴何如草頭露. 深山大澤龍蛇遠, 花繁草青春日暮.
仙人玉女回雲車, 指點虛無引歸路. 若逢李白騎鯨魚, 道甫問訊今何如.

孔巢父가 머리를 절레절레 내두르며 머무르려 하지 않으시니, 장차 동쪽 바다에 들어 煙霧를 좇으며 하심이라. 富貴도 功名도 다 내던지고 넓은 천지간에 書卷만을 가지고 가시며 낚싯대로 仙鄉・仙界의 구슬나무를 건드리시겠다 하심이라. 우리는 옷소매 부여잡고 굳이 말리려 했으나 "富貴가 풀잎 끝 이슬에 비하여 어떠하냐"고 하셨음이라. 深山과 大澤이야말로 龍蛇가 몸을 감추고 더 큰 飛躍을 위하여 멀리 處하고 居하는 곳. 꽃은 흐드러지게 피고 풀빛 푸른 봄날은 저무는데, 仙人과 玉女는 그들의 구름수레를 일부러 돌려 虛無縹渺한 저곳을 가리키며 歸着地로 引導할 것임이라. 만약 고래 탄 李白을 만나시거든 근래 어떠하신지 杜甫가 安否 여쭙는다고 말씀해 주시라.

▷書卷: 書籍. 옛날에는 書籍이 두루마리 형태로 되어 있어서 卷을 붙였다.

▷三珠樹: 傳說上의 珍奇한 나무. ≪山海經・海外南經≫에서 "三珠樹在厭火北, 生赤水上. 其爲樹如柏, 葉皆爲珠. 三珠樹는 厭火의 북쪽에 있는데 赤水가에서 자라고 있다. 그 나무는 측백나무 같고 잎은 모두 구슬이다." 라 하였다. 本詩에서는 이것으로 仙界・仙鄕을 나타냈다.

▷騎鯨魚 騎鯨・騎京魚・騎長鯨 等으로 쓰인다. 本來 漢 揚雄의 〈羽獵賦〉에서 "乘巨鱗, 騎京魚. 크나큰 비늘 덮인 몸에 오르고 거대한 물고기를 타다."라 하였는데 〈李善注〉에서 "京魚, 大魚也, 字或爲鯨, 鯨亦大魚也. 京魚, 巨大한 물고기다. 京字가 간혹 鯨字로 되어있는데 鯨 또한 큰 물고기다."라 하였다. 後世에서는 騎鯨으로 隱遁이나 遊仙을 比喩하였다. 한편 李白이 醉하여 鯨魚를탔다가 潯陽에 溺死하였다는 傳說이 있는데 바로 本詩에 덧붙여서 만들어진 이야기일 뿐이다라고 ≪杜詩詳注≫에서 言及하였다. 또한 이 詩로 말미암아 李白을 騎鯨客이라고도 불렀다.

2) 杜先生의 詩에서 "淸夜置酒臨前除"라 하였는데 옛부터 淸夜에 노닌 詩歌가 많았다. 우리가 아는 것은 九牛一毛나 滄海一粟에도 못 미치지만 기억을 더듬어 淸夜에 즐긴 作品을 紹介해 보겠다.

① 三國・魏・曹植 〈公宴〉

公子敬愛客, 終宴不知疲. 淸夜遊西園, 飛蓋相追隨.
明月澄淸景, 列宿正參差. 秋蘭被長坂, 朱華冒綠池.
潛魚躍淸波, 好鳥鳴高枝. 神飆接丹轂, 輕輦隨風移.
飄颻放志意, 千秋長若斯.

公子께서는 賓客을 恭敬・親愛하시니 잔치가 파하도록 고단할 줄 모르심이라. 맑게 개이고 고요한 이 밤 銅雀園에서 놀이를 하시니 나는 듯 빠른 수레들이 꼬리에 꼬리를 물고 잇닿았음이라. 밝은 달은 맑고 깨끗한 빛을 보내고 뭇별들은 한창 어지럽게 흩어졌는데 가을 쉽싸리 긴 둑을 덮자 붉은 연꽃 푸른 잎 연못을 씌웠으며 숨었던 고기 맑은 물결 차고 뛰어 오르니 듣기 좋은 소리 내는 새는 높은 가지에서 울고 있음이라. 귀신 붙은 듯 빠른 바람이 그대로 바퀴통에 붙었나! 輕快한 수레는 바람 따라 移動하는데 내 뜻과 마음을 한껏 펼치며 逍遙할 수 있으니 千秋萬歲 영원히 이와 같기를…….

▷公宴: 公讌·公筵으로도 쓴다. 公卿等 高官이나 官府·公家의 잔치. 曹植이 그의 兄 曹丕가 베푼 잔치에 참가하여 지은 것인데 當時 著名한 詩人 文士인 王粲·阮瑀·劉楨·應瑒 等의 公宴詩가 또한 있으나 時間과 主人公은 제각각이다. 王粲의 作品이 優秀하고 劉楨도 괜찮으나 阮瑀·應瑒은 陳腐하고 常套的일 뿐이다.

▷公子: 曹丕. 諸侯의 아들을 公子라 한다. 이때 曹丕는 五官中郎將으로 있었다.

▷西園: 鄴城에 있는 銅雀園을 가리킨다.

▷飛蓋: 나는듯한 수레덮개. 즉 빨리 달리는 수레라는 말씀이다.

▷澄淸景: 澄淸은 여과(濾過)한 듯 즉 걸러 낸 듯 깨끗하고 맑음이며 景은 影과 같으니 月光을 가리킨다.

▷長坂: 긴 둑. 아래句에 綠池가 있으니 堤防일 것이다.

▷朱華: 붉은 꽃. 여기에서는 연꽃을 말한다.

▷魚躍: ≪詩·大雅·旱麓≫에서 "鳶飛戾天, 魚躍于淵. 솔개는 날아 하늘에 이르고, 고기는 못에서 뛰네."라 하였다. 萬物이 제자리를 차지하고 天性대로 잘 사는 것을 比喩한다.

▷好鳥: 듣기 좋은 소리를 내는 새. 보통 좋은 새라고 풀이하는데 그렇다면 나쁜 새는 무엇인지? 害蟲 잡아먹는 새를 益鳥라 하는데 이것을 좋은 새라 할 수 있을런지.

▷神飇: 鬼神처럼 빠른 바람.

▷丹轂(단곡): 붉은 칠을 한 바퀴통.

▷輦: 원래 손으로 끄는 수레를 말하나 高貴한 신분의 사람이 타는 수레로

변하였다.

▷ 飄颻: 바람에 날리다. 나부끼다. 하늘거리다는 뜻에서 발전하여 자유롭게 逍遙함. 마음대로 행동함을 나타냄.

② 晉·陶潛〈擬古〉九首 其七

日暮天無雲, 春風扇微和. 佳人美淸夜, 達曙酣且歌.

歌竟長歎息, 持此感人多. 皎皎雲間月, 灼灼葉中華.

豈無一時好, 不久當如何!

해 저무는데 하늘에는 구름 한 점 없고, 봄바람은 은은한 따사로움을 불러 일으킨다. 佳人은 맑고 고요한 밤을 아름답다 여기고 좋아하여 날이 새도록 취하고 다시 노래 부른다. 노래 끝나자 길게 탄식하는데 그 노래 가지고 사람들을 느끼게 함이 크구나. “맑고 밝기는 구름사이의 달, 빛나고 곱기는 잎 가운데 꽃. 어찌 한 때 보기 좋음이 없으리오마는 오래 가지 못하니 또 어찌 하랴.”

⇨ “佳人美淸夜”는 예로부터 絶唱이라 稱頌되었다. 그 잘된 까닭을 論 함이 紛紛하였는데 대체로 비슷비슷하였다.

ⓐ 雨田선생님 가라사대: “美字가 아니고 愛字를 썼다면 작대기다.”(틀린 답에 작대기를 긋기 때문에 이렇게 말씀하셨다.) “佳字·淸字는 畵後의 設彩다.”

ⓑ 王叔岷선생님의 〈陶淵明詩箋證稿〉에 실린 말씀: “扇字는 極佳라. 扇은 颺이요 또한 動의 뜻이다.”, “美字는 絶佳라. 丁福保先生이 美는 愛라 했는데 맞는다. 그것은 〈丙辰歲八月中於下潠田舍穫〉에서 ‘悲風愛靜夜. 슬픈 바람은 고요한 밤을 사랑하고’의 愛와 同義다. 한 곳은 美字를 썼고 한 곳은 愛字를 써서 工巧함을 極盡히 했으나 서로 바꿀 수는 없다.”

ⓒ 愚鈍한 우리의 생각.

美字와 愛字는 差異가 크다. 美字는 차분하고 부드러운 맛이 나지만 愛字는 强烈하고 激情的인 맛이 난다. 佳人의 경우 淸夜를 좋아함이 婉曲하니 취한 뒤 부르는 노래는 구슬플 뿐이다. 그러나 悲風의 경우 靜夜를 사랑함이 아주 激烈하니 그 소리는 慟哭같고 悲鳴같다.

王先生님이 "美字는 絶佳"라 하였으니 더 보탤 말은 없고 우리는 천생 "佳字는 絶美"라 하는 수밖에 없구나.

③ 唐·張說〈清夜酌〉

秋陰士多感, 雨息夜無塵. 淸樽宜明月, 復有平生人.

가을의 陰氣에 男兒는 느낌이 많은데, 비 개인 밤에 티끌 하나 없으니……. 맑은 술은 밝은 달과 어울리는데, 게다가 오랜 벗이 있으니…….

▷酌: 술 따르다. 술 마시다. 술. 술잔.

▷秋陰: 春夏를 陽 秋冬을 陰이라 한다. 本詩에서는 가을은 陰에 속하니라고 풀어야 한다.

▷士多感: ≪淮南子·繆稱訓≫에서 "春女思, 秋士悲. 봄에는 陽氣가 피어나는 때라 陰에 속하는 女人이 그리움을 품고, 가을에는 陰氣가 솟아나는 때라 陽에 속하는 男子가 생각에 잠긴다."라 하였다.

▷樽: 술동이. 술잔. 술.

▷平生人: 옛 친구. 오랜 친구.

④ 唐孟浩然〈夜泊廬江聞故人在東林寺以詩寄之〉

江路經廬阜, 松門入虎溪. 聞君尋寂樂, 淸夜宿招提.

石鏡山精怯, 禪牀怖鴿棲. 一燈如悟道, 爲照客心迷.

물길은 廬山을 거쳐 松門山 虎溪로 들어간다. 그대가 涅槃의 즐거움을 찾아 淸夜에 山寺에 머문다 들었다. 石鏡이 맑으니 산도깨비는 겁을 낼 것이고 禪牀에는 떨던 비둘기가 편히 깃들 것이다. 만약 등불처럼 밝게 道를 깨우치면 迷惑된 客心을 비춰주시라.

▷廬阜: 廬山.

▷松門: 山名.

▷虎溪: 溪名. 廬山의 東林寺 앞에 있다. 晉代의 高僧 慧遠이 東林寺에 있을 때 손님 배웅에 이 溪水를 넘지 않았다 한다. 그러나 陶潛·陸修靜이 訪問하여 이야기가 아주 마음이 맞자 不覺中에 이 溪水를 넘었고 호랑이가 크게 우니 세 사람은 웃고 헤어졌다 한다. 이 때문에 〈虎溪三笑圖〉가

流行하였다고 알려졌다.

▷寂樂: 寂滅의 樂. 寂滅은 涅槃의 意譯이니 一切 煩惱를 超脫한 最高 理想의 境界를 가리킨다.

▷招提: 寺院. 梵語 拓鬥提奢가 後에 轉寫하는 과정에서 拓이 招로 바뀌었고 鬥·奢 二字가 省略되어 결국 招提가 되었다.

▷石鏡: 廬山의 둥근 돌. 아주 맑고 깨끗하여 그 앞에 서면 터럭까지 비친다 한다. 傳說에 南朝·梁에 反亂을 일으킨 侯景이 그 앞에 가자 前生의 원숭이 모양이 나타나 화를 내며 칼로 쳤다고 한다.

▷怖鴿(포합): 매에 쫓기던 비둘기가 舍利佛 곁에 갔다. 舍利佛의 그림자가 덮어주니 비둘기가 편안하여지고 恐怖가 사라졌다함.

▷一燈: 燈은 佛法을 가리킨다. 그래서 佛法을 傳하는 것을 傳燈이라 한다.

⑤ 唐·王維〈送綦毋校書棄官還江東〉에서 抄함.

……秋天萬里淨, 日暮澄江空. 淸夜何悠悠, 扣舷明月中.……

……가을 하늘은 萬里가 깨끗한데, 해 저물녘 맑은 江은 透明하다. 淸夜는 어찌 그리 한가롭고 고요한가, 밝은 달빛 속에 뱃전 두드리며 노래하니.……

⑥ 唐·白居易〈淸夜琴興〉

月出鳥棲盡, 寂然坐空林. 是時心境閑, 可以彈素琴.
淸泠由木性, 恬淡隨人心. 心積和平氣, 木應正始音.
響餘群動息, 曲罷秋夜深. 正聲感元化, 天地淸沉沉.

달뜨자 새들은 다 깃들었는데, 나 혼자 조용히 人跡끊긴 숲에 앉았도다. 이때는 心境이 한가하니 장식 없는 소박한 琴을 탈만하도다. 맑고 높은 소리는 梧桐 木性에 말미암음이요, 깨끗하고 淡泊한 가락은 物慾없는 人心을 따름이로다. 人心에는 和平한 기운이 쌓였고, 木性은 正始의 超俗한 音에 응하였도다. 울림이 다 해갈 때 움직이던 生物은 다 쉬고 曲調가 파하니 가을밤은 깊었도다. 正聲이라 純正한 소리는 自然의 造化를 감동시켰으니 天地는 맑음을 품고 깊어가도다.

▷空林: ① 人跡없는 숲. ② 잎이 다 진 숲.

▷素琴: 裝飾을 하지 않은 소박한 모습의 琴. ≪晉書·隱逸傳·陶潛≫에 의하면 陶先生은 素琴 한 틀이 있었는데 그나마 絃도 없었다 한다.

▷清泠: ① 清涼寒冷. ② 소리가 清越함. 즉 소리가 맑고 가락이 높음.

▷恬淡: 清淨하고 淡泊함.

▷正始音: 三國·魏나라 正始時代(AD 240~248) 清談의 氣風이 盛行할 때의 音樂.

▷群動: ① 各種 動物. ② 여러 가지 活動.

▷元化: 造化. 天地. 造化는 創造化育인데 바로 天地가 이것을 擔當한다.

▷沉沉: ① 盛한 모습. ② 程度가 심함을 나타냄. 例: 밤이 깊음(夜沉沉). 황혼이 짙음(黃昏沉沉). ③ 建物이 깊숙하고 그윽함.

⑦ 唐·僧 齊己〈清夜作〉

不惜白日短, 乍容清夜長. 坐聞風露滴, 吟覺毛骨涼.

興寢無諸病, 空閒有一牀. 天明振衣起, 苔砌落花香.

흰 해가 짧다고 아쉬워하지만 말고, 맑은 밤 긴 것을 잠시 긍정적으로 받아들여보자. 앉아 있으면 바람 속에 이슬 떨어지는 소리 들을 수 있고 읊조리노라면 骨格·毛髮까지 시원하다네. 별다른 병 없으니 마음대로 눕고 일어날 수 있으며 하나의 平牀 있으니 마음은 트이고 한가롭다네. 날 밝아 옷을 떨고 일어나면 이끼 낀 섬돌에 落花가 향기롭고말고.

▷毛骨: 骨格과 毛髮. 몸의 안팎 전부를 이것으로 나타냄. 보통 毛骨悚然(즉 털이나 머리카락이 곤두서고 등골이 서늘하다·오싹하다)이라 하여 놀라거나 두려울 때 사용한다.

▷興寢: 起臥. 일어나고 눕다. 모든 행동거지를 이것으로 대신함.

▷諸病: 여러 질병. 其他의 병. 별다른 병.

▷空閒: 空은 曠闊. 幽靜. 閒은 閒暇. 悠閒.

▷振衣: 옷에 붙은 먼지나 기타 물건을 떨어버림. 옷을 정돈함. ≪楚辭·漁父≫: "新沐者必彈冠, 新浴者必振衣. 막 머리감은 사람은 반드시 갓을 털고, 막 몸 씻은 사람은 반드시 옷을 떤다."

➥ 唐・李白〈自遣〉에 "對酒不覺暝, 落花盈我衣. 醉起步溪月, 鳥還人亦稀. 술을 대하니 어느덧 저녁, 옷에 수북한 落花. 취하여 개울의 달을 밟으면 새도 돌아가고 사람도 없네."라 하였다. 옷에 쌓인 落花 振하는 것이 예나 지금이나 李白이나 齊己나 같으리.

⑧ 宋・邵雍〈淸夜吟〉

月到天心處, 風來水面時. 一般淸意味, 料得少人知.

달이 하늘 가운데 왔을 때, 바람이 수면을 스칠 때. 이러한 맑은 정취를, 생각하건데 아는 이 적으리.

▹吟은 읊다는 뜻으로 쓰인 것이 아니고 詩歌體裁의 一種이다. 詠 또한 詩體의 하나니 吟詠한다고 풀면 곤란하다. 그러나 一定한 樣式은 알 수가 없으니 〈白頭吟〉, 〈梁父吟〉은 比較的 길고 唐末・五代 韋莊의 〈秦婦吟〉은 무려 一千六百餘字라는 長篇巨作인데 반하여 孟郊의 〈遊子吟〉은 짧고 本 〈淸夜吟〉은 더 짧다.

▹處: 處는 時의 뜻이다. 결코 處所・場所라는 뜻이 아니다. 王鍈先生의 ≪詩詞曲語辭例釋≫에서 例를 들어 설명하였다. 唐詩의 경우 "時"와 互文으로 쓰인 예가 아주 많다. 연거푸 "時"를 쓰자니 詩의 外形上 꼴사나워 場所와 時間으로 모양을 그럴듯하게 갖춘 것이다.

▹一般: 이러한.

▹意味: 情趣. 興趣. 기분. 재미. 무드(mood). 맛.

▹料得: 헤아리건대. 추측하건데.

▹少人: 少數人.

38. 〈兵車行〉(七言古詩)

車轔轔, 馬蕭蕭, 行人弓箭各在腰.
耶孃妻子走相送, 塵埃不見咸陽橋.
牽衣頓足攔道哭, 哭聲直上干雲霄.
道旁過者問行人, 行人但云點行頻.
或從十五北防河, 便至四十西營田.
去時里正與裹頭, 歸來頭白還戍邊.
邊庭流血成海水, 武皇開邊意未已.
君不聞, 漢家山東二百州, 千村萬落生荊杞.
縱有健婦把鋤犁, 禾生隴畝無東西.
況復秦兵耐苦戰, 被驅不異犬與雞.
長者雖有問, 役夫敢申恨?
且如今年冬, 未休關西卒. 縣官急索租, 租稅從何出?
信知生男惡, 反是生女好.
生女猶得嫁比鄰, 生男埋沒隨百草.
君不見, 靑海頭,古來白骨無人收.
新鬼煩冤舊鬼哭, 天陰雨濕聲啾啾.

☛ 參考 ❶

(1) ≪資治通鑑≫에 보이는 玄宗時代 唐과 吐蕃·南詔의 紛爭

① 初, 吐蕃自恃其强, 致書用敵國禮, 辭指悖慢, 上意常怒之. 反自東封, 張說言於上曰: "吐蕃無禮, 誠宜誅夷, 但連兵十餘年, 甘·涼·河·鄯, 不勝其弊, 雖師屢捷, 所得不償所亡. 聞其悔過求和, 願聽其款服, 以紓邊人."

上曰: "俟吾與王君㚟議之."說退, 謂源乾曜曰: "君㚟勇而無謀, 常思僥幸, 若二國和親, 何以爲功! 吾言必不用矣." 及君㚟入朝, 果請深入討之. (〈唐紀〉 29. 玄宗 開元 15年에 逆及記述함.)

당초 吐蕃이 强盛함을 믿고 對等한 國家의 禮로 글을 보내니 그 內容과 形式이 不敬하고 傲慢하여 上께서 激怒하셨다. 東쪽의 泰山에 封禪하고 돌아오시자 宰相 張說이 上께 아뢰었다. "吐蕃의 無禮함은 진실로 죽여야 마땅하오나 다만 交戰한지 십여 년에 甘·涼·河·鄯(선)땅이 그 疲弊함을 견딜 수 없으니 비록 軍이 자주 勝利한다지만 얻은 것이 잃은 것을 갚을 수 없습니다. 그들이 잘못을 뉘우치고 和親을 구한다니 그들의 誠心으로 歸附함을 들어주사 邊方 사람들을 편하게 하옵소서." 上께서 말씀하셨다. "나와 王君㚟(왕군착)의 의론을 기다리라." 張說 이 물러나 源乾曜에게 말하였다. "君㚟은 勇敢하나 꾀가 없으며 언제나 요행을 바란다. 만약 두 나라가 和親한다면 무엇으로 功을 삼겠는가! 내 의견은 반드시 채택되지 않을 것이다." 君㚟이 入朝함에 果然 그들의 땅으로 깊이 들어가 討伐하겠다고 請하였다.

② 去冬, 吐蕃大將悉諾邏寇大斗谷, 進攻甘州, 焚掠而去. 君㚟度其兵疲, 勒兵躡其後, 會大雪, 虜凍死者甚衆, 自積石軍西歸. 君㚟先遣人間道入虜境, 燒道旁草. 悉諾邏至大非川, 欲休士馬, 而野草皆盡, 馬死過半.君㚟與秦州都督張景順追之, 及於青海之西, 乘冰而度. 悉諾邏已去, 破其後軍, 獲其輜重羊馬萬計而還. 君㚟以功遷左羽林大將軍, 拜其父壽爲少府監致仕. 上由是益事邊功.(〈唐紀〉 29 玄宗 開元 15年 春 正月)

지난 겨울 즉 開元 14年 겨울에 吐蕃의 大將 悉諾邏(실락라)가 大斗谷에 侵入, 甘州로 進攻하여 불지르고 약탈한 뒤에 떠났다. 君㚟이 그 軍隊가 피곤한 것을 짐작하고 군사를 몰아 그 뒤를 追擊하였다. 마침 큰 눈이 내려 敵軍의 凍死者가 아주 많았는데 積石軍으로부터 西쪽으로 돌아갔다. 君㚟이 먼저 사람들을 외진 길로 보내 敵의 地域에 들어가 길옆의 풀을 태우게 하였다. 悉諾邏가 大非川에 이르자 군사와 말을 쉬게 하려 했으나 들풀이 하나도 없어 말이 반 넘게 죽었다. 君㚟과 秦州都督 張景順이 追擊, 青海의 西에 이르러 물이 언 것을 利用하여 건넜다. 悉諾邏는 이미 떠났으므로 그 後軍을 擊破, 그 輜重(치중) 즉 말이나 수레에 실은 武器·食糧·帳幕·被服 等의 軍需物資와 羊·馬를 萬단위로 헤아리게 鹵獲(노획)한 뒤에 歸還하였다. 涼州都督 王君㚟은 그 功으로 左羽林 大將軍으로 昇進하였고 그 아비 王壽는 少府監 벼슬을 준 뒤 致仕하게 하였다. 上께서 이 때문에 더욱 邊方 開拓에 힘쓰게 되었다.

③ 開元 15年 秋 九月. 吐蕃이 瓜州를 攻擊·陷落시키고 刺史인 田元獻과 河西節度使 王君㚟의 아비를 사로잡은 뒤 玉門軍으로 進攻하였다. 포로를 놓아주어 涼州에 가서 王君㚟에게 이르게 하였다. "將軍은 항상 忠勇으로 나라에 보답, 힘을 다 하겠다 하였는데 왜 一戰하려 않는가!" 王君㚟은 城에 올라 서쪽을 보며 울 뿐 끝내 出兵하지 못하였다.

④ 開元 15年 閏月. 回紇(회흘)의 瀚海司馬인 護輸(호수)가 伏兵으로 王君㚟의 旌節을 奪取한 뒤 그의 判官인 宋貞을 죽이고 그 염통을 쪼개며 "처음 꾀를 낸 것이 너다" 하였다. 王君㚟의 左右 수십 명이 아침부터 황혼까지 力戰하였으나 모두 죽었다. 護輸가 君㚟을 殺害한 뒤 그 屍身을 싣고 吐蕃으로 달렸으나 涼州의 병사들이 追擊하자 屍身을 버리고 달아났다.

⑤ 三月 甲寅, 朔方節度使信安王禕,功吐蕃石堡城, 拔之. 初, 吐蕃陷石堡城, 留兵據之, 侵擾河右, 上命禕與河西·隴右同議攻取. 諸將咸以爲石堡據險而道遠, 攻之不克, 將無以自還, 且宜按兵觀釁. 禕不聽, 引兵深入, 急攻拔之, 乃分兵據守要害, 令虜不得前. 自是河·隴諸軍遊奕, 拓境千餘里. 上聞, 大悅, 更命石堡城曰振武軍. (開元 17年, 春)

三月 甲寅 朔方節度使인 信安王 李禕(이의)가 吐蕃의 石堡城 — 青海省 東쪽의 要害로 唐과 吐蕃사이에 뺏고 빼앗기는 싸움이 熾烈했다 — 을 攻擊하여 奪還하였다. 당초 吐蕃이 石堡城을 陷落시킨 뒤 군사를 주둔시켜 이 곳을 근거지로 하여 河右 — 즉 河西로 黃河 以西 地區를 가리킨다. 지금의 寧夏 回族自治區와 甘肅省 一帶가 이에 해당한다 — 를 侵犯하여 騷擾하였다. 上께서 李禕에게 河西·隴右의 諸將과 함께 攻擊하여 奪還할 것을

議論하도록 하였다. 여러 將帥들은 모두 石堡城은 天險을 의지하였고 또한 길이 멀어 만약 공격하다 이기지 못하면 장차 歸還할 수 없다고 하였으며 우선 군사를 움직이지 말고 주둔하여 틈을 엿보자 하였다. 李褘는 따르지 않고 군사를 이끌고 깊이 들어가 猛烈히 攻擊, 奪還하였다. 이에 군사를 나누어 要害를 守衛, 적으로 하여금 나올 수 없게 하였다. 이로부터 河西・隴右의 諸軍이 巡察・警戒하며 邊境 千餘里를 開拓하였다. 上께서 들으시고 크게 기뻐하시며 石堡城을 振武軍으로 바꿔 부르게 하였다.

⑥ 開元 18年 5月, 吐蕃이 使臣을 派遣, 和親을 구함.

⑦ 吐蕃兵數敗而懼, 乃求和親. 忠王友皇甫惟明因奏事從容言和親之利. 上 曰:“贊普嘗遺吾書悖慢, 此何可捨?” 對曰: “贊普當開元之初, 年尙幼穉, 安能爲此書! 殆邊將詐爲之, 欲以激怒陛下耳. 夫邊境有事, 則將吏得以因緣盜匿官物, 妄述功狀以取勳爵, 此皆姦臣之利, 非國家之福也. 兵連不解, 日費千金, 河西・隴右由玆困敝. 陛下誠命一使往視公主, 因與贊普面相約結, 使之稽顙稱臣, 永息邊患, 豈非御夷狄之長策乎?” 上悅, 命惟明與內侍張元方使于吐蕃. (開元 18年 秋九月.)

吐蕃이 싸움에서 자주 지자 두려워 이에 和親을 구하였다. 忠王의 친구인 皇甫惟明이 이를 이용 임금에게 事情을 陳述, 침착하게 차근차근 和親의 이로움을 말하였다. 上이 말씀하시기를 “贊普(즉 吐蕃의 임금)가 일찍이 나에게 글을 보냈는데 不敬・傲慢하였으니 이것을 어찌 용서하겠는가?” 對答하기를 “開元初에 贊普는 나이가 아직 어렸는데 어떻게 그런 글을 쓸 수 있었겠습니까? 아마 邊方의 장수가 거짓 작성하여 陛下를 激怒하시게 한 것일 것입니다. 대체로 邊境에 事件이 발생하면 그곳의 將校들이 그 기회를 이용하여 官物을 훔쳐 숨기며 허위로 功을 세운 情況을 報告하는 文書를 지어 勳爵을 가로채니 이는 모두 姦臣의 이익이지 國家의 福은 아닙니다. 交戰이 그치지 않아 하루에 千金을 虛費하니 河西・隴右는 이 때문에 困窮・疲弊하여졌습니다. 陛下께서 진심으로 使臣에게 명하사 金城公主(中宗景龍 元年 夏 四月에 雍王 李守禮의 딸 金城公主를 吐蕃의 임금인 贊普

에게 시집보냈다)를 가 뵙게하고 因하여 贊普와 얼굴을 맞대고 約束하여 그로 하여금 이마를 조아려 稱臣하게 하면 邊方의 근심거리가 길이 사라질 것이니 夷狄을 制御하는 좋은 計策이 아니겠습니까?" 上께서 기뻐하시며 惟明과 內侍 張元方을 吐蕃에 使臣으로 가게 命하셨다. (〈唐紀 玄宗 開元 18年 秋九月) 吐蕃은 使臣을 보내고 다시 唐에 歸附하게 되었다.

⑧ 開元 28年 夏 六月, 吐蕃이 安戎城을 包圍하였다.

⑨ 開元 28年 冬 十月, 吐蕃이 安戎城과 維州에 侵入하자 關中의 확기(彍騎. 宿衛를 擔當하는 精銳兵)을 보내 救援하니 吐蕃이 군사를 이끌고 退却하였다. 安戎城을 平戎城이라고 바꿔 부르게 하였다.

⑩ 開元 28年 冬 十一月, 金城公主가 죽자 吐蕃이 喪事를 고하고 겸하여 和親을 청하였으나 上께서 不許하셨다.

⑪ (開元 28年) 是歲, 天下縣千五百七十三, 戶八百四十一萬二千八百七十一, 口四千八百一十四萬三千六百九. 西京・東都米斛直錢不滿二百, 絹匹亦如之. 海內富安, 行者雖萬里不持寸兵.

이 해 天下의 縣은 1573, 戶는 8412871, 人口는 48143609. 西京 長安・東都 洛陽의 쌀 열말 값이 이백전이 안되었고, 비단 한필도 그와 같았다. 海內가 富饒하고 安定되었으므로 나그네가 비록 만 리를 가더라도 한 치 짜리 무기조차 가질 필요 없었다.

胡三省의 注: "以開元之承平, 而戶口猶不及漢之盛時, 唐興以來, 治日少而亂日多也. 開元 年間의 承平으로도 戶口가 漢의 盛時에 오히려 미치지 못함은 唐나라가 建國한 以來로 治日은 적고 亂日이 많은 까닭이다."

⑫ 開元 29年 冬 十二月 乙巳. 吐蕃이 達化縣을 破壞・屠戮하고 다시 石堡城을 陷落시켰으나 蓋嘉運이 막지 못하였다.

⑬ 河西·隴右節度使王忠嗣以部將哥舒翰爲大斗軍副使, 李光弼爲河西兵馬使, 充赤水軍使. 翰父祖本突騎施別部酋長, 光弼, 契丹王楷洛之子也. 皆以勇略爲忠嗣所重. 忠嗣使翰擊吐蕃, 有同列爲之副, 倨慢不爲用, 翰檛殺之, 軍中股慄, 累功至隴右節度副使. 每歲積石軍麥熟, 吐蕃輒來穫之, 無能禦者, 邊人謂之, 吐蕃麥莊. 翰先伏兵於其側, 虜至, 斷其後, 夾擊之, 無一人得返者, 自是不敢復來. (玄宗 天寶 六載 冬 十月)

河西·隴右節度使인 王忠嗣가 部將인 哥舒翰(가서한)을 大斗軍의 副使로 삼고 李光弼을 河西兵馬使로 삼아 赤水軍使를 擔當하게 하였다. (軍使는 軍中의 賞罰을 管掌한다) 哥舒翰의 父祖는 突騎施의 別部의 酋長이었고 李光弼은 契丹(거란)의 王인 楷洛의 아들인데 모두 勇猛·智略으로 王忠嗣에게 重視되었다. 忠嗣가 哥舒翰에게 吐蕃을 攻擊하게 하였다. 그와 同列로 그의 버금이 된 者가 있었는데 倨慢하여 부릴 수가 없자 哥舒翰은 그를 때려죽이니 軍中이 전율하였다. 여러 차례 공을 세워 隴右節度副使에 이르렀다. 매년 積石軍의 보리가 익으면 吐蕃이 바로 와서 수확하는데 막을 사람이 없었다. 변방사람들이 "吐蕃의 보리농장"이라고 말들하였다. 哥舒翰은 먼저 그 가장자리에 군사를 매복하고 적이 이르자 그 뒤를 끊은 뒤 협공하니 돌아간 자가 한 명도 없었으며 이로부터 감히 다시 오지 못하였다.

⑭ 上欲使王忠嗣攻吐蕃石堡城, 忠嗣上言: "石堡險固, 吐蕃擧國守之, 今屯兵其下, 非殺數萬人不能克; 臣恐所得不如所亡, 不如且厲兵秣馬, 俟其有釁, 然後取之." 上意不快, 將軍董延光自請將兵取石堡城, 上命忠嗣分兵助之. 忠嗣不得而奉詔, 而不盡副延光所欲, 延光怨之. 李光弼言於忠嗣曰: "大夫以愛士卒之故, 不欲成延光之功, 雖迫於制書, 實奪其謀也. 何以知之, 今以數萬衆授之而不立重賞, 士卒安肯爲之盡力乎! 然此天子之意也. 彼無功, 必歸罪於大夫. 大夫軍府充牣, 何愛數萬段帛不以杜其讒口乎?" 忠嗣曰: "今以數萬之衆爭一城, 得之未足以制敵, 不得亦無害於國, 故忠嗣不欲爲之. 忠嗣今受責, 天子不過以金吾·羽林一將軍歸宿衛, 其次不過黔中上佐; 忠嗣豈以數萬人之命易一官乎! 李將軍, 子誠愛我矣, 然吾志決矣, 子勿復言." 光弼曰: "曏者恐爲大夫之累, 故不敢不言, 今大夫能行古人之

事, 非光弼所及也.” 遂趨出.

延光過期不克, 言忠嗣沮撓軍計, 上怒……敕徵忠嗣入朝, 委三司鞫之.

哥舒翰之入朝也, 或勸多齎金帛以救忠嗣. 翰曰: “若直道尙存, 王公必不冤死, 如其將喪, 多賂何爲!” 遂單囊而行. 三司奏忠嗣罪當死, 翰始遇知於上, 力陳忠嗣之冤, 且請以己官爵贖忠嗣罪; 上起, 入禁中, 翰叩頭隨之, 言與淚俱. 上感寤, 己亥, 貶忠嗣漢陽太守. (玄宗 天寶 六載 冬 十月)

上께서 王忠嗣로 하여금 吐蕃의 石堡城을 攻擊하게 하려 하자 忠嗣가 아뢰었다. “石堡는 험하고 堅固한데다 吐蕃이 國力을 기울여 지키고 있으니 장차 그 아래에 軍隊를 駐屯한다면 수만 명을 희생하지 않으면 이길 수 없나이다. 臣이 두렵기는 얻는 것이 잃는 것만 못함이니 우선 厲兵秣馬(여병말마) 즉 무기를 날카롭게 갈고 말을 배불리 먹여 그 틈이 생기는 것을 기다렸다 그런 뒤에 취하여야 할 것입니다.” 上께서 불쾌하게 여기셨다. 장군 董延光이 군사를 거느리고 石堡城을 취하겠다고 자청하니 上께서 王忠嗣에게 兵力을 나누어 그를 돕게 命하셨다. 忠嗣는 부득이 詔勅을 받들었으나 董延光의 희망대로 盡力하여 副應하지 않으니 怨望하게 되었다. 李光弼이 王忠嗣에게 말하였다. “大夫께서 士卒들을 아끼시는 까닭으로 延光이 成功하기를 바라지 않으시니 비록 制書(皇帝 命令의 하나다. 漢나라 蔡邕의 〈獨斷〉에서 이르기를 皇帝의 命令은 策書·制書·詔書·戒書가 있다고 하였다)의 壓迫을 받으셨다하나 사실인즉 延光의 計策을 꺾아내는 것입니다. 어떻게 알 수 있느냐? 지금 數萬의 兵力을 그에게 주시면서 重賞을 걸지 않으셨으니 士卒들이 어찌 그를 위해 힘을 다하려 하겠습니까? 그러나 이번 일은 天子의 뜻인지라 그가 功이 없게 되면 반드시 大夫에게 그 죄가 돌아갈 것입니다. 大夫의 軍需倉庫는 그득한데 어찌 비단 數萬끗을 아껴 그 讒訴하는 입을 막지 않으십니까?” 忠嗣가 말했다. “지금 數萬의 무리로 하나의 城을 다투는데 그것을 얻는다 해도 적을 制壓하기에는 不足하고 얻지 못한다 해도 나라에 害가 되지 않을 것이니 그래서 忠嗣는 하려고 하지 않음이라. 忠嗣 장차 견책(譴責)을 받아도 天子께서는 金吾(天子의 警護,

京師의 巡察·治安을 擔當함)나 羽林(禁衛軍. 天子의 警護와 侍從을 담당)의 將軍을 삼아 宮城의 宿衛로 돌아가게 하실 것이며 그 다음 길로는 저 邊方奧地인 黔中(검중)땅의 長史나 司馬같은 地方長官의 屬僚로 내치실 것이라, 忠嗣 어찌 數萬人의 生命으로 하나의 官職을 바꿀 것인가! 李將軍 그대는 진정 나를 아낀다. 그러나 내 뜻은 결정되었으니 더 이상 말하지 마시라." 光弼이 말하였다. "아까는 大夫에게 患亂이 될까 두려워 감히 말하지 않을 수 없었습니다. 지금 大夫께서 古人의 일을 능히 실천하시니 光弼의 미칠 바가 아니옵니다."하고는 종종걸음으로 물러났다. (趨步 즉 종종걸음·잰걸음은 相對에 대한 恭敬의 표시이다.)

董延光이 기한을 넘겨도 이기지 못하자 忠嗣가 作戰計劃을 沮害하고 헤살을 놓았다 하였다. 上께서 怒하사 …… 忠嗣를 朝廷에 불러올려 三司(唐代에는 御使大夫·中書·門下를 三司라 하였는데 刑獄을 맡았다)에 맡겨서 鞠問(국문)하라는 勅命을 내리셨다.

哥舒翰이 入朝함에 어떤 이는 金과 비단을 많이 携帶하여 忠嗣를 구하라 권하였다. 哥舒翰이 말하였다. "만약 正道가 아직 있다면 王公은 반드시 억울하게 죽지 않을 것이다. 장차 正道가 없어지려 한다면 뇌물이 많아도 무엇을 할 수 있단 말인가!" 드디어 봇짐 하나 달랑 들고 떠났다. 三司가 忠嗣의 罪는 죽어 마땅하다고 上奏하였다. 哥舒翰은 막 上께 인정을 받고 아낌을 받았으므로 힘써 忠嗣의 억울함을 진술하였고 또한 자기의 官爵으로 忠嗣를 贖罪해 달라고 청하였다. 上께서 일어나 禁中으로 들어가시려 하니 뒤따르며 머리를 땅에 조아리는데 아뢰는 말과 흘리는 눈물이 함께 나왔다. 上께서 感動·깨우치셨다. 己亥에 忠嗣를 漢陽(崔顥의 〈黃鶴樓〉에 나오는 "晴川歷歷漢陽樹"의 漢陽은 湖北省의 大都이며 여기의 漢陽은 西北邊方의 고을이니 後漢때에 天水郡을 漢陽郡이라 고쳐 불렀다. 甘肅省에 있다)의 太守로 내쳤다.

⑮ 天寶七年 冬十二月, 哥舒翰이 青海가에 神威軍을 세웠다. 吐蕃이 이

르자 擊破하였다. 다시 青海 가운데의 龍駒島에 城을 쌓고 應龍城이라 불렀다. 吐蕃은 멀리 자취를 감췄고 감히 青海에 접근을 못하였다.

⑯ 天寶七年, 이 해에 雲南王 歸義가 죽고 아들 閤羅鳳이 뒤를 이었는데 그 아들 鳳迦異를 陽瓜州刺史로 삼았다.

⑰ 上命隴右節度使哥舒翰帥隴右・河西及突厥阿布思兵, 益以朔方・河東兵, 凡六萬三千, 攻吐蕃石堡城. 其城三面險絶, 惟一徑可上, 吐蕃但以數百人守之, 多貯糧食, 積檑木及石, 唐兵前後屢攻之, 不能克. 翰進攻數日不拔, 召裨將高秀巖・張守瑜, 欲斬之, 二人請三日期可克, 如期拔之, 獲吐蕃鐵刃悉諾羅等四百人, 唐士卒死者數萬, 果如王忠嗣之言. 頃之, 翰又遣兵於赤嶺西開屯田, 以謫卒二千戍龍駒島, 冬冰合, 吐蕃大集, 戍者盡沒. (天寶八載, 夏 八月)

上께서 隴右節度使 哥舒翰에게 隴右와 河西 그리고 突厥의 阿布思의 兵力과 다시 朔方과 河東의 군사를 보태 六萬三千名을 거느리고 吐蕃의 石堡城을 공격하라 命하셨다. 그 城은 三面이 險絶하며 오직 하나의 길로 올라 갈 수 있었는데 吐蕃은 단지 수백 명으로 이를 지키고 있었지만 양식을 많이 저장하고 굴려 내릴 나무와 돌을 쌓아놓았으므로 唐兵이 전후 여러 번 공격하였으나 이길 수 없었다. 哥舒翰이 進擊한지 며칠이 되도 奪取할 수 없자 裨將인 高秀巖과 張守瑜를 불러 斬하려 하니 두 사람은 사흘을 기한으로 이기겠다고 請하였다. 기한대로 奪取하여 吐蕃의 鐵刃悉諾羅 등 사백 명을 생포하였는데 唐의 士卒로 죽은 자가 數萬이니 果然 王忠嗣의 말 그대로였다. 얼마 안 돼 哥舒翰은 또 赤嶺의 서쪽으로 派兵하여 屯兵을 實施하였는데 죄를 지어 변방으로 쫓겨난 兵卒 이천 명으로 하여금 龍駒島를 지키게 하였으나 겨울에 結氷하자 吐蕃이 大擧 닥쳐드니 지키던 자들은 몰사하고 말았다.

⑱ 故事, 南詔常與妻子俱謁都督, 過雲南, 雲南太守張虔陀皆私之. 又多所徵求, 南詔王閤羅鳳不應, 虔陀遣人詈辱之, 仍密奏其罪. 閤羅鳳忿怨, 是

歲, 發兵反, 攻陷雲南, 殺虔陀, 取夷州三十二. (天寶 九載)

過去의 例에 따르면 南詔의 임금은 언제나 妻子를 거느리고 함께 都督을 謁見하게 되어있었다. 雲南을 訪問하였는데 雲南太守인 張虔陀(장건타)가 모두 格式을 갖추어 대하지 않았고 또한 요구하는 것이 많았다. 南詔의 임금 閤羅鳳이 응하자 않자 張虔陀는 사람을 시켜 꾸짖고 나무라며 다시 그의 罪狀을 몰래 上奏하였다. 閤羅鳳은 분하고 억울하여 이 해에 發兵하여 反亂을 일으키고 雲南을 攻擊·陷落시킨 뒤 虔陀를 죽이고 夷州 즉 唐에 歸屬되었던 고을 서른 둘을 奪取하였다.

⑲ 夏, 四月, 壬午, 劍南節度使鮮于仲通討南詔蠻, 大敗於瀘南. 時仲通將兵八萬分二道出戎·巂州, 至曲州·靖州. 南詔王閤羅鳳謝罪, 請還所俘掠, 城雲南而去, 且曰: "今吐蕃大兵壓境, 若不許我, 我將歸命吐蕃, 雲南非唐有也." 仲通不許, 囚其使. 進軍至西洱河, 與閤羅鳳戰, 軍大敗, 士卒死者六萬人, 仲通僅以身免. 楊國忠掩其敗狀, 仍敍其戰功. 閤羅鳳斂戰尸, 築爲京觀, 遂北臣於吐蕃. 蠻語謂弟爲鍾, 吐蕃命閤羅鳳爲贊普鍾, 號曰東帝, 給以金印. 閤羅鳳刻碑於國門, 言己不得已而叛唐, 且曰: "我世世事唐, 受其封爵, 後世容復歸唐, 當指碑以示唐使者. 知吾之叛非本心也."(胡三省注: "其後德宗之世, 異牟尋卒復歸唐.") 制大募兩京及河南·北兵以擊南詔; 人聞雲南多瘴癘, 未戰士卒死者什八九, 莫有應募. 楊國忠遣御史分道捕人, 連枷送詣軍所. 舊制, 百姓有勳者免征役, 時調兵旣多, 國忠奏先取高勳. 於是行者愁怨, 父母妻子送之, 所在哭聲振野. (天寶 十載)

여름 4월 壬午日, 劍南節度使인 鮮于仲通이 南詔 蠻國을 討伐하여 瀘水(노수)의 南에 있는 瀘南땅에서 大破하였다. 그때에 仲通은 군사 팔만 명을 두 갈래로 나눠 戎州·巂州(수주)를 出發 曲州·靖州에 이르렀다. 南詔의 임금인 閤羅鳳은 謝罪하며 지난해 사로잡았던 사람과 약탈한 것들을 돌려주고 파괴된 雲南城을 쌓아주고 돌아가겠다고 청하였다. 또한 말하기를 "현재 吐蕃의 大軍이 國境에서 壓迫中인데 만일 내 뜻을 허락해주지 않는다면 장차 吐蕃에 歸順 投降할 것이니 雲南은 唐의 所有가 아닐 것이다"하였다. 仲通은 不許하고 그 使者를 가두었다. 進軍하여 西洱河(서이하)에 이르자 閣羅鳳과 接戰하였는데 大敗하여 士卒의 戰死者가 육만 명이었으며 仲通은 가까스로 脫身하여 禍를 면하였다. 楊國忠은 敗戰의 實狀을 감추고 여전히 功의 大小等級을 매겨 賞을 주었다. 閣羅鳳은 戰死한 屍身을 모아 흙을 덮고 높은 무덤을 만들었으니 이른바 京觀이었다. 드디어 북쪽으로 吐蕃을 향해 稱臣하게 되었다. 西南의 사람들 말로 동생을 "鍾"이라 하였는데 吐蕃은 閣羅鳳을 "贊普鍾" 즉 "贊普의 아우"라 이름지었고 東帝라 불렀으며 金印을 주었다. 閣羅鳳은 國都 城門에 碑石을 새겼는데 自己가 부득이 唐을 背叛하였다고 말하였으며 또한 "우리는 代代로 唐을 섬겨 그 封爵을 받았으니 後世에 唐으로 復歸함을 允許한다면 마땅히 이 碑石을 가리키며 唐의 使臣에게 보여주어 우리의 背叛이 本心이 아님을 알게 할 것이라" 하였다. (胡三省의 注에서 이르기를 그후 德宗時代에 異牟尋이 결국 唐으로 復歸하였다 하였다) 皇命으로 長安·洛陽 두 서울과 河南·河北에서 크게 募兵하여 南詔를 攻擊하게 하였으나 사람들은 雲南땅은 瘴癘 — 氣候가 덥고 습한 亞熱帶 地方에서 발생하는 流行性 熱病이나 말라리아 — 가 심하여 싸우기도 전에 兵卒의 십중 팔구가 죽는다고 들었으므로 應募하려 하지 않았다. 楊國忠은 御史들을 派遣, 여러 方向으로 가서 사람을 잡아 여럿을 한 칼에 묶어 軍隊駐屯地로 보냈다. 이전의 제도에 의하면 百姓들이라도 功勳이 있으면 征役 즉 賦稅와 軍役·雜役·力役같은 徭役을 면하게 해주었었다. 그러나 지금 徵兵이 많아지니 國忠은 높은 功勳이 있는 백성부터 잡자고 上奏하였다. 이에 出征하는 사람들은 근심하고 원망하였으며 父母妻子가 그들을 배웅하는데 處處·곳곳에서 哭聲이 벌판을 진동시켰다.

⑳ 楊國忠使鮮于仲通表請己遙領劍南, 十一月, 丙午, 以國忠領劍南節度使. (天寶 十載 冬)

楊國忠이 鮮于仲通으로 하여금 表를 올려 자기를 劍南 遙領 — 다만 職銜을 가질 뿐 직접 그곳까지 赴任하지는 않는 것 — 이 되도록 청하게 하였다. 十一月 丙午日에 國忠으로 劍南節度使를 兼職하게 하였다.

㉑ 六月 甲子, 楊國忠奏吐蕃兵六十萬救南詔, 劍南兵擊破之於雲南, 克

故隰州等三城, 捕虜六千三百, 以道遠, 簡壯者千餘人及酋長降者獻之. (天寶 十一載)

六月 甲子日, 楊國忠이 上奏하였는데 吐蕃兵 六十萬이 南詔를 救援했으나 劍南兵이 雲南땅에서 擊破하였고 隰州 等 세 개의 城을 다시 빼앗았으며 六千三百名을 포로로 하였는데 길이 먼 관계로 健壯한 者 千餘名과 酋長의 降伏한 자들만 가려뽑아 바친다 하였다.

㉒ 秋 八月 癸巳, 楊國忠奏有鳳凰見左藏庫屋, 出納判官魏仲犀言鳳集庫西通訓門. (天寶 十一載)

가을 팔월 癸巳日, 楊國忠이 鳳凰새가 左藏庫의 지붕에 나타났다고 上奏하였다. 出納判官인 魏仲犀는 鳳凰새가 左藏庫의 서쪽에 있는 通訓門에 머물렀다고 말하였다.

㉓ 冬 十月 己亥, 改通訓門曰鳳集門. 魏仲犀遷殿中侍御史, 楊國忠屬吏率以鳳凰優得調. (天寶 十一載)

겨울 시월 己亥日, 通訓門을 鳳集門으로 고쳤다. 魏仲犀는 殿中侍御史로 榮轉되었으며 楊國忠의 屬吏들도 鳳凰덕분에 모두 괜찮은 벼슬을 받았다.

㉔ 南詔數寇邊, 蜀人請楊國忠赴領, 左僕射兼右相李林甫奏遣之. 國忠將行, 泣辭. 上言必爲林甫所害, 貴妃亦爲之請. 上謂國忠曰: "卿蹔到蜀區處軍事, 朕屈指待卿, 還當入相." 林甫時已有疾, 憂懣不知所爲, 巫言一見上可小愈; 上欲就視之, 左右固諫, 上乃令林甫出庭中, 上登降聖閣遙望, 以紅巾招之, 林甫不能拜, 使人代拜. 國忠比至蜀, 上遣中使召還, 至昭應, 謁林甫, 拜於牀下. 林甫流涕謂曰: "林甫死矣, 公必爲相, 以後事累公." 國忠謝不敢當, 汗出覆面. 十一月 丁卯, 林甫薨. 上晚年自恃承平, 以爲天下無復可憂, 遂深居禁中, 專以聲色自娛, 悉委政事於林甫. 林甫媚事左右, 迎合上意, 以固其寵; 杜絶言路, 掩蔽聰明, 以成其姦; 妬賢疾能, 排抑勝己, 以保其位; 屢起大獄, 誅逐貴臣, 以張其勢. 自皇太子以下, 畏之側足. 凡在相位

十九年, 養天下之亂, 而上不之寤也.(天寶 十一載)

南詔가 자주 邊方을 侵攻하니 蜀人들은 楊國忠이 鎭戌로 赴任하기를 청하였고 左僕射(좌복야) 兼 右相인 李林甫가 보내자고 上奏하였다. 國忠이 장차 가려할 때 울며 하직하면서 반드시 林甫에게 해를 당할 것이라고 말씀 올렸으며 貴妃 또한 그를 위해 청탁하였다. 上께서 國忠에게 말씀하셨다. "卿은 잠시 蜀地區에 가서 軍務를 處理하라. 朕은 손꼽아 卿을 기다릴 것이니 돌아오면 마땅히 재상이 될 것이다.(다시 말하면 出將하였으니 또한 入相하리라는 것이다.)" 李林甫는 이때 이미 병이 있어 근심과 고민 속에 어찌할 바를 몰랐다. 무당이 한번 主上을 뵈면 약간 차도가 있을 것이라 하였다. 上께서 가서 보려하시니 左右가 힘써 諫하였다. 上께서 이에 林甫를 마당에 나오게 하고 친히 降聖閣에 오르사 멀리 보시며 紅巾으로 손짓하여 불렀다. 林甫는 절을 할 수 없어 사람을 시켜 대신 절하게 하였다. 國忠이 蜀에 막 이르자 上께서 中使(즉 宮中의 內官인 使者)를 보내 소환하였는데 林甫의 私第가 있는 昭應에 이르자 林甫를 뵈었다. 침상 아래에서 절하자 林甫는 눈물을 흘리며 "이제 林甫는 죽는다오. 公은 반드시 재상이 될 것이니 後事로 公께 누를 끼치오!"하였다. 國忠은 감당할 수 없다고 말하는데 땀이 얼굴을 덮었다. 十一月 丁卯日에 林甫가 죽었다. 上께서는 晩年에 스스로 承平한 세상을 믿고 天下에는 더 걱정할 것이 없다고 여기셔 드디어 禁中에 깊이 계시며 오로지 聲色으로 즐겁게 노시고 政事를 모조리 林甫에게 맡기셨다. 林甫는 上의 左右에 아첨하며 上의 뜻에 迎合하여 寵愛를 굳게 만들었다. 言路를 막았으며 上의 귀와 눈을 가리고 덮어 그 간악함을 성공시켰다. 어진 이를 시새우고 능력 있는 이를 미워하며 자기보다 나은 이를 밀어내 자기의 자리를 보존하였다. 여러 번 큰 獄事를 일으켜 高位官僚들을 쫓아내 자기의 勢力을 확장했다. 皇太子 以下 모두 두려워하여 그 앞에서는 바로 서지 못하고 발을 오무렸다. 무릇 재상자리에 19년 있으면서 天下의 亂을 養成했으나 上께서는 깨닫지 못하셨다.

㉕ 夏 五月 壬辰, 以左武衛大將軍何復光將嶺南五府兵擊南詔. (天寶 十二載)

여름 오월 壬辰日, 左武衛大將軍인 何復光으로 하여금 嶺南五府(廣, 桂, 邕, 蒙, 交)의 군사를 거느리고 南詔를 치게 하였다.

㉖ 隴右節度使哥舒翰擊吐蕃, 拔洪濟, 大漠門等城, 悉收九曲部落. (天寶 十二載)

隴右節度使인 哥舒翰이 吐蕃을 攻擊, 洪濟城, 大漠門城 等을 빼앗고 睿宗때의 失地였던 九曲의 部落들을 收復하였다.

㉗ 是時中國盛强, 自安遠門西盡唐境萬二千里, 閭閻相望, 桑麻翳野, 天下稱富庶者無如隴右. 翰每遣使入奏, 常乘白橐駝, 日馳五百里. (天寶 十二載)

이때 중국은 强盛하여 長安城 西北의 第一門인 安遠門으로부터 서쪽 끝 唐나라 境界까지가 萬二千里였는데 百姓들의 집과 집이 서로 보이며 잇닿았고 뽕과 삼이 들을 가리니 天下에서 物産의 豊富함과 人口의 衆多함을 거론할 때 隴右만한 곳이 없었다. 哥舒翰은 언제나 使者를 派遣, 入朝 上奏하게 하였는데 늘 흰 낙타를 탔으며 하루에 오 백리를 달렸다.

㉘ 夏 六月, 侍御史・劍南留後李宓將兵七萬擊南詔. 閤羅鳳誘之深入, 至大和城, 閉壁不戰, 宓糧盡, 士卒罹瘴疫及飢死什七八, 乃引還. 蠻追擊之, 宓被擒, 全軍皆沒. 楊國忠隱其敗, 更以捷聞, 益發中國兵討之, 前後死者二十萬人, 無敢言者. 上嘗謂高力士曰: "朕今老矣, 朝事付之宰相, 邊事付之諸將, 夫復何憂!" 力士對曰: "臣聞雲南數喪師, 又邊將擁兵太盛, 陛下將何以制之, 臣恐一旦禍發, 不可復救, 何得謂無憂也." 上曰: "卿勿言, 朕徐思之." (天寶 十三載)

여름 유월, 侍御史 兼 劍南 留後 ―楊國忠이 劍南節度使를 兼職하자 李宓(이복)으로 留後 즉 代理를 삼았다―李宓이 군사 칠만을 거느리고 南詔를 공격하였다. 閤羅鳳이 깊이 들어오도록 誘引하여 大和城에 이르렀는데 閉壁淸野作戰 ―城門을 닫아걸고 城壁을 굳게 의지해 守備만하며 城밖의 地上에 있는 建物・農作物을 말끔히 없애는 것. 焦土作戰이라고도 한다―

으로 싸우려 하지 않았다. 李宓의 군대는 糧食이 바닥났고 士卒들도 瘴癘에 걸리고 굶어죽은 자가 십중 칠팔이었다. 이에 군사를 이끌고 퇴각하자 南詔가 追擊, 李宓은 사로잡히고 全軍은 沒死하였다. 楊國忠은 敗北를 숨기고 勝捷했다고 임금께 고하고는 다시 國中의 군사를 徵集, 派兵하여 공격하니 前後 戰死者가 거의 이십 만이었다.(즉 鮮于仲通이 天寶 十年에 大敗할 때 戰死者를 포함해서 말하는 것이다) 그러나 감히 말하는 자가 없었다. 上께서 언젠가 高力士에게 말씀하셨다. "朕은 이제 늙었노라, 朝廷의 일은 宰相에게 맡기고, 邊方의 일은 諸將에게 맡기면 더 무슨 근심이 있으랴!" 力士가 對答하였다. "臣은 雲南에서 여러 번 敗戰하고 軍士를 잃었다고 들었나이다. 또한 邊方의 將帥들이 군사를 모으고 掌握함이 과도하니 陛下께서 장차 어떻게 그들을 制馭하시겠습니까? 신이 두렵기는 일단 禍가 發生하면 이를 막고 고칠 수 없을 터인데 어떻게 근심이 없다고 할 수 있으리잇까?" 上께서 말씀하셨다. "卿은 말하지 말라! 朕이 천천히 생각해보리라."

㉙ 自去歲水旱相繼, 關中大饑. 楊國忠惡京兆尹李峴不附己, 以災沴歸咎於峴, 九月, 貶長沙太守. 峴, 禕之子也. 上憂雨傷稼, 國忠取禾之善者獻之, 曰: "雨雖多, 不害稼也."上以爲然. 扶風太守方琯言所部水災, 國忠使御史推之. 是歲, 天下無敢言災者. 高力士侍側, 上曰: "淫雨不已, 卿可盡言." 對曰: "自陛下以權假宰相, 賞罰無章, 陰陽失度, 臣何敢言." 上默然. (天寶十三載)

지난해부터 水災와 旱魃(한발)이 잇따르니 關中에 큰 饑饉이 들었다. 楊國忠은 京兆尹인 李峴이 자기를 따르지 않는 것을 미워하던 차라 이 災禍를 李峴의 허물로 돌려 구월에 長沙太守로 내쳤다. 李峴은 開元 17年 石堡城을 奪還한 朔方節度使·信安王 李禕의 아들이다. 上께서 비가 곡식을 상하게 한다고 근심하시니 楊國忠은 잘 팬 이삭을 가려 뽑아 올리며 "비가 비록 많이 왔어도 곡식을 해치지는 않았나이다"하니 上께서는 그런가보다 하셨다. 扶風太守인 方琯이 자기 管轄內에 水災가 있다고 하자 楊國忠은 御史를 시켜 따지고 캐게 하였다. 이해, 天下사람중에서 災害를 감히 말하는 자가 없었다. 高力士가 곁에서 모시고 있는데 上께서 말씀하셨다. "장맛

비가 그치지 않으니 卿은 忌憚없이 直言을 해보라.” 대답하기를 “陛下께서 權力을 宰相에게 넘겨주시고 부터 賞罰이 不分明하고 陰陽이 法度를 잃어 調和를 이루지 못하고 있으니 臣이 어찌 감히 말하겠습니까?” 하니 上께서 잠자코 묵묵히 계셨다.

☛ 参考 ❷

李白의 詩歌에 나타난 唐과 吐蕃·南詔의 紛爭.

① 〈答王十二寒夜獨酌有懷〉에서 抄함.

……人生飄忽百年內, 且須酣暢萬古情. 君不能狸膏金距學鬪鷄, 坐令鼻息吹虹霓. 君不能學哥舒, 橫行靑海夜帶刀, 西屠石堡取紫袍. 吟詩作賦北窗裏, 萬言不直一杯水. 世人聞此皆掉頭, 有如東風射馬耳.

인생이란 百年동안에 휙 빠르게 지나가니, 그저 술이나 통쾌하게 마심이 萬古不變의 시름을 푸는 實情이라. 그대는 절대 못할 것이다. 싸움닭의 머리에 삵기름 칠하고 며느리발톱에 칼 매달아 투계꾼으로 이름나 임금님의 총애 받고, 콧김 한 번 불면 하늘의 무지개도 날리는 위세 떨칠 줄을. 그대는 끝내 못할 것이다. 밤에도 칼 차고 靑海一帶를 종횡으로 누비며 서쪽 石堡城을 屠戮하고 紫袍金帶 손에 넣은 哥舒翰 본받을 줄을. 北窓아래에서 시 읊고 賦 짓지만 萬言을 써도 한 잔 물 값어치도 못되니, 세상 사람들이 詩賦를 들어보았자 머리를 절레절레 내두를 것이라, 꼭 東風이 馬耳에 꽂힌 격이지…….

▷狸膏: 삵의 기름. 삵은 닭을 잘 잡는다. 삵의 기름을 싸움닭의 머리에 칠하면 다른 닭들이 삵의 냄새를 맡고 두려워 달아난다고 한다.

▷金距(금거): 金芒(금망). 즉 쇠로 만든 칼을 닭의 距 즉 며느리발톱에 매단다. 지금의 싸움닭에서도 볼 수 있다.

▷坐: 自(저절로). 深(매우. 대단히).

▷鼻息: 콧김. 콧숨. 威風이나 氣勢를 비유한다.

▷橫行: ① 縱橫馳騁함이니 戰鬪時 가는 곳마다 對敵할 자 없음을 말한다. ② 모로 감. ③ 거리낌 없이 제멋대로 행동함.

▷紫袍: 보랏빛 朝服. 三品以上의 官吏가 입는다. 흔히 紫袍金帶라 쓰인다.
▷萬言: ① 長篇鉅作. ② 官吏가 임금에게 올리는 長篇의 上奏文.
▷一杯水: ≪孟子・告子上≫에 “仁이 不仁을 이김은 물이 불을 이김과 같다. 지금 仁을 행하는 사람은 한 잔의 물로 한 수레 장작의 불을 救하는 것 같으니 꺼지지 않으면 곧 물이 불을 이기지 못한다고 한다.”라 하였다. 보잘 것 없는 것, 시시한 것을 말한다.

②〈古風〉其三十四

羽檄如流星, 虎符合專城. 喧呼救邊急, 群鳥皆夜鳴.
白日曜紫微, 三公運權衡. 天地皆得一, 澹然四海淸.
借問此何爲? 答言楚徵兵. 渡瀘及五月, 將赴雲南征.
怯卒非戰士, 炎方難遠行. 長號別嚴親, 日月慘光晶.
泣盡繼以血, 心摧兩無聲. 困獸當猛虎, 窮魚餌奔鯨.
千去不一回, 投軀豈全生? 如何舞干戚, 一使有苗平?

徵兵文書에 새 깃 꽂아 재촉하며 發送하니 流星처럼 빠른데, 銅虎符의 左右가 城主있는 곳에서 딱 맞으니 出兵이로다. 왁자지껄・떠들썩 부르며 邊境의 危急한 形勢를 救援한다 하니 새떼들도 깃들지 못하여 밤새 지저귀고 우짖는다. 白日이라 皇上께서 紫微라 大闕에서 찬란하게 빛나며 三政丞이 저울추・저울대라 政事를 運用하는 때 天地가 道를 얻어 淸明・寧靜하고 平安 無事하여 天下・四海가 깨끗한데 이 무슨 일이야고 말 물으니 楚땅에서 徵兵하여 한창 찌는 오월에 닥쳐 瀘水를 건너 雲南征伐에 간단다. 겁많은 兵卒들은 용감한 戰士가 아니며 아득한 南方 炎熱의 땅은 가기 힘든데 부모와 이별하며 큰소리로 울부짖으니 해와 달도 환한 빛을 잃고 어둡구나. 흐느낌이 다하자 피눈물이 뒤를 잇더니 가슴이 찢어졌나 부모・자식 양쪽 모두 아무소리도 없구나. 길이 막힌 짐승에게 사나운 호랑이를 당하게 하고 물을 잃은 고기로 마음대로 달리는 고래 미끼를 삼았구나. 천명이 가면 한명도 돌아오지 못하며 그대로 몸을 던져버리니 어찌 목숨이 온전하리오. 옛날 舜임금은 德을 쌓고 敎化를 행한 뒤 방패와 도끼 들고 춤추어 단박에 有苗를 平定하였으니 그것에 비한다면 어떠하다 하겠는가?

▷檄(격): 흔히 檄文으로 알려졌다. 즉 軍士를 募集하거나 世人을 興奮시킬 때 그리고 적을 깨우치고 달래거나 꾸짖을 때 발송하는 글발을 말한다. 그러나 상식과 다르게 쓰일 때도 있으니 다만 兵士를 徵召하는 文書를 가리킬 때도 있다. 本詩에서는 徵兵의 文書로 쓰였다. 事態가 急迫할 때에는 鳥羽 즉 새의 깃털을 꽂아 속히 실행하라는 뜻을 나타냈으니 이것이 羽檄이다.

▷虎符: 옛날 帝王이 臣下에게 兵權·軍隊徵發의 權限을 줄 때의 信物·信標로 虎形이었다. 처음에는 玉 나중에는 銅으로 만들었는데 등 쪽에 銘文이 있다. 쪼개서 둘로 나누어 오른쪽 반은 中央政府에 남겨두고 왼쪽 반은 地方官吏나 將帥에게 주었다. 徵兵·發兵時에 朝廷에서 派遣되는 使臣이 오른쪽 반을 가지고 가서 왼쪽 반과 맞추어 본다. 符가 합하여지면 비로소 徵兵·發兵할 수 있었다. 이 制度는 戰國·秦·漢에서 盛行하였고 隋나라까지 이어지다 唐代에 이르러 魚符로 바뀌었다. 우리는 흔히 사물이나 현상이 서로 꼭 들어맞을 때 符合·同符라 하는데 바로 이것에서 由來된 것이다.

▷專城: 城을 독단으로 하다. 마음대로 하다는 뜻이니 太守같은 州·郡의 守宰를 말한다. 本詩에서는 統兵하는 將帥를 뜻한다.

▷邊急: 邊疆의 危急한 形勢.

▷白日: 帝王을 比喩한다.

▷紫微: 北斗星 북쪽의 星座. 天帝의 居處라 하며 轉하여 朝廷·大闕로 쓰임.

▷三公: 太尉·司徒·司空. 모두 正一品이다. 우리나라에서는 三政丞이라 쓴다.

▷權衡: 저울추와 저울대가 본래의 의미인데 政柄·政權으로 쓰인다.

▷天地得一: ≪老子≫ 39章 "天得一以淸, 地得一以寧, 神得一以靈, 谷得一以盈, 萬物得一以生, 侯王得一以爲天下貞. 하늘은 一을 얻어 淸明하여지고, 땅은 一을 얻어 寧靜하여졌으며, 神은 一을 얻어 靈妙하여지고, 골짜기는 一을 얻어 가득 차게 되었으며, 萬物은 一을 얻어 生育하게되고, 임금은 一을 얻어 天下의 模範이 되었다." 一은 萬數의 始作이고 道

는 萬物의 宗이다. 그래서 萬數의 始作인 一로 萬物의 宗인 道를 比喩한 것이다. 一은 道라고 생각해도 된다.

▷澹然: 조용함. 무사함.

▷渡瀘及五月: 瀘: 강물 이름. 三國時代 諸葛亮의 〈征越雟上疏〉에서 "五月渡瀘, 深入不毛. 한 여름인 오월에 瀘水를 건너 不毛의 땅으로 깊이 들어갔습니다."라 하였는데 바로 이 江인 것이다. ≪水經注・若水≫에서 〈益州記〉를 引用하였는데 "瀘水……兩峯有殺氣, 暑月舊不行. 故武侯以夏渡爲艱. 瀘水……양쪽 봉우리에 살기가 있어 여름에는 본래 다니지를 않았다. 그래서 武侯는 여름에 渡江란 것을 어렵다 한 것이다."라 하였다. 여름은 음력 4・5・6, 석 달인데 특히 오뉴월 삼복더위라 하여 오월을 제일 나기 어렵다고 보았다.

▷炎方: 南方 炎熱의 땅.

▷長號: 큰소리로 울부짖다.

▷嚴親: ① 父母. ② 父親만을 가리킨다.

▷慘: 黲(참)字와 통한다. 어둡다. 거무스름하다.

▷泣: 작은 소리로 흐느껴 울다.

▷心摧: 心折. 心斷. 心碎. 가슴이 찢어질 듯, 바스라 질 듯 슬픈 것.

▷兩無聲: 兩은 떠나는 사람과 남아있는 사람의 양쪽을 말한다. 無聲: 처음에는 長號하다가 泣盡하고 繼以血하다가 결국 지쳐 아무소리도 내지 못함을 말한다.

▷困獸: 포위당한 짐승, 出路가 막힌 짐승.

▷窮魚: 물이 없어진 물고기. 怯卒, 困獸, 窮魚는 唐의 兵卒을 말한다.

▷猛虎・奔鯨: 사납고 억센 南詔의 軍士를 말한다.

▷投軀: 捐軀. 몸을 내던지다. 목숨을 바치다.

▷如何: 何如. ~에 비하여 어떠하나? 憧憬하며 指向하는 것이다.

▷舞干戚云云: ≪藝文類聚≫에서 ≪帝王世紀≫를 引用하였는데 內容인즉 有苗氏가 복종하지 않자 禹가 征伐하자 하였다. 舜이 말하기를 "我德不厚而行武, 非道也. 나의 德이 두텁지 않은데 武力을 행사함은 道가 아니다"하고는 삼년동안 教化를 행한 뒤 "執干戚而舞之, 有苗請服. 방패와

도끼를 들고 춤추니 有苗가 복종하겠다 하였다"이라 하였다. 李白의 말씀인즉 武力이 能事가 아니라는 것이다.

☛ 參考 ❸: 白居易의 詩歌에 나타난 唐과 南詔의 戰爭

〈新豐折臂翁〉(戒邊功也)

新豐老翁八十八，頭鬢眉鬚皆似雪. 玄孫扶向店前行，左臂憑肩右臂折.
問翁臂折來幾年，兼問致折何因緣. 翁云貫屬新豐縣，生逢聖代無征戰.
慣聽梨園歌管聲，不識旗槍與弓箭. 無何天寶大徵兵，戶有三丁點一丁.
點得驅將何處去，五月萬里雲南行. 聞道雲南有瀘水，椒花落時瘴煙起.
大軍徒涉水如湯，未過十人二三死. 村南村北哭聲哀，兒別爺孃夫別妻.
皆云前後征蠻者，千萬人行無一廻. 是時翁年二十四，兵部牒中有名字.
夜深不敢使人知，偸將大石鎚折臂. 張弓簸旗俱不堪，從玆始免征雲南.
骨碎筋傷非不苦，且圖揀退歸鄉土. 臂折來來六十年，一肢雖廢一身全.
至今風雨陰寒夜，直到天明痛不眠. 痛不眠, 終不悔. 且喜老身今獨在.
不然當時瀘水頭, 身死魂飛骨不收. 應作雲南望鄉鬼. 萬人塚上哭呦呦.
老人言, 君聽取. 君不聞, 開元宰相宋開府, 不賞邊功防黷武.
又不聞, 天寶宰相楊國忠, 欲求恩幸立邊功.
邊功未立生人怨, 請問新豐折臂翁.

〈新豐고을의 팔 자른 노인〉(邊功을 警戒함)

新豐고을 老翁은 여든 여덟인데 머리・살쩍・눈썹・수염 모두 눈과 같다. 玄孫이 부축 가게 앞을 향해 가는데 왼팔은 玄孫 어깨를 잡고 기댔는데 오른팔은 끊어졌다. 노인에게 팔이 끊어진지 몇 해며 아울러 무슨 까닭으로 끊어지게 됐는지 물었다.

노인이 말했다. "本籍은 新豐 고을이며 살아서 태평성대 만나 전쟁이 없었다. 늘 익숙하게 듣는 것은 梨園의 노래 악기소리며 軍旗・槍・劍・弓・箭을 몰랐다. 생각지도 않게 天寶年間에 크게 군사를 뽑으니 한집에 丁男이 셋이면 하나를 징집했다. 징집당해 몰리니 어디로 간단 말인가? 오월이 제일 무섭다는 만리 밖 雲南으로 간단다. 소문에 雲南에는 瀘水라는 강이 있어 산초 꽃 질 때 瘴氣가 일어난다고 한다. 수만 명 大軍이 배도 없이 맨몸으로 건너면 강은 끓는 물 같아서 채 건너기도 전에 열중에 두세 명이 죽는단다. 마을의 남, 마을의 북에 통곡소리 슬픈데 아들은 부모와 남편은 아내와 헤어졌다. 異口同聲으로 前後에 南國을 쳐들어갔는데 천명 만인이 가서 하나도 돌아온 자 없다더라. 그때 이 늙은이는 스물넷이었는데 兵部의 名簿에 이름이 있었다. 밤이 깊자 남들이 알지 못하게 몰래 큰 돌로 팔을 찍어 잘라버렸다. 활 당기기 깃발 휘두르기 모두 못하니 이로부터 雲南가는 일을 면하게 되었다. 뼈가 바서지고 힘줄 상하는게 고통스럽지 않은 것 아니지만 우선 무용지물이라고 퇴짜맞고 고향으로 돌아감을 기약할 수 있었다. 팔 끊어진지 육십년 사지 중 하나가 못쓰게 됐어도 一身을 保全했다. 지금까지 바람 불거나 비오거나 흐리거나 추운 밤에는 해가 밝도록 줄곧 아파서 잠 못 이룬다. 아파서 잠 못 이뤄도 끝내 후회 않으니 그런대로 이 늙은 몸뚱이가 지금 혼자서 살아있음을 기뻐한다. 그렇지 않았다면 그 당시 瀘水 물가에서 肉身은 죽고 魂은 날아가며 魄은 흩어지고 白骨마저 거둘 수 없어서 분명히 雲南땅의 고향 그리는 귀신 되어 萬人塚 큰 무덤 京觀 위에서 흑흑 흐느끼고 있었으리……"

老人의 말씀을 여러분들 잘 들으시오! 그대들은 모르시오! 開元年間의 宰相인 宋璟開府께서 邊疆에서 세운 功을 상주지 않아 窮兵黷武를 防止하셨음을. 또 모르시오! 天寶年間의 宰相 楊國忠이 임금의 寵愛를 탐내 邊方에서 功세우려 한 것을. 功은 세우지도 못하고 백성들의 원망만 생기게 하였으니 新豐 고을 팔 자른 노인에게 한번 물어보시오.

▷新豐: ① 縣名. 治所는 지금의 陝西省 臨潼縣 西北이다. 唐代에는 京兆府의 東쪽 五十里에 있었으니 長安을 나와 동쪽 潼關으로 가려면 반드시 이곳을 거쳐야 했다. 이곳은 원래 秦나라 驪邑이었다. 漢·高祖가 關中에 首都를 정하니 그 아버지는 太上皇이 되어 宮中에 살았는데 고향이 그리워 鬱鬱不樂하였다. 이에 故鄕인 豐邑의 街路와 建物·家屋을 驪邑에 그대로 옮기고 住民들도 移住시켜 新豐이라 改稱하였다. 말하는 바에 의하면 男女老少 모두 제집을 알아보았고 심지어 함께 간 개·양·닭·오

리도 모두 제집을 찾았다는 것이다. 太上皇은 新豐에 거주하며 날마다 친구들과 성대한 술잔치를 벌이고 즐거워하였다 한다. ② 鎭名. 지금의 江蘇省 丹徒縣에 있으며 좋은 술이 난다. 詩文속에서 흔히 新豐美酒라 하는데 바로 이곳을 가리키는 것이다. 本詩의 新豐은 ①을 가리킨다.

▷玄孫: ≪爾雅・釋親≫에서 "孫之子爲曾孫, 曾孫之子爲玄孫. 손자의 아들이 曾孫이고, 曾孫의 아들이 玄孫이다"이라 하였다. 郭璞의 注에서 "玄者, 言親屬微昧也. 玄이란 親族관계가 模糊하고 分明하지 않다는 것을 말함이다"라 하였다. 우리의 경우 증조할아버지의 아버지가 고조할아버지가 되니까 증손자의 아들도 고손자라 쓰는 때가 많은데 유식한 노인들이 질색을 하신다. 높을 "高"字를 어디다 함부로 붙이냐 하시며. 그러나 국어사전에는 고손이 현손이라고 명토를 박아서 인정을 하였으니 이 경우 輿論・衆意를 따른듯한데 어떤 때에는 그렇지 않다. 예전에 커피를 굳이 코피가 맞는다고 한 시절도 있었으니 말이다.

▷店: 商店. 酒店. 旅店. 客店.

▷憑肩: 남의 어깨에 손을 대 의지함.

▷右臂折: 折은 부러지다는 뜻과 끊어지다는 뜻이 있다. 우리에게 낯익은 말로 折臂・折肱이 있다. 肱은 팔뚝이니 팔꿈치로부터 손목까지의 부분을 가리킨다. 아래팔이라고도 한다. 臂는 팔이니 어깨와 손목사이의 부분을 말한다. 그러나 팔뚝의 뜻으로 즉 肱의 의미로 쓰일 때도 있다. ≪左傳・定公十三年≫에 "三折肱知爲良醫"라는 말이 나온다. 楊伯峻先生의 注에서 이것은 古人들의 日常語라 하며 例를 더 들었다. 즉 ≪孔叢子・嘉言≫에서 "三折肱爲良醫", ≪說苑・雜言≫에서 "三折肱而成良醫", ≪楚辭・惜誦≫에서 "九折肱而成醫兮"라 하였는데 지금의 "久病知醫"와 같은 말이라 하였다. 그러나 지금 흔히 쓰이기는 "久病成良醫"지 "久病知醫"는 아니다. 三이나 九는 모두 여러 번・多數의 뜻이니 그게 그것이다. 臂와 肱이 混用되고 있으니 臂는 팔이 아니고 팔뚝이라야 肱과 合致될 것이다. 대부분의 풀이는 두 가지로 나뉘는데 첫째는 병을 아주 많이 앓아야 훌륭한 의사가 된다는 것과 둘째는 수많은 挫折・失敗・苦痛을 겪어야 뛰어난 의사가 된다는 것이다. 둘 다 一理가 있으니 어느 쪽 손을 들어

주어야 할지 난감하나 ≪孔叢子·嘉言≫을 보면 "三折肱爲良醫. 梁丘子遇虺毒而獲療, 諸有與之同疾者, 必問所以已之之方焉. (▷虺(훼): 살모사. 독사. ▷所以: ① 原因. ② 그것으로. ~를 써서. ③ 可以 ▷已: 고치다. 치료하다.) 여러 번 팔뚝이 부러지면 良醫가 된다. 梁丘子가 毒蛇에 걸려 中毒되었으나 치료할 수 있었다. 그와 같은 탈이 난 여러사람들이 능히 그것을 고친 處方을 꼭 물었다"라 하였다. 梁丘子의 경우 中毒의 治療는 아마추어의 행동이지 職業的 醫員의 경우가 아닌 것이다, 따라서 專門的인 醫士일 때 많은 疾病을 직접 經驗한다는 것은 無理가 있으며 여러 번의 失手·施行錯誤와 거기에 따르는 叱責·非難의 難關을 거쳐야 훌륭한 醫生이 된다는 것이 妥當性이 있기는 하다. 또 하나 折肱을 풀이할 때 부러졌다고 해야지 끊어졌다고 하기는 어렵다. 한 번 끊어지면 그만인데 어떻게 여러 번 팔뚝이 끊어진단 말인가. 勿論 끊어진다는 뜻으로 쓰이는 例가 있다. "折臂三公"이 그것이다. ≪世說新語·術解≫를 보면 "人有相羊祜父墓, 後應出受命君. 祜惡其言, 遂掘斷墓後, 以壞其勢. 相者立視之, 曰: '猶應出折臂三公.' 俄而祜墜馬折臂, 位果至公. 羊祜 父親墓의 風水를 본 사람이 있었는데 뒷날 반드시 天命을 받은 임금이 나올 것이라 하였다. 羊祜가 그말을 아주 꺼려서 드디어 墓의 뒤를 파서 龍脈을 끊어 風水上의 形勢를 破壞해 버렸다. 풍수쟁이 즉 地官이 즉시 보고는 또 말했다. 그래도 분명히 팔 끊어진 三公이라 宰相이 나오겠군. 얼마 안돼 말에서 떨어져 팔이 끊어졌는데 벼슬자리가 과연 三公에 이르렀다"라 하였다. 이때의 折臂가 팔이 부러졌는지 팔이 끊어졌는지는 不分明하다. 楊勇先生의 ≪世說新語校箋≫, 徐震堮(서진악)先生의 ≪世說新語校箋≫, 余嘉錫先生의 ≪世說新語箋疏≫ 等은 원체 높은 水準이라 이렇게 시시하고 細瑣한 것에는 言及이 없었다. 近來에 나온 張撝之(장휘지)先生의 ≪世說新語譯注≫는 아주 상세하게 注를 달고 글자 하나하나를 다 現代語로 풀어놓았는데 以前의 水準높은 著書를 보고 풀리지 않아 답답하던 것들이 다 속시원하게 나와 있었다. 언젠가 들은 바로는 가장 쉽게 말할 수 있는 境地가 最高의 境地라 했던가. 하여튼 우리의 座右書가 되고 말았는데 이 冊에서 折臂를 斷臂라고 斷乎하게 잘라 말하였다. 약 삼십년전 臺灣의 祥生出版社에서 나온 譯者 不明의 ≪世說新語·國語注音註解語譯≫ 一書에서도 斷臂라 하였다. 또한 張永言主篇의 ≪世說新語辭典≫에서도 斷이라 하였다. 英譯本은 어떠한가 궁금하였는데 Richard B Mather의 ≪A New Account of Tales of the World≫의 〈術解篇〉 즉 〈Techical Understanding〉에서 折臂三公의 折臂는 with a broken arm이라 하였고 墜馬折臂는 broke his arm이라 하였다. break는 쪼개다, 자르다, 부수다, 다치다, 부서지다, 부러지다, 끊어지다의 뜻이 있으니 어느 것을 가리키는지 不分明하다. 折이라는 曖昧한 글자를 break라는 模糊한 글자로 번역하였으니 果然 名譯이라 하겠다.

却說하고 中國本土 양반들은 根據, 어림짐작, 추측이 우리와 반드시 다를 것이라 이때의 折臂는 斷臂라고 믿어도 잘못은 없으리라.

白居易의 折臂翁은 팔을 자른 또는 팔이 끊어진 노인이 맞을 것이다. 徵兵을 확실하게 모면하려면 부러져 가지고는 不足할 것이니 치료 후에 다시 불려갈 수 있으니까 말이다. 그리고 右는 오른쪽을 끊어야 아래에 나오듯이 활을 당기거나 깃발을 휘두를 수 없었기 때문이다. 만약 왼손잡이라면 왼손을 끊어야 하겠는데 옛날에는 왼손을 쓰는 것을 아주 꺼려 어려서 대개 오른손잡이로 고쳐버렸으니 익숙하게 쓸 수 있는 것이 바로 오른손과 오른팔이었을 것이다.

▷因緣: ① 原因. ② 發端. ③ 依據. 根據. 口實. 憑藉. ④ 佛教用語. 結果를 만드는 직접적인 힘이 因이고 그것을 돕는 外的이고 間接的인 힘이 緣이다.

▷貫: 本籍. 貫籍. 戶籍이 있는 곳을 말한다.

▷貫聽: ~을 듣는 것에 익숙하다. ~을 듣는 것이 습관이 되다. ⇨ 늘 보아서 심드렁할 때에는 司空見慣이라 한다. 劉禹錫의 詩句 때문에 생긴 말이다.

▷梨園: 唐 玄宗때 宮廷의 歌手·舞姬等 藝人들이 教習하던 곳. 그 藝人들을 梨園弟子, 梨園子弟라 하였다.

▷無何: ① 별것 아니다. 별일 없다. ② 오래지 않아. 얼마 안돼의 뜻으로 쓰였다. 王鍈先生의 ≪詩詞曲語辭例釋≫에 의하면 唐·宋에 이르러 無何

는 無奈 즉 일이 뜻밖에 생기니 어쩔 수 없다 · 유감스럽다의 뜻으로 쓰이게 되었다 한다. 本詩에서도 "事出意外하니 誠不得已"의 뜻이란다.

▷丁: 옛날 兵役이나 築城 · 治道 等의 賦役에 從事할 나이의 남자. ≪隋書 · 食貨志≫에서 "男女三歲已下는 黃이며 十歲已下는 小, 十七已下는 中, 十八已上은 丁이라 한다."하였다. 그런데 王朝마다 丁年은 다르니 漢은 二十歲였고 明 · 淸은 十六歲였다.

▷點: 徵調. 즉 사람이나 物資를 徵集 · 調達하는 것.

▷瀘水: 앞에서 이미 나왔다. 음력 4 · 5 · 6 여름 석 달은 瘴氣 때문에 건널 수 없다고 하였다.

▷椒: 산초(山椒). 中國에서는 화초(花椒)라 부른다. 꽃과 열매가 약간 다른 여러 종류가 있다. 우리나라의 ≪표준국어대사전≫에서는 흰 꽃이 8~9월에 피며 열매는 녹갈색이라 하였는데 中國의 潘富俊著 ≪楚辭植物圖鑑≫에서는 黃綠色 꽃이 피고 열매는 紫紅色이라 하였다.

▷瘴烟: 瘴氣를 瘴烟 · 瘴雲 · 瘴霧 · 瘴氛 等으로도 쓴다. 어렵구나! 참.

▷徒涉: 배 없이 맨몸으로 강 · 내 · 호수를 건넘. 옛날에는 빙하(憑河)라 하였으며 無謀함을 나타냈다. 주즙(舟楫) 즉 배 없이 건넌다고 쓰기도 한다.

▷湯: ① 뜨거운 물. 끓는 물. ② 탕. 국. ③ 온천. ④ 조그마한 이득 · 재미 · 국물.

▷牒: ① 官用文書. ② 名簿. ③ 記錄.

▷鎚(추. chuí): 쇠몽둥이. 메. 치다.

▷簸(파. bǒ): 키로 곡식을 까부름. 아래위로 흔듦. 일다(물을 부어 흔들어 가려냄).

▷骨碎筋傷: 後世에 傷筋動骨이라 하여 몸이 重傷입은 것을 나타냈다.

▷揀退(간퇴): 옛날 兵士를 徵募할 때 優秀한 자를 선택하고 劣等한 자를 돌려보내는 것을 말한다. 간단히 말하면 淘汰(도태)다.

▷鄕土: ① 故鄕. ② 地方. 區域.

▷來來: 以來의 뜻으로 唐人이 平常時 쓰던 말이다.

▷肢: 四肢 · 四體는 두 팔과 두 다리를 통틀어 이르는 말이니 肢는 팔이나 다리를 가리킨다.

▷廢: 손상돼 할 일을 못함.

▷陰寒: 날씨가 흐리고 춥다. 구름 끼고 스산하다.

▷直: 계속해서. 끊임없이. 줄곧. 내내.

▷老身: 老人의 自稱.

▷瀘水頭: 瀘水邊.

▷萬人塚: 自注에 "雲南有萬人塚, 卽鮮于仲通·李宓曾覆軍之所. (▷覆: 멸망. 覆軍·覆師는 全軍이 覆沒함의 뜻이다.) 雲南에 萬人塚이 있는데 바로 鮮于仲通과 李宓의 軍隊가 覆沒한 곳이다."라 하였다. 萬人은 많다는 뜻일 뿐이니 鮮于仲通과 李宓이 各各 六萬·七萬이었으며 楊國忠이 다시 出兵하여 前後 총 二十萬이 戰死하였다.

▷呦呦(유유. yōuyōu): 본래 사슴의 울음소리를 나타냈는데 白居易의 本詩 때문에 사람이나 귀신의 울음소리로도 쓰이게 되었다.

▷聽取: 取는 助詞다. 看取·問取의 取도 같다.

▷君不聞: 樂府詩의 常套語로 君不見으로도 쓰인다. 聞이나 見이나 모두 知의 뜻이다.

▷邊功: 邊疆을 잘 지키거나 다스리거나 또는 開拓하여 세운 功勳. 그러나 대부분의 경우 邊疆開拓을 말한다.

▷黷武: 보통 窮兵黷武라고 쓴다. 武力을 濫用하여 武力이 지켜야 할 道理·準則을 더럽힌다는 말이다. 自注에 "開元初, 突厥數寇邊, 時天武軍牙將郝雲岑出使, 因引特勒·廻鶻部落斬突厥默啜, 獻首于闕下, 自謂有不世之功. 時宋璟爲相, 以天子年少好武, 恐徼功者生心, 痛抑其黨, 逾年始授郎將. 雲岑遂慟哭·嘔血而死也. 玄宗의 開元初에 突厥이 자주 邊方을 침입하였다. 이때 天武軍의 下級將校인 郝雲岑(학운잠)이 使命을 띠고 나아가서 突厥의 官吏인 特勒과 위그르部落을 이끌고 突厥의 임금인 默啜(묵철)을 베고 그 머리를 闕下에 바쳤는데 스스로 不世의 功 즉 한 時代에 다시 있기 어려운 功勳이라 여겼다. 이때 名相으로 이름난 宋璟(송경)이 宰相이었는데 天子가 年少하고 武力을 좋아하니 功세우기를 求하는 자들이 딴마음 품을까 두려워하여 그러한 무리들을 엄격하게 抑壓하니 해를 넘겨 비로소 五品에 속하는 郎將자리를 주었다. 郝雲岑은 마

침내 통곡, 피를 토하고 죽었다"라 하였다.

▷恩幸: 임금의 寵愛.

▷이 詩歌의 末尾에 있는 自注에 "天寶末, 楊國忠爲相, 重結閤羅鳳之役, 募人討之, 前後發二十餘萬衆, 去無返者. 又捉人連枷赴役, 天下怨哭, 人不聊生. 故祿山得乘人心而盜天下. 元和初而折臂翁猶存, 因備歌之. 天寶末에 楊國忠이 宰相이 되자 南詔의 閤羅鳳과 戰役을 연거푸 일으키니 백성들을 徵募하여 이를 치는데 前後 이십 여만의 많은 무리를 派兵하였으나 가서 돌아온 사람이 없었다. 또 사람을 잡아 한 칼에 여럿을 묶어 전쟁에 내보내 天下가 원망하며 통곡하니 백성들은 안심하고 살 수가 없었다. 그래서 安祿山이 백성들의 그러한 마음을 利用, 機會를 타고 天下를 훔치려 한 것이다. 元和 (憲宗의 年號)初에 折臂翁이 아직도 生存해 있었으므로 이에 그 일을 모두 나의 詩歌에 채웠노라."라 하였다.

❖ 詩題

▶兵車行: 蕭滌非先生가라사대 "玄宗의 끝없이 치르는 義롭지 못한 戰爭에 反對하는 政治諷刺詩며 創作時期는 多數 注家들의 見解에 따라 天寶十年 鮮于仲統이 南詔를 치다가 大敗하여 六萬人의 戰死者를 낸 뒤에 읊은 것이다"하였다. 그러나 우리가 앞에서 이미 參考資料로 뽑은 바 있는 天寶十三年 李宓의 南詔攻擊時 七萬의 覆沒을 생각하면 天寶十三年 以後도 可能하다. 詩題에 관해서 蕭先生은 "케케묵은 〈從軍行〉 種類의 樂府舊題를 버리고 새로운 題를 만들어 常套를 벗어난 새로운 事實을 적었으니 그가 옛것을 제대로 學習한 一面이라 하겠다"라 하였다. 本詩가 다룬 戰役은 果然 무엇인가? 너무나 뻔한 內容이나 杜甫의 名聲이 作用하여 歪曲・隱蔽되고 도리어 문제가 복잡해졌다. 즉 "青海頭"가 나오므로 처음에는 그 內容이 吐蕃과의 戰爭 특히 石堡城을 둔 熾烈한 攻防이라 하였는데 다시 史書를 參考한 결과 玄宗 天寶年間의 南詔와의 戰爭과 잇단 敗北, 끔찍한 二十餘萬人 戰死를 다룬

것이 틀림없다 하였다. 그러나 本詩 어느 곳에서도 南詔와 연결된 語詞를 찾을 수는 없다. 그래서 나온 이야기가 當時 楊國忠이 한창 힘을 쓰는 時代라 감히 드러내 指摘하고 責望할 수 없었을 것이며 그래서 생각 끝에 杜甫는 河·隴땅에서 벌어진 事件을 두루 擧論하고 그 內容을 뒤섞어 南詔때문에 이 詩를 지은 것은 아닌듯하게 만들었으니 이것이 作者의 深意라는 것이다. 深意라는 말이 참으로 妙하게 쓰였다 하겠다. 簡單하게 말하면 楊國忠의 脾胃를 거스르기 싫다기보다는 겁이 났고 되도록 楊을 刺戟하지 않는 範圍內에서 詩를 展開해 나갔다는 말이 되겠다. 이 程度면 눈치껏 알아챌 수 있으련만 杜甫를 擁護·辯護하는 사람들은 다시 攻駁하기를 李太白의 〈古風〉 其三十四(앞의 參考에 이미 나옴)에서 "渡瀘及五月, 將赴雲南征"云云하여 이미 明白히 滿天下에 公開的으로 諷刺하였고 杜甫 또한 〈麗人行〉에서 "炙手可熱勢絶倫, 愼莫近前丞相瞋. 손을 쬐면 뜨거울만큼 권세가 절륜 절등하시니, 에라! 썩 물러가라! 丞相께서 부릅뜨신다."라고 한 것이 드러내고 욕한 것 아니겠느냐 하며 杜甫가 楊國忠을 두려워했다는 사실을 아주 언짢아하였다. 結局 社會詩人 中에서도 代表走者요 中心人物인 杜甫의 威信과 體統이 이 詩 해석에 올가미로 作用하고 있었으니 ① 하나는 南詔를 빼고 吐蕃과의 攻防으로 이 詩의 內容을 몰고 가는 것이다. 쯧쯧! 그러나 郭曾炘(곽증흔)先生은 그의 ≪讀杜箚記≫에서 天寶年間에 있어서 募兵의 酷毒함은 南詔와의 戰爭時만한 것이 없다고 지적하였으며 詩人이 諷刺를 寄託함에는 隱密함과 明顯함이 있어 모든 작품 마다 꼭 一致하지는 않으니 李太白의 〈古風〉 其三十四에 依據하여 杜子美를 例證·說明한다던가 〈麗人行〉을 根據하여 〈兵車行〉을 例證·說明하려 한다면 膠柱鼓瑟(교주고슬. 갓풀로 琴이나 瑟의 기러기발을 붙여 놓으면 音調를 바꿀 수 없다는 뜻으로 고지식하여 조금도 융통성이 없음을 이르는 말이다. ≪史記·廉頗·藺相如列傳≫에 나온다)을 면하기 어렵다 하였다. 우둔하지만 우리는 여기에 덧붙일 말이 있으니 李白이 〈古風〉 其三十四를 지을 때 그는 長安에서 翰林院 生活도 해 보았고 政界에 기웃거려도 본 뒤다. 더 以上 期待하거나 慾心낼 것이 없으니 丞相 아니라 丞相할아비라도 겁낼 것 없으며 치고 나서는데 망설이거나 주저할 것이 손톱만큼도 없었을 것이다. 杜先生의 경우 아직도 特別採用에 미련을 못버린 상태인데 李白처럼 붓대 휘두르기는 어려웠을 것이다. 또한 〈麗人行〉의 경우 드러내고 욕했다고 評者들이 말했지만 楊國忠의 處地에서 보아도 욕이라고 하기에는 어폐가 있다. 또한 아주 나쁘게 받아들이지 않을 수도 있다. 오히려 자기를 두려워한다는 사실에 意氣揚揚해 할 수도 있다. 그리고 제일 重要한 것은 있는 事實 그대로 나타낸 것일 뿐 그의 犯罪라던가 明白한 過誤를 지적한 것이 아니라는 점이다. 이점 南詔문제와는 劃然히 區分된다. 敗北를 隱匿하고 임금을 속인 것 이른바 欺君罔上(기군망상)은 犯罪行爲다. 丞相의 威勢가 騰騰한 것은 이상할 것이 없다. 文人들은 溫恭謙讓을 最上의 美德으로 착각하고 있는데 地位가 있으면 相應하는 格式·威嚴은 不可缺이다. 例를 들면 韓愈가 吏部侍郎으로 있다가 京兆尹으로 轉職하여 御史大夫를 겸하였을 때 威嚴이 紫陌 즉 서울거리를 振動하였다. 賈島가 "鳥宿池邊樹, 僧敲月下門"을 읊다가 敲와 推중에 어느 것이 좋을지 생각에 잠겨 그만 韓愈의 행차를 범하여 끌려갔다는 이야기를 알 것이다. 韓愈가 文人이며 學者니 至極히 謙遜하고 溫恭하여 타박타박 걸어서 出退勤하던지 나귀나 타고 다녀야 山林處士의 趣向에 맞고 陋巷貧士의 직성이 풀리겠지만 現實은 그렇지 않다. 丞相자리가 무슨 애들 장난인줄 아는가? 말이 나온 김에 例를 하나 더 들어 丞相의 尊嚴을 설명하겠다. 沙堤, 沙道, 沙路는 다 같은 뜻인데 唐代 宰相 專用의 길이다. 한번 宰相에 오르면 府·縣에서 모래를 실어다 그의 私第에서 子城 즉 甕城의 東街까지 즉 宰相의 車馬가 往來하는 大路에 깔고 채운다는 것이다. 오죽하면 지금도 익숙하게 "一人之下, 萬人之上"이라는 말을 쓰겠는가. ② 또 하나는 一線과 後方의 慘酷함을 두루 曲盡하게 갖춰 쓰고 전혀 南詔·雲南·瀘水를 言及안하여도 누구나 알 수 있게 이른 바 高度의 藝術技法으로 作品을 完成하였다는 것이다. 즉 當時 눈있고 귀있는 사람은 한번보면 무릎치며 一唱三歎하게 썼는데 南詔·雲南等을 言及 안한 것은 楊國忠 때문이 아니고 高難度의 技巧라는 것이다. 1960年代에 "人生에 悲哀를 느낀다"는 다소 유치한 말이 유행하였는데 40년이 지난 지금 써먹게 될 줄이야! 그러한 式으로 技巧를 부려 極에 달하려면 아예 言語·文字를 超越하여 〈兵車行〉 "? !"하면 節制·含蓄의 盡善盡美라 작히 아니 좋으랴? 雜多한 군더더기 疣言(우언)·贅辭(췌사)가 무슨 소용이람. 杜先生의 聲譽·榮光에 壓倒되고 "社會詩", "詩史"라는 거의 絶對的 尊崇에 傾倒된 나머지 意識이 朦朧해지고 精神이 混亂해진 듯하다. 作品을 있는 그대로 받아들이자. 評壇의 諸賢들이 上記문제를 두고 說往說來·言三語四·甲論乙駁·옥신각신·티격태격·右往左往·左顧右眄하여 하나하나 소개하고 擧論할 것 없이 또 그렇게 할 값어치도 없으므로 뭉뚱그려 적어보았다.

解說

〈병거행〉

❖ 제1·2구: 車轔轔, 馬蕭蕭, 行人弓箭各在腰.

註

▸轔轔: 鄰鄰으로도 쓰인다. ≪詩·秦風·車鄰≫에서 "有車鄰鄰. 수레가 덜컹덜컹"이라 하였다. 대부분의 注釋이 "많은 수레가 갈 때 내는 소리"라 하였는데 高亨先生만 "수레의 방울소리"라 하였다. ≪楚辭·九歌·大司命≫에서 "乘龍兮轔轔, 高駝兮冲天.

▹駝는 馳와 통한다. 龍이 끄는 수레는 덜커덩 덜커덩, 높이 달려 하늘

에 이른다"라 하였다.

▸蕭蕭: ≪詩・小雅・車攻≫에서 "蕭蕭馬鳴, 悠悠旆旌. 히잉 히잉 말은 울고, 길게 늘어졌네 깃발들은"이라 하였다.

▸行人: 出征하는 사람. 즉 前方・一線으로 끌려가는 兵士.

▸弓箭各在腰: 各은 皆 즉 모두의 뜻이다. 各自와는 다르게 쓰인다. (王鍈先生의 ≪詩詞曲語辭集釋≫을 참고함.) 普通 弓箭의 경우 "帶弓箭"이라 쓴다. 帶는 띠다, 차다의 뜻이 되겠다. ≪杜詩詳注≫에서 引用한 ≪搜神記≫의 "李楚賓帶弓箭遊獵. 李楚賓이 弓箭차고 놀러다니며 사냥하다"를 보면 알 수 있다. 칼의 경우도 帶劍이라 쓰니 ≪禮記・少儀≫에서 "僕者右帶劍. 수레 모는 마부는 허리 오른쪽에 칼을 찬다. 본래 왼쪽에 차야 오른손으로 쉽게 뽑을 수 있다. 그러나 높은 분이 수레의 왼쪽에 있으므로 거치적거리지 않게 오른쪽에 찬다는 것이다"이라 하였다. 그런데 아주 孟浪하게 쓰인 경우도 있으니 韓愈의 秀作이라는 詩 〈雉帶箭〉이 그것이다. 꿩이 弓箭을 찰리는 없고 화살에 꽂혔다는 뜻이 분명한데 화살을 띠고 있다, 차고 있다로 표현했으니 저쪽은 죽겠다고 난리인데 이쪽은 한가하고 여유있게 운치를 따지며 노닥거리니 "남의 염병이 제 고뿔만 못하다"는 말도 여기에 대면 약과다. 韓先生이야 言語含意와 言語驅使上新境地를 開拓하여 흐뭇했겠고 우리 보기에도 그럴듯한 표현이다. 다만 꿩의 처지에서 말한다면 좀 야속하고 야박하다고도 할 수 있다.

解說

수레는 덜컹덜컹, 말은 히잉히잉. 出征軍人들 모두 활과 화살을 허리에 찼다.

❖ 제3・4구: 耶孃妻子走相送, 塵埃不見咸陽橋.

註

▸耶孃: 耶는 爺와 같다. 耶孃은 後世에는 爺娘으로 썼다. 父母를 말한

다. ≪樂府詩集・橫吹曲辭・木蘭詩≫ 二首 其一에서 "……朝辭爺孃去, 暮宿黃河邊. 不聞爺孃喚女聲, 但聞黃河流水鳴濺濺. 且辭黃河去, 暮宿黑山頭. 不聞爺孃喚女聲, 但聞燕山胡騎鳴啾啾.……아침에 부모님 하직하고 떠나서 저녁에는 黃河기슭에서 잠잔다. 부모님의 우리 딸하고 부르는 소리는 못 들었고, 다만 黃河의 흐르는 물이 출렁출렁 소리내는 것만 들을 수 있다. 또 黃河와 헤어지고 떠나서 저녁에는 黑山 꼭대기에서 잠잔다. 부모님의 우리 딸하고 부르는 소리는 못 듣겠고, 다만 燕山의 胡人 騎兵들 흑흑 흐느끼는 소리만 들을 수 있다……"라 하였다. 杜先生은 글자 하나를 써도 由來없는 것이 없다 한다. 지금 木蘭詩는 出戰할 老父를 代身하여 딸인 木蘭이 從軍하는 것을 그린 내용이다. 爺孃이 그냥 父母를 뜻하지 않고 出征하는 자식을 둔 애타는 父母라는 含意를 가진 것이다. 이것을 〈兵車行〉에 揷入하였으니 쓰기는 제대로 쓴 것이라 이른바 안성맞춤이라 하겠다.

▶走相送: 얼굴이라도 한번 더 보고 목소리라도 한번 더 듣기 위해 이미 떠나는 사람을 뛰어서 따르며 전송하는 것. 이때에는 出征軍人과 그들의 家族・親知가 뛰고 따르며 부르고 답하고 소리지르며 울고 하여 極度의 混亂속에 悲痛과 哀切함이 배어나오는 것이다. 앉거나 서서 차분하고 조용하게 작별함보다 경황없고 당황하며 어수선함을 "走"로 나타냈다. 白居易의 경우에도 비슷한 것이 있는데 新樂府의 〈陵園妾〉을 보면 "……憶昔宮中被妬猜, 因讒得罪配陵來. 老母啼呼趁車別, 中官監送鎖門廻. 山宮一閉無開日, 未死此身不令出.……생각난다. 옛날 대궐 안에서 시새움과 미움을 당해 참소로 죄를 쓰고 山陵에 配屬될 때 老母는 울부짖으며 내가 탄 수레를 따라오다 헤어졌고 宮中의 宦官이 監督・護送하여 山陵의 문을 잠그고 돌아갔다. 산속의 寢宮 한번 닫히면 열릴 날 없으니 죽지 않으면 이 몸을 나가지 못하게 하였다……"라 하였다. 趁車別의 趁에 창황망조(蒼黃罔措)라 다급하여 어찌할 바 모르는

老母의 마음과 행동이 그대로 反映되어 있다.

▸塵埃不見: ≪杜詩詳注≫에서 〈錢箋〉을 引用하였는데 "塵埃不見, 言出師之盛. 먼지로 보이지 않는다함은 出征兵士의 많음을 말한다"라 하였다. 우리는 찬성하지 않는다. 兵士들이란 잘 訓練되어 步武堂堂하며 그렇지 않더라도 일단은 질서있게 隊伍를 맞춰 行軍할 것이다. 國都의 名物인 橋梁은 規模가 巨創할 터인데 아무리 烏合之卒이라도 항오(行伍)를 지은 部隊에서 그렇게 큰 먼지를 일으킬 리 없다. 疾走하는 騎兵隊라면 모를까. 蕭滌非先生이 "父母妻子가 奔走相送하니 塵埃가 漲天하여 大橋마저 淹沒하여 버렸다"라 하였는데 우리의 생각과 不謀而同이라 기쁜 가운데 先手를 빼앗긴 아쉬운 마음이 절로 일더라. 그리고 이것은 정말 發生한 일의 寫實的 描寫일 수도 있으며 兵士와 家族들의 悲痛함·창황(惝恍)함의 比喩的 表現일 수도 있다. 아주 슬프거나 몹시 놀랐을 때 그리고 황망할 때 흔히 "앞이 캄캄하다", "하늘이 노랗다", "하늘이 캄캄하다"라고 쓰지 않나?

▸咸陽橋: ≪元和郡縣志≫에 의하면 咸陽縣 西南의 渭水에 걸린 다리는 便橋, 咸陽縣 東南의 渭水에 놓인 다리는 橫橋(광교)라 한다. 玄宗時代 吐蕃·南詔와의 戰爭時 그들이 서쪽에 位置하므로 當然히 西南의 便橋를 건넜으리라. 또한 ≪一統志≫에서 이르기를 便橋는 唐代에 이름이 咸陽橋라 하였으니 便橋가 이리보나 저리보나 맞을 것이다.

解說

父母와 처자식이 달리며 배웅하는데 자욱이 일어나는 흙먼지에 咸陽橋도 보이지 않는다.

❖ 제5·6구: 牽衣頓足攔道哭, 哭聲直上干雲霄.

註

▸牽衣: 옷을 당기다. 흔히 "옷소매 부여잡다"라 한다. ≪杜詩詳注≫에서

引用한 魏・文帝・曹丕의 詩句는 〈見挽船士兄弟辭別詩〉에 나온다. "舍我故鄕客, 將適萬里道. 妻子牽衣袂, 落淚霑懷抱. 제 고향 버리고 나그네 되어 만리 길을 가려한다. 아내・자식이 옷소매 부여잡으니, 지는 눈물 가슴을 적신다." 出征하든 遊宦하든 遊學하든 商旅되든 일단 故鄕을 뜰 때 妻子가 牽衣袂함은 人之常情이다. 勿論 內心 저 화상・그 인간을 안보면 속이 시원하겠다는 경우도 있겠지만 잡고 말리고 해야 장단이 맞는다. 三國時代의 詩에 妻子牽衣가 이미 나오니 그 由來가 오랜데 杜先生이야 博覽强記로 호가 났지만 그것만이 能事가 아니니 제때 제자리에 끼워 맞추는 재주가 정말 비상하다 하겠다. ≪杜詩詳注≫에서 또 引用한 何遜의 詩는 〈見征人分別〉인데 다음과 같다. "凄凄日暮時, 親賓俱佇立. 征人拔劍起, 兒女牽衣泣. 候騎出蕭關, 追兵赴馬邑. 且當橫行去, 誰論裹尸入. 싸늘한 가을바람 불고 해는 저무는 때, 친척과 벗님들 모두 묵묵히 서있다. 出征하려 칼을 뽑아 일어나니, 아들과 딸은 옷 잡으며 흐느낀다. 騎馬 斥候隊가 邊方의 蕭關을 나가고 追擊部隊는 一線의 馬邑으로 달려간다. 또한 싸움터를 縱橫으로 누비며 달릴 것이니, 어찌 屍身을 말가죽에 싸서 歸葬함을 한가하게 따지겠는가? 죽어 邊塞에 버려진들 盡忠報國하면 그뿐인 것을. ➪ 漢의 伏波將軍 馬援이 말하기를 男兒大丈夫란 邊方에서 죽어 말가죽에 시체를 싸 歸葬해야지 시시하게 침상에 누워 아녀자 손아래 죽겠는가 하였다. 그러나 지금 本詩는 馬援의 말씀도 사치스럽고 한가하다는 것이다."

▶頓足: 발을 구르다. 보통 매우 안타까워하거나 다급해할 때 쓰는데 그뿐만 아니다. 조금씩 차이가 나므로 하나하나 소개하겠다.

① ≪杜詩詳注≫에서 引用한 ≪戰國策≫의 文句는 ≪戰國策・秦策一・張儀說秦王≫에 나오며 ≪韓非子・初見秦≫에도 나온다. "今秦出號令而行賞罰, 有功無功相事也. 出其父母懷衽之中, 生未嘗見寇耳, 聞戰, 頓足徒裼, 犯白刃, 蹈鑪炭, 斷死於前者, 皆是也. 지금 秦나라는

한번 命令을 내리면 賞과 罰을 엄격히 施行하며 功이 있고 없음은 事實을 보고 결정한다. 그래서 백성들은 그 父母의 품을 벗어난 뒤 태어난 이래 敵軍을 본 적이 없었어도 戰爭소식을 들으면 격분하여 발을 구르고 버선·신발 벗어던져 맨발되고 웃통 벗어 몸을 드러낸 채 하얀 칼날을 무릅쓰고 빨건 숯불을 밟으며 죽기를 맹세하고 危難에 달려드니 모두가 이러하다."

▷徒裼(도석): 맨발 벗고 웃통 벗음.

▷斷死: 죽기를 맹세하고 환란에 달려감.

이때의 頓足은 激奮을 나타내며 氣勢를 올리는데 쓰였다.

② ≪杜詩詳注≫에서 또 引用한 ≪漢書·酷吏傳≫은 王溫舒의 行跡을 다룬 것인데 路溫舒로 잘못 되어있다. 路溫舒도 漢나라 사람이나 酷吏와는 거리가 먼 人物인데 이름이 같아서 混同한 듯하다. "……盡十二月, 郡中無犬吠之盜. 其頗不得, 失之旁郡. 追求, 會春, 溫舒頓足歎曰: '嗟乎, 令冬月益展一月, 卒吾事矣.' 其好殺行威不愛人如此. (犯法者를 엄하게 다뤄 流血이 十餘里였다.) ……十二月이 다할 때 郡內에 개나 짖도록 작은 소란을 떨게 하는 담뚫는 시시한 좀도둑도 없게 되었다. 少數는 못잡고 그만 이웃 郡으로 놓쳤는데 뒤쫓아 잡으려했으나 마침 공교롭게 봄이 되었다. 王溫舒는 발을 구르며 한탄하였다. '이런! 겨울 석달을 한달만 더 늘릴 수 있다면 내 일을 마칠 수 있었는데.' 그 殺戮을 좋아하고 威嚴을 부리며 백성을 사랑하지 않음이 이와 같았다."

▷犬吠之盜: 개를 짖게 만드는 작은 소란은 담이나 뚫고 들어가는 시시한 좀도둑이 일으키므로 좀도둑을 가리킨다.

▷頗: 少數.

▷會春云云: 봄이 되면 刑을 執行할 수 없다.

▷展: 伸의 뜻.

이때의 頓足은 분함·안타까움·아쉬움·不滿의 표시일 것이다.

③ 우리말로 "발을 구르다"하면 다음의 뜻도 있다. "차 시간에 대지 못하여 발을 구르다"는 다급해함이다. "아이들은 음악에 맞춰 발을 구르며 율동을 시작했다"는 박자를 맞추며 동시에 흥이 나고 신이 나는 것을 나타낸다. 杜先生의 本詩에서 頓足은 怨望 · 恨歎 · 분하고 억울함 · 冤痛함 · 힘없는 사람의 어찌할 수 없는 無可奈何의 自愧感 等이 동시에 배어있는 것이다.

▶攔道: 길을 가로막다. 못간다, 못 보낸다는 뜻을 行動으로 보인 것이다. 牽衣는 손(手), 頓足은 발(足)인데 攔道는 두팔 두다리 다 벌리고 全身으로 막는 것이다. 여기에서 한층 高潮된 表現이 있다면 "가슴을 탕탕 치고 머리를 쥐어뜯으며 땅위에 떼굴떼굴 구르다"가 될 것이다.

▶干: 犯하다. 찌르다. 건드리다. 닿다. 부딪치다.

▶雲霄: ① 高空. 하늘 가. 하늘 끝. 하늘에는 의례 구름이 있으므로 그냥 "구름있는 하늘"로 표현한 것이다. 가을 날 구름 한점 없는 하늘도 또한 雲霄라 쓸 수 있으니 이에 是非를 거는 사람이 없다. 南朝 · 宋 · 鮑照의 〈擬行路難〉 十八首 其十三에서 "我初辭家從軍僑, 榮志溢氣干雲霄. 내가 막 집떠나 從軍 他鄕살이 할 때만 해도, 씩씩한 뜻과 넘치는 기운은 구름 머무는 하늘을 찔렀나."라 하였다. 그러나 干과 함께 쓰이기는 靑雲이 더 日常化 · 普遍化된 듯하니 西漢 · 司馬相如의 〈子虛賦〉에서 "上干靑雲. 위로 靑雲에 닿다" 南朝 · 齊 · 孔稚珪의 〈北山移文〉에서 "度白雪以方絜, 干靑雲而直上. 몸가짐은 白雪을 본받아 潔白을 비교하고, 마음가짐은 靑雲을 찌를듯 곧장 올라가네."라 하였음이라. ≪杜詩詳注≫에서 "干雲霄而直上"이라 하였는데 錯誤인 듯하다. ② 杜先生은 雲霄를 高位의 뜻으로도 썼으니 〈奉贈鮮于京兆二十韻〉에서 "雲霄今已逼, 台袞更誰親. 구름머무는 하늘에 이미 다가가셨으니, 三台星 · 袞衣의 宰相을 그 누가 가깝게 하리오"라 하였다. 같은 語詞를 경우에 따라 전혀 나르게 活用하는데 조금도 어색함 없는 것이 밋지다.

解說

못 간다! 손으로 옷자락 부여잡고, 원통하다! 발을 구르며, 못 보낸다! 온몸으로 길 막은 채 통곡하니, 통곡소리는 곧장 올라가 하늘을 찌른다.

❖ 제7 · 8구: 道旁過者問行人, 行人但云點行頻.

註

▸道旁過者: 길옆 지나던 사람. 杜甫 自身을 客觀化함.

▸但云: 단지 말한다. 그저 그 말 뿐이다. 蕭滌非先生은 "'但云' 두 글자는 끝까지 걸린다. 따라서 이 句 以下는 모두 行人의 말이다."라 하였다. 맞는 말인데 微妙한 迂餘曲折이 있다. 그러나 여태껏 大部分의 評者들이 看過한 듯하다. 낯선 사람이 물으면 사람들은 특히 一般庶民들은 警戒心을 품고 제대로 답변하기를 꺼린다. 明 · 陶宗儀의 ≪輟耕錄 · 磨兜堅≫에 "愼勿言, 口爲禍門. 삼가 말하지 말 것. 입은 禍의 門이니"라 하였다. 또한 흔히 말하기를 雄辯은 銀, 沈默은 金이라 하였는데 百姓들은 이 눈치 보고 저 눈치 살피는데는 그야말로 一家見이 있다. 요즈음이라고 다를까? 유홍준 씨의 ≪나의 문화유산답사기≫ 卷2의 〈미완의 혁명, 미완의 역사〉에 나오는 이야기다. 東學 農民軍에 관하여 백산에서 만난 어느 할머니에게 말을 걸었는데 "농민군이라구? 잡을 소리 하덜마!"가 대답이었다. 무슨 화를 당할지 무슨 변을 만날지 모르는 民草는 의례 이런 법이다. 무려 백년이 지났어도 말조심 또 입조심이다. 지금 行人은 杜甫가 누구인지 알 길이 없다. 그러니까 마지못해 단지 "點行頻"이라 하였다. 그러나 杜甫의 眞摯한 태도와 懇切한 부탁에 자세한 설명을 하는데 그것도 제이야기가 아니고 "或"이라 한 것이다. "저는 잘 모르나 들은 바에 의하면 어떤 사람은"이라 해도 되겠고 간단히 "저의 친구 중에 이런 사람이 있는데요"하는 식이다. "但"이라고 못 박았다가 "或"이라고 바뀐데에는 이러한 복잡한 사정 多端한 理由가 內

在되어 있는 것이다.

▸點行: 名簿를 點檢하여 兵役에 服務할 사람을 强制徵集하는 것.

解說

길 옆 지나던 사람이 出征軍人에게 물어보니, 다만 强制徵集이 너무 잦다 할 뿐이다.

❖ 제9 · 10구: 或從十五北防河, 便至四十西營田.

註

▸或: 어떤 사람. 自己의 이야기가 아니고 어떤 사람의 이야기라고 상당히 주의 · 조심하여 쓴 것이다. 그러나 시작이 어렵지 한번 發動이 걸려 말문이 터지면 울분을 주체할 수 없는지라 그 다음과 같이 滔滔한 懸河口辯이 마치 蜘蛛와 春蠶이 吐絲하듯 連續不絶로 쏟아진다.

▸十五: 未成年을 强調한 듯하다. 中國에서는 成年男子를 丁, 女子와 未成年男子를 口라 하였다. 成人이 되는 나이 즉 丁年은 時代마다 달랐다. ≪禮記 · 曲禮≫에서 "二十曰弱, 冠. 스물이면 弱이니 冠禮를 치른다" 또 ≪禮記 · 曲禮≫에서 "男子二十, 冠而字. 남자가 스물에 이르면 冠禮를 올리고 字를 쓴다"라 하였는데 이는 士大夫의 子弟에 한하나 一般庶民도 이에 準하였을 것이다. 漢代에는 二十이면 丁이 되었고 明 · 淸에서는 十六에 丁이었다. 그런데 本詩의 十五는 穿鑿이라고 할 수도 있으나 由來가 있다. ≪史記 · 白起 · 王翦列傳≫을 보면 秦과 趙의 戰爭時 趙가 秦의 反間計에 걸려 老鍊한 將帥 廉頗(염파)대신 철없는 趙括(조괄)을 起用하였다가 糧道 즉 補給路가 끊어지고 孤立無援의 處地에 빠지는 대목이 나온다. 이때 秦王은 趙軍을 殲滅하기 위하여 친히 河內땅으로 가 百姓들에게 爵位를 각각 一級씩 주고 十五歲以上의 男子를 徵集하여 長平으로 보내 趙의 救援軍과 糧道를 철저히 封鎖하였다.(秦王聞趙食道絶, 王自之河內, 賜民爵各一級, 發年十五以上

悉詣長平, 遮絶趙救及糧食.) 趙括은 射殺되고 趙軍 四十萬은 降伏하였으며 數千年 中國歷史上 드문 慘酷한 阬殺(갱살)이 뒤따랐다. 이 끔찍한 일은 王侯將相과 販夫走卒, 鴻儒碩師와 學究書生 막론하고 男女老幼 모르는 사람이 없었다. 秦은 河內땅의 十五歲以上 男子를 總動員하여 勝捷·虐殺을 恣行하였는데 以後 從軍의 十五歲가 갖는 含意는 勝利를 위하여 물불가리지 않는 막무가내의 齷齪(악착)스런 人主의 執念이라해도 지나친 말은 아닐 것이다.

▸北防河: 黃河以北에서 吐蕃을 防禦함. 錢牧齋의 ≪箋注杜詩≫에서 ≪舊唐書≫를 引用하였다. "開元 十五年 十二月, 制勅 卽 皇帝의 勅命으로 吐蕃을 邊境의 害毒이라 인정하고 隴右道와 諸軍團의 兵士 五萬六千人, 河西와 諸軍團의 兵士 四萬人, 다시 關中에서 徵集한 兵士 萬人을 臨洮(임조)에 集結하게하고 朔方의 兵士 萬人을 會州에 集結시켜 防秋(옛날 西北의 遊牧民들이 天高馬肥의 가을이 되면 中國으로 南侵하여 掠奪을 恣行하였다. 邊方의 軍隊는 이때 특별히 警戒를 强化·防守하니 이것을 防秋라 하였다)하게 하였다. 冬初에 이르러도 침입이 없자 作戰을 끝냈다." 牧齋의 설명인즉 이때 吐蕃이 河右 즉 河西를 侵入·混亂하게 하였으므로 防河라 말한 것이다. ➪ 左는 東, 右는 西를 가리킨다. 예컨대 江左는 江東地方이다.

▸便至四十: 그대로 나이 사십에 이르도록. 이미 나이 사십이 됐건만. 그런데 便에는 ① 正. 恰.(마침. 바야흐로. 막.) ② 却.(도리어. 오히려.)의 뜻도 있다. (王鍈의 ≪詩詞曲語辭例釋≫을 참고함) 따라서 王鍈先生의 說을 참작하면 막 나이 사십이 됐건만, 도리어 나이 사십이 되도록으로 풀이 할 수 있다. 이렇게 풀든 저렇게 해석하든 열 다섯에서 사십이 되도록 이십 오년간 兵營을 못 떠나고 長期服務했다는 말이다.

▸西營田: 서쪽에서 屯田하였다는 말이니 바로 서쪽에 位置한 吐蕃을 막기 위하여 힘썼다는 것이다. 屯田은 漢代에 始作되었는데 兵士나 모집

(募集)한 流民으로 하여금 平時에는 農事를 지어 軍糧을 備蓄하게 하고 有事時에는 敵과 戰鬪하게 하는 制度다. 唐・玄宗時에 이것을 專擔하는 營田使를 두어 屯田의 諸業務를 管掌하게 하였으나 後에는 節度使가 兼任하게 되었다.

解說

저는 아니고 어떤 사람의 경우인데요 열여섯 어린나이에 黃河以北에서 守備隊를 始作으로 그대로 마흔 살 되도록 서쪽에서 屯田을 하였답니다. 그러니까 이십 오년을 군생활 한 것이지요.

❖ 제11・12구: 去時里正與裹頭, 歸來頭白還戍邊.

註

▸去時: 앞에서 나온 十五를 가리킨다. 열다섯 나이에 고향을 떠날 때.

▸里正: 蕭滌非先生이 ≪通典・食貨三≫을 引用하였다. "凡百戶爲一里, 里置正一人. 掌按比戶口, 課植農桑, 檢察是非, 催驅賦役. 百戶가 一里인데 里에는 里正 한 명을 둔다. 戶籍・人口를 調査하여 整理하고 農耕・蠶桑을 督促・힘쓰게 하며 是非를 따지고 살피고 稅金을 재촉하며 兵役과 治道・築城의 雜役에 나가게 한다." 規模는 작아도 안 하는 것이 없고 못하는 것이 없으니 里正하면 언뜻 떠오르는 것이 있다. "麻雀雖小, 五臟俱全. 참새가 비록 작아도 五臟六腑는 다 갖추고 있다." 조금 다른 말이지만 生物先生님 曰: "목 긴 기린의 목등뼈도 일곱, 목 짧은 돼지의 목등뼈도 일곱." 左右之間 里正을 너무 호락호락 우습게보지 마세요. ≪孟子≫에 "具體而微"도 있습니다.

▸與裹頭: 與는 爲, 給의 뜻이다. 해주다로 풀 수 있겠다.(張相의 ≪詩詞曲語辭匯釋≫을 참고함) ≪漢語大詞典≫에 의하면 裹頭는 加冠과 같다 하였으며 옛날 男子가 丁男이 되면 巾으로 머리를 동이는 것이라 하였다. ≪杜詩詳注≫에서 ≪二儀實錄≫을 引用하였는데 "古以皀羅三尺

裹頭, 曰頭巾, 周武帝裁爲襆頭. 鮑氏曰: 時老幼俱戰亡, 又括鄕里之少小者, 故里正爲之裹頭擐甲也. 옛날에는 검고 엷은 깁 석자로 머리를 동였는데 頭巾이라 하였다. 周武帝가 이를 마름질하여 襆頭를 만들었다. 鮑文虎가라사대 당시 늙은이 젊은이 모두 戰死하니 다시 고을의 어린 자들을 소집하였다. 그래서 里正이 머리를 동여주고 갑옷을 입혀주었다."라 하였다.

▹皀羅(조라): 검은 깁.

▹括(괄): 묶다.

▹擐甲(환갑): 갑옷을 입다.

前後事情을 考慮해 보건대 未成年者들을 一線으로 내보내자니 良心上 찔리기도 하고 또 남 보기에도 안 좋고 하여 職權으로 또는 臨時變通으로 앞당겨 成年式인지 冠禮인지를 치루어 준 것이다. 자 어른이다. 요즈음 식으로 말하면 17歲에 해당지역의 시장이나 군수가 발급하는 住民登錄證을 洞長이 裁量하여 早期發給하여 준 것이라 하겠다.

▸頭白: 위에서 四十에 이르도록이라 하였다. 완전히 白이 된 것은 아니고 희끗 희끗이니 즉 斑白이 되겠다.

▸還: (huán)이 아니고 (hái)로 읽는다.① 여전히. ② 도리어. ③ 또 다시.

▸戍邊: "邊方의 수자리"하면 영 구식이고 "國境守備"하면 딱 신식이다.

解說

그 사람이 고향 떠날 때 열다섯 미성년인데 里正이 남 보기에도 그렇고 또 一線·邊境 다니면 기회가 닫지 않을 것이라 하여 冠禮인지 成年式인지 미리 치루고 머리를 동여 주었다 합디다. 가까스로 돌아오니 이미 머리가 희끗 희끗한 중늙은이가 되었는데 또 國境에 守備하러 가야한다고 하였답디다. 그래서 떠난다지요 아마. 제 애기 같다고요. 글쎄 아는 사람이라니까요. 괜히 잡을 소릴 마시오.

☛ **參考**

≪新唐書·列傳第一百三十一·外戚·楊國忠≫: "……凡募法, 願奮者則籍之. 國忠歲遣宋昱·鄭昻·韋儇以御史迫促, 郡縣吏窮無以應, 乃詭設餉召貧弱者, 密縛置室中, 衣絮衣, 械而送屯, 亡者以送吏代之, 人人思亂. ……대개 募兵하는 方法이란 奮發投身하려는 者를 兵籍에 올리는 것이다. 楊國忠이 해마다 宋昱·鄭昻·韋儇(위현)을 派遣하여 壓迫하고 督促하니 郡·縣의 官吏들은 막다른 길에 몰려 응할 수가 없었다. 이에 속임수로 음식을 차리고 貧弱者를 불러 꽁꽁 묶어서 방안에 가둔 뒤 솜옷을 입히고 칼이나 차꼬·수갑 같은 형틀에 채워 軍隊로 보냈는데 도망한 자는 護送하던 官吏가 대신해야 하니 사람마다 叛亂을 생각했다." 以上은 徵兵·募兵의 어려움을 말해주는 것으로 未成年·老人·弱者를 가리지 않고 잡아간 것을 알 수 있다. 뒤이어 十餘萬 兵士를 이끌고 간 李宓이 南詔의 閤羅鳳에게 大敗 西洱河에서 敗死하는 대목이 이어진다. 結局 二十萬의 無辜한 犧牲이 생기게 되었다. 모든 것은 楊國忠의 罪니 그의 列傳에 실린 것이다.

❖ 제13·14구: 邊庭流血成海水, 武皇開邊意未已.

註

▸邊庭: 보통 邊地라 한다. 그런데 庭은 옛날 中國邊疆少數民族地區를 가리켰다. ≪後漢書·宋均傳≫에서 "鮮卑가 北匈奴를 擊破하니 南單于가 이 機會를 利用 請兵하여 北伐하고 因하여 옛 땅으로 돌아가려 하였다. 鮮卑擊破北匈奴, 而南單于乘此請兵北伐, 因欲還歸舊庭."라 하였고 ≪資治通鑑·晉武帝太康元年≫에서 "胡騎가 平陽·上黨으로부터 사흘이 못돼 孟津에 이르니 北地·西河·太原·馮翊·安定·上郡이 모두 北狄의 領土가 되었다. 胡騎自平陽·上黨不三日而至孟津, 北地·西河·太原·馮翊·安定·上郡盡爲狄庭矣."라 하였다. 따라서 邊庭을 邊地라 하는 것은 약간 語弊가 있다. 邊庭은 中國 邊方의 少數民族이 領有·占有하고 있는 땅을 가리킨다. 그래야 다음 句의 開邊과

呼應이 될 것이다. 제 땅이면 開라 할 필요 없을 것이며 남의 땅이니까 開라 하게 되는 것이다. 간단명료(簡單明瞭)하게 쓰면 侵略・侵奪인데 自己를 爲主로 擁護하며 曰開邊이라 하는 것이다. 蛇足으로 한마디 하면 世界史에서 第一 큰 詐欺(?)는 西洋人의 立場에서 말하는 이른바 "新大陸 發見"이다. 이는 分明 言語上의 一大災難이니 旣往에 살고 있던 사람들 處地로 이보다 荒唐한 말은 없을 것이다. 杜先生도 邊庭이라고 하여 少數民族의 旣得權을 認定하였으며 開邊은 武皇의 內心을 客觀的으로 敍述한 것일 뿐 거기에 同調하여 그렇게 쓴 것은 아닌 것이다.

➡ 우리의 경우 荒蕪地를 일구어 논밭을 만드는 것을 開拓이라고 흔히 사용하였다. 그러나 그 밖에 "領土따위를 擴張함"이라는 뜻도 있고 또한 새로운 영역・운명・진로 따위를 처음으로 열어나간다는 의미로도 쓰인다.

▸流血成海水: 흐르는 피가 바닷물을 이루었다. 杜先生의 誇張임. 後世의 ≪三國演義≫ 三十九回에서 "殺得屍橫遍野, 血流成河. 殺戮하여 屍身이 縱橫으로 들판에 가득하고, 피는 흘러 강물을 이루었다"라 함. 明代 無名氏의 ≪王馬破曹≫에서는 "血海屍山. 피바다 시체의 산"이라 함.

▸武皇: 武皇帝 즉 漢武帝. 錢牧齋의 ≪箋注≫에 의하면 唐人들은 明皇 즉 玄宗을 武皇 즉 漢武帝에 比하였다 한다. 蕭滌非先生은 그 까닭을 첫째 開邊에 있어 類似하다. 둘째 직접 대놓고 탓하기 어려워 漢武帝에 比한 것이라 하였다. 그러나 首肯하기 어려운 것은 모든 事件이 現在進行中인데 主導者인 임금만 漢代의 임금이라면 語不成說이다. 우리생각에는 漢武帝에 比肩할만한 英主이신 今上陛下의 略語로 보아야 前後左右에 맞는다 할 것이다.

▸開邊: 邊方 異民族의 땅을 開拓함.

▸意未已: 意圖・意志가 그치지 않음. 已는 止 즉 中止, 停止다.

➥ ≪孟子・離婁上≫: "爭地以戰, 殺人盈野; 爭城以戰, 殺人盈城, 此所謂率土地而食人肉, 罪不容於死. 孟子가라사대 땅을 爭奪하기 위해 戰爭, 죽인 사람이 들에 널렸고, 城을 爭奪하기 위해 戰爭, 죽인 사람이 城에 가득하면, 이는 이른바 땅을 가지고 사람의 살을 먹은 것이니 그 죄는 死刑으로도 부족하다."

≪孟子・告子下≫: "今之事君者皆曰: 我能爲君辟土地, 充府庫. 今之所謂良臣, 古之所謂民賊也. 孟子가라사대 오늘날 임금을 섬기는 사람들은 모두 말한다. 나는 임금님을 위해 土地를 넓히고 창고를 채울 수 있다고. 오늘날 소위 훌륭한 신하란 옛날의 소위 백성의 禍根덩어리다."

解說

邊方 少數民族 異民族의 地區에서는 흐르는 피가 바닷물을 이룰 지경이지만 漢武帝 같으신 今上陛下의 邊境開拓이라는 意志는 멈출 줄 모른다지요.

❖ 제15・16구: 君不聞, 漢家山東二百州, 千村萬落生荊杞.

註

▸君不聞: 君不見과 함께 樂府詩 常套語로 꼭 眼前의 相對方에게 하는 말은 아니다. 世上사람들을 상대로 하는 말이다. 그리고 王鍈先生이 말씀하시기를 "聞", "見"은 서로 통한다며 많은 詩文의 例를 들었다. 또한 見과 聞은 知를 뜻한다고 하였다. 施鴻保는 ≪讀杜詩說≫에서 "앞에서 君不聞……千村萬落生荊杞라 하고 뒤에서 君不見……舊鬼哭, ……聲啾啾라 하였는데 아마 錯誤가 생긴 듯하다. 村落荊杞는 마땅히 見이라 하여야지 聞이라함은 不當하며 鬼哭啾啾는 마땅히 聞이라 하여야지 見이라함은 不當하다. 혹 이 詩를 長安에서 지어 山東二百州에 관해 聞하고 靑海로 가는 사람을 배웅하며 古來白骨을 見하리라 하면 그 說

또한 통하기는 한다만 云云"이라 하였는데 王鍈先生은 施鴻保의 이 말씀에 대하여 점잖게 한마디 하였다. "聞과 見이 서로 通함에 不明했으니 注家들은 詩를 논할 때 語詞의 固定된 普通의 뜻에 拘束당하곤 한다."(≪詩詞曲語辭例釋≫에서) 王先生의 말씀이 옳긴 한데 外樣이나 모양새를 따진다면 굳이 村落荊杞를 聞이라 하고 鬼哭啾啾를 見이라 하여 王先生만큼 똑똑하지 못한 사람들을 어리떨떨 어리둥절하게 해놓고 會心의 微笑짓거나 拍掌大笑함은 君子의 할 일은 아닌 것 같다. 詩人으로서는 勿論 容納되고도 남겠지만.

▸漢家: 家는 國家. 옛 漢나라의 땅이라는 말이다. 唐을 漢, 明皇을 武皇이라함은 직접 거론하기 어렵다는 것 말고 尙古의 趣向이 또한 多分하다. 우리의 경우 名門일 때 흔히 三韓甲族이라 한다. 朝鮮의 世族에게도 이 말을 썼지만 高麗·新羅보다 더 아득한 三韓인데도 불구하고 다들 잘 알아들었다.

▸山東: 지금의 山東省을 가리킴은 아니다. 華山以東의 땅을 말함이니 옛 秦인 關中을 除外한 옛 中國의 大部分이 되겠다.

▸二百州: ≪杜臆≫에서 "隋가 天下를 얻은 뒤 郡을 州로 고쳤다. 唐에 이르러 다시 州를 郡으로 고쳤는데 모두 一百九十二郡이었다. 州라고 한 것은 옛 이름을 따른 것이다. 二百이라 한 것은 天下를 통틀어 말한 것이다"라 하였다. 그런데 ≪杜詩詳注≫에서 引用한 ≪十道四蕃志≫에 의하면 "關以東은 七道로 무릇 二百十七州"라 하였다. 하나는 二百에 未達이고 하나는 超過나 이럴 때에는 우수리 없는 成數나 大略의 約數를 쓰게 되니 結局 二百이다. 그러나 ≪杜臆≫은 天下를 말한 것이고 ≪十道四蕃志≫는 函谷關以西, 華山以西地域 즉 關中을 除한 것이니 더 詩의 뜻에 적절하다.

▸千村萬落: 村落은 마을·洞里·部落이다. 千·萬은 수많은의 뜻일 뿐이다.

▶荊杞: 黃荊과 枸杞. 協韻上 荊棘 대신 쓴 것이다. 黃荊은 옛날부터 刑杖으로 썼다. 그래서 刑罰의 의미도 갖는다. 戰國時代 趙나라 將帥인 廉頗의 "負荊請罪"로 이름이 났다. 또한 가난한 女人들이 黃荊의 가지로 비녀를 만들었으니 이른바 荊釵로 이 때문에 自己의 아내를 겸손하게 칭할 때 荊妻라 하게 되었다. 棘은 酸棗 즉 멧대추나무로 또한 가시가 많다. 대추나무는 위로 자라고 비교적 키가 커서 棗라 썼고 멧대추나무는 하늘 높은 줄 모르고 땅 넓은 줄만 알아 옆으로 퍼지니 棘이라 썼다는 것이다.(潘富俊先生의 ≪詩經植物圖鑑≫을 參考함) 枸杞는 구기자나무라 하는데 줄기에 가시가 많다. 열매는 익히 아는 약재인 枸杞子다. 荊과 杞의 共通點은 가시에 있으니 간단히 가시 많은 나무라 보면 된다. 옛글을 보면 荊棘·荊杞·荊榛이 두루 쓰였는데 協韻上 棘·杞·榛을 바꿔가며 쓴 듯하다. ≪老子≫ 三十章에서 "師之所處, 荊棘生焉. 軍隊가 駐屯하는 곳, 가시덤불이 생긴다"라 했으며 阮籍의 〈詠懷詩〉 八十二首의 其三에서 "繁華有憔悴, 堂上生荊杞. 흐드러지게 핀 꽃들도 시들 때가 있으니, 대청 위에 荊杞가 자라네"라 했고 李白의 〈古風〉 五十九首의 其一에서 "王風委蔓草, 戰國多荊榛. 王風은 蔓草에 버려지고, 戰國時代에는 荊榛만 무성했다"고 하였다.

➡ 榛은 개암나무와 덤불의 두 가지 뜻으로 쓰이는데 荊榛은 물론 가시나무와 덤불의 뜻이다. 그러나 榛은 개암의 뜻으로 더 많이 쓰였으니 왜냐하면 옛날에는 普遍的·日常的인 열매였기 때문인데 오늘날은 잊혀진 지 오래됐다. ≪莊子≫에 나오는 "朝三暮四"는 모르는 이가 없을 정도인데 거기에 나오는 芧(서)를 흔히 상수리·도토리라 하는 것은 잘못된 것으로 바로 개암이라는 것이다.(上記 潘富俊先生의 ≪詩經植物圖鑑≫에 의함)

解說

세상 사람들은 보지도 듣지도 알지도 못했단 말인가? 漢나라의 疆土였던 關中밖 華山以東의 이백 고을 일천 마을 일만 부락에 가시덤불만 자라고 있다는 사실을.

❖ 제17・18구: 縱有健婦把鋤犁, 禾生隴畝無東西.

註

▸縱: 설사(설령) ~일지라도.

▸健婦: 억척스런 아낙. 이것도 由來가 있다. ≪樂府詩集・相和歌辭・瑟調曲・隴西行≫의 末聯에 "健婦持門戶, 亦勝一丈夫. 억척스런 아낙이 집안 살림 맡으니, 男子 大丈夫보다 낫구나"라 하였다. 이것은 ≪玉臺新咏≫에도 〈隴西行〉으로 登場한다.

▸把: ① (손으로) 쥐다. 잡다. ② 손잡이. 끌채. ③ 한 줌. 한 움큼. ④ 묶음. 단.

▸鋤(서. chú): 보통 호미라고 하나 엄밀하게 따진다면 호미는 小鋤, 괭이는 大鋤라 한다. 晉・陶淵明의 〈歸園田居〉 五首의 其三에서 "晨興理荒穢, 帶月荷鋤歸. 새벽부터 일어나 김매고, 달빛 받으며 괭이 메고 돌아온다"라 하였다. 荷하려면 괭이라야지 호미는 不可能은 아니나 힘들 것이다.

▸犁(리. lí): 쟁기. 쟁기질하다. 三國・魏・王粲의 〈從軍詩〉 五首의 其一에서 "不能效沮溺, 相隨把鋤犁. 長沮・桀溺을 본받아 서로를 따르며 괭이나 쟁기 잡기는 못하겠노라"라 하였다. 王粲의 말인즉 曹操같이 神明하고 헌걸찬 主君을 만나 立身揚名해야 하니 長沮・桀溺같이 괭이질 쟁기질하며 隱遁함은 옳지 않다는 것이다. 牽强附會의 嫌疑가 있지만 健婦들의 남편이나 아들이 王粲처럼 鋤犁를 抛棄해서 健婦들이 耕田하느냐는 비아냥도 될 수 있다.

▸禾: ① 곡식. 곡식의 모. ② 古書에서는 조를 가리킴. ③ 벼.

▸隴畝(농묘. lǒngmǔ): 밭두둑. 즉 밭과 밭 사이에 길을 내려고 흙으로 쌓

아올린 언덕. 田界, 田畔, 田疇라고도 하는데 길의 機能을 强調하면 阡陌이라고 표현하며 南北으로 난 밭길을 阡, 東西로 난 밭길을 陌이라 한다.

▶無東西: ≪杜詩詳注≫에서 引用한 師氏의 말씀인즉 "疆埸不修, 故東西莫辨.(▷埸(역. yì): 밭두둑. 밭 경계.) 밭두둑을 잘 다스리지 않아 東인지 西인지 알 수 없다."이라는 것이다. 그런데 ≪詩・小雅・信南山≫에서 "中田有廬, 疆埸有瓜. 밭 가운데에는 농막이 있고, 밭두둑에는 외가 있다"라 하였다. 朱熹 ≪集傳≫에서 "於畔上種瓜, 以盡地利. 밭의 두둑에는 외를 심었으니, 땅으로부터 얻는 이로움을 極大化함이다"라 하였다. ≪漢書・食貨志上≫에서는 "菜茹有畦, 瓜瓠果蓏殖於疆埸. 중요한 채소는 잘 구획정리된 밭에 심지만, 외, 박, 과일 같은 나무열매, 참외 수박 같은 풀 열매는 밭두둑에 심는다"이라 하였다.

▷菜茹(채여)는 菜蔬.

▷畦(휴)는 밭의 경계라는 뜻으로 쓰이나 여기에서는 區劃이 잘 된 밭을 말한다.

▷瓠(호)는 박

▷果는 나무열매.

▷蓏(라)는 참외, 수박 같은 풀 열매. 열매 맺는 풀.

以上을 參酌하면 이렇게 결론을 지을 수 있다. 제일 중요한 쌀・보리・밀은 잘 구획정리된 밭에 심고 외・박・과일・수박 같은 副次的인 것들은 正式의 밭은 아까워 밭두둑에 심지 않았나 하는 것이다. 勿論 後世에는 콩밭・외밭도 생기지만 ≪詩經≫ 時代 ≪漢書≫의 時代에는 그렇지 않았을 것이다. 우리의 경우 논길을 보라. 대개 콩이나 팥 등을 심어 地利를 한껏 이용한다. 本詩에서 "禾生隴畝"라 했는데 이 또한 杜先生 特有의 果敢한 省略法에 의한 描寫라 할 수 있겠다. 즉 禾는 田에 있고 瓜・瓠・果・蓏는 隴畝에 있어야 東・西・南・北으로 뻗은 밭길과 밭을 한눈에 파악할 수 있는데 지금 田에는 禾와 瓜·瓠·果·蓏가 混在되어 있고 隴畝에도 瓜·瓠·果·蓏와 禾가 뒤섞여 그야말로 無秩序의 極致에 달해 田인지 隴畝인지 阡이 어디고 陌이 어딘지 짐작조차 하기 어렵다는 것이다. 간단히 정리하면 "禾·瓜在田, 瓜·禾生隴畝"인데 바짝 줄여 "禾生隴畝"라 한 것이다. 그러나 ≪漢書·食貨志上≫의 農事方式과 唐나라의 方式이 相異할 수도 있지 않나 하는 疑懼心도 가질 수 있다. 그렇다면 "禾·雜草在田, 雜草·禾生隴畝"라고 생각하면 明快할 것이다. 따라서 無東西는 東·西가 어딘지 알 수 없다고 두루뭉수리로 해도 되나 東西로 난 밭길 즉 陌과 南北으로 난 阡이 밭과 한 덩어리가 되어 어디가 길이고 어디가 밭인지 알 수 없다는 말로 理解하여도 된다.

解說

설사 억척스런 아낙들이 괭이·쟁기를 잡는다 하지만 곡식이 자라야 할 밭에 밭두둑에나 심는 것들이 섞여서 자라고 외나 박이 있어야 할 밭두둑에는 또 곡식이 뿌리박았으니 南北으로 난 길이 구분이 안 돼 아리송하다지요. 아! 옛날에는 밭과 길이 整然하며 東西南北의 길을 한눈에 알 수 있어 그야말로 一目瞭然했었다는데……

❖ 제19·20구: 況復秦兵耐苦戰, 被驅不異犬與雞.

註

▸秦兵: 春秋時代의 秦은 지금의 陝西省一帶를 基盤으로 하여 興盛하였다. 따라서 陝西地域을 習慣的으로 秦이라 불렀다. 또한 函谷關以西의 戰國末 秦나라의 옛땅을 흔히 關西·關中이라 하였다. ≪杜臆≫에서 "秦兵은 바로 關中의 兵士로 지금 點行되어 가는 사람을 말한다. 秦兵卽關中之兵, 正此時點行者"라 하였다.

▸耐苦戰: 蕭滌非先生은 能苦戰이라 하였다. 耐은 能의 古字로 (능.

néng)으로 읽는다. 能苦戰이라는 말은 唐人들이 잘 쓰던 表現인 듯하다. 蕭先生이 岑參의 詩 一聯을 紹介하였는데 完整한 한 首를 살펴보기로 하자.

唐・岑參〈胡歌〉

黑姓蕃王貂鼠裘, 葡萄宮錦醉纏頭.

關西老將能苦戰, 七十行兵仍未休.

突厥 黑姓의 蕃王은 中國의 懷柔 덕분에 담비 갖옷 걸치고 호강하니, 葡萄酒에 취하고 값진 宮中 비단을 歌手와 무희에게 상 준다. 關西 出身의 山戰水戰 다 겪은 老鍊한 將帥는 苦戰에 能 하다 하여, 칠십 노인 되어서도 여전히 군대의 통솔을 그만두지 못하는구나.

▷黑姓: 唐나라 때 突厥의 部落이름.

▷蕃王: 中國에서 外族이나 他國의 우두머리에 대한 칭호.

▷貂鼠(초서): 노랑가슴담비. 이것의 털가죽을 貂鼠皮라 하는데 털의 밑동이 푸른색을 띠었다. 담비의 털가죽 가운데 중길로서 잘 다음으로 질이 좋다. 이것으로 만든 옷을 貂鼠裘라 한다.

▷宮錦: 宮中에서 특별히 만들었거나 宮中의 樣式을 모방하여 만든 최고급 비단.

▷纏頭(전두): 歌手나 무희에게 賞을 줄 때 비단을 머리에 얹어주었는데 이것을 纏頭라 하였다. 後에는 妓女에게 주는 해웃값・놀음차를 뜻하게 되었다.

▷關西: 函谷關・潼關以西의 地域 즉 關中이며 秦나라 땅이다. 옛날 속담에 "關西出將, 關東出相. 關西는 將帥, 關東은 宰相이 난다"이라 함.

▷行兵: 用兵 즉 군사를 부림. 領兵 즉 軍隊를 統率함.

▷"苦戰"은 사전마다 풀이가 各各이라 그야말로 고전을 면하기 어렵다. ≪漢語大詞典≫에서는 "拼死戰鬪" 즉 목숨 걸고 싸우다. 필사적으로

싸우다라 하였는데 ≪中韓辭典≫에서는 "惡戰苦鬪", "刻苦戰鬪"라 하였다. 즉 매우 어려운 조건을 무릅쓰고 힘을 다하여 고생스럽게 싸운다는 것이다. ≪표준국어대사전≫에서는 "전쟁에서 몹시 힘들고 어렵게 싸움, 또는 그 싸움"이라 하였다. 各自 터득(攄得)하시라. "秦兵耐苦戰"에 관해 蕭滌非先生은 ≪史記≫에서 "秦人勇于攻戰. 秦人들은 進擊에 勇敢하다"라 하였다고 引用하였다. ≪商君書·兵守≫에서 "四戰之國, 貴守戰, 負海之國貴攻戰. 四面에서 敵을 맞게 되어있는 나라는 守備戰을 重視하고 바다를 등진 즉 뒤로 물러설 곳이 없는 나라는 攻擊戰을 重視한다"이라 하였다. 秦은 등 뒤가 荒凉한 未開의 땅이고 앞으로 나아가야 中原의 先進文明을 吸收할 수 있었으니 살길은 東漸뿐으로 그야말로 必死的으로 進擊하였을 것이다. 勿論 地域에 따른 性格도 있었을 것이고

▸被驅: 驅는 내몰다니 被驅는 내몰리다가 되겠다.

▸不異犬與雞: 우리식으로는 개 돼지와 다를 것 없다가 되겠다. ≪杜臆≫에서 "쟁기질하던 백성을 내몰아 兵士로 삼으니 소위 훈련을 받지 않은 백성을 死地에 내버리는 것이니 개나 닭과 무엇이 다르겠는가? 今驅民之負耒耜者爲兵, 所謂不敎之民棄之死地耳, 何異犬與雞乎?"라 하였다.

➥ ≪論語·子路≫: "子曰: 善人敎民七年, 亦可以卽戎矣. 孔子가라사대 德있고 善한 指導者가 칠년 동안 가르치고 訓練시키면 作戰에 投入할 수 있다."

➥ ≪論語·子路≫: "子曰: 以不敎民戰, 是謂棄之. 孔子 말씀: 가르치고 訓練시키지 않은 백성으로 戰爭을 치르게 하는 것, 이것을 死地에 버리는 것이라 한다."

➥ ≪孟子·告子下≫: "孟子曰: 不敎民而用之, 謂之殃民, 殃民者, 不容於堯舜之世. 孟子의 말씀: 백성을 가르치지 않고 그들을 利用, 戰爭하는 것. 이것을 일러 百姓을 災難에 빠뜨리는 것이라 한다. 百姓을 災難에

빠뜨리는 者는 堯舜時代에는 容納되지 않았다."

➡ ≪孟子・盡心下≫: "梁惠王以土地之故, 糜爛其民而戰之, 大敗, 將復之, 恐不能勝, 故驅其所愛子弟以殉之, 是之謂以其所不愛及其所愛也. 孟子가 한 말씀 하셨다. 梁惠王은 땅 때문에 그 백성들이 죽어 시체가 썩어 문드러지게 전쟁을 하였다. 大敗하자, 다시 전쟁을 준비하는데 이기지 못할까 두려워 아끼는 청년들을 내몰아 戰死하게 하였다. 이것을 일러 아끼지 않는 사람에게 준 피해를 아끼는 사람에게까지 미치게 하는 것이라 한다."

➡ ≪孟子・盡心下≫: "孟子曰: 有人曰: 我善爲陳, 我善爲戰, 大罪也. 孟子의 宣言: 어느 녀석이 나는 陣을 잘 친다. 나는 戰鬪에 自信있다고 한다면 그것은 有能함이 아니라 사실은 大罪惡인 것이다."

解說

하물며 우리의 고향인 關中은 옛 秦나라 땅이라 古來로부터 싸움 잘하기로 호가 났으며 특히 惡戰苦鬪에 능하고 必死的으로 잘한다 소문이 자자, 싸움하고는 거리가 먼 늙은이・애들까지 마구 내모니 개 돼지와 다를 것이 없습니다.

❖ 제21・22구: 長者雖有問, 役夫敢申恨?

註

▸長者: 아랫句의 役夫와 相對되는 뜻으로 풀어야 한다. 長者는 ① 나이가 많거나 항렬이 높은 사람. ② 地位가 높고 귀한 사람. ③ 德이 높고 名望이 있는 사람. ④ 男子에 대한 尊稱의 뜻이 있는데 여기에서는 地位가 높고 귀한 사람으로 보아야 한다. 役夫는 ① 兵役에 服務하는 사람. ② 賦役 즉 나라를 위해 보수없이 의무적으로 치르는 勞役을 하는 사람. ③ 욕하는 말. 우리의 졸개가 비슷한 말이 되겠는데 전라도 方言으로 쫄따구가 훨씬 그럴듯하다. ≪左傳≫에서 이미 천한 者를 役夫라

하였으니 제법 나이배기다.

大部分의 注家들은 長者는 杜甫를 指稱한다고 하였다. 그러면 아랫句의 “敢伸恨”과 맞지가 않는다. 여태껏 出征하는 사람이 自身은 물론 天下 모든 억울한 사람들의 이야기를 주절주절 잘도 풀어나갔으며 그렇게 하여 속도 좀 시원해졌을 터. 그런데 “敢伸恨”하며 꽁무니를 빼는 것은 語不成說이다. 우리생각에 長者는 必是 民情을 살피며 隘路事項을 나름대로 열심히 묻는 官吏일 것이니 말하자면 苦衷處理委員·訴願擔當·人權委員이 비슷할 것이다. 그런데 바른 말이나 속생각이 나오려면 彼此 對等은 아니더라도 後患을 걱정 안 할 만한 身分은 되어야 장군 멍군, 장이야 멍이야 주고받으며 問答이 이루어지는 법이다. 百姓들이야 눈치 하나는 귀신같은데 아무리 다정하고 은근하게 꿀 발라 물어도 상대가 상대인지라 속을 절대 털어놓지 않는다. 따라서 “敢伸恨”이라고 하는 것이다. 그런데 蕭滌非先生이 떡하니 元나라 吳師道의 ≪吳禮部詩話≫를 引用했겠다. “曰: 老杜 〈兵車行〉 ‘長者雖有問, 役夫敢申恨’. 尋常讀之, 不過以爲漫語而已. 更事之餘, 始知此語之信. 蓋賦斂之苛, 貪暴之苦, 非無訪察之司, 陳訴之令, 而言之未必見理, 或反得害. 不然, 雖幸復伸, 而異時疾怒報復之禍尤酷. 此民之所以不敢言也. 雖字敢字, 曲盡事情. 老杜의 〈兵車行〉에서 ‘長者가 비록 묻는다 해도 役夫가 어찌 감히 恨을 호소하겠습니까’는 예사로이 읽으면 그저 그런 말일 뿐이었다. 그러나 세상일에 부대낀 연후에 비로소 이 말이 정말이라는 것을 알았다. 稅金徵收의 苛酷, 貪慾과 暴虐의 苦痛, 이러한 것들에 대하여 찾아가 묻고 觀察하는 官吏, 이러한 것들을 陳述하고 呼訴할 수 있는 法令이 없는 것은 아니나 말해보았자 반드시 잘 처리되는 것이 아니며 혹은 도리어 해를 입는다. 그렇지 않으면 비록 요행으로 뜻을 펼 수 있었다 해도 뒷날 미워하고 성내며 보복하는 화가 더욱 혹독하다. 이것이 백성이 감히 말하지 못하는 까닭이다. 雖字와 敢字는 일의 實情을 남김없이 나타냈다.” 이렇게 吳師道 先生이 앞지르니 우리는 長太息뿐이로구나. 여기에서 생각나는 것이 雨田선생님의 말씀이다. “人情·物情·實情에 어긋나면 해석이 잘못된 것이니 다시 생각해 보아라.”

解說

높은 양반들이 隘路가 없느냐 困難한 점이 없느냐 힘든 것을 忌憚없이 말해보아라. 친형님·아저씨같이 생각하고 속을 털어 놓아라 꿀 같고 엿같이 달콤하게 권하시지만 우리 같은 卒兵인지 졸갠지 쫄따구들이 볼 때에는 저승차사 일반으로 무섭고 떨리니 가슴에 맺힌 怨과 恨을 어찌 감히 하소연하여 응어리를 풀어 버릴 수 있겠습니까? 우리가 시시한 인생이래도 세상 돌아가는 이치를 알긴 다 알지요.

❖ 제23·24·25·26구: 且如今年冬, 未休關西卒. 縣官急索租, 租稅從何出?

註

▸今年: ≪杜詩詳注≫, ≪杜甫詩選注≫에서 ≪資治通鑑≫ 天寶九載 十二月의 事件을 引用하였다. 즉 “關西 遊弈使(유혁사)인 王難得이 吐蕃을 攻擊, 五橋에서 勝戰, 樹敦城을 陷落시켰다. 이에 難得을 白水軍使로 삼았다. 關西遊弈使王難得擊吐蕃, 克五橋, 拔樹敦城. 以難得爲白水軍使.”는 內容이다. 이것을 근거로 蕭滌非先生은 今年冬은 天寶 十載를 가리킨다 하였다. 왜냐하면 지난해 겨울에 徵兵하고 금년 겨울에 또 徵兵하여 아랫句에 “未休”란 말이 나오기 때문이라는 것이다. 그러나 우리생각에는 天寶時代만 아니고 吐蕃과는 攻防이 不斷히 繼續되었으므로 꼭 이때라고 斷定하기는 어렵다고 본다. ⇨ 五橋가 ≪杜詩詳注≫에서 五城이라 잘못 記錄되었다.

▸休: 戰爭을 끝내고 士卒들을 歸家시킨다는 뜻(蕭滌非 말씀). 요새 말로 除隊다.

▶關西: 즉 關中. 關西卒은 위에 나오는 秦兵을 가리킨다고 본다. 그런데 ≪讀杜心解≫는 〈朱注〉를 引用하였는데 "關西는 즉 隴外다"라는 말씀이다. 이 때에는 隴外에서 吐蕃과 對峙하고 있는 兵卒의 뜻이 되겠으며 그들의 出身地域을 가리키는 것이 아닐 것이다.

▶縣官: 본래 縣의 長官이니 사또·원님을 말하는 것이었다. 그런데 朝廷·官府 즉 나라·관청의 뜻으로도 쓰였으며 天子의 別稱도 되었다. 즉 京畿地域 안의 縣이 國都인데 天子의 直接 管轄이 되니 縣官이 된다는 것이다. 옛부터 중국인들은 중국을 神州赤縣이라 하였다. 이때의 州·縣은 단순한 고을의 뜻이 아니고 나라를 나타낸 것이리라. ≪資治通鑑≫의 胡三省 注에 의하면 天子를 西漢에서는 縣官, 東漢에서는 國家라 하고 다시 晉代에는 둘을 합쳐서 官家라 하였다는 것이다. 그런데 帝王과 그 집안의 이름 짓는 것이 특이하다. 漢나라 宣帝는 이름이 病已인데 이것이 世間에 잘 알려진 것은 다음의 이야기 때문이다. ≪漢書·五行志·中之下≫에 "昭帝時에 上林苑의 큰 버드나무가 부러져 땅에 엎어졌는데 一朝에 다시 起立하여 枝葉이 생기고 벌레가 그 잎을 먹어 文字를 이루었는데 內容이 公孫인 病已가 卽位한다. (公孫病已立)이었다"라 하였다. 이 때문에 後世에 讖緯書를 "蟲葉成字"라 하였다. 曹操의 어릴 때 字가 阿瞞이니 거짓말쟁이 사기꾼이란 말이 되겠고 아주 좋게 보아주면 꾀돌이가 되지만 거리가 있다. 그런데 唐 玄宗이 스스로를 阿瞞이라 하였다 하니 이상하기 짝이 없다.(南卓의 ≪羯鼓錄≫에 나옴) 또 玄宗은 自身을 鴉 즉 까마귀라 하고 딸인 壽安公主를 蟲娘 즉 벌레아가씨라 하였다. 그가 太上皇으로 있을 때 代宗에게 "蟲娘은 까마귀의 딸이니 네가 나중에 이름 하나 지어주어라. 蟲娘是鴉女, 汝後與一名號"하였다 한다. (段成式의 ≪酉陽雜俎≫에 보임) 까마귀는 唐代에는 아주 肯定的 意味로 使用되었다. 젊고 勇猛하며 善戰하는 者를 鴉兒라 불렀으며 그러한 젊은이만 모아서 編成한 部隊를 鴉兒軍으로

불렀다 한다.(≪新唐書·高仁厚傳≫, ≪新五代史·唐莊宗紀上≫을 참고함) 玄宗도 이 뜻을 취한 듯하다. 또한 玄宗의 조카인 汝陽王 李璡도 兒名이 花奴다. 花는 꼭 좋은 뜻으로만 쓰이지는 않는다. 천연두, 낭비하다는 뜻으로도 쓰이고 花子는 거지를 말한다. 우리나라에서 이름을 천하게 지어야 無病·無頉, 壽命長壽한다고 여겨 兒名은 상당히 고약하게 지었는데 대표주자가 남자는 개똥이 여자는 똥례일 것이다.

▸急: 조급하게 굴다, 서두르다로 풀면 그런대로 괜찮으나 緊의 뜻이 더 適切하다. 즉 조이다는 뜻이다. 앞에서 이미 引用하였는데 ≪三國志·魏志·呂布傳≫에서 "드디어 呂布를 산채로 묶었다. 呂布가 말했다. 묶은 것이 너무 조이니 조금 느슨하게 해 주시오. 太祖가 말했다. 호랑이를 묶으면 조이지 않을 수 없지. 遂生縛布, 布曰: 縛太急, 小緩之. 太祖曰: 縛虎不得不急也."라 했다. 조이는 것이 심하면 숨도 쉬기 어렵다. 稅金 督促이 숨도 못 쉬게 조인다 하면 더 生動感있으니 百姓들의 緊迫(말 그대로 조이고 누르다)한 處地가 그야말로 생생하게 나타나리라.

▸索: 독촉하여 받아내다가 가장 어울린다. 더 심하게는 짜내다가 되겠다.

▸租·庸·調: 唐代의 租稅制度로 租는 土地에 賦課하는 稅, 庸은 勞役의 義務, 調는 戶別로 土産物을 바치는 것이다. 그러나 租·租稅는 國家가 徵收하는 稅金의 總稱으로 쓰였다.

解說

또한 금년 겨울 같은 때를 보자면 關西라 秦中의 兵士들을 여전히 軍에 잡아두고 除隊시키지 않았는데도 나라에서는 조이듯 세금을 짜내니 세금이 도대체 어디서 나온답니까? 일할 사람이 군에 있는데.

❖ 제27·28구: 信知生男惡, 反是生女好.

註

▸信知: 深知 즉 깊이 알다. 確知 즉 확실하게 알다.

▸生男惡, 生女好: 그야말로 歷史와 傳統을 자랑하는 말씀이다. 逯欽立先生 輯校의 ≪先秦漢魏晉南北朝詩≫를 보자. 〈秦始皇時民歌〉가 나오는데 楊泉의 〈物理論〉에서 "秦築長城, 死者相屬, 民歌曰. 秦이 長城을 쌓아 死亡者가 續出하니 백성들이 노래하기를……"이라 하였다. 그 노래인즉 다음과 같다.

生男愼勿擧, 生女哺用脯. 不見長城下, 尸骸相支拄.

아들을 낳으면 삼가하여 기르지 말 것이며, 딸을 낳으면 귀한 포육을 먹여라. 보도 듣도 못했나? 長城 附近과 그 一帶에, 시체가 넘쳐 시체끼리 서로 버티고 받친 것을.

▹擧: 養育하다. 生育하다.

▹脯(포): 脯肉. 얇게 저미어서 양념을 하여 말린 고기. ≪漢書 · 東方朔傳≫에서 "生肉은 膾, 乾肉은 脯"라 하였다.

▹不見: 不聞과 통한다. 見 · 聞은 知의 뜻이다.

▹下: 一帶. 附近.

▹尸骸: 尸體.

▹支拄: 支撑하다. 버티다. 받치다. 拄도 支撑의 뜻임.

三國 · 魏 · 陳琳은 〈飮馬長城窟行〉에서 民歌를 약간 손질하여 "生男愼莫擧, 生女哺用脯. 君獨不見長城下, 死人骸骨相撑拄.

아들 낳으면 삼가하여 기르지 말고, 딸 낳으면 귀한 포육을 먹이시오. 여러분들 아직도 모르시오. 長城一帶에 죽은 사람의 해골이 서로 버티고 받친 것을"이라 하였다.

▹獨: ① 어찌. ② 아직도. 여전히.

▹撑(탱): 버티다. 酈道元의 ≪水經注 · 河水三≫에서는 民歌를 그대로 引用하였다. 역시 逯欽立先生의 ≪先秦漢魏晉南北朝詩≫에 나오는 〈衛皇后歌〉다. ≪漢書≫에서 "衛子夫가 皇后되고 오라비 衛靑이 출세하여 天下를 震動시키니 천하 사람들이 노래하였다. 衛子夫爲皇后,

弟青貴震天下, 天下歌之."라 하였는데 노래는 다음과 같다.

生男無喜, 生女無怒, 獨不見衛子夫霸天下.

아들 낳았다고 기뻐말고, 딸 낳았다고 성내지 말 것이니, 아직도 모르시오? 衛子夫가 天下를 독차지 한 것을.

唐의 白居易는 그의 〈長恨歌〉에서 이렇게 노래하였다.

姊妹弟兄皆列土, 可憐光彩生門戶.

遂令天下父母心, 不重生男重生女.

兄弟姊妹가 모두 땅을 받아 諸侯가 되니, 부럽고말고! 그 家門에 光彩가 나는 것이. 드디어 天下 父母의 마음으로 하여금, 아들 낳는 것 보다 딸 낳는 것을 중히 여기게 만들었으니.

▷列土: 土地를 分封함. 즉 땅을 떼어서 諸侯로 封함.

▷可憐: 張相先生의 말씀이 可羨 즉 羨望한다는 뜻이란다.

中國人들은 古來로 男兒를 選好하였고 男尊女卑라는 觀念이 뼛속까지 스며들어있다. ≪列子・天瑞≫에 나오는 榮啓期라는 隱者는 아흔살이 되어서도 새끼줄로 허리띠 했건만 만족하며 사는데 즐거운 세 가지 일이 있다 하였다. 그중의 하나가 男女의 差別에서 男子는 높고 女子는 낮으니 故로 男子가 귀한데 자기가 남자가 되었으니 두 번째 즐거움이다 (男女之別, 男尊女卑, 故以男爲貴. 吾旣得爲男矣, 是二樂也) 하였다. 世上의 富貴・功名・榮華・出世 다 잊고 사는 隱者이건만 男尊女卑는 이렇게 뿌리깊게 그의 가슴에 박혀있는 것이다.

≪詩・小雅・斯干≫에도 아주 맹랑한 이야기가 나온다.

……乃生男子, 載寢之牀, 載衣之裳, 載弄之璋.……

……乃生女子, 載寢之地, 載衣之裼, 載弄之瓦.……

……이에 아들 낳으니, 침대 마련해 눕히고, 제대로 된 의복 입히며, 高官들이 儀式을 행할 대 잡는 규옥을 가지고 놀게 한다.……이에 딸을 낳으니, 바닥에 자리 깔고 눕히며, 포대기로 싸놓고 오지가락을 가지고

놀게 한다.

▷牀: 寢牀. 옛날에는 땅에 자리(席)을 깔고 앉거나 누웠다. 椅子・寢臺는 唐代부터 普遍化 되었다 한다. 지금 아들을 낳아 아주 귀하게 여기니 특별히 寢牀을 만들어 뉘어 놓은 것이다.

▷裳: 衣裳. 격식을 갖춘 衣服.

▷璋: 규옥(珪玉). 高位의 臣下들이 禮를 행할 때 손에 든다. 장차 高官大爵이 되라고 미리 璋을 가지고 놀게 함. 後世에는 得男하면 弄璋이라 썼다.

▷裼(체): 포대기.

▷瓦: 紡錘. 흙으로 구워 만든 방추(紡錘). 방추는 물레에서 실을 감는 가락이다. 앞으로 바느질・길쌈 잘 하라고 오지가락을 가지고 놀게 하는 것이다. 이에 딸을 낳으면 弄瓦라 하였다.

男兒選好・男兒尊重은 分明 惡習이다. 그러나 當時에는 그것이 正常・常軌로 當然視되었다. 그런데 딸이 중하다 딸을 낳으니 좋은 일이다 하는 것은 이것을 逸脫한 것이다. 〈秦始皇時民歌〉, 〈飮馬長城窟行〉 그리고 杜甫의 〈兵車行〉에서는 百姓들의 反抗心・憤怒・悲哀・비아냥이 表出된 것이며 〈衛皇后歌〉, 〈長恨歌〉에서는 羨望・自嘲・自愧가 沈積되어 있는 것이다.

解說

이제 모두들 확실히 알았답니다. 아들 새끼 낳는 것은 凶事요 오히려 딸 아이 낳는 것이 慶事란 것을.

❖ 제29・30구: 生女猶得嫁比鄰, 生男埋沒隨百草.

▶比鄰: ≪周禮・地官・旅師≫에서 "五家爲比"라 하였고 ≪周禮・地官・遂人≫에서 "五家爲鄰"이라 하였다. 결국 比와 鄰은 같은 말이니 옆집・앞집・뒷집이 되겠다. 우리는 "이웃", "이웃 집"이라 쓰는데 이는

가까이 있거나 접하여 있는 집을 말한다.

▸埋沒: 보이지 않게 파묻힘. 埋는 땅 속에 묻힘이고 沒은 물에 빠짐, 가라앉음의 뜻이니 결국 地上에서 사라지는 것, 죽는 것이다.

▸隨百草: 隨는 맡기다. 마음대로 하게 하다. 百草는 여러 종류의 풀, 온갖 풀.

解說

딸 낳으면 그래도 이웃에 시집보낼 수 있지만, 아들 낳으면 결국 邊方에 파묻혀 온갖 풀 속에 뼈를 맡길 뿐이지요.

❖ 제31·32·33·34구: 君不見, 靑海頭, 古來白骨無人收. 新鬼煩冤舊鬼哭, 天陰雨濕聲啾啾.

▸靑海: 湖水의 이름. 中國 最大의 鹹水湖(함수호) — 즉 소금기가 많아 물맛이 짠 호수. 강우량이 적은 건조한 지방에 많이 있으며 흔히 물이 흘러 나가는 데가 없다. 有名한 것이 死海다. 옛 이름은 鮮水, 西海, 卑禾羌海였으며 北魏 때에 비로소 靑海라 하게 되었다.

▸頭: 上. 中. 下. 前의 뜻으로 쓰인다. 王鍈先生은 本詩에서는 靑海邊·靑海畔이라 하였는데 너무 당연한 말이라 도리어 당황하였다.

▸古來: 自古以來.

▸收: 殮葬. 즉 納棺하여 장사지냄. 收骨은 ≪左傳·僖公32年≫에 처음 나온다. "(蹇叔)曰: '晉人禦師必於殽. 殽有二陵焉, 其南陵, 夏后皐之墓也; 其北陵, 文王所辟風雨也, 必死是間, 余收爾骨焉.' 秦師遂東.…… 三十三年夏四月辛巳, 晉人及姜戎敗秦師于殽. 秦나라의 蹇叔이 秦나라 軍隊를 따라서 떠나는 아들을 통곡하며 배웅하며 말했다. '晉나라 사람들은 반드시 殽山에서 저항할 것이다. 殽山에는 두 곳의 丘陵이 있으니 남쪽의 丘陵은 夏后皐의 무덤이고 북쪽의 丘陵은 文王이 風雨를 피하던 곳이다. 너희들은 반드시 그 사이에서 戰死할 것이니 나는 너의

뼈를 그곳에서 거두어 장사지낼 것이다.' 秦나라 軍隊는 드디어 東進하였다.……33년 여름 四月 辛巳日 晉나라와 姜戎은 殽山에서 秦을 무찔렀다." 收骨은 韓愈의 詩 〈左遷至藍關示姪孫湘. 左遷되어 서울을 떠나서 藍關에 이르러 姪孫인 韓湘에게 보낸다〉의 末聯에도 나오는데 收骨이 나오는 작품은 하나 둘이 아닌데 이것이 世間에 有名한 것은 韓湘이라고 하는 조카인지 외손인지 不分明한 人物이 겨울철에 각색의 모란을 피게 하였는데 거기에 將來 韓愈가 지을 本詩가 있었다는 것이다. 그런데 仙人으로 韓湘子란 人物이 있는데 訛傳되었다는 說도 있다. ≪全唐詩≫에 韓湘의 作品이 나오는데 〈言志〉, 〈答從叔愈〉 두 首가 있다. 재미있지만 紙面관계로 省略하고 韓愈 詩 末聯만 紹介하겠다. "知汝遠來應有意, 好收吾骨瘴江邊. 네가 멀리서 온 것은 분명히 뜻이 있는 것이라고 내가 알고 있으니, 나의 뼈를 瘴氣가 덮힌 南方의 강가에서 거두기를 바라노라."

▷好는 바라다, 기원하다의 뜻으로 쓰인다.

▶煩冤: 초조해 하며 화가 나서 속을 끓임. 新魂은 아직 諦念을 못해서 세상에 미련을 못버림. 그래서 煩悶하고 冤痛해 함. 舊鬼는 다 抛棄하고 그저 울기만 할 뿐임.

▶天陰: 날씨가 음침・음산함.

▶啾啾(추추): 새우는 소리. 各種 凄切하고 새된 소리. 本詩에서는 흑흑 흐느끼는 소리를 말한다.

解說

세상 사람들은 보지도 듣지도 못했단 말인가? 정녕 모른단 말인가? 저 아득한 서쪽 青海 湖水가에 예로부터 白骨을 거두어 장사지내는 이 없으니 새로 생긴 귀신은 초조해하고 원통해하며 묵은 귀신은 그저 울기만하니 날씨가 음산하거나 비라도 축축하게 내리면 흑흑 흐느끼는 소리가 나는 것을……

☛ **參考**

(1) ≪禮記·檀弓下≫: 孔子過泰山側, 有婦人哭於墓者而哀, 夫子式而聽之. 使子路問之曰: "子之哭也, 壹似重有憂者," 而曰: "然. 昔者吾舅死於虎, 吾夫又死焉, 今吾子又死焉." 夫子曰: "何爲不去也?" 曰: "無苛政." 夫子曰: "小子識之, 苛政猛於虎."

孔子가 泰山의 옆을 지나는데 어떤 부인이 무덤에서 우는데 슬펐다. 孔子가 軾을 잡고 몸을 숙여 敬意를 표하며 조용히 들었다. 그리고 子路에게 물어보게 하였다. "댁의 우는 소리를 듣건대 아주 심한 것이 거듭된 患難이 있는 것 같소이다." 이에 말하기를 "그렇다오. 전에 시아버님이 호랑이에 죽고 남편이 또 죽었는데 이제 내 아들마저 죽었다오." 공자가 말했다. "그렇다면 왜 떠나지 않았오?" 말하기를 "무거운 세금과 잡다한 兵役·勞役이 없었다오." 孔子가 말했다. "애들아! 기억해 두어라. 苛酷한 稅金과 勞役이 호랑이 보다 무섭다는 것을."

▷式: 軾과 같다. 軾은 수레 앞턱의 가로나무를 말한다. 수레에 탄 사람이 敬意를 표할 때 이것을 손으로 잡고 上體를 앞으로 숙인다.

▷壹: 몹시 심함.

▷重: 겹친. 포개진. 거듭된.

▷而: 乃의 뜻. 이에.

▷苛政: 政은 征의 假借다. 稅金과 兵役, 築城, 治道 等의 勞役을 말한다.

▷識(지): 기억하다.

(2) ≪老子〉 三十章: 以道佐人主者, 不以兵强天下. 其事好還. 師之所處, 荊棘生焉. 大軍之後, 必有凶年. 善者果而已. 不敢以取强.……

道로 임금을 補佐하는 사람은 武力으로 天下에 강함을 뽐내지 않는다. 武力이란 앙갚음하기 쉽다. 군대가 駐屯하는 곳엔 가시덤불이 생기고 전쟁 뒤에는 반드시 흉년이 든다. 武力을 잘 쓰는 사람은 目的만 達成할 뿐이지 그것으로 강해지려 하지 않는다.

▷好還: 好는 ① 容易하게. ② 정말. 확실히. ③ ~하기를 좋아하다. 還은 報復. 앙갚음.

▷師: 옛날 軍隊의 編制上 이천오백 명을 師라 하였다. 참고로 말하면 旅는 오백 명이었다. 後에는 軍隊의 泛稱이 되었는데 지금의 師團, 旅團이 다 여기에서 생긴 말이다.

▷大軍: 重大한 軍事行動. 軍에는 駐屯, 包圍, 攻擊의 뜻이 있다. 결국 大軍은 攻擊, 殺傷, 破壞,. 放火를 말하니 즉 戰爭이 되겠다.

▷善者: 武力을 善用하는 者. 軍隊를 잘 쓰는 者.

▷果: 濟의 뜻. 또는 效果를 보다는 의미.

(3) 唐·李華〈弔古戰場文〉

浩浩乎平沙無垠, 敻不見人. 河水縈帶, 群山糾紛.
黯兮慘悴, 風悲日曛, 蓬斷草枯, 凜若霜晨.
鳥飛不下, 獸鋌亡群, 亭長告余曰: 此古戰場也.
常覆三軍. 往往鬼哭, 天陰則聞.……
萬里奔走, 連年暴露. 沙草晨牧, 河冰夜渡.
地闊天長, 不知歸路. 寄身鋒刃, 腷臆誰訴.……
野竪旄旗, 川廻組練. 法重心駭, 威尊命賤.
利鏃穿骨, 驚沙入面, 主客相搏, 山川震眩.
聲析江河, 勢崩雷電. 至若窮陰凝閉, 凜冽海隅.
積雪沒脛, 堅冰在鬚. 鷙鳥休巢, 征馬踟躕.

繒纊無溫, 墮指裂膚.……
屍塡巨港之岸, 血滿長城之窟. 無貴無賤, 同爲枯骨.……
鼓衰兮力盡, 矢竭兮絃絶. 白刃交兮寶刀折, 兩軍蹙兮生死決.
降矣哉終身夷狄, 戰矣哉骨暴沙礫.
鳥無聲兮山寂寂, 夜正長兮風淅淅.
魂魄結兮天沈沈, 鬼神聚兮雲冪冪.
日光寒兮草短, 月色苦兮霜白.……
蒼蒼蒸民, 誰無父母, 提攜捧負, 畏其不壽.
誰無兄弟, 如足如手, 誰無夫婦, 如賓如友.

生也何恩, 殺之何咎. 其存其沒, 家莫聞知.

人或有言, 將信將疑. 悁悁心目, 寢寐見之.

布奠傾觴, 哭望天涯. 天地爲愁, 草木悽悲.

弔祭不至, 精魂何依. 必有凶年, 人其流離.

嗚呼噫嘻, 時耶命耶, 從古如斯, 爲之奈何, 守在四夷.

廣大한 모래밭 끝이 없는데, 멀리 보아도 人跡은 없다.

강물은 띠처럼 구불구불하고, 뭇 산들은 어지럽게 벌여있다.

暗澹하여 悽慘한데 바람소리 구슬프고 해는 어둑어둑 진다.

쑥대는 끊어지고 잡초는 말랐으니 오싹하기는 서리 내린 새벽 같다.

새들은 날뿐 내려오지 않고 짐승들은 무리를 잃고 내달린다.

亭長이 내게 말했다. 여기는 옛 싸움터라오.

일찍이 한 나라의 全兵力이 沒死하여 왕왕 귀신의 울음소리가 날이 흐리면 들린다오……

萬里를 바쁘게 달리며 여러 해 계속 집밖에 머물렀으리.

새벽에는 戰馬에 모래 위 풀 먹이고 밤에는 얼음 언 강을 건넜으리.

大地는 넓고 靑天은 멀어 돌아갈 길을 몰랐으리.

몸을 창칼의 날에 맡기니 답답한 가슴 누구에게 호소했을까?……

벌판에 깃발 꽂혔으며 냇가에는 갑옷·전투복의 병사 돌았으리.

軍法이 嚴重하니 얼마나 놀랐으며 權威는 높고 生命은 천하였으리.

날카로운 화살촉 뼈를 뚫었겠고 狂風에 날리는 흙모래는 얼굴을 때렸으리.

守備者와 攻擊者가 主客이 되어 서로 치고 받으면,

山川도 놀라 떨고 눈이 어질어질 했었으리.

전투의 고함소리 강물·河水도 쪼갤 지경이었으며,

뒤엉겨 싸우는 形勢는 천둥·번개도 부쉈으리.

날씨가 陰沈하여 天地가 얼어붙으면 선뜩하기가 바닷가 모퉁이 같았으리.

정강이는 쌓인 눈에 빠지고 수염에는 단단한 고드름 달렸으리.

사납고 肉食하는 猛禽도 둥지에서 쉬었으며,

전투에 이골이 난 戰馬도 머뭇머뭇 했었으리.

두꺼운 명주 질긴 무명옷도 온기가 없었으니 손가락 떨어지고 살갗은 터졌으리.……

시체는 강가 언덕까지 찼고 핏물은 長城 아래 웅덩이를 채웠으리.

귀한 사람 천한 놈 따질 것 없이 똑같이 살은 썩고 마른 뼈가 되었으리.……

북소리 잦아들면 기운도 다 빠지고 화살이 다하면 시울도 끊어졌으리.

하얀 칼날이 마주치면 보검도 부러지고 두 군대가 肉薄하니 生死가 결판났었으리.

항복해요? 죽는 날까지 異民族 되지요. 싸워요? 해골이 모래·자갈 위에 드러나지요.

지금 새들도 잠잠해지고 산속은 괴괴하며 밤은 한창 긴데 바름은 쏴쏴 불고 있네.

魂魄들이 함께 結集했나 하늘은 어둠침침하며,

鬼神들이 모두 모였나 구름장 짙게 덮였다네.

햇볕의 싸늘함이여 雜草들은 짤막하고,

달빛의 시름참이여 눈·서리는 하얗게 맺혔구나.……

하고 많은 백성들 중 그 누가 끌어주고 안아주고 업어주며 오래 못 살까 걱정하는 부모가 없으리오?

그 누가 손같이 발같이 가까운 언니·아우가 없을손가?

그 누가 손님같이 벗님같이 받드는 남편·아내가 없겠는가?

그들을 살려줌은 무슨 은혜며 그들을 죽임은 무슨 허물 때문인가?

살았는지 죽었는지 집안에서는 알 길이 없다.

남들이 혹 말을 하면 믿기도 했다 의심하기도 한다.

마음 속 생각이나 눈앞에 보이는 것 다 근심 걱정이라 잊을 수 없으니 끝내는 잠속 꿈결에 보이는 구나.

祭需를 陳設하고 술을 따르며 아득한 하늘 끝을 향해 통곡하니,

天地도 이 때문에 시름에 잠기고 草木도 이 때문에 슬픔에 젖으리.

亡者를 달래는 弔祭와 弔問이 이를 수 없으니,

精神·魂魄은 무엇을 의지하여 한을 풀까?

반드시 흉년이 들고 사람들은 흩어져 流離乞食하리라.

슬프다! 아아! 時運인가 命運인가? 예로부터 이와 같았으니 어찌할까.
文治로 德을 쌓고 四方의 外族들이 제 疆域을 지키게 해야 하리.
그리하면 中國과 外族間에 侵犯과 防禦, 攻擊과 守備의 戰爭이 없으리라.

(4) 唐・李賀〈長平箭頭歌〉

漆灰骨末丹水砂, 淒淒古血生銅花. 白翎金簳雨中盡, 直餘三脊殘狼牙.
我尋平原乘兩馬, 驛東石田蒿塢下. 風長日短星蕭蕭, 黑旗雲濕縣空夜.
左魂右魄啼肌瘦, 酪瓶倒盡將羊炙. 蟲棲雁病蘆筍紅, 迴風送客吹陰火.
訪古汍瀾收斷鏃, 折鋒赤璺曾刲肉. 南陌東城馬上兒, 勸我將金換簝竹.

옷 칠 빛 재처럼 검고 뼛가루같이 희며 朱砂 일반으로 붉으니, 슬프다! 옛 병사들의 핏물이 구리 위에 피운 꽃이리라. 하얀 살깃, 쇠처럼 단단하던 살대, 모두 비 바람 속에 삭았는데, 애오라지 세모꼴 이지러진 이리의 이빨같은 살촉만 남았구나. 나 쌍두마차 몰고 옛 싸움터 벌판을 찾았으니, 驛의 동쪽 돌밭, 쑥대 우거진 꺼진 땅이 거기로다. 바람은 길어 끊임없고 해는 짧아 어둑어둑하며 별들은 드문드문 성긴데, 시커먼 깃발인가 구름은 눅눅한채 밤 허공에 매달렸다. 魂魄들은 여기저기에서 울어댄다. 그들의 바짝 마른 몸뚱이가 주렸다고 우윳병을 남김없이 쏟아 붓고 양고기를 구워본다. 운감(殞感) 하시라! 풀벌레는 잠자나 소리 없고 기러기는 고단한가 날지 않으며 갈대의 순은 마르고 타들어 붉게 되었는데, 회오리 바람은 나그네를 전송하며 새파란 燐火를 불붙인다. 옛 싸움터 찾아 눈물 쏟으며 거둔 한조각의 살촉, 이 빠진 날 붉게 녹슬고 금갔어도 일찍이 살아있는 肉身을 찔렀으리. 城의 동쪽 남으로 뻗은 길 말 탄 젊은이는, 나에게 그런 쇠붙이를 이제는 祭器 만들 대 하고 바꾸란다. 처참한 전쟁은 잊고 平和를 꿈꿔보란다.

▷長平: 옛 城의 이름. 지금의 山西省 高平縣 西北에 해당함. 戰國時代 秦의 白起가 趙의 趙括을 大敗시키고 降伏한 四十萬의 士卒을 阬殺하였으며 未成年의 240명만을 趙로 돌려보냈다. 이 때 秦이 前後 죽인 趙軍이 45만명이었다 한다. ≪史記・趙世家≫와 ≪史記・白起・王翦列傳≫에 나와 있다.

▷箭頭: 화살의 머리 쪽 부분. 여기에 살촉이 있다. 箭尾 즉 화살의 꼬리 쪽

에는 새 깃인 翎羽를 꽂았다. 本詩에서는 구리로 된 화살촉을 말한 것이다.

▷漆灰: 옻칠처럼 검은 재. 黑灰.

▷骨末: 骨粉. 뼛가루.

▷丹水砂: ≪山海經・南山經≫에 丹水라는 강이 나온다. 그러나 그곳에서 丹砂가 나온다고는 되어있지 않다. 本詩에서는 丹砂・朱砂를 가리킨다.

▷凄凄: ① 悲傷貌. ② 寒凉貌.

▷銅花: 구리로 된 살촉이 녹슬어 여러 무늬・빛깔을 드러냄을 꽃이라 한 것이다. 살촉을 古代에는 쇠・구리로 만들었으며 後世에 와서야 쇠만을 썼다.

▷白翎: 화살 꼬리 쪽에 꽂은 새 깃. 살깃이라 한다.

▷金簳(금간): 쇠처럼 단단한 화살대. 살대라 한다.

▷直餘: 直은 只의 뜻이다. 다만. 그저.

▷三脊: 斷面이 三角形. 세모인 살촉.

▷狼牙: 이리의 이빨. 화살촉이 이리의 이빨같이 날카롭다 하여 狼牙箭이 있고, 많은 못 끝이 밖으로 나오게 박아 긴 자루를 단 무기로 狼牙棍, 즉 狼牙棒이 있다. 本詩에서는 狼牙箭을 가리킨다.

▷兩馬: 兩頭馬車. 雙頭馬車.

▷驛: 長平驛.

▷蒿塢: 쑥대 우거진 움푹 꺼진 땅. 低地帶.

▷風長日短: 바람은 끝없이 불고 해는 짧아 곧 어두워짐. 本來 長風은 멀리서 낮은 가을・겨울의 해를 말한다.

▷蕭蕭: ① 쓸쓸하다. 처량하다. ② 드물다. 성기다.

▷肌瘦(기수): 肌는 근육, 살, 살갗. 鬼神은 비쩍 마를 근육・살이 없을 것이니 그저 젯밥을 못 먹었다는 즉 殞感(운감)・歆饗(흠향)을 못했다는 말이다.

▷酪(락): 반 凝固體의 乳製品. 乾酪은 치즈, 酸奶酪은 요구르트, 酪乳(牛酪乳)는 버터 밀크. 牛乳에서 精製한 最上의 飮料를 醍醐라 한다. 本詩에서도 酪은 잘 處理된 우유를 가리킬 것이다.

▷倒: ① 거꾸로. 역으로. ② 거꾸로 되다. 뒤집히다. 반대로 되다. ③ 따르

다. 붓다. 쏟다.

▷將羊炙: 將은 ① ~을 가지고, ~을 들고의 뜻이다. ② 請의 뜻이 있다. 炙 ① (자) 굽다. 불고기. ② (적) 굽다. 산적.

▷蟲棲: 棲는 鳥類가 잠드는 것을 말한다. 여기에서는 풀벌레들이 잠자듯 소리 내지 않는 것을 말한다.

▷雁病: 病은 피곤하다. 지치다. 기러기가 날지 않음을 말한다.

▷送客: 客은 詩人 自身을 말한다.

▷吹陰火: 陰火는 燐火(인화) 즉 도깨비 불이다. 吹는 불다는 뜻 말고 點火한다는 뜻도 있다.

▷汍瀾(환란): 눈물이 줄줄 흐르는 모양.

▷璺(문): 금. 금가다. 틈. 틈 생기다. 갈라지다.

▷刲(규): 베다. 찌르다.

▷簝(료): ① 古代 宗廟에서 고기를 담던 대로 만든 祭器. ② 竹名.

▷末句의 해석: ① 대를 사서 주운 살촉과 합쳐 좋은 화살을 만들다. ② 武器인 살촉을 팔아 祭器를 사다. 葉葱奇先生은 "化干戈爲玉帛. 방패와 창의 戰爭을 玉과 비단을 바치는 祭祀 또는 나라와 나라사이에 옥과 비단을 주고받으며 和平을 맺음으로 바꿈."이라 하였다.

(5) 唐・胡曾〈詠史詩〉一百五十首中〈長平〉

長平瓦震武安初, 趙卒俄成戱鼎魚. 四十萬人俱下世, 元戎何用讀兵書.

長平땅의 기와가 들썩들썩하니 從前 武安땅의 경우와 비슷하였다. 그러나 그때는 趙가 이겼지만 이번에는 趙의 兵卒이 금세 솥 속에 노니는 물고기 신세가 되었다. 사십 만 명이 함께 세상을 떠났으니 主將이 兵書를 읽었다지만 무엇에 써먹었단 말인가?

▷≪史記・廉頗・藺相如列傳≫에 의하면 秦이 韓을 攻擊, 어여(閼與)에 진을 쳤다. 趙王이 韓을 구하려 하니 廉頗・樂勝은 어렵다고 하였다. 趙奢는 可能하다 하여 그로 하여금 救援兵을 이끌고 가게 하였다. 이 때 秦軍은 武安이 駐屯하였는데 북을 치며 함성을 지르고 軍士를 調練하니 武安땅 집들의 지붕 기와가 모두 들썩들썩하였다 한다.(秦軍鼓譟勒兵, 武安

屋瓦盡振.) 그러나 결국 趙奢는 秦軍을 大破하고 閼與의 包圍를 풀어주었다. 이 功으로 趙奢는 馬服君이 되었다. 그에게 아들이 있었는데 어려서부터 兵法을 공부하였으며 兵法을 토론함에 天下에 당할 자 없다고 하였다. 바로 趙括이다. 일찍이 아버지 趙奢와 軍事問題로 討論하였는데 아버지도 詰難할 수 없었으나 훌륭하다고 여기지 않았다. 부인이 까닭을 묻자 趙奢가 말했다. "兵은 死地다. 그런데 括이 너무 쉽게 말한다. 趙나라에서 括이를 장수삼지 않으면 그만이나 만약 장수삼는다면 趙나라 軍隊를 망칠 자는 반드시 括일 것이다.(兵, 死地也, 而括易言之. 使趙不將括卽已, 若必將之, 破趙軍者必括也.)" ≪史記・白起・王翦列傳≫에 의하면 秦이 韓을 攻擊, 上黨을 빼앗았다. 救援軍 趙는 長平에 駐屯하였는데 廉頗는 城門을 닫아걸고 城壁에 의지해 굳게 지킬 뿐이었다. 趙王은 이에 여러 번 廉頗를 꾸짖었다. 秦이 反間計를 써서 소문을 내기를 秦이 두려워하는 사람은 趙括뿐이라 하였다. 이에 趙王이 趙括을 廉頗를 대신하게 하였는데 秦의 計略에 걸려 全軍에 包圍당하고 糧道가 끊어졌다. 趙軍이 46일 동안 밥을 먹지 못하니 서로 잡아먹게 되었다. 결국 항복하였으나 武安君 白起가 모두 阬殺한 것은 이미 앞에서 말했다.

本詩에서 武安은 地名으로 쓰였다. 그런데 秦의 驍將인 白起와 趙의 猛將인 李牧의 封號가 武安君이므로 人名과 地名을 混同하기 쉽다. 武安에서 秦의 軍勢를 描寫한 "屋瓦盡振"으로 말미암아 後世에 莫强한 軍의 威勢를 "屋瓦盡振" 더 강하게는 "屋瓦盡震"이라 하였다. 그리고 우리는 現實性이 없는 虛荒한 理論이나 論議를 보통 "卓上空論"이라 하나 中國에서는 趙括로 인하여 "紙上談兵"이라 하게 되었다 한다. 물론 趙括 當時에는 종이가 없었으니 紙上에서 兵法을 논하지는 못하였을 것이며 다 後世에 생긴 말일 것이다. 또 한 가지. 주제도 모르고 나서는 우리의 병통을 알면서 하는 말인데 "泣斬馬謖"의 馬謖이나 趙括은 前後事情을 살펴보면 謀士・策士形 인간이지 野戰指揮官하고는 촌수가 멀게 느껴진다. 適材適所라는 人材活用의 문제는 最高位層의 責任인 것이 分明한데 너무 죽은 사람만 나무라는 것 같다. 하기야 죽은 자는 말을 못하니까.

▷下世: 去世. 辭世. 逝世. 세상을 떠나다. 죽다.

▷元戎: 主將. 總帥. 總司令官.

➥ 武安의 瓦振은 事實이나 長平의 瓦震은 虛構다.

(6) 唐・曹松〈己亥歲〉二首 其一

澤國江山入戰圖, 生民何計樂樵漁? 憑君莫話封侯事, 一將功成萬骨枯.

湖水의 고장 그곳의 江山이 作戰의 範圍안에 말려들어 갔으니, 백성들이 무슨 수로 산에 가 나무하고 물에 가 고기잡는 생활을 즐기리오. 부탁이니 諸侯로 封해지는 일일랑 말씀하질 마시오, 한 장수가 功을 이루려면 무고(無辜)한 만명이 죽고 썩어 앙상한 뼈만 남는다오.

▷己亥: 唐 僖宗 乾符 6年 (AD 879). 이 해에 鎭海節度使인 高駢이 장수들을 派遣하여 黃巢의 農民叛亂軍을 쳤는데 그때에 대규모의 殺戮이 있었으므로 曹松이 이것을 탄식, 시로 읊었다고 富壽蓀選注의 ≪千首唐人絶句≫에서 밝혔다. 己亥를 ≪全唐詩≫에서는 僖宗 廣明 元年이라 하였는데 그렇다면 庚子歲가 된다. 이 農民叛亂이 우리에게도 잘 알려진 까닭은 新羅의 崔致遠이 高駢의 從事官이 되어 討黃巢檄을 지었기 때문이다. 叛亂이라 하지만 지금 中國에서는 農民起義라 한다. 세상이 바뀐 것이다.

▷澤國: 水國. 호수의 고장. 물의 나라. 江南을 가리킨다.

▷戰圖: 作戰地圖. 作戰計劃. 戰爭이 波及되는 範圍.

▷生民: 人民. 百姓.

▷憑: 請하다. 當付하다. 依託하다.

▷封侯: 諸侯로 封함. 또는 그렇게 된 諸侯.

▷枯: 筋肉이 썩어 없어지고 남은 뼈.

➥ 末句는 高駢처럼 功名을 위하여 天下 生靈을 함부로 죽이는 장수의 行動을 나무란 것인데 後世에는 一切의 戰爭을 反對하는 뜻으로 쓰였으니 이는 作者의 本意가 아니라고 劉拜山先生은 말하였다. 그러나 우리 알기에 中國에서 斷章取義는 그야말로 歷史와 傳統을 자랑하는 것. 결코 잘못된 일은 아니라고 본다.

(7) 唐・曹松〈己亥歲〉二首 其二

傳聞一戰百神愁, 兩岸彊兵過未休. 誰道滄江總無事, 近來長共血爭流.

듣기로는 한번 전쟁나면 온갖 神靈들도 근심한다던데, 강물 양쪽 언덕으로 억센 병사들이 끊임없이 지나간다. 그 누가 말했나? 푸른 강물만은 전혀 탈 없이 잘 흐른다고, 근자에 늘 맑은 물과 핏물이 서로 本流라고 다툰다는데.

▷長: 항상. 늘. 常의 뜻이다.

(8) 唐・張蠙〈弔萬人塚〉

病罷淮邊客路通, 亂鴉來去噪寒空. 可憐白骨攢孤塚, 盡爲將軍覓戰功.

싸움이 끝나 淮水一帶 나그네 往來하는 길이 뚫렸는데, 사람은 안보이고 많은 까마귀만 오가며 썰렁한 허공에서 울어댄다. 애처롭다 白骨을 모아 하나의 무덤으로 만들었으니, 모든 것은 將軍 한 사람이 戰功을 탐냈기 때문이다.

▷淮邊: 淮水一帶.

▷客路: 旅途.

▷亂: ① 混亂. 無秩序. ② 彌滿 (가득하다. 넘치다.) ③ 紛繁 (많고 복잡하다. 번잡하다).

▷寒空: 寒天. 맑고 서늘한 하늘. 쓸쓸한・썰렁한 허공.

➥ ≪千首唐人絶句≫에서 劉拜山先生은 本詩도 高駢의 無知莫知한 鎭壓으로 軍士・農民이 함께 犧牲된 것을 두고 지은 작품이라 하였다.

39. 〈同諸公登慈恩寺塔〉(五言古詩)

原注: 時高適·薛據先有作

高標跨蒼穹, 烈風無時休. 自非曠士懷, 登玆翻百憂.
方知象教力, 足可追冥搜. 仰穿龍蛇窟, 始出支撑幽.
七星在北戶, 河漢聲西流. 羲和鞭白日, 少昊行淸秋.
秦山忽破碎, 涇渭不可求. 俯視但一氣, 焉能辨皇州?
迴首叫虞舜, 蒼梧雲正愁. 惜哉瑤池飮, 日晏崑崙丘.
黃鵠去不息, 哀鳴何所投. 君看隨陽雁, 各有稻粱謀.

❖ 詩題

註

▸同: 和의 뜻이다. 즉 他人이 지은 詩詞의 題材·體裁 또는 韻에 따라서 詩詞를 짓는다는 뜻이다.

▸慈恩寺: 唐 太宗 貞觀 22年(AD 648)에 뒷날 高宗이 되는 太子 李治가 隋나라의 無漏寺 遺址에 36歲에 세상을 뜬 어머니 文德皇后 長孫氏의 冥福을 빌기 위하여 세운 절로 그 때문에 寺名을 慈恩이라 하였다. 宋나라 때에 毁損되었으며 다만 大雁塔이 남아 있을 뿐이다.

▸塔: 佛塔의 簡稱. 印度에서 始作되었는데 梵語로는 窣堵坡(솔도파. stūpa)다. 晉·南北朝時代의 宋의 譯經時에 塔이라는 글자를 만들어 이를 나타냈다. 본래 舍利를 收藏하였는데 後에는 佛經·佛像·法器를 收藏하였고 또한 佛寺를 莊嚴하기 위하여 세웠다.

▸大雁塔: 小雁塔과 구별하여 이렇게 부른다. 大雁塔은 長安城 東南쪽 進昌坊(晉昌坊이라 表記하기도 한다)의 慈恩寺 境內에 있고 여기에서 西北쪽 朱雀大路와 접한 開化坊·安仁坊에 薦福寺와 小雁塔이 있다.

大雁塔은 唐 高宗 永徽3年(AD 652)에 玄奘이 印度에서 가지고 온 佛經·佛像을 保存하기 위하여 세운 5층塔이다. 設計는 玄奘이 맡았고 그가 실제로 본 인도 佛塔을 模倣하였으며 높이는 190尺 (약 59m)이었다 한다. 이 初期의 塔은 흙으로 다진 표면에 벽돌을 붙여서 만들었기 때문에 시간이 흐르자 풀과 나무가 틈에서 자라났고 비바람에 훼손되어 7世紀末에는 崩壞하기 시작하였다 한다. 이에 則天武后의 長安元年(AD 701)에 塔을 中國樣式으로 바꾸어 높이 74m의 堅固한 7층탑을 세웠으니 現在의 大雁塔이 그것이다. 오늘날 西岸을 찾는 사람은 여기에 올라 내려다 볼 수 있는데 塔內部에 들어서면 나선형의 목제 계단이 있고 생각보다 급경사며 계단을 오르는 동안 동서남북으로 난 창을 통해 바깥 풍경을 볼 수 있다. (이상은 日本 妹尾達彦의 著書를 최재영 선생이 옮긴 ≪장안은 어떻게 세계의 수도가 되었나≫에서 추린 것임) 그런데 中國의 ≪漢語大詞典≫에서는 則天武后의 重修時 10층으로 하였는데 後世에 兵火로 말미암아 7층만이 남았으며 높이는 64m라 하였다. 어느 것이 옳은지 잘 모르겠다. 그리고 나선형계단도 中國에 있어서는 상당히 例外的인 경우라 할 수 있다. 예전에 中國에서는 높은 樓閣에 오를 때 사다리를 쓰는 것이 常例였기 때문이다. ≪世說新語·黜免≫에서 "殷中軍廢後, 恨簡文曰: '上人著百尺樓上, 儋梯將去.' 中軍將軍이었던 殷浩가 廢庶人된 뒤 뒷날 簡文帝가 되는 撫軍大將軍 兼會稽王인 司馬昱을 원망하여 말했다. '사람을 백 척의 높은 누각에 올려놓고는 사다리를 메고 가버리다니……'"라 하였으며 唐 李商隱의 〈代贈〉 二首의 其一에서 "樓上黃昏欲望休, 玉梯橫絶月如鉤. 樓閣 위에서 님오실 길을 黃昏이 되도록 바라보다 이제 그만두려한다, 쓸일 없는 옥사다리는 허공을 가로질러 놓였는데 달마저 둥글지 않고 갈고리 같구나"라 하였다. ≪三國演義≫ 第39回 〈荊州城公子三求計〉에서도 劉表의 長男인 劉琦가 繼母인 蔡氏에게 逼迫을 당하자 計策을 구하는데

諸葛亮이 骨肉之間의 다툼에 介入하기 싫다하자 劉琦는 劉備가 일러준대로 古書가 있으니 한 번 보라며 작은 樓閣위로 誘引한 뒤 사다리를 撤去해 놓고는 절대 漏泄의 염려가 없으니 말하라 한다. 階段의 경우 三國·魏·王粲의 〈登樓賦〉에서 "循階除而下降兮. 樓閣의 계단을 따라 밑으로 내려오니"라 하였는데 나선형이 아니고 사다리를 固定시킨 듯한 계단일 뿐이다. 以上의 例를 보면 사다리가 보편적이고 나선형 계단은 특수한 예가 되겠다.

➡ 唐代 科擧及第한 進士들은 三日遊街·曲江賜宴·杏園賜宴·雁塔題名으로 意氣揚揚한 나날을 보냈는데 雁塔題名이란 바로 이 慈恩寺 大雁塔 아래에 題名함을 말한다.

➡ 雁塔의 由來

唐 玄奘 ≪大唐西域記·摩揭陀國下≫: "有比丘經行, 忽見群雁飛翔, 戲言曰: '今日衆僧中食不充, 摩訶薩埵宜知是時.' 言聲未絶, 一雁退飛, 當其僧前, 投身自殞. 比丘見已, 具白衆僧, 聞者悲感, 咸相謂曰: '如來設法, 導誘隨機, 我等守愚, 遵行漸教……此雁垂誡, 誠爲明導, 宜旌厚德, 傳記終古.' 於是建窣堵波, 式昭遺烈, 以彼死雁, 瘞其下焉."

≪大唐西域記·Magadha國下≫: "어떤 比丘가 經行하다가 기러기 떼가 나는 것을 보고는 장난삼아 말하였다. '오늘 뭇僧侶 중에 음식이 모자란 사람 있는데 大菩薩께서는 응당 이러한 때를 아시겠지.' 말이 채 끝나기 전에 한 마리의 기러기가 뒤로 날아 그 僧侶앞에 다다르자 몸을 던져 죽었다. 比丘가 이를 보고 顚末을 뭇僧侶들에게 말하니 들은 사람들이 悲感하여 모두 말하기를 '如來께서 佛法을 펼치실 때 개개인의 天稟에 따라 인도하시는데 우리들은 우둔한 채 小乘·漸教만을 지키고 행하였다……이 기러기가 警誡를 전해주니 참으로 밝은 인도라 그 厚德을 마땅히 밝히고 영원히 文字로 기록하여 전할 것이다.' 이에 塔을 세우고 그 남긴 模範을 밝혔으며 그 죽은 기러기를 그 塔아래에 묻었다." 後世에는 이 때문에 佛塔을 雁塔이라 하였다.

▷經行: 坐禪할 때 피로를 풀고 졸음을 쫓기 위하여 일정한 곳을 천천히 거니는 일.

▷摩訶: mahā의 音譯. 大・多・勝의 세 가지 뜻으로 쓰인다.

▷摩訶薩(마하살): 菩薩의 美稱.

▷摩訶薩埵(마하살타): Mahasattva의 簡稱. 大士・大菩薩을 말한다.

▷機: 天性. 天稟.

▷漸敎: 頓敎와 相對대는 것. 修行할 때 淺에서 深으로 漸에서 頓으로 小乘에서 大乘으로 발전하는데 淺・漸・小乘을 漸敎라 한다. 唐代의 漸悟・頓悟와는 다르다.

▷窣堵波: stūpa. 塔을 말한다.

▷式昭: 式은 用, 昭는 明이니 式昭는 그것으로 밝힌다는 뜻이다.

➡ 塔에서 眺望한 長安과 附近을 說明하여야 諸公들의 慈恩寺塔 詩作을 이해하기 쉬울 것이다. 먼저 長安의 附近을 살펴보자. 西쪽에서 東쪽으로 渭水가 흐르는데 西北쪽에서 渭水보다 작은 涇水가 渭水로 流入되어 하나의 강이 되어 흐른다. 秦의 咸陽城은 渭水의 아래 西쪽에 位置하였으며 漢의 長安城은 그보다 동쪽에 자리잡고 있다. 漢의 長安城 동쪽으로 龍首原이란 丘陵이 있는데 唐의 長安城은 漢의 長安城과 龍首原의 남쪽에 터를 잡았다. 앞에서 말한대로 秦・漢・唐의 首都는 북쪽에 渭水가 흐른다. 그 渭水 건너편에는 周・秦・漢・唐의 陵墓가 널려 있는데 周・秦・漢의 陵들은 渭水와 가깝고 唐의 陵들은 渭水에서 멀리 떨어져 雁塔에서는 보이지 않을 것이다. 有名한 陵은 가장 서쪽에 漢武帝의 茂陵이 있고 조금 동쪽으로 오면 周나라 文王・武王・成王・康王의 陵이 모여있다. 다시 동쪽으로 오면 漢 長安城의 正北에서 서쪽으로 치우쳐 漢 高祖의 長陵이 있고 漢 長安城의 正北에 漢 惠帝의 安陵과 漢 景帝의 陽陵이 있다. 여기에서 조금 동쪽으로 가면 바로 涇水와 渭水가 合水하는 곳이다. 唐 長安城 동쪽에는 滻水(산수)・灞水(파수)라는 작은 강이 북쪽으로 渭水를 향해 흐른다. 有名한 灞橋가 있으며 동으로 한참 가면 驪山이 나온다. 溫泉이 솟고 秦始皇陵이 유명하며 바

로 옆에 漢 高祖가 아버지를 위해 豐을 옮겨 세운 新豐이 있고 부근에 項羽와 劉邦의 殺伐한 宴會로 이름난 鴻門이 있다. 계속 동으로 가면 洛陽이 나올 것이다. 城의 서로 나가면 불타는데 석 달이 돼도 꺼지지 않았다는 秦의 阿房宮터가 있고 더 가면 豐水라는 작은 강이 渭水로 흘러드는데 그 건너편이 咸陽縣이다. 그리고 西南쪽에 漢武帝가 水戰을 익히기 위해 판 周圍 四十里의 昆明池가 있다. 이것은 宋代에 사라졌다. 남으로 나가면 아주 멀리 終南山이 東西로 달리며 東南쪽에는 藍田關이 있는데 附近에 輞川이 흐르니 바로 王維의 別墅가 있는 곳이다. 城에 가까운 남쪽에는 韋曲·杜曲같은 王公·貴族들의 別莊地帶가 있어서 詩文에 많이 登場하며 漢 宣帝의 杜陵이 유명한데 무어니무어니 해도 質朴 儉約으로 後世에 唯一하게 盜掘을 면하여 사람들을 감동시킨 漢 文帝의 灞陵도 있다. 以上 대충 간략하게 長安城 附近을 훑어보았다.(以上은 張其昀 監修 ≪中國歷史地圖≫의 長安附近圖와 일본 石田幹之助의 著書를 이동철·박은희 두 분이 옮긴 ≪長安의 봄≫에 나오는 長安附近古蹟圖를 參考하여 補充說明한 것이다)

다음에는 長安城을 보자. 長安城의 東西는 9.7㎞, 南北 8.6㎞인데 얼핏 보면 正方形같다. 長安을 우선 南區와 北區로 나누어 보자. 北區는 東·中·西 세 개의 區域으로 나눌 수 있는데 中部의 북쪽은 太極宮이며 동에 東宮, 서에 掖庭宮이 있다. 남쪽은 皇城으로 太廟·大社·太常寺·鴻臚寺·尙書省의 六部 — 즉 吏部·禮部·兵部·戶部·刑部·工部가 자리 잡고 있다. 東部는 皇室과 貴族의 住宅이 대부분이며 東南쪽에 玄宗의 潛邸였던 興慶宮이 있다. 북쪽 長安城 밖으로 大明宮이 突出되어 있는데 蓬萊宮이라고 부르기도 하였으며 보통 東內라 하였다. 麟德殿·含元殿·宣政殿·紫宸殿 等의 重要 殿閣이 있으며 宣政殿의 左右가 中書省·門下省이다. 그리고 麟德殿의 동쪽에 太液池가 서쪽에 翰林院이 있으며 맨 위 북쪽에 太極宮 北門과 同名의 玄武門이 있다. 大明宮은 外朝·中朝·內朝의 세 겹으로 되어있고 高宗以後 皇帝들은 항상 여기에 居住하였다. 西部는 住居地域으로 特記할 만한 것이 없고 다만 義寧坊에 景教(즉 기독교 네스토리우스派로 페르시아 사람들에 의해 傳來되었다)의 大秦寺(一名 波斯寺)가 있고 東部의 永興坊에 있는 左金吾衛에 맞춰 布政坊에 右金吾衛가 있다. 長安의 南區는 皇城의 朱雀門에서 始作된 朱雀大路가 南北으로 뚫려있고 이것을 사이에 두고 東部와 西部로 나뉘는데 第一重要한 것은 東市와 西市의 市場이다. 西部에는 유명한 곳이 별로 눈에 띄지 않으며 대개 東部에 몰려있다. 東部의 東南쪽 끝에 있는 曲江池·芙蓉園이 가장 알려진 곳이고 그곳에서 곧장 북으로 2km를 가면 城內에서 가장 높다는 樂遊原이 있다. 原은 黃土高原 特有의 卓子모양의 지형을 말한다. 이 曲江에서 西北쪽으로 조금 올라가면 通善坊의 杏園이 있고 西北쪽으로 다시 가면 금방 進昌坊의 慈恩寺·大雁塔이 나온다. 여기에서 다시 西北쪽으로 한참 가면 朱雀大路와 접한 開化坊의 薦福寺, 安仁坊의 小雁塔이 있다. 덧붙이면 進昌坊에서 正北으로 올라가면 東市 못미쳐 親仁坊에 安祿山의 집이 있었고 開化坊에는 令狐楚의 집이 있었다.(以上은 앞에서 이미 紹介한 ≪中國歷史地圖≫, ≪長安의 봄≫, ≪장안은 어떻게 세계의 수도가 되었나≫를 참고한 것이다)

解說

〈여러 어른들의 "慈恩寺 塔에 올라서"라는 詩作에 和함〉

❖ 제1·2구: 高標跨蒼穹, 烈風無時休.

註

▸標: 우듬지. 즉 나무의 꼭대기 줄기를 말한다. 여기에서 높이 솟다, 矗立(촉립)하다는 뜻을 나타내게 되었으며 표지(標識), 푯대의 뜻으로도 쓰이게 되었다. 高標는 우듬지처럼 높이 우뚝 솟은 것, 어느 것보다 높이 홀로 솟아 標識가 될 만한 것을 뜻한다. 李白의 〈蜀道難〉에서 "上有六龍回日之高標. 위로는 羲和가 모는 여섯 龍이 끄는 太陽의 수레가 돌아가는 높은 標識가 있다"라 하였는데 王琦의 注에서 "高標, 是指蜀山

最高而爲一方之標識者也. 高標는 蜀山이 아주 높아 한 지역의 標識가 되는 것을 말한다."라 하였다. 本句에서는 長安城의 푯대가 될 만한 이 탑으로 풀면 무난하리라.

▸跨: ① 건너가다. 넘어가다. ② 걸터앉다. 말을 타다. ③ 걸치다. 놓이다. ④ 능가(凌駕)하다. 넘다.

▸蒼穹: ≪爾雅≫의 郭璞注에서 "하늘의 형태는 궁륭(穹窿. 즉 활이나 무지개같이 한가운데가 높고 길게 굽은 형상)이고 색깔은 蒼蒼하다"라 하였다. 간단히 말해 푸른 半球形이다. 하늘을 멋있고 그럴듯하며 유식하게 표현할 때 이 말을 쓴다.

▸高標跨蒼穹: ≪讀杜詩說≫에서는 跨를 건너가다, 넘어가다는 뜻 하나에 집착하여 이 句는 倒置라 하였다. 즉 높은 탑을 궁륭형의 하늘이 그 위로 넘어가는 것이라야 타당하다고 본 것이다. 탑이 아주 높아 하늘과 가까우니 하늘만이 그 위를 넘어갈 뿐이라는 풀이다. 그런데 徐仁甫先生은 ≪杜詩注解商榷≫에서 反駁하기를 "當時 諸公은 하늘을 써서 탑의 높음을 형용하였다. 岑參은 '孤高聳天宮. 홀로 높이 天宮에 솟았다'이라 하였고 儲光羲는 '誰道天漢高. 어찌 銀河가 높다고 말하는가?'라 하였으며 高適은 '逈出虛空上. 아득히 虛空을 벗어났다'라 하였다. 杜先生의 本句는 '하늘 위를 높이 벗어났다'가 되니 高適의 詩句와 一致된다"라 하였다. ≪讀杜詩說≫에서 跨를 건너가다, 넘어가다로만 풀었을 뿐 능가하다, 넘다의 뜻으로 해석 못한 것이 탈이 된 듯하다. 可惜. 可嘆.

▸烈風: 사나운 바람. 세차게 부는 바람. 높은 곳은 바람 잘 때가 드물다. 우리 속담에도 "높은 나무에는 바람이 세다"라 하였다.

▸無時: ① 특별히 정한 때가 없이 아무 때나. 무시로. ② 한시도 ~가 없다. 한 때도 ~가 없다. ≪漢書・王莽傳≫에서 "晨夜屑屑, 寒暑勤勤, 無時休息, 孳孳不已.……밤낮으로 고단하게 여름 겨울 부지런하게 한

시도 쉴 때가 없이 근면을 그치지 않고……"라 하였고 唐 岑參은 〈送鄭堪歸東京汜水別業〉에서 "因悲宦遊子, 終歲無時閒. 그래서 轉勤다니는 신세를 슬퍼하니 한 해가 다하도록 한 시도 한가한 때가 없다"이라 하였다. "無休息時", "無閒時"보다 "無時休息", "無時閒"이 더 曲盡하게 表現한 느낌을 준다.

▶休: 休息의 뜻이 아니고 멈추다, 그만두다의 뜻으로 쓰였다. "無時休"가 "無休時"보다 앞에서 말했듯이 더 완곡하다.

解說

長安城의 푯대가 될 이 塔은 蒼穹을 높이 벗어났는데 세차게 부는 바람은 한시도 멈출 때가 없다.

❖ 제3·4구: 自非曠士懷, 登玆翻百憂.

註

▶自: 若의 뜻으로 쓰였다. "自非"는 "若非"다. "만약 ~가 아니라면"의 뜻이다. 이 "自"는 상당히 사람을 피곤하게 하는 글자다. 앞에서 소개한 〈月〉의 "風簾自上鉤"에서 "自"는 "원래", "본래"의 뜻으로 쓰여서 아주 애간장을 다 저몄는데 여기에서 "自"는 "만약"으로 쓰여 또 한 번 오장을 뒤집었다. 이 "自非"는 由來가 있는 것이니 ≪左傳·成16年≫에서 "唯聖人能外內無憂; 自非聖人, 外寧必有內憂. 오직 聖人만이 안팎 모두 근심이 없으니 만약 聖人이 아니면 밖으로는 편안한듯 하여도 안에 근심이 있는 법이다"라 하였다. 또한 阮籍의 〈詠懷〉 八十二首 其四에서도 "自非王子晉, 誰能常美好. 만약 王子晉이 아니면, 그 누가 언제나 아름답고 고울 수 있으리"라 하였다. 그러나 以前의 많은 注家들이 이것을 "나는 ~가 아니니"라고 풀이 하였다. 中國의 識者들도 이렇게 덫에 걸리고 陷穽에 빠진 것이다. 이러한 例가 또 있으니 "更"이 "豈"의 뜻으로 쓰이는 경우다. 李商隱의 〈重有感〉에서 "更無鷹隼與高秋"라

했는데 "更"을 다시 "다시", "또"의 뜻으로 푼 注家가 반쯤 되고 "어찌"로 푼 注家가 또 반쯤 된다. 그러나 풀이가 무슨 소용이냐? 作品이 秀作이라는 結論은 다 똑같았으니. 朝鮮의 秋史 金正喜先生도 사람 골탕먹이는 데는 大家라 이것을 놓칠 리가 없다. 〈餞秋〉 四首의 其四에서 "仲冬更有重陽在"라 써먹었는데 "更"字가 풀이가 안 돼 많은 사람들이 아주 困辱을 치렀다. 이 "自非"는 ≪漢語大詞典≫에서 이미 言及하였는데 徐仁甫先生은 ≪杜詩注解商榷≫에서 ≪左傳≫을 비롯하여 古辭〈西門行〉·左史의 〈咏史〉·鮑照의 〈酒後〉等 많은 例를 들며 "自非"에 注가 없는 것을 지적하였다. 行間과 言外에 잘못 풀이한 사람들을 叱責한다는 느낌을 받을 수 있었다.

▶曠士: 마음·생각이 탁트인 사람. 낙천적인 사람. 명랑한 사람.

▶翻: 오히려. 역으로.

▶百憂: 여러 종류의 근심. 온갖 근심. 杜先生은 아예 詩題를 〈百憂集行〉이라고 한 作品도 있다.

▶三國·魏·王粲의 〈登樓賦〉 冒頭는 "登玆樓而四望兮, 聊暇日以銷憂. 이 城樓에 올라 四方을 眺望함이여, 한가한 쉬는 날을 이용하여 근심을 풀어 보려함이네"다. ≪杜詩詳注≫에서 말하기를 杜詩에서 "翻百憂"라 한 것은 〈登樓賦〉의 말을 뒤집어 사용한 것이다라 하였다. 그런데 〈登樓賦〉에서 시름을 풀고자하여 城樓에 오른 결과 어떠했는가? 첫째, 보이는 江과 山, 水와 陸이 다 근사하고 훌륭하였지만 "雖信美而非吾土兮, 曾何足以少留. 비록 진실로 아름다워도 내 고향이 아니니, 어찌 잠시라도 머물 값어치가 있으리"하여 美麗한 風光이 도리어 근심을 보태고 늘리는 결과만 낳고 말았다. 둘째, 이 荊州로 避身하여 一紀 十二年이 지났는데 애타게 그리운 고향은 갈 수 없고 근심은 감당할 수 없으며 눈물은 참을 수 없다는 것. 옛날 사람들도 立身揚名하였든 困境에 처했든 모두 고향을 그리워 했으니 나도 그들과 어찌 다를 수 있느냐 하며

悲痛해 하였다. "人情同於懷土兮, 豈窮達而異心. 사람의 마음이란 고향 그리워함에 있어서 같은 것, 어찌 窮하고 達했다고 마음이 다르리오". 셋째, 해와 달은 쉬지 않고 가는데 나는 黃河가 맑아지기를 기다리듯 天下가 太平하여지고 能力을 發揮할 때를 기다린다. 그러나 지금 해는 지고 바람은 쓸쓸히 부는데 짐승들은 달리고 새들은 울 뿐 大地는 사람의 그림자없이 괴괴·적막하다. 城樓를 내려와 한밤이 되도록 방안을 오락가락하고 침상위에서는 밤새 뒤척뒤척 잠못이룬다.(夜參半而不寐, 悵盤桓以反側.) 결국 시름을 풀려고 登樓하였는데 풀기는 커녕 눈물과 한숨만 얻고 밤에 잠까지 설치고 만 것이다. 杜先生의 경우 이 有名한 〈登樓賦〉를 熟知하실 것이고 따라서 慈恩寺塔에 오를 때 남들은 올라가면 속이 다 시원해진다고 말들하지만 曠士의 懷가 아니면 도리어 百憂하리라고 미리 못을 박은 것이다. 따라서 曠士는 어떻게 보면 樂天的인 사람이라는 의미외에 속없는 사람이라는 뜻도 슬쩍 풍긴다.

➥ 李白의 〈宣州謝朓樓餞別校書叔雲. 宣州의 謝朓가 세운 樓閣에서 校書벼슬하시는 叔父뻘 되는 李雲을 餞別하다〉에서 "抽刀斷水水更流, 擧杯消愁愁更愁. 칼 뽑아 물을 끊어도 물은 또 흐르고, 잔 들어 시름 풀려해도 시름은 더욱 시름 차네."라 하였다. 李白의 本詩句는 王粲의 〈登樓賦〉를 壓縮·縮約한 듯하다.

解說

만약 생각이 탁 트이고 낙천적인 속을 가진 사람이 아니라면 여기에 올라보았자 도리어 온갖 근심만 생길 것이다.

❖ 제5·6구: 方知象教力, 足可追冥搜.

註

▸象教: 釋迦牟尼가 涅槃에 든 후 뭇 제자들의 그리움은 그치지 않아 이에 나무를 새겨 부처를 만들고 그 形象으로 사람들을 가르쳤다. 그래서

佛教를 象教라 하는 것이다. 象教力은 佛教의 力量이니 이러한 高塔을 세운 宗教·信仰의 힘을 말한다.

▸足: 충분. 충족. 넉넉하다. 족히 ~할 만하다.

▸冥搜: 冥討. 探幽. 幽深, 奧妙한 아름다움을 찾는 것. ① 塔에 오르면 平地에서는 죽어도 못 보는 온갖 風景을 다 眺望할 수 있고 특히 먼 곳을 직접 가지 않고도 즉 발품 팔 것 없이 서서 다 볼 수 있으니 "追冥搜"라고 追字를 썼단다. ② 蕭滌非先生曰 "唐人들은 詩歌라는 것이 苦心의 結果인지라 作詩하는 것을 冥搜라 하였다"하며 高適·徐夤(서인)의 作品을 證據로 들었는데 參考할 만하다.

▸5·6구는 倒置로 보아도 되며 그렇게 하면 이해하기가 더 쉽다. 즉 "冥搜를 가히 追求할 수 있으니 비로소 象教의 力量을 알 수 있다"가 되겠다.

解說

이 높은 塔을 보고 내 비로소 佛教의 大力量을 알 수 있으니 그 信仰心이 아니면 어떻게 이러한 高塔을 이룰 수 있었으리. 그 덕분에 높은 곳에서 밑을 내려다보며 온갖 幽深, 奧妙한 것을 충분히 追求할 수 있으며 詩도 지을 수 있으니.

❖ 제7·8구: 仰穿龍蛇窟, 始出支撐幽.

註

▸龍蛇窟: ≪杜詩詳注≫에서 引用한 盧元昌 注에 의하면 "磴道屈曲, 如穿龍蛇之窟. 계단이 굽고 꺾어져 마치 龍蛇의 屈을 뚫고 가는 것 같다"라 하였는데 螺旋形 階段을 말하는 것이리라. ≪杜詩鏡銓≫도 이것을 따랐다. 龍蛇窟의 풀이는 조금 애를 써야 할 것 같다. 龍蛇가 있는 窟, 龍蛇가 사는 窟하면 窟自體가 어떠한지를 알 수 없다. 龍蛇·虎豹·熊羆 等은 다 다른 形態의 窟에 살고 있단 말인가? 우리가 寡聞한 탓인

지 몰라도 龍蛇가 螺旋形의 窟에 산다는 것은 납득이 가지 않는다. 龍이 아무리 靈物이라도 螺旋形의 窟에 出入하거나 處하기는 상당히 어려울 일일 것이다. 蛇는 實在하는 생물이니 그들의 사는 곳이 螺旋形 아님을 다 알고 있으며 龍은 이에 준하여 추측할 수 있다. 龍蛇의 特徵, 그들만의 長技는 서리고 똬리트는 것이다. 즉 몸을 둥글게 빙빙 틀어 놓는 것이다. 잘 서리고 똬리를 잘 트는 것과 똬리형의 굴에 산다는 것은 별개의 문제다. 소라·고둥·우렁이들은 몸과 몸을 기탁한 것이 둥글게 말린 즉 內外가 一致된 경우다. 그러나 龍蛇는 때때로 某種의 理由로 서리고 똬리를 틀 뿐이다. 따라서 龍蛇窟은 이렇게 풀어야 할 것이다. 龍蛇가 盤屈한 듯한 構造物(즉 螺旋形의 階段)이 들어있는 洞窟같이 긴 空間(즉 高塔의 內部).

▸支撑幽: 支撑(지탱. zhīchēng)은 ① 지탱하다. 버티다. 바치다. ② 버팀목. 버팀대. 支柱의 뜻이다. 黃山谷의 注에서 "塔下數級, 皆枝撑洞黑, 出上級乃明. 탑 아래의 여러 계단은 모두 버팀목 때문에 온통 어둠 속인데 계단을 벗어나야 비로소 환하다"라 하였다. ≪杜詩詳注≫, ≪杜詩鏡銓≫ 모두 이것을 따랐다. 幽는 어둡다는 뜻으로 쓰였다.

解說

위를 보고 龍蛇가 서린 듯한 階段이 있는 洞窟같은 空間을 貫通해야 비로소 수많은 버팀목으로 얽히고 설킨 漆黑 같은 어둠속을 벗어날 수 있는 것이다.

❖ 제9·10구: 七星在北戶, 河漢聲西流.

註

▸七星: 北斗七星.

▸北戶: 북쪽으로 난 창. 앞에서 이미 소개한 ≪장안은 어떻게 세계의 수도가 되었나≫ 一書中 〈대안탑에서 내려다 본 장안〉 題下의 글을 引用

하겠다. "탑 내부에 들어서면 나선형으로 놓인 목제 계단이 보인다. 생각보다 급경사인 계단을 오르는 동안 층마다 동서남북으로 난 창을 통해 바깥 풍경을 볼 수 있다. 한 층 한 층 오를 때마다 창밖에 펼쳐진 풍경을 즐길 수 있다. 이윽고 꼭대기인 7층에 올라서면 숨이 몹시 가쁘다."

▸河漢: 銀河.

▸聲西流: 소리내며 서쪽으로 흐르다. ≪杜詩詳注≫ "星河, 夜景; 西流, 秋候之象. 七星과 河漢은 밤의 풍경이고, 西流는 가을철의 현상이다." ≪杜詩鏡銓≫ "天漢秋漸轉西. 은하는 가을이면 차츰 서쪽으로 돈다." ≪杜甫詩選注≫ "七星과 河漢은 낮에 볼 수 없으며 河漢은 소리를 내지 않는다. 다만 탑의 높은 것을 극력 형용한 것이다. 藝術의 眞이 꼭 事實의 眞은 아니다." 탑이 어찌 높은지 平地에서는 밤에나 볼 수 있는 七星을 낮에도 볼 수 있고 銀河에 바특이 다가갈 수 있으니 平地에서는 들을 수 없는 물 흐르는 소리를 들을 수 있다는 말이다.

解說

北斗七星이 바로 북쪽으로 난 창밖에 있으며, 가을이라 銀河水는 소리내며 서쪽으로 흘러간다.

❖ 제11 · 12구: 羲和鞭白日, 少昊行清秋.

註

▸羲和: ≪楚辭≫ 王逸注에 "羲和, 日馭也. 羲和는 太陽의 수레를 모는 마부다"라 하였고 ≪初學記≫에서 引用한 ≪淮南子 · 天文訓≫의 原注에 "日乘車, 駕以六龍, 羲和御之. 太陽이 수레에 오르면 여섯 마리의 龍이 이것을 끄는데 羲和가 몬다"라 하였다. 羲和는 六龍이 끄는 太陽의 수레를 모니 아마 六龍을 채찍질 할 수 있으리라. 거기에서 다시 擴大되어 아예 太陽자체를 채찍질하여 재촉한다로 된 것이다. 杜甫의 이

詩句가 마음에 들었던지 白樂天은 〈題舊寫眞圖〉에서 "……羲和鞭日走, 不爲我少停. 形骸屬日月, 老去何足驚.……羲和는 太陽을 채찍질하여 달리며 나를 위해 잠시도 머무르지 않는다. 肉身을 해와 달에 맡기니 늙어감을 어찌 놀라겠는가.……"(≪杜甫詩選注≫를 參考함)

➥ 羲和가 白日을 채찍질하는 마당에 두들긴다고 누가 시비를 걸겠는가? 李賀는 〈秦王飮酒〉 詩에서 "羲和敲日玻璃聲. 羲和가 太陽을 두드리니 유리소리를 내누나!"라 하여 世人들의 贊嘆을 받았다.

➥ 第11句를 ≪杜詩詳注≫에서 "秋光短促也. 가을의 해가 짧음을 말함이다"라 하였는데 우리 생각에 해와 달이 너무 바쁘게 가서 벌써 가을이 왔다는 뜻인 것 같다. ≪杜詩鏡銓≫에서는 "鞭字見日行之速. 鞭字를 써서 해 가는 것이 빠름을 나타냈다"라 하였다. "日行"은 春夏秋冬 四時, 一年 열두 달의 흘러감도 되고 하루의 해가 감도 되니 그야말로 耳懸鈴 鼻懸鈴, 녹비에 가로왈이다. ≪讀杜心解≫에서는 "見時序. 節候·時節을 나타냄"이라 하였으니 우리의 생각과 一致된다고 하겠다.

▸少昊(소호): 少皞로 쓰기도 한다. 가을의 主宰者. ≪禮記·月令≫에서 "孟秋之月, ……其帝少皞, 其神蓐收. 칠월이라 孟秋……그 主宰者는 少皞요 그 神은 욕수(蓐收)다."

▸≪杜詩詳注≫에서 "上四句, 仰觀於天. 第9句에서 第12句까지의 四句는 하늘을 올려다 본 것이다"라 하였다. 그러나 嚴密하게 말한다면 第9 第10 두 句는 仰觀에 속하나 第11句는 神話·傳說을 發展시킨 想像이고 第12句는 神話·前說에 따라 季節을 나타냈을 뿐이다.

解說

羲和가 흰 해를 채찍질하여 분주히 달려가더니 어느덧 少昊가 主宰·運行하는 맑은 가을이 되었다.

❖ 제13 · 14구: 秦山忽破碎, 涇渭不可求.

註

▸秦山: ≪杜詩詳注≫에서 朱注를 引用하였는데 "終南諸山"을 가리킨다 하였다. 즉 終南山이라는 總稱으로 불리우는 여러 크고 작은 산들을 말하는 것이다. 日本의 鈴木虎雄先生은 關中의 山들이라 하였다.

▸忽: 平地에서 볼 때에는 이어진 하나의 큰 산인듯 하였는데 塔에 올라보니 破碎한 듯하다. 眺望하는 位置가 低에서 高로 바뀌는데 따른 對象의 急激한 變貌에 대한 驚異感을 忽字로 표현한 것이다.

▸破碎: 자잘하게 산산이 부서지자. 산산조각 나다.

▸涇渭: 長安 북쪽의 涇水와 渭水. 옛날에는 涇水가 탁하고 渭水는 淸하다고 여겼다. (事實 涇水가 淸하고 渭水는 濁하다) 자세한 설명은 〈奉贈韋左丞丈二十二韻〉에 나와 있다.

▸求: 찾다. 搜索하다. 探求하다. 選擇하다.

解說

雄偉를 자랑하던 巨嶽 終南山이 忽然 突然 산산이 부서져 돌멩이 · 자갈돌 되었고, 맑고 탁한 것이 劃然히 區別, 涇渭分明이란 말까지 만든 涇水 · 渭水도 아득하여 찾을 길 없다. 名山大川도 塔에서 보니 시시하고 한심하구나!

❖ 제15 · 16구: 俯視但一氣, 焉能辨皇州?

註

▸一氣: 一氣는 本來 混沌之氣를 말한다. 즉 天地萬物을 構成하는 本源인 것이다. 그러나 本詩에서는 一片의 뜻으로 쓰였다. 즉 한 덩어리 온통 하나라는 뜻이다. 만약 混沌之氣라면 꼭 俯視할 필요가 없다. 仰視 · 直視 · 顧視해도 다 느낄 수 있고 볼 수 있는 것이니 왜냐하면 存在하지 않는 곳이 없기 때문이다.

▸皇州: 帝都. 京城. 임금님의 고을. 皇은 大, 天, 天神, 帝王, 君主의 뜻을 가지고 있다.

➥ 《杜詩詳注》에서 제13 · 14 · 15 · 16 四句는 "俯視於地, 見山川之微渺. 굽어 땅을 본 것으로 山川의 희미하고 아득함을 나타낸 것이다"라 하였다. 《杜詩詳注》에서 宋나라 三山老人 胡舜陟(호순척)의 말씀을 引用하였는데 하도 말 같지 않아 오히려 記錄할 만하다. 즉 "이 詩는 天寶의 時事를 譏切함이다. 秦山忽破碎는 人君의 失道를 比喩함이며 涇渭不可求는 淸濁을 구별 못함을 말함이다. 焉能辨皇州는 天下의 紀綱文章이 없어졌는데 上都 또한 그러함을 아파한 것이다." 우리는 묻고 싶다. 만약 太平聖代 · 康衢煙月이면 높은 곳에 척 올라도 秦山은 오롯하게 한 덩어리 되어 보인 단 말이며 天下가 昇平 · 淸平한 時節이면 아득히 멀리 떨어져도 淸濁을 귀신같이 족집게 장님처럼 구별해낼 수 있단 말인가? 그리고 施鴻保의 《讀杜詩說》에서 우리보다 먼저 거론한 것이 아쉽지만 맞는 말을 하였다. 七星云云한 句 等은 왜 附會함이 없단 말인가 하고 말이다. 사실 第一 큰 문제는 "羲和鞭白日"이다. 白日이 帝王의 象徵인 것은 아이들도 알 것이다. 그렇다면 馬夫격인 羲和에게 帝王이 얻어터지는 일은 도대체 무슨 象徵이며 어떤 比喩인가? 河漢 · 少昊 等은 왜 숨어있는 뜻, 감춰진 의미가 없단 말인가? 安史의 亂이 터지고 나서 天下는 混亂하여졌지만 그 直前까지도 唐은 世界第一의 大帝國으로 殷盛 · 富饒를 자랑하였다. 後世 사람들이야 자 지금쯤이면 安史의 亂이 터질 때인데 하며 가볍게 이야기 할 수 있지만 當時의 人士들이야 어떻게 손금 보듯 환하게 미리 짐작할 수 있었겠는가?

解說

이 높은 곳에서 내려다보자니 名山과 大川, 丘陵과 平地, 陵墓와 市場, 宮闕과 閭閻, 寺刹과 道觀 모든 것이 그저 한 덩어리 되어 뿌옇고 흐릿할 뿐이니 어떻게 높고 귀한 임금님의 고을 長安이라 大서울인 것을 알아낼 수 있겠는가?

❖ 제17 · 18구: 廻首叫虞舜, 蒼梧雲正愁.

註

▸廻首: ① 머리 돌리다. 뒤돌아 보다. ② 回想하다.

▸叫: ① 외치다. ② 부르다. 손짓하여 부르다. ③ (禽獸 · 벌레가) 울다. ④ 하소연하다. 호소하다.

▸虞舜: 上古의 임금. 姓은 姚, 이름은 重華. 그 祖上이 虞땅에 봉해졌으므로 虞를 붙여 虞舜이라 한다. ≪史記 · 五帝本紀≫의 司馬貞 索隱에서 "舜은 謚號다"라 하였다.

▸蒼梧: 山名. 一名 九疑로 湖南省에 있다. ≪史記 · 五帝本紀≫에서 "帝位에 오른지 三十九年에 남으로 巡狩하다 蒼梧之野에서 崩하니 長江 남쪽 九疑山에 장사지냈는데 바로 零陵이다. 踐帝位三十九年, 南巡狩, 崩於蒼梧之野, 葬於江南九疑, 是爲零陵"이라 하였으며 ≪山海經 · 海內南經≫에서도 "蒼梧山은 舜임금을 남쪽에, 堯임금의 아들로 不肖하여 내쫓긴 丹朱를 북쪽에 장사지낸 곳이다. 蒼梧之山, 帝舜葬于陽, 帝丹朱葬叉陰"이라 하였다.

▸雲正愁: 愁雲은 色彩가 어두침침하고 바라보면 쓸쓸해지고 쉽사리 근심 · 걱정을 불러일으키는 구름을 말한다. 唐 胡曾의 〈詠史詩〉 一百五十首中 〈蒼梧〉에서 "無計得知陵寢處, 愁雲長滿九疑山. 舜임금의 무덤을 알아낼 길이 없으니, 愁雲만 늘 九疑山을 채우고 있구나!"이라 하였다.

➥ 舜임금은 太宗을 말함이다. 아니다 高宗이다. 아무래도 中宗 · 睿宗같다. 틀렸다 玄宗이 기다. 여러 注家들이 많은 까닭과 이유, 근거를 대며 와글와글 떠드는데 다 아닌 것 같다. 蕭滌非先生은 ≪楚辭 · 離騷≫의 "濟沅湘以南征兮, 就重華而陳詞. 沅水와 湘水를 건너 남쪽으로 가서, 重華이신 舜임금님께 하소연 하련다"하는 屈原과 同一한 苦心 즉 屈原처럼 애를 태우며 마음을 씀이라 하였다. 〈離騷〉는 中國은 말할 것 없고

朝鮮에서도 忠臣戀主之詞라 하여 아예 〈離騷經〉이라고 극히 尊重하였으며 읽는 정도가 아니라 暗誦하였다. 屈原이 하소연 하려는 相對가 舜임금인 것은 나름대로의 까닭이 있었을 것이니 가볍게 推斷할 수 없으며 다만 이 때문에 後世의 不遇한 人才나 버림받은 사람들은 거개가 舜임금을 떠올리게 된 듯하다. 本詩에서도 어떤 特定한 帝王을 말함이 아니고 文治를 이룩하고 適材適所를 實踐한 有德한 임금을 그리워하며 슬퍼하는 것이라고 하는 것이 妥當할 것이다.

解說

머리 돌려 舜임금을 부르며 호소하고 싶으나 이미 가신 님, 무덤 있는 蒼梧에는 어둠침침한 구름만이 사람들을 쓸쓸하고 시름차게 할 뿐이다.

❖ 제19 · 20구: 惜哉瑤池飮, 日晏崑崙丘.

註

▸惜: 안타깝다. 哀惜하다. 유감스럽다.

▸瑤池: 傳說上의 연못 이름. 崑崙山 위에 있는데 西王母가 사는 곳이라 한다. ≪列子 · 周穆王≫에서 周穆王이 西王母의 손님이 되어 瑤池에서 술 마시며 노래했다고 하였다. ≪穆天子傳≫에도 같은 內容이 실렸다.

▸日晏: 날이 저묾. 晏은 저녁, 늦다의 뜻으로 쓰였다.

▸崑崙丘: 崑崙山이다. ≪列子 · 周穆王≫에서 "周穆王이 崑崙之丘에 올라"하는 말이 나온다. 丘가 山보다 더 친근한 느낌이 드는지 모르겠다. 丘는 작은 山, 廢墟, 墳墓, 村落, 田地, 논밭의 뜻이 있다. 崑崙丘하면 거창하거나 위압적 느낌 대신에 정겹고 아담한 느낌을 받을 수 있다고 보여진다. 그리고 本詩같은 경우 協韻上 丘를 쓸 수밖에 없었으리라.

➥ 이 두句도 많은 注家들이 唐 高宗과 文德皇后, 中宗 · 睿宗과 文德皇后, 玄宗과 楊貴妃 等等 多岐한 해석을 제 나름대로 論據를 提示하며 풀이하였는데 다 쓸데없는 짓이다. 周穆王은 虞舜과 强烈한 對比가 되

는 昏君의 代表일 뿐이다. 西王母는 바늘가는데 실가고 바람가는데 구름가듯 周穆王과 한 세트를 이루는 人物이니 英雄은 好色이라고 스스로를 辯護하는 帝王주변의 女人일 뿐이다. 本詩에서는 玄宗과 楊貴妃만을 찍어서 말한 것이라기 보다는 어리석은 庸主와 妖姬들을 指目했다고 보면 무난할 것이다.

解說

안타깝고 유감스럽다. 똑같이 帝王의 자리에 있었는데 周穆王처럼 西王母와 瑤池에서 잔치하며 政事를 抛棄한 임금이여, 崑崙山에는 해가 뉘엿뉘엿 넘어가는네……. 世上에는 왜 舜같은 분은 드물고 穆王같은 임금만 넘친단 말인가?

❖ 제21 · 22구: 黃鵠去不息, 哀鳴何所投.

註

▸黃鵠: 鵠(혹. hú)은 天鵝다. 고니, 백조라고 흔히 말한다. 그런데 鵠에는 黃色이나 紅色을 띤 것도 있다.

▸黃鵠去不息: ≪韓詩外傳≫에서 田饒가 魯 哀公에게 빗대서 한 말인데 鮑照의 〈代白頭吟〉에서 이미 소개하였다. 즉 田饒가 魯 哀公을 섬겼는데 拔擢되지 못하자 이렇게 말하였다. “닭은 文 · 武 · 勇 · 仁 · 信의 五德을 갖췄으나 임금께서 매일 삶아 드시는 것은 가까이에서 왔기 때문이며 黃鵠은 단박에 千里를 가는데 임금님의 동산에 나타나 물고기 · 자라를 먹고 임금님의 稻粱이라 벼와 조같은 귀한 곡식이나 쪼아 먹으며 닭의 五德도 없으나 귀하게 여겨짐은 먼 곳에서 왔기 때문이다. 그래서 臣도 임금님을 떠나 黃鵠처럼 먼 곳으로 날아가겠습니다.” 杜先生의 “黃鵠去不息”은 앞에 나온 〈奉贈韋左丞丈二十二韻〉의 “今欲東入海, 卽將西去秦”과 兄弟間이다. 간단히 말해 서울에서 東奔西走 헛고생 하였는데 이제 떠야 되겠다는 것이다. 그런데 들메끈 고쳐 맨 것까지

는 좋으나 萬事俱備에 只欠東風이라 오라는 곳 없는 것이 큰 탈인 것이다. 그래서 다음 句에서 "哀鳴何所投"라 한 것이다.

▸不息: 息은 停止하다. 中止하다.

▸投: ① 몸을 남에게 의탁·의지하다. 의지할 곳을 찾아가다. ② 投宿하다.

➥ 이 두 句도 自身의 갈 곳 없는 處地를 슬퍼한 것일 뿐이다. 그런데 ≪杜詩詳注≫에서 引用한 胡舜陟의 말씀인즉 "賢人君子가 대분분 朝廷을 떠나니 黃鵠哀鳴으로 比한 것이다"라는 것이니 失笑하기 딱 좋다. 蕭滌非先生께서도 胡先生의 말은 따른듯하다. 즉 "黃鵠은 好人을 比喩한 것이며 또한 自己를 比한 것이다. 去不息은 모두 排斥당하여 높이 날아 멀리감이다. 黃鵠比喩好人, 也有自比意, 去不息, 都被排斥, 高飛遠引"이라 하였는데 投할 곳이 없어서 哀鳴하는 판에 무슨 모두가 高飛遠引이란 말인가? 杜先生 혼자 마음으로 그렇다는 것이지.

解說

알아주고 대우해주는 곳을 찾아 黃鵠처럼 떠나 결코 中止하지 않고 가리라. 그러나 슬프게 울어야 하리니 이 몸을 의탁하고 의지할 곳이 과연 어디란 말인가?

❖ 제23·24구: 君看隨陽雁, 各有稻粱謀.

註

▸隨陽雁: 기러기를 말하는데 기러기는 대표적인 철새다. 太陽(陽)이 北半球를 향할 때와 南半球를 향할 때를 따라(隨) 북으로 갔다가 남으로 옮기기 때문에 隨陽雁이라 부른다. 또한 趨炎附勢 — 즉 炎熱같은 힘있는 자에게는 쏠리고 權勢있는 자에게 빌붙는 것 — 하는 者를 比喩한다고 ≪漢語大詞典≫에서 記述하였는데 그 例가 本詩였다. 그러나 우리는 同意하지 않으며 贊成할 수 없다. 雁을 隨陽雁으로 쓴 것은 앞에 나온 〈對雨書懷走邀許注簿〉의 幕燕과 같다. 그곳에서 많은 例를 들었는

데 다시 한 번 써 보면 "趙飛燕이 춤추었다는 金盤", "安祿山이 던져 楊貴妃의 가슴을 상하게 하였다는 모과", "西施가 빨았다는 깁" 等等이다. 이때에 趙飛燕·安祿山·西施가 특별한 含意가 있을 턱이 없다. 다만 修辭技巧인 것이다. 약간의 장난기·익살도 물론 들어있지만. 本詩에서도 高貴한 黃鵠과 시시한 기러기가 이렇게 짝이 되는 것이다. 너무 穿鑿하고 粉飾하지 말자.

▸各: 皆. 都. 모두. 전부. 王鍈先生의 ≪詩詞曲語辭集釋≫을 參考함.

▸稻粱謀: 본래 새들이 먹을 것 찾는 것을 가리켰는데 사람들이 衣食을 강구하는 것도 比喩하게 되었다.

解說

여러분들 보십시오. 철따라 옮겨 다니는 기러기 따위도 高尙한 黃鵠보다 낫지 않습니까? 그것들도 모두 제 먹을 것 제 밥거리 챙길 줄은 알고 있지 않습니까?

➡ 많은 注家와 評者들의 本詩에 대한 여러 좋은 말씀을 보면서 杜甫 노릇하기도 꽤 힘들고 어렵겠다고 생각하였다. 私的인 一身上의 苦悶이 모두 愛國忠君, 憂國衷情으로 遁甲을 하니 말이다. 그가 이것을 안다면 꽤 멋쩍어 할 것이며 쑥스러워 할 것이다. 예나 지금이나 中國人들은 그를 憂國의 志士 내지 丹忠의 化身으로 推崇하였는데 그 結果 平常心으로 보면 극히 簡單明瞭한 일도 아주 難解하고 複雜多端하게 꼬아 버리고 말았다. 本詩도 稻粱謀 없음을 내놓고 하소연 했는데 다들 눈감고 귀 막은 채 다른 이야기만 잔뜩 늘어놓고 말았다. 제발 있는 그대로 보자. 그래서 杜先生의 詩題自體가 〈百憂集行〉으로 된 作品을 紹介하겠다. 그 작품 어느 곳에 憂國이나 忠君이 있는지 한번 살펴볼 일이다.

憶年十五心尙孩, 健如黃犢走復來.
庭前八月梨棗熟, 一日上樹能千廻.
卽今倏忽已五十, 坐臥只多少行立.
强將笑語供主人, 悲見生涯百憂集.

入門依舊四壁空, 老妻覩我顏色同.

癡兒不知父子禮, 叫怒索飯啼門東.

생각난다. 내 나이 열다섯에도 마음은 아이와 같았고, 튼튼하기는 누렁이 송아지라 달려갔다 돌아오곤 하였다. 뜰 앞 배·대추가 仲秋 八月이라 익으면 하루에도 천 번 나무를 타곤 했다. 지금 어느덧 이미 오십인데 그저 앉거나 눕는 일이 많고 다니거나 서있는 일은 드물다. 억지로 우스갯소리를 主人에게 해 올리자니, 슬프다. 내 생애를 따져보니 백가지 근심이 모여 있다. 내 집이라고 문을 들어서면 텅 빈 채 사방의 벽만 서있고, 마누라는 나를 바라보는데 허탕 친 나나 마련 못한 그나 얼굴빛은 근심으로 똑같다. 철없는 아이는 父子間의 예법을 모르니, 고함치고 성내며 밥 달라고 門이 동쪽에 있는 부엌에서 울고 있다.

▷十五: 〈,論語·爲政≫에서 "子曰: 吾十有五而志于學.……孔子님 말씀하시기를 내 나이 열다섯에 學問에 뜻을 두었다."이라 함. 本詩에서 杜先生은 自身도 本來 씩씩하고 서글서글한 성격이며 남들이 알 듯 꽁생원 儒者는 아니었다고 强調하기 위해 이렇게 쓴 것이리라.

▷走復來: 走는 앞으로 감. 來는 다시 돌아옴. 한군데 지그시 있지 못하고 수선을 떨며 奔走多事하였다는 말씀이다.

▷卽今: 현재. 오늘.

▷倏忽: 별안간. 돌연. 갑자기. 어느덧.

▷五十: ≪禮記·曲禮〉.에서 "五十曰艾, 服官政. 오십이면 노련하여지니 나라의 행정을 맡을 만하다"라 하였다. 本詩에서는 行政은 커녕 坐臥가 많다고 自嘲的으로 읊었다.

▷主人: 賓客이 衣食을 依托하는 높은 분. 여기에서는 成都尹 崔光遠이라고 여겨진다.

▷百憂: 수많은 근심 걱정. 豪放으로 號가 난 李白도 尋陽의 獄에 갖힌 罪囚가 되자 宰相인 崔渙에게 恭順과 嚴肅을 갖춰 四言體로 〈上崔相百憂章〉이란 詩를 올렸다. 다 저 억울하고 원통하며 답답하단 말이지 憂國이나 忠君은 찾을 길이 없더라.

▷四壁空: 사방으로 벽만 서있지 그 안에 가장집물(家藏什物)은 눈씻고 봐도 없는 상태를 말한다. 흔히 서발 막대 휘둘러도 걸릴 것 없다고 하여 赤貧을 나타낸다. ≪史記 · 司馬相如列傳≫에서 처음으로 "家居徒四壁立. 집이라고는 네 벽만 서 있다"이라 하여 가난을 묘사하였다.

▷老妻云云: 살림을 꾸려 나가는데는 아무래도 아내가 남편보다 낫다. 남편은 그래서 밖으로 뛰어다니면서도 은근히 아내가 어떻게 해결해 놓지 않았나 기대하는 법이다. 그런데 아내도 똑같이 근심 띤 얼굴이라는 것이다. 쯧쯧.

▷父子禮: ≪禮記 · 曲禮≫에는 凡爲人子之禮(아들 된 사람의 禮), 夫爲人子者(아들 된 사람이란), 爲人子者(아들된 사람은)하면서 아들이 갖춰야 할 禮法 · 道理가 계속 나온다. 그 內容은 省略하겠다.

▷叫: ① 외치다. 소리지르다. 부르짖다. ② 울다. 짖다. 지저귀다.

▷索飯: 索은 찾다, 요구하다, 달라고 하다니 索飯은 밥달라는 말이다.

▷門東: ≪漫叟詩話≫에서 "庖廚之門在東. 부엌의 문은 동쪽에 있다"이라 하며 啼門東이 韻을 맞추기 위한 것은 아니고 사실이다라 함.

杜先生의 本詩를 보면 그의 憂는 이룬 것 없이 이미 오십이 된 것, 앉거나 눕는 일 많고 다니거나 서 있는 것 드문 弱骨 또는 백수의 신세된 것, 억지로 우스갯소리나 主人에게 해주어야 하는 수치, 늙은 마누라 고생시키는 것, 철없는 어린 것 배 주리게 하는 것 等等이다. 임금에 대한 丹誠이나 나라걱정은 하나도 없다. 따라서 塔에 오르니 翻百憂라 하였는데 그것이 꼭 憂國이나 忠君일 수는 없다. 舜임금, 穆王이 나오니까 대뜸 나라걱정, 임금걱정으로 몰아가지만 要旨는 자기를 拔擢해주지 않는 것에 대한 무한 섭섭함이지 安史의 亂이 터질 것 같은 危機感은 찾을 길이 없다. 結論을 稻粱謀라고 實吐情했는데도 도무지 알아채지를 못하니 先入觀 · 主觀的 幻想이 무섭다는 생각만 들뿐이다.

☛ 參考 ❶

岑參〈與高適薛據登慈恩寺浮圖〉

塔勢如湧出, 孤高聳天宮. 登臨出世界, 磴道盤虛空.
突兀壓神州, 崢嶸如鬼工. 四角礙白日, 七層摩蒼穹.
下窺指高鳥, 俯聽聞驚風. 連山若波濤, 奔湊似朝東.
靑槐夾馳道, 宮館何玲瓏? 秋色從西來, 蒼然滿關中.
五陵北原上, 萬古靑濛濛. 淨理了可悟, 勝因夙所宗.
誓將挂冠去, 覺道資無窮.

註

▷浮圖: 浮屠라 쓰기도 한다. 범어 Buddha의 音譯인데 ① 佛陀. 부처. ② 佛教. ③ 和尙. ④ 佛塔의 뜻으로 쓰인다.

▷湧出: (물이) 솟아나다. 쏟아져 나오다. 王鴻蘆先生은 이 말은 ≪妙法蓮華經≫中의 "佛前有七寶塔……從地湧出"을 化用한 것이라고 하였다. 沈佺期의 〈奉和聖制同皇太子遊慈恩寺應制〉에서도 "湧塔初從地"라 함.

▷天宮: 天帝・神仙이 居住하는 宮殿. 天上의 宮廷.

▷登臨: 本來 登山臨水를 말하나 遊覽의 뜻으로도 쓰이며 本詩에서는 登塔하여 아래를 내려다 본다는 말로 쓰였다.

▷世界: 世上. 人間處. 天下. 江山으로 쓰인다. 그러나 本來 이 말은 佛教用語로 宇宙를 말한다. ≪楞嚴經≫에 의하면 "世爲遷流, 界爲方位. 東・西・南・北・東南・西南・東北・西北・上下爲界, 過去, 未來, 現在爲世. 世는 時間이 옮겨가고 흘러가는 것이며 界는 方位다. 東・西・南・北・東南・西南・東北・西北・上・下가 界며 過去・未來・現在가 世다"라 하였다. 王鴻蘆先生은 本詩의 世界는 ① 人間世上의 뜻과 ② 時間・空間을 겸하여 쓴 雙關이라 하였다.

▷磴道: 山을 오를 때 밟는 돌계단이 본 뜻이다. 山의 돌계단은 구불구불하게 돌아가며 있다. 本詩에서는 돌의 뜻은 빼고 구불구불하다는 뜻만 취하였다. 塔의 계단은 木製이니까.

▷盤: 빙빙 돌다. 둘둘 휘감다. 서리다.

▷突兀: 우뚝하다. 갑작스럽다. 뜻밖이다.

▷神州: 戰國時代에 齊人인 鄒衍이 中國은 神州赤縣이라 하였다.

▷崢嶸: ① 高峻 즉 山이 높고 험한 모습. ② 卓越하여 平凡하지 않음.

▷鬼工: 精妙하고 뛰어나 人工이 아니고 鬼神의 作品이라는 말.

▷四角: 네 모서리. 네 구석. 네 모퉁이. 네 귀.

▷礙: ① 방해하다. 장애가 되다. 지장을 주다. ② 거리끼다. 걸리다.

▷摩蒼穹: 푸른 하늘을 비비다. 푸른 하늘에 닿다, 미치다. 푸른 하늘을 어루만지다, 쓰다듬다. 지금도 우리는 摩天樓라는 말을 쓴다. 中國에서는 摩天大廈라고 한다.

▷驚風: 빠르고 세차게 부는 바람. 驚은 빠르다는 뜻이 있다.

▷連山若波濤: 王鴻蘆先生 曰: "≪文選≫에 나오는 木華의 〈海賦〉에 '波若連山. 波濤는 잇닿은 山과 같다'라 하였는데 本詩에서는 반대로 썼다."

▷奔湊: 會合, 聚集의 뜻으로 보통 쓰인다. 그러나 本詩에서는 빠르게 달려감, 급히 흘러감의 뜻으로 쓰였다. 湊는 會合, 聚集의 뜻으로 가장 많이 쓰이나 趨, 奔赴의 뜻으로도 쓰인다.

▷朝東: 東海에 朝宗함. ≪書・禹貢≫에서 "江漢朝宗于海. 長江과 漢水는 바다에 朝宗한다."라 하였다. 孔穎達의 疏에서 "朝宗是人事之名, 水無性識, 非有此義. 以海水大而江漢小, 以小就大, 似諸侯歸於天子, 假人事而言之也. 朝宗, 즉 諸侯가 봄・여름에 天子를 알현(謁見)함은 人事의 名稱이다. 물은 天分・悟性이 없으니 이러한 뜻을 가질 수 없다. 다만 바다는 크고 江漢은 작은데 작은 것이 큰 것에 나아감이 마치 諸侯가 天子에게 복종함 같으므로 人事를 빌려서 말한 것이다"라 하였다. 요즈음은 흔히 "百川朝宗于海. 모든 물은 바다로 모여든다"로 쓴다.

▷馳道: 옛날 帝王의 車馬를 위한 길. 秦始皇이 天下를 統一한 뒤에 全國에 걸쳐 馳道를 닦았다. 後에는 車馬가 달릴 수 있는 大路를 가리킨다.

▷玲瓏: 雄壯하고 찬란한 建物도 깜찍하고 精巧하게 보인다.(王鴻蘆)

▷秋色從西來: 봄은 東, 여름은 南, 가을은 西, 겨울은 北.

▷蒼然: 희무스름함. 蒼은 青色말고 灰白色도 가리킨다.

▷五陵: 長安 북쪽의 渭水 건너 黃土高原地帶에 자리잡은 漢代의 陵. 高祖의 長陵, 惠帝의 安陵, 景帝의 陽陵, 武帝의 茂陵, 昭帝의 平陵.

▷萬古: 지나간 세월이 오래되고 김.

▷濛濛: 渺茫하다. 茫茫하다. 아득하다.

▷淨理: 보통 佛敎의 淸淨 寂滅의 理致라 한다. 그러나 王鴻蘆先生의 意見인즉 唐代에는 佛敎의 淨土宗이 流行하였는데 塵世의 惡行을 멀리 벗어나고 더러움을 받지 않는 것으로 淸淨을 삼았다 한다.(以遠離塵世惡行, 不受垢染爲淸淨)

▷了可悟: 了는 ① 聰明. 穎慧. ② 完了. 結束. ③ 이해하다. 분명히 알다. ④ 분명하다. 명백하다. 명확하다. 뚜렷하다. 本詩에서는 ④의 뜻으로 쓰였으니 명확하고 透徹하게 佛敎의 眞諦를 깨달았다는 말이다.

▷勝因: 佛敎語. 善因. 善根. 善本. 즉 좋은 果報를 낳게 하는 착한 일. ≪佛說無常經≫에서 "勝因生善道, 惡業墮泥犁. 착한 일을 하면 좋은 곳에 태어나고 나쁜 業을 지으면 地獄에 떨어진다"라 하였음.

▷夙: 平素. 예부터.

▷宗: 尊崇하다. 崇信하다.

▷卦冠: ≪後漢書・逸民列傳・逢萌≫을 보면 그때에 王莽이 그 아들인 王宇를 獄에 보내 독약을 먹고 죽게 하는 일이 발생하였다. 逢萌이 友人에게 말했다. "三綱(즉 君臣, 夫婦, 父子)이 끊어졌구나. 떠나지 않으면 禍가 미칠 것이다"하고 冠을 벗어 東都城門에 걸어놓고 歸隱, 家屬을 이끌고 바다를 건너 遼東땅에 寄居하였다. (逢은 (방. páng)으로 읽는다) 挂冠은 즉 벼슬을 버리고 감투를 벗고 隱居한다는 말이다.

▷覺道: 大覺之道. 즉 佛敎를 말한다. 佛敎는 깨달음의 道인 것이다.

▷資: ~을 의지하다. ~을 믿다. ~을 기반으로 하다. 빙자하다. 구실로 삼다.

解說

塔의 形勢는 용솟음치는 것 같으니, 홀로 높아 하늘나라까지 치솟았다. 구불구불한 계단은 허공을 돌고 서렸는데, 올라가 내려다보면 인간세상을 벗어나고 時間・空間을 초월하였다. 돌올(突兀)하다! 神靈한 中國을 壓倒하며, 쟁영(崢嶸)하다! 鬼神의 뛰어난 作品이로다. 네 모퉁이는 흰 해의 運行을 妨礙하고, 일곱 층은 푸른 하늘을 만지고 쓰다듬는다. 높이 나는 새를 밑으로 보며 가리키겠고, 세차게 부는 바람을 숙여야 들을 수 있구나. 잇닿은 山과 山은 파도와 흡사한데, 달리고 쏠리는 것이 東海로 알현

(謁見)하려는 듯하다. 푸른 회화나무는 大路를 끼고 늘어섰는데, 웅장하고 찬란한 宮殿·官廳도 깜찍하고 精巧해 보일 뿐. 가을빛이 서쪽에서 오니, 關中 가득한 것은 희무스름함이다. 渭水 건너 북쪽의 벌판에는 漢나라의 다섯 陵이 있는데, 萬古에 변함없는 아득한 푸른빛이다. 佛教의 清淨寂滅한 理致를 여기에 올라 뚜렷이 깨달을 수 있으니, 좋은 果報를 낳을 善因·善根은 平素에 尊崇하던 바였다. 決心했다, 장차 감투 벗어 걸어놓고 떠날지니, 깨달음의 道인 佛教는 내 의지하고 믿을 것이 무궁하구나.

☛ 參考 ❷

高適〈同諸公登慈恩寺浮圖〉

香界泯群有, 浮圖豈諸相? 登臨駭孤高, 披拂忻大壯.
言是羽翼生, 迥出虛空上. 頓疑身世別, 乃覺形神王.
宮闕皆戶前, 山河盡簷向. 秋風昨夜至, 秦塞多清曠.
千里何蒼蒼, 五陵鬱相望. 盛時慙阮步, 末宦知周防.
輸效獨無因, 斯焉可遊放.

註

▷香界: 香國. 衆香國과 같으니 佛國 즉 부처의 나라라는 뜻이다. ≪維摩詰經·香積佛品≫에서 "上方界佛土有國, 名衆香, 佛號香積, 其界一切皆以香作樓閣.……上方界의 부처 땅에 나라가 있으니 衆香國이고 부처의 이름은 香積佛로 그 地境안의 모든 것은 香으로 樓閣을 짓고……"이라 함. 本詩에서는 慈恩寺를 말한다.

▷泯: 消滅. 消失.

▷群有: 佛教語로 衆生. 萬物. 萬有를 말한다.

▷諸相: 불교어. 一切事物의 밖으로 나타나는 形態를 말함.

▷披拂: ① 微風이 스치다. 바람에 흔들리다. ② 헤치다. 제치다.

▷忻: 欣과 같다.

▷大壯: ≪易≫ 六十四卦의 하나. "上震下乾"이다. 震은 雷. 乾은 天(天의 形態는 圓蓋임)인데 그 卦象은 위에 雷雨가 있고 아래에 이것을 막는 圓

蓋가 있는 것이다. 그래서 宮室을 創建하여 風雨를 파하는 것은 "大壯"에서 形象을 따온 것이라 한다. 宮室建築 典據로 쓰였다. 〈易・繫辭下≫에서도 "上古穴居野處, 後世聖人易之宮室, 上棟下宇, 以待風雨, 蓋取諸'大壯'. 上古에는 穴居나 野處하였는데 後世에 聖人이 이것을 宮室로 바꾸었으니 위에 대들보를 얹고 아래에 서까래를 놓아 風雨를 막았는데 '大壯'卦에서 따온 것이다."이라 하였다. 本詩에서는 ≪易≫의 뜻도 취하고 글자의 外形 그대로 偉大하고 雄壯한 建築이라는 뜻도 함께 취하였다.

▷言: 예상하다. 추측하다. 알다.

▷逈(형. jióng): 멀다. 아득하다.

▷頓疑: 頓은 갑자기. 疑는 似. ~인 듯하다.

▷身世: 自身과 世上.

▷形神王: 形神은 形骸와 精神. 즉 몸과 마음이다. ≪莊子・養生主≫에서 "神雖王, 不善也."라 하였는데 王은 旺과 통하니 旺盛하다, 興盛하다는 뜻이다.

▷宮闕…, 山河…: 宮闕은 人工構造物 中 宏壯・華麗한 것, 山河는 自然界의 代表・特出이다.

▷秦塞: 秦나라 時代에 세운 要塞. 本詩에서는 險要한 關中땅을 가리킨다.

▷千里: 關中平野. ≪漢書・張良傳≫에서 "夫關中, 左殽函, 右隴蜀, 沃野千里. 대저 關中땅은 왼쪽으로는 殽山・函谷關이 있고, 오른쪽으로는 隴右와 蜀이 있으며 기름진 벌이 천리나 된다"라 하였다.

▷蒼蒼: ① 深青色. ② 하늘을 가리킴. ③ 灰白色. ④ 茫茫하여 끝이 없음. 本詩에서는 ④의 뜻으로 쓰였다.

▷鬱: 나무・풀이 우거져 빽빽함.

▷盛時: 盛世. 興盛한 時代. 太平聖代. 太平盛世.

▷阮步: 步兵校尉를 지냈으므로 阮籍을 阮步兵이라 부른다. ≪晉書・阮籍傳≫에 의하면 수레를 몰고 갈 때 徑路로 가지 않았으며 길이 막다르면 통곡하며 돌아섰다 한다. 그가 살던 시대는 對外的으로는 三國鼎立이며 對內的으로는 魏晉交替의 極度로 混亂한 때였다. 마치 막다른 길에 처한 것과 같았으므로 自身의 處地와 立場을 슬퍼한 것이다. 本詩에서 高適은

興盛한 時代인데도 立身揚名이 如意치 않고 앞이 막혔으므로 環境・條件이 나빴던 阮籍에게 부끄럽다는 말이다. 자신은 환경조건을 탓할 수도 없다는 것이다.

▷末宦: 微官末職. ≪後漢書・儒林列傳上・周防≫에 의하면 열여섯 살 때에 郡의 小吏가 되었다 한다. 世祖 卽 後漢의 創業主인 光武帝가 汝南땅을 巡狩할 때 下級官吏인 掾史들을 불러 經書를 試驗하였는데 周防이 특히 誦讀에 뛰어나 郡守・縣令을 輔佐하는 守丞을 시켰으나 未冠이라 즉 스물이 안됐다며 가겠다고 하였다. 本詩에서 高適은 자기의 보잘 것 없는 벼슬자리가 未冠의 周防만큼 시시하다고 탄식하는 것이다.

▷知: 記憶하다. 認識하다.

▷輸效: 輸忠效死. 輸는 바치다는 뜻. 效는 盡心盡力하여 服務함이다. 輸忠效死는 忠誠을 바치고 목숨 버려 일하겠다는 말이다.

▷獨: ① 오히려. 도리어. ② 여전히.

▷遊放: 빈둥거리며 마음대로 놀다.

解說

香積佛이 있는 衆香國 즉 佛의 世界에서는 一切 萬有란 消滅하니 一切皆空이라 한다. 그러나 이 塔이 어찌 그러한 泯滅로 돌아갈 外形을 갖춘 시시하고 凡常한 事物이겠는가? 한번 올라가면 홀로 우뚝 높이 솟은 것에 경악하고, 바람이 불어오면 偉大한 建築에 마음이 흔쾌하니, 꼭 날개가 생겨 아득히 虛空을 벗어났다고 추측할 지경이다. 갑자기 내 몸이 인간세상을 떠난 듯하니, 나의 形體와 精神이 한껏 부풀어 오른다. 宏壯・華麗한 宮闕의 殿閣・樓臺도 모두 창 앞에 있고, 山과 江, 水와 陸이 몽땅 추녀로 다가온다. 가을바람이 어젯밤 불어오더니 秦나라 關中땅은 참으로 맑고 시원하게 트였다. 千里를 뻗은 벌판은 어찌 그리 茫茫하며 끝없는가? 그 속에 漢나라의 다섯 陵墓는 짙게 우거져 눈에 들어온다. 이렇게 興盛하고 繁昌하는 時代에 앞길이 막혔으니, 板蕩한 世上속에 길 없었던 阮籍에게 부끄럽고, 微官末職에 얽매였으니 스물 안 된 나이의 周防과 비슷한 자리라고 생각한다. 진정 나라와 임금님 위해 忠誠을 바치고 힘을 다하려 해도 좇고 따를 길과 방법이 오히려 없으니, 여기에서 빈둥기리며 노는 것이 마땅하리라.

☛ 参考 ❸

儲光羲〈同諸公登慈恩寺塔〉

金祠起眞宇, 直上青雲垂. 地靜我亦閒, 登之秋淸時.

蒼蕪宜春苑, 片碧昆明池. 誰道天漢高, 逍遙方在玆.

虛形賓太極, 攜手行翠微. 雷雨傍杳冥, 鬼神中躨跜.

靈變在倏忽, 莫能窮天涯. 冠上閶闔開, 履下鴻雁飛.

宮闕低邐迤, 群山小參差. 俯仰宇宙空, 庶隨了義歸.

崱屴非大廈, 久居亦以危.

註

▷祠: 祠堂. 廟.

▷眞宇: 道觀. 즉 道教의 寺院. 祠堂이나 廟는 儒家에 속하고 眞宇는 道教에 속한다. 本詩에서는 儒家의 金祠나 道教의 眞宇에 맞잡이되는 佛門의 大建築인 이 塔이라는 말씀이다.

▷青雲: 青天의 白雲. 高空의 白雲. 높은 하늘로도 쓰인다. ➪ 垂雲: 낮게 드리운 구름. 구름이 드리움.

▷垂는 陲와 통한다. 변두리. 가장자리.

▷地靜: 地는 地方, 場所. 靜은 平靜, 安靜, 淸潔.

▷蕪: 풀이 우거짐. 蒼蕪는 푸르고 무성한 모양.

▷宜春苑: 漢나라 때의 宜春下苑인데 唐나라 때의 曲江池다. 大雁塔에서 아주 가까운 東南쪽에 있다.

▷片碧: 一片의 碧玉.

▷昆明池: 湖沼의 이름. 漢 武帝 元狩 三年(BC 120)에 水戰을 익히기 위해 팠다. 長安 西南에 있으며 周圍는 四十里인데 宋 以後에 없어졌다. 唐나라의 長安城에서 보면 서쪽이다.

▷天漢: 銀漢. 河漢. 天河. 銀河. 明河 等의 이름이 있다.

▷逍遙方在玆: 在玆方逍遙다. 方은 ① 도리어, 반대로. ② 바야흐로, 지금

바로. ③ 장차의 뜻으로 쓰였다.

▷虛形: ① 虛를 無欲無爲로 보면 塵念을 벗어나 가벼워진 肉身이 되겠고 ② 虛空中의 形骸로 볼 수도 있다.

▷賓: 손님이 되다. 손님 노릇하다. 賓客이 되다.

▷太極: ① 最 原始의 混沌之氣. 太極에서 兩儀가 나오고 다시 四象 또 八卦가 생겼다.

▷翠微: ① 푸른빛이 서로 가리면서 어울려 돋보이는 산허리의 幽深한 곳. ② 山光과 水色이 푸르스름한 것. ➪ 翠微宮: 山間의 宮殿을 가리킨다.

▷雷雨: 천둥 번개를 동반한 비로 흔히 여름날 오후에 생긴다.

▷傍: 곁·가장가리의 뜻일 때는 (páng)으로 읽고, 곁하다, 가까이 하다의 뜻으로 쓸 때에는 (bàng)으로 읽는다.

▷杳冥: ① 天空. 높고 먼 곳. ② 그윽하고 아득함. 渺茫.

▷虁踞(기니. kuíní): 용·짐승이 꿈틀거리는 모양.

▷靈變: ① 神奇莫測한 變化. ② 變化의 迅速함.

▷天涯: 天邊. 극히 먼 곳.

▷邐迤 (이이. lǐyǐ): 迤邐와 같다. 잇달아 뻗은 모양. 비스듬히 이어진 모양.

▷參差: 가지런하지 않은 모양. 어수선 함.

▷俯仰: ① 아래를 굽어보고 위를 우러러 봄. ② 순식간. 삽시간.

▷宇宙空: 空은 ① 廣闊함. 넓디 넓음. ② 空虛.

▷庶: ① 거의. 대체로. 어떻게든(可能·期待를 나타냄). ② 가깝다. 비슷하다.

▷了義: 佛敎語. 眞實之義. 가장 완전무결한 眞諦. ➪ 眞諦: 眞實의 意義·道理.

▷崱屴 (즉력. zèlì): 높고 險峻한 모습. 산봉우리가 높이 솟은 모양.

▷大廈: 넓고 큰 건물.

▷久居: 오래 머물다.

▷危: 근심하고 두려워하다. 不安하다. 조마조마하다. 아슬아슬하다.

解說

儒家의 金祠처럼 道敎의 眞宇같이 佛門에서도 하나 세웠는데, 푸른 하늘 흰 구름 드리운 곳까지 곧장 치솟았다. 場所는 淸潔·고요하고 나 또한 한가하니, 올라갔다. 가을이라 맑은 계절에. 宜春苑은 푸르름이 무성하고 昆明池는 한 조각 碧玉. 누가 말했던가 銀河가 높다고. 여기에서는 지금 바로 逍遙할 수 있는데. 욕심과 作爲없어 塵世의 俗念을 벗어난 가벼운 몸은 太極이라 天宮과 仙界에 손님노릇하며, 벗님들과 손잡고 푸르스름한 산속의 翠微宮 거니는가. 저 아득한 허공 가장자리 雷雨가 쏟아지니 그 속에 鬼神이 꿈틀대는 듯. 헤아릴 수 없는 神奇한 변화가 순식간에 벌어지니, 하늘 끝까지 펼쳐지는 변화를 다 보아낼 수 없다. 머리에 쓴 갓 위에서 하늘 문이 열리고, 발에 신은 신발 아래에서 기러기가 날다니. 宏壯한 宮闕도 나지막하게 이리저리 뻗어있고, 峨峨한 뭇 山들도 자잘하게 여기저기 흩어졌다. 굽어보고 우러러 보는 짧은 시간에 宇宙의 空闊함을 다 겪었으니, 圓滿한 眞諦를 따라 歸依할 수 있으리. 그러나 塔은 높고 험할 뿐 安樂한 高臺廣室은 아니니, 오래 머무는 것 또한 조마조마 하다네.

➥ 薛據의 作品은 失傳되었으므로 알 수 없다.

➥ ≪杜詩詳注≫, ≪杜詩鏡銓≫에서 杜甫의 作品을 크게 칭찬 壓倒群賢, 雄視千古라 하였다. 그런데 ≪杜詩鏡銓≫에서는 그래도 마음에 걸리는 바가 있었던지 李子德의 評을 引用하였다. “岑作高, 公作大; 岑作秀, 公作奇 ; 岑作如浩然洞庭, 終以公詩吳楚東南坼, 乾坤日夜浮爲大. 岑參의 作品은 高하고, 公의 作品은 大하며, 岑參의 作品은 秀하고, 公의 作品은 奇하다. 岑參의 作品은 孟浩然의 〈臨洞庭〉詩와 같으니—3·4句가 有名한 ‘氣蒸雲夢澤, 波撼岳陽樓’이다—결국 公의 作品이 公의 〈登岳陽樓〉 3·4句 ‘吳楚東南坼, 乾坤日夜浮’처럼 大하다.”

➥ 賈至의 〈早朝大明宮呈兩省僚友〉에 和한 作品을 杜甫·王維·岑參이 썼는데 이때에도 杜甫를 제일 높이 치는 사람이 많다. 結局 杜詩는 마니아(mania)들이 요즈음 말로 극성팬들이 와글와글 떠드는데 岑參先生은 不足 정도가 아니라 아예 全無한 實情이다. 그러니 불쌍할 것까지는 아니라도 아쉽고 안타까운 마음은 든다. 그런데 정작 杜詩를 選한 것을 보면 어느 選集에도 本作品은 올라있지 않다. 또한 ≪唐詩

選≫, ≪唐詩三百首≫가 選한 基準이 公正하고 盡善盡美하다고 斷言할 수는 없지만 岑參의 作品만 뽑았으니 衆論은 그쪽으로 기운 듯하다.

40. 〈投簡咸華兩縣諸子〉(七言古詩)

赤縣官曹擁才傑, 軟裘快馬當冰雪.
長安苦寒誰獨悲, 杜陵野老骨欲折.
南山豆苗早荒穢, 青門瓜地新凍裂.
鄉里兒童項領成, 朝廷故舊禮數絶.
自然棄擲與時異, 況乃疏頑臨事拙.
饑臥動即向一旬. 敝衣何啻聯百結.
君不見空牆日色晚, 此老無聲淚垂血.

❖ 詩題

註

▸投: ① 贈與하다. 投贈하다. ② (편지 · 원고 등을) 부치다. 보내다.

▸簡: 書簡. 簡札. 편지.

▸咸華: 咸陽縣 華原縣.

▸諸子: 諸位. 諸君. 敬辭 즉 높임말이다.

解說

〈咸陽, 華原 두 고을의 여러분께 이 詩를 書簡삼아 보냅니다〉

❖ 제1 · 2구: 赤縣官曹擁才傑, 軟裘快馬當冰雪.

註

▸赤縣: ① 中國을 赤縣神州라 함. ② 唐 · 宋 · 元時代에 京都에서 다스리는 고을을 말한다. ≪李太白全集≫의 王琦 注에서 ≪通典 · 職官十五≫를 引用하였는데 "大唐縣有赤 · 畿 · 望 · 緊 · 上 · 中 · 下七等之差. 京都所治爲赤縣, 京之旁邑爲畿縣. 其餘卽以戶口多少, 資地美惡

爲差. 唐나라의 縣은 赤·畿·望·緊·上·中·下로 일곱 등급의 차이가 있다. 京都에서 다스리는 곳이 赤縣이며, 서울의 鄰近 고을이 畿縣이며, 그 나머지는 戶口의 많고 적음, 來歷, 由來, 地位 等의 근사하고 못한 것을 따져 差等을 두었다"라 하였다.

▶官曹: 官吏들이 事務를 보는 機關. 官吏들이 執務를 하는 곳. 官廳·官府·官署·廳事로도 쓴다.

▶擁: ① 抱擁하다. 끌어안다. 껴안다. ② 執持. 가지다. 지니다. ③ 擁有. 보유하다. 소유하다. ④ 擁護. 지지하다. 떠받들다. ⑤ 밀려들다. 밀어닥치다. 붐비다. 북적대다.

▶才傑: 傑出한 人才. 才雄·才俊·才儁·才彦·才士·才秀로도 쓴다.

▶軟裘: 軟은 부드럽다. 보드랍다. 나긋나긋하다. 裘는 毛衣·갖옷이니 짐승의 털가죽으로 안을 댄 옷을 말한다. 軟裘는 輕裘라고도 한다. 털가죽이 뻣뻣하거나 무거우면 젬병이니 뻣뻣하지 않은 것을 강조하면 軟裘라 하고 무겁지 않은 것에 중점을 두면 輕裘라 하는데 보드랍고 나긋나긋한 것이 무거울 리가 없고 가벼운 것이 뻣뻣할 턱이 없으니 결국 같은 말이다. 蕭滌非先生은 狐裘라 하였다. 狐裘는 여우의 털가죽으로 만든 옷인데 더 高級이 있으니 狐白裘로 여우 겨드랑이의 흰 毛皮만을 모아서 만든 옷이다. ≪禮記·玉藻≫에서 "君衣狐白裘, 임금님은 狐白裘를 입는다", "士不狐白裘. 벼슬 못한 最下位 支配階級인 士는 狐白裘를 못 입는다"라 하였다. ≪史記·孟嘗君列傳≫에서 "此時孟嘗君有一狐白裘, 直千金, 天下無雙. 이때 孟嘗君에게 狐白裘 한 벌이 있었는데 千金의 값어치가 나갔으며 天下에 이에 비길만한 것이 없었다"이라 하였다.

▶快馬: 날랜 말. 날쌘 말. ≪樂府詩集·橫吹曲辭五·折楊柳歌辭五曲≫에서 "健兒須快馬, 快馬須健兒. 䠫跋黃塵下, 然後別雄雌. 씩씩한 청년은 날랜 말을 필요로 하고, 날랜 말은 씩씩한 청년을 기다린다. 黃泉이

라 저승길을 다가닥다가닥 갈린 뒤에야, 이 한 쌍은 헤어지리라"라 하였다. ≪論語 · 雍也≫에서 公西赤이 齊나라에 使臣으로 갈 때 "乘肥馬, 衣輕裘. 살찐 말 타고 가벼운 갖옷 입었다"라 하여 보통 輕裘肥馬로 쓰여왔다. 杜先生이 軟裘快馬라고 바꿔 쓴 뒤에 이것이 또한 成語가 되었으니 ≪漢語大詞典≫에서는 아예 軟裘快馬의 例로 本詩를 들었다.

▸當: ① 받아들이다. 감당하다. ② 막다. 대처(對處)하다. ③ 맞대결하다. 버티거나 항거하다.

▸冰雪: 冰은 (bīng)으로 읽는다. 얼음과 눈이다. 눈 쌓이고 얼음 얼어도 軟裘와 快馬로 감당하고 대처하고 버티고 맞대결한다는 것이니 겨울의 추위가 조금도 겁나지 않는다는 것이다. ➪ 冰은 (níng)으로도 읽으니 凝의 古字가 된다. ≪莊子 · 逍遙遊≫에 나오는 藐姑射山의 神人은 肌膚가 冰雪같다 하였는데 凝結된 白雪과 같음이니 ≪詩 · 衛風 · 碩人≫의 "膚如凝脂. 살결은 엉긴 기름같다"와 비슷한 描寫가 되겠다.

解說

나라님의 고을인 赤縣에서도 높은 분들이 執務하는 官廳에는 傑出한 人才들이 북적북적 붐비는데, 보드라운 갖옷에 날랜 말로 얼음 얼고 눈 오는 추운 겨울을 기꺼이 받아들여 버티고 맞대결하신다지요.

➥ 白居易가 本詩의 1 · 2句를 念頭에 두고 쓴 듯한 詩가 한 수 있다. 즉 官衙도 官衙 나름이며 才傑에, 붐비기는커녕 외톨이 신세라는 것이다. 그가 江州司馬로 내쳐진 뒤의 心境이 잘 나타나 있다.

白居易 〈司馬廳獨宿〉

荒涼滿庭草, 偃亞侵簷竹. 府吏下廳簾, 家僮開被襆.

數聲城上漏, 一點窗前燭. 官曹冷似冰, 誰肯來同宿.

황량하고 쓸쓸하다. 뜰 가득한 풀이여, 수북하고 처졌다. 처마에 다가드니 대나무여. 아전은 사무실의 발을 내리고, 머슴아이는 이불 · 요를 펴

놓는다. 몇 차례 들리는 것은 城위 시간을 알리는 북소리요 딱하나 빛나는 것은 窗앞 어둠을 맞이하는 촛불이다. 官衙는 싸늘하기가 얼음이니, 그 누구리오 와서 함께 숙직(宿直)하려는 이가.

❖ 제3·4구: 長安苦寒誰獨悲, 杜陵野老骨欲折.

註

▸苦寒: 혹한(酷寒). 엄한(嚴寒). 엄동설한(嚴冬雪寒).

▸杜陵: ① 地名. 지금 陝西省 西安市 東南에 位置한다. 이곳은 옛날 杜伯國이 있었으므로 秦代에 杜縣을 두었고 漢나라 宣帝가 동쪽의 언덕에 陵墓를 만들고 杜陵이라 하였으며 杜縣도 杜陵縣으로 改稱하였다. ② 漢 宣帝의 陵. ≪三輔黃圖·陵墓≫에 의하면 이 陵은 長安 城南 五十里에 있으며 宣帝가 일찍이 民間에서 자랄 때 鄠縣(호현)과 杜縣 사이로 놀러 다녔으므로 이곳 자리 잡게 되었다 한다. ③ 杜甫의 祖籍—즉 本籍·原籍—이 이곳인데다 그 自身 또한 이곳에 居住한 적이 있으므로 自稱 杜陵野老·杜陵野客·杜陵布衣라 하였으며 世人들도 杜陵老·杜陵叟·杜陵翁·杜陵傑·杜陵遺老라고 불렀다.

▸野老: 野翁. 村翁. 村老. 村叟. 시골 늙은이. 촌 영감(令監). 촌 첨지(村僉知). 촌 보리 동지(同志).

▸骨欲折: 骨折은 뼈가 실제로 부러졌다는 것이 아니고 극도의 고통과 슬픔을 나타낼 뿐이다. 良醫가 되려면 三折肱 즉 세 번 팔뚝이 부러지는 듯한 뼈아픈 경험·困境·挫折을 겪어야 한다고 하였다. 江淹의 〈別賦〉에서 "心折骨驚. 염통 즉 가슴이 찢어지고 뼛속 깊이 놀라다"라 하였다. 心이나 骨·肝 따위가 折·摧·碎한다고 큰 슬픔·고뇌를 표현하곤 하였다. 日本 鈴木虎雄先生은 "寒이 甚 한 것을 말한다"라 하였다. 생각하건데 얼면 쉽게 부러지고 부서지니 그렇게 말한 듯하다. 상당히 과학적인 듯하나 여름에도 骨折이라는 말을 쓸 수밖에 없으니 이 또

한 어려운 노릇이다. 참고로 말하면 心折은 지금 白話에서는 "진심으로 敬服함", "크게 驚嘆함"의 뜻이니 古文의 뜻과는 逈異하다. 欲도 王鍈 先生의 ≪詩詞曲語辭例釋≫에 의하면 ① 方. 正. 恰, 즉 한창. 바야흐로. 막. ② 似. 如. 若. 즉 ~와 같다. ~하는 듯하다의 뜻으로 쓰일 때가 많다. 참고할 만하다.

解說

長安一帶 首都圈의 嚴冬雪寒·酷寒속에 軟裘도 快馬도 없이 홀로 슬퍼하는 사람은 그 누구인가? 杜陵 땅의 촌 첨지·시골영감이 뼈가 부러지는 苦痛속에 있다오.

❖ 제5·6구: 南山豆苗早荒穢, 青門瓜地新凍裂.

註

▸南山豆苗: 漢 楊惲의 〈報孫會宗書〉에 나오는 노래를 말한다. ≪漢書·公孫·劉·田·王·楊·蔡·陳·鄭傳≫에 실려있고 昭明太子의 ≪文選≫에도 登場한다. ≪古詩源≫에서는 書中의 이 노래만 뽑아 〈拊缶歌〉라고 題하였다. 노래는 다음과 같다. "田彼南山, 蕪穢不治. 種一頃豆, 落而爲萁. 人生行樂耳, 須富貴何時.終南山에 힘써 밭갈이 했건만 무성한 잡풀이여! 김맬 수 없구나. 一頃이라 百畝 이 만평에 콩을 심었건만 다 떨어지고 콩대만 남았구나. 인생이란 즐겁게 놀고 지내야 하는 것, 富貴한 다음에 놀자면 어느 천 년에……" 이 노래가 널리 알려지게 된 까닭은 陶淵明 덕분이리라. 陶先生의 〈歸園田居〉 五首 其三에서 "種豆南山下, 草盛豆苗稀. 晨興理荒穢, 帶月何鋤歸.……南山 밑에 콩 심었는데, 풀은 무성하고 콩 싹은 성기네. 새벽같이 일어나 김매고, 달빛 띤 채 괭이 메고 돌아오네.……" 흔히 杜詩를 말할 때 "化腐爲新"이라 하는데 陶先生도 대단하긴 마찬가지다.

▸早: 일찍이. 벌써. 진작. 이미.

▶荒穢: 荒에는 荒蕪하다 즉 잡풀이 우거지다는 뜻이 있다. 穢도 더럽다는 뜻 말고 荒蕪·雜草叢生의 뜻이 있다.

▶青門瓜地: ≪三輔黃圖≫에 의하면 秦나라 때 東陵侯였던 邵平은 秦나라가 망하자 平民이 되었다. 먹고 살기 위하여 青門 — 즉 霸城門인데 門에 푸른 칠을 하여 보통 青門이라 불렀다 — 밖에 참외를 심었는데 아주 맛이 좋았으므로 東陵瓜·青門瓜라 불렀다 한다.

▶新: 금방. 새로이. 갓.

▶凍裂: 얼어서 갈라지다. 얼어서 트다.

▶南山·青門 두 句는 典故를 쓴 것이지만 또한 사실이다. 杜甫가 杜陵으로 이사하기 전에 지은 詩 즉 〈曲江〉 三章에서 "杜曲幸有桑麻田, 故將移住南山邊. 杜曲에 요행으로 뽕밭·삼밭 있으니, 그러므로 장차 南山 부근으로 옮겨 살리라" 하였다. 이사한 뒤 食口들의 生活 근거가 없었으니 약간의 桑麻田이 있는데 어떻게 심지 않고 놀려둘 수 있겠는가? (陳貽焮敎授의 ≪杜甫評傳≫에서 추린 것임)

解說

漢나라 楊惲과 晉나라 陶淵明이 南山에 콩 심듯 해보았지만 진작 잡초밭 되었고, 秦나라 東陵侯 邵平이 青門밖에 참외 심듯 해보았어도 땅은 막 얼어 갈라졌으니 農事로 衣食해결하긴 다 틀렸소이다.

❖ 제7·8구: 鄕里兒童項領成, 朝廷故舊禮數絶.

註

▶鄕里: 周나라의 制度로 王과 諸侯의 國都의 郊內에 鄕을 設置하였으며 百姓들이 모여사는 곳을 里라 하였으므로 鄕里는 鄕民들이 묘여사는 基層單位를 가리키게 되었다. 鄕은 時代에 따라 規模가 一定하지 않았다. 周나라에서는 一萬二千五百家였고 春秋時代 齊나라에서는 郊內의 二千家였으며 漢나라 때에는 萬戶가 一鄕, 唐·宋에서는 縣 以下

의 基層行政單位로 ≪舊唐書・食貨志上≫에서는 "百戶가 里며 五里가 鄕"이라 하였으니 以前에 비하면 바짝 줄어들었다는 것을 알 수 있다. 우리나라에서 邑은 郡에 속하는 行政區域單位로 人口가 二萬 以上 五萬 以下이므로 鄕은 邑과 비슷하다고 볼 수 있겠다.

▸兒童: 옛날에는 嬰兒보다 나이 많으나 아직 成年이 안 된 사람을 가리켰다. 간단히 설명하면 十代가 이에 해당할 것이다. 杜先生의 〈羌村〉 三首 其三에서 "兵革旣未息, 兒童盡東征. 전쟁이 끝나지 않아, 十代 靑少年들도 동쪽 정벌에 나갔다"이라 하였다. 지금 兒童은 初等學生 程度를 가리키나 예전에는 대개 하이틴(highteen) 즉 靑少年을 말한다. 本詩에서는 鄕里小兒와 같으니 ≪陶潛傳≫에서 나왔다고 ≪杜詩詳注≫에서 밝혔다. ≪晉書・隱逸傳≫, ≪宋書・陶潛傳≫, ≪南史・陶潛傳≫을 보면 "陶潛이 彭澤令이 되었을 때 평소 傲慢・孤高하여 上官을 삿되게 섬기지 않았다. 上級機關인 郡에서 督郵—地方의 太守를 대신하여 縣・鄕을 視察하고 命令을 傳達하며 獄事・訴訟・犯人逮捕를 담당하는 시골에서는 莫强한 地位의 官吏다—를 派遣하여 縣에 보내니 아전이 마땅히 束帶 즉 正式의 禮服을 갖추고 뵈어야 한다고 아뢰었다. 陶潛이 탄식하며 '내가 五斗米의 俸祿 때문에 허리 굽혀 굽실굽실 鄕里의 小人을 섬길 수는 없지'하며 그날로 印授를 풀어 놓고 떠났는데 〈歸去來辭〉를 지어 자기의 평소 뜻을 實踐하였다. 潛爲彭澤令, 素簡貴, 不私事上官. 郡遣督郵至縣, 吏白應束帶見之, 潛歎曰: '吾不能爲五斗米折腰, 拳拳事鄕里小人邪.'卽日解印授去, 賦歸去來, 以遂其志."라 하였다. 뭇 史書에는 小兒・小人 두 가지로 되어있지만 똑같이 경멸하는 의미로 쓰였다. 이를 근거로 蕭滌非先生은 鄕里兒童은 一般 小官僚를 욕하는 말이라고 하였으며 陶潛이 督郵를 鄕里小兒라고 욕한 것이 그 증거라고 하였다. 그런데 陳貽焮教授의 생각은 다르다. 앞에서 예를 든 〈曲江〉 三章에서 杜曲에 桑麻田이 있다 했는데 그곳은 杜氏들이 모여사는 곳

으로 그가 이사간 것은 친족들의 그늘을 의지하려 한 것 같다. 그러나 그곳의 화상들이 목에 힘주고 새로 이사 온 먼 친척을 무시했을 것이라는 이야기다. 추위와 굶주림 끝에 결국 奉先으로 가게 됐으니 勢의 必然이라는 것이다.

▸項領成: ≪杜詩詳注≫에서 〈詩·小雅·節彼南山≫의 "四牡項領. 네 마리 수말의 목은 굵기도 하다"를 따다 쓴 것이라 하였다. 項은 大의 뜻이고 領은 목이다. 成은 完成·成就의 뜻이니 굵은 목을 이루었다는 것이니 요즈음 흔히 쓰는 말로 "목이 뻣뻣하다", "목에 힘주다"가 이에 해당할 것이다. 成善楷先生은 ≪杜詩箋記≫에서 말하기를 項이나 領 모두 목의 뜻으로 項領은 同義複詞가 되며 馬匹의 뜻으로 借用된 것이라 하였다. 또한 成은 盛과 같으니 결국 車馬를 盛大하게 부린다는 뜻이라는 것이다. 우리 생각에 車馬는 앞에서 이미 快馬가 登場하였으므로 거듭 나온다는 것은 조금 곤란하다고 여겨진다. 7句·8句는 믿었던 사람들에 대한 失望·歎息으로 그들의 人品·人格·修養에 관해 말한 것으로 보면 大過없을 것이다.

▸故舊: 舊交. 舊友. 옛친구. 오래 사귄 친구. 오랜 친구.

▸禮數: 古代에 名稱·地位에 따라 나누어 놓은 禮儀의 等級制度를 말한다. ≪左傳·莊公十八年≫에 "王命諸侯, 名位不同, 禮亦異數. 天子가 諸侯를 策命한 바 그 名稱과 地位가 같지 않으니 禮儀 또한 等級이 다르다"라 하였다. 그러나 本詩에서는 다른 뜻으로 쓰였다. 杜先生의 〈哭韋大夫之晉〉 詩의 仇兆鰲注에서 "禮數, 周旋·相契之情. 禮數란 周旋하고 相契하는 人情이다"라 하였다. 周旋이란 무엇이냐? 고려하다·보살펴주다·배려하다라고 완곡하게 에둘러 표현하지만 간단히 말하면 물질적으로 도와준다·구제한다는 뜻이다. 相契는 彼此의 마음이 一致함이며 友誼가 深厚함인데 직설적으로 하면 물질적 도움이 되겠다. 杜先生은 일찍이 "讀書破萬卷"이라 하였는데 萬卷 정도가 아닐 것이다. 그

러니 다음에 드는 例文은 읽었을 뿐 아니라 暗記할 것이다. ① ≪禮記·曲禮≫에서 "分毋求多. 財物을 나눌 때 많은 것을 追求하지 말 것"라 하였는데 鮑叔牙가 管仲에게 그대로 實踐, "管鮑之交"라는 成語의 誕生에 一助하였다. 친구 사이에는 財物로 마음을 상하지 말지니 양보가 상수니라. ② ≪詩·秦風·無衣≫에서 "豈曰無衣, 與子同袍. 어찌 옷이 없다 하십니까? 그대와 긴 겉옷을 함께 할 터인데", "豈曰無衣, 與子同裳. 어찌 옷이 없다 하십니까? 그대와 아랫도리 함께 할 터인데"라 하였는데 戰友愛가 도탑다. ➪ 朝鮮時代 褓負商들은 相互 規律·禮節·扶助精神이 강하였다. 길에서 만나면 윗도리를 벗어 바꿔입었다 한다. 身體에 直接 닿는 옷을 함께 입거나 바꿔 입는 것으로 眞摯하고 深厚한 情誼를 알 수 있다. ③〈論語·鄕黨≫에서 "朋友死, 無所歸, 曰: 於我殯. 朋友가 세상을 떴는데 喪事를 主管할 遺族이 없으면 孔子는 喪事는 내가 擔當하겠다고 말하였다", "朋友之饋, 雖車馬, 非祭肉, 不拜. 朋友의 선물은 비록 車馬같은 高價品이라도 祭祀지낸 고기가 아니므로 받을 때 禮를 행하지 않았다. 朋友사이에는 財物을 함께하는 義가 있기 때문이다"라 하였다. 살아있을 때 財物을 함께하며 죽었을 때 저승길 안내 또한 朋友의 몫이 되겠다. ④ ≪論語·公冶長≫에서 孔子가 弟子들에게 各自의 志向을 말하게 했을 때 子路의 말인즉 "願車馬衣輕裘, 與朋友共, 敝之而無憾. 高價의 車馬와 귀한 갖옷을 朋友와 함께하며 그것이 망가지거나 해져도 불만이나 섭섭함이 없겠다." 이 또한 朋友와는 財物을 함께 한다는 意志를 말한 것이다. 餘談으로 當時의 가장 貴重한 物品을 덕분에 알 수 있으니 車·馬·裘가 그것이다. 杜先生의 處地로 故舊들이 주는대로 받을 뿐 異議를 提起하기 어려운 형편이나 故舊들의 立場에서는 맡겨놓은 것도 아니고 의례 받으려니 하는 사람이 얄밉기도 했을 것이다. 내가 무슨 화수분인가? 古典을 뒤지면 또한 자기들도 할 말은 있다. ≪禮記·曲禮≫에서 "禮尙往來, 往而不來, 非禮也;

來而不往, 亦非禮也. 禮는 가고 오는 것을 중시하니 갔는데 오지 않으면 非禮며 왔는데 가지 않으면 또한 非禮니라"라 했겠다. 우리 생각에 杜先生에게서 간 것이 없지는 않았을 것이니 아마 감사와 미안함을 담은 詩歌를 보내지 않았나 추측할 수 있다. 받은 것에 비하면 너무 약소하지 않나 할 수도 있으나 이 또한 答辯거리가 있다. ≪路史≫의 記錄에 의하면 雲南의 民間傳說에 옛날 土官 — 즉 그 地域의 原住民 首領인데 世襲한다 — 이었던 緬氏(면씨)가 緬伯高를 派遣, 唐나라에 天鵝(즉 白鳥 · 고니)를 보냈단다. 그런데 沔陽湖(면양호)를 지날 때 天鵝는 날아가고 깃털 하나만 떨어뜨렸단다. 緬伯高는 할 수 없이 깃털 하나를 바치며 말했단다. "禮輕人意重, 千里送鵝毛. 禮物은 가벼우나 情은 무거우니, 千里밖에서 天鵝의 羽毛를 보냅니다." 여기에 是非를 걸면 그야말로 沒風流 · 沒人情한 俗物로 墜落하고 말 것이다. ≪杜詩鏡銓≫에서도 "禮數絶은 救恤할 수 없음을 말한다. 禮數絶, 言無能相卹也."라 하였는데 故舊들의 故意가 아니고 無能力함이라고 婉曲하게 감쌌지만 窮乏의 結果는 같다고 하겠다. 禮數를 알기쉽게 풀이하면 朋友의 살림살이 · 財政狀態에 따르고 맞춰 考慮하고 窮理하여 조절하는 扶助의 程度 · 等級이라 하면 될 것이다. 露骨的으로 錢糧 · 柴炭 · 衣料의 援助 · 供給이 끊어졌다고 할 수 없어서 禮數絶이라 한 杜先生의 難堪함 · 難處함이 눈에 선하지 않은가? 남들이 알아먹지 못할 것 같다고 할 수도 있으나 그렇지 않으니 禮에는 物品이 필수라 이것이 옛날의 原則이었다. 지금은 禮를 "사람이 지켜야 할 도리"(≪국어대사전≫ "社會生活中 風俗習慣으로 말미암아 形成된 行爲準則 · 道德規範과 各種禮節"(≪漢語大詞典≫)이라 하여 物質은 排除된 듯하나 實狀은 그렇지 않았다. ≪禮記 · 曲禮上≫에서 "禮不下庶人, 刑不上大夫. 禮는 庶人에게는 내려가 미치지 않고, 刑罰은 大夫에게는 올라가 미치지 않는다"라 하였다. 禮云云에 대한 鄭玄의 注는 다음과 같다. "爲其遽於事且不能

備物. 여러 일에 쫓겨 바쁜데다 禮物을 갖출 수 없기 때문이다." 맨입으로는 禮를 제대로 치룰 수 없다는 말씀이 되겠는데 其實 庶人은 時間的·物質的 餘裕가 없는 것이다. ≪儀禮·士相見≫에서도 "士, 相見之禮, 摯. 冬用雉, 夏用腒.(▷摯(지): 올리다. 폐백. ▷腒(거): 말린 고기. 포육.) 士끼리 相見함에 禮物을 가지고 만나니 겨울에는 꿩, 여름에는 꿩고기 말린 것을 쓴다."라 하였다. 벼슬을 못하여 祿俸이 없는 支配階級의 最下位인 士도 꿩은 마련해야 했던 것이다. 따라서 公·卿·大夫의 禮物은 必須不可缺에다가 相當한 規模일 수밖에 없었다. 또한 鄭重하고 嚴肅하게 치르는 儀式은 번거롭고 지루하기 짝이 없으니 일에 쫓기는 庶人들에게는 該當無가 될 수밖에. 本論으로 돌아가자. 禮數는 相對의 形便을 考慮하여 갖추는 物質의 여러가지 等級·次序라고 풀어도 上記한 옛날의 禮의 內容과 결코 어긋나지 않으리라. 富裕한 벗에게는 韻致있고 멋있는 物品을 보내나 困窮한 친구에게는 生活에 보탬이 되는 切實한 必須品을 후하게 보내면 그것이 禮數가 아니겠는가?

解說

시골구석의 철없고 버르장머리 없는 애 녀석들 먹고 모가지만 굵어졌는지 뻣뻣한 목에 힘주는데 서울 朝廷에 있는 옛 친구들의 相對方의 형편에 따라 베푸는 禮마저 끊어지고 말았소이다!

❖ 제9·10구: 自然棄擲與時異, 況乃疏頑臨事拙.

註

▸自然: ① 天然. 人爲가 아님. ② 不勉强. 不拘束. 不呆板. (가까스로 무리하게 하지 않으며, 어색하지 않고, 융통성 없고 고지식하지 않음) ③ 當然. 蕭滌非先生은 "理之當然"이라 하였으며 또한 이 句는 倒置되었으니 與時異, 故見棄擲이라 하였다.

▸時: 時勢. 즉 그 當時의 形勢나 世上의 形便. 時世. 즉 그 當時의 世

上.

▶與時異: 일찍이 陶潛은〈飮酒〉二十首 其九에서 "疑我與時乖. 農夫가 초가집 처마 밑의 누더기 입은 나를 보고 時勢에 어긋나지 않았나 하고 이상하다며 나무란다"라 하였고 ≪歸去來辭≫에서 "世與我而相違. 世上과 나는 서로 어긋났다"라 하였다. 杜先生은 分明 이것을 念頭에 두었을 것이다.

▶疏頑: 疏는 성기다, 거칠다는 뜻인데 本詩에서는 꼼꼼하지 못하며 散漫하고 解弛하다는 뜻으로 쓰였다. 頑은 頑固 즉 고집세고 미련함, 욕심 많음의 뜻으로 쓰이는데 本詩에서는 어리석음, 미련함의 뜻으로 쓰였다.

▶臨事: 遇事 즉 일에 부닥침. 處事 즉 일을 처리함.

▶拙: 陶潛이 自身의 特才를 이것으로 表現하여 以後 이 "拙"은 단박에 地位가 大幅 上昇, 아주 拙하지 않고 有名하게 되었다. 그런데 이 拙은 ≪老子≫에서 한 번 선보여 사람들에게 큰 感動을 주었으며 陶潛도 이것의 影響으로 座右銘을 삼고 아낀 듯하다. ≪老子≫ 45章: "……大直若屈, 大巧若拙, 大辯若訥……크게 곧은 것은 굽은 것 같고, 뛰어난 技巧는 서투르게 보이며, 雄辯은 訥辯 같다……" 그러면 陶潛의 詩文을 例擧하겠다. ①〈歸園田居〉五首 其一: "守拙歸園田. 나의 서투르고 어리석음 지키려고 田園으로 돌아왔다." ②〈乞食〉: "叩門拙言辭. 밥 얻으려 문 두드렸는데 말솜씨는 서투르기 짝이 없다." ③〈雜詩〉十二首 其八: "拙生失其方. 사는 일에 서투르니 세상사는 방법을 잃었음이라." ④〈與子儼等疏〉: "性剛才拙, 與物多忤. 천성이 고집 세고 재주는 엉성하여, 남들과 어울리지 못하였다."

解說

세상 돌아가는 형편을 모르고 사는 법이 너무 달라 버려졌으니 이치로 따진다면 당연하고말고요. 하물며 거기에다 꼼꼼히 챙기지 못하면서 고집 세고 미련하며 일에 부닥치면 제대로 처리하지 못하고 서투르니 어떻게 하겠소이까?

❖ 제11 · 12구: 饑臥動即向一旬. 敝衣何啻聯百結.

註

▸饑臥: 後漢의 袁安을 念頭에 두고 쓴 것 같다. 袁安은 字가 劭公이며 汝南 南陽人이었다. ≪汝南先賢傳≫에 의하면 "大雪이 와 洛陽令이 몸소 나와 視察하는데 袁安의 집문 앞에 오니 다니는 길이 없는지라 袁安이 죽었을 것이라 여겼다. 사람들을 시켜 눈을 치우고 방문에 들어가니 袁安이 뻣뻣하게 누운 것을 볼 수 있었다. 왜 出入하지 않았는가 물으니 큰 눈이 와서 사람들이 모두 굶주렸는데 사람들을 귀찮게 하기 싫어서란다. 洛陽令이 어질다고 생각하여 推薦, 孝廉이 되게 하였다. 時大雪, 洛陽令自出案行, 至袁安門, 無有行路, 謂安已死. 令人除雪入戶, 見安僵臥, 問何以不出, 答曰: 大雪, 人皆餓. 不宜干人. 令以爲賢, 擧爲孝廉." (逯欽立校注 ≪陶淵明集≫中 〈詠貧士〉 七首의 注에서 引用함) 앞에서 袁安의 일을 쓴 듯하다 하였는데 ≪杜詩詳注≫에서 이미 말해버렸다. 한마디로 맥 빠지고 김샜는데 또한 援軍을 얻었다고 치부하기로 하였다.

▸動: 蕭滌非先生은 動不動이라 하였다. 즉 걸핏하면 언제나 늘의 뜻이다. 그리고 韓退之의 〈答孟郊〉 詩에서 "朝餐動及午, 夜諷恒至卯. 苦吟 · 推敲하느라고 그대의 아침밥은 언제나 대낮 午時까지 가고 밤에 暗誦하면 늘 새벽 卯時까지 이르신다지"라 한 것을 例로 들며 動과 恒은 對文이니 증거가 된다고 하였다. 또한 向은 近이라 하였다.

▸一旬: ≪說苑 · 立節篇≫에서 子思가 衛에 살 때 三旬에 九食 즉 30일에 아홉 끼 먹는 가난한 생활을 하였다 한다. 지금 杜先生의 경우 열흘이 다 되도록 굶어 누웠다니 열흘에 세끼 먹은 子思는 명함도 못 디밀고 물러 갈 형편이다. (≪說苑≫은 上記 ≪陶淵明集≫의 〈擬古〉 九首

의 注에서 引用하였다.)

➡ 第11句로 饑臥함이 한 번 두 번이 아닌 것을 알 수 있다. (蕭滌非)

➡ 袁安은 洛陽令같이 사람을 알아보는 人物을 만났는데 自己는 한번 굶어 누우면 걸핏하면 열흘 가까이 간다는 것이다. 말속에 뼈가 있다고 故舊와 諸子들을 원망하는 느낌을 감지할 수 있다. 怨望 또한 할 만하니 孔子께서도 "왜 ≪詩≫를 배우지 않느냐? ≪詩≫를 배우면 可以怨."(≪論語・陽貨≫)이라고 인정하셨음이라.

▸何啻(하시): 어찌 ~뿐이랴? 오직 ~만은 아니다.

▸敝衣: 낡은 옷. 해진 옷. 누더기 옷.

▸聯百結: ≪杜詩詳注≫에서 ≪晉書≫를 引用하였다. "董威輦, 拾殘繒結爲衣, 號曰百結. 董威輦은 자투리 비단을 주워 이어서 옷을 만들고는 百結이라 불렀다." 그런데 本詩에서 聯字를 썼으므로 조금 어렵게 되었다. 천생 백 개의 자투리를 모아서(結) 이어 붙였다(聯)고 할 수 밖에 없다. 敝・聯・結을 거푸 써서 가난을 强調하였으나 해석상 무리가 있는 것도 사실이다.

➡ 百家衣: 아이의 壽命 長壽를 위해 집집에서 자투리 천을 모아 만든 옷.

➡ 百衲衣(백납의): 많은 자투리를 모아 만들다는 뜻과 여러 번 기웠다는 뜻을 가졌는데 僧侶들의 옷이니 袈裟를 가리킨다. 袈裟는 또한 더러운 헝겊을 주워 모아 만들었다고 糞掃衣(분소의)라고도 하며 長方形의 자투리를 이어서 만든 것이 꼭 水田 즉 논이 서로 이어진 모습 같다 하여 水田衣라고도 한다.

➡ 신라 자비왕 때 거문고의 명인 百結先生이 있다. 오죽하면 百結先生이라 했겠는가? 평생 가난 속에서도 예술에 專念하였다 하며 아내를 위로하기 위하여 대악(碓樂) 즉 방아의 노래를 지었다 한다. 지금 京畿와 西道의 民謠인 방아타령과는 직접적인 관계가 없는듯하다.

解說

굶주려 누워버리면 언제나 열흘 가까이 되는 판이요 먹고 살기도 힘든데 입성이야 오죽하겠소? 해진 누더기 옷은 또 많은 자투리를 이어 만든 것이니 나머지 살림이야 여북하겠소이까? 不問可知인 것을!

❖ 제13 · 14구: 君不見空牆日色晩, 此老無聲淚垂血.

註

▸君不見: ① 不特定 多數인 世人들에게 답답하여 해 보는 소리. 세상 사람들아 모른단 말인가? 이렇게 풀 수 있다. ② 蕭滌非先生은 咸陽과 華原 두 고을의 諸子들에게 하는 말이라 하였다. 그렇다면 너무 直說的이고 露骨的이니 諸子들로서는 아닌 밤중에 홍두깨요 마른하늘에 날벼락이라 彼此 知識人 · 知性人으로 容納하기가 쉽지 않을 것이다. 이렇게 나오면 우리는 어떻게 해야 한단 말입니까?

▸空牆: 牆은 담 · 울타리의 뜻으로 많이 쓰이나 壁의 뜻도 있다. 空牆이 되면 ① 벽에 아무 것도 걸린 것이 없다. 즉 옷 · 칼 · 그림 · 글씨 따위가 없는 맨 벽이라는 뜻도 가능하나 ② 사방에 벽만 서있고 안에는 一切 家藏什物 · 살림살이 · 세간이 없다는 말이다. 杜先生의 〈乾元中寓居同谷〉 七首 其二에서도 "男呻女吟四壁靜. 아들 딸의 신음소리뿐 사방 벽 안은 씻은 듯 부신 듯 아무 것 없다"이라 하였다. 벽만 서있다는 壁立으로도 위와 같은 뜻을 나타냈으니 ≪南史 · 循吏傳 · 范述曾≫에서 "述曾生平所得俸祿, 皆以分施, 及老, 遂壁立無資. 范述曾은 평소 얻은 俸祿을 모두 나누어 주어 늙은 뒤 드디어 벽만 사방에 서있고 財物이라고는 없었다"라 하였다.

▸日色: ① 日光. 햇빛. 陽光. ② 天色. 날. 시간. 日色晩은 날이 저물다는 말이다.

▸無聲: 呑聲과 같다. 즉 소리를 죽여 울다. 남모르게 울다. 울음을 삼키다는 말이다. 杜先生의 〈哀江頭〉에서 "少陵野老呑聲哭, 春日潛行曲江曲. 少陵의 촌 영감 소리죽여 우니, 봄날 曲江의 굽이를 남몰래 갔도다"

이라 하였다. 남이 알까 두려워함, 말해 보았자 소용없음, 하소연 할 사람이 없음, 이러할 때 無聲·呑聲하는 것이다. 本詩에서는 하소연할 사람이 없기 때문이다.

▸涙垂血: 글자 그대로 풀이하면 눈물 흘리는데 피를 떨어뜨리다가 된다. 간단히 말하면 피눈물 흘리다, 즉 泣血하다가 되는데 七言으로 맞추기 위해 길어졌다.

解說

아! 답답하다. 세상 사람들은 모른단 말인가? 아무것도 없이 텅 빈 집 사방으로 벽만 서있는데 날은 또 어둑어둑 지고 이 늙은이는 하소연할 사람 없이 그저 남모르게 소리죽여 우니 눈물 흘리는데 피를 떨어뜨리니 이것이 정녕 피눈물 아니겠소?

➡ 浦起龍先生은 ≪讀杜心解≫에서 "'項領成', '禮數絶'은 그 말이 지나치게 忿激한데 그래서 '疏頑'으로 自任하였으며 結論은 다시 '不敢聲言'으로 돌아갔다."고 하였다. 우리들은 眞情·眞率하므로 훨씬 더 자연스럽지 않나 생각하는데 ≪杜詩詳注≫에서 引用한 盧世㴶 先生 가라사대 "鄕里兒童云云한 말에서 憤慨·不滿을 느낄 수 있다. 그러나 그 속에 一片眞氣가 激烈하게 쏟아진 것이니 隱忍自重할 수 없었으며 隱忍自重해서는 안 될 것이다. 어찌 曖昧模糊로 敦厚를 가장한 무리들이 杜詩의 邊際를 감히 바라볼 수 있겠는가? 그래서 孔子님께서 ≪詩≫를 배우면 怨望할 수 있다 하셨음이라."하였다. 그럴듯하지 않습니까?

◎ 附記

楊惲〈報孫會宗書〉

楊惲의 어머니는 司馬遷의 딸이니 그는 司馬遷의 外孫이 된다. 名相으로 이름을 떨친 霍光의 死後 霍의 아내와 아들들이 謀反을 하였는데 楊이 이를 고하여 霍氏들이 伏誅한 뒤 平通侯에 封해졌다. 楊은 아버지의

財産 五百萬을 물려받았으나 宗族들에게 나누어주었고 繼母가 자식이 없어 또한 數百萬의 財物을 받았으나 모두 繼母의 兄弟들에게 나누어주었다. 이렇듯 그는 財物을 가볍게 여기고 義를 重視하였다. 그는 官職에 있을 때에도 淸廉하고 無私하여 모두를 公平하다고 칭송하였다. 그러나 자기의 行動을 자랑하고 또한 天性이 苛酷하여 남의 비밀을 캐기 좋아하였으며 同僚中에 자기를 거스르는 사람은 반드시 해치려 하였다. 결국 朝廷에서 怨望하는 사람이 많아지게 되었고 太僕으로 있는 戴長樂과 어울리지 못하더니 이 때문에 둘 다 廢黜·庶人이 되었다.

惲旣失爵位, 家居治産業, 起室宅, 以財自娛. 歲餘, 其友人安定太守西河孫會宗知略士也, 與惲書諫戒之, 爲言大臣廢退, 當闔門惶懼, 爲可憐之意, 不當治産業, 通賓客, 有稱譽. 惲宰相子, 少顯朝廷, 一朝晻昧言語見廢, 內悔懷不服, 報會宗書曰:

楊惲이 爵位를 잃자 집에 박혀 産業에 힘쓰고 집을 새로 지으며 財物을 뿌려 즐겁게 지냈다. 일년 남짓 되자 그의 벗인 西河땅 출신의 安定太守인 孫會宗은 知略있는 人物로 楊惲에게 글을 보내 타이르고 경계하였는데 말하기를 大臣이 廢黜되면 마땅히 문 닫아 걸고 惶恐해하며 可憐한 態度를 지어야지 産業에 힘쓰고 賓客과 交遊하며 사람들의 칭찬이나 名譽를 누려서는 안 된다 하였다. 楊惲은 宰相의 아들로 젊은 나이에 朝廷에서 顯達한 位置에 있었는데 一朝에 확실하지 않고 曖昧한 말 몇 마디에 廢黜되니 속으로 不服하고 있었으므로 孫會宗에게 答信을 보냈는데 이르기를:

▷晻昧(암매): 어둡다. 不分明하다.

惲材朽行穢, 文質無所底, 幸賴先人餘業得備宿衛, 遭遇時變以獲爵位, 終非其任, 卒與禍會. 足下愛其愚蒙, 賜書教督以所不及, 殷勤甚厚, 然竊恨足下不深惟其終始, 而猥隨俗之毁譽也. 言鄙陋之愚心, 若逆指而文過, 默而息乎, 恐違孔氏各言爾志之義. 故敢略陳其愚, 唯君子察焉.

楊惲 이 사람. 材幹은 썩었고 行實은 더러우며 外樣이나 內實도 基準에 이르지 못하였건만 요행으로 先人이 남겨준 功業의 덕분에 임금님의 宿衛에 자리를 채울 수 있었습니다. 그러다가 當時의 變亂을 만나 그로써 爵位를 얻었으나 결국 그 감이 못되어 창졸간에 禍를 당하게 되었습니다. 足下께서 아둔하고 눈 못 보는 나를 아끼시어 글을 내려 내가 미치지 못하는 것을 가르치고 다그치시는데 그 은근하심이 참으로 두터우셨음이라. 연이나 마음속으로는 足下가 그 전말을 깊이 따지지 않고 도리어 世俗의 헐뜯음·기림을 함부로 따르는 것이 恨입니다. 저의 너절하고 멍청한 마음을 표현하자니 가르치심을 거스르고 허물을 감춰 꾸미는 것이 되고 묵묵히 그만두자니 孔氏께서 왜 자기의 뜻을 말하지 않는가 하시는 意義에 어긋나니 그래서 감히 愚鈍한 생각을 펼치려하니 先生께서는 살피시라.

▷材朽: ≪論語·公冶長≫: "宰予晝寢. 子曰: '朽木不可雕也.' 宰予가 낮잠을 잤다. 이것을 본 孔子가 말했다. 썩은 나무에는 조각을 할 수 없다."

▷文質: ≪論語·雍也≫: "質勝文則野, 文勝質則史, 文質彬彬, 然後君子. 質朴이 文采를 이기면 粗野하고 文采가 質朴을 이기면 虛浮하다. 文采·質朴 즉 內容과 形式이 적당히 配合한 연후라야 君子라 하겠다."

▷底: ① 基礎. 바탕. ② 이르다.

▷賴: 덕분. 덕택.

▷先人: 祖上. 亡父.

▷餘業: 물려 준 基業·功業.

▷得備: 자리를 채움. 머릿수 채움.

▷宿衛: ① 대궐 안에서 宿直하며 警衛를 맡음. ② 皇帝의 警衛人員.

禁軍.

▷時變: 當時의 變亂. 霍氏의 謀反을 말함.

▷非其任: 어울리고 합당하지 못함. 감이 못됨.

▷卒: 同 猝. 倉卒間에. 猝然히. 突然히.

▷會: 맞닥뜨리다. 맞닥치다.

▷蒙: 矇과 같다. 먼 눈. 소경. 사물을 분별할 힘이 없음.

▷殷勤: 慇懃. 정성스럽다. 따스하고 빈틈없다.

▷竊: 저. 저의 의견. 竊은 훔치다는 뜻 외에 남몰래, 살짝, 슬그머니, 마음속으로의 뜻이 있다. 그래서 자기의 크게 드러나지 않는 의견을 말한다.

▷終始: 전말(顚末). 처음부터 끝까지 일이 진행되어 온 경과.

▷猥: ① 천하다. 상스럽다. 야비·비열하다. ② 적당히. 함부로. 되는대로. ➪ 猥濫: 분에 넘치다. 도에 지나치다. 자신에게 외람되다는 말을 쓰는 것이지 남보고 외람되다고 쓸 수는 없다.

▷逆指: 지적한 것을 거스르다. 상대의 뜻에 어긋나다.

▷文過: 잘못을 粉飾하다. ≪論語·公冶長≫: "子夏曰: '小人之過也必文.' 子夏가 이르기를 小人들이 잘못 저지르면 반드시 감추고 꾸민다."

▷息: 停止.

▷孔氏各言爾志: ≪論語·公冶長≫: "顔淵·季路侍, 子曰: '盍各言爾志…….' 顔淵과 季路가 모시고 있는데 孔子가 말하였다. 왜 각자의 뜻을 말하지 않는가?"

▷君子: 相對의 尊稱. 지금의 先生과 비슷하다.

惲家方隆盛時, 乘朱輪者十人, 位在列卿, 爵爲通侯, 總領從官, 與聞政事. 曾不能以此時有所建明, 以宣德化. 又不能與群僚同心并力, 陪輔朝廷之遺忘, 已負竊位素餐之責久矣. 懷祿貪勢, 不能自退, 遂遭變故, 橫被口語, 身幽北闕, 妻子滿獄.

惲의 家門이 바야흐로 隆盛하였을 때 붉은 바퀴의 고급수레를 타는 사람이 열, 職位는 九卿이요 官爵은 通侯로 皇上의 侍從들을 總領하고 政事에 參與 그 實情을 파악하였습니다. 그런대도 일찍이 時代에 맞는 建議를 하여 德化를 宣揚하지 못하였고 또한 同僚들과 一心으로 힘을 합쳐 朝廷에서 빠트리고 잊은 일을 補佐하지 못하였으니 이미 벼슬을 훔치고 공밥을 먹는다는 나무람을 지고 있었습니다. 祿俸을 차마 못 떠나고 權勢를 욕심내 스스로 물러나지 못하다가 드디어 變故를 만나고 훼방에 뜻밖으로 걸려들어 몸은 北闕에 갇히고 妻子들도 감옥에 가득했었습니다.

▷朱輪: 王侯 等 顯貴한 사람이 타는 수레. 바퀴를 붉게 칠하므로 붉은 바퀴로 高級수레를 나타냄.

▷列卿: 九卿. 아홉 가지의 직책을 가진 아홉 명의 卿이 있어 가히 列을 지을만하여 列字를 썼다.

▷通侯: 秦의 爵位를 等級別로 나누면 스물인데 第二十級인 徹侯가 가장 높아 爵位와 待遇는 三公과 同等하였다. 그런데 漢 武帝의 姓名이 劉徹이라 避諱하여 徹과 뜻이 같은 通字를 써서 通侯라 하였다.

▷從官: 君王의 隨從, 近臣. 楊惲은 일찍이 光祿勳으로 從官들을 統領하였다.

▷與聞政事: 政事에 參與하여 그 實情・內幕을 알게 됨. 聞은 知의 뜻임.

▷建明: 建白. 意見을 내놓다. 主張을 陳述하다.

▷德化: ① 德行으로 사람들을 感化함. ② 道德敎化.

▷陪輔: 輔佐하여 도움.

▷遺忘: 遺失과 忘却. 빠뜨리고 잊은 것.

▷竊位: ≪論語・衛靈公≫: "子曰: '臧文仲, 其竊位者與, 知柳下惠之賢而不與立也.

▷立은 位와 통한다.' 孔子가 이르시기를 臧文仲은 거 벼슬자리를 훔친 인물이 아닌가? 柳下惠의 賢明함을 알면서도 알맞는 자리를 안주다니."

▷素餐: 素는 空의 뜻. 공밥을 먹다. ≪詩·魏風·伐檀≫: "彼君子兮, 不素餐兮. 저 君子는 공밥을 먹지 않으신다."

▷責: 나무람. 탓. 책망.

▷懷祿: 爵祿·國家의 祿을 차마 못 떠나다. 떠나기 서운해 하다.

▷橫被의 橫: ① 억울함. 원통함. ② 突然. 意外.

▷口語: 戴長樂이 고한 말. 여기에서는 毁謗·誹謗을 뜻한다.

▷幽: 囚禁됨. 간힘.

▷北闕: 옛날 宮闕 北面의 門樓. 臣下들이 朝見을 대기하거나 上奏하던 곳. 後에는 宮禁·朝廷의 뜻으로 쓰였다.

當此之時, 自以夷滅不足以塞責, 豈意得全首領, 復奉先人之丘墓乎? 伏惟聖主之恩, 不可勝量. 君子遊道, 樂以忘憂; 小人全軀, 說以忘罪, 竊自思念, 過已大矣, 行已虧矣, 長爲農夫以沒世矣. 是故身率妻子, 勠力耕桑, 灌園治産, 以給公上, 不意當復用此爲譏議也.

그 때를 당하여 제 생각에 一家가 다 沒殺하여도 잘못을 메울 수 없다고 여겼는데 어찌 생각했으리오? 능히 모가지를 保全하여 다시 先人의 墳墓를 받들 수 있을 줄을. 엎드려 생각하건데 聖上의 은혜는 헤아릴 수 없습니다. 君子는 道義에 노닐어 즐겁게 근심을 잊으나 小人이란 肉身이 온전하면 기뻐서 죄를 잊는 법이라. 제 스스로 생각하건데 過失은 이미 크고 行實도 벌써 이지러졌으니 영원히 농부 되어 세상을 떠나려 하였습니다. 그 때문에 몸소 처자식 거느리고 힘을 다해 밭 갈고 씨 뿌리며 누에 치고 뽕 기르며 채마밭에 물 뿌려 産業을 경영하여 나라에 세금을 잘 내려 했습니다. 뜻밖에 이것 때문에 다시 惡評과 非難을 만나게 되었습니다.

▷夷滅: ① 誅殺. 消滅. ② 湮滅. 夷는 滅·殺·傷의 뜻으로 쓰인다.

▷塞責: 허물·과실·책망을 메우다.

▷勠力: 戮力. ① 힘을 합하다. ② 힘을 다하다.

▷耕桑: 耕種蠶桑. 밭 갈고 씨 뿌리고 누에치고 뽕 기르다.

▷治產: 產業을 經營하다.

▷公上: 官家. 官廳. 朝廷.

▷不意: 뜻밖에. 상상외로.

▷當復用此: 當은 만나다. 마주치다. 用은 以와 같다.

▷譏議: 譏評非議. 즉 惡評하고 非難하다.

夫人情所不能止者, 聖人弗禁. 故君父至尊親, 送其終也, 有時而旣. 臣之得罪, 已三年矣. 田家作苦, 歲時伏臘, 烹羊炰羔, 斗酒自勞. 家本秦也, 能爲秦聲, 婦趙女也, 雅善鼓琴, 奴婢歌者數人, 酒後耳熱, 仰天拊缶而呼烏烏. 其詩曰: "田彼南山, 蕪穢不治. 種一頃豆, 落而爲萁. 人生行樂耳, 須富貴何時." 是日也, 拂衣而喜, 奮袖低昂, 頓足起舞, 誠淫荒無度, 不知其不可也.

대개 人之常情으로 그만 둘 수 없는 것은 聖人도 금지하지 않았습니다. 그래서 君父는 지극히 尊貴하고 지극히 親近하다지만, 그 분의 마지막을 보냄에 있어 때가 되면 슬픔도 다하는 법입니다. 이 못난 臣下가 得罪한 지 이미 삼년. 田家에서 힘써 일하다 매년 여름이나 겨울의 伏日 臘祭같은 명절이 되면 양을 삶고 염소를 구워 한말 술로 저 자신을 위로한답니다. 저의 집안은 본래 秦에 속하여 秦나라 소리를 좀 하고 아내는 趙나라 땅 여인이라 琴을 꽤 탄답니다. 奴婢들 몇몇은 노래를 잘하니 술 마시고 귀가 따끈해지면 하늘을 우러러 보며 질장구 두드리고 어어 소리하며 唱을 하니 그 가사는 이렇습니다. "終南山에 힘써 밭갈이 했건만 무성한 잡풀이여! 김맬 수 없구나. 一頃이라 百畝 이 만평에 콩을 심었건만 다 떨어지고 콩대만 남았구나. 인생이란 즐겁게 놀고 지내야 하는 것, 富貴한 다음에 놀자면 어느 천 년에……" 그날에는 옷을 흔들며 기뻐하고 소매를 올리고 내리며 휘두르다 발을 구르며 일어나 춤추니 정말 신명나 節度가 없다지만 그렇게 해서는 안 된다는 것을 알 수 없습니다.

▷送終: 死者를 위하여 喪事를 처리함.

▷旣: 다하다. 다 없어지다.

▷作苦: 耕作의 辛苦.

▷歲時: 每年 一定한 季節 또는 時間.

▷伏臘: 여름의 三伏과 겨울의 臘祭. 보통 陰曆 六月의 伏과 陰曆 十二月의 臘으로 名節을 가리킨다.

▷雅善: 雅는 ① 平素. ② 대단히. 몹시. 善은 잘하다. 능하다.

▷拊: 치다. 두드리다.

▷缶: ① 질장구. ② 장군. 술·간장을 담는 작은 것과 똥장군·오줌장군 같이 큰 것이 있다. 질장구나 장군 모두 옹기 종류다. 秦人들의 생활은 질박하여 이것을 두드려 노래할 때 박자를 맞추었다.

▷荒淫: 방탕함. 신명남.

▷無度: 節度·節制가 없는 것.

惲幸有餘祿, 方糴賤販貴, 逐什一之利, 此賈豎之事, 汚辱之處, 惲親行之. 下流之人, 衆毁所歸, 不寒而栗. 雖雅知惲者, 猶隨風而靡, 尙何稱譽之有! 董生不云乎? "明明求仁義, 常恐不能化民者, 卿大夫之意也; 明明求財利, 常恐困乏者, 庶人之事也." 故"道不同, 不相爲謀." 今子尙安得以卿大夫之制而責僕哉!

이 楊惲이 이렇게 농사짓다가 多幸으로 남는 것이 있으면 또한 싼 것은 사들이고 비싼 것은 팔아 십분지 일의 이익을 추구하니 이는 천한 장사치의 일인데 더럽고 욕된 곳을 이 楊惲은 몸소 갔답니다. 下流에 처한 사람이라 뭇 헐뜯음이 돌아오는 바이니 날이 춥지 않아도 戰慄한답니다. 비록 평소에 楊惲을 알던 사람들도 오히려 바람따라 쏠리며 비난하니 무슨 칭찬이 있겠습니까! 董仲舒先生이 말하지 않았습니까? 부지런히 힘써 仁과 義를 구하며 백성을 敎化시키지 못할까 항상 두려워함은 卿大夫의 뜻이고 부지런히 힘써 財物과 利益을 구하며 가난·窮乏을 항상 두려워함은 庶人들의 일이라고. 그래서 孔子께서도 道가 같지 않으면 함께 꾀하지 않는다 하셨는데 지금 그대는 어떻게 卿大夫의 法度로 천한 저를 책망하십니까!

▷餘祿: ① 先人의 遺產. ② 餘財.

▷糴糶(적조): 사는 것과 파는 것.

▷賈豎: 商人에 대한 賤稱이니 장사꾼·장사치가 되겠다. 賈는 姓일 때에는 (가. jiǎ), 장사일 때에는 (고. gǔ)로 읽는다.

▷下流云云: ≪論語·子張≫: "子貢曰: '紂之不善, 不如是甚也. 是以君子惡居下流, 天下之惡皆歸焉.' 子貢이 말했다. 殷나라 紂王의 좋지 못함이 이와 같이 심하지는 않았으리라. 그러나 그가 밑바닥으로 떨어지자 모든 좋지 않은 것이 그에게 모여든 것이다. 그래서 君子는 下流에 처하기를 싫어하니 天下의 惡이 모두 그리 돌아오기 때문이다."

▷栗: 戰慄.

▷隨風而靡: 바람 부는 대로 덩달아 쏠리다.

▷董生: 漢 武帝 때의 儒家인 董仲舒.

▷道不同云云: ≪論語·衛靈公≫: "子曰: '道不同, 不相爲謀.' 孔子 말씀하시기를 道가 같지 않으면 함께 꾀하지 않는다."

▷責僕: 男子는 自己를 僕 즉 종놈이라고 謙遜하게 칭하고 女子는 自身을 妾 즉 첩년이라고 卑下하여 말한다.

夫西河魏土, 文侯所興, 有段干木・田子方之遺風, 漂然皆有節概, 知去就之分. 頃者, 足下離舊土, 臨安定, 安定山谷之間, 昆戎舊壤, 子弟貪鄙. 豈習俗之移人哉? 於今乃睹子之志矣. 方當盛漢隆, 願勉旃, 無多談.

대저 西河는 魏나라 땅으로 文侯의 發祥地며 段干木・田子方의 남긴 氣風이 흘러 높고 아득하게 節操・氣槪가 있고 去就와 取捨의 分別을 압니다. 近者에 足下께서 西河 옛 땅을 떠나 安定에 赴任하셨는데 安定은 산골짜기에 있는 서쪽 外族 昆夷의 옛 터전으로 젊은이들은 탐욕스럽고 비루한데 어찌 그 땅의 習慣・風俗이 멀쩡하던 사람의 정신과 心境을 바꾼 것이 아니겠습니까? 지금 그대의 志向하는 바를 똑똑히 보았습니다. 바야흐로 偉大한 漢나라가 隆盛하는 때라 바라건대 열심히 해보시라. 한가하고 쓸데없는 말일랑 더 이상 맙시다.

▷文侯: 魏나라의 賢君.

▷段干木・田子方: 卜子夏와 함께 文侯의 스승이 됨.

▷漂然: 高遠貌.

▷節槪: 節介와 통한다. 節操氣槪.

▷去就之分: 取捨之分別.

▷頃者: 최근. 요즈음. 조금 전에. 지금. 막.

▷昆戎: 昆夷. 서쪽의 異民族.

▷子弟: 青年들. 젊은이들.

▷移人: 사람의 精神・心境을 바꿈.

▷旃: 語助辭. 焉. 之와 같다.

➥ 이 글은 ≪漢書≫, ≪文選≫, ≪古文觀止≫에 실려 있다. 名文이나 비꼬고 비아냥거리며 빈정댐이 좀 지나친 감이 있다. 목숨을 잃은 까닭을 누구나 다 알 수 있을 것이다.

41. 〈病後過王倚飮贈歌〉(七言古詩)

麟角鳳觜世莫識, 煎膠續弦奇自見.
尙看王生抱此懷, 在於甫也何由羨?
且過王生慰疇昔, 素知賤子甘貧賤.
酷見凍餒不足恥, 多病沈年苦無健.
王生怪我顔色惡, 答云伏枕艱難遍.
瘧癘三秋孰可忍? 寒熱百日交相戰.
頭白眼暗坐有胝, 肉黃皮皺命如線.
惟生哀我未平復, 爲我力致美肴膳.
遣人向市賖香粳, 喚婦出房親自饌.
長安冬菹酸且綠, 金城土酥淨如練.
兼求畜豪且割鮮, 密沽斗酒諧終宴.
故人情義晩誰似, 令我手脚輕欲旋.
老馬爲駒信不虛, 當時得意況深眷.
但使殘年飽喫飯, 只願無事長相見.

❖ 詩題

註

▸病後: 病을 앓은 뒤. 아픈 뒤.

▸過: 訪問하다. 들르다.

解說

〈病을 앓은 뒤 王倚를 訪問하여 술 마시고 나서 드리는 글〉

❖ 제1 · 2구: 麟角鳳觜世莫識, 煎膠續弦奇自見.

註

▸麟角鳳觜: 諸書에서 引用한 ≪十洲記≫와 ≪博物志≫를 보면 仙家에서는 鳳凰의 부리와 麒麟의 뿔을 달여 阿膠 즉 갖풀을 만드는데 이것이 끊어진 弓弩의 시울을 붙일 수 있고 부러진 刀劍을 이을 수 있다 하여 續絃膠, 連金泥라 불렀다 한다. 漢 武帝때에 西域의 使臣이 와서 이 갖풀을 주었는데 그 用途를 몰라 外庫에 처박아 두었다 한다. 임금이 華林園에 납셔 호랑이 사냥을 하는데 弓弩의 시울이 끊어졌단다. 西域의 使者가 그때 御駕를 따르고 있었는데 다시 그 갖풀 약간을 올리며 입으로 녹여 시울을 잇게 하였다 한다. 임금이 놀라 奇異한 물건이라 하며 武士 몇 명으로 하여금 마주 서서 당겨 보게 하였는데 하루 종일 이은 곳이 떨어지지 않았다 한다. 그 갖풀의 빛깔은 碧玉처럼 靑色이었다 한다.

▸煎膠: 기린의 뿔과 봉황의 부리를 합쳐서 달여 갖풀을 만들다.

▸奇自見: 見은 (현)이라 읽는다. 奇異함이 절로 드러난다는 말이다.

➥ ≪杜詩詳注≫와 ≪杜詩鏡銓≫에서 盧元昌의 注를 引用하였다.

此以煎膠喩交情, 卽所謂膠漆雖堅, 不如雷與陳也. 蓋王生敦篤士, 尋常亦幾失之. 及公以尫羸病軀, 與之談情愫, 留歡宴, 不覺手足輕旋, 沈疴爲之頓起, 眞有似乎煎膠續弦者, 比意最爲切當.

여기서는 달여 만든 갖풀로 벗과의 사귀는 정을 比喩하였다. 즉 이른바 갖풀과 옻칠이 비록 단단히 붙어있어도 雷義·陳重만 못하다는 것이다. 대저 王生은 敦篤한 사람으로 平常時같으면 그의 眞價를 거의 놓쳤을 것이다. 公이 아프고 파리한 병든 몸이 되어 그와 眞情과 本心을 이야기하고 머물러 기쁘게 잔치하자 不知不覺中에 손발이 가뿐하게 돌아가고 고질병이 즉시 나았으니 진실로 달여 만든 갖풀이 시울을 이은 것과 흡사함이 있어서 比喩가 가장 切實하고 타당하다 하겠다.

▹交情: 사귀는 정. 사귀어 온 정.

▹雷與陳: ≪後漢書·獨行傳≫에 나오는 雷義와 陳重. 두 사람은 같은

郡 출신으로 友好의 情이 敦篤하여 그 고장사람들이 갖풀과 옷칠이 본래 단단히 붙어 있다지만 雷와 陳만은 못하리(膠漆自謂堅, 不如雷與陳)라 하였다.

▷尋常: 日常. 平常. 平時.

▷尫(왕. wāng): 병들다.

▷情愫: 情素. 眞情. 本心.

▷沈疴: 沈痾. 疴·痾(아. ē). 沈疴는 沈疾, 沈病과 같으니 重病. 오래되어 좀처럼 낫지 않는 병이다.

▷頓起: 頓은 즉시, 起는 병이 낫다.

➡ 情誼가 아주 깊고 親密하여 틈이 없다는 뜻으로 膠漆을 썼다. ≪표준국어대사전≫에 사귀는 사이가 매우 친밀하여 서로 떨어질 수 없는 관계를 膠漆이라 한다고 하였으며 膠漆之交라는 말은 唐의 白居易가 친구인 元稹에게 보낸 편지에서 유래한다고 하였다. 白居易의 元稹이 보낸 〈寄樂天〉이라는 詩에 和한 〈和寄樂天〉이라는 作品을 보면 "賢愚類相交, 人情之大率. 然自古今來, 幾人號膠漆. 賢者는 賢者와 愚人은 愚人과 끼리끼리 사귀는 것이 人情의 대략이다. 그러나 옛부터 몇 명이나 膠漆이라 부를 수 있겠는가?(▷大率(대솔): 大綱. 大槪. 要旨. 줄거리. ▷古今: 今은 뜻이 없고 古만 뜻이 있는 偏義複辭.)"라 하였고 元·辛文房의 ≪唐才子傳·白居易≫에서도 "與元稹極善膠漆, 音韻亦同. 元稹과 膠漆처럼 극히 친하였고 詩歌도 비슷하였다(▷善은 가깝다, 친밀하다는 뜻이 있다.)"라 하였으니 膠漆을 友人에게 限定하여 쓴 것을 사실인 듯하다. 그러나 本來 膠漆은 朋友之間만 아니고 諸般 人間事에 두루 쓰였다. 漢·鄒陽의 〈獄中上書〉에서 "感於心, 合於意, 堅如膠漆, 昆弟不能離, 豈惑於衆口哉? 마음에 느끼고 뜻에 합치되어 단단하기가 膠漆같아 兄弟도 떼어놓을 수 없었는데 어떻게 衆人들의 입에 眩惑되었습니까?"라 하였으며 〈古詩〉 十九首의 其十八에서는 "客從遠方來, 遺我一端綺. 相去萬餘里, 故人心尙爾. 文彩雙鴛鴦, 裁爲合歡被. 著以長相思, 緣以結不解. 以膠投漆中, 誰能別離此. 먼 곳에서 길손이 와 나에게 비

단 한 끗을 전해주었다. 서로 거리는 만리가 넘지만 옛님의 마음은 여전히 이와 같구나. 무늬는 쌍쌍의 원앙이니 마름질하여 기쁨과 즐거움의 이불을 짓는다. 영원한 그리움으로 솜을 두고 풀리지 않는 매듭으로 가선을 두른다. 아교를 옻칠에 넣듯 단단한 사이였는데 무엇이 이렇게 헤어지게 하였단 말인가?"라 하였다. 〈古詩十九首〉는 東漢의 作品으로 推定할 수 있으니 膠漆이란 말씀도 나이께나 먹었다고 할 수 있겠다.

解說

麒麟의 뿔과 鳳凰의 부리는 그 眞價를 세상에서는 알 수 없고 알아주지도 않습니다. 그러나 그것들을 합쳐 달여서 갖풀을 만들고 다시 끊어진 시울을 이어놓으면 말이 소용없고 광고·선전이 왜 필요하겠습니까? 그 奇拔·神異함이 절로 드러나는데.

❖ 제3·4구: 尙看王生抱此懷, 在於甫也何由羨?

註

▸尙: 오히려. 그래도.

▸抱懷: 胸懷를 품다. 즉 敦篤한 交情을 품고 있다는 말.

▸在於: 對. 對於. 至於. 關於. ~에 있어서는.

▸甫也의 也는 앞에서 나온 〈春日憶李白〉에서 "白也詩無敵"이라 하여 이미 人名에 也를 붙이는 선을 보였다. 뜻이 없는 助詞지만 잠시 中止하여 숨을 고르고 느긋함을 실어주는 役割을 한다. "杜甫라는 사람으로 말하자면", "杜甫 그에게 있어서는"의 풀이가 가능하다.

▸何由: ① 무엇으로부터. 무슨 방법으로. ② 어떻게 능히 ~할 수 있으랴.

▸羨: 선망하다. 부러워하다.

解說

王先生도 平時에는 기린의 뿔과 봉황의 부리처럼 드러나지 않습니다.

그러다가 병들고 곤경에 빠진 벗을 도와줄 때에는 뿔과 부리를 합쳐 달여 만든 갖풀이 끊어진 시울을 이어놓듯 진정과 열성으로 도와주고 격려하여 줍니다. 훌륭하십니다. 王先生은 남이 알아주지 않아도 즐겨 베푸는 敦篤한 友情을 속에 품고 있는 것을 나는 볼 수 있습니다. 이 杜甫라는 사람 그에게 있어서는 부러워하고 기릴 特長이 무엇이 있겠습니까?

❖ 제5·6구: 且過王生慰疇昔, 素知賤子甘貧賤.

註

▸且: 잠시. 우선. 本詩에서 "且"가 세 번 쓰였는데 그 풀이는 다 다르다. "長安冬菹酸且綠"의 且는 "又", "復" 즉 더욱이, 게다가, 그 위에의 뜻으로 쓰였고 "兼求畜豪且割鮮"의 且는 "將要" 즉 장차 ~하려 하다로 풀어야 한다.

▸疇昔: 지난 날. 過去. 疇는 發語辭라고 하는데 또한 以往, 以前이라는 뜻도 가지고 있다. 慰疇昔은 지난날의 내 抱負·壯志. 이제는 가버린 젊은 날의 氣槪들을 위로 받고 싶다는 것이다. 사람은 아프고 병들면 옛날을 생각한다. 특히 옛날 어린 시절 먹던 것을 찾는다. 杜先生도 크게 앓고 나서 흘러간 지난날의 모든 것을 反芻하다가 불현듯 속깊고 은근하며 듬직한 王先生이 생각나 그에게 하소연하고 위로를 받고 싶어 찾아간 것이다. 가긴 제대로 간 것이다.

▸素知: 平素 알다.

▸賤子: 自身의 謙稱이다. 천한사람인데 우리나라에서는 보통 이 못난 사람으로 쓴다.

▸甘貧賤: 甘은 ① 嗜好. 愛好. ② 진심으로 원하다. 달게 받다(情願). ③ 즐겁게 여기다. 즐겁게 하고 싶어 하다(樂意). 甘貧은 貧窮에 편히 處하는 것이다. 보통 安貧樂道라 한다.

解說

흘러간 청춘 지난날의 抱負・雄志・所願. 다 지금은 소용없는 것들. 그것을 생각하며 王先生에게 慰勞받고 싶어서 찾아왔습니다. 그것은 平素이 못난 사람이 지금은 貧賤에 마음 편하게 安住하고 있음을 깊이 이해하고 알아주시기 때문입니다.

❖ 제7・8구: 酷見凍餒不足恥, 多病沈年苦無健.

註

▸酷見: ① ≪杜詩詳注≫에서 慘逢 즉 "悽慘하게 (얼고 주림을) 만나다"로 풀었는데 施鴻保先生이 틀렸다고 지적하였다. ② ≪讀杜詩說≫에서 酷은 "甚"이라 하였다. 더위를 酷暑, 좋아함을 酷好라 하니 모두가 甚詞인 것이다. 그리고 見은 "知"니 本句는 "甚知凍餒不足恥. 얼고 주림은 恥辱이 될 것 없음을 깊이 안다"인 것이다. ③ 徐仁甫先生의 ≪杜詩注解商榷≫에서 酷은 極이고 見은 被와 같다함. ≪史記・屈原傳≫에서 "信而見疑, 忠而被謗. 信義를 지켜도 疑心을 받았고 忠誠을 바쳐도 誹謗을 당하였다"이라 하였는데 見과 被는 互文인 것이다. 따라서 本句는 "極被凍餒也不足爲恥辱. 몹시 얼고 주림을 당해도 恥辱이 될 수는 없다"인 것이다라고 하였다. 施先生 徐先生 그 누가 더 그럴듯한지는 判斷保留. 그리고 世人이 잘 알고 있는 말씀. "가난은 수치가 아니다. 다만 불편할 뿐이다."

▸凍餒(동뇌): ≪孟子・盡心上≫에서 "不煖不飽, 謂之凍餒. 따뜻하지 못하고 배부르지 못한 것 이것을 凍餒라 한다"라 하였다. 그런데 餒는 다른 뜻이 있으니 ≪論語・鄕黨≫에서 "魚餒而肉敗, 不食. 생선이 상한 것 고기가 썩은 것은 안드신다"라 하였다. 똑같이 상하고 썩었어도 생선은 餒, 肉類는 敗를 쓰는 것이다.

▸不足: ~할 가치가 없다. ~할 것이 못되다. ~하기에 부족하다.

▸多病: 杜先生은 營養不足 때문인지 많은 병을 앓았는데 제일 有名(?)한 것이 瘧疾과 肺病이었다. 〈江村〉에서 "多病所須唯藥物, 微軀此外更何求? 많은 병에 필요한 것은 약뿐이니 시시한 몸이 이밖에 더 무엇을 바라리오?"라 하였으며 아예 詩題自體를 〈多病執熱奉懷李尙書〉라고 하여 첫머리에 써서 눈에 띠게 한 것도 있다.

▸沈年: 終年. 長年. 즉 一年내내. 그러나 長年累月은 오랜 세월을 뜻하니 주의를 요한다.

▸苦無健: ① 건강을 유지 못함이 고통스럽다. 튼튼하지 못하여 괴롭다. ② 苦는 몹시, 심히, 대단히의 뜻이 있다. 윗句와 짝을 맞춰 쓴다면 ①의 뜻이 더 어울린다고 하겠다.

解說

얼고 주림을 당하는 것 그것은 불편할 뿐이지 선비의 羞恥, 恥辱이라 할 것이 못되는 것. 다만 많은 병으로 한해를 다 보내니 그저 健康을 잃은 苦痛 괴로움은 있습니다.

❖ 제9·10구: 王生怪我顔色惡, 答云伏枕艱難遍.

註

▸顔色惡: 惡은 흔히 ① 罪惡. ② 凶暴. 凶險. ③ 猛烈. 威猛의 뜻으로 쓰인다. 그러나 가물에 콩나듯 다른 뜻으로 쓰이니 그저 주의 또 주의해야 할 것이다.≪書·洪範≫에서 "六極, 一曰凶短折, 二曰疾, 三曰憂, 四曰貧, 五曰惡, 六曰弱. 여섯 가지 困厄이 있으니 첫째는 短命하여 夭折하는 것, 둘째는 疾病, 셋째는 근심·걱정이 있는 것, 넷째는 가난한 것, 다섯째는 못생긴 것, 여섯째는 몸이 약한 것이다"라 하였다. ≪孔傳≫에서 "惡은 醜陋함이다"라 하였다. ≪左傳·昭公二十八年≫에서도 "昔賈大夫惡, 娶妻而美. 예전에 賈大夫는 못생겼으나 아내를 얻었는데 아름다웠다"라 하였는데 杜預의 注에서 "惡은 醜다"라 하였다. 그런데 容

貌・貌樣이 醜한 것은 天賦的이니 本詩와는 조금 거리가 있다. 本詩에서는 憔悴하다로 해야 더 적절하리라. 즉 本來는 괜찮게 생겼는데 多病沈年한 結果 憔悴하게 변했다는 것이다.

▸伏枕: 베게에 엎드리다. 病이나 老衰로 오랫동안 베개를 벗 삼아 지내는 것이다.

▸艱難遍: 塵世에서 겪고 江湖에서 치를 수많은 艱難・逆境・苦痛・患難을 베개에 엎드린 채 다 經驗했으니 발품 안 팔고 작히나 대견하랴! 그것도 재주라면 재주일 것이요라는 말씀이다. "艱難遍"은 無能에 대한 약간의 自嘲와 同時에 疾病과 窮塞을 익살과 유머로 緩和하고 解消하는 役割을 十分 發揮하였으니 大成功이라고 할 만하다.

解說

王先生께서 내 顔色이 憔悴한 것을 괴이쩍게 생각하시니 내가 대답했습니다. 아파서 베개에 엎드린 채 이 世上 四方八方 千里萬里를 다니며 겪을 온갖 艱難・逆境・苦痛을 발품하나 안 팔고 다 치렀노라고.

❖ 제11・12구: 虐癘三秋孰可忍? 寒熱百日交相戰.

註

▸瘧癘: 瘧疾. 말라리아(malaria). 갑자기 고열이 나며 설사・구토・발작을 일으키고 비장이 부으면서 빈혈증상을 보인다. 그런데 학질은 여러가지가 있다. ① 하루거리: 하루씩 걸러서 앓는 학질. 初瘧이라 한다. ② 이틀거리: 이틀을 걸러서 발작하며 좀처럼 낫지 않는다. 老瘧이라 한다.

▸三秋: 가을 석 달. 음력 7・8・9월이다.

▸寒熱百日: 학질에 걸려 오한(惡寒)과 身熱이 交代하기를 가을 석 달 동안이니 거의 백일이 된다는 말씀.

▸交相戰: ≪杜詩詳注≫, ≪讀杜心解≫를 비롯한 諸書에는 "相交戰"으로 되어있다. 交는 ① 서로. 상호. ② 일제히. 동시에. 함께의 뜻으로 쓰

인다. 陶潛의 〈詠貧士〉 七首 其五의 "貧富相交戰, 道勝無戚顔. 떳떳하나 가난함과 치사하나 부귀함이 언제나 서로 가슴속에서 싸우지만 正道가 승리하니 근심하고 슬퍼하는 안색이 없다"에 대하여 何孟春의 注가 ≪韓非子≫를 引用하였다. "子夏曰: 吾入見先王之義, 出見富貴, 二者交戰於胸, 故臞, 今見先王之義戰勝, 故肥也. 子夏가 말했다. 들어가면 先王의 道義를 보고 나가면 俗世의 富貴를 보니 道義와 富貴가 속에서 交戰하여 파리하게 말랐었는데 지금 先王의 道義가 이기니 그래서 살이 쪘소이다" 穿鑿이라 할 수도 있고 牽强附會라고 할 수도 있으나 杜先生의 말씀인즉 先賢들은 가슴속에서 人生의 重且大한 進路 즉 道義와 富貴가 熾烈하게 交戰하는데 나 같은 人生은 시시한 학질 따위에 걸려 寒熱이 交戰하니 면구(面灸)스럽다는 것이다. 안 그렇소?

解說

학질이 가을 석 달을 가니 그 누가 견딜 수 있었겠소이까? 惡寒과 身熱이 백일동안 죽자고 서로 싸웠답니다.

❖ 제13·14구: 頭白眼暗坐有胝, 肉黃皮皺命如線.

註

▸頭白: 白髮. 頭髮이 하얗게 됨. 極度의 苦痛·辛酸·葛藤·悲哀를 겪으면 머리가 하얗게 센다고 함. 南朝·梁의 周興嗣는 목숨을 걸고 하룻밤 동안에 四言古詩 二百五十句를 完成하였다고 전해지는데 바로 千字文이다. 完成한 뒤에 보니 하룻밤 사이에 머리가 하얗게 변해버렸다고 한다.

▸眼暗: 눈이 어둠침침하게 되다. 病苦로 視力이 나빠진 것이다.

▸坐: 13句와 14句는 整然한 對句가 된다. 坐는 命과 같이 名詞일 것이다. 즉 앉는 부분이니 臀部 엉덩이가 되겠다.

▸胝(지): 못박이다. 굳은살이 생기다. 주로 손바닥이나 발바닥에 생기는데

물건과 접촉할 때 받는 압력으로 살갗이 단단하게 되는 것이다. 보통 "手足胼胝(수족변지. 손에 있는 것 胼, 발에 있는 것 胝)", "胼手胝足"이라 쓰니 그 까닭은 "在手曰胼", "在足曰胝"라 하기 때문이다 우리나라에서도 오랫동안 앉아서 공부하거나 먼 길을 내리 말타고 가거나 할 때 "엉덩이에 못이 박일 노릇이다"라고 표현한다. 이 점은 杜先生과 相通한다. 그러나 이러한 日常用語가 寫實的 描寫에 의한 事實이 아닐 때가 가끔 있다. 疾病으로 오래 누워 지내거나 앉아 있으면 살이 짓무르기 쉽다. 醫療界의 말씀으로 褥瘡(욕창)인데 굳은살이 단단하게 생기는 것과 짓무르는 것은 于先 外見上으로 正反對가 된다. 그러나 多數가 이렇게 말하고 쓰니 굳이 醫學用語 云云할 것까지는 없다. 다만 사실이 그렇지 않다는 것을 알고는 있어야 된다고 생각하여 끼적거려 보았다.

▸肉黃: 살빛이 누렇게 뜨다.

▸皮皺: 살갗이 쭈글쭈글하다.

▸命如線: 목숨이 실낱같다. ≪杜詩詳注≫에서 "性命幾絶. 목숨이 거의 끊어질 듯하다"이라 하였다. 그런데 ≪三國演義≫ 第36回에 "命若懸絲"라는 표현이 있다. 실에 매달린 듯 목숨이 아슬아슬 간당간당하다는 뜻이리라.

解說

머리는 하얗게 세고 눈은 어둠침침하게 되었으며 엉덩이에는 굳은살이 생길지경인데 살빛은 누렇게 떴고 살갗은 쭈글쭈글해졌으며 목숨은 실낱같이 아슬아슬 간당간당했었으니 한마디로 청승은 늘어가고 팔자는 오그라지는 형편이었답니다.

❖ 제15 · 16구: 惟生哀我未平復, 爲我力致美肴膳.

註

▸平復(평복): 病復. 平癒. 병이 나아 건강이 회복됨.

▸致: 구입하다. 마련하다. 장만하다. 조처하다. 대처하다. 〈新婚別〉에서 "久致羅襦裳. 오래 걸려 비단 저고리와 치마를 장만했었다"이라 했는데 致字는 같은 의미일 것이다.

▸美: 맛이 달고 입에 맞다.

▸肴膳: ① 밥과 찬. ② 반찬. 肴는 본래 익은 고기를 말하며 膳은 日常의 반찬·食品을 말하나 함께 써서 肴膳이라 할 때에는 훌륭한 반찬·요리의 뜻으로 쓰인다.

▸15句의 惟生과 16句의 爲我는 彼此의 處地를 강하게 나타낸다.

解說

내가 병이 나아 건강이 회복되지 못함을 슬퍼함은 이 세상에 오직 王先生 한 분 뿐이며 힘써 맛있는 佳肴와 훌륭한 料理를 장만하심은 딱 나 한사람을 위함이었습니다.

❖ 제17·18구: 遣人向市賖香粳, 喚婦出房親自饌.

註

▸遣人: 사람을 派遣하다. 사람을 보내다.

▸賖(사. shē): 외상으로 물건을 구입함. ≪杜詩鏡銓≫에서 "可見亦非有餘. 王先生도 金錢的 餘裕가 있지 않음을 알 수 있다"라 하였다. 그런데 第22句에서 密沽(몰래 사다)라 하였으니 돈이 아주 없는 것도 아님을 알 수 있는데 그곳에 아무런 注解를 달지 않은 것은 未備한 점이라고 하겠다. 우리 생각에 쌀은 主食이니 대개 단골집을 정해놓고 購入하였을 것이다. 술을 或者는 밥보다 중한 必須不可缺의 生命水라고 强辯할 수도 있겠으나 냉정하게 말한다면 있어도 고만 없어도 고만일 것이다. 王先生의 돈은 한도가 있어 다 現札로 去來하기에는 不足하니 만만한 단골집은 외상으로 하고 아무래도 왕래가 뜸해 껄끄러운 술집에는 現金박치기를 하지 않았나 상상할 수 있다.

▸香粳: 粳. 稉. 秔(갱. gēng). 메벼. 멥쌀. 〈秋興〉 八首 其八에서 "香稻啄餘鸚鵡粒."이라 하였는데 香稻米는 淡紅色을 띤 上等米의 一種이다. 本詩에서 香粳이라 하였는데 구수한 멥쌀이라 해도 되나 쌀은 다 구수하니 그것도 좀 어색하고 아무래도 香稻와 같은 뜻이라고 해야 할 것이다. 또 하나 덧붙이자면 香을 보통 향기롭다고 풀이하나 속사정은 복잡하다. 참기름이 고소하다 할 때에도 그들은 香하며 새로 지은 밥이 구수할 때에도 香한다. 또한 김장김치가 시원하게 잘 익었을 때에도 香하니 우리는 정말 헷갈린다. 本詩의 香粳도 淡紅色을 띤 上等의 구수한 멥쌀이라고 풀어야 제 맛이 날 것이다. ➪ 찹쌀은 糯(나. nuò)를 쓴다. 香糯는 맛이 대단히 구수한 찹쌀의 一種이다.

▸親自饌: 親自는 몸소·직접·손수의 뜻이다. 饌은 음식물·반찬·요리의 뜻 말고 飮食을 準備하거나 飮食을 차려놓다는 뜻도 있다.

➥ 第18句의 아래에 ≪杜詩鏡銓≫은 "可見亦無從人. 또한 하인·종이 없음을 알 수 있다"이라 하였다. 그러나 외상 쌀 구입하는 것, 長安의 명물인 겨울철 절임을 구하는 것, 金城땅의 土酥 마련하는 것, 割鮮하는 것, 斗酒를 密沽하는 일은 다 하인이나 종이 하였을 것이다. 아내에게 몸소 밥짓게 하고 主人은 손님을 동그마니 앉혀놓고 이리저리 장만하고 마련하러 뛰어다니지는 않았을 것이다. 만약에 그렇다면 손님에 대한 缺禮요 失禮인데 설마 그러하지는 않았을 것이다. 本句는 손님을 극히 恭敬한다는 의미일 뿐이다. 즉 主人의 아내가 직접 밥을 짓는다는 것으로써 禮遇를 갖췄다고 표현한 것이다. 一國의 至尊인 帝王도 봄날 籍田(적전)에서 親耕하였으며 國母인 王后도 親蠶을 하였다. 이것을 두고 "可見亦無臣民. 또한 臣下와 百姓이 없음을 알 수 있다"이라 하면 소나 개도 웃을 것이다. 연이나 楊倫先生의 이러한 錯誤는 있을 수 있는 일이니 옛부터 "聖人도 千慮에 一失"이라 했으며 우리가 이것을 지적한 것 또한 무슨 奇特하고 대견한 일이 못되니 自古로 "愚人도 千慮에 一得"이라 했기 때문이다. 거 대충 넘어갑시다!

解說

사람 보내 장에 가서 淡紅色의 구수한 上等 멥쌀을 외상으로 들여오고 부인을 불러 방에서 나와 몸소 음식을 장만하게 하셨습니다.

❖ 제19·20구: 長安冬葅酸且綠, 金城土酥淨如練.

註

▶葅: 菹와 같다. (저. zū)로 읽는다. 김치라고 풀이하나 지금 보는 김치와는 아무래도 다르니 절임이라고 하는 것이 적당할 것이다. 즉 채소를 발효시켜 시큼하게 만든 채소절임이다. 절임은 소금·장·술찌끼·설탕 따위로 절인 채소를 말하는데 本詩의 절임을 무엇으로 절였는지는 자세히 알 수 없다. 겨울철의 채소는 절임과 마른나물이 大宗이다. 後世에 人智가 發達한 뒤 溫床栽培로 嚴冬에 싱싱한 菜蔬를 구경할 수 있었으나 이것은 어디까지나 例外的인 것이다. 먼저 마른나물을 보자. ≪詩·邶風·谷風≫에서 "我有旨蓄, 亦以御冬. 내가 맛있는 마른나물을 장만함은 또한 겨울을 나기 위함이다"이라 하였으니 이천년 이전에도 나물을 말려 겨울에 먹었던 것을 알 수 있다. 中國에서는 이것을 乾菜라 했으나 우리나라에서는 陳菜 즉 묵은나물이라 불렀다. 陳菜의 정확한 풀이는 다음과 같다. 음력 정월 대보름날, 여름에 더위를 이겨내기 위하여 먹는 묵은나물. 고사리, 버섯, 호박고지, 오이고지, 가지고지, 무시래기 따위의 말린 여러가지 나물을 말한다. 新鮮한 菜蔬가 없으니 당연히 이것을 먹어야 하는데도 名分과 價値를 붙였으니 즉 이것을 먹어야 여름에 더위를 먹지 아니할 뿐 아니라 한해를 무사히 지나게 된다고 하였다. 다음 절임을 보자. ≪詩·小雅·信南山≫에서 "中田有廬, 疆場有瓜. 是剝是菹, 獻之皇祖. 밭 가운데에 농막이 있고 밭두둑에는 외가 있다. 외를 껍질 벗기고 또 절여서 조상님께 올린다"라 하였다. 이천년 전에 또한 절임이 있었던 것을 알 수 있다. 그런데 예

전 朝鮮時代에는 蒲菹가 有名하였다. 그렇다고 그것을 먹거나 즐겨서 이름난 것이 아니다. 이유인즉 周公이 이것을 즐겼고 周公을 극히 尊敬하고 思慕한 孔子가 맛이 센 이것을 참고 먹어서 삼년이 지나자 그 맛을 즐기게 되었다는 이야기 때문이다. ≪論語 · 述而≫에서 "子曰: 甚矣吾衰也, 久矣吾不復夢見周公. 孔子가 탄식하였다. 내 몹시 老衰했나보다, 꿈에 周公을 못 뵌지 오래되었으니"이라 하였다. 孔子 以前에도 이러한 思慕가 있었으니 ≪後漢書 · 李固傳≫에서 "昔堯殂之後, 舜仰慕三年, 坐則見堯於牆, 食則覩堯於羹. 옛날 堯임금이 돌아가신 뒤 舜임금이 삼년을 追慕하였으니 앉으면 담장에 堯임금이 보이고 먹으면 국속에 堯임금이 보였다"라 하였다. 자기가 좋아하고 떠받드는 인물의 모든 것이 좋아 보이고 따라하게 되는 것은 凡夫나 聖人이나 매한가지다. 그런데 蒲菹를 이전의 書籍이나 어른들 말씀으로는 창포김치라 했으나 ≪표준국어대사전≫에서는 부들김치라 했다. 부들은 香蒲, 창포는 菖蒲인데 모두 蒲字로 줄여 썼으니 헷갈린다. 다만 자세히 보면 부들의 어린 싹을 먹었다는 기록이 나오니 아무래도 부들절임이 맞는 말일 것이다.

▸酸且綠: 새콤한 것은 잘 익었다는 말이다. 綠은 싱싱함을 말한다. 절임 · 김치가 너무 익으면 시어빠지고 물러 터져 급기야는 색깔도 누렇게 변한다. 本詩에서는 채소가 싱싱하며 잘 익었다는 뜻으로 酸且綠을 썼다. 且는 앞에서 말한대로 "더욱이", "게다가", "그 위에"의 뜻으로 쓰였다.

▸土酥: 土는 그곳, 그 地方을 말한다. 酥는 酥酪(수락)을 말하는데 지금의 치즈, 乾酪을 말한다. ≪補注≫에서 蘇東坡의 말을 引用하였는데 "土酥, 卽今之蘆菔也.……魏夫人帖云: 膾土酥如練, 秦人呼爲地酥. ……土酥는 바로 지금의 蘆菔(노복) — 무우는 흔히 蘿蔔(나복)으로 쓰나 가끔 蘆菔이라는 말로 쓰인다. 다 平凡을 싫어하는 탓이리라 — 이

다.……魏夫人帖에서 土酥를 가늘게 채 썬 것이 누임한 명주같다 하였다. 秦 즉 長安一帶에서는 地酥라 부른다.……”라 하였다. 즉 土酥는 地酥로 바로 무라는 것이다. 그런데 本詩에서는 쌀밥·채소절임·고기·술과 土酥가 등장한다. 무라면 채소절임과 겹치게 되니 아무래도 乳製品인 치즈가 나와야 多彩롭게 보일 것이다.

➥ 東坡는 무우와 因緣이 꽤 깊다. ≪高齋漫錄≫에 나오는 이야긴데 蘇東坡가 일찍이 錢穆父에게 큰소릴 쳤다. 普通으로 交際하여 往來하면 집안의 있고 없는 것에 맞추어 대충 모임을 가져야지 과하게 격식을 갖출 필요가 없느니. 이에 따라 어느 날 穆父가 折簡 — 반으로 꺾은 簡札이니 즉 쪽 찢은 메모지에 쓴 禮를 차리지 않은 편지를 말한다 — 으로 皛飯(효반)이나 함께 하자고 東坡를 초대하였다. 東坡는 皛飯이라는 典故를 아무리 해도 찾을 수 없었다. 가보니 흰 밥 한 사발, 흰 무 한 접시, 白湯 즉 맹물탕 한 대접뿐이었다. 세 가지의 白 이니 즉 皛 가 되는 것이었다.

▸淨如練: 南朝·齊·謝朓의 〈晩登三山還望京邑〉에 나온다. 즉 “餘霞散成綺, 澄江淨如練. 이울어가는 노을은 흩어져 무늬비단 되는데, 맑은 강은 깨끗하기가 누임한 명주 같도다”라는 有名한 대목이다. 淨如練은 澄江을 말함인데 杜先生은 떡하니 먹는 酥酪에다 갖다 붙였다. 그런대로 어색하지 않으니 역시 선수는 선수다. 그러나 우리 같은 無名小卒이 했다면 그렇게 말하지는 않을 것이다.

➥ 中原의 珍味로 酥酪은 일찍 자리잡게 되었다. 北方과 西域의 遊牧民들과 接觸하면서 자연스럽게 流入되었을 것이며 처음에는 輸入品이었던 것이 時間이 지나면서 土産品까지 나오게 된 듯하다. ≪世說新語·捷悟≫를 보면 “人餉魏武一杯酪, 魏武噉少許, 蓋頭上題合字以示衆, 衆莫能解. 次至楊修, 修便噉, 曰: 公教人噉一口也, 復何疑. 어떤 이가 뒷날 魏 武帝가 되는 曹操에게 酥酪 한 그릇을 보냈다. 그는 조금 먹은 뒤 뚜껑에다 合字를 써서 사람들에게 보였다. 그러나 모두들 무슨 뜻인

지 이해할 수 없었다. 楊修의 차례에 이르자 그는 곧 한 입 먹고는 말했다. 公께서 每人마다 一口씩 들라고 하시는데 무엇을 망설이십니까? (合字는 人一口가 합쳐졌다는 말씀이다)"라 하였으며 ≪世說新語·言語≫에 "陸機詣王武子, 武子前置數斛羊酪, 指以示陸曰: 卿江東何以敵此? 陸云: 有千里蓴羹, 但未下鹽豉耳. 陸機가 王武子를 찾아뵈니 王武子는 앞에 몇 섬은 되는 양젖 치즈를 놓아두었는데 그것을 손으로 가리키며 陸機에게 물었다. 卿의 江東에서는 무엇으로 이것을 맞상대하시겠는가? 陸機가 대답하였다. 千里湖에서 나는 순나물로 만든 국이 있는데 단 소금으로 간한 청국장을 풀지 않았을 때와 비슷하겠지요.(만약 소금 간한 청국장을 풀어 넣었다면 치즈 따위는 상대가 안 된다는 말. 豆豉(두시)는 ≪표준국어대사전≫에서 약전국이라고 하였다. 설명한 것을 보건대 청국장과 거의 비슷하였다)"라 하였다. 酥酪이 中原에서는 風味있는 珍羞로 各別한 대접받았음을 알 수 있으며 三國時代와 南北朝時代에는 貴物이다가 隋·唐으로 가면서 차츰 一般人들도 먹게 된 듯하다.

解說

長安은 서울이라 역시 다릅니다. 겨울 절임이 새콤하게 잘 익었는데 게다가 싱싱하게 푸르군요. 그리고 金城고을의 土產인 酥酪은 깨끗하기가 누임한 명주 일반입니다.

❖ 제21·22구: 兼求畜豪且割鮮, 密沽斗酒諧終宴.

註

▸求: ① 尋找(찾다). 搜尋(여기저기 찾다). ② 謀求(모색하다. 꾀하다). 追求하다. ③ 選擇하다. ④ 알아보다. 문의하다. 찾아가 구하다.

▸畜豪: ≪杜詩詳注≫, ≪讀杜心解≫, ≪杜詩鏡銓≫ 모두 豪豬(호저)라 하였다. 豪豬는 豪豬科의 哺乳動物로 몸의 길이는 70㎝ 정도이며, 부드러운 털과 뻣뻣한 가시털이 빽빽이 나있고 목에는 긴 갈기가 있다. 위험이 닥치면 몸을 밤송이처럼 동그랗게 한다. 주로 밤에 활동하는데 북

아프리카·아시아 서남부·유럽 남부 등지에 분포한다. ≪讀杜詩說≫에서는 이것이 고기가 기름지고 맛있어(肉肥美) 사람들이 많이 잡아먹는다(人多捕食) 하나 기르는 사람이 있다는 말은 듣지 못했다(然未聞有畜之者). ≪寧化縣志≫에서도 산채로 잡아도 며칠 만에 죽는다(生得之數日卽死)라고 하였다. 따라서 畜豪란 기른 돼지 가운데 肥大한 것(畜豕之肥大者)을 말함이 아닌가 한다 하였다. "豪"字는 원래 豪猪(豪豬와 같다)를 가리키는 말이며 豪豬에 있는 억세고 긴 털을 나타냈다. 여기에서 발전하여 出衆한 人物인 豪傑, 勇猛함, 豪放함을 나타내게 되었다. 豪에는 본래 돼지란 뜻은 없는데 기른 家畜 가운데 豪한 것은 돼지가 가장 類似하고 接近하므로 ≪讀杜詩說≫에서 畜豕之肥大者라고 추측한 것이리라. 勿論 一部 板本에 "豪"字 代身 "豕"字로 되어있는 것도 이러한 추측에 一助하였을 것이다. 또한 長安은 萬物이 모여드니 豪豬도 있을 수 있으나 아마 값이 만만치 않았을 터 王先生의 살림을 보건대 구입이 쉽지 않았을 것 같다.

▸且割鮮: 且는 將要 즉 막~하려하다, 장차 ~하려 하다의 뜻이다. 割은 칼로 家畜의 骨肉을 分解함이니 각을 뜨다는 말이 되겠다. 鮮은 ① 魚類를 말한다. ≪老子≫ 60章에서 "治大國, 若烹小鮮. 큰 나라를 다스리려면 작은 생선을 지지듯 해야 한다. 자꾸 들쑤시면 망가진다는 말씀)"이라 하였는데 이곳의 鮮이 바로 생선·물고기다. ② 막 잡은 싱싱한 鳥獸之肉을 말한다.

▸密沽: 몰래 사다. 손님이 미안한 마음 들지 않도록 슬며시 준비함.

▸諧終宴: 잔치가 파하도록 잘 어울리게. 잔치가 끝날 때까지 죽과 장이 맞게. 主人은 賓客으로 하여금 잔치가 끝날 때까지 즐겁고 지루하지 않게 해야 한다. 따라서 고단한 내색을 안 하는 것이 예의며 법도다. 三國·魏·曹植은 〈公宴〉에서 "公子愛敬客, 終宴不知疲. 형님인 曹丕 公子께서는 賓客을 敬愛하시니 잔치 파하도록 고단한 줄 모르시네"라

하여 형을 칭찬하였는데 그 德目이 終宴토록 不知疲였다. 또한 "諧"字는 分明 陶潛의 〈乞食〉을 念頭에 두고 쓴 것이리라. 陶先生이 굶주림에 몰려 갈 곳 모르다가 어느 마을에 이르렀는데 문을 두드렸으나 구걸하는 말이 아주 서툴렀다. 그러나 주인은 단박에 알아채고 내주었다. 그리고는 붙들고 가지 못하게 하며 한담을 나누고 술을 대접하였다. "談諧終日夕, 觴至輒傾杯. 談笑가 어울리니 죽과 장이 맞아 하루해가 다해가는데, 술이 앞에 오면 곧 잔을 기울였다." 貧寒하고 窮塞한 사람을 대접하는데 얼마나 진정으로 대하였으면 諧하겠는가. 陶潛의 이 詩句는 本詩의 바탕이 되었을 것이다.

解說

싱싱한 고기를 뜨기 위하여 집에서 기른 살찐 돼지를 또한 여기저기 알아보셨으며, 잔치가 파하도록 죽과 장이 맞아 화기애애한 분위기를 만들려고 슬며시 한 말술도 사오셨습니다.

➥ 香粳은 淡紅色, 冬菹는 綠色, 土酥는 白色, 割鮮은 鮮紅色, 斗酒는 맑은 것은 淸 透明 아니면 흐린 것은 濁 白色이니 豪華롭지는 않아도 그럴듯합니다.

❖ 제23 · 24구: 故人情義晚誰似, 令我手脚輕欲旋.

註

▸情義: ① 人情과 義理. ② 情誼 즉 서로 사귀어 친하여진 정. 恩情.

▸晚: ① 晚年. ② 老. 衰. ③ 人生의 終末. 晚年이 되도록 立身揚名 못하고 貧賤해도 옛친구의 情誼가 不變함이 그 누가 王先生 같겠는가? 옛부터 새로운 사람을 만나면 옛사람은 잊기 쉬운 법. 하물며 옛사람이 별 볼일 없는 처지면 한층 더 심하다. 그렇게 하지 말라고 자꾸 강조함은 그렇게 하기 쉽다는 反證이다. 俗諺에 "衣不如新, 人不如故. 옷은 새 것 만한 것이 없고 사람은 오래된 사람만한 것이 없다"라 했으며

≪史記・魯仲連・鄒陽列傳≫에서 俗諺을 引用하였는데 "白頭如新, 傾蓋如故. 머리가 하얗게 세도록 새로 만난 것같이 친하고 수레덮개가 마주보고 기울게 정답게 말함이 마치 옛친구 본 듯하다"고 力說하였는데 이는 ≪孔子家語・致思 篇≫에서 "孔子之郯, 遭程子於道, 傾蓋而語終日, 甚相親. 孔子가 郯(담)으로 가는데 길에서 程子를 만났다. 서로 수레의 창문에 기대어 말하니 수레가 한쪽으로 쏠려 두 수레의 수레덮개가 마주보며 기울었다. 하루종일 그렇게 談笑하는데 아주 친하였단다"라 한 것을 따온 것이리라. 하여튼 故人도 좋긴한데 新人이 더 근사한 듯하니 ≪楚辭・九歌・少司命≫에서도 "樂莫樂兮新相知. 새 사람을 알았을 때 보다 더 즐거운 일은 없다"고 단언했으며 漢・東方朔 〈七諫・自悲〉에서 또한 "故人疏而日忘兮, 新人近而兪好. 옛사람은 멀어져 날로 잊게 되고 새 사람은 가까워 더욱 좋단다"라 탄식했는데 아무래도 愛情 문제가 가장 심각하였으니 南朝・陳・江總은 〈閨怨篇〉에서 "故人雖故昔經新, 新人雖新復應故. 옛사람이 낡았다지만 옛날에 새 것을 겪었고 새사람이 비록 산뜻하다지만 장차 분명히 고물이 되고 말지"라 하였는데 일종의 惡談같기도 하고 咀呪같기도 하다. 却說하고 늙어빠지고 돈도 權力도 없는 故人이 잊혀지고 찬밥신세 되는 것은 東西・古今이 같으니 한탄하고 서러워한들 무슨 소용이랴! 따라서 王先生이 더욱 존경스럽단다.

➥ "衣不如新"하니 생각나는 것이 있는데 거꾸로 헌옷을 좋아하고 새옷을 싫어하는 것이다. 의외로 많은 사람들이 헌옷, 특히 헌신을 選好한다. 이유는 꿀 발라 단 하나 편하기 때문이지 무슨 義理 때문은 아니다. ≪世說新語・賢媛≫을 보면 車騎將軍인 桓冲은 새옷 입기를 좋아하지 않았다. 목욕을 마쳤는데 그의 부인이 일부러 새옷을 보냈다. 그는 大怒하여 당장 가져가게 하였다. 그러나 부인은 다시 들려보내며 말을 전하게 하였다. "衣不經新, 何由而故? 옷이 새것을 겪고 치르지 않으면 무슨 수

로 헌옷이 되리오?" 桓冲이 크게 웃으며 입었다 한다.

➥ 그러나 순전히 義理와 情理로 옛것을 그리워하는 것도 볼 수 있다. 宋·惠洪의 〈跋山谷字〉之一에서 다음과 같이 말했다. "魯女有遺荊釵而泣者, 路人笑之曰: 以荊爲釵易辦, 女乃泣何也? 女以手掠髮曰: 非以其難致也, 以其故舊耳. 魯나라 여인 중에 黃荊나무로 만든 비녀를 잃고 우는 사람이 있었다. 길가 사람들이 웃으며 黃荊으로 비녀 만들자면 쉽게 마련할 수 있는데 당신이 우는 것은 무슨 까닭인가 하였다. 여인은 손으로 머리를 쓰다듬으며 대답하였다. 그것을 장만하기 어려워서가 아니고 오래된 옛 물건이기 때문이라오!" 옛 詩歌를 보면 男子는 新人을 좋아하여 舊人을 내쫓지만 女子가 新人을 좋아하여 舊人을 떠났다는 것을 보지 못했다. 寡聞인가?

▸輕欲旋: 輕은 몸이 가뿐해지다니 병이 나았다는 말씀이다. 旋은 돌다. 회전하다는 動詞말고 副詞로 쓰이기도 하니 隨意(뜻대로. 마음대로, 생각대로), 漫然(멋대로. 제멋대로)의 뜻이 있다.

解說

벗과 사귀어 친하여진 정이 늘그막에 이르러도 변하지 않았으니 그 뉘라서 王先生 같겠습니까? 나같이 失意하고 낙탁(落魄)한 별 볼일 없는 첨지에게 말입니다. 그대의 厚意와 敦篤한 情이 나의 손·발 나의 팔·다리를 가뿐하게 하여 마음대로 움직일 수 있게 하니 아마 내 병이 다 나은 듯싶소이다.

❖ 제25·26구: 老馬爲駒信不虛, 當時得意況深春.

註

▸老馬爲駒: 늙은 말이 망아지가 되다. ≪詩·小雅·角弓≫에 "老馬反爲駒, 不顧其後. 늙은 말이 자신을 도리어 망아지인줄 생각하고 있으니 뒷일은 생각 안 함이지"라 하였다. 이 대목의 含意에 대하여 曰可曰否 是

也非也 옥신각신 티격태격 이러쿵저러쿵 말들이 많으나 ≪讀杜詩說≫이 제대로 풀이한 듯싶다. "疑老馬爲駒, 第言久病衰憊, 忽遇歡宴, 不覺手足輕旋如少年時, 猶老馬之反爲駒也; 信不虛, 謂詩人之言不虛也. 蓋斷章取義, 不必拘詩經義解. 아마 '늙은 말이 망아지 됐다'는 것은 다만 오랜 병에 쇠약하고 느른해졌으나 홀연히 즐거운 잔치자리를 만나니 不知不覺中에 手足이 가볍게 돌아 젊은 날과 같아져서 꼭 老馬가 망아지 된 듯하다고 말한 것이리라. '信不虛. 참으로 거짓 아니다'는 ≪詩經≫의 〈角弓〉을 쓴 詩人의 말이 거짓이 아니라는 것으로 斷章取義일 뿐이니 굳이 ≪詩經≫의 풀이에 얽매이고 拘礙 받을 필요가 없다."

▸當時: ① 當을 平聲으로 읽으면 昔時. 青春에 해당하는 때의 뜻이며 ② 當을 去聲으로 읽으면 지금. 適切할 때의 뜻이다.

▸得意: ① 得志(뜻을 이루다). ② 稱心(뜻대로 되고 마음에 들다). 滿意(만족하다. 만족스럽다).

▸況: 又(또. 다시)의 뜻으로 쓰인다. 王鍈先生의 ≪詩詞曲語辭例釋≫ 參考함. 이 況을 況且(하물며. 더구나. 게다가)로 풀이한 결과 ≪杜詩鏡銓≫, ≪讀杜詩說≫에서는 26句의 簡單하고 明瞭한 뜻을 아주 어렵게 만들어버렸다.

▸眷(권): ① 돌보다. 총애하다. 사랑하다. ② 家眷(가족). 親眷(친족). 女眷(여자 친구. 안식구). ➪ 眷顧: 愛眷. 돌보다. 총애하다. 사랑하다. 이 眷은 간단히 말하면 "致美肴膳"이니 즉 香粳·冬菹·土酥·畜豪·斗酒를 말한다. 관심 갖고 보살피며 사랑하고 아껴주면 그것이 밖으로 드러나야 되는데 뭐니뭐니해도 먹는 것으로 나타나게 되어있다. 너무 口腹置重이라고 욕하지 마시라. 우리는 사람이 치사한 탓인지 맨입으로 생색내는 것이 아주 싫더라.

解說

오랜 병에 지치고, 목 먹어 주린 탓에 꼭 비리비리하고 비루먹은 늙은 말

같았는데 오늘 극진한 대접에 팔팔한 망아지가 된 것 같으니 ≪詩經≫의 〈角弓〉을 지은 詩人의 말 진실로 거짓이 아닙니다. 그리고 그 옛날 靑春時節에도 우리는 딱 마음에 들고 서로 뜻이 맞았는데 지금 낙탁(落魄)하고 영락(零落)한 늙은 날에도 다시 깊이 아끼고 돌보아 주셨습니다.

❖ 제27·28구: 但使殘年飽喫飯, 只願無事長相見.

註

▸殘年: 사람의 一生이 다해가는 때, 즉 晩年이다.

▸喫飯(끽반): 밥이나 먹다. 生活·生存을 이렇게 간단하나 또한 진실하고 솔직하게 표현하여 왔다.

▸無事: 平穩無事. 鈴木虎雄先生曰: 疾病·災難·其他事故가 無다.

▸相見: 서로 만나다. 대면하다. 자주 만나야 더 친해진다. 오죽하면 英語에 서툰 우리도 이것은 외우고 있다. "out of sight, out of mind".

解說

다만 말년에 밥이나 배불리 먹게 되었으면. 그까짓 金錢·名譽·權力 다 필요없다오. 어째 여우의 신포도 같다구요. 할 수 없지요. 그리고 그저 우리들이 無事故·無病·무탈(無頉)하여 길이 서로 자주 만나기나 바랍니다.

➥ 仇兆鰲先生의 말씀: "本詩와 뒤에 나오는 〈閿鄕姜七少府設鱠戲贈長歌〉는 모두 方言과 俗語로 썼으니 아마 王氏나 姜氏가 본격적인 詩人이 아니므로 世俗의 常談으로 懇切한 眞情을 펴내 환하고 쉽게 알 수 있게 한 듯하다. 文章의 淺近·深奧를 사람에 맞춰 베풀었으니 이것이 杜詩가 有益한 所以일 것이다. 此章贈王倚, 後有贈姜七少府詩, 皆用方言諺語, 蓋王姜二子, 本非詩流, 故就世俗常談, 發出懇至眞情, 令其曉然易見. 文章淺深, 隨人而施, 此其所以有益也."

➥ 浦起龍先生曰: "開宋派. 이 作品은 中國詩歌史上 唐詩와 劃然이 다른

宋詩라는 또 하나의 流派를 열어놓았다."

➡ 杜詩가 어렵다고 말하지만 蜀땅에서 생활이 잠시 安樂·平穩無事할 때 그의 詩作은 얼추 平凡·淺近한 言語를 驅使하였다. 그리고 田父·村夫의 面貌를 躍如·逼眞하게 描破하여 大成功을 거둔 作品이 〈遭田父泥飮美嚴中丞〉이라 하겠다. 촌 영감의 率直·質朴·약간 엉큼한 속셈·막무가내의 고집·거칠고 무례함 등등이 아주 남김없이 描出되었다.

42. 〈示從孫濟〉(五言古詩)

平明跨驢出, 未知適誰門. 權門多噂沓, 且復尋諸孫.
諸孫貧無事, 宅舍如荒村. 堂前自生竹, 堂後自生萱.
萱草秋已死, 竹枝霜不蕃. 淘米少汲水, 汲多井水渾.
刈葵莫放手, 放手傷葵根. 阿翁懶惰久, 覺兒行步奔.
所來爲宗族, 亦不爲盤飧. 小人利口實, 薄俗難具論.
勿受外嫌猜, 同姓古所敦.

❖ 詩題

註

▸從孫: 兄弟의 孫子, 姪孫이라고도 한다. 本詩에서는 항렬(行列)상 孫子뻘이라는 말이지 정말 杜甫 親兄弟의 孫子같지는 않다. 4句 5句에서도 諸孫이라 하였다.

▸濟: 錢牧齋의 箋注에 의하면 "≪宰相世孫表≫에서 杜濟의 字는 應物로 給事中과 京兆尹을 지냈다 하고 顔魯公의 〈神道碑〉에서 杜濟는 征南將軍인 杜預의 十四代孫이며 東川節度使 兼 京兆尹을 지냈다고 하였다"한다. 그런데 杜甫는 〈祭遠祖當陽君文〉에서 自身이 杜預의 十三代孫이라 하였다. 이렇게 되면 조카뻘이 된다. 착오가 있음이 틀림없다. 本詩를 지을 때 杜濟는 백수로 아직 立身揚名 出世하기 전이다.

解說

〈從弟인 濟에게 보인다〉

❖ 제1·2구: 平明跨驢出, 未知適誰門.

註

▸平明: 黎明. 희미하게 날이 밝아 올 무렵.

➥ ≪杜臆≫에서 "起語는 陶靖節의 〈乞食〉 詩에서 脫胎한 것으로 또한 그 實情이 같다. 起語從陶靖節乞食詩脫來, 亦其情同也."라 했는데 이것은 詩를 조금 읽은 사람들은 누구나 알 수 있는 바이다. 중요한 점은 이 두 句가 全篇의 關鍵인 것을 허술히 지나치지 않고 一貫되게 적용하여 풀이하는 것이다. 陶潛의 〈乞食〉은 아래와 같다. "飢來驅我去, 不知竟何之. 行行至斯里, 叩門拙言辭. 主人解余意, 遺贈副虛期. 談諧終日夕, 觴至輒傾杯.……굶주림이 닥쳐 나를 몰아대는데, 모르겠다! 도대체 어디로 가야할지. 가다가다 이 마을에 이르렀는데, 문은 두드렸으나 구걸하는 말이 서툴렀다. 주인이 내 뜻을 알아채고는 냉큼 내주어 때가 되면 꼭 갚겠다는 허망한 기약에 응해주었다. 그리고는 나를 붙들고 가지 못하게 하였다. 談笑가 어울려 하루해가 다 기우는데, 술이 앞에 오면 곧 잔을 기울였다……" 杜先生의 本詩는 冒頭 二句로 壓縮된다. 간단히 말해 굶주린 杜先生 — 앞의 〈投簡咸華兩縣諸子〉에서 "饑臥動卽向一旬. 敝衣何啻聯百結"이라 했으니 약간 誇張하였으나 그가 飢寒에 고통 받은 것은 사실이다. — 이 사발농사 지으러 손자뻘 되는 杜濟를 찾아갔다가 푸대접까지는 아니더라도 歡待를 못 받고 지은 것이 本詩인 것이다. 陳貽焮教授는 以前 諸家들의 注解와 評의 不足한 점과 未備한 곳을 아주 시원하게 풀어주었는데 앞으로 展開되는 대목의 풀이는 다 陳貽焮의 말씀을 따른 것임을 밝혀둔다. 물론 우리가 陳教授의 뼈대에 살과 털을 붙이기는 하였지만 말이다.

解說

배고파 밤새 잠 못 이루었으니 날이 희미하게 밝아오자 곧 나귀타고 집을 나서기는 나섰는데 누구네 집 문으로 가야 할지를 모르겠다.

❖ 제3 · 4구: 權門多噂沓, 且復尋諸孫.

註

▸噂沓(준답): ≪詩 · 小雅 · 十月之交≫에 "噂沓背憎"이 나온다. 噂噂은 마주보고 의좋게 이야기하는 모습이며 沓沓은 말이 많고 流暢한 모습이다. 背憎은 등 돌리면 미워한다는 뜻이다. 本詩에서는 噂沓背憎을 省略하여 噂沓으로 썼다.

▸且: 일단. 좌우간. 꼭 마음에 들지는 않지만 아쉬운 대로. 썩 내키지는 않지만 그런대로.

▸諸孫: 집안의 손자 항렬(行列). 杜濟를 말한다.

解說

權門勢家를 찾아가면 고량진미(膏粱珍味), 진수성찬(珍羞盛饌)이 있지만 앞에서는 아주 의좋게 이야기하다가도 등 뒤에서는 비웃고 미워하는 表裏不同이 싫어서 最善策은 아니지만 아쉬운 대로 집안의 손자뻘 되는 녀석에게나 가본다.

❖ 제5 · 6구: 諸孫貧無事, 宅舍如荒村.

註

▸貧無事: ① 倒置로 보면 無事하니 貧하다가 된다. 동정이 간다. ② 貧하면서도 無事하다. ≪杜臆≫에서는 "貧 하면서 게으른 것을 말함이니 아래 글을 보면 알 수 있다. 그러나 점잖게 無事라고 했으니 말투가 敦厚하다"라 하였다.

▸無事: 아무 일도 하지 않는다. 아무 일도 하는 것이 없다.

▸宅舍: 住宅.

▸荒村: 버려두어 거칠고 쓸쓸한 마을. 杜濟의 집은 長安 또는 首都圈에 있는데도 荒村의 집 말하자면 "전설의 고향"에나 登場할 귀신 나오는 형상을 하고 있다는 말씀이다.

解說

이 녀석이 직업이 없어서 가난한 것인지 가난한데도 게을러 빠져 아무 일도 안 하는지 아리송한데 하여튼 일 싫어하는 것은 알 수 있으니 집이 꼭 荒村에나 나옴직한 꼴을 하고 있다.

❖ 제7·8구: 堂前自生竹, 堂後自生萱.

註

▸堂: 正房. 한 집안의 가장 中心이 되는 곳이니 우리식으로 하면 대청이 비슷하다.

▸自生: 저절로 나서 자람. 사람이 일부러 심은 것이 아니라는 말씀.

▸萱(훤): 諼(훤). 忘憂草. 원추리. 근심을 잊게 한다 함. 어머니를 상징함.

➥ 이 두 句의 竹과 萱은 實景일 것이나 위에 나오는 貧無事의 注解라 해도 되고 補充說明이라 해도 되리라. 처음 杜先生은 대를 보고 杜濟가 高尙한 韻致께나 따지고 風流客이라 심은 줄 알았는데 그게 아니고 自生이란다. 원추리 또한 그럴듯한 目的이 있어서가 아니고 절로 난 것이라니 할 말이 없다. ≪世說新語·任誕≫에 이러한 이야기가 있다. 王子猷 즉 王徽之가 일찍이 남의 빈 집에 잠시 산 적이 있었는데 대를 심게 하였다. 或者가 물었다. 잠시 사는데 왜 그리 번거롭게 구시나? 王徽之는 오랫동안 휘파람을 불고 흥얼거리기도 하더니 대를 가리키며 말했다. "어떻게 하루라도 이 양반이 없을손가? 何可一日無此君?" 이 이야기는 ≪晉書·王徽之傳≫에도 실려있다. 또한 ≪詩·衛風·伯兮≫에서는 전쟁에 나간 남편을 그리워하며 "어떻게 하면 忘憂草를 얻어서 뒤꼍에 심나. 焉得諼草, 言樹之背"라 하였는데 諼草 즉 萱草는 시름을 잊게 해 준단다. 또한 뒤꼍에 심는다 했는데 北堂 즉 뒤꼍은 主婦가 거처하는 곳이라 어머니를 상징하기도 한다. 이전에 중국에서는 어머니날에 카네이션을 달지 말고 어머니를 상징하는 원추리 꽃을 달자는 움직임이 있었다.

解說

집의 正中央인 대청 앞에는 저절로 나서 자란 대가 있고 대청의 뒤에도 원추리라 忘憂草가 또한 저절로 생겼단다. 애써 심고 힘들여 가꾼 것이 아니라니 할 말은 없다.

❖ 제9 · 10구: 萱草秋已死, 竹枝霜不蕃.

註

▸蕃(번): 繁殖하다. 茂盛하다. 興旺하다. 많다.

解說

그러나 아무리 공들이지 않았고 힘들여 심은 것 아니라도 그래도 좀 가꾸고 손질은 해야 하지 않겠니? 여기가 무슨 荒城옛터 촬영장도 아니고 이렇게 사람 사는 집안에 시든 풀, 마른가지가 어수선해서야 쓰겠느냐? 하였더니 대뜸 말한다. 원추리 줄기 · 잎이야 가을이니 시들어 말랐고 대나무 가지들이야 서리 맞았으니 무성할 재간이 있겠어요? 제 잘못 아니라구요. 杜濟의 處地로 보자면 아닌 밤중에 홍두깨나 마른하늘에 날벼락까지는 아니더라도 從祖가 된다는 杜先生이 나타나 감놔라 배놔라 매사에 참견하고 간섭하니 여간 성가신 일이 아니었을 것이라 말투 또한 휘다만 갈퀴처럼 溫恭하지 못하였다.

➥ "萱草秋已死"를 원추리 풀이 가을이라 이미 죽었다하면 어폐(語弊)가 있다. 이것은 多年生草 즉 宿草니 그럴 리가 없다. 따라서 草는 잎 · 줄기라 해야 맞을 것이다. 이러한 표현은 中國의 詩歌에서 아주 드물지는 않다. 사십 여 년 전 신문의 연재소설에 나온 漢詩가 있었는데 詩題도 作者도 不明이며 內容도 가물가물 · 아물아물한데 일단 써놓고 보자. "草枯根不死, 逢春又敷榮. 獨有愁根在, 非春亦自生. 잎 · 줄기는 말랐어도 뿌리는 죽지 않아 봄 맞으면 또 번영한다. 다만 시름의 뿌리 있어 봄이 아닌데도 절로 나누나." 우리의 記憶力이 신통하지 않으니 詩句에

는 出入이 많을 것이나 첫 句는 틀림이 없다. 왜냐하면 당시 草와 根의 해석을 字面대로 해서는 안 된다고 깨달았기 때문이다. 草는 풀 전체를 가리킴이 절대 아닌 것이다.

❖ 제11 · 12구: 淘米少汲水, 汲多井水渾.

註

▸淘: 일다. 즉 곡식이나 사금 따위를 그릇에 담아 물을 붓고 이리저리 흔들어서 쓸 것과 못 쓸 것을 가려내는 것을 말한다. 쌀을 이는 것은 돌·뉘를 가려내기 위함이다.

▸汲: 물을 긷다.

▸渾: 混濁. 渾濁. 溷濁. 모두 음과 뜻이 같다. ≪易·井≫을 보면 "初六, 井泥不食. 初六, 우물물이 흐리니 먹을 수 없다"이라 하였다. 너무 많이 길어 흐려지면 먹을 수가 없으니 큰일이다.

解說

杜濟로서는 이 不請客이 영 성가시고 귀찮은 存在지만 顔面·體面이 걸려 하는 수 없이 진지라도 드셔야지요 하고 붙들어 놓을 수밖에 없었으며 杜甫 또한 어린 녀석에게 더러운 지청구 받아 삭이는 것이 다 한 끼를 위함이니 거절할 리가 없었다. 그런데 이 녀석이 보고 배운 바가 없었던지 어른 앞에서 하는 꼴이 가관이다. 쌀을 씻으려 우물물을 긷는데 미친 여자 널뛰듯 이리저리 휘둘러 온통 지랄을 떨고 쌀을 이는 것이 걸레 빨듯 함부로 흔들어 버리니 돌과 뉘를 고르는 것이 아니고 생쌀을 태반은 내버리는 꼴이다. 杜先生도 속에서 울화가 치밀어 "이런 때갈 자식을 봤나"하고 싶지만 그럴 수는 없으니 점잖게 "애야! 쌀이 얼마나 많다고 물을 그렇게 퍼대니? 쌀을 일 때에는 물을 조금만 길어라. 많이 길면 우물물이 흐려진단다. ≪周易≫의 〈井卦〉에서도 井泥不食이라 했단다. 물을 먹으며 샘을 흐리면 안되고 한 집안 어른을 박대하면 안 되느니" 하는 수밖에. 杜濟도 속으로야 "젠장맞을! 일가 못 된 것이 항렬만 높다더니"했겠지만 그럴 수는 없는지라 국거리나 장만하겠다고 한다. 그러더니 졸졸 따라다니는 강아지에게 냅다 발길질을 한다. ≪禮記·曲禮上≫에서도 "尊客之前不叱狗. 귀한 손님 앞에서는 개를 꾸짖지 않는다"라 했거늘 저 자식이 저렇게 禮를 모르니 내 앞으로 자주 와서 薰陶하는 수밖에 없겠구나 하고 杜濟가 알면 기절초풍·깜짝 놀랄 엉뚱한 結論을 내렸는지 모른다.

❖ 제13·14구: 刈葵莫放手, 放手傷葵根.

註

▸刈(예. yì): 베다.

▸葵(규): 아욱. 중국에서 六朝時代까지 채소의 으뜸은 아욱이었다. 차츰 다른 채소가 등장하며 뒷전으로 밀려났는데 明·清代 이후로는 거의 먹지 않게 되었다. 참고로 말하면 向日葵는 해바라기며 蜀葵는 접시꽃이다. 보통 아욱은 그냥 葵라고 하나 때에 따라 어렵게 冬葵·露葵라고도 하니 주의를 요한다. 겨울 아욱·이슬 맺힌 아욱이 아니고 그저 아욱인 것이다.

▸放手: 멋대로 함부로 함. 放縱.

➥ 〈趙次公注〉에서 말하기를 "一族에게 宗이 있음은 水의 源이 있음과 같고 葵의 根이 있음과 같다. 水의 源이 있음이여 渾하게 말 것이며 葵의 根이 있음이여 傷하게 말 것이니 族에게 宗이 있음이여 疏遠하게 말지니라"하였다. 일리가 있는데 문제는 汲水·刈葵의 家內 尋常事에서 왜 宗族問題로 飛躍했냐는 것이다. 그것은 앞에서 이미 말한대로 杜濟가 이 不請客에게 짜증이 나는데 그것을 汲多井水와 刈葵放手로 표현했기 때문인 것이다.

解說

아욱 베러 간다며 밭으로 향하는데 따라가는 어린 자식에게 비키라고 소리치며 먹고 버린 맥주 깡통을 발로 냅다 찬다. 저런 망할 자식을 봤나. 어른을 치겠구나.

그리고 아욱을 베는데 꼭 삼대 베듯 손을 놀리니 옆에서 보는 사람이 毛骨이 悚然하거나 소름이 오싹 끼칠 정도까지는 아니라도 그야말로 坐不安席이로구나. 杜先生이 이 꼴을 보고 또 한마디 한 할 수가 없다. 그래서 말씀하시기를 ≪吳越春秋≫에 나오느니. "열매를 먹으면 그 가지를 다치지 말 것이며, 그 물을 마시면 그 샘을 흐리게 해서는 안 되느니라. 食其實者, 不傷其枝; 飮其水者, 不濁其流." 또 〈古詩〉에서도 읊었겠다. "아욱을 딸 때 뿌리를 다치지 말 것이니 뿌리를 다치면 자랄 수가 없다. 친구를 사귈 때 가난을 羞恥로 여기지 말 것이니 그리하면 사귐이 이루어질 수 없다. 採葵莫傷根, 傷根葵不生; 結交莫羞貧, 羞貧交不成." 그러니 애야 아욱을 벨 때 지금처럼 손을 제멋대로 함부로 놀리지 말아라. 그러면 아욱 뿌리까지 상하게 되니 그게 될 일이냐! 우물이고 아욱이고 사람이고 다 뿌리를 아껴야 하느니……. 알아듣겠느냐?

❖ 제15 · 16구: 阿翁懶惰久, 覺兒行步奔.

註

▸阿翁: 할아버지가 손자 · 손녀에게 자신을 이르는 말이니 할아비다. 阿는 앞에 붙여 친근감을 나타내는데 쓰인다.

▸懶惰(나타): 느리고 게으름. 嬾惰 (난타)와 같다. 懶 · 嬾 둘 다 中國音으로 (lǎn)인데 우리나라에서는 다르게 읽는다.

▸行步: 걷다. 걸음걸이.

▸奔: 급히 달리다. 빨리 가다. 분주히 뛰다. 달아나다. 도망치다.

解說

한 살이라도 더 먹은 내가 참아야지……. 이 할아비는 늙어서 그런지 느리고 게으르게 오래 살아왔단다. 그래서 오늘 너의 걸음걸이 하나하나가 다 꽤 빠르고 분주하게 느껴진단다. 정말 너는 奔走多事하구나.

➥ 陳貽焮教授의 말씀에 의하면 淘米・汲水・刈葵할 때 잔뜩 성이 나서 뾰로통하고 심통을 부리는 것을 통틀어 行步奔이라 감싸주었는데 대단히 婉曲한 가운데 유머가 있다고 하였다. 아울러 行步奔에 대하여 圓滿한 解說을 한 注家가 없다고 아쉬워하였는데 실인즉 一鍼을 가한 것이 되겠다.

❖ 제17・18구: 所來爲宗族, 亦不爲盤飧.

註

▸所: 此와 같다. (徐仁甫先生의 ≪杜詩注解商榷≫)

▸爲: 윗句・아랫句의 爲는 다 去聲으로 읽어야 한다.

▸宗族: 同宗同族의 사람. 즉 한 조상에게서 내려온 성과 본이 같은 一族.

▸亦: ① 亦은 深, 絶이니 亦不은 絶不, 즉 결코 ~ 아니다라고 해석한다. (王鍈先生의 ≪詩詞曲語辭例釋≫) ② 亦은 固의 뜻이다. (徐仁甫先生의 ≪杜詩注解商榷≫) 固는 단호하게. 결연하게. 꼭. 본래. 확실히의 뜻이니 결국 王先生의 말씀이나 徐先生의 말씀이나 같다고 할 수 있다.

▸盤飧(반손): 그릇에 담은 음식의 總稱. 杜先生은 〈客至〉에서도 "盤飧市遠無兼味, 樽酒家貧只舊醅. 음식은 저자가 멀어 여러가지 색다른 것을 못 차렸고, 동이의 술은 집안이 가난하여 묵은 막걸리뿐이오"라 하였다. 간단히 말해 밥과 찬이요 더 줄이면 끼니다.

解說

여기에 지금 온 것은 一家・한 집안이고 겨레붙이기 때문이란다. 만약 먹고 마시려 했다면 山海珍味가 쌓인 權門勢家에 가지 여기엘 왔겠니? 나는 절대 먹을 것 찾아 온 것이 아니란다.

❖ 제19 · 20구: 小人利口實, 薄俗難具論.

註

▸小人: ① 識見이 좁고 얕은 사람. ② 人格이 鄙陋한 사람.(≪漢語大詞典≫) 度量이 좁고 간사한 사람.(≪표준국어대사전≫) 兩國의 풀이를 종합하면 보고 배운 바 없고 속 좁으며 인격이 너절한 인간이 되겠다.

▸利: ① 利益. 長點. 好意. ② 편리하다. 적당하다. 적합하다. ③ 탐내다. 집착하다. 좋아하다. 애호하다.

▸口實: ① 입안에 들어가는 것. 입을 채우는 것이니 즉 음식이다. 참고로 말하면 입에서 나오는 것은 말이니 곧 言語다. ≪易 · 頤≫에서 "自求口實, 觀其自養也.……象曰: 山下有雷, 頤, 君子以愼言語, 節飮食.……입에 들어가는 음식을 제대로 따지면 그가 몸을 제대로 기름을 볼 수 있다. 象에 이르기를 山 아래에 雷가 있는 것이 頤卦다. 군자는 이것을 보고서 말을 신중히 하고 음식을 절제하느니라." ② 祿俸을 말한다. ≪左傳 · 襄公二十五年≫에서 "臣君者, 豈爲其口實? 社稷是養. 임금 섬겨 신하노릇 하는 것이 口實을 위한 것이리오? 社稷도 보존함이거늘"이라 하였는데 杜預의 注에서 "臣不徒求祿, 皆爲社稷 臣下는 다만 祿俸을 구함이 아니요 모두 社稷을 위함이다"이라 하였다. ③ 어떤 일에 대하여 언제나 曰可曰否, 이러쿵저러쿵 批評 · 議論하는 것. ≪書 · 仲虺之誥≫에서 "成湯放桀于南巢, 惟有慙德, 曰: 予恐來世以台爲口實.(▷台(이. yí)라 읽는다. 我의 뜻이다.) 殷나라 湯王이 夏나라 桀 王을 南巢로 내쳤는데 이점 自己의 言行에 잘못이 있고 마음속으로 부끄러움이 있었다. 그래서 말하기를 내 두렵기는 來世에 나를 두고 어러쿵저러쿵 옳다 그르다 하는 의론이 많을 것이라는 점이다"이라 하였는데 〈孔傳〉에서 "恐來世

論道我放天子常不去口. 來世에 내가 天子를 追放했다는 의론이 늘 입에서 떠나지 않을까 두렵다"라 하였다. ④ 오늘도 흔히 쓰는 口實. 즉 핑계, 빙자함. ≪左傳・襄公二十二年≫에서 "……大國若安定之, 其朝夕在庭, 何辱命焉? 若不恤其患, 而以爲口實, 其無乃不堪任命, 而翦爲仇讎? 敝邑是懼, 其敢忘君命? 委諸執事, 執事實重圖之. (▷翦은 棄의 뜻이다.) 弱小國인 鄭은 强國인 晉・楚 사이에서 隘路가 많았다. 晉이 또 鄭에세 朝見하라하니 鄭은 公孫僑 즉 子産에게 일을 맡겼다. 이에 子産이 利害得失로 따지는데 마지막을 이렇게 맺었다. 大國에서 小國인 우리를 安定시켜 주신다면 우리는 晉의 朝廷에 朝夕으로 와 뵈올 것이니 무어 욕되게 명령을 내리실 필요 있겠습니까? 만약 小國의 患難을 불쌍히 여기시지 않고 그것을 구실삼고 빙자하며 핑계 삼으신다면 아마 大國의 命을 받을 수 없으니 大國에게 버림받고 서로 원수가 되지 않겠습니까? 小國은 이러한 결과를 두려워하는 것일 뿐 어찌 晉나라 임금님의 命을 잊겠습니까. 모든 일은 擔當하는 執事者에게 맡기니 執事者는 深思熟考하시라." ⑤ 옛날 死者의 입에 넣는 물리개. 哈. 琀. 飯哈. 漢・劉向의 ≪說苑・修文≫에서 "口實曰哈.……天子哈實以珠, 諸侯以玉, 大夫以璣, 士以貝, 庶人以穀實. 口實을 물리개라 한다.……天子는 둥근 珍珠, 諸侯는 玉, 大夫는 둥글지 않은 珍珠. 士는 자개, 庶人은 곡식알"이라 하였다.

▸第19句는 ㉮ 小人輩들이야 입에 채우는 먹을거리를 이롭게 여겨 못하는 짓 없고 안 하는 일 없다지만 이 할아비야 君子는 못 되도 小人 또한 아니니 음식을 이롭게 여겨 여기에 왔겠는가? ㉯ 보고 배운 바 없고 속 좁으며 너절한 小人輩들이야 늘 남에 대하여 曰可曰否, 이러쿵저러쿵, 씩둑꺽둑 떠들기를 썩 좋아하는 법. 以上 두 가지 중에서 ㉯가 더 적절하다고 여겨진다. 따라서 口實도 ③의 뜻을 따라야 할 것이다.

▸薄俗: 野薄(야멸차고 인정없음)한 風俗. 輕薄한 風俗. 刻薄(冷酷하고

薄情함)한 風俗.

▸具論: 詳細히 討論함. 일일이 論議함.

解說

小人輩들은 남에 대하여 이러쿵저러쿵, 씩둑꺽둑 떠들기를 아주 좋아하는 법. 그러한 야박하고 경박하며 각박한 풍속을 하나하나 따지고 들기는 어려우리라.

❖ 제21 · 22구: 勿受外嫌猜, 同姓古所敦.

註

▸21句는 南朝 · 宋 · 鮑照 〈代放歌行〉의 "不受外嫌猜"를 쓴 것이다.

▸外: ≪杜詩詳注≫에서 引用한 邵注에서 外人 즉 他人이라 함. 日本의 鈴木虎雄先生은 一族以外의 사람 즉 他姓바지라 함.

▸嫌猜: 미워하고 의심함.(사발농사나 지으러 다니는데 정말 집안어른인지, 원.)

➥ 陳貽焮教授는 〈投簡咸華兩縣諸子〉, 〈病後過王倚飮贈歌〉 그리고 本詩를 보건대 杜先生이 長安 남쪽의 杜城으로 移住한 뒤 鄕里小兒 親族의 젊은이들에게 상당히 구박을 받고 멸시당한 것을 알 수 있다 하였으며 "此老無聲淚垂血"이 결코 誇張은 아니라고 하였다.

解說

남들 특히 他姓바지들의 나를 미워하고 의심하는 말일랑 아예 받아들이지를 말거라. 同姓親族이란 自古로 敦篤 · 和睦했고 또 그래야만 하느니라.

➥ ≪杜詩鏡銓≫에서 引用한 邵注에서 "眞趣亦自漢 · 魏出. 眞情의 意趣 · 旨趣는 또한 漢 · 魏의 古拙에서 나온 것이다"이라 하였고 沈注에서는 "隨事比興, 全得古樂府之神. 事件 · 事物에 따라 比의 技法, 興의 手法을 썼으니 오롯이 古樂府의 神韻을 얻었도다"라 하였다.

➥ ≪讀杜心解≫에서는 "中入比體, 似歌似謠, 只是家常語, 直入兩漢風格矣. 本詩는 中間에 比의 體裁로 들어갔는데 歌行같기도 하고 民謠같기도 하지만 줄곧 日常語를 驅使하였으니 바로 西漢·東漢의 風格으로 歸着된다"라 하였다.

➥ 漢·魏의 古拙·淳朴·敦厚는 그 時代의 産物이며 標徵이다. 後世에 이것을 따른다면 精神은 빠지고 形骸만 남은 한낱 模造·模倣에 不過할 뿐이리라. 이러한 作品은 어쩌다 가끔 나오면 그런대로 색다른 맛을 느끼겠지만 極力 漢·魏의 風骨로 가자고 하여 이렇게 創作한다면 그 또한 어려운 일일 것이다.

➥ 杜濟에게 詩는 손방인 듯하다. 含蓄·蘊藉에 능하고 典故·故實에 익숙한 杜甫가 이렇게 淺近한 用語에 直說的인 話法을 쓸 수밖에 없었던 背景을 살펴보건대 그렇지 않나 생각할 수 있다는 말이다. 또한 우스갯소리 같지만 杜濟가 立身揚名·出世한 것을 보면 詩에 門外漢이었을 것이라고 짐작할 수 있다. 古來로 評者들은 "人窮能詩. 사람이 궁하면 詩에 능해진다"라 하였다. 그런데 雨田先生님은 "詩能窮人. 詩는 능히 사람을 궁하게 한다"이라 하셨으며 詩를 배우려는 사람들에게 "얼른 손 떼!"하며 말리셨다. 정말인듯 하기도 하고 엄포인듯 하기도 하여 헷갈린다.

43. 〈杜位宅守歲〉(五言律詩)

守歲阿戎家, 椒盤已頌花. 盍簪喧櫪馬, 列炬散林鴉.
四十明朝過, 飛騰暮景斜. 誰能更拘束, 爛醉是生涯.

❖ 詩題

註

▸杜位: 杜甫의 〈奉送蜀州柏二別駕 將中丞命 赴江陵起居衛尙書太夫人 因示從弟行軍司馬位〉에서 從弟라고 명토를 박아 밝혔다. ≪困學紀聞≫에서 杜位는 當時의 宰相인 李林甫의 사위라고 하였다. 李林甫의 死後 그 一族·親姻戚은 모두 내침을 당하였다. 杜位도 例外가 아니었으며 훗날 杜甫는 〈寄杜位〉 두 편을 써서 안타까운 마음을 부쳤는데 한 수는 七言이고 한 수는 五言이다. 七言의 〈寄杜位〉에는 原注가 있는데 "位京中宅, 近西曲江."이라 하였다. 曲江·杏園·芙蓉園은 장안의 東南모퉁이에 있으니 그곳의 東이나 南은 모두 城밖이 된다. 따라서 原注는 "杜位의 서울 집은 曲江의 西邊에 接近하였다"가 되겠다. 日人 鈴木虎雄先生은 "그 집의 西는 曲江이다. 즉 그 집이 曲江의 東에 있다"고 하였는데 曲江의 東은 芙蓉園이며 城의 끝이 되니 아닌 듯하다. 그러나 原注의 글이 본디 야릇하니 鈴木先生만 나무랄 일도 아니다. (雨田선생님 가라사대 純古文이야!)

▸宅: 우리나라에서는 남의 집이나 가정을 높여 宅 또는 宅內라 한다. 그러나 中國에서는 그냥 집의 뜻이다. 本詩도 題目에서는 宅이라 했으나 第1句에서는 家라 하였다. 宅이 중국에서 높임말 아닌 뚜렷한 예가 長安·親仁坊에 安祿山宅이 있다고 한 것으로 알 수 있다. 옛글에서 찾자면 ≪孟子·梁惠王上≫에서 "五畝之宅, 樹之以桑, 五十者可以衣帛

衣. 五畝의 집에서 뽕나무를 심으면 쉰살된 사람이 명주옷을 입을 수 있다"라 한 것이 있다.

▸守歲: 섣달 그믐날 밤 즉 除夜·除夕에 집안 구석구석에 불을 밝히고 잠을 자지 않으며 새해를 맞이하는 것을 말한다. 우리나라에서는 이날 밤에 잠을 자면 눈썹이 센다고 하였다.

➥ 우리의 민간신앙에 앙괭이—야광귀·야광이·약왕귀라고도 한다—가 있다. 음력 섣달 그믐날 밤에 하늘에서 내려와 아이들의 신을 신어보고 제 발에 맞는 것을 가져간다는 것인데 신을 잃은 아이는 그해의 운수가 불길하다 하였다 그래서 그믐날 밤에는 신발을 감추었는데 확실하게 막는 법이 있었다. 이 앙괭이는 숫자세기를 좋아하는 버릇이 있으므로 체를 걸어두면 이 체의 구멍을 세다가 날이 밝아 그냥 돌아간다는 것이다.

解說

〈從弟인 杜位의 집에서 섣달 그믐날 밤을 밝히며〉

❖ 제1·2구: 守歲阿戎家, 椒盤已頌花.

註

▸阿戎: 堂弟·從弟. 사촌동생을 가리킨다. ≪杜詩詳注≫에서 ≪宋書≫를 引用하였다. "謝惠連은 본시 아버지에게 인정받지 못하였다. 族兄인 謝靈運이 말했다. 阿戎의 聰明·英特이 이와 같은데 어떻게 凡常한 젊은이로 대한답니까. 謝惠連初不爲父所知, 族兄靈運曰: 阿戎才悟如此, 而何作常兒遇之?" 위의 글을 보면 阿戎은 堂弟·從弟일 것이다. 왜냐하면 靈運과 惠連은 사촌이니까 말이다. ≪南齊書·王思遠傳≫을 보면 "(王晏이) 驃騎將軍이 되자 집안의 子弟들을 모았다. 思遠의 兄인 思微에게 말하기를 隆昌(南朝·齊의 年號. AD 494年)의 明帝 廢立때에 阿戎이 나를 보고 自決하라 하였는데 만약 그 말을 따랐다면 어찌 오늘의 영광이 있었으리. 思遠이 말이 떨어지기 무섭게 대답하였다. 만약 阿

戎의 判斷대로라면 지금 自決해도 늦지 않으리. 王晏이 大怒하였는데 과연 禍를 당하였다. (王晏)及拜驃騎, 集會子弟. 謂思遠兄思微曰: 隆昌之末, 阿戎勸我自裁, 若用其語, 豈有今日. 思遠據應曰: 如阿戎所見, 今猶未晚也. 晏大怒, 果及禍."라 하였는데 王思遠은 王晏의 從弟다. 그런데 ≪南史≫에서는 "齊나라 王思遠의 小字, 즉 小名, 乳名, 兒名이 阿戎이며 王晏의 從弟다"라 하였다. ≪資治通鑑·齊·明帝·建武四年≫에 ≪南齊書≫, ≪南史≫와 大同小異란 글이 나오는데 湖三省注에서 "晉·宋之間에는 대개 從弟를 阿戎이라 하였는데 唐에 이르러서도 그러하였다. 晉宋之間, 多謂從弟爲阿戎, 至唐猶然."라 하였다. 齊보다 時間的으로 앞선 宋의 謝靈運이 이미 惠連을 阿戎이라 불렀다면 齊나라 때 아무리 兒名이라지만 王思遠의 어렸을 적 이름이 阿戎인 것은 좀 이상하다. 亦是 從弟의 呼稱이라함이 무난할 듯하다.

➥ 阿戎이 王戎을 가리킨 적도 있다. ≪晉書≫에 의하면 王戎은 晉나라 때 涼州刺史 王渾의 아들이었다. 어려서부터 대단히 총명하였다 한다. 阮籍은 王渾과 친구사이였다. 王戎이 열다섯 살 때에 아버지를 따라 郎舍에 있었는데 阮籍보다 스무 살 어렸건만 阮籍은 그와 交際하였다. 阮籍은 王渾을 찾아가면 얼마 있다 가곤 하였지만 王戎을 만나면 아주 오래 있다 나왔다. 그리고 王渾에게 王戎은 당신과 같은 等級·水準이 아니다. 당신과 이야기 나누는 것이 阿戎과 대화함만 못 하다라고 하였다. 이때 阿戎은 "戎이", "戎君"이 될 것이다. 世人들은 王戎을 竹林七賢의 하나로 쳐주었다. 그러나 王戎은 아주 財物을 바치고 吝嗇하였으며 밤을 새워 置簿冊을 정리하는 打算的 인간이었다 한다.

➥ 阿戎이 阿咸으로 된 곳도 있었다, 그러나 阿咸은 阮咸 때문에 생긴 말이다. 그는 阮籍의 조카로 才名이 있었으므로 後世에는 조카를 阿咸이라 하였다. 우리나라에서도 상대편의 조카를 유식하게 말할 때 令姪이라 하였으나 더 멋있고 그럴듯하게 부를 때에는 함씨(咸氏)라 하였으니 조카님의 뜻인데 과거의 이른들은 잘 썼으나 요즈음에는 듣기 힘들다. ≪

杜詩詳注≫에서 引用한 胡儼의 注에서 東坡가 아우인 子由에게 보낸 詩에 "欲喚阿咸來守歲, 林烏櫪馬正喧譁. 阿咸을 불러 섣달 그믐날 밤을 밝히려 하니 숲의 까마귀 마굿간의 말이 한창 시끌벅적하구나"라 하였는데 이는 한 때 잘못 쓴 것이라 하였다. 그런데 東坡는 〈和子由除夜元日省宿致齋〉 三首의 其二에서도 阿咸이라 썼다. 분명히 잘못된 것인데 查愼行은 子由가 아니고 子由의 아들들을 가리킴이라고 强辯하였다.

▶椒盤(초반): 椒는 여러 종류가 있다. 예전에는 보통 山椒를 가리켰는데 中國에서는 花椒라 하였다. 후추는 胡椒라 하였으며 고추는 苦椒라 하였었는데 中國에서는 辣椒라 하였다. 本詩에서는 山椒를 가리킨다. 椒盤은 山椒열매 담은 쟁반이다. ≪杜詩詳注≫에서 崔寔의 〈四民月令〉을 引用하였다. 즉 "臘祭를 지낸 다음 날을 小歲라 하였다. 임금과 어버이에게 賀禮를 드리고 椒酒를 올리는데 어린 사람부터 하였다. 후세에는 대개 정월 초하루에 쟁반에 산초열매를 담아 올렸는데 술 마실 때 손가락으로 집어 술에 넣었으며 이것을 椒盤이라 불렀다. 過臘一日, 謂之小歲. 拜賀君親, 進椒酒, 從小起. 後世率於正月一日, 以盤進椒, 飮酒則撮置酒中, 號椒盤焉."

➡ 冬至 뒤 세 번째 戌日에 臘享을 행하였으며 臘祭 다음날을 小歲라 하였다. 그러나 後世에는 冬至의 밤을 小歲라고도 하였고 정월 초하루도 小歲라 하였다.

➡ 우리나라의 경우 정월 초하루에 屠蘇散(도소산), 屠蘇酒를 마셨다. 먼저 屠蘇散은 山椒·防風·白朮(백출)·蜜柑皮(橘皮라도고 하며 陳皮 즉 귤껍질 말린 것 대신 쓴다)·肉桂皮따위를 섞어서 술에 넣어 年初에 마시는 약인데 이것을 마시면 한 해의 나쁜 기운을 없애고 오래 살 수 있다 한다. 屠蘇酒는 桔梗(도라지)·防風·山椒·肉桂를 넣어서 빚은 술이다. 설날 아침에 차례를 마치고 歲饌과 함께 마시는 찬 술로 나쁜 기운을 물리친다고 한다. 特記할 것은 어린 사람부터 마신다는 점이다. 中國에서 椒酒를 君親에게 올릴 때 어린 사람부터 하였다는데 一脈相通

한다고 할 수 있다.

▸頌花: 椒花頌. ≪晉書·列女傳·劉臻妻陳氏≫에서 "劉臻의 妻 陳氏는 아주 聰明하고 是非에 分明하였으며 글을 잘 지었다. 일찍이 정월 초하루에 〈椒花頌〉을 올렸는데 그 內容인즉 '春·夏·秋·冬으로 循環하는 하늘이 바뀌니 한 해와 열두 달과 삼백 예순 날의 始作인 元旦이 되었도다. 봄날은 볕을 펼치고 말끔한 풍경은 빛나도다. 珍奇한 꽃 아름다움 드러내니 이에 따서 이에 바치도다. 성스러운 용안에 비치리니 萬年에 이르도록 長壽하소서.' 劉臻妻陳氏者, 亦聰辨能屬文, 嘗正旦獻椒花頌, 其詞曰: 旋穹周迴, 三朝肇建. 青陽散輝, 澄景載煥. 標美靈葩, 爰採爰獻. 聖容映之, 永壽於萬"이었다. 後世에는 이것으로 新年의 祝詞를 가리켰다.

解說

從弟집에서 섣달 그믐날 밤을 밝히니 元旦에 올리는 山椒쟁반, 新年 祝賀의 노래는 이미 치렀다.

❖ 제3·4구: 盍簪喧櫪馬, 列炬散林鴉.

註

▸盍簪(합잠): ≪易·豫≫에 "勿疑! 朋盍簪. 의심하지 말라! 朋友들이 모일 것이다"이라 하였는데 옛날의 注에 의하면 盍은 合이고 簪은 疾 즉 빠르다 또는 叢合 즉 모이다는 뜻이었다. 그러나 本詩에서는 4句의 列炬와 짝이 돼야 하니 簪은 흔히 쓰이는 冠簪 즉 상투 위에 얹은 冠을 固定시키는 비녀의 뜻으로 쓰였다. 冠簪은 庶人用 이 아니고 벼슬아치나 士大夫의 몫이니 귀한 손님을 나타낸다.

▸喧: 떠들다. 들레다. 諠과 같다. 喧嘩·諠譁(훤화)로 흔히 쓰이니 떠들썩함. 시끄러움을 말한다.

▸櫪(력): 마판 즉 마구간에 깔아 놓은 널빤지. 말구유 즉 말먹이를 담아

주는 그릇. 참고로 말하면 마구간은 廐(구)라 한다. 그러나 櫪으로 마구간을 뜻하기도 한다.

▸炬(거): ① 횃불. ② 촛불. 상황을 보아가며 뜻을 취한다. 室內에는 촛불을 밝혔을 것이나 室外에는 횃불을 켰을 것이다. 숲속의 까마귀를 흩어지게 하려면 횃불이라야 제격일 것이다.

➥ ≪杜詩詳注≫에서 "〈年譜〉에 의하면 天寶 十年이면 李林甫가 宰相의 자리에 있을 때이다. 비녀 꽂은 감투, 줄지은 횃불 등을 보면 손을 쪼이면 델만큼 權勢가 熾盛한 무리들인가. 年譜, 天寶十載, 林甫方在相位, 盍簪·列炬, 其炙手之從歟?"라 하였다. 그러나 우리생각에 一級은 그러니까 물건으로 비유하면 상길은 李林甫에게 갔을 것이고 중길은 林甫의 아들 그리고 핫길이 딸네집 그러니까 사위에게 가지 않았나 싶다. 勿論 杜位의 순수한 朋友들이야 官爵의 高下에 관계없이 왔을 수도 있으나 높은 官爵의 人物들이 宰相에게 안 가고 友情따라 찾아오기도 쉽지는 않았을 것이다. 즉 心情的인 것과 現實的인 形勢上 處身은 같지 않았을 것이다.

解說

비녀 꽂은 감투쟁이들이 모여드니 마판에도 말들이 시끄럽고 타오르는 횃불을 죽 늘어놓으니 숲속의 까마귀도 흩어진다.

❖ 제5·6구: 四十明朝過, 飛騰暮景斜.

註

▸四十: 杜甫는 天寶 十年에 마흔이었다. 그러니까 날이 밝아 새해 정월 초하루면 마흔한 살이 되는 것이다. ≪禮記·曲禮上≫에서 "四十曰强, 而仕. 마흔이면 몸과 마음이 다 튼실하니 벼슬하여 일을 할만하다."라 하였다.

▸飛騰: 飛는 새가 나는 것, 騰은 말이 힘차게 달리는 것, 뛰어오르는 것

즉 跳躍하는 것이다. 飛와 騰을 합쳐서 飛騰이라 하면 空中으로 높이 떠오름을 말한다. 그리고 그것으로 젊은 날의 두려울 것 없고 어려울 것 없던 壯志·氣象을 나타낸다.

▸暮景: ① 저녁의 風景. ② 늙어가는 나이를 比喩한다. ③ 夕陽의 뜻으로 쓰였다. ⇨ 景을 (경. jǐng)으로 읽으면 太陽. 日光. 光明. 風景. 景象의 뜻이며, (영. yǐng)으로 읽으면 影의 뜻이다. 本詩에서는 暮景(모경)으로 읽으며 夕陽의 뜻이다.

解說

한창 일할 나이의 始作인 마흔도 내일 아침이면 지나가고 하늘로 높이 떠오를 것 같던 젊은 날의 壯志·氣象은 夕陽이라 기울고 저무는 해와 같구나.

❖ 제7·8구: 誰能更拘束, 爛醉是生涯.

註

▸拘束: 行動이나 意思의 自由를 制限하거나 束縛함. ≪杜詩詳注≫에서 引用한 顧注에서 "公目擊附勢之徒, 見位而傴僂俯仰, 不勝拘束, 故言不能效此拘束之態, 惟有爛醉是吾生涯而已. 公이 權勢에 阿附하는 무리들이 杜位를 보고 몸을 구부리고 머리를 숙이고 또 올려다보며 拘束당함을 이기지 못하는 것을 目擊하였기 때문에 그래서 이러한 拘束의 樣態를 본받을 수 없으며 다만 大醉함이 내 生涯의 일이라고 말한 것이다"라 하였다. 그런데 杜先生이 뒷날 지은 〈寄杜位〉 二首 등을 보면 杜位와의 관계는 아주 親密하였고 상당히 友好的이었으며 杜甫가 남들을 본받아 傴僂俯仰해야 할 만큼 杜位가 驕傲하고 倨慢하지는 않았음이 틀림없다. 아무리 宰相의 女婿였어도 同族을 重視하는 中國社會에서 同姓同本이며 從弟인데 杜甫를 薄待하거나 蔑視하지는 않았다. 本詩의 拘束은 안으로는 扶養해야 할 妻子에 대한 義務感, 우스갯소리로

하는 "妻城子獄"의 束縛, 밖으로는 立身揚名 出世해야 한다는 强迫感, 이 두 가지를 다 벗어나고 싶다는 말씀이다. 아무리 着實한 模範生도 때에 따라서는 이렇게 現實을 벗어나 自由를 만끽(滿喫)하고 싶을 때가 있는 법이다. 그리고 그것은 精神健康上 상당히 有用한 것이니 그렇지 않으면 우울증에 걸리거나 미쳐 날뛰게 될 것이기 때문이다.

▸爛醉(난취): 만취하다. 대취하다. 곤드레만드레 취하다. 같은 뜻으로 쓰이는 말이 여럿이니 滿醉, 漫醉, 沈醉, 大醉, 盡醉, 酩酊 등이 있다.

▸生涯: ≪莊子・養生主≫에서 "吾生也有涯, 而知也無涯. 나의 生은 끝이 있는데 知에는 끝이 없다"라 하였다. 따라서 生涯는 "生命의 邊際・限度", "끝이 있는 有限한 生"의 뜻인데 나중에는 그냥 人生・生命을 가리키게 되었다.

解說

무엇이 오늘 나의 행동・意思의 自由를 능히 구속할 수 있단 말인가? 끝있는 내 人生이 할 수 있는 것은 곤드레만드레 大醉가 있을 뿐이다.

＊ <守歲> 唐・太宗・李世民

暮景斜芳殿, 年華麗綺宮. 寒辭去冬雪, 暖帶入春風.

階馥舒梅素, 盤花卷燭紅. 共歡新故歲, 迎送一宵中.

저녁 햇살이 향내 나는 殿閣에 비끼더니, 새봄의 曙光이 화사한 宮闕에 곱게 빛난다. 추위를 하직하고 가는 것은 겨울눈인데, 따뜻함 간직하고 드는 것은 봄바람이다. 섬돌의 그윽한 내음은 매화가 하얗게 핌이고, 촛대의 고운 꽃은 불똥이 붉게 뭉침이다. 새해・묵은해를 함께 즐기니, 마중과 배웅이 한밤 속에 있도다.

＊ <除夜> 唐・太宗・李世民

歲陰窮暮紀, 獻節啓新芳. 冬盡今宵促, 年開明日長.

冰消出鏡水, 梅散入風香. 對此歡終宴, 傾壺待曙光.

歲暮라 끝나고 다하는 때는, 또한 새 季節에 들어 새 꽃이 피는 때라네. 겨울이 다하네, 오늘밤은 짧으나. 새해가 열리네, 내일은 길고 길 것이리. 얼음 녹으니 거울에서 나온 물이요, 매화 흩어지니 바람에 들어 향기롭다네. 한해의 마무리를 즐기는 이 잔치를 대하여, 술병을 기울이며 曙光을 기다린다네.

▷歲陰: 歲暮.

▷窮暮: 끝나며 저무는 것. 晚年.

▷紀: 때라는 뜻임.

▷獻節: 새 계절에 進入함. 獻은 進의 뜻으로 쓰였다.

▷年開: 새해가 시작됨. 明年.

＊ <寄杜位>(七言律詩) 杜甫

近聞寬法離新州, 想見懷歸尙百憂.

逐客雖皆萬里去, 悲君已是十年流.

干戈況復塵隨眼, 鬢髮還應雪滿頭.

玉壘題書心緖亂, 何時更得曲江遊.

근래에 듣기로는 나라에서 處罰을 너그러이 하여 新州 를 떠났다는데, 겨우 江陵으로 왔다니 서울로 돌아갈 마음에 여전히 온갖 근심하리라 상상하여 알 수 있다. 다른 귀양객들이야 모두 萬里밖으로 쫓겨갔다지만 그래도 슬프고말고! 그대가 이미 십년이나 유배를 당하다니. 거기에다 더하여 內亂으로 눈가는 곳마다 따르는 것은 戰塵이며 또한 분명히 머리카락은 눈이 머리에 가득하듯 하얗게 셌으리. 玉壘山밑에서 글을 쓰는데 마음의 실마리는 어지러우니 어느 때일까? 다시 曲江 옆 그대 집에서 노닐 날이.

▷寬法: 處罰을 너그러이 행함. 刑罰을 寬大하게 함.

▷新州: 嶺南道에 속한다. 서울에서 五千里 떨어져 있는데 九年이 지나 비로소 杜位는 新州에서 江陵으로 옮겨갔다.

▷想見: 상상하여 알다. 見은 知의 뜻이다.

▷懷歸: 서울로 못오고 江陵으로 갔으므로 돌아갈 날을 생각하는 것이다.

▷逐客: 放逐된 사람들. 杜位보다 더 먼 곳으로 내쳐진 사람들.

▷十年: 天寶 十年 十一月에 杜位의 丈人인 李林甫가 죽었다. 따라서 杜位는 天寶 十二年에 쫓겨났을 것이다. 그때부터 上元 二年까지는 九年인데 詩에서는 成數로 말하니 十年이다.

▷干戈: 戰爭. 이때 史朝義·段子璋의 亂이 있었으므로 干戈·塵을 썼다.

▷玉壘: 山名. 成都의 西北에 있다.

▷曲江: 杜甫의 原注에 "位京中宅, 近西曲江. 杜位의 서울 집은 曲江의 西에 接近함"이라 함.

＊ <寄杜位>(五言律詩) 杜甫

寒日經簷短, 窮猿失木悲. 峽中爲客久, 江上憶君時.

天地身何在, 風塵病敢辭. 封書兩行淚, 霑灑裛新詩.

겨울의 해라 처마를 스치는 것 짧기도 한데, 궁지에 몰린 잔나비인가 의지할 나무 잃은 슬픔이 있다. 三峽속에 나그네 된지 오래요, 長江가에 그대를 그리는 때라. 漠漠한 天地에 이 한 몸 어느 곳에 둘 것인가? 狂風과 흙먼지의 世上이니 病을 마다하리. 두 줄기 눈물과 함께 글을 봉하노니, 축축하게 새로 지은 詩를 적시누나.

杜位는 이때 江陵에서 行軍司馬로 있었다.

▷寒日: 겨울날의 해.

▷窮猿: 머물고 의지할 나무를 잃고 궁지에 빠진 잔나비.

▷峽: 三峽을 가리킨다. 三峽은 四川省과 湖北省에 걸쳐있으니 長江 上流의 瞿塘峽·巫峽·夷陵峽을 말한다.

▷風塵: ① 戰亂·戰爭을 比喩함. ② 塵世. 어수선 現實生活의 境界. ③ 벼슬길. 官吏들의 世界. ④ 行旅中의 辛苦.

▷霑灑(점쇄): 물방울·눈물이 떨어져 축축하게 적심.

▷裛(읍): 浥과 통한다. 축축하게 적심. 축축하게 젖다.

44. 〈玄都壇歌寄元逸人〉(七言古詩)

故人昔隱東蒙峯, 已佩含景蒼精龍.
故人今居子午谷, 獨在陰崖結茅屋.
屋前太古玄都壇, 靑石漠漠常風寒.
子規夜啼山竹裂, 王母晝下雲旗翻.
知君此計成長往, 芝草琅玕日應長.
鐵鎖高垂不可攀, 致身福地何蕭爽.

❖ 詩題

註

▸玄都: ≪杜詩詳注≫에서 ≪海內十州記·玄洲≫를 引用하였다. "玄都在北海, 去岸三十六萬里, 上有太玄都, 仙伯眞公所治. 玄都는 北海에 있는데 海岸에서 三十六萬里 떨어져있으며 위에 太玄都가 있으니 神仙의 우두머리인 眞公이 다스리는 곳이다."

▸壇: 제사를 지내기 위하여 흙이나 돌로 쌓아올린 터.(≪표준국어대사전≫) ① 高臺. 옛날 天地·帝王·遠祖를 祭祀하거나 朝會·盟誓를 擧行하는 場所로 대개 흙과 돌을 쌓아 만들었다. ② 僧侶나 道士들이 宗敎生活을 하거나 祈禱·法事를 擧行하던 곳. (≪漢語大詞典≫) 지금 北京에 있는 天壇·地壇, 서울에 있는 社稷壇을 보면 흙과 돌로 쌓아올린 터가 中心이 되고 建物은 附隨的인 것을 알 수 있다.

▸玄都壇: ≪杜詩鏡銓≫에서 蔡夢弼注를 引用하였다. "玄都壇; 漢武帝所築, 在長安南山子午谷中. 玄都壇은 漢武帝가 쌓은 것으로 長安의 南山 子午谷안에 있다." 그런데 ≪漢語大詞典≫에서는 그저 古道壇名이라 하였다. 문제는 本 詞典에서 道壇을 ① 道敎에서 法事 즉 宗敎儀

式을 치르던 場所 ② 즉 道觀이라 한 것이다. 道觀은 佛教의 寺刹처럼 많은 殿閣·堂宇가 들어차고 多數의 道士들이 生活하며 修道하고 儀式을 거행하는 곳이니 單純한 壇과는 다르다. 本詩의 玄都壇이 壇 中心의 비교적 단출한 道教施設인지 本格的인 道教의 廟인 道觀인지는 알 길이 없다. 다만 "青石漠漠"·"常風寒"·"子規夜啼"·"王母晝下"를 考慮하면 이 玄都壇은 廢墟된지 오래며 道士들의 자취도 찾을 길이 없는 것이다.

➥ 參考로 玄都觀을 말하겠다. 本來 南北朝의 北周와 隋·唐의 道觀으로 原名은 通道觀이었는데 隋·文帝 開皇二年(AD582)에 玄都觀으로 改名하였다. 長安城의 南部區域 朱雀大路와 접한 崇業坊에 있었다. 劉禹錫의 〈戲贈看花諸君子〉라는 詩 때문에 人口에 膾炙되었고 길이 世人의 腦裏에 남게 되었다.

▸逸人: 遁世하여 隱居하는 사람. 本詩를 보건데 道士로 隱居하는 사람임을 알 수 있다.

▸元逸人: 누구인지 알 수 없다. ≪杜詩詳注≫에서 盧注를 引用하였는데 "李白與元丹丘遊, 疑卽此人. 李白이 元丹丘와 같이 노닐었는데 아마 이 사람 같다"이라 하였다. 李白의 詩를 보면 元丹丘와 관계된 作品이 열 수정도 되는데 그는 술과 친구를 좋아하였고 여기저기 옮겨 다녔지만 中原에 局限되었다. 散佚된 詩가 많으니 딱 부러지게 아니다라고 할 수는 없지만 그의 발자취는 子午谷과는 멀었으며 性品을 보아도 외롭고 쓸쓸하게 修道할 人物은 아닌 듯하다.

➥ ≪杜詩鏡銓≫과 一部 版本에는 玄都壇이 元都壇으로 되어있다. 아마 避諱한 結果이리라. 清·聖祖·康熙帝의 姓名은 愛新覺羅·玄燁이다. 따라서 玄을 元으로 바꾸었을 것이다. 後漢의 大學者인 鄭玄도 鄭元으로 된 곳이 있는데 다 이 때문이리라.

解說

〈玄都壇을 노래하여 元逸人에게 부치노라〉

❖ 제1·2구: 故人昔隱東蒙峯, 已佩含景蒼精龍.

註

▸故人: 옛 친구. 오랜 친구. 舊友.

▸東蒙峯: 동쪽에 있는 蒙山의 봉우리. ≪論語·季氏≫에서 "孔子曰: ……夫顓臾, 昔者先王以爲東蒙主, 且在邦域之中矣, 是社稷之臣也, 何以伐爲? 季氏가 魯의 附庸國인 顓臾를 치려하였다. 孔子가라사대 ……저 顓臾(전유)는 옛날 先王께서 東蒙의 祭祀를 主管하게 하셨으며 게다가 나라의 中央에 있으니 이는 이른바 社稷之臣 즉 國家의 存亡·安危와 直結되는 重要한 臣下인데 왜 치려한단 말인가?"라 하였으며 앞에 나온 杜先生의 〈與李十二白同尋范十隱居〉에서 "余亦東蒙客, 憐君如弟兄. 나 또한 東蒙의 나그네로 그대를 형제처럼 사랑한다"하였다. 즉 東蒙은 魯나라가 있던 山東에 있는 것이다.

▸含景: ① 景을 (경. jǐng)으로 읽는다. 古代 養生術로 道家의 內丹功夫의 하나다. ② 景을 (영. yǐng)으로 읽는다. 칼의 이름이다. ≪杜詩詳注≫에서 ≪初學記≫를 引用하였는데 "後漢公孫瑞〈劍銘〉: 從革庚辛, 含景吐商. 後漢 公孫瑞의 〈劍銘〉에서 이르기를 사람의 뜻에 따라 그 形像을 바꿀 수 있으며 金인 庚辛에 속하는 이 칼은 日月의 精華를 머금었고 商聲을 낸다"이라 하였다. ≪書·洪範≫에서 "木曰曲直, 金曰從革……나무는 부드러운 성질이라 휘게 할 수도 곧게 할 수도 있다. 쇠붙이는 단단하지만 사람의 소원·희망에 따라 즉 '從'하여 녹여서 쇳물로 만든 뒤 그 모양을 바꿀 수 즉 '革'할 수 있는 것이다"이라 하였다. 또 ≪淮南子·天文訓≫의 高誘注에서 "甲乙은 木에 속하고 丙丁은 火에 속하며 戊己는 土에 속하고 庚辛은 金에 속하며 壬癸는 水에 속한다"하였다. 또한 宮商

角徵羽 五音에 있어서 商은 秋에 해당하니 바로 金이며 白色이다. 上記한 것을 따라 〈劍銘〉을 풀면 이 劍은 사람의 뜻에 따라 모양을 바꿀 수 있는 쇠붙이로 만든 것인데 日月의 精華를 머금어 하얗게 빛나고 두드리면 가을·金에 해당하는 商聲을 吐해낸다가 되겠다.

▸蒼精: 龍의 이름이다. ≪神仙傳≫에서 "壺公云: 吾當佩含景駕蒼精. 壺公이 말하기를 내 마땅히 含景劍차고 蒼精龍을 몰겠노라"이라 하였다. 그밖에 이것이 符籍 즉 呪符·陰符·神符라는 말도 있다. 그러나 우리 생각에 第2句와 第4句는 强烈한 對比를 이루는데 그러기 위하여는 佩劍하고 蒼龍몰던 堂堂하고 凜凜한 道人이 적당하다고 보여진다. 그것이 4句에서 180도 바뀌는 것이다.

解說

옛 친구 이전 魯땅 東蒙의 산봉우리에 隱居할 때 이미 堂堂하고 凜凜(늠름)하게 含景劍(함영검)을 차고 超俗하여 泠然(영연)하고 飄然(표연)하게 蒼精이라 龍을 몰고 다니셨도다.

❖ 제3·4구: 故人今居子午谷, 獨在陰崖結茅屋.

註

▸子午谷: 谷의 이름. 지금의 陝西省 秦嶺山中에 있는데 陝西와 四川의 交通要道다. ≪長安志≫에 따르면 谷의 길이는 六百六十里인데 북쪽의 入口는 子라 하여 西安府의 남쪽 百里에 있고 南쪽의 入口는 午라 하며 漢中府 洋縣의 북쪽 一百六十里에 있다고 한다.

➥ 子午: 南北을 가리킨다. 옛 사람들은 子가 正北이고 午가 正南이라고 하였다. 또한 夜半과 正午를 뜻하기도 한다.

➥ 子午道: 漢나라 平帝의 元始五年(AD 5年)에 뚫은 道路다. 關中에서 漢中까지 南北을 관통한다. ≪漢書·王莽傳≫에서 "子午道, 從杜陵直絶南山, 徑漢中. 子午道는 長安 南쪽의 杜陵으로부터 終南山을 바로질러

漢中에 이른다"라 하였다.

➡ 宮城의 正門을 午門이라하니 그것이 正南에 자리 잡았기 때문이다. 群臣들이 朝會를 待期하거나 聖旨를 받드는 곳이다.

▸獨: ① 혼자. 홀로. ② 도리어. 오히려. 반대로. 第2句의 "已"에 대하여 意外를 나타내는 것으로 보면 "도리어", "오히려"가 더 그럴듯하게 여겨진다.

▸在는 다른 版本에는 並으로 되어있다. 이때 並은 (방. bàng)으로 읽어야 하며 곁에, 가까이, 접근하여의 뜻으로 쓰인다.

▸陰崖: 그늘진 山崖. 음달진 山崖. 山崖는 낭떠러지, 벼랑, 절벽을 가리킨다.

▸結: 建造하다. 構築하다. 따라서 結屋은 집을 짓는다는 말이 되겠다.

解說

옛 친구 지금은 子午谷에 사는데 도리어 음달진 낭떠러지에 簡素하게 草家를 얽었도다. 너무 意外라 混亂스럽다고 할까 하여튼 當惑·疑訝 나아가 荒唐하기까지 하도다.

❖ 제5·6구: 屋前太古玄都壇, 青石漠漠常風寒.

註

▸太古: 아득한 옛날. 아주 먼 옛날.

▸青石: 青色의 巖石으로 建築材料·碑石으로 쓰였다. 本詩에서는 神仙과 관계가 있어서 쓴 듯하며 玄都壇을 쌓을 때 青石을 써서 지금도 그것이 남아있다고 할 수도 있다. ≪杜詩詳注≫에서 引用한 ≪述異記≫에 "利州葭萌縣玉女房, 是大石穴, 前有數竹莖, 下有青石壇, 每因風自掃. 利州땅 葭萌縣에 玉女房이 있는데 돌로 된 큰 洞窟이다. 앞에는 몇 줄기의 대가 있고 아래에 青石으로 된 壇이 있는데 늘 바람에 의해 저절로 쓸고 닦여졌다"라 하였다. 지금 北京의 天壇은 白石으로 된 巨

大한 圓을 基本으로 하고 있다. 或者는 말하기를 世上에서 가장 크고 아름다운 圓이라 한다. 白石이나 靑石이나 깨끗함은 一般이니 그래서 壇을 쌓을 때는 이것들을 選擇하였으리라.

▶漠漠: ① 고요하고 아무 소리도 안 들림. 陶潛의 〈命子〉 詩에서 "紛紛戰國, 漠漠衰周. 어수선한 戰國 일곱나라여, 쓸쓸하고 소리없네 기우는 周나라는"이라 하였다. ② 짙게 깔리다. 빈틈없이 들어차다. ≪西京雜記≫에서 引用한 漢 枚乘의 〈柳賦〉에서 "階草漠漠, 白日遲遲. 섬돌의 풀은 짙게 뒤덮였는데, 흰 해는 더디고 더디구나"라 하였다. ③ 模糊하고 分明하지 않음. 杜甫의 〈茅屋爲秋風所破歌〉에서 "秋天漠漠向昏黑. 가을하늘은 뿌옇더니 시커멓게 어두워진다"라 하였다. ④ 넓고 멀어 아득함. 本詩에서 靑石은 玄都壇을 쌓을 때 쓴 材料로 본다면 ①과 ②를 아울러 쓴 것이라고 볼 수 있다.

▶常風: 긴 시간 바람이 불다. 끝없이 부는 바람.

解說

草屋 앞에는 아주 먼 옛날에 쌓았다는 玄都壇이 廢墟된 채 남아 있는데 壇은 이루고 있었던 靑石은 여전히 차곡차곡 깔려있지만 쓸쓸하고 고요하며 다만 끝없이 부는 바람만 있어 차갑기 짝이 없도다.

❖ 제7 · 8구: 子規夜啼山竹裂, 王母晝下雲旗翻.

註

▶子規: 새 이름. 두견이. 울음소리가 슬프고 처량하여 詩에 많이 등장하며 따라서 여러 이름이 있으니 杜鵑, 杜鵑새, 杜宇, 杜魄, 杜魂, 不如歸, 歸蜀道, 蜀魂, 蜀魄, 蜀鳥, 望帝 등이다. ≪杜詩詳注≫에서 引用한 ≪禽經≫의 注에 "甌越間曰怨鳥, 夜啼達旦, 血漬草木, 凡啼必北向. 甌越地方 — 지금의 浙江省 甌江流域 — 에서는 怨鳥라 하는데 밤에 울면 아침까지 가고 피가 草木을 적시며 울 때에는 반드시 북쪽을 향한

다"라 함. 목에서 피가 나도록 운다고 여긴 것은 우리나라도 마찬가지다. 그래서 속담에도 "두견이 목에 피 내어 먹듯"이라 하였다. 參考로 말하면 杜鵑花는 진달래를 가리킨다.

▸山竹裂: 山竹은 山의 대, 山에 있는 대. 우리의 경우 山竹은 조릿대를 가리키는데 키가 1~2m로 작고 아주 가늘며 쌀을 이는데 쓰는 조리(笊籬)를 만들 때 쓴다. 이것은 따라서 裂하기가 어렵다. 裂한다는 것은 상당히 굵은 대라야 가능하리라. 本句는 그 풀이가 紛紛多岐하다. 많은 注家들이 多樣한 해석을 하였는데 于先 "其聲이 苦하다" 즉 울음소리가 憂愁·哀傷·凄涼이라는 점은 같았다. 그런데 아주 아니올씨다인 것은 "啼聲이 竹裂과 같다"라는 것인데 대가 갈라지거나 터지는 소리는 쩍! 탁! 툭탁툭탁! 하니 아주 다르다. 또 이상한 것은 한 밤 啼聲의 哀怨함이 싫어 대나무를 태워 터뜨려 놀라 날아가게 한다는 것이다. 元逸人이 할 짓은 아니라고 생각된다. 나머지 注는 새의 울음소리 때문에 山竹이 갈라지고 쪼개질 것이라는 이야기다. ≪杜詩鏡銓≫에서는 "子規夜啼而山竹爲之欲裂"이라 하여 "欲"字를 넣었다. 欲은 "~하려 하다", "~할 듯하다"니 合理的으로 풀려고 애를 쓴 것이다. 다른 注解에는 "山竹爲之裂"로 되어있으나 그럴 리가 없다는 말씀이 되겠다. 그런데 왜 하필 山竹이 裂한다 하였을까? ≪易·乾卦≫에 보면 "同聲相應. 같은 소리끼리 서로 응한다"라 하였다. 그래서 "虎嘯風起. 호랑이가 울부짖으면 바람이 인다"라는 말도 있는 것이다. 대나무는 管樂器를 만드는데 쓰인다. 따라서 대나무하면 哀怨聲·凄切調가 대뜸 자연스럽게 떠오르게 되는 것이다. 대 자체의 裂聲이 鈍濁하다는 事實을 이때에는 無視하고 笛·簫·笙簧·퉁소·피리 같은 管樂器의 구슬프고 처량한 소리만을 취하여 子規·山竹에 接木한 것이리라. 우리는 山竹裂에 새로운 의견을 내 놓으려 한다. 中國에는 爆竹이 있다. 원래는 글자 그대로 불로 대나무를 태워 툭탁툭탁하고 터지는 소리를 내 도깨비와 병 즉 山

鬼·妖怪·疫鬼·瘟神을 몰아내던 것이다. 그런데 唐나라 末에 火藥이 發明된 뒤에는 여러 겹의 종이로 火藥을 싸고 도화선을 붙인 뒤 이것에 불을 당겨 폭발하게 한 것을 또한 爆竹이라 불렀다. 南朝·梁·宗懍(종름)의 ≪荊楚歲時記≫에 "正月一日……鷄鳴而起, 先於庭前爆竹燃草, 以辟山臊惡鬼. 正月 一日에 ……닭 울면 일어나 먼저 마당 앞에서 대를 태워 터뜨리고 풀에 불 질러 山怪와 惡鬼를 쫓는다"라 하였으며 劉禹錫의 〈畬田行〉에서도 "爆竹驚山鬼"라 하였다. 따라서 本7句는 道士들이 모여 修道할 때 爆竹하던 이곳 지금은 밤마다 처량하게 子規의 울음소리만 들린다로 풀어도 꼭 妄發만은 아닐 것이다.

▸王母: 周穆王과 瑤池에서 파티하던 西王母라는 說이 있으나 本詩와는 어울리지 않는다. ≪列仙傳≫, ≪漢武故事≫ 등에 나오는 西王母는 상당히 權力指向的인 女神인 듯하다. 王公貴人과 즐겨 상대하니 말이다. 그리고 이 양반을 招邀할 때 漢 武帝는 奢侈와 侈靡를 다하고 갖은 精誠을 쏟았다. 지금 이 子午谷의 廢墟가 된 玄都壇에 豪華生活에 이골이 난 西王母가 뭘 찾아먹자고 白晝 대낮에 下降하신단 말인가? 이는 필시 "雲旗翻" 때문에 생긴 錯誤일 것이다. ≪杜詩鏡銓≫에서 杜修可의 注를 引用하였는데 즉 새이름으로 子規와 짝을 이룬다 하였다. 다시 ≪酉陽雜俎≫를 引用하였는데 말씀인즉 齊郡의 函山에 새가 있는데 발은 靑色 부리는 赤黃色 흰 날개에 붉은 이마로 이름이 王母使者라 한다는 것이다. 또 王椿齡의 말씀을 引用한 바 꼬리는 五色이고 길이가 두세 길쯤 되며 날 때 펄럭거리는 것이 꼭 깃발 모양이다라는 것이다.

▸雲旗: 위의 山竹처럼 글자 그대로 풀어야 한다. 辭典의 풀이를 따르면 雲旗는 곰(熊)과 범(虎)의 圖案이 있는 큰 깃발이니 本句와는 어울리지 않는다. 雲形의 圖案이 있는 깃발은 雲幡(운번)·雲幢(운당)이라 한다. 本句의 雲旗는 구름같은 깃발, 구름있는 곳까지 솟아있는 큰 깃발로 보아야 할 것이다. 佛寺나 道觀이나 깃발을 많이 매달았다. 李商隱의 〈重

過聖女祠〉에 기막힌 표현이 나오는데 또한 祠廟에는 깃발에 필수라는 것도 덤으로 알 수 있다. "一春夢雨常飄瓦, 盡日靈風不滿旗. 온 봄 내내 있는듯 없는듯 꿈같은 보슬비는 늘 기와위에 날리는데 하루종일 神靈을 따라 부는 바람은 깃발 하나를 채우지 못한다." 衰落한 모습의 祠廟를 펄럭거리지 못하는 깃발로 나타냈으니 그 位相을 알 수 있다.

▶第8句를 다시 보자. 王母새가 낮에 내려온다는 것에는 아래와 같은 含意도 있다. 繁榮하는 곳 興盛하는 곳에는 사람이 모여든다. 그래서 ≪戰國策≫에 門庭若市라는 말이 나오니 즉 문 앞에 저잣거리 시장판처럼 사람이 모인다는 것이다. 그러나 힘을 잃고 나면 새잡는 그물을 치게 사람의 往來가 끊어진다. 그래서 門可羅雀·門前張羅라는 말이 나오는 것이다. ≪史記·汲鄭列傳贊≫을 보면 "始翟公爲廷尉, 賓客闐門; 及廢, 門外可設雀羅. 翟公復爲廷尉, 賓客欲往, 翟公乃大署其門曰: 一死一生, 乃知交情. 一貧一富, 乃知交態. 一貴一賤, 交情乃見. 처음 翟公이 司法의 長官일 때 賓客이 문을 가득 채웠는데 쫓겨나자 문밖에 참새 잡는 그물을 칠만 하였다. 翟公이 다시 司法의 長官이 되니 賓客들이 다시 가려하였다. 翟公이 이에 門에 크게 써붙였다. 죽느냐 사느냐가 걸렸을 때 이에 友情을 알 수 있고 가난과 부유가 뒤섞일 때 사귀는 태도를 알 수 있고 출세하여 귀해지고 쫓겨나 천해질 때에 友情이 드러난다"이라 하였다. 지금 元逸人이 있는 곳은 옛날 道士와 信徒들이 雲集하여 祈禱하다 經을 읽고 북치고 종 울리며 방울 흔들면서 요란하게 醮祭를 지내던 곳이다. 당시에는 王母아니라 王母 할아비라도 대낮에 내려올 수 없었으리라. 지금은 元逸人말고는 人跡이 끊어진 곳이니 安心하고 悠悠히 내려 올 수 있는 것이다. 간단히 말하면 사람없는 寂寞江山이라는 이야기며 새나 날아올 곳이라는 것이다. 이것이 王母·雲旗같은 말이 登場하며 神秘·奧妙함을 따라 풀이가 아주 어렵게 된 것이다.

➡ 5·6·7·8句에는 元逸人에 대한 杜先生의 疑心·疑訝·疑惑이 겹겹

이 쌓여있다. 저 양반이 정말 修道하려는 것인가? 무슨 엉뚱한 속셈·目的이 있는 것은 아닌가? 더 상스럽게 나가면 저게 제정신인가? 하는 걱정도 들어있다고 하겠다. 그래야 9·10句가 제대로 順通하게 풀리는 것이다.

解說

두견새가 밤마다 슬프게 울어 산의 대나무가 모조리 갈라지고 터질 지경인지, 爆竹소리 요란하여 妖怪·疫鬼를 쫒던 이곳에 이제는 밤마다 우는 두견새 소리만 들리는 것인지……. 王母새는 대낮에도 내려오고 깃과 꼬리는 수듬깃발이 펄럭거리는 것 같은데 옛날 道觀의 수듬깃발이 나부끼던 곳에 이제는 王母새의 깃과 꼬리가 이를 대신하여 등장한 것인지…….

❖ 제9·10구: 知君此計成長往, 芝草琅玕日應長.

註

▸計: 茅屋에 살며 修道하려는 計劃.

▸誠: 실로. 진실로. 확실히.

▸長往: ① 한번 가면 돌아오지 않음. ② 避世하여 隱居함. ③ 死亡의 婉曲한 표현.

▸芝草: 靈芝(영지)를 말한다. 白芝(玉芝). 紫芝. 丹芝(赤芝). 黃芝(金芝) 등이 있는데 먹으면 不老하고 神仙이 된다 함. 요즈음 市中에 넘치는 靈芝와는 다른듯하다.

▸琅玕(낭간): ① ≪書·禹貢≫에 이미 나오는데 珠玉과 비슷한 美石이라 한다. ② 傳說·神話속에 나오는 仙樹 로 그 열매가 珍珠와 같다 한다. ≪山海經·海內西經≫, ≪抱朴子·祛惑≫에 나온다. ③ 最上의 藥인데 碧海속에 있다고 ≪漢武外傳≫에서 말하였다. 그밖에 대나무의 青翠 함을 形容하여 琅玕이라 하니 竹의 代稱이며 또한 훌륭한 요리·

아름다운 文辭를 比喩하였다. ≪莊子·列御寇≫에 朱泙漫이라는화상 이야기가 나온다. 약간 모자라는 그는 支離益이라는 좀 컴컴한 인간에게 龍을 屠殺하는 법을 배웠는데 千金의 家產을 탕진하고 삼년 만에 技術을 完全 習得하였건만 그 재주를 써먹을 데가 없었다.(朱泙漫學屠龍於支離益, 單千金之家, 三年技成而無所用其巧.(▷單은 殫이다.) 지금 琅玕이 무엇인지 아무리 찾아보았자 朱泙漫꼴 되기가 십상이다. 아서라 마라!

解說

그대가 지금 계획에 따라 진실로 영원히 俗界·塵世를 떠나 隱居하며 修行한다는 것을 元始天尊·靈寶天尊·道德天尊·玉皇上帝·太上老君 그 밖의 모든 神仙들이 안다면 지금의 寂寞하고 凄凉하던 이 地域에는 以後 芝草·琅玕이 분명 나날이 자라날 것이로다.

❖ 제11·12구: 鐵鎖高垂不可攀, 致身福地何蕭爽.

註

▸鐵鎖: ≪杜詩詳注≫에서 引用한 ≪道藏經≫에 의하면 子午谷의 냇물이 끝나는 곳에 쇠사슬이 위에서 아래로 백여 길 되게 늘어져 있었는데 그것을 잡아당겨 올라가려 하자 호랑이가 웅크리고 있었다 한다. ≪法苑珠林≫에도 쇠사슬 이야기가 나오는데 결국 俗世와 仙界를 區劃하는 것으로 쓰였을 뿐이다. 佛教에도 호랑이가 나온다. 廬山 東林寺의 慧遠法師가 손님을 전송할 때 개울을 넘지 않았으며 만약 넘으면 호랑이가 으르렁거렸다 한다. 그래서 그 개울을 虎溪라 하였는데 陶淵明·陸修靜과 談笑中 無心코 넘어갔다 한다. 以後 "虎溪三笑"라는 말이 생겼고 畫題가 되었다. 陶淵明은 儒教를, 慧遠은 佛教를, 陸修靜은 道教를 대표한다. 儒·佛·道 三教가 平和롭게 共存하며 和諧한 것으로 有名한데 오늘날 全世界의 宗教紛爭에 示唆하는 바가 크다고 하겠다. 그리고

우리나라에서는 "南山虎"라 하여 무서운 호랑이를 나타냈는데 여기의 南山이 中國의 終南山이다. 그곳 호랑이가 세기는 셌던 모양이다.

▸致身: ≪論語·學而≫에 "事君能致其身. 임금을 섬김에 그 몸을 바친다"이라 하였으니 致身은 獻身의 뜻이며 벼슬에 나아감도 나타냈다. 그러나 致身을 글자 그대로 풀어 置身의 뜻으로 쓰일 때도 많았다. 우리 같은 無名小卒이 쓰면 無識하다 하겠으나 有力人士가 되면 이야기는 달라진다. 王維는 〈留別山中溫古上人兄幷示舍弟縉〉에서 "致身雲霞木. 俗世 벗어난 아름다운 노을 아래 몸을 맡겼다"이라 하였고 李商隱은 〈李衛公〉에서 "今日致身歌舞地, 木綿花暖鷓鴣飛. 오늘 嶺南땅 춤과 노래의 고장에 몸을 두셨으니, 木綿(목면)꽃 따뜻하고 鷓鴣(자고)새는 날겠지요"라 하였으니 다 置身의 뜻으로 쓰인 경우다.

▸福地: 神仙이 居住하는 것. 道教에는 七十二 福地가 있다는 말이 있다. 그러나 道士들이 기분좋게 道觀도 福地라 하였다. ≪杜詩詳注≫에서 引用한 ≪洞天福地記≫에서 "終南山 太乙峰은 長安 西南 五十里쯤에 있는데 四十里안이 모두 福地다"라 하였는데 理想鄕의 福地를 코앞의 實在하는 곳으로 파악하였다.

▸蕭爽: ① 清淨하며 閑適 함. 唐·雍陶 〈和劉補闕秋園寓興〉之四에서 "人來多愛此, 蕭爽似仙家. 사람들이 와서 대개 이곳을 사랑하니, 清淨하고 閑適함이 仙人의 處所와 비슷한 때문이다"라 하였다. ② 시원함. 서늘함. 宋·陸游 〈感秋〉에서 "秋堂露氣清, 蕭爽入毛骨. 가을이라 대청에 이슬기운 맑으니, 시원하고 서늘함이 뼛속까지 스민다"이라 하였다.

解說

또한 쇠사슬이 높은 곳에서 드리워 雜人은 붙잡고 오를 수 없을 것이니 福地에 몸을 맡기심이라. 아아! 얼마나 清淨하고 閑適하실 것인가?

➡ 本詩를 풀이함에 우리는 歷代注家와는 다른 길을 취하였다. 第2句의

"已"와 第4句의 "獨"이 우선 길라잡이가 되었다. 過去에 이미(已) 日月精華의 劍을 차고 蒼精의 龍을 타던 道士 겸 隱逸이 지금 오히려(獨) 陰崖의 茅屋에 居함은 상당히 疑心스러운 데가 있는 것이다. 그리고 廢墟가 된 壇과 靑石·常風·子規·王母 같은 쓸쓸하고 스산하며 청승맞은 분위기는 元逸人에게 무슨 숨겨진 意圖가 있는듯 하기에 족하였다. 얼마 전 終南捷徑이라는 成語가 나오게 된 盧藏用의 終南山 隱居가 자꾸 머리에 떠오르게 되며 疑惑은 깊어질 뿐이었다. 여기에서 第9句의 "知"·第10句의 "應"은 轉換의 고비가 되었다. 그대의 眞實한 計劃을 뭇 仙人들이 안다면(知), 이 스산한 곳에는 분명히(應) 芝草·琅玕이 자라고 鐵鎖와 猛虎가 俗世雜人의 犯接을 엄히 금하며 茅屋이 있는 그 곳은 그대로 福地로 변하고 洞天으로 化할 것이라는 것이다. 말하자면 단단히 강조하고 확인하는 다짐狀이 本詩로 나타난 것이 되겠다.

＊ 劉禹錫 <元和十年, 自朗州承召至京, 戲贈看花諸君子>

紫陌紅塵拂面來, 無人不道看花回.

玄都觀裏桃千樹, 盡是劉郎去後栽.

〈元和十年, 郎州에서 御命을 받잡고 서울에 왔는데 꽃구경하는 여러 분들에게 戲贈합니다〉

서울이라 화려한 보랏빛 거리 먼지마저 고운 붉은색 얼굴을 스치는데, 꽃구경하고 온다고 말하지 않는 이가 없구나. 玄都觀의 복사 천 그루는, 모두 이 劉郎이 간뒤 심은 것이라지.

王叔文의 改革은 失敗하고 거기에 속하였던 劉禹錫·柳宗元 等은 쫓겨났다. 十年 뒤 돌아왔지만 當時의 執政 武元衡 等에게 또 다시 배척받아 邊方으로 내쳐졌는데 本詩가 一助하였다 한다. 천 그루의 복사나무는 武元衡과 그 밑의 새로운 上流人士들을 가리킨다.

＊ 劉禹錫 <再遊玄都觀, 絶句>

百畝庭中半是苔, 桃花淨盡菜花開.

種桃道士歸何處, 前度劉郎今又來.

〈다시 玄都觀에 나들이 하다. 絶句〉

百畝의 넓은 뜨락 반은 푸른 이끼로 덮였는데, 복사꽃은 깨끗이 사라지고 野菜꽃만 피었구나. 복사 심던 道士는 어느 곳에 갔단 말인가. 전번의 劉郎은 지금 또 왔는데.

十餘年 뒤 다시 와 보니 복사나무는 씻은 듯 없어지고 다만 菟葵 즉 너도바람꽃과 燕麥 즉 귀리만 春風에 흔들리고 있었다. 그리고 제일 신나는 것은 그 당시 뽐내던 새로운 上流人士와 그들을 拔擢했던 武元衡 等이 사라진 것이다. 복사와 함께.

＊ 劉禹錫의 特異한 形式의 詩 한 首. <嘆水別白二十二>

水. 至清, 盡美. 從一勺, 至千里. 利人利物, 時行時止.

道性淨皆然, 交情淡如此.

君遊金谷堤上, 我在石渠署裏.

兩心相憶似流波, 潺湲日夜無窮已.

(▷水·美·里·止·此·裏·已는 모두 上聲으로 紙韻이다.)

물. 극히 맑고 아주 아름답다. 한 구기의 적음으로도 천리를 간다. 사람을 이롭게 만물을 이롭게 하며, 가다가 막히면 머물 때도 있다. 정결한 本性은 모두 이처럼 깨끗하며 君子의 사귐도 이와 같이 淡淡하다. 白居易 그대는 石崇의 金谷園이 있는 洛陽에 노니는데, 劉禹錫 나는 漢나라 石渠閣에 비할 長安 集賢殿에 있다. 두 마음 서로 그리워함은 흐르는 물과 같으니, 졸졸 밤낮으로 가며 그칠 때가 없도다.

附 錄

【1】 李邕의 詩

【2】 陰鏗特輯

【3】 李賀와 曹唐의 馬詩

【4】 庾信・鮑照 詩抄

【附錄 1】

李邕의 詩

≪全唐詩≫에는 李邕의 시 4首가 실려 있다. 〈歷下新亭〉 詩 외에 〈銅雀妓〉·〈詠雲〉·〈奉和初春幸太平公主南莊應制〉 3首가 있다. ≪杜詩詳注≫에서 仇氏는 李邕의 〈歷下新亭〉 詩를 拙朴平淺하여 좋은 점을 볼 수 없으며 杜甫가 그의 〈六公篇〉을 特히 推重한 것을 보면 남보다 크게 뛰어난 곳이 있었을 것이나 現存하지 않는 것이 애석하다 하였다. 仇氏는 其餘의 3首는 言及하지 않았으니 그의 눈으로 보면 一顧의 價値도 없었던가 不足掛齒라던가 한 듯하다. 그러나 우리가 보기에 〈銅雀妓〉는 理智的이고 冷徹하여야 할 國家指導者의 虛慾과 이로 말미암아 形成된 어리석은 制度에 對해 날카로운 批判을 加했으며 上流階級·支配階層의 責任感을 强調하고 그들의 一擧手一投足이 當代는 勿論 後世人의 模範이 될 것을 促求하였다. 〈應制詩〉에서는 皇室의 一員인 公主의 紊亂(문란)·雜穢(잡예)한 生活相에 言官의 直說的인 話法보다 더 아프게 比喩와 象徵으로 諷刺하여 金聖歎의 稱譽를 받았다.

우리는 그동안 杜詩의 嚴格한 格律·含蓄性있는 內容·深長한 意味·極度로 精鍊되어 正金과 다름없는 語詞, 그리고 무어니 무어니 해도 隱晦의 極에 達한 典故의 運用에 그만 녹초가 되어 버렸다. 좀 쉬어가는 것도 좋다고 생각된다. 이 김에 李邕의 詩와 有關한 歷代 여러 詩人들의 作品을 아래와 같이 나누어 보며 쉬어가기로 하자.

1. 〈銅雀妓〉 唐 · 李邕

西陵望何及, 弦管徒在玆. 誰言死者樂, 但令生者悲.
丈夫有餘志, 兒女焉足私. 擾擾多俗情, 投迹互相師.
直節豈感激, 荒淫乃淒其. 潁水有許由, 西山有伯夷.
頌聲何寥寥, 唯聞銅雀詩. 君擧良未易, 永爲後代嗤.

❖ 詩題

〈銅雀臺〉, 〈銅雀妓〉는 樂府의 相和歌辭 平調曲에 속한다. 〈鄴都故事〉에 의하면 魏武帝(曹操)가 여러 아들들에게 遺言을 하였는데 "죽은 뒤 鄴땅의 西崗上(서쪽 산 위)에 장사하여 옛날의 賢人이었던 西門豹(서문표)의 祠堂과 가깝게 할 것이며 金玉 珠寶를 묻지 말라하고 간직하였던 名香의 남은 것들을 여러 夫人들에게 나눠주고 자기 祭祀지낼 때 아깝게 써 버리지 말라하였다. 또한 첩과 妓女들을 모두 銅雀臺에 있게 하여 臺 위에는 여섯 자의 궤연(几筵) 즉 喪廳을 차려놓고 장막을 드리울 것이며 아침 · 저녁으로 술과 육포 · 쌀 · 말린 밥 등을 올리라 하였다. 매달 초하루와 보름에는 상청장막을 향하여 음악과 춤을 행하며 너희들도 때때로 臺에 올라 나 있는 곳 西陵 무덤을 바라보아다오"라고 하였다. "吾死之後, 葬於鄴之西崗上, 與西門豹祠相近, 無藏金銀珠寶. 餘香可分諸夫人, 不命祭吾. 妾與伎人, 皆著銅雀臺, 臺上施六尺牀, 下繐帳. 朝晡上酒脯粻糒之屬. 每月朝十五, 輒向帳前作伎. 汝等時登臺, 望吾西陵墓田.(▷命: 사용하다. 쓰다. ▷月朝: 月初)"

〈樂府解題〉에서 설명하길 "後人들이 그 뜻을 슬퍼하여 그 때문에 시를 읊었다" 하였다.

그러나 지금 우리가 唐代까지의 詩作을 보면 單純히 英雄豪傑의 世上

을 떠남이 허무하고 슬프다는 내용의 作品도 있지만 銅雀臺上의 宮妓들이 허망하게 늙어가며 신세를 탄식하는 것이 主流를 이루었고 特히 唐代의 詩人들은 죽은 임금의 陵園에 갇혀서 生時와 똑같이 임금의 日常生活瑣事(쇄사)를 받들어야 하는 宮女들의 처지를 동정하여 빗대 쓴 作品이 대부분으로 直接 내놓고 말하기가 거북하여 이 詩題를 빌어 간접적·우회적으로 비난한 것들이 대부분이다. 勿論 白居易처럼 아예 〈陵園妾〉이라 詩題아래 露骨的으로 敍述한 경우도 있고 韓愈처럼 比較的완곡하게 지적한 〈豊陵行〉이라 作品도 있다. 李覯의 本作品 또한 임금이 한번 잘못 말하고 행동하면 그것이 後世 임금들의 본보기가 되고 또한 嗤笑(치소)거리가 된다고 지적하였지 生離死別의 슬픔 따위는 아랑곳하지 않았다. 碑文을 잘 써서 그런지 詩에서도 毁譽(훼예)와 褒貶(포폄)이 상당히 嚴正하다. 그러나 唐詩를 좋아하는 사람이 보면 議論이 강해 宋詩에 가까워 그리 좋아하지는 않을 것 같다.

▶銅雀臺: 建安15年 鄴城에 세운 크고 높은 樓臺. 맨 위에 날개를 펴고 날아오르려는 구리 孔雀을 세워 이렇게 부르게 됨.

註

▶望何及: 혹시나 돌아올까 하고(盼望) 기다리지만 어찌 될 수 있는 일이겠는가.

▶弦管: 管弦의 音樂. 줄 풍류와 대 풍류.

▶誰言: 何言. 言은 料·知의 뜻임. 어찌 알리오, 어찌 짐작하리오.

▶死者樂: ≪莊子·至樂≫: "莊子之楚, 見空髑髏,……髑髏曰: '死, 無君於上, 無臣於下, 亦無四時之事, 從然以天地爲春秋, 雖南面王樂, 不能過也.' 장자가 楚나라로 가다가 속 빈 바싹 마른 해골을 보았다.……해골이 말하길: '죽으면 위로는 임금이 없고 아래로는 臣下가 없으며 사시사철 춥거나 덥거나 해야 할 일도 없으며 제멋대로 살며 천지와 같이 나이를 먹으니(천지와 함께 存在한다) 비록 남쪽 향해 계신 임금님의

즐거움도 이보다 더하지 않을 것이다.'" 그러나 本詩에서는 ≪莊子≫에서 쓰인 뜻이 아니고 아무리 음악·춤을 베풀어도 죽은 임금이 그것 때문에 즐거운지는 알 수 없고 아는 것은 그저 살아있는 사람들을 슬프게 하는 것 뿐이다는 뜻으로 쓰였다.

▸焉足私: 어찌 私情·私心을 充足시킬 수 있으리오. 즉 어찌 마음대로 사사롭게 할 수 있겠는가. 죽은 임금 떠나 자유롭게 생활을 함. 더 구체적으로 말하면 다시 시집가고 가정을 꾸밈.

▸擾擾(요요): 어수선하다. 복잡하고 어지럽다. 죽은 뒤에도 희망사항이 많다는 뜻임.

▸俗情: 속세의 고상하지 못한 감정·생각. 살아 생전의 미련. 구체적으로 殉葬이나 무덤을 向한 臺上의 舞樂을 원하는 것 따위를 말함.

▸投迹: 발을 들어 앞으로 나아감. 行爲를 남김. 즉 모범·표준을 만들어 남에게 보임.

▸互相師: 前人의 足跡이나 行動을 後人들이 본받음.

▸直節: 宮妓들의 곧은 節槪.

▸荒淫: 酒色이나 雜技에 빠짐.

▸凄其: 凄然. 其는 形容詞 뒤에 붙어 然의 뜻으로 쓰임.

▸寥寥(요료): 寂寞함. 數量이 적음.

▸君擧良未易云云: 擧는 擧動·言行, 良은 진실로. 참으로. 임금의 행동이나 말은 진실로 쉬운 것이 아니니 아차 한번 잘 못하면 後世의 비웃음거리가 된다는 뜻임.

解說

〈동작대의 宮妓〉

님 계신 西陵을 보고 기다려도 이루어질 일이겠는가. 줄 풍류·대 풍류만이 공연스레 예 있을 뿐. 죽은 자가 음악을 들으며 즐겁다는 것을 어찌 알 수 있겠는가. 그것은 잘 모르지만 확실히 알 수 있는 것은 그저 살아있는 사람을 슬프게 한다는 것 뿐이네. 대장부께서 그렇게 하라고 남기신 뜻이 있었으니 아녀자들이야 어찌 삿된 마음을 먹을 수 있으리오. 높은 분들이 어수선하고 어지럽게 세상의 정을 끊지 못하니 그렇게 만든 자취를 후세의 임금들이 서로들 본받고 배우네. 여인들의 곧은 절개를 어찌 감격할 만하다 하리오. 남자들의 죽어도 못 잊는 荒淫無度가 애처로울 뿐이네. 箕山(기산)・潁水(영수)에는 巢父・許由가 있었고 首陽・西山에는 伯夷・叔齊 있었건만 그들을 稱頌하는 소리는 어찌 그리 쓸쓸하고 들리느니 銅雀臺詩뿐인가. 人君의 言行은 참으로 쉽게 결정할 것이 아니니 아차 실수하면 길이 후세의 웃음거리 되고말고.

＊ 附錄 ①: 樓臺幽閉

〈銅雀妓〉 齊・謝朓

> 繐帷飄井幹, 樽酒若平生. 鬱鬱西陵樹, 詎聞歌吹聲.
> 芳襟染淚迹, 嬋媛空復情. 玉座猶寂寞, 況乃妾身輕.

❖ 詩題

詩題가 〈同謝諮議詠銅雀臺〉 즉 〈諮議로 있는 謝璟이 읊은 銅雀臺 詩에 和함〉으로 된 곳이 많다.

註

▸繐帷(세유): 几筵(궤연, 靈几와 魂魄・神主를 모셔두는 곳)의 장막. 상청.

▸井幹: 漢 武帝때의 樓臺이름. 많은 木材를 포개고 얽어 마치 井幹(정간. 우물난간)같으므로 그렇게 부름. 후에는 높고 큰 樓臺의 泛稱이 됨. 즉 銅雀臺를 가리킴.

▸樽酒: 잔에 따라 놓은 술.

▸歌吹: 사람의 노랫소리와 악기들의 연주소리.

▸嬋媛(선원): ① 姿態가 고음. ② 끌다. 당기다. 정과 그리움이 끌리고 당김.

解說

〈동작대의 宮妓〉

화려하고 높은 樓臺에는 상청휘장만 날리고, 평소와 다름없음은 잔에 따른 술이라. 西陵에는 나무만 울창하니, 어찌 노랫소리 음악소리 들을 수 있겠는가. 고운 옷깃에는 눈물자국만 아롱지고, 끌리는 마음 당기는 생각 속절없는 정일 뿐. 玉座의 임금도 한번 가면 오히려 이리 적막하거늘, 이 몸 같은 가벼운 존재야…….

〈銅雀悲〉齊·謝朓

落日高城上, 餘光入繐帷. 寂寂深松晩, 寧知琴瑟悲.

註

▸琴瑟: 《詩·周南·關雎》: "窈窕淑女·琴瑟友之. 아리땁고 얌전한 아가씨 琴타고 瑟타며 함께 하리." 以來로 琴瑟은 男女 特히 夫婦가 잘 어울려 지냄을 뜻 하였다.

解說

〈동작대의 슬픔〉

높은 성 위에 저녁 해 걸리고, 상청장막에 저녁놀 드네. 괴괴하다 무성한 무덤가 솔숲 저무는데, 어찌 알랴 琴瑟의 서글픈 소리와 마음을.

〈銅雀妓〉梁·何遜

秋風木葉落, 蕭瑟管絃淸. 望陵歌對酒, 向帳舞空城.
寂寂簷宇曠, 飄飄帷幔輕. 曲終相顧起, 日暮松柏聲.

註

▸蕭瑟(소슬): ① 凄凉. 冷落. ② 바람이 나무·숲에 불어나는 소리.

▸淸: 淸越. 소리가 맑고 가락이 높다.

▸對酒: 曹操의 代表作 〈短歌行〉을 가리킴. 〈短歌行〉은 "對酒當歌, 人生幾何."로 始作됨

▸空城: 前漢의 燕 剌王(날왕) 旦의 노래를 말함. ≪漢書·武五子傳≫에 依하면 燕王 旦은 武帝의 長子이면서도 帝位를 繼承하지 못하자 누님인 蓋長公主·左將軍인 上官桀과 어울려 廢立을 圖謀하다 發覺되었음. 昭帝가 使者를 통해 璽書(즉 詔書)를 내리자 印綬(印의 끈)로 목을 맸으며 夫人들도 旦을 따라 自殺한 者가 20餘人이었다 한다. 燕王은 일이 發覺되었을 때에 萬載宮에 賓客·群臣·妃妾을 모아 마지막으로 잔치를 열고 다음의 노래를 불렀다. "歸空城兮, 狗不吠, 鷄不鳴. 橫術何廣廣兮, 固知國中之無人. 우리 죽으면 황량한 城으로 亡國의 城으로 歸着되리, 개 짖지 않고 닭 울지 않아 가로 뻗은 큰 길은 아무 것도 없이 휑뎅그렁하리. 분명히 알겠지 國都의 사람이 없음을."

▹空城: 荒凉한 城.

▹狗不吠, 鷄不鳴: 狗吠와 鷄鳴은 平和로운 世上을 상징. 古辭: "鷄鳴高樹巓, 狗吠深宮中." 陶淵明·〈歸園田居五首〉 其一: "狗吠深巷中, 鷄鳴桑樹巓." 지금 개·닭이 울지 않으니 사람 없는 황량한 곳이 됨을 말함.

▹術: 大路.

▹廣廣: 曠의 뜻으로 쓰임. 音도 (kuàng)임. 휑뎅그렁함. 휑함.

▹國: 國都.

▸簷宇(첨우): 처마. 여기서는 房·室內의 뜻이니 즉 樓臺의 內部空間을 가리킴.

▸相顧: ① 서로 바라봄. ② 서로 돌보아 줌. 보살펴 줌. 배려해 줌.

▸松柏: 秦・漢時代에는 皇帝의 陵은 松 諸侯는 柏(측백나무) 大夫는 버드나무 士는 느릅나무를 심었다. 唐代에는 帝와 后의 陵 周圍에 柏을 심었다. 따라서 陵을 柏陵・柏城이라 하였다.

解說

〈동작대의 宮妓〉

가을바람 나뭇잎 질 때 처량하다 管絃의 맑고 높은 소리여. 陵寢을 보며 포부의 노래 "對酒當歌, 人生幾何"를 부르고, 帳幕을 향해 죽음의 노래 "荒凉한 空城"을 춤추기도 하네. 괴괴하다 室內는 휑한데 펄럭펄럭 휘장은 가볍네. 음악은 끝났다 서로를 살펴주며 일어날 때, 저문 달 松柏의 소리만 있다.

〈銅雀妓〉梁・劉孝綽

> 雀臺三五日, 歌吹似佳期. 定對西陵晚, 松風飄素帷.
> 危絃斷更接, 心傷於此時. 何言留客袂, 翻掩望陵悲.

註

▸佳期: ① 男女가 만나기로 약속한 날짜. ② 친구나 정인과 다시 만나는 좋은 때.

▸定: 결국. 필경. 요컨대.

▸危絃: 急絃. 아주 빠르게 타는 현악. ➪ 휘몰이.

▸何言: 어찌 알리오. 어찌 짐작 하였으리오.

▸留客袂: 사람들을 머무르게 하는 소매. ≪楚辭・大招≫: "長袂拂面, 善留客只.", "춤추는 긴소매 사람들의 얼굴을 스치니, 사람 잡아두기 딱 좋고. 펄럭이는 춤추는 긴 옷소매는 사람들을 홀려서 머뭇거리고 배회하며 못 떠나게 한다."

▸翻: 반대로. 거꾸로. 도리어.

解說

〈동작대의 宮妓〉

銅雀臺 십오일, 보름이면 노랫소리 음악소리 님 모시던 그날과 같지만, 필경 西陵의 지는 해와 마주할 뿐이니 솔바람 상청의 흰 장막을 날리네. 휘몰이는 끊일 듯 또 이어지는데 이때가 가장 마음 아플 때라네. 어찌 짐작이나 했으리오. 사람을 못 가게 잡던 긴 소매가 능을 바라보는 슬픈 얼굴 가리우게 될 줄을.

〈銅雀妓〉梁·江淹

武王去金閣, 英威長寂寞. 雄劍頓無光, 雜佩亦銷爍.
秋至明月圓, 風傷白露落. 淸夜何湛湛, 孤燭映蘭幕.
撫影愴無從, 惟懷憂不薄. 瑤色行應罷, 紅芳幾爲樂.
徒登歌舞臺, 終成螻蟻郭.

註

▸武王: 魏武帝 曹操.

▸金閣: 黃金의 樓閣. 즉 銅雀臺.

▸英威: 英勇하고 威武를 갖춤. 헌걸차고 씩씩함.

▸雄劍: 干將과 莫耶가 만든 보검 두 자루를 雄劍·雌劍이라 하였는데 후에는 보통 寶劍을 가리킴.

▸頓(돈): 홀연히. 갑자기.

▸雜佩: 여러 가지의 佩玉. 한데 묶어서 차는 여러 佩玉을 아울러 부르는 말.

▸銷爍(소삭): 銷鑠(소삭). 삭고 녹다. → 사라지다. 없어지다.

▸明月圓: 男女의 和合을 상징함.

▸湛湛(담담): 이슬이 엉긴 모양. 淸明하고 澄澈한 모습.

▸蘭幕: 蘭香 풍기는 장막. 장막을 아름답게 부를 때 씀. ➪ 모든 물건에 蘭을 붙여 아름답고 깨끗하다는 뜻으로 恒用함.

▸撫影: 對影, 님이 없어서 자기의 그림자만을 마주함. 覽影, 님이 없어서 자기의 그림자만을 봄.

▸愴: 悲傷. 슬프고 마음 상함.

▸無從: ~할 길이 없다. 어쩔 도리가 없다.

▸瑤色: 구슬같이 고운 안색. 銅雀臺의 宮妓들을 가리킴.

▸行: 장차. 또한. 바야흐로. 막.

▸罷: (파. bà): 끝나다. 사라지다. (피. pí): 衰弱해지다. 疲敝하여지다. 無能해지다. (피. bǐ): 離散. 分散.

▸紅芳: 紅花. 붉은 꽃은 꽃의 代表이며 고운 여인의 상징이다.

▸爲樂: 향락하다. 즐기다. 재미를 보다.

▸螻蟻郭(누의곽): 螻蛄(누고. 땅강아지)와 螞蟻(마의. 개미)의 둑, 간단히 말해 개밋둑. 蟻封・蟻垤(의질)・蟻冢(의총) 모두 같은 뜻으로 죽은 사람의 무덤을 더욱 낮추어 이렇게 부른다.

解說

〈동작대의 宮妓〉

헌걸차서 謚號까지 武帝인 曹操도 찬란한 黃金의 樓閣을 떠나니, 英勇한 威嚴도 영원히 寂寞으로 돌아갔도다. 英雄의 寶劍 忽然히 光彩가 없어지고 玲瓏한 佩玉 또한 삭고 녹아 사라졌도다. 가을이 오고 또 밝은 달은 둥글어져도, 부는 바람은 哀傷이며 듣는 이슬은 零落함이어라. 맑은 밤은 어찌 이리 깨끗하고 투명한가. 외로운 촛불 향기로운 장막을 비추도다. 다만 내 그림자만 대하자니 슬퍼서 어찌 할 바 모르겠고, 오직 그리워하자니 근심은 옳다고 못하겠다. 구슬같은 안색도 장차 시들어 사라짐이 분명하리니, 붉은 꽃 좋은 시절도 즐긴 날이 몇 때였던가. 헛되도다! 歌舞의 樓臺에 오름이여, 종당에는 개밋둑 되고 말 것이거늘.

〈銅雀臺〉 陳 · 張正見

凄涼銅雀晚, 搖落墓田通. 雲慘當歌日, 松吟欲舞風.
人疏瑤席冷, 曲罷繐帷空. 可惜年將淚, 俱盡望陵中.

註

▸搖落: 시들어 버림. 떨어져 버림. ≪楚辭 · 九辯≫: "悲哉秋之爲氣也. 蕭瑟兮草木搖落而變衰."

▸墓田: 墳地. 묘지.

▸當歌: 對歌. 歌舞를 마주하다(대하다).

▸吟: 呻吟. 歎息.

▸欲舞風: 欲은 ① 似 (~와 비슷하다. ~인 듯하다)의 뜻. ② 方. 正. 바야흐로, 막의 뜻.

▸疏: 흩어지다.

▸瑤席: 구슬로 치장한 자리. 高貴한 사람들의 좌석. 여기서는 喪廳의 靈座.

▸年: 나이. 청춘의 뜻으로 쓰임.

▸將: 與 · 共의 뜻.

解說

〈동작대〉

그 옛날 화려하고 홍청거리던 銅雀臺도 이제 저녁의 처량함뿐이며 천하를 주름잡던 영웅의 무덤과 통하는 길에는 시들어 떨어지는 나뭇잎 뿐이다. 歌舞를 마주하는 날에도 구름은 슬픈 기색이고, 춤추는 듯 하는 바람 속에도 소나무는 신음하고 탄식한다. 宮妓는 흩어지고 靈魂이 坐定한 구슬자리도 싸늘하며, 音樂이 끝나니 상청휘장은 텅 비었다. 아깝다 청춘의 날과 눈물이 西陵을 보는 중에 다 사라지다니.

〈銅雀臺〉北齊・荀仲擧

高臺秋色晩, 直望已悽然. 況復歸風便, 松聲入斷絃.
淚逐梁塵下, 心隨圓扇捐. 誰堪三五夜, 空對月光圜.

註

▸直: 只. 但. 그저. 다만.

▸歸風: 回風, 旋風. 회오리 바람.

▸便(biàn): ~하는 김에, ~하는 편에.

▸斷絃: ① 끊어진 시울. ② 餘響・餘韻・餘音. 끊어질 듯 이어지는 소리.

▸梁塵: ≪太平御覽≫ 卷572에 劉向의 〈別錄〉을 인용하였다. "漢興以來, 善歌者魯人虞公, 發聲清哀, 蓋動梁塵. 漢나라가 세워진 이래 노래 잘하는 이는 魯나라의 虞公이니 소리가 맑고 슬퍼서 들보의 먼지를 振動시켰다." 이후로 노래가 뛰어나 사람들을 감동시킬 때 "梁塵飛"라 표현하였다.

▸圓扇捐: 漢・成帝의 後宮 班婕妤가 지은 노래 〈怨歌行〉에 "常怨秋節至, 凉飆奪炎熱. 棄捐篋笥中, 恩情中道絶. 흰 깁으로 만든 둥근 부채가 님의 사랑을 받았지만 항상 두렵기는 가을이 이르러 서늘한 바람이 찌는 더위를 압도할까였었지. 결국 그리되어 상자 속에 버려졌으니 사랑이 중도에 끊어졌구나."라 함.

▸誰堪: 何耐. 어찌 견딜 수 있겠는가.

▸月光圜: 둥근 보름달을 團圓이라 하여 男女 特히 夫婦의 원만함을 나타냄.

解說

〈동작대〉

높은 樓臺에 가을 빛 저물면, 西陵을 바라보는 것만으로 이미 처연해지네. 하물며 또 회오리바람 편에 西陵의 솔바람소리 絃樂의 끊일 듯 이

어지는 餘音에 들어올 때에랴. 우리의 노래에 울려서 떨어지는 들보의 먼지를 좇아 눈물은 떨어지고, 둥근 부채 따라서 사랑하던 마음은 버려지고 말았네. 더 더욱 보름이라 15일 밤 허무하게 둥근 달을 보자니 어찌 견디랴.

〈銅雀臺〉唐 · 王無競

北登銅雀上, 西望青松郭. 總帳空蒼蒼, 陵田紛漠漠.
平生事已變, 歌吹宛如昨. 長袖拂玉塵, 遺情結羅幕.
妾怨在朝露, 君恩豈中薄. 高臺奏曲終, 曲終淚橫落.

註

▸青松郭: 帝王의 陵 주위에 松柏을 城郭처럼 둘러싸 심었음. 즉 青松의 울타리라는 뜻.

▸空蒼蒼: 사람이 없으며 텅 비어 허무하게 어둑어둑 어슴푸레하다.

▸陵田: 陵墓.

▸紛漠漠(분막막): 안개 · 초목만이 잔뜩 아득하게 펼쳐지다.

▸玉塵: 옥의 가루라는 뜻으로 눈이나 꽃잎을 比喩하는데 쓰임. 본시에서는 긴 소매가 남자들의 얼굴을 스쳐 그들을 홀렸는데 이제는 사람은 가고 없어서 빈 玉座(즉 상청)의 먼지를 털어낼 뿐이다는 의미로 쓰임.

▸遺情: 남겨놓은 情思.

▸朝露: 님의 사랑이 아침이슬처럼 짧고 허망했다는 뜻.

▸橫: 교차하다. 뒤섞이다.

解說

〈동작대〉

북쪽의 동작대 위에 올라, 서쪽의 청송이 에워싼 곳을 본다. 상청의 휘장은 휑하니 어둑어둑하고. 능침이 있는 곳은 안개 · 초목이 잔뜩 자욱하고 아득하다. 평소의 하던 일이 님 가시고 다 변했건만, 노랫소리 악기소리는 여전히 뚜렷하다 어제와 같이. 사람들의 얼굴을 스쳐 들뜨게 만들던 긴 춤추던 소매가 지금은 님 없는 玉座의 먼지만을 털어낼 뿐이고, 남긴 情思는 비단장막에 맺혀 있을 뿐이다. 나의 원망은 아침이슬 같은 짧은 사랑에 있으니, 사랑이 어찌 중도에 야박하게 끊어졌단 말인가. 높은 누각 연주가 끝나면 남은 것은 뒤섞여 떨어지는 눈물이구나.

〈銅雀臺二首〉 唐 · 王勃

其一
妾本深宮妓, 曾城閉九重. 君王歡愛盡, 歌舞爲誰容.
錦衾不復襞, 羅衣誰再縫. 高臺西北望, 流涕向青松.
其二
金鳳鄰銅雀, 漳河望鄴城. 郡王無處所, 臺榭若平生.
舞筵紛可就, 歌梁儼未傾. 西陵松檟冷, 誰見綺羅情.

註

▸曾城: 曾은 층으로 읽어 層字와 통함. 增城 · 層城으로도 쓰임. ① 전설 속의 지명. 仙鄕으로도 쓰임. ≪淮南子 · 墬形訓≫: "中有增城九重, 高萬一千里, 百一十四步二尺六寸, 上有……不死樹在其西. 그중에 층성 아홉층이 있고 높이는 만 일천리 백 십 사보 이척 육촌이다. 위에……불사수가 서쪽에 있다." ② 높고 큰 城闕을 말함.

▸歡愛: 기뻐하고 사랑함.

▸爲誰容: ≪詩 · 衛風 · 伯兮≫: "自伯之東, 首如飛蓬. 豈無膏沐, 誰適爲容. 님께서 東으로 가시고 나서부터 내 머리는 날리는 쑥대, 머릿기름 어찌 없고 머리감지 못하랴만 누굴 위해 단장할까." ≪戰國策≫: "士爲知己者死, 女爲悅(悅,愛也)己者容. 선비는 자신을 알아주는 사람을 위

해 목숨을 던지고, 여인은 자기를 사랑해 주는 이를 위해 화장한다."

▸錦衾: ≪詩・唐風・葛生≫: "角枕粲兮, 錦衾爛兮. 予美亡此, 誰與! 獨旦. 쇠뿔 박은 베개 반짝반짝, 비단 이불 찬란한데. 내 님 여기 안 계시니, 누구와 함께할까! 홀로 새벽 맞네."

▸襞(벽): 옷의 주름. 여기서는 개다, 개키다, 접다의 뜻으로 쓰임.

▸縫衣: 縫製衣服. 즉 박아서 옷을 만들다의 뜻.

▸金鳳: 누대의 이름. ≪北齊書≫의 〈文宣帝紀〉에 보면 "이때에 三臺가 완성되었는데 銅爵臺를 金鳳臺로 改稱하였다."라는 기록이 있다. 그러나 本詩의 金鳳은 金虎를 잘못 쓴 것 같다. 曹操는 建安 15年에 銅雀臺를 세운 다음 建安 18年에 金虎臺와 氷井臺를 지어 三臺라 불렀으니 銅雀臺의 이웃은 分明히 金虎臺가 맞는 것이라 思料된다.

▸處所: 머무는 곳. 사는 곳.

▸臺榭: 樓臺같이 높고 큰 건축물을 가리킴. 臺: 높고 위는 반듯한 네모난 건축물. 먼 곳을 보는데 쓰임. 榭: ① 높은 土臺위에 지은 건물. 노닐고 조망하는데 쓰임. ② 방이 없이 칸막이도 없이 넓은 공간만 있는 건물. 군사훈련이나 무기저장에 쓰임.

▸舞筵: 춤출 때 펴놓는 자리, 담요.

▸歌梁: 노래하는 집의 들보. ≪列子・湯問≫편에 名唱 韓娥의 노래는 여음이 사흘이나 들보를 감돈다는 고사에서 나온말.

▸儼: 整齊. 가지런한 모습.

▸頃: 傾의 옛 글자.

▸檟(가): 개오동나무.

▸誰見: 見은 聞과 함께 知의 뜻으로 쓰임. 誰는 何. 誰見은 따라서 何知. 어찌 알라의 뜻으로 쓰임.

▸綺羅(기라): 아주 고급의 비단. 貴婦人・宮女들이 흔히 입는다. 따라서 貴婦人이나 宮女의 뜻으로 쓰인다. ⇨ 李商隱 〈淚〉: "永巷長年怨綺羅.

구중 궁궐 긴 골목의 늙은 궁녀는 綺羅입게 태어난 자기의 운명을 원망한다.” 즉 인물이 반반하여 — 베옷이나 무명옷 입고 백성으로 살면 좋았을 것을 — 綺羅입는 宮女로 選入된 팔자를 원망한다는 뜻이다. 綺羅는 여기서 宮女의 代名詞인 것이다.

➥ 비슷한 내용의 詩句가 李白에게도 있다.

〈王昭君〉 唐 · 李白

昭君拂玉鞍, 上馬啼紅頰. 今日漢宮人, 明朝胡地妾.

❖ 詩題

前漢 元帝 때의 宮女 王昭君은 匈奴와 和親하는 政策에 따라 單于(선우)에게 所謂 和蕃公主(화번공주)가 되어 시집가게 되었다. 이때의 場面을 상상하여 짧은 20字에 무한한 내용과 감정을 담은 걸작이 본 작품이다.

解說

昭君. 그 아름답고 화려한 玉으로 치장한 안장을 그 경황없는 중에도 털고서야 앉는다.(깔끔하고 정결한 성품을 그린 것) 말에 올라서야 붉은 뺨 가진 아름다운 외모를 원망하며 통곡한다. (참을성 있게 견디다가 이제 떠나는 마당에 이르러 비로소 운다. 그러나 다른 사람을 원망하지 않고 자기 스스로를 원망하는 것이다. 宋의 歐陽修도 〈明妃曲〉에서 昭君을 落花에 빗대어서 “莫怨東風當自嗟 동풍을 원망 말고 자신의 타고난 팔자 · 운명을 탄식하라”고 하였다.) 이렇게 외모하나 때문에 — 고향에서 앞 동네나 뒷마을 청년에게 시집가 살림이나 하고 아이 낳고 평범하게 살았으면 좋았을 것을 — 오늘까지 漢宮에서 임금 노리개의 대기조로 기다리며 처박혀 살다가 또 내일부터는 胡地의 되놈의 여인이 되는 구나 완전히 굴렁쇠 팔자 뒤웅박 팔자인 것이다.

第2句를 보통 “말에 올라 아름다운 뺨의 昭君이 운다”고 해석들을 하였는데 너무 平凡하고 淺易하다. 위의 第2句 해석은 雨田선생님께서 자상하게 일러주신 것이다.

結局 李商隱은 李白의 作品을 雨田선생님과 같이 해석하여 自己의 作品 〈淚〉에서 活用한 것이다.

解說

〈동작대〉 其一

妾은 본래 깊고 깊은 궁중의 여인으로, 그 곳은 높고 높은 신선의 성과 같고 아홉겹 문이 닫혀있었다. 이제 임금님의 사랑은 끝났으니 누굴 위해 단장하고 노래하며 춤출 것인가. 비단 이불 더 이상 개키는 일 없을 것이며, 비단 舞衣 누굴 위해 또 박을 것인가. 높은 樓臺라 西北쪽 바라볼 수 있으나 님은 안보이니 푸른 솔 향해 눈물짓네.

解說

〈동작대〉 其二

金虎臺는 銅雀臺와 이웃이고 漳河(장하)라 강물에서는 鄴城(업성)이라 높은 城이 보이네. 지금 임금님은 머무는 곳 없으나 누각·정자는 예대로 서있네. 아직도 갈 수 있는 춤추는 자리 많기도 많고 사흘이나 여음이 감돌도록 노랫소리 퍼지는 들보는 여전히 반듯하게 기울지 않고 서 있건만……, 西陵에는 소나무·오동나무 싸늘히 서 있을 뿐, 綺羅입은 여인들의 심정을 어찌 알리오.

〈銅雀臺〉 唐·鄭愔

日斜漳浦望, 風起鄴臺寒. 玉座平生晚, 金樽妓吹闌.
舞餘依帳泣, 歌罷向陵看. 蕭索松風暮, 愁烟入井欄.

註

▶漳浦: 浦는 물가. 漳河의 물가.

▸望: 보름날. 보름달.

▸平生: 平素의 業績. 옛친구. 一平生.

▸晩: 쇠하다. 늙다. 끝이 가깝다.

▸妓吹: 宮妓들의 피리소리.

▸闌(난): 다 되가다. 끝나가다. 쇠퇴하다. 영락하다.

▸餘: 後의 뜻.

▸暮: 夜의 뜻으로 쓰임.

▸井欄(정란): 王侯의 墓穴을 井 또는 金井이라 부른다. 金井欄은 두 가지로 쓰인다. ① 李白의 〈長相思〉에서 "絡緯秋啼金井欄"이라 했는데 이때에는 금속으로 만든 우물가의 난간이란 뜻이며, ② 또 하나는 金井 즉 무덤가의 欄干이다.

解說

〈동작대〉

해 저물면 漳河가에 보름달 뜨고, 鄴城의 樓臺에는 찬바람 인다. 玉座와 평소의 업적은 다 시들었고, 금술잔과 여인들의 음악도 끝나가는구나. 춤춘 뒤 휘장에 기대 울고, 노래 끝나면 西陵을 바라본다. 쓸쓸하다 솔바람 부는 밤이여, 시름은 안개 되어 무덤 난간에 숨는다.

〈銅雀妓〉 唐 · 沈佺期

昔年分鼎地, 今日望陵臺. 一旦雄圖盡, 千秋遺令開.
綺羅君不見, 歌舞妾空來. 恩共漳河水, 東流無重迴.

註

▸分鼎: 三分鼎足(삼분정족)의 준말. 하나가 셋으로 나뉘어 鼎足같이 되다. 즉 天下를 三分하여 一方을 雄據하였다는 말.

▸雄圖: 遠大한 計劃 · 抱負.

▸遺令: 임종할 때의 당부, 남기는 훈계. ➪ 明・吳騏 〈漢昭烈詩〉: "一代英雄生死際, 銅臺遺令最堪憐. 一代의 英雄 숨거둘 때, 銅雀臺의 남긴 말 가장 서글퍼."

➥ 魯迅: 〈而已集・魏晉風度及文章與藥及酒之關係〉: "當時的遺令本有一定的格式, 且多言身後當葬于何處何處, 或葬于某某名人之墓旁. 당시의 유언은 본래 일정한 격식이 있었으며 또한 죽은 뒤 마땅히 어디 어느 곳에 장사지내라던가 혹은 某某 名人의 무덤 곁에 장사지내라고 많이들 말했다."

▸開: 開始. 展開. 이끌어냄. 유도해냄.

解說

〈동작대의 宮妓〉

옛날 천하를 삼분하여 웅거하던 그 땅이, 오늘은 허무하게 무덤을 바라보는 樓臺로 바뀌다니. 하루아침 원대한 포부는 끝장나고, 천년을 두고 슬프게 하는 유언이 시작 되다니(진개되다니). 비단옷 고운자태 님께서 못 보시니, 노래하고 춤추러 우리는 공연히 온 것이지. 사랑과 漳河의 물은 함께, 바다로 흘러가 다시 오지 않는데.

〈銅雀妓〉 唐・喬知之

金閣惜分香, 鉛華不重妝. 空餘歌舞地, 猶是爲郡王.
哀弦調已絶, 艷歌不須長. 共看西陵暮, 秋烟生白楊.

註

▸惜分香: 遺言에 따라 나누어준 향은 아끼고 쓰지 않는다. ➪ 分香賣履: 曹操가 죽을 때 姬妾들에게 名香을 나누어 주며 신을 삼아 생계를 스스로 끄려가라고 당부함. 이후 향을 나누어주고 신을 삼아 팔아 생계를 꾸리라는 말은 남겨진 처자식들을 걱정하는 마음을 나타냄.

▶鉛華(연화): 鉛粉・白粉. 화장할 때 쓰는 납을 원료로 한 無機化合物. 白色의 粉末로 毒이 있다. 오래 사용하면 얼굴이 검푸르게 변한다. 얼굴을 희게 하는데 卓越한 효과가 있어서 무서운 副作用을 알면서도 사용하였었다.

▶哀弦: 서글픈 현악기의 소리.

▶絶: 停止함. 다함.

▶艶歌(염가): 愛情을 노래하는 歌曲. 사랑의 노래.

▶白楊: 陶淵明〈輓歌三首〉其三: "荒草何茫茫, 白楊亦蕭蕭. 어지러운 풀들은 어찌 그리 아득히 퍼져 있는가, 白楊나무 또한 스산하구나."

➥ 雨田선생님 말씀: 白楊은 습기를 빨아 없애주는 功能이 대단하여 그 때문에 무덤가에 많이 심었단다.

➥ 白楊 또한 松柏처럼 무덤의 表象이 되었다.

解說

〈동작대의 宮妓〉

黃金樓臺에 살아도 나누어 준 향은 아껴 쓰지 않았고, 鉛華 白粉있어도 님이 없어 다시는 화장하지 않았다. 부질없이 노래하고 춤추는 場所를 남겨두고는, 오히려 그래도 임금님을 위한 것이라 한다. (남들은) 처량한 현악의 가락이 벌써 그쳤다 하지만, (우리의 생각에) 사랑의 노래란 길 필요가 없다 하겠다. 모두 함께 저문 西陵을 보면 (님은 안보이고) 가을의 안개만 白楊에서 피어난다.

〈銅雀臺〉唐・劉長卿

嬌愛更何日, 高臺空數層. 含啼映雙袖, 不忍看西陵.
漳河東流無復來, 百花輦路爲蒼苔. 青樓月夜長寂寞, 碧雲日暮空徘徊.
君不見鄴中萬事非昔時, 古人何在今人悲.

春風不逐君王去, 草色年年舊宮路. 宮中歌舞已浮雲, 空指行人往來處.

註

▶嬌愛: 寵愛.

▶含啼: 눈물 머금은 얼굴.

▶映: 蔽. 가리다.

▶百花輦路爲蒼苔: 輦路: 임금의 御駕가 다니던 길.

▶輦(연): 본래 사람이 끌던 수레인데 秦漢以後로는 皇帝와 皇后가 타는 수레를 가리킴. 이 句는 李白의 〈登金陵鳳凰臺〉 第3·4句와 意境이 恰似하다. "吳宮花草埋幽徑, 晉代衣冠成古丘. 吳나라 대궐의 화초는 지금 으슥한 길 아래 묻혀 있고, 즉 대궐의 화려하던 꽃밭은 지금은 나무꾼이나 사냥꾼이 다니는 으슥한 오솔길이 되었다는 뜻이며 晉代에 門閥을 자랑하던 自負心 强한 衣冠의 族屬들도 묵은 무덤이 되고 말았다."

▶碧雲: 碧空의 白雲.

▶君不見: 君不聞과 같이 그대는 모르는가의 뜻임. 왜냐! 직접 보거나 듣지 못하는 수도 있기 때문이다.

▶草色年年舊宮路: ≪楚辭·招隱士≫의 "王孫遊兮不歸, 春草生兮萋萋. 님은 떠나 돌아오지 않고, 봄풀은 나서 무성해졌다"를 運用함.

▶空指行人往來處: 唐·劉禹錫 〈金陵五題〉中 〈烏衣巷〉: "朱雀橋邊野草花, 烏衣巷口夕陽斜. 舊時王謝堂上燕, 飛入尋常百姓家. 六朝의 首都였던 金陵 卽 南京의 옛 繁華街의 代表랄 朱雀橋가에는 野生草가 꽃을 피웠고 烏衣巷 입구에는 쓸쓸한 석양이 비꼈을 뿐. 그 옛날 最高의 家門이며 巨族이었던 王氏 謝氏집 대청의 제비는 지금은 평범한 백성 집 대청에 날아오고 있을 뿐이다."

제비는 예전의 둥지를 잊지 않고 다시 찾아 알을 품는다. 제비는 여전히 날아오는데 그 대청은 名門巨族의 대청에서 평범한 백성의 대청이 되고 만 것이다. 과거의 榮華는 烏有로 돌아간 것이다. 이와 같은 意境이니 歌舞로 홍청거리던 宮은 지금은 行人이 자유롭게 往來하는 곳으로 변하고 만 것이다. 一切가 空이요 無라.

解說

〈동작대〉

님의 사랑은 어느 날 다시 올 것인가, 銅雀이라 높은 樓臺는 공연히 여러 층이네. (그래야 님도 볼 수 없거늘 사랑은 겹겹이 쌓지 못하며 집만 층층이 높이다니) 눈물 머금은 얼굴일랑 두 소매로 가리울 것이, 어찌 차마 西陵을 바라볼 수 있단 말인가. 漳河는 東으로 흘러가 다시 올 수 없는데, 百花 찬란하던 님이 다니던 길은 푸른 이끼 천지 되었네. 달밤에 푸른 누각은 언제고 적막 일색이며, 저문 날 碧空의 白雲은 부질없이 오락가락. 그대는 모르는가! 鄴城의 만사 모두 옛과 다른 것을. 古人은 간 곳 없고 今人은 슬퍼만 할 뿐. 봄바람은 님을 따라 가버리지 않고 공연히 남아서 年年歲歲로 故宮의 길에 풀빛을 피게 하누나. (그러면 사람들은 봄풀은 무성한데 王孫은 오려나 말려나하고 아쉬워하는 것을 뻔히 알면서, 싸가지 없고 의리 없는 봄바람이여) 歌舞가 그치지 않던 宮中은 이미 정처 없고 흔적 없이 사라짐의 대명사인 浮雲이 되었는데, 지금 사람들은 여기가 거긴가 저기가 거긴가 하고 옛 宮中을 추측하며 行人이 왕래하는 곳을 공연히 가리킨다.

〈銅雀臺〉 唐 · 賈至

日暮銅雀靜, 西陵鳥雀歸. 撫弦心斷絶, 聽管淚霏霏.
靈機臨朝奠, 空牀卷夜衣. 蒼蒼川上月, 應照妾魂飛.

註

▸銅雀: 樓臺의 이름이며 同時에 그 꼭대기에 있는 구리로 만든 孔雀을 가리킴. 제2구의 鳥雀과 强한 對比가 됨.

▸鳥雀: 작은 새를 두루 나타내는 말.

▸撫弦: 彈奏琴瑟. 撫는 彈奏.

▸心斷絶: 心斷. 心(염통이라는 인체의 器官과 同時에 意念·感情을 말함)이 끊어져 버림. 같은 뜻으로 心碎가 있으니 心이 바서지다는 내용이다. 以上 모두 극도의 悲痛·傷心을 나타낸다.

▸霏霏(비비): 비가 주룩주룩 내리다. 눈이 펄펄 날리다. 어지럽게 날리다.

▸靈機: 靈感. 機智. 재치. 本詩에서는 神靈의 영검을 말함. ➪ 靈驗: 영검. 사람의 기원에 대한 神佛의 靈妙한 感應.

▸奠(전): 祭需. 祭品. 祭物. 進獻하다. 祭需를 차려놓고 神이나 亡靈에 祭祀지내다.

▸卷衣: 임금이 사랑하는 여인에게 옷을 접어 선사하다. 이 말은 樂府 〈秦王卷衣曲〉에서 나왔다.

▸蒼蒼: 어슴푸레하다.

▸川: ① 江河. ② 平川. 넓은 벌.

▸照: 살펴서 알아내다. 証明하다. 관심을 가지다. 보살피다. 돌보다.

▸魂飛: ① 몹시 놀랐을 때 魂飛魄散이라 한다. 魂不附體도 같은 뜻이다. 魂이 몸에서 떨어져 날아가고 흩어진다는 말이다. ② 心神이 어지럽거나(昏迷), 人事不省일 때에 쓴다.

解說

〈동작대〉

해저물면 銅雀臺도 그 꼭대기의 孔雀도 고요한데, 님 잠든 西陵에도 鳥雀(작은새) 돌아와 깃들이니 적막하네. 내가 타는 현악소리에 마음은 바서지고, 벗이 부는 피리소리에 눈물은 비되네. 朝夕 上食에 다가오시는 신령의 영검함 있다는데, 밤마다 옷을 접어 내게 주실 님의 침상은 비어 없네. 어슴푸레한 벌판위의 저 달만이, 이 몸의 시름 차 날아가는 혼백을 분명히 알아주고 살펴주고 증명해주리라.

〈銅雀妓〉 唐 · 高適

> 日暮銅雀迥, 秋深玉座淸. 蕭森松柏望, 委鬱綺羅情.
> 君恩不再得, 妾舞爲誰輕.

註

- ▸迥(형): 멀고 아득하다. 높다. 외지고 구석지다.
- ▸淸: 寂靜. 고요하다.
- ▸深: 시간이 많이 지나다. 흐르다. 例: 夜深. 深秋.
- ▸蕭森(소삼): ① 草木이 빽빽하게 우거지다. ② 草木이 우거져 어두침침하다. 음침하고 으스스하다.
- ▸委鬱(위울): 委曲鬱結. 구불구불하고 서리고 엉키고 맺히다.
- ▸輕: 輕盈. 경쾌하다. 가뿐하다. 나긋나긋하다. 사뿐사뿐 나부끼다.

解說

〈동작대의 宮妓〉

해 저무니 銅雀臺는 더욱 높고 아스라하며, 가을 깊어가니 玉座라 영혼의 자리 한층 고요하네. 빽빽하고 어두운 松柏의 고장 바라보면, 서리고 엉킨 건 綺羅의 宮女 슬픈 정이네. 님의 사랑 다시는 못 얻을 터, 나의 춤은 누굴 위해 사뿐사뿐 나부끼듯 할 것인가.

〈銅雀妓〉 唐 · 袁暉

> 君愛本相饒, 從來似舞腰. 那堪攀玉座, 腸斷望陵朝.
> 怨著情無主, 哀凝曲不調. 況臨松日暮, 悲吹坐蕭蕭.

註

▸饒: 富裕하다. 풍성하다. 많다. 남아돌다.

▸舞腰: 舞姬의 춤추는 허리. 요동치고 비틀리는 허리(舞: 搖動). 固定되지 않고 이리 꼬이고 저리 틀리고 즉 變化無雙하다는 뜻으로 쓰임.

▸攀玉座: 여기에서 玉座는 임금님 살아계실 때의 玉座를 가리킴. 살아계실 때에야 님의 玉座를 정식으로 또 혼자서 타고 오를 수 있겠는가(攀: 攀登). 임금님의 사랑이 원체 풍성하거늘.

▸望陵朝: 부질없이 허무하게 陵을 바라보는 날에 애 끊는다. 朝는 日. 時. 날짜. 때.

▸著: ① (착): 붙다. 접근하다. 증가하다. 첨가하다. ② (저): ⓐ 밝다. 환하다. ⓑ 貯와 통함. 쌓다. 모으다.

▸主: ① 主人. ② 主管하다. 콘트롤하다. ③ 注와 통함. 붓다. 쏟다.

▸調: ① (tiáo): 調和를 이루다. 調弄(樂器를 演奏)하다. ② (diào): 樂律. 調子(가락).

▸坐: ① 헛되이. 공연히. ② 바야흐로. 한창. ③ 몹시. 대단히. 심히.

解說

〈동작대의 宮妓〉

임금님의 사랑은 본래 풍성하여, 예부터 춤추고 요동치는 허리와 같다는데……. 님 계실 때에야 어찌 玉座에 정식으로 또 독차지하여 오를 수 있었으랴, 다 풍성한 님의 사랑 탓이겠지……. 가신 뒤에 陵寢을 바라보는 날에 공연히 애 끊다니. 怨恨이 쌓임이여 ① 내 사모하는 마음의 主人이 없음이고(② 내 마음 쏟을 길 없음이고), 悲哀가 뭉침이여 ① 음악은 어우러지지 않아 (② 음악을 제대로 연주 못해). 하물며 저기 陵의 松林에 저문 해 다다르면, 슬픈 피리소리는 ① 한창 처량해 (② 누굴 위해 헛되이 처량한가).

➡ 임금의 사랑에 대해서는 비꼬는 말들이 꽤 있는데 우선 생각나는 것이

白居易의 詩句들이다. 〈昭君怨〉에서 抄. "自是君恩薄如紙, 不須一向恨丹青. 본시 임금님의 사랑이란 엷기가 종이라 초상화가 미워서 그리됐다 하지만, 그저 외곬으로 초상화 그림 탓할 것 없느니라."

〈後宮詞〉에서 抄. "紅顔未老恩先斷. 고은 얼굴 시들지 않았건만 싫증나서 사랑이 먼저 끊기다니."

➥ 春秋戰國時代만 하여도 "色衰愛弛. 아름다움이 시드니 그 때에는 사랑도 느슨해진다"라고 하여 美貌에 대해서는 일단 책임을 진달까 의리를 지킨달까 하였는데 後世에는 야박해져서 그런 美德(?)은 다 사라지고 싫증나는 것이 큰 障碍로 등장하였다. 그러니 싫증나서 이리저리 옮겨감을 사랑이 富饒하다고 한마디 한 것이다. 임금과 궁녀와의 관계을 가장 족집게 장님처럼 잘 집어 낸 이는 李商隱이다.

〈宮詞〉에서 抄. "君恩如水向東流, 得寵憂移失寵愁. 임금님의 사랑이란 동으로 흘러가는 물과 같아서 밑도 없고 끝도 없이 초조하게 기다림의 연속이다가 총애를 얻으면 옮겨갈까(변할까) 또 조마조마 걱정하고 총애를 잃으면 아주 내놓고 시름차네(移에는 改變의 뜻이 있다)." 간단히 말하면 기다림(초조) → 憂(걱정) → 愁(시름) → 老(절망) → 死라는 아주 늘어가는 청승에 오그라지는 팔자인 것이다.

〈銅雀妓〉 唐 · 歐陽詹

蕭條登古臺, 回首黃金屋. 落葉不歸林, 高陵永爲谷.
妝容徒自麗, 舞態閱誰目. 惆悵繐帳前, 歌聲苦於哭.

註

▸蕭條(소조): 寂寞. 冷落. 凋落. 한물가다.

▸古臺: 오래 된 銅雀臺.

▸黃金屋: 黃金으로 지은 집. 부귀영화를 누리는 생활환경을 가리킴. 黃金屋은 가지고 있는 意味가 複合的이다. ≪史記≫의 〈外戚世家〉를 보

면 "景帝의 長男은 '榮'인데 그 어미는 栗姬다. '榮'으로 太子를 삼았다. 長公主(임금의 딸은 公主, 누이는 長公主, 姑母는 大長公主라 하였다)인 '嫖(표)'에게 딸이 있었는데 太子妃로 하고 싶었다. 栗姬의 생각에 남편인 景帝가 사랑하는 여러 美人들은 모두 長公主의 추천으로 임금께 왔고 아주 크게 사랑을 받아 모두 자기보다 월등하였다. 이에 怨望과 憤怒가 앞서 경솔하게 長公主에게 거절하고 허락하지 않았다. 長公主가 王夫人에게 意思打診하니 王夫人은 승낙하였다. 이로써 王夫人의 아들이 바로 武帝가 되는 것이다. 長公主는 날마다 太子와 栗姬를 헐뜯었고 栗姬 또한 성깔을 露骨的으로 드러냈다. 結局 皇帝와 太子·太子生母 栗姬사이에 誤解와 不滿이 쌓이다가 終當에 暴發하여 太子를 廢하여 降封 臨江王으로 하였다. 栗姬는 怨恨이 쌓인데다 皇帝에게 직접 解明 하소연하려 하였으나 면회(?)자체가 不可能하여 憂死하고 말았다. 마침내 王夫人을 皇后로 하고 그 아들은 太子가 되었으며 景帝의 死後에 皇帝가 되니 곧 武帝다. 이처럼 武帝는 長公主(즉 姑母)의 德澤으로 帝位에 오를 수 있었으며 太子妃였던 陳氏(長公主의 딸)는 皇后가 된 것이다. 그러나 陳氏는 자식을 두지 못한데다가 친정의 功勞를 내새워 끝없이 驕慢하고 放恣하였다. 武帝는 卽位하고서 自己의 勢力을 確固히 하기 前에는 隱忍自重하며 姑母인 大長公主의 貪慾과 專橫을 견뎠으나 드디어 權力을 掌握하고는 自由롭게 行動, 自己의 누이인 平陽公主의 집에서 만난 歌手 衛子夫에게 완전히 반해 푹 빠지고 말았다. 한 번도 꺾이지 않았고 참지 않았으며 어려움을 당하지 않았던 陳皇后는 幾死(거의 죽게됨)함이 여러 번이었다고 한다. 그러나 이러한 反應은 皇帝를 더욱 노엽게 하여 陳皇后는 쫓겨났고 衛子夫가 皇后가 되고 말았다."

正史에서는 어디까지나 陳皇后를 나무라고 自作之孽(자작지얼)이니 誰怨孰尤(수원숙우)리오 하는 式으로 記述하였으나 閭巷(여항)이나 市

井의 民心은 달랐다. 간단히 정리하면 利用價値가 없어져서 廢棄處分된 것이 아니냐 하고들 이제는 弱者가 된 廢后를 同情하는 것이었다. 그래서 正史가 아닌 小說家類의 책에서는 모든 책임이 武帝에게 있는 듯 描寫되고 말았다.

≪漢武故事≫에 의하면 陳皇后의 이름은 阿嬌(아교. 우리식으로 말하자면 애교덩어리, 귀염둥이라 하겠다)로 長公主 "嫖"의 딸이다. 曾祖父는 "嬰(영)"으로 堂邑侯였으며 爵位가 아비인 "午"에 전해졌으며 長公主를 모셔(公主는 金枝玉葉이라 駙馬가 장가든다고 못하고 "尙"字를 써서 尙主 즉 公主를 모신다·높인다고 까놓고 말하였다) 陳皇后를 낳았다 한다. 武帝가 太子가 아닌 諸王의 身分인 膠東王(교동왕)일 때 겨우 몇 살인데 長公主가 무릎위에 앉히고 물었단다. "아가는 색시를 얻고 싶지 않으냐"하고는 좌우의 女官·宮女 백여 명을 하나 하나 가리켰는데 모두 싫다고 하였단다. 자기의 딸을 가리키며 "阿嬌가 좋으냐" 하니 웃으며 대답하길 "좋습니다. 만약 阿嬌로 색시를 삼을 수 있다면 반드시 黃金屋을 지어 그곳에 살게 하겠습니다."하였단다. 이렇게 되면 武帝는 꼬마일 때부터 상당히 政治的인 人物이며 同時에 背恩亡德한 人物이 되는데 몇 살짜리 아이가 人間事·世上事에 通達하여 姑母의 威勢를 이런 식으로 계산·利用했다고는 도저히 首肯하기가 어렵다. 모든 일은 長公主와 武帝의 生母인 王氏사이의 密約과 默契에 의한 것이라 함이 實情에 꼭 맞는다 하겠다. 勿論 武帝의 野薄함도 아주 부정하기는 어렵지만 말이다. 原來 小說家類의 책 내용이란 荒唐無稽(황당무계)하려니 하고 넘어가는 것이 속편한 일이다. 이야기가 길어졌는데 黃金屋은 豪華롭던 生活環境 그러나 이제는 바뀌어 버림받은 사람이 바라보는 곳이란 의미가 있는 것이다. 즉 本詩에서는 魏武帝가 生存하였을 때에 사랑을 받고 힘을 쓰던 대궐, 지금은 다음 임금과 그 女人들의 차지가 되고만 歷史의 뒤로 사라진 사랑과 젊음의 옛 터전이라는 의

미일 것이다.

▸落葉不歸林: 林은 林木 卽 樹林이다. 숲을 이룬 그렇게 많은 나무 어느 곳에도 돌아갈 수 없다. ⇨ ≪荀子·致士≫: "樹落糞本. 나뭇잎 떨어지면 뿌리에 비료가 된다." ≪傳燈錄≫ 六朝慧能 涅槃(열반)時에 衆人에게 말했다. "落葉歸根, 來時無日. 낙엽은 뿌리로 돌아가니 다시 올 날은 아득하여 기약 없으리라."(無日: ① 不日. 오래지 않은 기간. ② 아득히 기약이 없다.) 결국 낙엽이란 뿌리로 돌아가지 가지로는 못 돌아가는 법이다. ≪傳燈錄≫: "破鏡不復照, 落花難上枝. 깨진 거울은 다시 얼굴을 비칠 수 없고, 진 꽃은 가지에 오르기 어려워라."

▸高陵永爲谷: ≪詩·小雅·十月之交≫: "高岸爲谷, 深谷爲陵. 높은 언덕 골짜기 되고, 깊은 골짜기 언덕이 되었다." ⇨ 陵谷滄桑: 언덕이 골짜기 되고 깊은 골짜기 언덕 되고 滄海가 桑田되고 桑田이 滄海되다. 巨大한 變化를 나타내는 말임.

▸妝容徒自麗: 妝은 꾸미다. 丹粧(단장)하다. 容은 화장하다. ≪戰國策·趙策一≫: "士爲知己者死, 女爲悅(悅,愛也)己者容. 선비는 자기를 알아주는 사람을 위해 죽고, 여인은 자기를 사랑하는 사람을 위해 단장한다." 徒自: 空自. 공연히. 헛되이.

▸苦: 痛苦. 愁苦. 辛勤, 刻苦. 恨, 憂傷.

解說

〈동작대의 宮妓〉

이제는 冷落한 묵은 樓臺에 오르며 지난 날 홍청대던 黃金의 殿閣을 돌아본다. 진 잎은 숲의 어느 가지에도 돌아갈 수 없고 높은 언덕은 영원히 골짜기로 변했다. 꾸미고 단장해도 헛되이 고울 뿐이며 춤추는 자태 어느 눈이 보아줄까. 상청 장막 앞에 슬퍼하니 노랫소리가 울음보다 괴롭다.

〈銅雀臺〉唐・劉商

魏主矜蛾眉, 美人美於玉. 高臺無晝夜, 歌舞竟未足.
盛色如轉圜, 夕陽落深谷. 仍令身歿後, 尙縱平生慾.
紅粉橫淚痕, 調絃空向屋. 擧頭君不在, 唯見西陵木.
玉輦豈再來, 嬌鬟爲誰綠, 那堪秋風裏, 更舞陽春曲,
曲終情不勝, 憑闌向西哭. 臺邊生野草, 來去罥羅縠.
況復陵寢間, 雙雙見麋鹿.

註

▸魏主: 主는 君主를 가리키나 엄격하게 쓴다면 全國土의 일부를 점령한 임금을 가리킨다.

▸矜: 자랑하다. 뽐내다. 자만하다의 뜻으로 많이 쓰이나 불쌍히 여기다. 높이다. 중히 여기다. 사랑하다의 뜻도 있다. ⇨ 矜愛: 사랑하다. 아끼다.

▸蛾眉: 누에나방 눈썹처럼 아름다운 눈썹. 곧 미인의 눈썹. 미인을 칭함.

▸美人: 全國에서 選拔되어 宮掖(궁액)에 사는 女人.

▸竟未足: 竟은 결국. 끝끝내. 足은 滿足. 饜足(염족. 물리다).

▸盛色: ① 美色. ② 아름다운 용색. ③ 말이나 기색이 엄함.

▸轉圜: 圜: 圓也. 圓은 동그라미, 丸(알), 球(공). 고리의 뜻이다. 고리나 굴렁쇠같이 돌아가는 원형의 물건. 용이하고 신속하게 바뀌는 일을 가리킴. 아무리 고운 여인의 운명・팔자도 돌아가는 고리처럼 쉽게 바뀜.

▸夕陽: 魏武帝의 죽음을 나타냄. 太陽은 人君을 상징함.

▸仍令: 仍(잉): 여전히. 변함없이. (살았을 때의 심사가 안 변함). 令: 使. 시키다. 하게하다. 幽明을 달리하여 幽冥界로 들어가면서도 평소 살았을 때의 환락을 여전히 좇으려 한다는 뜻.

▸尙縱: 오히려, 그래도, 마음대로. 한껏 하다.

▸平生慾: 평소 즉 살았을 때에 즐기던 춤・음악・노래에 대한 욕망.

▸橫淚痕: 橫: 뒤섞이다. 交叉하다. 交錯하다. 淚痕: 눈물 자국. 눈물 흔적.

▸紅粉: 붉은 연지(臙脂)와 흰 鉛粉. 美人의 代稱.

▸調絃: 絃樂器를 彈奏함. ➪ 調琴: 彈琴. 調笛: 吹笛. 調笙: 吹笙.

▸屋: (옥. wū): 帳幕. ② (악. wò): 幄의 古字. 상청의 휘장, 장막.

▸玉輦: 輦을 아름답게 부르는 말. 輦은 임금님이 타는 가마의 하나.

▸鬟(환): 쪽진 머리. 트레머리(꼭두에다가 틀어 붙인 머리).

▸綠: 검푸른 색. ➪ 李白 〈將進酒〉: "朝如青絲暮成雪. 아침에는 푸른 실 같던 머리 저녁에 이미 흰 눈같이 되었네."

▸陽春曲: 楚·宋玉의 〈對楚王問〉에 보면 "客有歌於郢中者, 其始曰下里巴人, 國中屬而和者數千人; 其爲陽阿薤露, 國中屬而和者數百人; 其爲陽春白雪, 國中屬而和者數十人; 引商刻羽, 雜以流徵, 國中屬而和者, 不過數人而已. 是其曲彌高其和彌寡. 郢땅에서 노래하는 사람이 있었는데 처음에 〈下里巴人〉을 부르자 國都에 모여서 함께 부르는 사람이 수천 명이었다. 〈陽阿薤露(양아해로)〉를 보르자 國都에 모여서 함께 부른 사람이 수백 명이었다. 〈陽春白雪〉을 부르니 國都에 모여서 함께 부른 사람이 불과 수십 명이었다. 商聲을 높이 끌고 羽聲을 다듬으며 자유로운 치(徵)성을 섞자 國都에서 모여서 함께 부른 사람이 불과 수 명이었다. 이는 그 曲調가 高尙할수록 그 和唱하는 사람이 더욱더 적어진다는 것이다."라 하였다. 以來로 〈陽春白雪〉은 高尙한 曲을 가리켰다. 本詩에서는 고상한 곡이면서 처량한 가을바람 속에 따뜻하고 부드러운 봄날의 곡이란 뜻이 합쳐진 것이니 秋風과 强한 對比를 하기 위해 쓴 것이다.

▸情不勝: 情을 다 쏟아내지 못하다. ➪ 勝: 견디다. 다하다. 不勝: 견디지 못하다. 다하지 못하다. 勝情: 盡情. 한껏 하다. 마음껏 하다. 하고 싶은 바를 다하다. 不勝愁: 시름을 견디지 못하다.

▸野草: 荊棘을 말함. 즉 가시나무.

▸罥羅縠: 罥(견)은 걸다. 걸리다. 그물. 縠(곡. hú): 본시부터 주름 있고 구김살 있게 짠 직물. 일본의 지지미와 흡사함.

▸麋鹿(미록): 위의 "生野草"나 "麋鹿遊"나 모두 荒廢를 나타냄. ≪史記·淮南衡山列傳≫에 "臣聞子胥諫吳王, 吳王不用, 乃曰: '臣今見麋鹿游於姑蘇之臺也.' 今臣亦見宮中生荊棘, 露霑衣也. 신이 듣건데 伍子胥가 吳王을 諫하였으나 吳王이 듣지 않자 이에 '臣은 이제 고라니와 사슴이 姑蘇臺에 노는 것을 볼것입니다.' 했는데 지금 臣 또한 宮中에 가시나무 자라나고 이슬이 옷을 적심을 볼 것입니다." 以來로 生荊棘·麋鹿游는 繁華한 곳이 荒涼한 곳으로 변하며 國家가 淪亡함을 暗示하였다.

解說

〈동작대〉

魏나라 임금 蛾眉를 사랑하니 宮中의 美人은 玉보다 아름다웠다. 높은 樓臺에서 밤낮없이 노래하고 춤추었으나 끝내 만족을 몰랐다. 아름다운 여인도 돌아가는 고리처럼 팔자가 바뀌고 임금이라 太陽은 夕陽되어 깊은 골짜기로 졌다. 임금님은 몸 간 뒤에도 그래도 여전히 살았을 때의 욕망을 한껏 하고자 하였다. 붉은 연지 하얀 분 고운 얼굴에 눈물자국은 아롱졌고 絃樂은 彈奏하나 허무하게 상청장막을 향했을 뿐이었다. 머리 들면 님은 안 계시고 西陵의 樹木만 보였다. 玉輦이 어찌 다시 오시리 사랑스런 트레머리 누굴 위해 검푸렀나. 더더욱 못 견뎠네 가을바람 속에 따뜻한 봄노래 맞춰 춤추는 걸. 음악은 끝났어도 속정은 한껏 쏟지 못했으니 난간에 기대 서쪽보고 통곡했다. 銅雀臺가에는 野生草木 가시나무 자라 오고 가면 비단 옷을 잡아당겼다. 하물며 다시 陵寢사이에 고라니·사슴 쌍쌍이 노니는 것 보였음에랴.

榮華와 繁盛이 가고난 뒤 荊棘이 사람의 옷을 당기는 것이 荒涼·凄絶

함이면 아름다운 꽃이 지고난 뒤 꽃피었던 가지가 옷을 잡아 다님은 은은한 서러움일 것이다. 이것으로 이름난 詞가 한 首있어 紹介하겠다.

〈六醜. 薔薇謝後作〉宋・周邦彦

正單衣試酒, 悵客裏光陰虛擲. 願春暫留, 春歸如過翼, 一去無迹. 爲問家何在, 夜來風雨, 葬楚宮傾國. 釵鈿墮處遺香澤, 亂點桃蹊, 輕翻柳陌. 多情爲誰追惜, 但蜂媒蝶使, 時叩窗槅.

東園岑寂, 漸蒙籠暗碧. 靜繞珍叢底, 成歎息. 長條故惹行客. 似牽衣待話, 別情無極. 殘英小, 强簪巾幘. 終不似, 一朶釵頭顫裊, 向人欹側. 漂流處, 莫趁潮汐. 恐斷紅, 尙有相思字, 何由見得.

註

▷薔薇: 찔레. 장미는 玫瑰(매괴)라 함.
▷正: 바로. 마침.
▷縱使: 설령 ~ 할지라도.
▷單衣: 안을 두지 않은 홑옷. 겹옷과 반대인 여름옷임. ≪管子≫에 "春縑衣, 夏單衣"라 함.
▷試酒: 시음. 새로 빚은 술을 맛봄. 갓 익은 술을 맛봄.
▷虛擲: 헛되이 던짐. 잘 다루지 않고 버리듯 내던졌다는 뜻.
▷過翼: 날아가는 새. 翼으로 새를 나타냄.
▷爲問家何在: 家는 場所, 處所. 즉 봄이 돌아간 곳. 나를 위해 봄의 돌아간 곳이 어디인가를 물어보아다오.
▷夜來: 夜中.
▷楚宮傾國: 허리 가는 美人 많기로 이름난 楚나라 대궐의 傾國之色. 여기서는 찔레꽃을 가리킴.
▷釵鈿(채전): 釵는 다리가 둘 이상인 비녀. 요즈음의 헤어핀과 흡사함. ➪ 다리가 하나인 비녀는 簪. 鈿은 首飾 즉 머리 장식품. 金・銀・玉・자개

로 만든 꽃모양의 머리 장식품. 釵鈿은 首飾의 總稱임.

▷香澤: ① 향기로운 머릿기름. ② 香氣.

▷追惜: 過去를 回想하며 탄식・애석해 함.

▷蜂媒蝶使: 꽃 사이를 나는 벌・나비. 男女를 만나게 해주고 편지를 전달해 주는 심부름을 하는 사람을 비유하기도 함. 媒: 中媒人. 使: 심부름꾼. 중매 잘하던 벌과 심부름 잘하던 나비.

▷窗槅(창격): 窗隔. 窗格. 창살.

▷岑寂(잠적): 고요. 적막. 孤獨冷淸. 외롭고 쓸쓸하다.

▷蒙籠(몽롱): ① 草木이 茂盛한 모습. ② 視覺이 모호함(어슴푸레함).

▷暗碧: 짙푸르다. 草木이 잎이 짙푸르게 됨을 말함.

▷珍叢底: 아름다운 꽃나무 떨기 부근. 아름다운 꽃나무의 덤불 곁. 底: 옆. 부근.

▷惹(야): 잡아다니다. 얽어매다. 끌어당기다. 유혹하다. 부르다.

▷待話: 하소연 하려는 듯하다. 待는 欲. 將要. ~를 하고자 하다의 뜻. 나무가 사람을 끌어당김이 女人이 가려는 님의 옷소매 부여잡고 하소연 하려는 듯하다.

▷別情: 이별의 情思(감정과 생각). 꽃・봄과 이별한 情思.

▷殘英少: ① 風雨를 겪고도 남은 꽃들은 자잘하다. 이때의 殘은 남다(餘)의 뜻임. ② 落花들은 시시하다. 이때의 殘은 시들다(衰)의 뜻임.

▷簪巾幘: 簪은 비녀란 명사가 아니고 꽂다는 동사임. 巾幘(건책)은 헝겊으로 만든 頭巾, 帽子.

▷顫裊(전뇨): 顫은 떨리다. 떨다. 裊는 嫋와 같음. 하늘거리다.

▷攲側(기측): 기우뚱하다. ➪ 傾斜. 한쪽으로 비스듬히 기울다.

▷漂流處: 處는 時의 뜻. 표류할 때에는. 물에 떠서 흘러갈 때에는.

▷潮汐: 아침의 조수가 潮, 저녁의 潮水가 汐임.

▷斷紅: 날리는 한 조각의 붉은 꽃잎. 漂流하는 꽃잎(花瓣). ➪ 斷이 孤單의 뜻이 됨. 斷雁: 무리에서 떨어진 외기러기. 斷煙: 한줄기 연기(孤煙). 斷鴻: 무리에서 떨어진 외기러기. 斷雲: 片雲. 한조각 구름.

➡ 唐人의 紅葉故事는 여럿이다. 모두 宮內에서 宮女가 紅葉에 題詩하

여 御溝에 띄우고 이것이 宮 밖으로 흘러나가 某某한 사람이 이를 줍고 나중에 두 男女가 結合한다는 비슷한 內容이다. 〈雲溪友議〉의 것이 유명한데 盧渥(노악)이 주운 紅葉에는 "流水何太急, 深宮竟日閒. 慇懃謝紅葉, 好去到人間. 깊은 대궐은 종일 일 없이 한가한데, 흐르는 물은 어찌 그리 급히 가는고(왜 시절은 빨리 가 사람 늙게 하는가). 은근히 정성 다해 紅葉에 말 전하니 너라도 무사히 바깥세상에 잘 가거라."

周邦彦의 이 作品은 唐人들의 紅葉을 紅花에 맞춰서 換骨奪胎하였다 할 수 있겠다.

解說

〈육추. 찔레꽃 떨어진 후〉

지금 막 여름날의 홑옷 산뜻하게 입고 갓 익은 술을 맛보아도 (즐겁지 않고) 나그네 되어 (봄날이란 아름다운) 光陰을 헛되이 던지듯 보낸 것이 서럽다. 조금 더 머물기 바랐으나 휙 날아가는 새처럼 봄은 돌아가 한번 가니 자취도 없다. 나를 위해 봄의 處所가 어디인지를 물어다오. 밤 중의 비바람이 楚나라 宮中의 허리 가는 美女를 (예전에는 가는 허리 만들려고 굶어서 죽었다는데) 몽땅 장사지냈는데……. (봄은 정녕 吾不關焉인가) 찔레나무가 女人이면 꽃은 헤어핀 · 머리꽂이였는데 헤어핀 · 머리꽂이 떨어진 곳에 아직도 香氣는 남아 있네. 복사꽃 길에 어지러이 點綴되고 버들 둑에 가볍게 날리네. 그 누구일까 다정하게 지난 날을 회상하며 애석해 할 사람이 오로지 꽃 속에서 중매 잘하던 벌과 심부름 잘하던 나비만이 때때로 창살을 두드릴 뿐.

東山은 寂寞一色 차츰 草木이 덮여 짙푸르네. 조용히 꽃나무 덤불 곁을 맴돌면 이루어지는 것은 탄식 뿐. 긴가지는 부러 지나는 사람 끌어당기니 꼭 떠나는 님 옷자락 부여잡고 하소연 하려는 情人같아 이별의 情思 끝이 없어라. (비바람 견디고) 남은 꽃들은 자잘하여 억지로 모자에 꽂아보아도…… 끝내 비슷도 않아! 한창 때의 한 송이 꽃이 고운 여인의 머리꽂이에 달려 하늘하늘 떨리며 사람 향해 기운 것과는. (落花들이여) 물에 떠서 흘러갈 때엘랑 아침이고 저녁이고 潮水는 타지 말 것이. 한 조각 붉은 꽃

잎에 그래도 그리움의 글귀가 있다면 (潮水타고 가버리면) 어떻게 볼 수 있겠니.

〈追和何・謝銅雀妓〉 唐・李賀

佳人一壺酒, 秋容滿千里. 石馬臥新烟, 憂來何所似.
歌聲且潛弄, 陵樹風自起. 長裾壓高臺, 淚眼看花机.

註

▸追和: 後世에 사람이 前代의 사람 詩에 和作함.

▸何・謝: 何遜・謝朓.

▸秋容: 秋色. 가을의 景色. 모습.

▸新烟: 烟: 구름・안개.

▸臥: 엎드리다.

▸何所似: 흡사한 것이 무엇일까. 이 시름에 비할 것이 하나도 없다. 즉 어느 것도 이 시름에 비할 것이 없다는 뜻.

▸歌聲且潛弄: 歌聲: 사람의 노랫소리. 且: 거기에 다시. 또 보태서. 弄: 絃을 뜯고 管을 불다. (현악・관악을 연주하다).

▸長裾壓高臺: 裾: 옷자락. 壓: 뒤덮다. 씌우다. 宮妓들이 많아 그들의 옷자락이 高臺를 덮어씌울 정도이다.

▸花机: 机는 几와 通함. 几案: 작은 卓子. 花机는 장식 있는 칠한 几案, 즉 靈几를 말함.

解說

〈하손・사조의 동작대 宮妓詩를 기려 화작하다〉

고운 宮妓 한 병 술을 상청에 올릴 때 쓸쓸한 가을의 경색이 천리를 채울 뿐 기쁨이나 즐거움은 없도다. 보라 陵앞의 石馬 等 石獸가 시름처럼 새록새록 피어오르는 안개 속에 엎드려 있을 뿐. 님은 어디 계시는가.

시름이여! 이에 견줄 것이 무엇이 있겠는가. 女人들의 노랫소리. 거기에 보태서 슬며시 연주되는 현악·관악의 소리. 그러나 陵에서는 應答없고 나무에 바람소리만 일어날 뿐. 길고 긴 옷자락 이 높은 樓臺를 덮도록 많은데 눈물 젖은 눈들은 다만 곱게 치장한 상청만 볼 수 있다네.

〈銅雀妓〉 唐·吳燭

秋色西陵滿綠蕪, 繁絃急管强歡娛.
長舒羅袖不成舞, 却向風前承淚珠.

註

▸蕪: 논밭이 묵다. 따라서 잡초가 무성하다는 뜻으로 발전함. 綠蕪: 叢生(풀·나무가 더부룩하게 남)한 푸른 풀.

▸繁絃: 繁密(빽빽함)한 絃 소리. 즉 자지러지도록 빠른 絃의 소리.

▸急管: 급촉(빠르다. 다급·촉박하다)한 管樂소리. 즉 휘몰아치듯 나는 管樂소리. 따라서 繁絃急管은 자지러지듯 빠르고 휘몰아치듯 빠른 관현의 소리.

▸歡娛: 歡樂.

▸長舒羅袖: 비단 소매 한껏 길게 펼쳐도. ≪史記·范雎蔡澤列傳≫에 ≪韓非子·五蠹≫에서 引用한 鄙言 즉 俗諺이 나오는데 "長袖善舞, 多錢善賈. 긴 소매 춤 잘추고, 많은 밑천 장사 잘하지"라고 함. 긴 소매 펼치면 별 재주 없어도 춤사위가 그럴듯하게 되는데 슬픔과 한숨 때문에 아무리 해도 잘 이루어지지 않는다는 뜻.

解說

〈동작대의 宮妓〉

가을빛 西陵에 들면 가득한 것은 더부룩한 잡초뿐, 자지러지듯 휘몰듯 줄을 타고 피리불어 억지로 환락을 만드네. 그렇지만 비단소매 한껏 길게 펴도 춤사위는 안 되고 바람 향해 그 소매로 구슬 눈물 받아낼 뿐이네.

〈銅雀妓〉 唐·朱光弼

魏王銅雀妓, 日暮管絃淸. 一見西陵樹, 悲心舞不成.

解說

〈동작대의 宮妓〉

魏王 銅雀臺의 宮妓, 해 저물 때 管絃소리 맑고맑고.

西陵의 樹林 힐끗하자, 서글퍼진 마음 춤사위 못 이뤄.

〈銅雀妓〉 唐·朱放

恨唱歌聲咽, 愁翻舞袖遲. 西陵日欲暮, 是妾斷腸時.

▸遲: 遲鈍(지둔)함. 굼뜨다. 무디다. 輕盈(경쾌하다. 가뿐하다. 나긋나긋하다)과 反對됨.

解說

〈동작대의 宮妓〉

恨을 뽑아내니 노랫소린 嗚咽(목메이고 흐느낌)이며, 시름을 흩뜨려 날리니 춤추는 소매는 머뭇머뭇(굼뜨네). 西陵에 해 저물려 할 때가 이년의 애끊는 때인 것을.

〈銅雀妓〉 唐·僧 皎然

强開樽酒向陵看, 憶得郡王舊日歡.
不覺餘歌悲自斷, 非關艷曲轉聲難.

註

▶開樽: 擧杯. 擧杯하여 飮酒함.

▶餘歌: 끝없이 繚繞(요요. 휘감고 얽히고 돌다)한 노랫소리. 아주 뛰어난 노래. ➪ 餘音繞梁(여음요량): 끊임 없이 울려 퍼지는 노랫소리가 들보를 감돌아 三日이나 그대로 갔다는 이야기. 韓娥가 齊로 갈 때 鬻歌假食(육가가식. 노래 팔아 밥을 구함)하는데 노랫소리가 하 맑고 높아 그가 떠난 지 3일이 되도록 餘音이 들보를 감돌았다고 함.(≪列子·湯問≫편에 나옴)

▶轉聲: 소리를 꺾다. ➪ 轉調: 變調. 移調. 조바꿈. ➪ 漢·桓寬 ≪鹽鐵論≫: "善聲而不知轉, 未可爲能歌也. 發聲은 잘 하는데 즉 목청은 좋은데 꺾고 틀고 할 줄 모른다면 노래에 능하다고 할 수 없다."

解說

〈동작대의 宮妓〉

억지로 한 잔 술 들어 님의 영전에 바치고 능쪽을 보면 생각난다. 님과의 옛날 즐거움이. 나도 모르게 휘감아 도는 소리는 서러워서 끊어지니, 사랑의 노래 꺾고 트는 것이 어렵기 때문은 아니네.

〈銅雀妓〉唐·馬戴

魏宮歌舞地, 蝶戲鳥還鳴. 玉座人難到, 銅雀雨滴平.
西陵樹不見, 漳浦草空生. 萬恨盡埋此, 徒懸千載名.

▶제2구: 궁녀들의 가무 대신 나비와 새의 戲鳴(까불고 노래함)이 있다.

▶草空生: ≪楚辭·招隱士≫: "王孫遊兮不歸, 春草生兮萋萋. 님은 떠돌며 돌아오지 않고 봄풀만 돋아 더부룩하구나."

解說

〈동작대의 宮妓〉

魏宮이었고 노래하고 춤추던 곳이었는데, 지금은 나비 까불고 새만 우는구나. 玉座의 임금은 다시 오기는 어려운데, 銅雀臺에 비는 지금도 고르게 내리누나. 西陵의 나무들도 이제는 사라져 보이지 않고, 漳河가에는 풀만이 허무하게 돋았구나. 오만가지 원한 몽땅 여기에 묻었으니 부질없이 천년을 두고 사라지지 않는 이름만 걸어 남겼구나. (한은 묻고 이름만 걸었다는 뜻)

〈銅雀臺〉 唐 · 羅隱

強歌強舞竟難勝, 花落花開淚滿繒.
秖合當年伴君死, 免教憔悴望西陵.

▸難勝: 이겨내기 어렵다. 견디기 힘들다.

▸繒(증): 絲織物의 총칭. 비단 중에 특히 톡톡한 것.

解說

〈동작대의 宮妓〉

애써 노래하고 힘들여 춤춰봐도 (슬픈 마음)견디기 어려우니, 꽃 질 때고 꽃 필 때고 눈물은 원수 같은 비단옷에 가득하네. 딱 좋았었는데…… 그 날 님과 같이 죽어, 마르고 파리하여 西陵 보는 일 없는 것이.

〈銅雀臺〉 唐 · 薛能

魏帝當時銅雀臺, 黃花深映棘叢開.
人生富貴須回首, 此地豈無歌舞來.

▸深映: 深은 茂盛함. 映은 가리다(蔽). 덮다.

▸開: 전개되다. 펼쳐지다.

▸回首: 回想하다. 回憶하다.

▸歌舞來의 來는 時. 때. 날짜.

解說

〈동작대〉

魏나라 帝王이 있던 날의 銅雀臺, 지금은 노란 野生花 잔뜩 덮히고 가시덤불 마냥 펼쳐진 곳. 人生은 富貴하면 반드시 돌이켜 생각해야 하는 것이, 이 황량한 땅이라고 어찌 노래하고 춤추던 때 없었으랴.

〈銅雀臺〉唐 · 張氏 琰

郡王冥寞不可見, 銅雀歌舞空徘徊.
西陵嘖嘖悲宿鳥, 空殿沈沈閉青苔.
青苔無人跡, 紅粉空相哀.

註

▸冥寞(명막): 死亡함. 저승. 고요함.
▸徘徊: 차마 못 떠남. 서운해 못 감.
▸嘖嘖(책책): 짹짹거리는 새소리.
▸宿鳥: 깃들어 쉬는 새.
▸沈沈(담담. tántán): 宮室같은 큰 建物의 깊고 으슥한 모습.
▸閉青苔: 閉: 덮다. 가리다. 閉는 苔에 걸리며 殿에 걸리는 것이 아님.
▸紅粉: 붉은 臙脂와 흰 鉛粉. 美人의 代稱.
▸"空"字를 세 번 썼는데 失手일까 故意일까.

解說

〈동작대〉

님은 저승에 계셔 볼 수 없는데, 銅雀臺의 歌妓와 舞姬 부질없이 못 떠나고 헤매 돌게 했구나. 西陵의 짹짹거림은 깃든 새가 님을 슬퍼함이요, 님없어 빈 殿閣 어둑하고 으슥함은 푸른 이끼 덮였음이네. 푸른 이끼뿐 사람 발자취 없어, 연지·분 고운 모습 헛되이 슬퍼할 뿐.

〈銅雀臺〉 唐·梁氏 瓊

歌扇向陵開, 齊行奠玉杯. 舞時飛燕列, 夢裏片雲來.
月色空餘恨, 松聲暮更哀. 誰憐未死妾, 掩袂下銅臺.

註

▸歌扇: 歌舞할 때 쓰는 부채.

▸齊行: (제행. qíxíng): 함께 행동하다. 나란히 가다. 같이 가다. (제항. qí háng): 같은 무리. 열(줄)을 맞추다. 가지런히 하다.

▸奠: (神이나 靈前에) 올리다. 바치다.

▸飛燕: ① 경쾌하고 날렵하게 나는 제비. ② 前漢 成帝 때의 가볍고 춤 잘 추던 여인. 皇后가 됨.

▸片雲: 宋玉의 〈高唐賦〉에 의하면 巫山의 神女가 아침저녁으로 雲이 되고 雨가 되어 往來함. 男女의 사랑을 상징함. 여기서는 짝을 찾는 여인을 상징. 片雲 자체는 極少量의 구름. 아주 적은 구름의 뜻.

▸空餘恨: 空: 虛空. 天空. 餘: 남기다. 끼치다.

▸未死妾: 님을 따라 죽어야 하는데 아직도 안 죽고 있는 여인. 唐·孟郊의 〈烈女操〉에 "貞婦貴徇夫, 舍生亦如此. 貞操가 곧은 아내는 남편을 따라 죽음을 귀하게 여겼으니, 한 번 생명을 버림이란 이와 같아야 한다"라 하였다.

▸掩袂(엄메): 소매로 (눈물 젖은) 얼굴을 가림.

解說

〈동작대〉

이제 歌妓와 舞姬들의 부채 西陵향해 펼치며 나란히 함께 玉술잔 바친다. 춤출 때는 나는 제비 줄 맞춘 듯하고, 꿈속에서는 조각구름 되어 오가며 님을 찾는다. 달빛이여! 虛空에 남아있는 원한이고, 솔바람 소리여! 저녁이면 시원함에서 바뀌는 애처로움이네. 뉘라서 아직도 님따라 안 죽은 여인이 소매로 얼굴 가리고 동작대 내려옴을 동정하겠는가.

➥ 第5·6句는 對句이므로 "달빛은 공연히 남아있는 한이고, 솔바람 소리는 저녁이면 더욱 애처러워"로 번역하면 손쉬운 해석이 되나 그리하면 空은 副詞, 暮는 名詞, 恨은 名詞, 哀는 形容詞이므로 對가 맞지 않는다. 따라서 空은 名詞인 天空·虛空으로 하고 餘가 動詞이므로 更은 (갱)音의 더욱이라는 副詞가 아닌 (경)音의 變更하다·바뀌다는 動詞로 하고 哀는 悲哀·애처러움이란 名詞가 되어야 한다. 또한 松聲은 보통 松濤·松籟(송뢰)·松韻·松風이라 하여 시원하며 韻致있고 風致있는 對象인데 이것이 저녁이 되면 悲哀로 바뀌고 만다는 것이 本詩에서 말하는 뜻이리라.

〈銅雀悲〉 唐·程氏 長文

君王去後行人絶, 簫箏不響歌喉咽.
雄劍無威光彩沈, 寶琴零落金星滅.
玉階寂寂墜秋露, 月照當時歌舞處.
當時歌舞人不迴, 化爲今日西陵灰.

註

▸行人: ① 出征하는 사람. ② 官職이름. 조현(朝見)·빙문(聘問, 예를 갖추어 방문함)을 담당함. ③ 使者의 通稱.

▸歌喉: 노래하는 사람의 목구멍·목청. 즉 歌聲, 노랫소리를 말함.

▸雄劍: 干將·莫耶가 만든 雄劍과 雌劍. 寶劍의 代稱임.

▸威: 사람을 威嚴으로 服從시키는 力量(힘).

▸光彩沈: ≪晉書·張華傳≫과 〈尙友錄〉에 의하면 晉의 武帝때 張華는

斗牛의 사이에 紫氣가 뻗치는 것을 보고 雷煥으로 하여금 豊城縣의 감옥터를 파서 劍을 찾게 하였다. 雷煥은 그리하여 龍泉·太阿 두劍을 얻어 하나는 바치고 하나는 自己가 保管하였는데 두 사람의 死後에 두 劍은 물속에서 龍의 保護下에 잠겨 있게 되었다고 한다. 本詩의 "光彩沈"은 이를 따서 쓴 것으로 眞正한 主人이 가고 난 뒤의 寶劍의 歸着을 말한다.

▶零落: 散失됨.

▶金星: 琴이나 瑟 위의 금빛 나는 돌괘(棵). 주감이를 말함. 돌괘·주감이는 현악기의 絃을 묶는 작은 기둥으로 돌려서 絃을 팽팽하게 하거나 느슨하게 함.

▶灰: 塵土.

解說

〈동작대의 宮妓〉

님 가신 뒤에 찾아뵙는 臣下의 발길 그쳤고, 그날에 울려 퍼지던 소(簫)와 아쟁은 소리 멈추고 歌妓의 목소리는 노래 대신 오열이었네. 寶劍은 威嚴잃어 光彩는 물속에 숨었고, 寶琴은 흩어져 금빛 돌괘는 없어졌네. 玉섬돌 寂寂하여 있는 것은 떨어지는 가을의 이슬이며, 달빛만 노래·춤 흥청대던 곳을 비추네. 그날 노래하고 춤추던 사람은 돌아오지 않으니, 오늘 남아있는 西陵의 塵土로 化하였네.

＊ 附錄 ②: 殉葬

李邕의 〈銅雀妓〉에서 "投迹互相師"라고 責잡아 非難하였는데 제일 크게 꾸짖을 것은 殉葬이다.

중국 河南省 安陽縣의 殷墟에서도 大規模 殉葬이 있었음을 發掘을 通해 알 수 있었는데 이러한 野蠻的인 風習은 命이 意外로 길어 줄기차게 維持돼 明代까지 持續되었고 淸의 聖祖 康熙帝에 이르러서야 完全히 終

焉을 告하였다.

殉葬이 文學作品에 나타난 것은 ≪詩經≫이 아마 最初일 것이다. ≪詩・秦風・黃鳥≫가 바로 그것이다. ≪左傳・文公6年≫에 보면 秦의 穆公(목공)이 죽었을 때 子車氏(자거씨) 세 아들 奄息(엄식)・仲行(중항)・鍼虎(침호)는 穆公의 遺命에 따라 殉葬되었는데 모두 傑出한 人物로 나라 사람들이 슬퍼하여 이 〈黃鳥詩〉를 불렀다 한다. ≪史記≫의 〈秦本紀〉에 依하면 그밖에 따라 죽은 자가 177名이었다고 하였으니 상당히 대규모의 殉葬이었음을 알 수 있다.

≪詩・秦風・黃鳥≫에서 抄

……誰從穆公, 子車奄息. 維此奄息, 百夫之特.
臨其穴, 惴惴其慄. 彼蒼者天, 殲我良人.……
誰從穆公, 子車仲行. 維此仲行, 百夫之防.
臨其穴, 惴惴其慄. 彼蒼者天, 殲我良人.……
誰從穆公, 子車鍼.虎 維此鍼虎, 百夫之禦.
臨其穴, 惴惴其慄. 彼蒼者天, 殲我良人.……

解說

……누가 穆公을 따라갔나, 자거(子車)씨의 엄식(奄息)이지. 이 奄息이야말로 백 명의 몫을 하는 인물이지. 墓穴에 다가갈 때 부들부들 떨었겠지. 아 저 푸른 하늘이여! 우리의 인재를 죽이다니.……누가 穆公을 따라갔나, 자거(子車)씨의 중항(仲行)이지. 이 仲行이야말로 백 명과 맞잡이 될 인물이지. 墓穴에 다가갈 때 부들부들 떨었겠지. 아 저 푸른 하늘이여! 우리의 인재를 죽이다니.……누가 穆公을 따라갔나, 자거(子車)씨의 침호(鍼虎)이지. 이 鍼虎야말로 백 명을 당해낼 인물이지. 墓穴에 다가갈 때 부들부들 떨었겠지. 아 저 푸른 하늘이여! 우리의 인재를 죽

이다니.……

그런데 이 穆公을 따라 죽은 子車氏의 세 아들은 보통 三良으로 불려져 詩題가 되었다. 魏晉時代의 曹植·王粲·阮瑀·陶淵明이 이들에 관해 自己들의 느낀 바를 比較的率直하게 吐露하였는데 殉葬自體을 決코 贊成 또는 同意하지는 않지만 임금의 知遇에 答하여 從死함 또한 避할 수도 없고 避하는 것 또한 道理가 아니라고 본 듯하다. 自己가 處한 狀況에 따랐고 순전히 政治的 理由라고 簡單히 치부할 수도 있으나 立身出世하고 君主의 認定을 받았으니 그것만 해도 古來로 "士爲知己者死"라 하였으니 따라 죽을만한데다 함께 富貴榮華까지 누렸다면 應當 殉死할 수 있고 또한 그래야만 한다는 것이 共通된 內容이다.

勿論 죽음 앞의 恐怖와 悲嘆도 함께 그려내어 아랫것 노릇하기의 어려움도 숨김없이 드러냈으니 一種의 兩是論이라고나 할까. 즉 百姓들의 〈黃鳥詩〉도 옳고 三良의 殉死도 옳다고 얽어서 묶은 것이다. 單純하고 明瞭하게 整理하면 먹은 만큼 내놓아야 하는데, ≪詩·小雅·北山≫에서도 "溥天之下, 莫非王土; 率土之濱, 莫非王臣. 모든 하늘 밑 임금의 땅 아님 없고, 모든 땅 물가까지 임금의 신하 아님 없도다."라 하였듯이 王朝時代에는 모든 것이 임금의 所有라 사실 목숨도 임금의 소유라 하겠으나 봐줘서 가까스로 제 것이라 인정하면 내 놓을 것이 목숨 말고 또 무엇이 있겠는가. 그러니 같이 살고 같이 죽는 수밖에…….

〈三良詩〉 三國·魏·曹植

功名不可爲, 忠義我所安. 穆公先下世, 三臣皆自殘.
生時等榮樂, 旣沒同憂患. 誰言捐軀易, 殺身誠獨難.
攬涕登君墓, 臨穴仰天歎. 長夜何冥冥, 一往不復還.
黃鳥爲悲鳴, 哀哉傷肺肝.

註

▸爲: 人爲를 말함. 사람이 억지로 또는 애써서 하는 것. ≪呂氏春秋≫에 "功名之立, 天也. 功名을 樹立함은 억지로 되는 것이 아니고 하늘의 뜻이다."라고 하였다.

▸安: ① 安居하다. ② 좋아하다. 사랑하다. ③ 安置하다.

▸下世: 세상을 뜨다.

▸自殘: 自殺. 故意로 自殺로 표현한 듯하나 근거는 있다. ≪漢書≫ 應邵注에 "秦穆公與群臣飮酒. 酒酣, 公曰: '生共此樂, 死共此哀,' 奄息等許諾. 及公薨, 皆從死. 秦穆公과 群臣이 술을 마셨다. 술기운이 거나하자 公이 말하였다. '살아서 이런 즐거움을 함께하고 죽어서도 그런 슬픔을 함께하자.' 奄息 等이 허락하였으며 穆公이 죽음에 이르자 모두 따라 죽었다." 즉 그들은 억지로 죽은 것이 아니라는 억지를 쓰는 것이다. 억지가 사촌보다 낫다는 말이 있긴 하다. 曹植의 立場에서는 저보다 더 아랫것들을 이렇게 세뇌시켜야 할 必要와 義務가 있었으리라. 그래야 아버지에게 잘 보일 것이니.

▸等: 同等하다.

▸誰言: 何料. 豈知. 어찌~라고 생각했던가. 어찌 알았었던가.

▸捐軀(연구): 捐身. 棄身. 몸을 버림. 즉 죽는다는 뜻.

▸誠: 정말로. 진실로. 진짜로.

▸獨: ① 却. 도리어. ② 唯獨. ③ 여전히. 그래도.

▸攬涕(남제): 揮淚(휘루). 눈물을 닦다, 훔치다, 뿌리다. 攬은 끌어당기다. 손에 쥐다.

▸臨穴: 墓穴에 다다르다. (古代의 風俗은 산채로 墓穴에 들어갔고 後世에는 죽여서 묻었다. 俗諺에 淸明에 죽으나 寒食에 죽으나라 했으니 찔려 죽으나 숨 막혀 죽으나 다 그것이 그것이리라.)

▸黃鳥爲悲鳴: 雙關으로 쓰임. 黃鳥는 그들 때문에 슬피 울었다와 〈黃

鳥〉란 노래는 百姓들이 그들 때문에 슬피 부른 것이다.

▸肺肝: 허파와 간. 사람의 속을 말함.

解說

〈三良을 기리는 詩〉

功名이란 억지로 이루어지는 것이 아님이니 우리 臣子들에게 功名은 관심 밖이요 오로지 忠義만이 좋아하고 머무를 곳이다. 秦나라 穆公이 三良보다 먼저 세상을 뜨니 세 명의 臣下 모두 自決하였다. 임금님 살아 계실 때 榮華와 즐거움 함께 하였으니 이미 돌아가심에 근심·걱정을 같이 해야지. 그렇게 함께 즐겁게 살 때에 죽는 것은 잠깐이면 된다고, 몸을 내 던짐은 쉬울 것이라고 어찌 생각했었던가. 제 몸을 죽인다는 것은 정말로 생각과는 다르게 여전히 어려운 일이었다. 눈물 닦으며 임금님 무덤에 오르고 구덩이에 다가가며 하늘 우러러 탄식했네. 영원한 밤의 세계는 얼마나 캄캄할까. 한번 가면 다시는 돌아오지 못하리. 黃鳥는 그 때문에 애처로이 울었으니. 애통하구나, 가슴 속속들이 슬퍼지는구나.

〈詠史詩〉 三首 其一 三國·魏·王粲

自古無殉死, 達人共所知. 秦穆殺三良, 惜哉公爾爲.
結髮事明君, 受恩良不訾. 臨歿要之死, 焉得不相隨.
妻子當門泣, 兄弟哭路垂. 臨穴呼蒼天, 涕下如綆縻.
人生各有志, 終不爲此移. 同知埋身劇, 心亦有所施.
生爲百夫雄, 死爲壯士規, 黃鳥作悲詩, 至今聲不虧.

註

▸無殉死: 殷代에는 산 사람을 함께 묻는 殉葬制가 盛行하였다. 周에 들어와 차츰 사그러들었으나 完全히 없어지지는 않았다. 殉死가 없다는 것

은 殉死라는 正式禮法, 즉 제도가 없다는 뜻이리라. ≪禮記・檀弓下≫에 "孔子謂爲芻靈者善, 謂爲俑者不仁, 殆於用人乎哉. 孔子는 芻靈(추령. 짚・풀을 묶어 만든 사람・말 따위. 부장품으로 씀)을 만든 사람은 착하다 여기셨고, 俑(용. 木製・陶製의 人形. 부장품으로 씀)을 만든 사람은 어질지 못하다고 하셨으니 俑을 묻음은 사람을 묻는 것과 아주 가깝다고 여기셨기 때문이다."라 하였고, ≪孟子・梁惠王上≫에 "仲尼曰: '始作俑者, 其無後乎.' 爲其象人而用之也. 중니가 말씀하셨다. '처음 俑을 만든 자, 거 아마 후손이 끊어졌을거야.' 이는 俑이 사람을 아주 비슷하게 본 떠 副葬品으로 사용됐기 때문이다"라 하였겠다.

뭇 生命體는 種族保存의 本能에 아주 充實하다. 中國에서 儒家는 特히 祭祀를 받들 後孫을 두어야 제대로 할 일을 했다 하였으니 ≪孟子・離婁上≫에 "不孝有三, 無後爲大. 不孝에 세 가지가 있는데 後嗣 없음이 제일 큰 불효다."라 極言하였으며 이는 中國人의 腦裏에 깊이 새겨져 "出世間"이라 하여 이 煩惱의 世上을 벗어나 無爲寂滅로 들어가겠다는 僧侶들, 輪廻의 고리를 끊고 解脫하겠다는 和尙들도 여기에서 完全히 自由로울 수 없었다. 阿Q에게 侮辱을 당한 尼僧(니승)도 그에게 욕을 퍼 부울 때 "斷子絶孫"할 阿Q라 하였으니 그날그날 그럭저럭 지내던 사람에게 後嗣問題를 일깨워주자 "悲劇은 여기에서 始作되고만것이었다."라는 무성영화 변사의 말대로 되고 말았다.

孔子뿐만이 아니라 그의 弟子들 즉 當時의 進步的 知識人들은 다 殉葬에 反對하고 행동하였다. ≪禮記・檀弓下≫의 기록을 보자.

陳子車死於衛, 其妻與其家大夫謀以殉葬, 定, 而后陳子亢至, 以告曰: "夫子疾, 莫養於下, 請以殉葬." 子亢曰: "以殉葬, 非禮也. 雖然, 則彼疾當養者, 孰若妻與宰, 得已, 則吾欲已; 不得已, 則吾欲以二子者之爲之也." 於是弗果用.

齊나라 大夫인 陳子車(진자거)가 衛나라에서 客死하니 그의 아내와

家臣이 산 사람을 같이 묻기로 계획하여 결정이 나고 난 후에 亡者의 동생이며 孔子의 弟子인 陳子亢(진자항)이 도착하였다. 그래서 그에게 告하기를: "어른께서 병환이 있으신데 지하에서 侍養할 사람이 없으니 산사람 묻기를 청합니다." 子亢이 말하길; "산 사람을 함께 묻음은 禮가 아닙니다. 비록 그러하긴 하나 그분의 병환을 꼭 侍養하겠다면 아내나 家臣보다 더 나을 사람이 누가 있겠소? 그만둘 수 있다면 나는 그만두고 싶으나 그만둘 수 없다면 나는 두 사람으로 그렇게 할 밖에."이에 산 사람을 쓰는 일은 실행되지 못하였다.

儒家의 經典을 읽자면, 特히 ≪莊子≫, ≪列子≫, ≪淮南子≫, ≪韓非子≫를 보고난 뒤에 펼치면 짜증이 나고 졸음이 오기 십상인데 가끔 이런 때도 있어 혹시나 혹시나 하고 속아 사는 게 아니고 속아 읽는 것이다.

▸殺三良: 자살이 아니다. 穆公이 죽였다고 하였다.

▸空爾爲: 空爾는 空然.

▸結髮: 束髮. 머리 묶음. 童子가 되면 束髮하게 됨. 막 成年이 됨을 가리킴. 어린아이는 다박머리로 지냄. 이를 垂髫(수초)라 한다. 동자는 지금의 총각이라는 말이다. 옛날 부마를 뽑을 때 동자간택이라 하였으니 요즈음 말로 잘난 총각을 뽑는다는 것이다.

▸明君: 名主. 자기가 섬기는 임금을 밝으신 분이라고 추어준다고 볼 수도 있고, 또는 그렇게 되어야 한다는 當爲나 理想을 표시한 것이라고도 한다. 비슷한 例로 임금이나 王后를 聖人이라 하는데 上古時代에는 정말로 聖人이 政事를 담당하였는데 後世에는 그렇지 못하나, 聖스러우실·聖스러워야만 하는 等의 當爲·希望의 마음으로 聖人이라 하였다는 것이다.(雨田선생님의 말씀)

▸訾(자): 계산하다. 달아보다. (저울에 얹어 무게를 셈하다. 衡量하다.)

▸要: 要求하다. 請求하다.

▸當: ① 在. ~에서. (白日當天三月半. 當,在也) ② 擋: 막다. 차단하다. 가리다.

▸垂: 가. 옆. 곁. 변두리.

▸呼蒼天: 呼天은 하늘을 보고 울부짖으며 도움을 청하는 것.

▸綆縻(경미): 綆은 두레박 줄. 縻는 소를 매는 고삐. 눈물이 밧줄처럼 굵게 끝없이 흐름을 말함.

▸志: 三良의 殉死하겠다는 뜻.

▸爲此: 이것(妻・子・兄・弟의 통곡, 自身들의 恐怖) 때문에.

▸移: 變動함. 改變함.

▸同知: 共知. 모두 함께 다 알다.

▸劇: 極, 甚. 激烈, 猛烈. 지독하다. 너무하다.

▸亦: 또한. 오히려, 그래도. 이미. 모두.

▸施: 施行. 施展. 忠誠을 施展함.

▸百夫雄: 百名의 몫을 하는 英雄, 俊傑. ≪詩・秦風・黃鳥≫에서 "百夫之特", "百夫之防", "百夫之禦"라 하였다.

▸規(규): 콤파스. 규범. 모범.

▸壯士: 意氣가 씩씩하고 용감한 사람. 勇士. ≪戰國策・燕策三≫: "高漸離擊筑, 荊軻前而爲歌曰: '風蕭蕭兮易水寒, 壯士一去兮不復還.' 高漸離가 筑(琴과 비슷한 絃樂器)을 치고 荊軻는 앞으로 나서며 노래했다. '바람은 쏴아쏴아 불고 역수(易水)는 차디찬데, 장사 한번 감이여 다시 돌아오지 못하리.' "

이 部分은 마땅히 含蓄性있고 微妙한 點이 있으니 壯士가 登場하기 때문이다. 살았을 때에 백 명과 맞잡이 되는 인물로 다른 臣下의 典範이 된 것까지는 그럴 듯한데 죽으면 그것으로 萬事休矣거늘 다시 壯士들의 標準이 되었다는 것이다. 좀 상스럽게 표현하면 廢品利用・再活用을 톡톡히 한 셈이라고 해석할 수 있겠는데……. 거 너무 나간 것 아니요 젠장. 할 수도 있긴 하다.

사실 祿을 먹으며 人臣노릇하면 忠臣·良臣·能臣이 되면 그것으로 合格이다. 唐·魏徵은 太宗에게 自己가 良臣이 되게 하지 忠臣이 되게 하지 마시라고 부탁(?)했다는 데(雨田선생님의 말씀) 이것은 忠臣이란 힘들고 고단한 것을 넘어 죽음에 이르기 십상이라는 含義가 있는 것으로 임금 또한 無能·殘忍·貪淫의 昏君이라는 前提가 깔리는 것이다. 忠臣이라는 단어의 辭典풀이는 "忠誠하고 無私하며 盡心하고 竭力(갈력)하는 臣下"이니 아무리 보아도 悲劇的인 結末이 날 것 같은 기분이다. 良臣은 "賢良臣下"이니 賢良은 어질고 착함이라 能力을 좋은 條件下에서는 發揮할 수 있으리라. 그러나 나쁜 環境 즉 별 볼일 없는 임금 밑에서도 요령껏 행동함이 아니요 악쓰고 대들고 핏대 올리며 必死的으로 抵抗하다가 教科書的인 忠臣의 末路를 밟을 것이다. 임금에게 전적으로 책임이 있다는 말이다. 그러면 能臣은 어떠하냐. 그 뜻은 "뛰어난 재주에 능숙하고 노련한 신하"이니 벼슬살이가 즐겁고 職務에 치이지 않고 餘裕綽綽(여유작작)이라 마지막으로도 臥席終身할 것 같은 냄새가 강하게 풍기는 것이다. 例를 들어 보겠다. ≪三國志·魏志·武帝紀≫의 裵松之 注에서 晉·孫盛의 〈異同雜語〉를 引用하였는데 거기에 "(魏武帝 曹操가) 일찍이 許子將(人物品評에 뛰어났다 함)에게 자기는 어떤 사람이냐고 물었다. 대답 않으니 굳이 캐물었다. 子將이 말하기를 그대는 잘 다스려진 세상의 能臣이고 亂世에는 姦雄이다(子治世之能臣, 亂世之姦雄)라 하니 太祖가 大笑하였다"라고 하였다. 曹操가 "忠誠無私, 盡心竭力"하다가 悲劇的인 最後로 邁進할 人物일리 없겠고 "賢良"하기에는 타고난 것과는 距離가 꽤 있을 터인즉 能臣은 완전히 족집게 장님의 말씀이겠다. 結局 能臣에게는 요즈음 말로 要領이 좋다는 뜻이 있게 되는데 그것은 이렇게 混濁한 세상 살아가기에 絶對必要한 長點·美德(?)이 아닐런지. 다만 平凡하고 庸劣한 우리 같은 張

三李四들에게는 좀 밉살맞고 떨떠름하다는 것이 탈이긴 하다. 言論界의 文字로 違和感을 느끼게 할 인물이라고나 할까.

정리하자. 살아서도 忠誠하였고 能力있었고 죽어서도 쉬지 않고—≪莊子≫에서도 이 天地는 "息我以死. 죽음으로 우리를 쉬게 한다"라 하였는데 三良은 죽어서도 쉬지 않고 能力을 發揮하며—俠客·刺客 같은 勇士들의 표준이 되었다는 것이니 이 또한 임금님의 勸告에 따른 그야말로 聖恩의 結果라 할 것이다. 우리 모두 배웁시다가 되겠다.

本詩 大部分의 內容은 穆公에 대한 批判, 三良과 그 家族의 悲嘆이지만 끝에 가서 肯定的인 評價를 안할 수 없는 것이 아랫것의 處地와 悲哀가 아니겠는가. 勿論 君臣間에도 禮를 지켜야 하고 아득한 옛날에는 雙務關係 비슷한 때도 있었다. ≪孟子·離婁下≫에 孟子가 齊宣王에게 한 말이 그 증거다. "임금이 臣下를 手足처럼 보아주면(대접하면) 臣下는 임금을 自己의 腹心처럼 대하고, 임금이 臣下를 犬馬로 보면 臣下는 임금을 보통사람처럼 대하고, 임금이 臣를 흙이나 草芥(초개)처럼 대하면 臣下는 임금을 원수처럼 보는 법이다." 즉 手足 ↔ 腹心. 犬馬 ↔ 國人. 土芥 ↔ 寇讎(구수)로 整理된다. 그러나 이것은 어디까지나 孟子같은 言論擔當者 (當時에도 골치 아프고 까다로운 存在였으리라)의 말이지 大衆을 爲한 普遍的인 行動指針이 되기는 어렵다.

中國의 故宮博物院에는 清朝의 文書가 充溢(충일)한데 별별 것들이 많다. 清朝의 主體인 滿洲族은 모두 八旗에 屬하며 그 頂點이 皇帝라 엄숙하고 딱딱한 君臣關係가 아닌 좀 더 人間的이고 따뜻한 그러니까 한 울안에 살고 한 솥밥 먹는다는 主從關係가 되어 그들이 올린 奏文·表文에는 臣 아무개 하지 않고 奴才 아무개 하는 법이다. 그러니까 皇帝陛下가 아닌 주인어른이 되겠고 臣 아무개 대신 이 종놈 아무개 하는 식이니 상당히 친밀하고 多情(?)하다 하겠다. 漢族出身이 보고 너무나 부러워서 저들도 奴才라 했으나 聖祖 康熙같이 점잖은 임금은 붉은 글씨로 稱臣이 可하니라 하고 고쳤으나 世宗 雍正같이 솔직한 언사를 자랑하는 야멸치고 야박한 임금은 바보 · 멍청이 · 팔푼이(직역하면 곯은 달걀 · 거북이 새끼)라고 빨갛게 써 놓으니 참으로 민망한 노릇이라. 지금 故宮의 研究員들 曰 "종놈 되기가 그렇게 어려워서야"하고 失笑하였다. 그러니까 臣下들이 임금에게 가깝게 하고자 하는 努力은 그야말로 눈물 없이는 못 들을 지경인데 죽음도 不辭하는 態度를 그 立場處地에 안 가본 사람들이야 어찌 속속들이 斟酌할 수 있으랴.

解說

〈詠史詩〉

예로부터 殉死라는 禮法은 없었으니 事理에 通達한 분들이 모두 아는 바였다. 穆公이 三良을 죽였으니 아깝도다! 공연한 짓이었다. 머리 묶어 철들고 부터 밝으신 임금 섬겨 사랑 받음은 정말로 계산할 수 없을 만큼 많았다. 穆公이 죽음에 이르러 같이 죽자고 요구하니 어떻게 따르지 않겠는가. 아내와 자식은 문에서 훌쩍이고 언니와 아우는 길 가에서 목 놓아 운다. 묘구덩이에 다다르자 하늘을 보고 울부짖으니 눈물이 밧줄 같고 고삐같이 굵게 끝없이 흐르누나. 사람들이란 제각기 뜻이 있으니 끝내 이(妻子 · 兄弟의 슬픔, 自身들의 恐怖 · 悲嘆) 때문에 변하지는 않았다. 모두들 알았다, 산 몸을 묻는다는 것이 지독한 일임을. 그러나 마음으로는 오히려 그래도 펼쳐내고자 하는 것(즉 忠誠)이 있었다. 살아서는 백 명을 당해낼 인재였고, 죽어서는 장사들의 모범이 되었다. 아무리 生死間에 다 훌륭했어도 그래도 사람들이란 有情한 법이라. 〈黃鳥〉라는 슬픈 詩를 지었으니 오늘까지 그 노랫소리 줄어들지 않고 있다.

〈詠史詩〉二首 其一 三國 · 魏 · 阮瑀

誤哉秦穆公, 身沒從三良. 忠臣不違命, 隨軀就死亡.
低頭闚壙戶, 仰視日月光. 誰謂此可處, 恩義不可忘.

路人爲流涕, 黃鳥鳴高桑.

註

▸誤: ① 錯誤. ② 迷惑 (ⓐ 시비를 가리지 못하다. 판단력을 잃다. ⓑ 미혹되다. 현혹되다.)

▸違命: 命令을 거스르다. 명령을 어기다.

▸隨: 맡기다. 마음대로 하다.

▸就: 능동적・자발적으로 다가가다.

▸壙戶(광호): 玄室로 通하는 墓의 門. 墓의 門으로 들어가 羨道(연도)를 거쳐 玄室로 감.

▸日月光: 日과 月을 함께 볼 수는 없었을 것이고 다시는 못 볼 세상의 환한 빛이라고 보면 된다. 낮에 일이 일어났다면 日, 밤에 일이 일어났다면 月이 된다.

▸誰謂: 어찌 ~라 여기겠는가. 何爲.

▸處: 居處하다. 살다.

▸恩義: 恩情. 은혜로 사랑하는 마음.

▸爲: ① 이 때문에. ② 이들을 위하여.

▸黃鳥鳴高桑: ≪詩・秦風・黃鳥≫에 "交交黃鳥, 止于桑. 꾀꼴꾀꼴 꾀꼬리, 뽕나무에 앉았네."이란 句가 있다.

解說

〈詠史詩〉

제정신이 아니고 잘못했지(요즈음 말로 하면 판단 미스). 秦나라 穆公. 저 죽을 때 三良을 따르게 하다니. 忠臣이란 임금의 命을 어길 수 없으니, 제 몸을 맡겨 죽음으로 기꺼이 나아갔다. 머리 숙여 墓門을 힐끗 보고는 머리 들어 다시는 못 볼 하늘의 환한 빛을 보았다. 어찌 이곳이 머물만한 곳이라 여겼겠는가. 다만 임금의 은정을 잊을 수 없었을 뿐이지.

아무 상관없는 길 가던 사람들도 그들 때문에 (그들 위해) 눈물 흘렸고 꾀꼬리도 높은 뽕나무에서 울었나 보다.

〈詠三良〉晉・陶淵明

彈冠乘通津, 但懼時我遺. 服勤盡歲月, 常恐功愈微.
忠情謬獲露, 遂爲君所私. 出則陪文輿, 入必侍丹帷.
箴規嚮已從, 計議初無虧. 一朝長逝後, 願言同此歸.
厚恩固難忘, 君命安可違. 臨穴罔惟疑, 投義志攸希.
荊棘籠高墳, 黃鳥聲正悲. 良人不可贖, 泫然霑我衣.

註

▸彈冠: 갓의 먼지를 털고 벼슬길에 나아갈 준비를 함. 본래의 뜻은 친한 벗이 출세하여 다른 벗을 이끌어 줌을 말함. ≪漢書・王貢兩龔鮑傳≫: “吉與貢禹爲友, 世稱: ‘王陽在位, 貢公彈冠.’ 言其取舍同也. 王吉과 貢禹는 친구였다. 세상에서 말하길: ‘王陽(즉 王吉)이 벼슬자리에 있으니, 貢公(즉 貢禹)도 갓의 먼지 털고 벼슬길 나아갈 준비를 하였다.’하여 그들의 행동양식 즉 세상에 나가 활동함과 머물러 쉼이 같음을 말함이다.” 그러나 後世에는 “彈冠相慶”이라 써서 저희들끼리 이끌어주고 도와주는 패거리 짓이라고 깎아 말할 때 많이 썼다.

▸通津: 四通八達의 나루터. 나아가 ① 顯要한 職位. 또는 ② 要路, 즉 出世하기 좋은 탄탄대로를 가리킨다.

▸時我遺: 遺는 遺棄하다, 抛棄하다, 흘리다의 뜻. 이 時代가 나를 흘려 버릴까 두려웠다는 뜻.

▸服勤: 服은 實行하다. 施行하다. 從事하다. 애쓰다. 勤은 근면, 부지런.

▸盡歲月: 해와 달을 다하다. 요즈음 말로 내 청춘을 다 바쳤다.

▸常恐功愈微: 시간이 갈수록 일은 더욱 많이 했지만 시간이 지남에 따라

공로는 더욱 희미해지고 시시해지지 않을까 두려워함.

▶忠情: 임금과 나라에 충성하는 마음.

▶謬(류): 謬는 誤謬·錯誤인데 自己에게 일어난 일을 서술할 때 겸양의 뜻으로 붙인다. 본래 안 될 것이 착오로 됐다는 뜻.

▶露: ① 自己의 忠情등이 외부로 들어남. 즉 임금이 자기의 忠情을 알게 됨. ② 雨露의 恩惠.

▶私: 偏愛. 치우친 사랑. 쏠리는 사랑.

▶文輿(문여): 무늬 놓은 수레. 꽃수레. 꽃마차.

▶入必의 必은 則이다. 윗구의 則과 互文이다.

▶丹帷(단유): 대궐의 붉은 장막, 휘장. 丹은 화려함의 상징이자 임금의 상징이다. 예를 들면 丹宮은 帝王의 宮, 丹階는 宮殿의 계단, 丹禁은 帝王의 紫禁城, 丹殿은 帝王의 宮殿이다. 이때 丹을 붉다고 해석하면 안된다.

▶箴規嚮已從: 箴規(잠규)는 勸戒規諫. 勸戒는 타이르고 깨우치게 하다. 規諫은 바르게 충고하다. 嚮은 처음부터 지금까지, 원래부터, 종래로, 여태까지. 타이르거나 충고한다는 것은 아주 어려운 일이다. 특히 상대가 임금일 때 자칫 逆鱗을 건드리면 그 禍를 測量하기 어렵다. 그런데 그것을 원래부터 따라주셨다니 臣下에 對한 임금의 사랑과 허물없음을 이 다섯 字로 간단히 나타낸 것이다.

▶計議初無虧: 計는 계획. 고려함. 計策. 議는 議論. 상의. 初는 처음부터. 당초부터. 애초부터. 虧(휴)는 흠결(欠缺). 不足. 損傷됨. 파괴됨. 違背. 계획한 일이나 의론하는 일은 처음부터 이 臣下들의 뜻을 어김이 없었다. 그들의 계획이나 의견을 아무런 修正·訂正없이 그대로 採擇하여 實行하게 함. 임금의 臣下에 대한 極度의 信任을 이 다섯 字로 나타냄.

▶一朝~願言: 이 두 句는 穆公의 當付의 말이라 봄이 좋다.

▶同此歸: 歸는 死亡을 婉曲하게 표현한 것임. "나의 이 죽음을 함께 합

시다"라는 의미임.

▶固: 原來. 本來. 반드시. 꼭. 단호하게. 결연히.

▶罔(망): 無.

▶惟: 아랫句의 "攸"와 互文. 둘 다 "所"의 뜻임.

▶疑: 遲疑. 망설임. 머뭇거림.

▶投義: 義로 향하다. 義를 行하다. 義를 선택하다. 投는 향하다의 뜻.

▶希: 希望하다. 바라다.

▶荊棘: 荊은 가시나무. 黃荊. 棘: 멧대추나무. 키가 안 크고 옆으로 퍼짐. 棗: 대추나무. 옆으로 퍼지지 않고 키가 큼. 대추나무도 가시가 많으므로 荊棘이라 같이 씀.

▶贖: 물리다. 대갚음하다.

▶正: 한창(진행 중임). 단지. 다만. 확실히.

▶泫然(현연): (눈물이) 뚝뚝 떨어지는 모양.

解說

〈三良을 노래함〉

갓의 먼지 털어 쓰고 출세하는 요로에 서서도 시대가 저를 버릴까 그것만 겁냈다. 부지런히 일하며 청춘을 다 바쳐도 언제나 두렵긴 시간이 가면 갈수록 공로가 적지 않나 뿐이었다. 충성하는 마음이 어쩌다 잘못되어 外部에 훤히 드러나고 드디어 임금님의 쏠리는 사랑을 받게 되었다. 나가면 임금님 꽃마차를 모셔 따랐고 들어오면 임금님 화려한 장막 받들어 따랐다. 감히 타이르고 충고함도 원래부터 따라주셨고 계획함과 의론함도 처음부터 어기지를 않으셨다. "내가 영영 세상 뜬 뒤에도 내가 돌아가는 곳으로 같이 갑시다." 하셨으니 두터운 은혜란 본래 잊기 어려운 법이며 하물며 임금의 명을 어찌 어기리오. 묘구덩이에 다다라도 망설임 없었으니 의로움을 택하여 행함은 마음속으로 바라는 바였음이라. 모든 것은 끝났다. 다만 가시덤불 높은 무덤 덮었고 꾀꼬리 소리 서글플 뿐이다. 훌륭한 신하들을 물릴 수 없었으니 눈물만 떨어져 내 옷 적신다.

➥ 陶淵明은 世間에 알려지기로는 田園으로 돌아가 自然과 合一되어 욕심 없고 티 없이 그야말로 흐르는 물처럼 떠가는 구름처럼 살았다고. 하지만 그게 아니다. 그의 全作品을 보면 어쩔 수 없이 이렇게 산다는 한탄이 分明하고 明白하게 나타나 있다. 간단히 말해 좋아서가 아니고 與件이 안돼서 그렇게 산다는 것이다. 政治에 强烈한 希望이 있었고 나름대로 實踐하고 싶은 計劃도 많았으나 모든 것은 命이요 八字니 無可奈何라. 田園에 파묻혀 살았을 뿐이다. 그러면 陶淵明을 誤解하게 된 이유를 좀 따져보자. 첫째는 先人들의 見解를 지꾸 듣다보면 所謂 耳濡目染(이유목염)이라 先人들의 見解에 나도 모르게 절고 떠서 그런가 보다 하게 된 것이요. 둘째는 全作品을 안보고 選集을 본 탓이니 他人의 選은 그들의 趣向·嗜好에 따른 것이니 揚州八怪中에서도 驍將(효장)인 鄭板橋(정판교)의 말대로 "公之所送, 未必弟之所好也. 선생이 보내준 것이 꼭 이 아우의 좋아하는 것은 아닐 것이다"인 것이다. 公正을 期하기 어려운데도 그것만이 전부인 줄 알고 輕率하게 判斷한 것이다. 셋째로 全作品을 보았어도 해석·번역에 문제가 있는 경우다. 例컨대 "聊"·"且"가 들어간 詩句를 해석해 보자.

▷此事眞復樂, 聊用忘華簪.〈和郭主簿二首〉其一

이러한 일들이 정말 즐거우니 聊—최고의 가치는 아니지만 그런대로 盡善盡美하지는 않으나 아쉬운 대로 어쩔 수 없으니 그저—하여 華簪—간단히 벼슬아치의 감투라 보면 된다—을 잊는다.

▷長吟掩柴門, 聊爲隴畝民.〈癸卯歲始春懷古田舍二首〉其二

길게 읊으며 사립을 닫자, 아쉬운 대로 마음에 들지는 않지만 농사짓는 백성 되자.

▷常恐大化盡, 氣力不及衰. 撥置且莫念, 一觴聊可揮.〈還舊居〉

언제나 두렵기는 기력이 始衰하는 때라고 ≪禮記≫에서 말한 50에도 못 이르러 人生의 네 가지 큰 변화 즉 아이·어른·늙은이·사망의 네 단계의 변화를 다 마치는 (죽음이 마지막 단계를 끝냄 아니냐) 일이 생길까 이다. 에라! 어쩔 수 없는 일이니 던져두고 생각말자. 그저 아쉬운 대로 한잔 막걸리나 마시고 찌꺼기나 휙 뿌리자.

이 詩의 1·2구는 "常恐, 氣力不及衰, 大化盡"으로 정리하면 쉽게 풀린다.

▷天運苟如此, 且進杯中物. 〈責子〉

내 팔자가 진정 이와 같다면 어쩔 수 없는 일이니 아쉬운 대로 그저 글라스의 액체나 들 밖에.

以上 몇 가지 例를 보면 達觀보다는 諦念 내지 抛棄에 가까우며 安心立命의 境地는 물론 圓滿無碍(원만무애)한 性格과도 거리가 있다. 財力이나 權力·八字에 對한 執着이 엿보이는 것이다. 眞情으로 道에 通達하였다면 이러한 소리는 하지 않았을 것이다. 通達하였다면 華簪이 무엇이오 물었을 것이고 농사꾼이 되고 안되고 하는 選擇의 葛藤은 애시당초 없었을 것이며 大化가 盡하던 進行中이던 吾不關焉일 것이며 氣力이 도대체 무슨 단어냐 했을 것이다.

陶淵明의 全作品을 보면 立身揚名·出世등의 욕심·집념이 상당히 强하게 엿보인다. 다만 길이 없었고 운이 따라주지 않자 儒家의 基本立場에 道家라는 中和劑·潤滑油를 듬뿍 얹었을 뿐이다.

林語堂도 그의 ≪生活의 藝術≫에서 失敗한 수많은 儒家의 知識人들이 道家에서 慰安을 받고 마음의 平和를 얻어 生을 그런대로 維持할 수 있었다고 하였다. 백번 옳은 말씀이다.

魏晉時代, 玄學이 極盛하였고 淸談이 知識人間에 必須科目으로 流行하던 時代. 金錢·權力·名聲을 正面으로 否定하고 反駁하던 時代. 豪放·巧言·機智·任誕(임탄) — 任意의 行動과 放誕한 擧措(거조) — ·傲慢·嘲笑·奢侈·放縱이 무슨 美德이나 자랑인 듯 橫行하던 時代 — 에도 以上 三良詩에서 보듯 君主의 寵愛·富貴榮華, 이에 따른 生命抛棄라는 酷毒한 代價의 甘受를 當然視하는 潛伏된 流派가 있었던 것이다.

상말로 소금 먹은 놈이 물켠다고 누릴 만큼 누렸으면 따라가야지 하고 궁정적이고 당연하게 여겼다는 것이다. 特히 陶淵明이 그러한 見解를 表明한 것은 그에게 一種의 幻想을 가졌던 사람들에게는 놀랄만한 일이라 하겠다.

이제 殉葬에 관한 이야기는 끝을 맺어야 하겠는데 앞에서 言及하였듯이 明代에도 殉葬은 있었고 그 때에 우리나라와 관계있는 人物의 殉葬이 있었으므로 잠시 다루어야 하겠다.

明·成祖 永樂帝에 死後에 朝鮮出身 宮嬪의 殉葬에 관한 일은 中國의 史書에는 없고 ≪朝鮮王朝實錄≫에 실려 있다. 明은 元과 마찬가지로 美女를 바치라 하였고 貢女中에서도 韓氏가 成祖의 寵愛를 받았으며 死後에 麗妃로 封해졌다. ≪朝鮮王朝實錄≫에 依하면 "成祖가 죽고 宮人으로 殉葬된 자 30餘人이었다. 죽는 날에 뜰에서 술과 음식을 베풀었고 끝나자 인도하여 대청에 오르는데 哭聲이 殿閣을 震動하였다(哭聲震殿閣). 대청에는 크고 작은 卓子를 늘어놓았는데 그 위에 올라서게 하였다. 위에는 밧줄로 만든 고리가 걸려있었는데 머리를 그 안에 넣게 한 다음 卓子들을 치워버리니 모두 목매달려 죽고 말았다. 韓氏는 죽을 때에 金黑을 돌아보며 '엄마 나 가 엄마 나가' 하였는데 말이 채 끝나가도 전에 옆의 宦官이 卓子를 치워 崔氏와 함께 죽었다. 죽을 사람들이 대청에 막 오를 때 仁宗은 몸소 들어와 작별의 인사를 하였다. 韓氏가 울며 仁宗에게 '우리 어머니 年老하여 本國으로 돌아가길 원합니다'하니 仁宗이 '꼭 그리하마 하였다'"

金黑은 韓氏의 乳母로 中國으로 韓氏가 갈 때 따라 갔으며 그 뒤 英宗때에야 朝鮮으로 가도록 풀려났다 한다. 이러한 宮廷의 秘密은 그가 歸國한 뒤에 발설하여 實錄에 실리게 되었을 것이다. (以上 臺灣學生書局出版 樸人撰著 ≪帝王生活≫에서 가려 뽑음.)

歷代로 임금 死後에 自殺이 아닌 殉葬은 後宮中에서 자식을 못 둔 사람에 限하였다. 韓氏도 자식이 없어서 殉葬된 것이다. 이 麗妃 韓氏는 바로 世間에 仁粹大妃로 잘 알려진 成宗의 母后요 燕山君의 할머니인 德宗(追尊)妃 昭惠王后의 姑母라 한다.

＊ 附錄 ③: 陵園幽閉

"投迹互相師"에는 殉葬 다음으로 陵園妾이 包含될 것이다. 이 制度인지 風俗인지 도대체 알 수 없는 미친 지랄 같은 王朝時代의 惡習이 史書에 처음 登場한 것은 ≪漢書≫인 듯하다. ≪漢書≫의 〈王・貢・兩龔・鮑傳〉을 보면 元帝가 卽位한 뒤에 政治 한 번 잘 해보자고 決心한데다가 마침 凶年이 들어 臣下들의 忠言을 求하였고 貢禹가 이에 上奏하였는데 그 속에 이런 말이 나온다.

"……至高祖・孝文・孝景皇帝, 循古節儉, 宮女不過十餘, 廐馬百餘匹.……武帝時, 又多取好女至數千人, 以塡後宮. 及棄天下, 昭帝幼弱, 霍光專事, 不知禮正, 妄多臧金錢財物, 鳥獸魚鼈牛馬虎豹生禽, 凡百九十物. 盡瘞臧之, 又皆以後宮女置於陵園, 大失禮, 逆天心, 又未必稱武帝意也. 昭帝晏駕, 光復行之.……故使天下承化, 取女皆大過度, 諸侯妻妾或至數百人. 豪富吏民畜歌者至數十人, 是以內多怨女, 外多曠夫. 及衆庶葬埋, 皆虛地上以實地下.……"

"……高祖・文帝・景帝에 이르러서는 옛날을 따르고 節約・儉素하여 宮女는 불과 십여 명이고 마구간의 말은 백여 필이었나이다.……武帝 때에는 美女를 많이 선발하여 수천 명에 이르렀고 그들로 後宮을 채웠나이다. 武帝께서 세상을 버리심에 이르러 뒤를 이은 昭帝가 어리신지라 霍光이 獨斷的으로 일을 處理, 禮儀의 正道를 모르고는 멋대로 金錢・財物을 陵안에 감추고 새・짐승・고기・자라・소・말・호랑이・표범의 사로잡은 것들 백 구십 종류를 모조리 陵에 묻었으며 또한 後宮의 女人 모두를 陵園에 幽閉, 크게 禮를 잃고 하늘의 뜻을 거슬렀으니 또한 武帝의 본뜻과 꼭 맞는다고 할 수도 없나이다. 昭帝의 朝廷에 납심이 늦어질 때에

—自古로 임금의 死亡을 납시는 것이 늦어지다로 표현함—霍光이 또 그대로 實行하였나이다.……그래서 天下의 모든 사람으로 하여금 위의 행동을 본받아 變化하게 하였으니 여자를 선택함이 모두 법도를 넘어서서 諸侯의 妻妾은 간혹 수백 명에 이르렀고 권력있고 財力있는 官吏와 庶民들도 歌妓를 둠에 수십 명에 이르렀나이다. 이 때문에 나이 차도 짝 없는 남녀가 안팎에 넘쳤나이다. 百姓들의 埋葬에서도 모두가 地上을 텅 비워서 地下를 꽉 채우게 되었나이다.……"

人間이 萬物의 靈長이라는 말은 온 世上의 生物들이 모두 모여 討議하고 끌어낸 決論은 아니다. 다 獨斷的인 헛소리일 뿐이다. 똑같은 잘못을 反復하여 저지르니 파블로프의 개만도 못하다는 極言까지 나오게 된 것이다.

漢代의 이 宮女 陵園幽閉는 唐代에서도 踏襲되어 識者들에게 큰 非難을 받았는데 前述하였듯이 白居易처럼 아예 〈陵園妾〉이란 詩題로 正面攻擊한 경우가 있는가 하면 韓愈처럼 比較的 婉曲하게 그러나 뚜렷하게 〈豐陵行〉이란 詩題로 本心을 吐露하기도 하고 겁 많으나 입이 간질거려 못 참는 詩人들은 〈銅雀臺〉·〈銅雀妓〉란 題로 빗대서 우회하여 속셈을 드러내고 憤을 조금이나마 풀었다. 作品을 보자.

〈陵園妾〉 憐幽閉也. 唐·白居易

陵園妾, 顏色如花命如葉.
命如葉薄將奈何, 一奉寢宮年月多.
年月多, 時光換, 春愁秋思知何限.
青絲髮落叢鬢疎, 紅玉膚銷繫裙慢.
憶昔宮中被妬猜, 因纔得罪陪陵來.
老母啼呼趁車別, 中官監送鎖門迴.
山宮一閉無開日, 未死此身不令出.

松門到晩月徘徊, 柏城盡日風蕭瑟.
松門柏城幽閉深, 聞蟬聽燕感光陰.
眼看菊蘂重陽淚, 手把梨花寒食心.
把花掩淚無人見, 綠蕪牆遶青苔院.
四季徒支妝粉錢, 三朝不識君王面.
遙想六宮奉至尊, 宣徽雪夜浴堂春.
雨露之恩不及者, 猶聞不啻三千人.
我爾君恩何厚薄, 願令輪轉直陵園,
三歲一來均苦樂.

註

▸寢宮: 임금 陵上의 正殿.

▸年月多: 세월이 깊었다. 多는 長임.

▸何限: ① 얼마. 얼마만큼. ② 한없다. 끝없다.

▸髮落: 본래 落髮은 머리 깍고 出家함의 뜻. 여기서는 머리숱이 적어짐을 말함.

▸叢鬢疎(총빈소): 탐스럽던 살쩍이 성기게 되다. 탐스럽던 머리채가 성기게 되다.

▸膚銷: 살갗이 시들어짐.

▸繫裙慢(계군만): 몸이 여위어서 허리띠가 느슨해짐. 繫裙은 치마 묵은 것, 즉 허리띠. 慢은 느슨하다, 헐겁다.

▸陪陵來: 陵園에 配屬되다.

▸啼呼: 울부짖다. 울며 부르짖다.

▸趁車別: ≪漢語大詞典≫에서는 趁車는 수레를 타다로 해석하고 本詩를 引用하였는데 老母가 宮女가 탄 수레를 뛰어서 좇으며 허둥지둥 이별함이 더 切迫한 狀況의 描寫가 될 듯하다.

▸中官: 宦官.

▸松門: 늘어선 소나무가 문이 되다. 소나무를 문 삼다.

▸月徘徊: 달빛이 오랫동안 비치니 달이 맴돌듯 보이다.

▸柏城: 帝王의 陵. 周圍에 측백나무를 심었으므로 帝王의 陵 區域을 측백의 城이라 함.

▸蕭瑟: 쏴쏴. 휘휘(바람 부는 소리). 쓸쓸하다. 처량하다.

▸聞蟬聽燕感光陰과 類似한 意境. ① 晉 · 陶淵明의 〈酬劉柴桑〉에서 抄. "門庭多落葉, 慨然知已秋. 문 앞뜰 낙엽 많으니, 사무치게 느껴 이미 가을인 것을." ② 晉 · 陶淵明의 〈桃花源詩〉에서 抄. "草榮識節和, 木衰知風厲. 雖無紀曆誌, 四時自成歲. 풀 무성하면 시절이 따듯함 알고, 나무 시들면 바람이 세참을 안다. 비록 책력이란 기록이 없을지라도, 사계절가면 절로 한 해가 완성되어 끝남을 안다." ③ 唐人의 詩句. 王叔岷 ≪陶淵明詩箋證稿≫에서 抄. "山僧不解數甲子, 一葉落知天下秋. 산에 사는 스님이야 甲子 · 乙丑하며 날을 세고 해를 따질 줄 몰라도, 이파리 하나 지면 온 세상이 가을인 것을 안다네." 이 唐人의 詩句는 宋 · 唐庚의 〈文錄〉, 陳元靚의 〈歲時廣記〉에서 引用하였는데 王叔岷 先生께서 再引用한 듯하다. ④ 唐 · 太上隱者의 〈答人〉 "偶來松樹下, 高枕石頭眠. 山中無曆日, 寒盡不知年. 어쩌다 소나무 아래 와서, 돌베개 높이 베고 잠들었다네. 산 속이라 日曆은 으레 없으니, 추위 다 한 것을 알면 됐지 그리고 그 다음에는 따듯해질 것 알면 됐지 달아가고 해 바뀜은 몰라. 모르면 어떠냐." ≪古今詩話≫에 의하면 사람들이 그의 本末始終을 모르겠더라. 일 벌이기를 좋아하는 사람이 그에게 姓名을 물으니 이렇게 詩로 답했다 한다. ⑤ 淸 · 聖祖 康熙勅撰의 ≪廣群芳譜 · 木譜六 · 桐≫ "梧桐一葉落, 天下盡知秋. 오동잎 하나 지면, 온 세상이 모두 가을인 것을 안다네." 以上은 모두 ≪淮南子 · 說山訓≫의 "以小明大, 見一葉落而知歲之將暮, 睹甁中之冰而知天下之寒. 작은

것으로 큰 것을 깨우칠 수 있으니 잎 하나 지는 것 보고 해가 장차 저물 것을 알겠고, 병속의 얼음을 보고 천하가 추운 것을 알겠다."이라는 글의 影響을 받은 듯하다.

▸寒食心의 心은 思念.

▸掩淚(엄루): 掩面流淚. 얼굴 가리고 울다.

▸見: 知의 뜻.

▸綠蕪: 푸른 잡초.

▸六宮: 后妃가 居處하는 곳. ➪ 明·淸代에는 規模가 더욱 커져서 東六宮·西六宮으로 나뉘어졌다. 文宗·咸豊帝의 後宮이었던 慈禧太后는 아들(穆宗·同治帝)이 帝位를 繼承한 덕으로 西六宮의 主人인 西太后가 되었고 文宗의 皇后였던 慈安太后는 東六宮의 主人인 東太后가 되었다. 아무리 용써도 後宮出身이라 東보다 낮은 西六宮의 代表요 모든 것이 東太后 于先이고 中心이라 친아들인 皇帝의 새벽문안도 東太后가 먼저 받으니 무척 언짢아하였고 엉뚱하게 어린 皇帝를 嚴冬雪寒에 한 食頃이나 밖에 세워두고 문안을 늦게 받는 것으로 화풀이 하였다고 한다.(≪故宮文物≫에서 抄)

▸宣徽(선휘): 殿閣이름. 大明宮에 있었다.

▸浴堂: 殿閣이름. 즉 浴堂殿. 大明宮에 있었으며 沐浴施設이 있었던 곳인데 文人이나 翰林學士를 불러보던 곳이라 한다.

▸雨露之恩: 雨露는 恩澤을 比喩하였는데 普通 百姓들에 對한 임금의 恩澤을 말한다. 그러나 가끔 女人에 대한 윗사람의 사랑도 뜻하는데 많은 사람들이 單語를 直譯하여 妙한 聯想을 하기도 한다.

▸三歲一來均苦樂: 輪番制(윤번제)로 3년에 한 번씩 와서 交代하여 陵園擔當하는 괴로움을 고루하자는 뜻. 苦樂은 苦의 뜻만이 있는 偏義複詞임.

➥ 陳寅恪先生은 그의 〈元白詩箋證稿〉에서 "'皇帝가 昇遐(승하)하면 後宮

의 子息 없는 사람은 모두 山陵에 보내 朝夕으로 供奉하게 하였으니 세숫물 · 머리 빗는 빗을 차려놓고 이불 · 베개를 다듬고 매만져 죽은 사람 섬기기를 산 사람 섬기듯 하는 법'이라고 《資治通鑑 · 宣宗紀》 大中12年 2月 甲子條의 胡三省 注를 추려 인용한 후 山陵의 嬪妾은 先皇帝를 섬기던 宮人인데 白樂天이 輪番制로 3年에 한 번씩 交代하자 한 것은 그 制度와 맞지 않는 것이다. 따라서 이 詩는 사실상 陵園妾과는 상관없다는 것을 알 수 있다."라고 하였다.

그러나 우리 생각에 後宮의 子息 없는 사람은 일단 寵愛를 받은 경우이니 아무래도 一般 宮女들 보다는 級이 높던가 特別待遇를 받았을 것으로 생각된다. 中國의 皇帝 陵園은 상당히 規模가 큰데 그 때문에 맡아야 할 일도 많았을 것이다. 韓愈의 〈豊陵行〉에서도 陵안에 "設官置衙鎖嬪妓. 관아를 設置하고 侍衛하는 者들을 두고 宮嬪과 宮妓를 가뒀다"라 하였다. 韓愈詩의 孫汝聽 注에서도 "唐制에 諸陵은 모두 宮殿을 세우고 官衙를 늘어놓고 嬪 · 妓 · 侍衛를 살았을 때와 같이 갖추었다" 고 하였다. 以上을 살펴보면 꽤 많은 人員이 있었을 것이며 白樂天이 말한 宮人은 先帝의 恩寵을 받은 後宮의 밑에서 일을 보는 낮은 계급의 궁녀들, 즉 今上의 大闕에서 得罪한(죄를 지은) 사람들도 流配가듯 귀양 가듯 配屬된 것 같다. 白樂天은 後宮의 자식 없는 사람은 그래도 雲雨之情을 맛보았으므로 아예 처음부터 처녀의 몸으로 幽閉된 宮人을 더욱 가련하게 여겨 그들을 위하여 이러한 詩를 쓴 듯하다.

解說

〈陵園의 宮女들〉 幽閉됨을 슬퍼함.

陵園의 宮女들. 容貌는 꽃 같건만 팔자는 이파리 같아. 이파리 같은 팔자 어쩌면 좋단 말이냐. 先帝의 陵寢을 받들어 세월이 깊어갔으니. 세월이 깊어, 계절은 바뀌고. 봄날의 근심 가을의 서러움 얼마 만큼인지 알 수 있단 말이냐! 푸른 실 같던 머리칼은 빠지고 탐스럽던 살쩍 성글어지며 발그레한 구슬 같던 살갗 시드니 치마끈 느슨해져. 생각난다, 옛날 대궐에서 질투 받아 참소 당해 죄 짓고 陵園으로 配屬된 것을. 老母는 울부짖으며 수레 뒤 좇으며 이별하였고 中官은 감독 護送하곤 문 잠그고 돌아갔지. 山 속의 宮殿 한 번 닫히면 열릴 날 없으니 죽지 않으면 이 몸 나올 수 없게 하였네. 늘어선 소나무 문이 되니 새벽까지 달도 맴돌고 못 떠나며, 줄지은 측백은 성이 되니 종일토록 바람도 쏴쏴 슬퍼하네. 소나무 문 측백의 성 안에 꽁꽁 갇혔으니 매미소리 제비 지저귐으로 光陰의 흐름을 짐작하네. 눈으로 菊花 보면 重陽의 좋은 날에도 눈물 나고, 손으로 梨花 만지면 寒食의 명절에도 그리움만 솟네. 꽃 만지며 얼굴가려 울어도 알아줄 이 없으니 있는 것은 푸른 잡초 짙은 담장 푸른 이끼 덮인 뜰을 싸고 돌뿐. 일년이라 사계절마다 화장품값 支給하지만 (누굴 위해 단장하랴) 三代 지나도록 임금님들 못 뵈었으니. 저 먼 곳, 생각하면 六宮에서 至尊을 모시며 宣徽殿의 눈 내리는 밤, 浴堂殿의 아름다운 봄날을 잘 들 지내고 있겠지. 단비 같고 이슬 같은 님의 사랑 아직도 미치지 않은 사람 삼천 명쯤이 아니라고 들었단다. (그래도 그들은 希望을 가지며 기다리겠지) 나와 그들에게 임금님의 은혜는 왜 두텁고 엷은가. 바라옵건데 돌림으로 陵園을 지켜 3년에 한 번씩 와 괴로움 고르게 하기를…….

〈豊陵行〉 唐·韓愈

羽衛煌煌一百里, 曉出都門葬天子.
群官雜沓馳後先, 宮官穰穰來不已.
是時新秋七月初, 金神按節炎氣除.
清風飄飄輕雨灑, 偃蹇旂旆卷以舒.
逾梁下坂笳鼓咽, 嵽嵲遂走玄宮閭.
哭聲訇天百鳥噪, 幽坎晝閉空靈輿.
皇帝孝心深且遠, 資送禮備無贏餘.
設官置衙鎖嬪妓, 供養朝夕象平居.

臣聞神道尙清淨, 三代舊制存諸書.
墓藏廟祭不可亂, 欲言非職知何如.

註

▸豊陵: 順宗의 陵. 順宗은 德宗의 長子로 德宗때 太子가 되었으나 疾病으로 고생함. 德宗 死後에 卽位하자 억지로 活動하여 곧 세상을 뜸. 長子 憲宗이 帝位를 繼承함.

▸羽衛: 帝王의 護衛隊와 儀仗. 羽는 ① 화살의 깃. ② 깃발의 깃. ③ 깃털처럼 많다는 뜻이 있다.

▸煌煌: ① 휘황찬란하다. ② 盛大하고 아름답다.

▸雜沓(잡답): 소란스럽다. 번잡하다. 난잡하다.

▸宮官: 中官. 宦官.

▸穰穰(양양): 북적거리다. 와글거리다.

▸金神: 金은 五行에서 西方이며 季節로는 가을에 해당한다. 金神은 곧 西方의 神. 가을담당의 신.

▸按節: 채찍질을 멈추는 것. 따라서 徐行하거나 停留함을 나타냄.

▸清風飄飄輕雨灑: 바람과 비가 더러운 기운을 흩어버리고 흙먼지를 멈추게 하는 것. 곧 하늘도 이 葬禮를 도와준다는 뜻.

▸偃蹇(언건): 높이 솟은 모습. 높이 들린 모습.

▸旂(기): 두 마리 용을 그리고 깃대 끝에 방울을 단 깃발.

▸旆(패): 깃발의 泛稱.

▸嵽嵲(질얼): 高峻한 모습(여기서는 陵을 가리킴). 山이 高峻함.

▸走: 앞으로 나아가다. 向하다.

▸玄宮: 帝王의 陵을 말함.

▸閶: 玄宮앞의 梓宮(재궁. 즉 棺)을 安置하는 建物.

▸訇天: 하늘이 진동하는 소리. 訇(굉)은 큰소리.

▸幽坎(유감): 그윽한, 으슥한 구덩이. 즉 墓穴을 말함.

▸空靈輿: 靈輿(영여)는 喪輿임. 靈輿에서 梓宮을 幽坎으로 옮기니 靈輿는 텅 비게 됨(空).

▸資送: ① 떠나는 사람에게 財物을 주는 것. ② (資, 送也) 葬送함.

▸禮備: 여기에서 禮는 儒家의 行爲準則·道德規範·各種禮節을 말함이 아니다. 여기에서 禮는 隆重하게 擧行하는 儀式과 禮物(즉 副葬品)을 뜻한다. 이 詩는 지금의 葬禮方式이 上古의 正式禮法에 맞지 않음을 婉曲하게 非難 攻擊하는 것이니 禮의 뜻이 다르게 쓰였다고 보아야 한다. 備는 주도면밀하다. 꼼꼼하다. 세밀하다. 滿足스럽다. 풍족하다.

▸無贏餘(무영여): ① 遺憾이 없다. 餘恨이 없다. ② 先皇이 쓰던 물건과 좋아하던 것을 다 쓸어 묻어 아깝다거나 귀하다 하여 남긴 것이 없다.

▸設官: 官衙를 설치함.

▸置衛: 護衛·守衛를 둠.

▸嬪妓: 嬪은 後宮, 妓는 노래하고 춤추는 宮妓.

▸象: 본뜨다. 비슷하다.

▸平居: 平素. 平日.

▸神道: ① 神靈들. 하늘과 땅의 뭇 神들. ② 귀신을 섬기는 길·방법.

▸三代: 夏·殷·周.

▸墓藏: 陵墓에 장사지냄.

▸廟祭: 宗廟에서 祭祀지냄.

▸亂: ① 混亂, 뒤섞임. ② 마음대로 하다. 편한대로 하다.

▸欲言非職知何如: 두 가지 해석이 가능하다. ① 이미 이 詩를 통해 말을 했으나 나의 職務가 아니니 그렇게 참견함이 어떠한지! 이때 "欲"은 已·已經(이미)의 뜻, "知"는 주관하다, 관여하다, 참견하다, 간섭하다의 뜻으로 해석함. ② 正式으로 諫言을 하고 싶어도 내가 言官의 직무를 맡지 않았으니 어떨지 모르겠다. 이때 "知"는 "不知"로 해석함. (알 수

있으리오 → 모르겠다)

解說

〈풍릉행〉

護衛와 儀仗 百里에 걸쳐 輝煌하니 새벽에 都城의 城門 나와 天子를 葬事지내려 함이다. 文武百官들은 어지러이 앞과 뒤에서 달리고 大闕의 中官들도 와글와글 끊임없이 오도다. 지금은 초가을 칠월 초승 서쪽 가을의 神이 머무셔 더운 기운 없어지는 때라. 맑은 바람은 산들산들 불고 이슬비 내리며 높게 솟은 깃발들은 말렸다 펴지곤 한다. 다리 건너고 언덕 내려가면 피리소리 북소리는 흐느끼고 높고 높은 陵앞의 梓宮 安置所에 나아가도다. 큰 통곡소리는 하늘을 울리고 뭇 새들도 슬픈 듯 지저귀니 陵墓의 玄室 대낮에 닫히고 喪輿는 텅 비도다. 皇帝의 孝心 深遠하시니 가신 님께 올리는 禮物은 풍족, 儀式은 꼼꼼하사 다 바치니 더 남긴 것 없도다. 官衙를 설치하고 護衛隊 두며 後宮과 宮妓를 가두어 朝夕으로 가신 님 供養함이 平素 그대로다. 臣이 듣건대 神靈을 섬김은 맑고 깨끗함을 重視하니 夏·殷·周 三代의 옛 制度가 書冊에 있도다. 陵墓에 葬事함·宗廟에 祭祀함은 마음대로 어지럽힐 수 없으니 내 이미 이 詩를 통해 말은 했지만 내 職務가 아니니 참견함이 어떠한지. 괜찮을까.(正式으로 諫言하고 싶으나 내 직무가 아니니 어떠한지)

2. 〈奉和初春幸太平公主南莊. 應制〉 唐 · 李邕

傳聞銀漢支機石, 復見金輿出紫微.
織女橋邊烏鵲起, 仙人樓上鳳凰飛.
流風入座飄歌扇, 瀑水侵階濺舞衣.
今日還同犯牛斗, 乘槎共逐海潮歸.

註

▶太平公主: 唐 · 高宗의 딸로 則天武后의 所生이고 中宗과 睿宗의 누이이다. 영리하고 果斷하여 武后의 사랑을 받았다. 情勢의 判斷이 빨라 武后를 물리치고 中宗復位할 때 參與 武后의 寵臣 張昌宗 · 張易之 兄弟의 誅殺에 功을 세움. 中宗의 韋皇后와 安樂公主가 政事를 左之右之하다 終當에는 政權의 完全 掌握을 企圖하며 中宗을 毒殺하자, 中宗의 아우인 睿宗과 그 아들 隆起(뒷날의 玄宗)가 韋后와 安樂公主 및 그 一黨을 誅殺하는데 또 參與하여 以後 莫强한 權勢를 휘둘렀다. 太子인 隆起를 몹시 꺼려 — 고모와 조카사이의 軋轢(알력)이 마치 朝鮮朝 英祖의 딸인 和緩翁主와 世孫(뒷날의 正祖)사이의 관계와 恰似하다 — 屢次 廢太子하려 했으나 오히려 太子의 勢力에 밀려 睿宗은 帝位를 내놓고 上皇으로 물려났으며 太平公主는 만회하려 하였으나 (太子였던) 玄宗의 친위쿠데타에 밀려 山寺로 도망갔다 3일 만에 나와 집에서 賜死되고 아들들과 그 무리 수십 명이 모두 죽었다.

▶公主의 南莊에 납신 임금이 누구인지는 알 수 없다. 李邕은 則天武后의 朝廷에 出仕하여 左拾遺를 始作으로 宦路에 나아갔으므로 武后 · 中宗 · 睿宗의 어느 임금을 따라 公主의 南莊에 갔는지 알 수 없다. ≪全唐詩≫에도 武后 · 中宗 · 睿宗 세 임금의 태평공주 남장에 갔다

는 시는 없다.

▶應制: 皇帝의 命에 따라 詩文을 지음. 또는 그렇게 지은 作品을 말함. 應詔라고도 한다. 皇太子의 命에 따라 지으면 應令, 諸王의 命에 따라 지으면 應教라 한다.

▶傳聞: 자신이 직접 보고 들은 것이 아니라 남에게 들었다.

▶支機石: ≪太平御覽≫ 卷八引南朝・宋・劉義慶 ≪集林≫: "昔有一人尋河源, 見婦人浣紗, 以問之, 曰: '此天河也,' 乃與一石而歸, 問嚴君平, 云: '此支機石也.'" ≪太平御覽≫ 卷8에서 南朝의 宋・劉義慶의 ≪集林≫을 引用하였다. "예전 어떤 사람이 黃河의 發源地를 찾다가 빨래하는 부인을 보았다. 물었더니 '이곳은 銀河水다'라고 하였다. 돌 하나를 주어 돌아와서 蜀의 占잘치는 嚴君平에게 물으니 '직녀의 베 짜는 베틀 받침돌이다'라고 하였다."

≪荊楚歲時記≫에서는 "漢・張騫이 命을 받아 西域으로 가서 黃河의 發源을 찾으려 떼를 탔다. 한 달이 지나서 한 城市에 이르렀는데 한 여인이 室內에서 베 짜는 것을 보았고 또 한 남자가 소를 끌고 강물을 먹이는 것을 보았다. 베 짜는 여인이 베틀 받침돌을 주어서 가지고 돌아왔다."고 하였다.

晉・張華・≪博物志≫ 卷十: "傳說天河本海通, 有人居海渚者, 年年八月見有浮槎去來, 不失期, 遂立飛閣于査上. 乘槎浮河而至天河, 遇織女・牽牛. 此人問此是何處. 答曰: '君還至蜀郡訪嚴君平則知之.' 後至蜀, 君平曰: '某年月日有客星犯牽牛宿.' 正是此人到天河時."

晉・張華・≪博物志≫ 卷10: "전설에 은하수와 바다는 통한다고 한다. 바닷가에 사는 사람이 있었는데 해마다 8월이면 왔다가 가는 떼가 있어 그 시기를 어기지 않는 것을 보았다. 드디어 그 떼 위에 높게 樓閣을 세우고는 그 떼를 타고 바다에 떠서 은하수에 이르러 織女와 牽牛를 만났다. 이 사람이 여기가 어디인가 하고 물으니 답하길 '그대가 돌아가서 蜀郡의 嚴君平에게 물으면 알 것이다'라 하였다. 후에 蜀에 가서 (물으니) 君平이 말하였다: '모년 모월 모일에 客星(恒星이 아니고 즉 一定한 곳에 늘 있지 않고 일시적으로 나타나는 별)이 牽牛星을 犯하였다.' 하였으니 바로 이 사람이 은하에 이르렀던 때였다."

▸金輿: 金轝. 帝王이 타는 말이 끄는 마차와 사람이 메는 玉轎. 여기서는 황금마차라고 보면 된다.

▸紫微: 하늘의 별자리. 紫微垣十五星은 北斗의 北에 있으며 大帝의 자리이고 天子의 常居라 한다. 따라서 帝王의 宮殿을 가리킨다.

▸烏鵲起: 傳說에 까막까치가 七夕날에 銀河를 메워 다리를 놓고 織女와 牽牛를 만나게 한다 함. 烏鵲橋·鵲橋·鵲塡橋라고도 한다. 그 일을 위해 까막까치가 날아오른다(起)는 뜻.

▸仙人樓: 仙은 普通을 넘어서는 人物·人事에 쓰며 또한 皇室이나 宮闕·中央官署와 관련있는 곳에 쓴다.

▸鳳凰飛: 京城을 鳳城·鳳凰城이라 한다. 鳳凰은 皇帝를 말함.

▸流風: 疾風. 長風(멀리서 불어오는 바람).

▸歌扇: 노래하고 춤출 때 사용하는 부채.

▸牛斗: 牛宿와 斗宿.

解說

〈上께서 初春에 太平公主의 南莊에 납셔 지으신 詩에 和하니, 應制詩입니다〉

銀河水에 가서 베틀 받침을 얻었다는 이야기를 전해 들었지 (정말 볼 줄은 몰랐었고), 黃金馬車의 萬乘天子가 私的으로 紫微垣이라 大闕밖으로 나간다는 일이 있었음을 (전해 들었었지) 정말 볼 줄은 몰랐었네 —見과 聞을 계속 쓸 수 없어 이렇게 쓴 것.— 보라! 織女 牽牛의 다리 옆에서 까막까치 오르고 神仙들 사시는 宮城의 樓閣에 鳳凰이 날음을. 이렇게 鳳凰은 仙人樓를 떠나서 織女橋라 公主의 南莊에 이르르셨다. ⇨ 以上은 御駕가 사사로이 公主의 別邸에 납심을 諷刺함이라고 金聖嘆은 풀었다.

세찬바람은 자리에 들어와 歌手의 부채를 흔들고, 폭포는 섬돌을 향하니 舞姬의 옷을 적신다. ⇨ 金聖嘆曰: 심지어 바람에 흔들리고 물에 젖었다고 묘사했으니 이만하면 알조가 아닌가. 公主의 南莊은 말하자면 皇帝의 사사로운 집안인데 朝廷의 (남자)臣僚들이 이렇게 마음대로 멋대로 보아도 되는가 하였겠다. 그래서 다음에 "犯"字"同"字를 넣은 것이란다.

오늘은 옛날사람이 織女있는 牛宿・斗宿 禁斷의 區域을 犯한 것과 똑같으니 떼를 타고 임금의 私的 일에 朝臣들이 함께 바다의 潮水타고 돌아갔음이라.

➡ 金聖嘆은 唐詩中에서 自己의 마음대로 생각대로 잘 된 것을 가려서 비평(選批) 하였는데 從來의 作品 선택과 評價와는 逈異하였으며 그 點은 稱讚과 非難을 同時에 불러일으켰다.

남들이야 어떠하든지 우리가 기뻤던 것은 그리 높이 치지 않던 詩人들의 作品을 우리는 나름대로 상당히 좋다고 여겼는데 그것이 果然 옳은 評價이고 批判인지를 알 수 없었다가 金 氏의 ≪選批唐才子詩≫에 그것들이 많이 收錄되었다는 일이었다.

勿論 金氏와 우리의 評價가 꼭 正確할 수 없겠고 치우친 見解도 많겠지만 거창하게 志同道合하달 수는 없고 嗜好가 같은 사람을 만났을 때의 기쁨을 맛보았다고나 할까.

李邕의 詩속의 "風"과 "水"의 意味를 金聖嘆은 차마 露骨的으로 까발리지는 않았다. 그런 점에서 金聖嘆도 상당히 보수적인 면이 있다. 이것은 아마 公主의 放縱한 私生活 아주 내놓고 말하면 性的인 紊亂함을 읊은 것이라 생각된다. 李邕은 應制詩인 까닭에 이렇게 밖에는 表現할 수 없었으나 알 만한 사람은 다 알아챘을 것이다. 이점은 다시 자세히 杜甫의 〈絶句漫興九首〉에서 論할 것이며 ≪資治通鑑≫을 보면 太平公主는 여러 번 시집갔었고 朝臣인 崔湜(최식)과 私通하고 그를 宰相으로 올리려고 애썼다. 唐代의 公主들은 私生活이 複雜한 境遇가 많았는데 勿論 以前의 王朝에도 더 심한 例는 있었다. 南北朝時代 南朝의 山陰公主는 오빠인 皇帝에게 똑같은 先帝의 血統인데 어째 皇帝는 後宮이 數千이건만 公主는 駙馬 한 명뿐 이냐고 따졌던지 是非를 걸었는지 했었다. 皇帝생각에도 일리가 있다고 여겼던지 左右(아마도 警護員일 것이다)에 눈짓하여 십여 명을 당장 공주에게 딸려 보내 주었단다.

모든 일에는 例外가 있기 마련이다. 純情派도 있었다.

南朝의 마지막 王朝인 陳의 樂昌公主가 그다. ≪古今詩話≫를 보면 陳의 太子舍人으로 있는 徐德言이 樂昌公主를 부인으로 모시게 되었다. 즉 尙公主하였으니 駙馬가 된 것이다. 陳나라의 政事가 날로 글러 희망이 없어 보이자 德言이 公主에게 "그대의 재주와 용모를 보건데 나라가 망한 뒤 반드시 權門世家에 들어갈 것이다. 만약 愛情의 緣分이 끊어지지 않는다면 그래도 다시 만날 수 있으리라"하며 거울 하나를 쪼개―≪太平御覽≫ 卷 71에서 漢·東方朔의 作이라는 ≪神異經≫ 속의 "옛날 부부가 이별할 때에 거울을 쪼개 각각 반을 가지고 信標로 삼았다"라는 말을 인용하였다.―각각 그 반을 가지고 있다가 뒷날 정월 보름에 都市(都城안의 集市, 즉 定期的으로 모여 交易하는 市場을 말함. 一說에는 隋의 都城인 大興城에 두 市場이 있는데 都會市, 뒷날 唐의 東市와 利人市, 뒷날 唐의 西市가 그것으로 都市는 즉 都會市라고 한다)에서 그 거울을 팔기로 약속하였다. 陳나라가 隋에 亡하고 天下가 統一되었는데 公主는 과연 隋의 越國公인 楊素에게 돌아가고 말았다. 德言이 都城의 集市를 찾아가니 과연 반쪽의 거울을 파는 하인이 있었는데 값을 아주 높게 불렀다. 德言이 여관으로 데려가 연유를 말하고 반쪽의 거울을 꺼내 합쳐놓고는 詩를 題하길 "거울과 사람이 함께 가더니 거울은 돌아왔건만 사람은 돌아오지 않았네. 이 거울 속에 다시는 姮娥仙女(항아선녀)같던 님의 비친 모습은 없고 부질없이 밝은 달빛만 남아있네. 鏡與人俱去, 鏡歸人未歸. 無復姮娥影, 空留明月輝."라 하였다. 公主가 이 詩를 받고는 슬피 울며 단식을 하였다. 楊素가 내막을 알고는 德言을 불러 그 아내를 돌려주며 그 김에 公主에게 詩 한 수 지으라 했겠다. 公主가 草稿고 推敲고 할 것 없이 그대로 부르는데 "오늘 어쩌면 이렇게 어색하고 거북할고, 새 남편 옛 남편을 마주하다니. 웃지도 울지도 모두 못하겠으니, 비로소 알겠네 제대로 사람 노릇하기 어렵다는 것을. 今日何遷次, 新官對舊官. 笑啼俱不敢, 方信作人難." (이詩는 唐·孟棨의 〈本事詩·情感〉에도 실려있다. 詩속의 "鏡"字가 "照"字로 된 곳도 있는데 "照"도 거울이란 뜻이다.)

웃으면 옛 남편은 대견하겠지만 새 남편은 섭섭할 것이고 울면 새 남편은 흐뭇하지만 옛 남편은 시무룩·부루퉁할 것이다.

다시 宮中 人物들의 亂雜한 生活을 赤裸裸하게 描破한 作品을 보자. 이 作品은 李邕의 詩意를 더욱 白日下에 露出시킨듯 하다.

〈陳後宮〉(五言律詩, 1~4句抄) 唐·李商隱

玄武開新苑, 龍舟讌幸頻. 渚蓮參法駕, 沙鳥犯勾陳.

註

▶勾陳(구진): 紫微垣(자미원)에 속하며 모두 여섯 개의 별이다. 이로써 後宮의 代稱으로 삼았다.

解說

〈진나라 후궁〉

玄武湖는 나라 동산 樂遊苑에 새로 판 湖水, 龍舟의 놀이 위해 거둥(行幸)하심 잦네. 물 섬의 연꽃도 御駕인 主上의 수레를 함께 하고, 모래톱 새들마저 勾陳별인 後宮을 犯하네.

李氏의 作品은 긴 설명이 필요없다. 宮內의 男女와 民間의 男女 群像이 그야말로 自由롭게 交通하고 거의 雜居의 地境에 이르렀다는 것이다.

결론을 내자. 李邕의 應制詩는 分明하지만 조금 婉曲하게 그러니까 벨베트로 감싼 철봉 한 대 먹인 것이나 다름없다.

➡ 杜甫〈絶句漫興〉 九首의 其五는 李邕〈應制詩〉의 "風", "水"의 含意를 同一하게 運用한 듯하다.

〈絶句漫興〉 其五

腸斷江春欲盡頭, 杖藜徐步立芳洲.

顚狂柳絮隨風舞, 輕薄桃花逐水流.

註

▷頭: ① 場所. ② 時. 第2句가 芳洲라는 場所이므로 第1句는 時로 하는 것이 좋겠다.

▷顚(전): 癲과 같음. 지랄병.

▷芳洲: 芳草가 더부룩한 모래톱.

▷第3·4句: ① ≪杜詩詳注≫: "顚狂·輕薄은 사람으로 景物을 빗댄 것이며 同時에 景物에 의탁해 사람을 풍자한 것이다. 杜甫는 늙어서 봄날의 일들을 감당 못한다는 것이리라." 仇氏는 桃·柳와 風·水로 青春男女의 春事를 그렸다고 보았다. ② 金聖嘆 ≪杜詩解≫: "앞서는 봄이 오지 않기를 바랐으나 꾀꼬리·꽃은 紛紛히 함께 왔고, 지금은 봄이 가기를 바라지 않았으나 복사꽃·버들솜 紛紛히 가버렸다. 얄밉고 한스럽다. ≪莊子·達生篇≫의 生의 옴은 물리칠 수 없는 것이고 그 감은 멈출 수 없는 것이니 슬플 진저를 暗用한 것이다." 金氏는 歲月의 無常을 景物의 變化를 통하여 탄식한 것이라고 보았다. ③ 우리생각에 ≪杜詩詳注≫에서 해석한 것이 그럴 듯하였다. 즉 桃花·柳絮는 青春男女요 風·水는 强力한 誘惑과 魅力 結局은 性的인 接觸으로 보면 簡單하고 明瞭하였다. 그러나 雨田선생님께 아주 조심스럽게 이 詩에서 풍기는 야릇한 냄새와 妙한 느낌을 여쭈어 보았는데 의외로 선선히 말씀하셨다. "杜甫의 性的인 그러니까 너희들 文字로 sex에 관한 內心·苦悶을 그린 것이다. 〈江畔獨步尋花〉

七絶句 · 〈絶句漫興〉 九首는 그렇게 보아야 한다.” 이렇게 되니 오히려 젊은 사람들이 더 당황하였다. “어째 젊은 사람들의 생각이 자유롭지 못하고 틀에 박혔느냐. 杜甫하면 으레 愛國忠君 · 懷才不遇를 떠 올리며 거기에서 맞춰 作品을 보려하다니, 쯧쯧. 作品을 있는 그대로 보고 거기에서부터 杜甫의 面貌를 그려야지” 하셨다.

결국 3 · 4句는 杜甫의 春情 그러니까 끓어오르는 欲望을 표현한 것이니 그의 葛藤과 煩悶은 충분히 짐작할 수 있겠다. 〈絶句漫興〉 其六의 1 · 2句에서 “첫째 게으른데다(사실 이것은 핑계일 뿐이다), 둘째 젊은 것들 노는 꼴(이것도 그냥 하는 소리고)과 내 끓어오르는 마음을 감당할 수 없어 마을을 못 나가겠으니, 애야! 사립문을 매일 꽉 닫아걸어라”하는 뜻을 알고도 남음이 있다.

解說

강가의 봄이 다 하려는 때라 애 끊어지니, 명아주지팡이 짚고 천천히 걸어 고운 풀 더부룩한 모래톱에 서면. 아무리 가는 봄이 아쉽기로 지랄 발광하듯 버들 솜은 바람 따라 춤추고, 들까부는 복사꽃잎은 멋대로 물 따라 흘러가누나.

다음으로는 象徵 · 比喩가 너무 單純한 듯하여 오히려 複雜奧妙해지고만 아주 容易하게 풀리기도 하고 아주 어렵게 엉키기도 하는 其二 · 其九를 살펴보자. “風” 하나만 다룬 것이다.

其二

手種桃李非無主, 野老墻低還是家.
恰似春風相欺得, 夜來吹折數枝花.

이 詩에 대하여 역대평가들은 다음과 같이 이야기 하고 있다.

① 마음속의 不平을 나타낸 것. 造物主도 사람을 깔보는 듯하니 지는 꽃을 아까워함은 바로 나그네의 고독함을 불쌍히 여김이다.(≪杜詩詳注≫)

② 勢豪(勢力있고 財力있는 집안)가 百姓들을 侵奪(土地・財産・사람을 빼앗는 것)함은 세상의 흔히 볼 수 있는 일이나 春風이 横暴했다는 것은 예로부터 들어본 적이 없다. 대단한 滑稽(골계)다. (金聖嘆≪杜詩解≫)
이때의 春風은 봄날에 抑制할 수 없는 치솟은 欲情을 품은 青少年일 것이며 風의 屬性으로 보아 居住가 그야말로 바람처럼 一定하지 뜨내기일 것이다. 알기 쉽게 말하면 訪問販賣員・流浪劇團員, 그리고 占쟁이 땜장이도 낄 수 있을 것이다.

③ 사람이 몰래 꽃을 꺾은 것을 꾸짖는 것이지만 묘한 점은 밤중의 春風에 핑계대어 남들이 모르게 한 것이다. (蕭滌非)

精神分析家 이문성博士에 의하면 다음과 같다.

제1구: 손수 심은 꽃나무 → 나의 타고난 感性. 본래 태어날 때부터 가지고 있던 愛情・情慾을 나타냄.

제2구: 낮은 담 → 잘 몰랐던, 감추어져 있던 無意識의 世界.

제3구: 風 → 男性. 강한 힘. 이성적・합리적인 것. 權力・金力. 社會를 支配하는 法・道德律. 夜來: 夜中 → 의식하지 못하는 가운데. 의도하지 않는 중에.

제4구: 花 → 女性. 柔弱함. 愛情・情慾・感性.
吹折 → 謹嚴한 儒家가 지닌 幼年부터 익혀 몸에 벤 倫理道德・禮儀凡節 等이 의도하지 않았는데 나도 모르게 봄날에 싹텄던 情慾・感傷을 억눌러 버렸다는 뜻임.
이 때 제3구의 “欺”는 壓倒하여 버리다의 뜻으로 풀이하면 된다.

解說

몸소 심은 복사 오얏이니 主人없는 것도 아니요, 촌 늙은이의 담장 얕아도 그래도 엄연한 집인데. 똑 봄바람이 깔본 것 같구먼, 밤중에 꽃 몇 가지 부러뜨리니.

其九

隔戶楊柳弱嫋嫋, 恰似十五女兒腰.

誰謂朝來不作意, 狂風挽斷最長條.

註

▷隔戶: ① 옆집. 이웃집. ② 문밖.

▷弱: 어린, 젊은.

▷嫋嫋(요뇨): 裊裊(요뇨). 휘청휘청. 가늘고 부드러운 것이 흔들리는 모양. 하늘거리는 모양.

▷十五女: 女子는 15歲면 成年이 되고 시집갈 수 있었다. 따라서 여자의 한창 때를 말하며 시집가기 딱 좋은 나이, 또는 막 시집온 새색시의 뜻이다. ≪禮記·內則≫: "女子十有五而笄. 여자 열다섯에 쪽지고 비녀 꽂는다. —笄禮(계례)를 行함." 鄭玄注: "謂應年許嫁者. 女子許嫁, 笄而字之. 나이에 맞춰 시집감을 허락하는 것을 말한다. 여자가 시집감을 허락받으면 쪽지고 비녀 꽂으며 정식이름(名)이외에 자(字)도 짓는다.
15歲가 여자의 한창 피어날 때, 아름다울 때, 시집가기 꼭 좋을 때, 또는 막 시집간 새색시 때를 뜻하는 작품을 들어 보겠다.

〈羽林郞〉에서 抄. 漢·辛延年

胡姬年十五, 春日獨當壚.
異國的 容貌의 西域아가씨 나이 열다섯인데, 이 좋은 봄날 수작하기 좋게 홀로 술청을 맡고 있네.

〈河中之水歌〉(樂府·雜歌謠辭)에서 抄. 梁·武帝

河中之水向東流, 洛陽女兒名莫愁……
十五嫁爲盧家婦, 十六生兒字阿侯.……
黃河의 물 東으로 흘러가는데 洛陽의 아가씨 이름은 莫愁…… 열 다섯에 시집 가 盧氏 집안 아낙 되고, 열 여섯에 딸 낳아 이름은 阿侯라네(以後 阿侯는 美人의 代稱이 됨).……

〈瑯琊王歌辭〉(梁 · 鼓角橫吹曲) 八首. 其一

新買五尺刀, 懸著中梁柱. 一日三摩挲, 劇於十五女.

새로 산 五尺의 칼, 들보 받침 기둥에 매달았네. 하루에도 세 번씩 쓰다듬음은, 열 다섯 여자허리보다 훨씬 나아서이지.

〈長干行〉의 마지막 부분. 唐 · 張朝(李白의 作品이라 잘못 알려짐)

……自憐十五餘, 顔色桃花紅. 那作商人婦, 愁水復愁風.

내 자신이 슬퍼진다, 갓 열 다섯 넘은 새색시에 안색은 복사처럼 붉은데. 어쩌다 배타고 강물 오르내리는 장사치 아낙 되어, 신혼의 즐거움 모르고 나날이 파도 걱정 바람 걱정 해야 하다니.

〈無題〉의 마지막 부분. 唐 · 李商隱(十八歲作)

八歲偸照鏡, 長眉已能畫.……十四藏六親, 懸知猶未嫁.

十五泣春風, 背面鞦韆下.

여덟 살에 몰래 거울 보며 그리기 어렵다는 긴 눈썹도 그릴 줄 알았네. ……열넷에는 깊은 閨中에 숨어 가까운 남자친척도 피했으니, 아직 시집 못 간 처녀인 줄을 헤아렸기 때문이네. 열 다섯에는 봄바람 속에서 시집갈 것의 걱정과 불안 한편으로는 알 수 없는 그리움과 설레임에 그네 밑에서 등 돌리고 울었네.

▹背面은 以背向人으로 등을 사람에게 향하는 것이지 얼굴(面)을 돌리고(背)가 아니다. 面은 向의 뜻이다. 達磨의 面壁九年은 向壁하여 九年을 보냈다는 뜻이고 現代 中國의 有名畵家 齊白石의 背面美人圖는 女人의 뒷모습을 그린 것이지 얼굴 돌린 美女를 그린 것이 아니다.

朝鮮의 有名詩人 白湖 林悌의 作品으로 잘됐다고 아주 有名하지만 同時에 解釋이 여러 가지인 詩를 보자.

十五越溪女, 羞人無別語. 歸來掩重門, 泣向梨花月.

갓 시집온 아주 곱고 예쁜 새색시, 남부끄러워 이별의 말도 못했지. 돌아와 겹문 닫아걸고 나서야 환하게 핀 배꽃위에 걸린 달 향해 끝없이 울었네.

첫句의 해석이 아주 紛紜한데 간단히 설명하겠다.
十五는 갓 시집온 새색시라는 뜻이다. 긴 말이 필요 없을 것이다. 越溪는 若耶溪(약야계)라는 越땅의 개울이름이니 옛날 西施가 아직 뽑혀가기 전에 採蓮하고 浣紗(완사)하던 곳이다. 따라서 越溪女는 西施처럼 곱고 예쁜 여인이라는 뜻이다. 王維는 〈西施咏〉이라는 詩에서 "朝爲越溪女, 暮作吳宮妃."라 읊었으니 즉 "아침에는 越溪의 여인이더니, 저녁에는 吳나라 宮闕의 王妃가 되었다."라고 八字가 확 변한 것을 말하였다.
이 越溪의 해석이 예전에 하도 紛紛하여 고개를 갸우뚱하는 사람들이 많이 있었다. 자 첫 구를 정리해 보자. 갓 시집온 아주 곱고 예쁜 새색시 하면 되는 것이다.

다시 杜甫 〈絶句漫興〉 其九로 돌아가자.

▷誰謂: 誰言 · 何謂 · 何言. 어찌 알았으랴. 어찌 헤아렸겠는가. (謂 · 言은 知 · 料의 뜻이다.)

▷朝來: 朝中.

▷作意: ① 주의하다. 조심하다. ② 신경 쓰다. 정성들이다. 특별히 주의하다. ③ 마음이 동하다. 생각이 떠오르다. ④ 마음먹다. 작심하다. 바람은 밤에나 일벌이지 아침에는 "마음먹고 일 저지르지"않는다고 누가 그랬던가 (朝鮮의 해석).

▷狂風: 猛烈한 바람. 미친 듯이 사납게 부는 바람.

* 〈絶句漫興〉 九首 其九의 해석에 있어 有名한 것들은 아래와 같다.
① 金聖嘆 · ≪杜詩解≫: "……어찌 알았으랴! 천지간의 일에 오히려 설명할 수 없는 것이 있음을. 이웃집 젊은 애 막 스물 되어 해사하고 늘씬하며 가뭇가뭇 콧수염이 났다. 아침에 백마 타고 나가 저녁에 黃公의 술

청—王戎이 嵇康·阮籍과 함께 술 마시던 곳. 친구들은 다 세상 뜨고 王戎 혼자서 옛날을 회상하며 슬퍼하던 곳. 따라서 죽은 친구를 애도할 때 黃公酒壚라 한다.—에서 마시고 通行禁止 鍾소리 울릴 때 귀가하였는데 한 밤중에 죽었단다. '誰謂'라는 말이 妙하니 理致上으로는 결코 없을 것이지만 발생한 事實로 보면 때때로 있다는 것이다. '不作意'는 '不在意'를 말함이니 별안간 생각지 않던 곳에서 발생했다는 것을 말함이다. 그러한즉 나 지금 늙어가 비록 어찌해 볼 수가 없지만 그러나 나를 그 젊은 애에 비한다면 소위 약간 낫다는 것이리."

"……豈知天地間事, 尙有不可說者. 鄰家少年, 年始二十, 白晳長大, 鬑鬑初髭. 朝騎白馬, 暮飮黃壚, 鐘聲歸家, 半夜竟歿. '誰謂'字妙, 眞乃理之所必無, 却是事之所時有. '不作意'猶言不在意也, 言忽然出於不料也. 然則我今老去, 雖是萬無奈何, 然而以此方彼, 所謂差勝乎爾."

우리생각에 金氏는 본래 處女를 말하고 싶었을 것이나 杜甫가 뻔히 알 수 있는 것을 "恰似十五女兒腰"라고 重言復言 贅辭를 달아놓으니 흥이 깨지고 맥이 빠져 싱겁게 된 이른바 김이 샌 일이라 처녀 대신 총각이라고 어깃장 놓은 듯하다. 또 다르게 풀어보면 이웃의 젊은 녀석이 한창 精力을 誇示, 靑春을 謳歌, 날마다 놀아나니 부럽기도 하고 샘도 나지만 돈 없는 늙다리 신세라 별 수 없이 구경만 하는데 그 녀석 신상에 중대한 변화가 생기고 만 것이다. 그래서 쭈그렁 밤송이 삼년 간다고 스스로를 달래며 그저 조심조심 사는 것이 나에게는 가장 적합·타당한 上策이라고 다짐해보고 위로한다고 보아도 되겠다.

② ≪杜詩詳注≫: "其九와 其二는 相應하니 折花나 斷柳나 모두 遭遇의 不幸함을 탄식한 것이다. 此與二章相應, 折花斷柳, 皆歎所遭之不幸."

③ ≪讀杜心解≫: "好物은 堅固하지 못하다는 뜻이니 自況(自己에 比함)이다. 3·4구는 造物主가 의도적으로(고의로) 摧損한 것이다. 乃好物不堅牢之意, 蓋以自況也. 三四, 謂造物有意摧損之."

④ ≪杜詩經銓≫: "이것과 其二는 한 뜻인데 分置한 것이다. 始終 春光

이 잠시라도 머물기 어려움의 感慨를 나타낸 것이다. 此與第二首本一意, 將用分置, 始終見春光不能少留之感."

⑤ 日本・高木正一・≪杜甫≫(臺灣 專心文庫. 李君奭譯): "이웃집 버들을 15歲의 처녀에 비하였는데 그 처녀가 바람둥이 녀석에게 어떻게 할 리가 없었는데 제일 긴 가지가 好色狂風에 꺾인 것을 보면 아마도 오늘아침에 그 녀석에게 갖은 아양과 온갖 교태를 부린 것 같다. 이 部分은 平素의 杜甫와 아주 다른데 사람들에게 性的 興奮(eroticism)을 느끼게 하는 作品이다." '最長條' 제일 긴 가지를 여자의 가장 중요한 순결로 본 듯하다.

⑥ 雨田선생님

邑內에 流浪劇團인지 서커스(曲藝團)인지가 들어 왔겠다. 시골 처녀들이 가보니 그 곳의 青年들은 어른들이 보기에는 기생오라비 같지만 처녀들 눈에는 흰 얼굴・긴 머리카락・꽉 끼는 바지에 늘씬하고 멋이 넘치는지라 촌에서 농사짓는 愚直하고 鈍重한 갑돌이나 칠성이와는 딴판이었다. 傾倒된 처녀들 물불 안가리고 邑內 出入이 잦아졌고 이를 본 杜先生은 率直히 猜忌(?)半 憂慮半이라 타일러도 보고 꾸짖어도 보았으나 別無效果. 그래도 나름대로 상당히 주의를 기울였겠다. 그러나 어느 날 까불고 들떠있던 처녀들 중에 가장 매끈하고 늘씬한 아이가 풀이 죽어서 멍하니 있는 것을 보았겠다. 단박에 알아채고 말았다. 마침 그때 며칠 杜先生에게 일이 있어서 꼭 自己가 신경을 안 쓰고 주의를 기울이지 못하여 그렇게 당한 것이라 여겨 애석하고 切痛하기 짝이 없었으나 相對는 住居가 一定하지 않은 浮浪兒 즉 狂風처럼 온 곳도 간곳도 모르는 녀석일 터이니 다 지나간 일. 더 따져서 무엇 하랴. 죽은 자식 나이 세기지. 아아 狂風에 꺾인 제일 긴 버들가지여! 처녀 왈: "머물고 간 바람처럼 기약 없이 멀어져간 내 사랑아.……사랑은 한 줄기 바람인 것을. (듀엣 유심초의 〈사랑이여〉에서)"

⑦ 여기에서 융(Jung, Carl Gustav. 1875~1961)의 分析心理學說을 융學派의 精神分析家인 이문성 博士의 見解를 통해 보도록 하자.

우리 인간의 精神世界는 意識世界와 無意識世界로 나눌 수 있는데, 意識世界의 중심은 自我이다. 이 自我는 페르조나(Persona)와 동일시 될 때가 많다. 페르조나란 어떤 사회집단이 그 집단의 특수한 구성원에게 한결같이 요구하는 일정한 행동상의 규범을 말한다. 自我는 사회집단과의 관계를 유지하는 동안 자신도 모르게 페르조나에 동화되어 그것이 자신의 진정한 개성인 것으로 착각하는 경우가 있다. 이것을 자아가 페르조나에 동일시되어 있다고 말한다. 페르조나와의 동일시가 심해지면 자아는 그의 내적인 정신세계와의 관계를 상실하게 된다.(이부영(1998), ≪분석심리학≫, 서울, 일조각. 82～83쪽) 내적인 정신세계는 무의식세계를 말하는 것으로 두 가지가 있다. 첫째는 個個人이 이 세상에 태어나서 살아가는 과정에서 형성되는 個人的 無意識이고 둘째는 태어날 때 이미 가지고 나오는 集團的 無意識이다. 個人的 無意識 중에서 지금까지 겪은 개인생활에서의 체험 내용 가운데서 현실세계의 도덕관이나 가치관 때문에 현실에 어울리지 않아 억압된 것들로 이루어진 것을 그림자(Shadow)라고 한다. ≪論語・陽貨≫의 "唯女子與小人, 爲難養也. 近之則不遜, 遠之則怨. 다만 여자와 소인들은 함께 있기 어려우니 가까이 하면 불손해지고 멀리하면 원망하기 때문이다."를 보면 유교문화에서의 그림자는 女子와 小人이라고 말할 수 있다.(이부영(1999), ≪그림자≫, 서울, 일조각. 271쪽) 集團的 無意識은 지리적 차이, 문화나 인종의 차이와 관련없이 존재하는 인간의 가장 원초적인 행동유형인 원형(原型, Archetype)들로 구성되는데,(이부영 ≪분석심리학≫, 68～69쪽) 아니마(Anima, 男性 內部의 女性像, 즉 여성 Image)와 아니무스(Animus, 女性 內部의 男性像, 男性 Image)가 여기에 속한다. 男性에서 여성적인 측면을 멀리하게 되면, 그것은 자신의 무의식 세계로 억압되어 그림자의 형태로 그의 내적 정신세계에 갇혀서 밖으로 나타나지 못할 뿐 완전히 사라지는 것은 아니다. 그리고 남성은 태어날 때부터 여성적인 측면을 이미 그의 내적 정신세계에 가지고 있지만 그가 이를 인식하기는 힘들 뿐이다. 그런데 어떤 계기로 예컨대 봄날에 꽃이나 버드나무와 같이 女性을 象徵하는 外

部의 對象을 접하게 되면 男性은 깊은 感興을 일으키게 되는데 이는 자신 속에 있는 아니마 즉 內部의 女性像 이 外部에 존재하는 女性을 象徵하는 對象에 投射되어 나타난 현상이다. 다시 말하자면 자신의 정신 내면의 현실을 직접 인식하는 것이 아니라, 외적 현실을 통하여 인식하게 되는 것이다. 그러나 의식세계의 自我의 태도가 男性性(도덕, 윤리, 규범, 원칙)을 강조하는 유교문화의 페르조나와 동일시 되어있다면 이러한 내적인 여성성을 체험하게 될 때 自我는 이를 보살피고 살려서 키워나가지 못하고 파괴시켜 버리게 될 것이다. 바람은 男性性의 象徵으로 바람이 불어 꽃을 지게 한다면 위에서 말한 것의 적절한 예가 될 것이다.

門外漢에게는 曰可曰否·是耶非耶·甲論乙駁할 복잡한 문제에 속하나 專門家가 보기에는 결코 그렇지 않았다. 남의 專攻은 尊重해야 한다.

⑧ 이 博士가 보기에는 이렇다.

점잖게 春日의 情趣·風流라 해두자. 그러나 直說的으로는 끓어 오르는 欲望, 한껏 피어나고 자라난 欲望이다. 그러나 나 자신도 헤아리지 못하였구나. 아침에 더 이상 마음을 동요시키지 않고 생각을 더하지 않았더니 聖賢의 말씀과 나의 굳은 修養덕분에 그 欲望을 그대로 단숨에 끊을 수 있었다. 내가 생각해도 대견하구나.

〈絶句漫興〉 九首를 精神分析의 觀點으로 論하면 其二에서는 솟아오르는 欲望을 壓倒하는 강한 儒家의 規制가 일단 勝利했다가 其五에서는 春情이 다시 걷잡을 수 없이 噴出하였으며 其六에서 일단 後退·逃避하여 설레는 마음을 鎭靜시켰다가 其九에서 平生의 根氣·修養으로 一刀兩斷하듯 끊어버린 것이다. 자기도 그렇게 잘 될 줄은 짐작하기 못했다는 것이다. 대견할 것이다.

解說

옆집의 가늘고 어린 버들 휘청휘청 하늘거리는 것이 꼭 시집갈 열다섯 처녀 허리와 같아……. 어찌 짐작이나 했겠느냐. 아침에 더 이상 마음을 쓰지 않았더니 사나운 바람이 제일 긴 가지를 잡아 끊어낼 줄을.

➥ 지금의 젊은 사람들이 보면 꼭 할 말이 있을 것이다. 그러면 그렇

지! 儒家인 杜甫의 생각이 그렇게 밖에는 풀어갈 수 없지 않겠느냐. 만약 李商隱 같이 갈 데까지 간다면 輕薄·浮躁(부조)라고 辱을 터지도록 먹을 것이 뻔하지 않겠느냐 할 것이다. 그러나 중요한 또 한 가지 考慮해야 할 것이 있다. 봄바람을 억제 못하였다 해도 발산할 길이 없는 것이다. 權力이 있나 經濟力—李商隱은 〈無題詩〉에서 말이 필요없이 마음과 마음이 통한 女子를 두고 "身無彩鳳雙飛翼, 心有靈犀一點通. 날개가 없어 만날 수는 없어도 작은 꼬투리 마음은 통한다." 했다. 그러나 汪中 선생님께서는 술이 거나하게 취하자 "現金完全通"이라 喝破하셨겠다.—또한 말할거리가 안 되니 大富豪 石崇은 美人 綠珠를 眞珠 세 섬(三石)을 주고 샀다고 雨田선생님께서 늘 말씀하시니 焉敢生心 비하랴. 그렇다고 潘岳(반악)같은 美男도 杜牧같은 風采 또한 해당사항이 없으렸다. 家門·血統·身分을 생각해서도 이른바 事必歸正이라 할 수 있을 것인지.

이 〈絶句漫興〉 九首의 展開와 終着을 보면 陶淵明의 〈閑情賦〉가 어쩔 수 없이 떠오른다. 그 序에 밝혔는바 이전에 張衡은 〈定情賦〉를 지었는데 "始則蕩以思慮. 처음에는 생각을 풀어 헤쳤다가", "而終歸閑正. 마지막에는 고요하고 올바른 곳으로 돌아갔다". "將以抑流宕之邪心, 諒有助於諷諫, 綴文之士, 奕代繼作……. 마음대로 터지는 放蕩한 邪心을 억누르려는 것이니, 참으로 諷諫에 도움이 되어, 글짓는 선비들이 대대로 이어 지어왔고……"이라 하여 끓어오르는 欲望이 있었음을 率直히 인정하고 그것을 억눌러 바른 길로 돌아가고자 대대로 선배들이 노력했다는 것이다. 그리하여 陶淵明 自身도 〈閑情賦〉(閑은 억제하다. 막다)에서 저고리 깃이 되어 님의 머리칼 꽃내음 받들고 싶다는 둥, 치마의 띠가 되어 가는 몸을 묶고 싶다는 둥, 머릿기름 되어 깍은 듯한 어깨에 드리워지고 싶다는 둥, 종당에는 명주신발(실크슬리퍼) 되어 흰 발에 붙고 싶다는 둥, 왕골자리가 되어 연약하신 몸 앉혀드리고 싶다는 둥 아주 야하게 나가더니만 "생각한다. 바라는 것은 꼭 어긋나니, 헛되구나. 만나도 헤어져도 마음만 괴롭네. 考所願而必違, 徒契闊以苦心"하고 탄식하고는 "오만 잡생각일랑 시원하게 털어내고 誠心

(發乎情하여 止乎禮 함을 말한다)을 간직하며, 高尙하고 遠大한 꿈과 생각을 멀고 먼 八方의 끝에 머물게 하노라. 坦萬慮以存誠, 憩遙情於八遐" 하여 점잖게 끝을 맺었다. 陶先生이나 杜先生이나 그리고 그 밖의 許多한 知識은 많으나 金錢은 없고 눈은 높으나 몸은 낮은 儒者들이 갈 곳이 어디겠으며 마음 부칠 곳이 어느 곳이겠느냐. 다 抛棄하고 阿Q의 精神的 勝利가 그 곳일 것이다.

＊ 附錄: 織女詩

太平公主의 南莊에 가며 織女의 故事를 쓴 것은 織女가 天帝의 딸이므로 그렇게 한 것이다.

≪月令廣義・七月令≫引南朝・梁・殷芸・〈小說〉: "天河之東有織女, 天帝之子也. 年年機杼勞役, 織成雲錦天衣, 客貌不暇整. 帝憐其獨處, 許嫁河西牽牛郞, 嫁後遂廢織紝. 天帝怒, 責令歸河東, 但使一年一度相會.

≪月令廣義・七月令≫에서 南朝・梁・殷芸의 〈小說〉을 引用하였다. "銀河의 東에 織女가 있었으니 天帝의 딸이다. 해마다 베틀과 북에 애쓰고 힘써 구름무늬 하늘나라 옷감을 짜내느라 용모를 다듬고 매만질 겨를이 없었다. 天帝는 혼자 사는 것을 가엽게 여겨 銀河의 西에 있는 牽牛郞에게 시집가도록 허락하였다. 시집 간 뒤 종당에는 길쌈을 놓아버리니 天帝가 怒 하사 책임을 물어 銀河의 東으로 돌아가게 하고 다만 일 년에 한 번만 만나도록 하였다."

일년에 한 번 만나게 한 것에 분개할 사람이 많겠지만 그것도 感之德之할만 하다 보는 이도 있다. 夫婦가 死別하였을 때가 바로 그것이다.

〈七夕〉 唐・李商隱

鸞扇斜分鳳幄開, 星橋橫過鵲飛迴.
爭將世上無期別, 換得年年一度來.

註

▸鸞扇(난선): 깃털부채(羽扇)를 멋있게 부른 것. 보통 꿩의 꼬리로 만들며 긴자루가 있다. 左右 양쪽에서 들어 가운데 있는 사람의 얼굴을 가려준다. 필요할 때 左와 右로 벌려 가운데 있는 사람을 드러낸다.

▸星橋: 별님의 다리. 즉 牽牛星·織女星이 건너가는 다리. 烏鵲橋.

▸爭: 어떡하면.

▸將: 持. ~을 가지고.

▸無期別: 기약없는 이별, 즉 死別·永別의 뜻.

▸度: 次. 번.

解說

〈칠석〉

합쳐서 가리던 雉尾扇(치미선)이 비스듬히 좌우로 갈라지며, 닫혀있던 鳳凰무늬 휘장이 열리네. 織女가 별님의 다리를 가로 지나가면 까치들은 날아 돌아가네, 어떡하면 人間世上 夫婦사이의 기약 없는 이별을 牽牛·織女처럼 해마다 한 번씩 오고감으로 바꿀 수 있을까.

➥ 세상에 죽으란 법은 없다. 일 년에 단 한번인 듯 하지만 두 번일 때도 있는 것이다. 윤달이 들면 그리되는 것이다. 天帝의 失手인지 故意의 酌定인지…….

〈閏月七日織女〉 唐·王灣

耿耿曙河微, 神仙此會稀. 今年七月閏, 應得兩回歸.

註

▸微: 숨다. 감추다.

▸耿耿曙河微(경경서하미)는 謝朓의 "秋河曙耿耿. 가을이라 은하는 새벽에도 찬란해."를 따서 쓴 것이다.

解說

〈윤칠월을 맞을 직녀에게〉

새벽까지 밝고 환하던 銀河 또 숨어버리고 이렇게 끝없이 되풀이 되는데 그 은하를 사이에 두고 신선들의 만남은 드물기 짝이 없다. 올해는 칠월이 윤달이니 분명히 두 번은 님에게 돌아갈 수 있으리라.

〈壬申閏秋題贈烏鵲〉 唐・李商隱

遶樹無依月正高, 鄴城新淚濺雲袍.
幾年始得逢秋閏, 兩度塡河莫告勞.

註

▸遶樹無依月正高는 魏武帝 曹操의 〈短歌行〉의 "月明星稀, 烏鵲南飛. 遶樹三匝, 何枝可依."를 따옴.

▸鄴城: 魏 武帝 曹操의 都邑. 曹操 三父子를 中心으로 建安七子라는 建安時代의 뛰어난 文人들이 이 鄴城에서 中國의 文壇을 主導하였다. 李商隱은 아내 죽고 얼마 안 돼 東川 節度使 柳仲郢의 부름으로 그의 幕下에서 從事하였다. 柳仲郢을 曹操에 自身을 建安七子에 비하였다.

▸雲袍: 구름무늬 있는 官服.

解說

〈壬申年 閏七月에 써서 까막까치에 준다〉

달은 한창 높이 떠 밝은데 나무를 맴 돌아도 의지할 곳 없는 까마귀네 신세도 어렵지만, 훌륭한 새 主人을 東川 땅에서 모신 나 또한 달과 까마귀의 〈短歌行〉으로 이름난 英雄 曹操를 鄴城에서 모시던 建安의 文人들처럼 幸運이라지만 다만 죽은 아내생각에 눈물이 새삼스럽게 官服을 적셔 처량하구나. 나는 죽기 전에는 내 짝을 못 보지만 일 년에 한 번 그리고 윤칠월이 있으면 두 번 만나는 견우 직녀를 보면 부럽구나.

몇 년 만에야 겨우 초가을 칠월의 윤달을 만났을까 두 번 은하수 메우자면 힘도 들겠지만 견우직녀를 위해 그리고 나의 간절한 마음을 보아서 너무 괴롭다고 하소연일랑 말아라.

이것으로 李邕의 〈應制詩〉의 "風"과 "水"에서 始作된 긴 이야기를 끝맺겠고 李邕의 特輯 또한 끝맺겠다.

【附錄 2】

陰鏗 特輯

陰鏗(음갱): 南朝의 梁·陳時代의 詩人. 五言詩에 뛰어남. 陳文帝가 잔치를 베풀고 群臣에게 詩를 짓게 할 때 徐陵이 帝에게 아뢰니 그날로 陰鏗을 불러 잔치에 참예토록하고 落城한 安樂宮을 읊어보라 하자 붓을 잡자 곧 완성(援筆便就)하여 帝가 크게 칭찬하였다. 後世에 評者들은 陰鏗의 공로는 近體詩 五言格律을 完成하는데 一助한 것에 있다하고 詩自體는 크게 認定하지 않았으며 예전부터 陰·何(陰鏗과 何遜)를 竝稱하는 것에 不滿을 표시하였다. 즉 何遜의 風格에 크게 못 미친다는 것이었다.

지금까지 사람들은 陰鏗의 詩가 대부분 散佚되었다고 하며 지나갔는데 우리가 調查한 바 丁福保編의 〈全漢三國晉南北朝詩〉에 35首가 실려 있고 逯欽立輯校의 〈先秦漢魏晉南北朝詩〉에서는 〈昭君怨〉을 他人의 作品으로 보고 빼 34首가 실려 있었다. 옛말에 "嘗鼎一臠, 窺豹一斑, 亦足見其大略. 솥 안의 고기 한 점 맛보고 표범의 얼룩무늬 하나 보아도 족히 그 大略을 알 수 있다."(宋·李光의 〈與胡邦衡書〉)라 하였는데 35首면 이 또한 능히 "管中窺豹, 時見一斑. 대 구멍으로 표범을 살피니 때로 그 특징인 반점을 본다."(≪晉書·王獻之傳≫)할 수 있지 않을까 생각한다.

陰氏의 詩는 修辭가 華麗하지도 않고 風格이 俊逸하지도 않다. 感情이 激烈하지도 않으며 沈痛하고도 거리가 멀다. 淡淡하고 清淨한 느낌을 갖게 하며 모든 것이 過함 없는 즉 지나침이 없이 平穩하다는 印象이다. 덧붙이면 中國文人들의 特徵이랄까 通弊랄까 겹겹이 疊疊이 쌓은 典故의

濫用도 들 수 있겠다. 이것은 杜甫에게는 何等의 拒否反應없이 받아들여진 부분일 것이다.

初, 鏗嘗與親友宴飮, 見行觴者, 因回酒炙以授之. 衆坐皆笑. 鏗曰: "吾儕終日酣酒, 而執爵者不知其味, 非人情也." 及侯景之亂, 鏗當爲賊禽, 或求之, 獲免. 鏗問之, 乃前所行觴者.(≪南史・陰子春傳附陰鏗傳≫)

전에 음갱이 친구들과 잔치하며 술을 마실 때 술을 따라주는 사람을 보고 자기의 술과 불고기를 주니 자리에 있는 사람들이 웃었다. 갱이 말했다. "우리들은 하루 종일 술에 얼근해있으나 술잔 돌리는 사람은 그 맛을 모르니 인정에 어긋난다." 후경의 난이 일어나서 음갱은 반란군에게 붙잡히게 되었으나 어떤 사람이 구해주어 피할 수 있었다. 갱이 누구인지를 물어보니 바로 이전에 술잔을 돌리던 사람이었다.(≪南史・陰子春傳附 陰鏗傳≫)

▷行觴: 行酒. 순서에 따라 술을 따르다. 순서에 따라 술을 권하다.

▷回授: (자기의 몫을 돌려)주다.

▷炙(자): 불고기. ➪ 例: 膾炙. 적으로 읽으면 散炙(적)즉 꼬치.

▷衆坐: 자리에 있는 많은 사람.

▷當: 장차. 반듯이. 꼭.

1. 〈新成安樂宮〉

新宮實壯哉, 雲裏望樓臺. 迢遞翔鵾仰, 連翩賀燕來.
重檻寒露宿, 丹井夏蓮開. 砌石披新錦, 梁花畵早梅.
欲知安樂盛, 歌管雜塵埃.

註

▸安樂: ① 安逸. 快樂. ≪史記 · 秦始皇本紀≫: "以諸侯爲郡縣, 人人自安樂, 無戰爭之患, 傳之萬世. (이전의)제후국을 군현(제)으로 하면 사람들 모두 편안해지고 전쟁의 근심도 없어지니 만세 후에까지 전해지리라." ② 편안하고 즐겁게 하다. 漢 · 董仲舒 ≪春秋繁露≫: "堯舜不擅移, 湯武不專殺 요임금과 순임금도 함부로 선양한 것이 아니고, 탕임금과 무임금도 마음대로 살생한 것이 아니다.", "故其德足以安樂民者, 天予之; 其惡足以賊害民者, 天奪之. 그렇기 때문에 그 덕이 능히 백성을 편안하게 할 수 있는 사람(의 지위)은 하늘이 내려주는 것이고, 그 악이 백성을 해칠 수 있는 자(의 지위)는 하늘이 빼앗아 가는 것이다."

▹擅移(천이): 禪讓(선양). 擅은 禪과 통함.

▹專殺: 함부로 살생하다.

➪ 安樂世界: 佛敎의 極樂世界.

➪ 安樂椅子. 安樂死.

➪ 安樂窩(와): 宋나라 邵雍은 스스로를 安樂先生이라 부르며 蘇門山에 隱居하고 그 집을 安樂窩라 이름 붙였다. 그리고 〈安樂窩中四長吟〉을 지었는데 "安樂窩中快活人, 閑來四物幸相親: 一編詩逸收花月, 一部書嚴驚鬼神, 一炷香淸冲宇泰, 一樽酒美湛天眞. 편안한 움집에 즐거운 사람이 사는데, 한가하여 네 가지 사물과 친하게 지내

네. 한 권의 시집은 뛰어나 그 속에 꽃과 달이 들어 있고, 한 부의 經書는 엄숙하여 그 내용에 귀신도 놀라고, 타고 있는 한 개의 향은 맑아 그 향기에 온 세상의 조화를 이루고, 한 동이 술은 맛있어 그 속에 구속받지 않는 맑은 품성 깊이 깊이 잠겨있네."라고 하였다.

▷逸: 초탈하다. 고상하다. 한가하다. 한적하다. 안락하다.

▷炷(주): 등불의 심지. 향을 피우다. 향을 세는 단위. 一炷香은 타고 있는 향 하나다.

▷冲(충): 담백하다. 조화롭다. 謙和하다.

▷宇: 처마. 집. 사는 곳. 上下四方, 하늘과 땅 사이. 國土. 天下. 胸襟. 風度.

▷泰: 통달하다. 평안하다. 크다. ➪ 泰宇: 天下.

▷湛(잠): 깊이 괴어있음. 맑음. (침): 잠김. 담김.

▷天眞: ① 禮俗의 拘束을 받지 않는 品性.(老莊思想) ② 事物의 본래 성질, 또는 본래의 모습.

▶鵾(곤): 鯤과 같은 글자. ≪莊子 · 逍遙遊≫: "北冥有魚, 其名爲鯤. 鯤之大, 不知其幾千里也. 化而爲鳥, 其名爲鵬.……鵬之徙於南冥也, 水擊三千里, 摶扶搖而上者九萬里, 去以六月息者也. 북쪽 바다에 물고기가 있는데 그 이름이 곤이라 한다. 곤의 크기는 몇 천리인지 알 수가 없다. 변하여 새가 되면 그 이름이 붕이라 한다. 붕이 남쪽 바다로 옮겨가려면 삼천리 물을 치고 회오리바람을 타고 돌아올라 구만리를 오르며 육 개월을 가고서야 쉰다." 本詩의 鵾은 鯤鵬으로 땅에서 9만리를 솟아오른 鵬이 올려다보아야 할 정도로 宮殿이 높다는 것이다.

▶連翩: 聯翩. (깃발 · 머리카락 등이) 가볍게 나부끼다. (깃발 · 옷자락 등이) 펄럭이다. 새가 나는 모양.

▶賀燕: ≪淮南子 · 說林訓≫: "湯沐具而蟣蝨相弔, 大廈成而燕雀相賀, 憂樂別也. 屍身을 沐浴시킬 더운 물 등을 준비하면 서캐와 이가 서로

위로하고, 高臺廣室・高樓巨閣이 지어지면 제비와 참새가 서로 慶賀하니 근심과 즐거움의 같지 않음(差別)이라." 以後 사람들은 새로운 建物의 落成을 祝賀할 때 이 말을 썼다.

▶櫩(염. yán): 처마. 추녀. 檐(첨. yán)와 같은 뜻.

▶寒露: ① 차가운 이슬. ② 한로. 24節氣의 하나. 이 句는 陶淵明 〈擬古九首〉의 其五 "白雲宿簷端 흰 구름은 처마 끝에 잠든다."를 變用한 듯하다. 이 陶詩는 우리나라에서도 活用하였는데 雨田선생님께서 傳來되는 時調라며 잠깐 읊조리셨는데 대략 이러하였다. "山之南 水之北에 草堂 三間 지어 間半은 淸風주고 間半은 明月주니 白雲은 둘 데 없어……처마 끝에 잠들거라." 그런데 鄭炳昱 선생님의 ≪時調文學事典≫에 실려 있지 않아서 우리는 或 先生님의 作品이 아닌가도 생각하고 있다. 本詩에서는 宮殿이 하 높아 겹처마의 높은 곳에 찬이슬이 맺혀있다고 한 것이다.

▶丹井: ≪中文大辭典≫이나 ≪漢語大詞典≫ 모두 丹藥을 만드는데 쓰이는 우물 等으로 해석하였다. 그러나 本詩는 宮殿이란 構造物의 宏壯・華麗를 描寫하고 있으므로 妥當하지 않다. 丹은 붉다는 뜻 외에 화려화다, 찬란하다는 뜻, 그리고 그러한 곳 즉 大闕을 나타낼 때에 사용하였다. 그 例로 丹宮은 대궐이며, 丹陛, 丹除는 대궐의 계단이다. 井은 天井 즉 藻井(반자 널에 해초무늬를 그린 소란반자)을 가리킨다. 오늘날 宮殿이나 寺院에 가서 천정을 올려다보면 쉽게 알 수 있다. ≪文選・張衡・西京賦≫에 "蔕倒茄於藻井, 披紅葩之狎獵. 찬란한 무늬의 天井에는 蓮 줄기를 거꾸로 심었는데 붉은 꽃송이가 겹겹이 피어있다."라 하였는데 本詩句의 淵源이 된다 하겠다.

▷蔕(체): 蔕. 꼭지. 심다.

▷茄: 蓮의 줄기.

▷披: 펼치다. 열리다. 벌어지다.

▷紅葩(홍파): 붉은꽃. 蓮꽃을 말함.

▷狎獵: 重疊・連續된 모양.)

▸夏: ① 大. 크다. ② 여름의 代表인 蓮꽃. 時節을 代表하는 꽃을 節物이라고도 하는데 봄은 桃 또는 蘭. 여름은 荷(즉 연꽃) 또는 牡丹. 가을은 단연 菊. 겨울은 冬栢・水仙도 좋지만 아무래 梅다.

▸砌石(체석): 섬돌. 계단.

▸新錦: 막 짜낸 비단. 빛깔이 날거나 바래지 않은 찬란한 새 비단.

▸花: 도안(圖案)에 따라 그린 무늬. 아롱다롱한 모양.

▸欲知: 예상하다. 추측하다.

▸歌管: 肉聲의 노래와 樂器의 演奏.

▸雜塵埃: 雜은 ① 많다. 繁多하다. ② 같이. 함께. ③ 혼잡하다. 뒤섞이다. ≪藝文類聚≫ 卷43에서 漢・劉向의 〈別錄〉을 引用하였는데 "漢興以來, 喜〈雅歌〉者魯人虞公, 發聲淸哀, 蓋動梁塵. 漢나라 생긴이래로 雅歌를 좋아하는 사람은 魯나라 사람 虞公이었는데 목청이 맑고 슬퍼서 들보의 먼지를 振動시켰다."라 하였다. (蓋: ① 大概. 아마. ② 구절 앞의 어조사)

解說

〈落成된 安樂宮〉

새 宮殿은 질실로 壯麗하도다. 樓臺를 바라보려면 구름 속을 보아야 하니. 九萬里 높이를 까마득히 날아오르는 鯤鵬도 이 宮殿을 우러러 보아야 하고 훡훡 날며 좋은 집 생겼다고 慶賀하는 제비도 오는구나. 겹처마에는 높은 곳의 싸늘한 이슬이 잠들고, 붉은 천정에는 큰 연꽃이 피어있도다. 섬돌에는 막 짜낸 찬란한 錦繡비단 펴 놓았고, 들보의 아롱다롱한 무늬는 일찍 핀다는 매화를 그린 것. 생각건대 安樂宮의 盛況은 歌姬의 노랫소리 樂工의 演奏가 紅塵世上의 먼지보다 더 많을 때일 것이다.(또는 노랫소리・演奏가 너무 맑고 구슬퍼 들보의 먼지를 진동하여 뒤섞일 때이다.)

2. 〈班婕妤怨〉(一本無怨字)

柏梁新寵盛, 長信昔恩傾. 誰爲詩書巧, 翻爲歌舞輕.
花月分窗進, 苔草共階生. 妾淚衫前滿, 單眠夢裏驚.
可惜逢秋扇, 何用合歡名.

註

▸班婕妤(반첩여): 婕妤는 倢伃라고도 한다. 成帝의 後宮. 帝가 막 卽位하였을 때 後宮에 選入되었다. 처음에 少使(女官名)였다가 고대 寵愛를 받고 婕妤(女官名)가 되어 增城舍에 居住하였으며 두 번이나 解産하는 곳인 陽祿館과 柘觀(자관)에 들어 아들을 두었으나 몇 달만에 모두 잃었다. 成帝가 後庭에 노닐 때 輦(연)을 함께 타자고 하였으나 옛 聖君의 곁에는 名臣이 있었으며 嬖女(폐녀)는 三代의 末에나 같이 하였다고 아뢰었다. 임금이 그 말을 가상히 여겼고 太后도 기뻐하였다. 婕妤는 ≪詩經≫과 옛날의 箴戒(잠계. 깨우쳐 훈계함)하는 글인 〈窈窕〉·〈德象〉·〈女師〉等을 외우고 매양 임금을 뵈올 때 이것들을 아뢰었으며 行動擧止는 古禮를 따르고 본받았다. 그 後 임금님의 後宮이 많아졌고 特히 衛婕妤가 사랑을 받았으며 다시 趙飛燕 姊妹가 등장하자 事態는 突變하였다. 許皇后와 後宮들 모두 失寵하였으며 皇帝를 뵐 수 있는 기회마저 드물어졌다. 趙飛燕은 許皇后와 班婕妤가 媚道(미도)—巫蠱邪術(무고사술). 즉 巫覡(무격)이 邪術로 사람을 해침—를 가지고 後宮들을 詛呪하며 辱이 主上에까지 이르렀다고 譖訴하였다. 許皇后는 이 때문에 廢位되었고 班婕妤를 조사하고 審問하니 婕妤가 對答하길: "듣건대 '生死는 有命이며, 富貴는 在天이라.(≪論語·顏淵篇≫)' 하였습니다. 正直을 행하여도 오히려 福을 받지 못하는데 邪惡을 행하여 무

엇을 바라겠습니까. 가령 鬼神이 知覺이 있다면 저의 誹謗하는 하소연을 받아들이지 않을 것이며 만약 知覺이 없다면 譖訴한 들 무슨 이익이 있겠습니까. 그래서 하지 않은 것입니다." 하니 上께서 그 對答을 가상히 여기시고 가련하게 생각하여 黃金 百斤을 하사하였다. ("妾聞 '死生有命, 富貴在天.' 修正尙未蒙福, 爲邪欲以何望. 使鬼神有知, 不受臣之愬, 如其無知, 愬之, 何益. 故不爲也." 上善其對, 憐憫之, 賜黃金百斤.) 그러나 趙飛燕 姉妹의 專橫과 嫉妒에 오래 가면 危殆하리라고 判斷한 班婕妤는 長信宮으로 가 太后를 奉養하겠다고 하여 上은 이를 許諾하였다. 班氏는 東宮 ―漢代에는 太后宮을 東宮이라 하였으니 未央宮의 東쪽에 있었기 때문이다― 에 물러나 있으며 賦를 지어 스스로를 傷悼하였다. 이 作品은 ≪漢書≫에 실려 지금까지 전해지고 있다. 그러나 五言詩 〈怨歌行〉은 正式史書인 ≪漢書≫에 실려 있지 않다. 成帝가 죽자 班婕妤는 園陵에 보내졌고 죽자 그 園陵에 묻혔다. (以上은 ≪漢書・外戚傳≫에서 引用한 것임)

➥ 임금은 朝廷에서 臣下들의 直言・諫言・忠言을 지겹도록 들으며 날마다 萬機를 親攬하고 疲困한 몸으로 後宮에 들었을 때는 休息을 願할 것이다. 班婕妤처럼 ≪詩經≫이나 箴戒書의 좋은 말을 아뢰고 行動은 古禮에 따른다면 요즈음 말로 싸가지 없는 옳은 말 주책없는 바른 행동이라 하겠으니 結末은 趙飛燕의 登場與否와 관계없이 敬而遠之일 뿐이다. 皇后라면 혹 모를까 後宮이 취할 길 또한 아닐 것이다.

➥ 班婕妤의 賦나 또 平素의 言行을 보건데 自傷・自嘆・自悼할 人物이지 怨望할 타입은 아니다. 〈怨歌行〉・〈班婕妤怨〉 같은 詩題는 그에게는 어울리지 않는듯하다. 즉 자기의 운명 팔자를 슬퍼하지 남을 원망하고 탓할 性格은 아니라고 판단되는 것이다.

➥ 〈怨歌行〉은 〈團扇歌〉라고도 하며 前漢・班婕妤의 作品이라 전해졌다. 그러나 前漢時代에 이런 完整한 五言詩가 있었을 것이라고는 생각되지 않는다. 李陵・蘇武의 五言詩는 眞僞問題에 있어서 僞로 結論이 났고

이 〈怨歌行〉 또한 믿기 어렵다고 보는 것이다.

〈怨歌行〉 또는 〈團扇歌〉 作者未詳

新裂齊紈素, 皎潔如霜雪. 裁成合歡扇, 團團似明月.

出入君懷袖, 動搖微風發. 常恐秋節至, 涼飈奪炎熱.

棄捐篋笥中, 恩情中道絶.

註

▷新: 최근. 요즈음. 바로 지금. 방금 막. 마침. 꼭.

▷紈(환): 白色의 고운 비단.

▷紈素: 潔白하고 精緻한 곱게 짠 비단.

▷合歡: 男女 特히 夫婦가 同寢하여 和合하고 歡樂을 누림.

▷合歡扇: 團扇. 둥근 부채를 말하며 부채위에 對稱의 圖案무늬가 있어 男女의 사랑을 상징한다. ⇨ 合歡杯: 夫婦가 함께 마시는 잔. ⇨ 合歡被: 부부가 함께 덮는 이불. ⇨ 合歡杖: 죄인에게 左右에서 몽둥이가 함께 내려칠 때 이 말을 쓴다.

▷懷袖: 懷抱. 胸前. 가슴과 두 팔로 앞에 원을 만들 때 생기는 공간.

▷微風: 산들바람.

▷奪: 壓倒하다. ~보다 낫다. ~보다 우수하다.(≪漢語大詞典≫에서 例로 이 詩句를 引用함)

▷篋笥(협사): 대나무로 엮은 상자.

▷恩情: 愛情.

▷常恐의 해석: ① "常"을 "恒常"으로 하면 비록 他人의 作品이지만 그가 그려내려는 班氏의 平素 性品과는 거리가 있다. 따라서 "嘗"으로 보아 아무리 조용하고 침착한 班氏지만 "일찍이" 걱정한 적도 있었다가 더 나은 해석이라 생각된다. "恐"도 班氏의 性品을 考慮하면 "畏懼(두려워하다)" 보다 "擔心(걱정하다)"이 더 그럴 듯하다. ② "常恐"이 맨 끝 "中道絶"까지 걸리면 詩題의 〈怨歌行〉과는 저오(牴牾)되어 〈恐歌行〉이 되기 딱 좋다. 따라서 "常恐"은 "奪炎熱"까지 걸리며 마지막 2句가 怨望을 나타내

면 〈怨歌行〉 되기에 알맞다. 勿論 〈怨歌行〉이라는 詩題가 本來의 詩題라는 假定下에서 하는 말이다. 앞에서 이미 말했지만 班氏의 性格上 정말 속이야 어떤지 알 수 없지만 겉으로 드러내놓고 〈怨歌行〉이라고 怨望을 표현하지는 않았을 것이다. 남의 處地를 생각하고 假託하여 作品을 지을 때 비로소 따질 것이 많은 것이다.

解說

〈원가행〉 또는 〈둥근 부채의 노래〉

齊의 名物인 희고 곱게 짠 비단 막 잘라내니 밝고 깨끗하기가 서리요 눈이네. 말라(裁斷해서) 사랑의 기쁨을 나타낸다는 合歡扇을 만드니 부부의 행복한 만남을 뜻한다는 명월처럼 둥글둥글 하였네. 님의 품속을 들랑날랑 흔들면서 산들바람 일으켰네. 일찍이 걱정했었지 가을철 오면 싸늘한 바람이 찌는 더위 눌러버릴 것을…… 대 상자 속에 버려졌으니 사랑이 중도에 끊어지고 말았네.

▸柏梁臺: 漢 武帝時 세운 建物, 香柏으로 梁을 만들어서 그렇게 불렀다고 한다. 後에는 화려한 宮殿의 泛稱이 되었다. ➪ 梁 · 江淹 · 〈倡婦自悲歌〉: "去柏梁以掩袂, 出桂苑以斂眉. 찬란한 柏梁 궁궐 떠나며 소매로 눈물젖은 얼굴 가리고, 화려한 桂苑 桂樹나무 동산 나서며 눈썹 찡그리네."

▸長信宮: 太后가 사는 宮. 班婕妤가 太后奉養을 핑계로 趙 飛燕姉妹를 피해간 곳.

▸誰謂: 어찌 생각했겠는가. 어찌 헤아렸겠는가.

▸詩書巧: 班婕妤는 이미 말했듯이 學識이 뛰어났고 스스로 賦도 지었다.

▸翻: 도리어, 반대로.

▸歌舞輕: 趙飛燕은 날씬하고 가벼워 사람의 손바닥 위에서 춤을 출 정도였다 한다. 輕: 詩書의 工巧함이 歌舞의 能爛함보다 輕視당한다는 뜻. (≪白孔六帖≫ 卷61에 보임) ➪ ≪梁書 · 羊侃傳≫: "舞人張淨琬,

腰圍一尺六寸, 詩人咸推能掌上舞. 舞姬 張淨琬은 허리 품이 한 자 여섯 치로 당시 사람들은 모두 손바닥 위에서 춤을 출 수 있다고 감탄하고 숭배들 하였다."

▶花月: 꽃과 달. 春花와 秋月. 아름다운 풍경 또한 아름다운 시절을 나타냄.

▶分: 分明히. 뚜렷이.

▶單: 單獨으로. 혼자서. 외롭게.

▶瞑: ① (명. míng): 눈감다. 어둡다. ② (면. mián): 眠字와 通함.

▶驚夢: 警醒睡夢. 잠속 꿈속에서 놀라 깸.

▶可惜: 슬프다. 惜은 悲의 뜻.(王鍈의 ≪詩詞典語辭集釋≫)

解說

〈班婕妤〉

柏粱臺 華麗한 宮殿에 새 사람 총애가 극진할 때, 長信宮 寂寞한 太后宮에 옛사랑 무너졌다. 어찌 생각했겠느냐 詩書의 工巧한 재주가 歌舞의 能爛 때문에 하찮게 여겨질 줄을. 봄꽃이요 가을 달이요 좋은 풍경 좋은 시절은 분명히 창문 통해 들어오지만 (정작 님은 오실 리 없었으니 人跡 그친 땅에는) 이끼요 풀이요 섬돌에 함께 돋아나는 구나. 눈물은 적삼 앞자락을 가득 채우고 혼자 잠들면 놀라 꿈에서 깬다. 참으로 슬프네요 가을을 만나면 버려질 부채에 왜 사랑의 기쁨과 즐거움이라는 合歡을 써서 이름을 붙였는지.

3. 〈蜀道難〉

王尊奉漢朝, 靈關不憚遙. 高岷長有雪, 陰棧屢經燒.
輪摧九折路, 騎阻七星橋. 蜀道難如此, 功名詎可要.

註

▸蜀道難: 樂府詩. 相和歌辭에 屬한다. 梁・簡文帝, 陳・陰鏗, 唐・張(文)宗, 唐・李白의 作品이 宋・郭茂倩의 ≪樂府詩集≫에 실려 있다. 李白의 作品이 워낙 有名하여 의례 〈蜀道難〉하면 李白만을 떠올리나 그렇지가 않다. 〈蜀道難〉 二首 其二 梁・簡文帝

巫山七百里, 巴水三回曲. 笛聲下復高, 猿聲斷還續.

巫山은 칠백리에 이르고, 巴水는 세 번이나 돌고 굽어. 피리소리 낮았다 또 높아지며, 잣나비 울음 끊어졌다 또 이어져.

▸王尊: 前漢・涿郡(탁군)・高陽 사람. 元帝・成帝때에 活躍함. ≪漢書≫ 卷76 〈趙・尹・韓・張・兩王傳〉에 依하면 "……涿郡太守徐明薦尊不宜久在閭巷, 上以尊爲郿令, 遷益州刺史. 先是, 琅邪王陽爲益州刺史, 行部至邛郲九折阪, 歎曰: '奉先人遺體, 奈何數乘此險.' 後以病去. 及尊爲刺史, 至其阪, 問吏曰: '此非王陽所畏道邪?' 吏對曰: '是.' 尊叱其馭曰: '驅之, 王陽爲孝子, 王尊爲忠臣.'", "……涿郡太守 徐明이 王尊같은 有能한 人才를 免職하여 오랫동안 民間에 있게 함은 옳지 않다고 천거하니 上께서 郿縣의 수령으로 삼았다가 益州刺史로 승진 發令하였다. 이전에 琅邪(낭야)의 王陽이 益州刺史였을 때 管轄地域을 視察하며 곳곳의 實績을 考課하였는데 邛郲(공래)의 九折阪이란 험한 비탈에 이르자 탄식하며: '先親께서 주신 몸을 保全해야 하거늘 어찌 이러한 危險한 곳을 자주 오르리오. (≪孝經≫에 "身體髮膚는 受之父母니 不敢毁傷이

孝之始也."라 하였다.)' 하고 후에 병이라 핑계대고 벼슬을 떠났다. 王尊이 刺史되자 그 비탈에 이르니 下官에게 묻기를: '여기가 王陽이 두려워한 길이 아닌가?' 하니 下官이 '네'라고 하자 자기의 馬夫에게 소리쳤다. '달려라! 王陽은 孝子되고 王尊은 忠臣된다.'" 이로부터 "王尊叱馭(왕존질어). 王尊이 마부에게 명령하다 · 소리치다"는 公事에 忠實하여 艱難과 危險을 피하지 않는다는 典故가 되었다. (叱: 大聲으로 命令하다.)

▸靈關: 險惡한 關隘(관애. 관문 · 요새)를 말함. 직역하면 鬼神 나올 험한 관문.

▸岷山: 山이름. 四川省 北部에 있고 四川 · 甘肅 두 省의 邊境地帶에 걸쳐있다. 長江과 黃河의 分水嶺이 되며 岷江 · 嘉陵江의 發源地가 된다.

▸陰棧: 陰平의 棧道. 蜀으로 들어가는 지름길이 됨. 옛날 魏나라의 鄧艾가 이 길로 進軍하여 蜀을 무너뜨림. 蜀으로 가는 棧道를 보통 이렇게 부르기도 함. ⇨ 棧道: 험한 벼랑에 선반처럼 달아 낸 길. 선반길.

▸屢經燒: ≪史記 · 留侯世家≫: "漢元年正月, 沛公爲漢王, 王巴 · 蜀. 漢王賜良金百鎰, 珠二斗, 良具以獻項伯. 漢王亦因令良厚遺項伯, 使請漢中地. 項王乃許之, 遂得漢中地. 漢王之國, 良送至褒中, 遣良歸韓. 良因說漢王曰: '王何不燒絶所過棧道, 示天下無還心, 以固項王意.' 乃使良還. 行, 燒絶棧道.", "漢나라 元年 正月. 沛公(劉邦)은 漢王이 되어 巴 · 蜀을 統治하게 되었다. 漢王은 張良에게 金 百鎰(백일. 二千兩) 珍珠 두말을 내리니 張良은 모두 項伯에게 바쳤다. 漢王 또한 張良을 통해 項伯에게 크게 선물을 보내고는 項王(즉 楚霸王 項羽)에게 請해 漢中땅을 떼어 달라고 부탁하였다. 項王이 이에 허락하니 드디어 漢中땅을 얻게 되었다. 漢王이 自己의 封國으로 가니 張良이 배웅하여 褒中(포중)에 이르자 漢王은 張良에게 고만 그의 고국인 韓나라로 돌아가도록 하였다. 張良이 이에 漢王을 설득하길: '王께서는 왜

지나오신 棧道를 아예 불태워 온 天下에 關中·中原으로 돌아갈 마음이 없다는 것을 보여주고 項王의 마음을 놓게 하지 않으십니까?' 하였다. 漢王은 이에 張良을 돌아가게 한 뒤 出發하면서 지나온 棧道를 깡그리 태워버렸다."

中國이 統一國家에서 內亂狀態로 되면 棧道는 불벼락을 맞는 일이 종종 생기게 되었다. 그러면 通行은 困難·至難하게 되는 법이다. 詩題대로 蜀道의 難인 것이다. 入蜀이든 出蜀이든 상관없이 말이다. 그러나 後世의 文人들은 "棧道를 태운다. 燒棧."고 써서 그럴듯한 用兵의 策略을 나타내었다. 相對를 欺瞞하거나 守備를 爲한 一種의 淸野作戰인 것이다.

▸九折: ① 紆餘曲折. 즉 曲折이 많다는 뜻. ② 九折羊腸. 꼬불꼬불하며 험한 산길을 말함.③ 九折阪. 규모가 크고 아주 험한 비탈로 四川省 滎經縣의 西쪽 邛郲山에 있다. 王陽·王尊의 이야기로 아주 有名하게 되었다.

▸七星橋: 별이름으로 다리 이름을 지었는데 四川省 成都의 西쪽에 있다. ≪益州記≫에 의하면 일곱 다리의 이름이 모두 별이름을 따서 썼으니 長星橋는 지금의 萬里橋, 員星橋는 지금의 安樂橋, 璣星橋는 지금의 建昌橋, 夷星橋는 지금의 笮(작)橋, 尾星橋는 지금의 禪尼橋, 冲星橋는 지금의 永平橋, 曲星橋는 지금의 昇仙橋라고 한다.

▸詎: 豈임.

▸詎可는 豈可의 뜻이다.

▸要: 찾다. 구하다. 바라다. 원하다. 따라서 詎可要는 어찌 바라겠는가, 어찌 구할 수 있겠는가.

▸이 〈蜀道難〉은 蜀道의 險難으로 人生歷程의 艱難을 말하려는 意圖도 함께 있는 것 같다. 마치 白居易 新樂府 中의 〈太行(항)路〉가 太行山과 巫峽水를 떡하니 冒頭에 놓고는 津津하게 世上살이 人生살이의 各樣·

各種을 縱橫으로 풀어내는 것과 같은 意圖인 듯하다. 勿論 直說的으로 〈行路難〉(樂府詩・雜曲歌辭에 屬함)이란 題下에 人生行路의 어려움을 曲盡하게 그린 경우도 있다. 南朝・宋・鮑照의 18首와 唐・李白의 3首가 가장 有名하지만 그밖에 南朝・齊・僧・寶月, 南朝・梁・吳均, 南朝・梁・費昶, 南朝・梁・王筠, 唐・盧照鄰, 唐・張紘, 唐・賀蘭進明, 唐・崔顥, 唐・顧況, 唐・李頎, 唐・高適, 唐・張籍, 唐・聶夷中, 唐・韋應物, 唐・柳宗元, 唐・鮑溶, 唐・僧・貫休, 唐・僧・齊己, 唐・翁綬, 唐・薛能 等도 다 제가끔 제 人生이 제일 어렵고 제 겪은 것이 제일 섧다고 切切히 호소하였다. 사람은 다 그런 법이다. 아픔은 제 아픔이 크고 떡은 남의 떡이 커 보이고 그런 법이다.

➥ 白居易의 〈太行路〉가 더욱 有名해진 것은 그 속에 "人生莫作婦人身, 百年苦樂由他人. 사람으로 살아갈 때 (결혼한) 부인의 몸이 되지 말 것이니, 一生 百年의 苦樂이 남의 손에 매여 있네."라는 一聯 二句 때문이다. 女子가 더 힘들다는 것이다. 小說 ≪金甁梅≫를 보면 寵愛를 독차지 하던 潘金蓮이 西門慶에게 채찍맞고 난 뒤에 이 글이 引用되었다. 아주 適切하게 써 먹었구나하는 생각이 다들 들것이다.

解說

〈촉도난〉

王尊이 漢나라 朝廷의 命을 받드니, 귀신 나올 험한 관문의 멀고 먼 것 두려워하지 않았다. 높은 岷山은 언제나 눈이 있고 陰平땅의 棧道라는 선반길 아슬아슬 하다지만 그것마저 자주 불에 타서 길이 막혔다. 수레타고 가면 九折阪 험한 비탈에 바퀴 부서지고 말 타고 가면 七星橋 놓여야 겨우 건널 수 있는 깊은 江물은 말 탄 사람 가로 막았네. 蜀의 길이 이처럼 險難하니 어떻게 그것을 이겨낼까. 功名을 어찌 바랄 수 있겠는가.

4. 〈和登百花亭懷荊楚〉

江陵一柱觀, 潯陽千里潮. 風煙望似接, 川路恨成遙.
落花輕未下, 飛絲斷易飄. 藤長還依格, 荷生不避橋.
陽臺可憶處, 唯有暮將朝.

註

▸百花亭: 亭子의 이름일 것이나 所在 不明. 우리나라의 경우는 夫餘 落花巖 위의 정자가 百花亭이다.

▸荊楚: 荊은 楚나라의 옛 이름으로 대략 옛 荊州地域이 되며 지금의 湖南省・湖北省 一帶다.

▸一柱觀: 古跡의 이름. 湖北省 松滋縣 東쪽 丘家湖 속에 있다. 南朝의 宋・臨川王 劉義慶이 鎭守할 때 羅公洲에 觀(즉 樓臺)을 세웠는데 雄大하였으나 一柱(하나의 기둥)로 버티고 있는 建物이었다. 그래서 一柱觀이라 불렀다. 지금의 베트남(越南)에는 기둥하나로 세운 亭子들이 있는데 꼭 우산을 펼쳐놓은 듯하다. 그러나 規模가 雄大하다고는 결코 말할 수 없고 아담하고 귀엽다고 할 만큼 작다.

➡ 〈楚宮〉(五言律詩)의 3・4句와 7・8句 唐・李商隱

"……如何一柱觀, 不礙九枝燈, ……歌成猶未唱, 秦火入夷陵."

"楚나라가 흥청망청 환락에 젖어있을 때 갖은 재주 다부려 기둥 하나짜리 누각이지만 사방으로 아홉 가지 뻗은 등불—샹들리에를 생각하면 된다—을 장치해도 걸릴 것 없는 웅장한 建物을 지었으며……새 노래가 完成되어 아직 불러보지도 않았는데 秦나라 侵入軍은 夷陵땅을 불질렀다."

이 시는 戰國時代 楚나라의 荒淫을 읊었는데 南朝 宋의 建物이 등장함에 독자들은 어리둥절해 할 것이다. 다만 李氏의 뜻은 江南地域의 지나친 逸樂·遊興이 예로부터 破滅로 가는 不變의 捷徑임을 말한 것으로 南朝를 中心으로 한 前後代의 詠史詩는 時代를 넘나드는 人物·事件·事物이 故意的으로 配置될 때가 종종 있다. 强調와 突出을 위한 方便·技巧로 보면 될 것이다. 즉 事件·事物의 이미지만을 취했을 뿐이다.

▶潯陽: ① 江 이름. ② 江西省 九江市는 潯陽江가에 있으므로 潯陽이라고도 부른다.

▶川路: 水路. 선박이 다닐 수 있는 수면상의 일정한 길. ➪ 陸路와 대비됨.

▶落花輕未下: 唐初의 韋承慶의 詩 〈南行別弟〉가 유명하다. "澹澹長江水, 悠悠遠客情. 落花相與恨, 到地一無聲. 출렁거리며 아득히 흘러가는 長江의 물이여 한없이 시름겨운 먼 길 가는 나그네의 마음이여. 지는 꽃은 모두 함께 한을 품었으나 땅에 져도 끝내 말 한마디 없구나."

▶輕: ① 가볍다. ② 賤하다. 貴重하지 않다. 지는 꽃이 너무 가벼워 날리며 땅에 떨어지지 않는다는 단순한 狀況描寫가 아니고 이미 좋은 시절 가버린 자기의 신세는 마지막으로 땅에 떨어져도 큰소리 한 번 못 내보고 가버리는 落花와 같다는 탄식이다.

▶飛絲: 絲는 游絲 즉 공중에 떠돌거나 나무 같은데 걸려있는 거미 등 곤충이 뽑아낸 실을 말한다. 이 句는 정처 없이 떠도는 나그네 신세를 비유한 것이다.

▶格: 받침대. 받침목.

▶陽臺: 戰國時代 楚나라 宋玉의 〈高唐賦〉序에 나오는 이야기로 高唐에서 楚나라 임금이 낮잠 잘 때 한 婦人이 王과 잠자리를 함께 한 뒤에 떠나며 아침에는 구름이 되고 저녁에는 비가 되어 아침저녁으로 陽臺一帶에 머문다 함. 이로부터 陽臺는 男女가 만나 즐겁게 노는 곳을 나타

내게 됨.

▸暮將朝: 暮雨與朝雲이니 雲雨를 나타낸다. 將은 與의 뜻이다.

解說

〈百花亭에 올라 荊楚를 그리며라는 시에 和함〉

江陵은 一柱觀이란 建物로 이름났고 潯陽은 千里를 거슬러 오르는 潮水가 대단하였지. 바라보면 그곳은 안개와 바람 속에 그대로 이어진듯 하나 가려하면 물길은 아득해 한스럽네. 지금 낙화는 가벼워 땅에 안지니 소리 한 번 못 내고 游絲는 아차 한 번 끊어지면 휘날리기 십상이지 (그것들은 내 팔자 같고)……. 등나무는 아무리 자라도 여전히 받침목을 의지하고 연꽃은 살아감에 사람 왕래 빈번한 지저분한 다리 밑도 사양하고 피하지 않아 (이것들은 내 운명 같지)……. 사실 뭐니 뭐니 해도 내가 영원히 기억할 곳은 따로 있으니 내 님과 은밀하게 만나던 곳 (陽臺라고 해야 하겠지). 애오라지 아침 구름 저녁 비 雲雨의 즐거움만 있던 곳이 荊楚하면 제일 잊지 못할 곳이라네.

5. 〈奉送始興王〉

良守別承明, 枉道暫逢迎. 去帆收錦纜, 歸騎指蘭城.
紛糺連山暗, 潺湲派水清. 桂晚花方白, 蓮秋葉始輕.
背飛傷客念, 臨歧惘聖情. 分風不得遠, 何由送上征.

註

▸始興王: 南朝・陳의 王. 陳 文帝 天嘉年間에 陰鏗은 始興王府中 綠事參軍이 되었다.

▸良守: 어질고 능력 있는 지방관. 中央에서 派遣된 官吏를 말하는데 여기서는 地方으로 나가는 始興王을 가리킨다.

▸承明廬: 臣下들이 머물러 쉬던 곳. 臣下들이 天子를 뵙고 詔命을 기다리던 곳. 後에는 中央政府나 中央의 官吏가 됨의 뜻으로 쓰임.

▸枉道: 길을 (빙빙)돌아서 가다. 우회하다. 枉은 謙讓을 나타낼 때 쓴다. 즉 상대방이 나 때문에 애를 먹고 고생하였다는 것이다.

▸逢迎: 迎接하다. 接待하다. 逢도 迎接하다. 迎合하다의 뜻이다.

▸纜(람): 닻줄. 닻을 매다는 줄.

▸指: 向하다.……로 前進하다.

▸蘭城: 아름다운 城. 훌륭한 城. 蘭은 아름답다는 修飾語.

▸紛糺(분규): 뒤얽히다. 뒤엉키다. 糺는 糾와 같다.

▸潺湲(잔원): 물이 천천히 흐르는 모습.

▸派: 강물의 支流.

▸桂花: 木犀(물푸레나무). 木犀의 꽃. 桂: ① 肉桂. 桂皮나무. ② 木犀. ③ 月桂樹.

▸背飛: 상반되는 方向으로 날아감. ⇨ 背道: 相反되는 方向을 향함.

▸客念: 客中의 思緖. 客思. 客情. 客意와 같다.

▸憫: 가엾게 여기다. 불쌍하게 생각하다. 근심하다. 걱정하다. 안쓰럽다.

▸聖情: 聖은 임금에게 붙이는 말. 始興王의 感情 · 思想 · 情理.

▸分風: 神仙들은 바람을 兩方向으로 나누어 불게 할 수 있다고 함. 王維 · 〈贈焦道士〉(五言排律)의 7 · 8句 "飮人聊割酒, 送客乍分風. 사람들에게 같이 술 마시도록 한잔 속의 술을 반으로 쪼개고, 나그네를 배웅함에 그대로 바람을 나눈다.(東으로 가는 나그네와 西로 가는 나그네를 위하여 동시에 東風 · 西風으로 바람을 나누어 배웅한다는 뜻)."

▸上征: 위로 오르다. 明 · 烏斯道 · 〈澤畔〉: "上征天無風, 遠遊橐無錢. 위로 오르자니 하늘에는 바람 한 점 없고, 멀리 떠나자니 전대에는 돈 한 푼 없네." ⇨ 橐(탁): 전대(纏帶). 허리에 매거나 어깨에 두르도록 만든 물건이나 돈을 넣는 긴 자루.

解說

〈삼가 始興王을 배웅해 드리며〉

天子계신 承明廬를 하직하고 地方의 어질고 유능한 牧民官되고자 가심에, 우리 위해 길을 우회하시니 잠시 뵈올 수 있었습니다. 이제 이별하면 떠나시는 돛단배 비단으로 짠 닻줄 거두시고, 말 탄 우리 또한 蘭香 풍기는 都城으로 향할 것입니다. 겹겹이 이어진 산과 산은 헤어지는 마음처럼 어두우나, 王께서 가시는 강물의 支流는 앞날을 축복하듯 맑게 천천히 흐르고 있습니다. 桂花는 날 저물 때 흰 빛이 더욱 두드러져 逆境 속의 情誼를 말하는 듯하고, 蓮잎은 가을이면 한창 말라 가벼우니 때 되면 헤어짐을 상징하는 듯합니다. 등지고 相反되게 나는 새 같으니 나그네의 마음이 섧고, 갈림길에서 어렵게 발걸음 떼니 始興王 어르신의 속정이 애달프기 짝이 없습니다. 저희는 신선의 바람 나누는 재주 없어 멀리 順風을 불게 할 수 없으니, 무슨 수로 높이 높이 오르시는 양양(洋洋)한 앞길을 배웅할 수 있겠습니까.

6. 〈廣陵岸送北使〉

行人引去節, 送客艤歸艫. 即是觀濤處, 仍爲郊贈衢.
汀洲浪已息, 邗江路不紆. 亭嘶背櫪馬, 檣囀向風烏.
海上春雲雜, 天際晚帆孤. 離舟對零雨, 別渚望飛鳧.
定知能下淚, 非但一楊朱.

註

▸廣陵: 地名. 揚州, 江都, 蕪城의 異名이 있다. 오늘날 江蘇省에 있다.

▸北使: 北國으로 나가는 使臣.

▸行人: 使臣을 가리킴. 본래는 周나라의 官職名.

▸引去: 본래 이별하다, 사직하다의 뜻이나 여기서는 引節以去 즉 符節을 잡고 떠나 가다로 해석함. 引은 執持, 取用.

▸符節: 使臣이 憑證으로 언제나 지니고 있는 긴 대에 쇠꼬리 털로 장식한 물건. 漢代 蘇武가 匈奴땅에서 19년을 손에서 놓지 않아 유명해짐.

▸艤(의): 배를 언덕에 댐.

▸艫(로. lú): 이물. 뱃머리. 확대하여 배 즉 船隻으로도 쓰임.

▸觀濤處: ≪文選≫ 漢・枚乘 〈七發〉에 "客曰: '將以八月之望, 與諸侯遠方交游兄弟, 並往觀濤乎廣陵之曲江.'" 楚의 太子가 病을 앓자 吳나라의 說客이 藥石이나 針灸가 아닌 여러 가지 要言과 妙道로 說得하는데 太子의 反應이 영 시원찮으니 이에 "팔월 15일 보름날 제후와 먼 곳에서 온 벗님들, 형제와 廣陵의 曲江으로 宏大하고 壯快한 潮水를 구경 간다."는 이야기로 太子의 관심을 끌어가는 대목이 있다. 예로부터 "廣陵濤" 즉 揚州 曲江의 潮水는 浙江省 杭州의 "錢塘潮"와 더불어 그 形勢가 浩大하여 蔚然히 壯觀을 이루니 天下에 이름 높았다. "錢塘

潮"는 至今도 볼 수 있으나 "廣陵濤"는 唐代 中葉 以後로는 사라져 볼 수 없게 되었다. ➪ 要言妙道: 切實하고 精微한 言語와 理論.

▸郊贈: 郊外에서 배웅할 때 주는 물품 또는 덕담.

▸衢(구): 四通八達의 大路가 본뜻이나 분차(分岔,갈라짐. 분기함), 歧路, 차도(岔道)로도 쓰인다.

▸卽是는 就是의 뜻이고 仍爲는 又爲, 且爲의 뜻이다.

▸邗(한): ① 地名. 지금의 江蘇省 揚州의 東北에 있다. ② 강 이름. 邗水, 邗江, 邗溝라 한다.

▸江路: 江의 뱃길. 航路. 航行의 路程.

▸亭: 亭은 離亭이니 城에서 약간 떨어진 곳의 길가에 있는 行人 休息을 위한 亭子다. 往往 이곳에서 이별을 하므로 離亭이라고도 부르게 되었다.

▸嘶(시): 말이 욺.

▸櫪: 마판. 말구유.

▸背: 떠나다. 버리다.

▸檣(장): 돛대. 마스트

▸向風: 臨風(바람을 맞다. 바람을 쐬다). 迎風(바람을 맞받다. 바람을 안다).

▸風烏: 예전에 風向을 재는 기구, 즉 風向計. 庾信의 〈馬射賦〉에 "風烏細轉. 바람개비는 가볍게 돈다"라 하였다. ➪ 五兩·五緉: 닭털 다섯냥 또는 여덟냥을 높은 장대 끝에 달아매어 風向과 風力을 쟀다. 風力計 겸 風向計. 王維 〈送宇文太守赴宣城. 宣城으로 赴任하는 宇文太守를 배웅하며〉:"何處寄 相思, 南風吹五兩. 내 그리움 어느 곳에 부칠까, 남풍이 바람개비에 불면 그 돌아가는 바람개비에 부쳐본다."

▸雜: ① 많다, 繁多하다. ② 混亂, 어수선함.

▸對: ① 상대하다, ~을 향하다. ② 만나다, 마주치다. ③ 함께, 같이.

▶零雨: 천천히 가늘게 오는 비. 이슬비, 보슬비. ≪太平御覽≫ 권10에서 南朝・梁・元帝〈纂要〉의 "疾雨曰驟雨, 徐雨曰零雨. 빠르게 오는 비는 소나기 소낙비, 천천히 오는 비는 이슬비 보슬비."를 引用함.

▶定: 반드시, 꼭. 필경, 결국, 요컨대.

▶一: 홀로, 혼자. 단독, 하나.

▶楊朱: ① ≪淮南子・說林訓≫: "楊朱見逵路(九達之路)而哭之, 爲其可以南, 可以北. 楊朱는 여러 갈래 난 길을 보면 통곡했으니 그것이 남으로도 갈 수 있고, 북으로도 갈 수 있기 때문이었다. — 한번의 결정으로 正反對의 結果가 나타나는 人生의 어려움을 통곡함." ② ≪荀子・王霸≫: "楊朱哭衢途曰: '此夫過擧蹞步而覺跌千里者夫.' 哀哭之. 楊朱가 갈림길에서 통곡하며 말하길 '여기서 반걸음 잘못 움직이면 잘못 된 것을 깨달았을 때는 이미 千里가 差異날 것이다.'하고 슬프게 울었다. — 한번의 결정으로 千里의 差異가 나는 人生의 험난함을 슬퍼함." (➪ 過擧: 잘못된 거동・행위・행동. ➪ 蹞(규): 跬와 같은 字, 반걸음. ➪ 跌(질): 넘어지다, 틀리다, 잘못하다.) 陰鏗의 詩에서는 갈림길에서 어쩔 수 없이 친한 사람과 헤어짐을 슬퍼한다는 의미로 쓰였다.

解說

〈廣陵의 江언덕에서 北國으로 가는 使臣을 배웅하며〉

使臣이 符節을 잡고 떠나면 배웅하던 사람들이 타고 돌아갈 船隻 언덕에 갖다 댄다. 廣陵濤라 불리는 天下의 壯觀을 경탄하며 보던 이곳이 또다시 아프게 이별의 정을 주고받는 郊外의 갈림길로 바뀌었구나. 물가에는 파도가 이미 잠잠하니 한강(邗江)의 물길은 곧게 나 빙빙 돌아가지 않아 좋구나. 離亭에서는 마판을 떠나온 말들이 어서 가자고 울고 돛대 끝의 바람개비 된 새털은 바람맞아 소리 낸다. 바다에는 봄 구름이 시름처럼 뭉게뭉게 피어나고 하늘가에는 저녁 돛이 외롭게 가는구나. 이별한 분이 탄 배는 눈물 같은 이슬비를 만날 것이고 헤어진 물가의 사람들은 속절없이 나는 오리만 볼 뿐이구나. 분명히 알았다 갈림길에서 떨어뜨릴 수 있는 눈물이 애오라지 楊朱 한 사람만의 專有物 아닌 것을.

7. 〈江津送劉光祿不及〉

依然臨送渚, 長望倚河津. 鼓聲隨聽絶, 帆勢與雲鄰.
泊處空餘鳥, 離亭已散人. 林寒正下葉, 釣晩欲收綸.
如何相背遠, 江漢與城闉.

註

▸江津: 강가의 나루터.

▸光祿: 官名. 秦漢부터 있었으며 南朝・梁은 卿과 少卿을 두었고 北朝・北齊는 光祿侍라 하였다. 대략 잔치음식과 잔치자리의 장막 같은 設備를 담당하였다. 요즈음 이벤트 사업이 있는데 宮中의 이벤트 담당이라 보면 쉽게 이해가 갈 것이다.

▸送……不及: 배웅하러 갔는데 늦게 가서 미치지(이르지) 못함. 즉 못 만남.

▸依然: ① 依舊. ② 그리워하고 아쉬워하는 마음. 연연(戀戀)해 하는 情態.

▸長望: 長眺, 遠望.

▸倚: ① 의지하다. 기대다. ② 믿다. 의뢰하다. ③ 바짝 다가가다. 접근하다.

▸隨聽絶: 絶: ① 斷絶. ② 停止. ③ 遼遠. 遠隔. ① 隨와 聽 모두 聽憑. 任憑(맡기다. 마음대로 하게 하다.)의 뜻으로 보아 북소리 아득히 사라지는 것을 멀리서 그대로 둘 수밖에 없다로 해석함. ② 隨는 聽憑. 任憑으로 하고 聽絶은 아득한 북소리를 듣다. 따라서 隨聽絶은 아득한 북소리를 듣는 수밖에, 또는 들리는 대로 둘 수밖에로 해석함.

▸勢: ① 姿態. 外樣. ② 形勢. 情勢.

▸林寒: 寒林. 秋冬의 林木. 추운계절의 숲.

▸如何: 어째서. 왜.

▸江漢: ① 長江과 漢水. ② 長江과 漢水 一帶의 地域을 가리키는데 지금의 湖北省이나 지금의 四川省(옛 巴蜀 땅)을 말한다. 本詩에서는 강물타고 가는 劉光祿의 가는 지역을 말함인지 현재 船上에 있다는 뜻인지 不分明하다.

▸綸(륜): 낚싯줄. 굵은 실.

▸闉(인): 城門밖의 甕城. 城門을 보호하고 성을 튼튼히 지키기 위해 성밖에 쌓은 작은 城. ➪ 서울의 東大門을 보면 알 수 있다.

▸城闉: 城內의 重門. 城郭의 泛稱.

解說

〈강나루에서 劉光祿을 배웅하려 했으나 미치지 못했다〉

그리움과 아쉬움으로 물가에 다다르며 강나루에 바짝 다가서서 그저 까마득히 멀어져가는 그대를 바라만 본다. 아득히 잦아드는 북소리는 그대로 사라지게 둘 수밖에 없고 배의 돛은 하늘가 구름과 이웃되려 가버린다. 떠난 배가 碇泊했던 이곳에는 허무하게 새들만 남아있고 離別하던 亭子에도 이미 사람들은 다 흩어져 없다. 숲은 차가운 季節이라 한창 잎이 지고 낚시꾼은 날 저문 때라 줄을 거두려 한다. 어째서 우리의 이별은 아득하여 제각기 江물 사람 城郭 사람으로 되었을까.

8. 〈和傅郎歲暮還湘洲〉

> 蒼茫歲欲晩, 辛苦客方行. 大江靜猶浪, 扁舟獨且征.
> 棠枯絳葉盡, 蘆凍白花輕. 戍人寒不望, 沙禽迥未驚.
> 湘波各深淺, 空軫念歸情.

註

▸郎: ① 官名. 議郎, 中郎, 侍郎, 郎中 等이 있으며 定員이 없었다. 漢以後 侍郎, 郎中, 員外郎은 各部의 要職이었다. ② 젊은 남자에 대한 칭호. 三國時代 吳나라 사람들은 20代의 周瑜를 周郎이라 불렀다. ③ 남의 아들에 대한 敬稱. ④ 사위를 말함. ⑤ 옛날 여자의 남편이나 정인에 대한 呼稱. ⑥ 男子에 대한 敬稱. ➪ 本詩에서는 벼슬에 따른 것인지 일반적인 稱號인지 알 수 없다.

▸湘洲: 글자 그대로 하면 湘江의 물 섬이 된다. ➪ 湘州: ① 東晋때의 고을 이름. 首府는 臨湘 즉 長沙였다. 宋・齊・梁・陳도 그대로 이어받았고 隋에 이르러 潭州라 改稱하였다. ② 南朝・梁때의 고을 이름. 首府는 安徽省의 廬江.

▸蒼茫: ① 넓고 아득한 모양. ② 희미하고 흐릿한 모양 (어슴푸레 함).

▸辛苦: 그대로 풀이하면 맵고 쓰다는 뜻. ➪ 千辛萬苦: 온갖 고생과 갖은 수고.

▸方: 막. 비로소. 막~하려 하다.

▸大江: 長江. 〈楚辭・九歌・湘君〉: "望涔陽兮極浦, 橫大江兮揚靈艫(영. 배의 뜻). 涔水(잠수)의 북쪽 아득한 물가를 보며, 大江을 가로질러 배를 띄워 나아가도다." 宋・蘇軾의 詞 〈念奴嬌〉: "大江東去, 浪淘盡, 千古風流人物. 大江 東으로 흘러가며 물결은 千古의 風流人物들을 다 쓸어

가버렸다.” 以上 大江은 長江과 같은 말이니 固有名詞다.

▸靜: 靜寂 (아무소리 없이 고요함). 平靜, 安靜. 靜止(움직이지 않음).

▸征: 遠行. 遠去.

▸扁: ① (biǎn): 납작하다. ② (piān): 狹小한 모습. 扁舟(片舟).

▸棠: ① 甘棠(팥배나무). ② 棠棣(당체, 산앵도나무). ③ 海棠. 本詩에서는 語感(말맛)을 고려해 아가위로 번역함.

▸凍: ① 受凍(얼다. 冷害를 입다). ⇨ 受暑・中暑: 더위를 먹다. ② 寒凉, 淸凉.

▸戍: 守邊(변방을 지키다), 防守. 守邊之事(변방을 지키는 일). 守邊之士兵(변방을 지키는 병사).

▸戍人: 수자리 사는 兵士에 대한 通稱.

▸湘波: 湘水. 湘江.

▸各: 皆. 모두의 뜻.

▸深淺: 深의 뜻만 있는 偏義複詞.

▸軫(진): ① 수레 뒤턱 나무. 수레의 通稱. ② 마음아파하다. 애석해하다. 관심을 두다.

▸軫念: 軫惜, 軫悼, 軫慟, 軫憂. 비통한 마음으로 염려하다. 슬퍼하다.

▸歸情: 歸志, 歸思. 돌아가려는 마음.

解說

〈傅郎의 “歲暮에 湘洲로 돌아가며”란 詩에 和함〉

한 해가 저물려하니 천지는 더욱 아득하고 까마득한데, 매운 맛 쓴 맛 다 보려 나그네는 막 떠나려 하네. 드넓은 大江(長江)은 아무리 고요하고 평화롭게 보여도 그래도 파도가 치는 법인데, 이 작은 조각배로 외롭게 더욱이 또 멀리 멀리 가다니. 아가위는 바싹 메말라 붉은 잎은 다 졌고, 갈대는 추위 속에 얼어붙어 靜止한 뜻…… 흰 꽃은 물기 빠져 가뿐하네. 초소(哨所)의 兵士들도 찬 날씨라 망보는 일 없는 듯 안보이고 모래톱의 새들은 먼 곳의 사람이라 놀라지 않는가 그대로네. 湘江의 물은 어디라 없이 깊으니 돌아가려는 그대의 뜻에 별 도움도 못 주면서 비통한 마음으로 공연히 염려만 한다네.

9. 〈渡青草湖〉

洞庭春溜滿, 平湖錦帆張. 沅水桃花色, 湘流杜若香.
穴去茅山近, 江連巫峽長. 帶天澄逈碧, 映日動浮光.
行舟逗遠樹, 度鳥息危檣. 滔滔不可測, 一葦詎能航.

註

▸青草湖: 옛날 五湖의 하나. 지금의 湖南省 岳陽市 西南에 있으며 洞庭湖와 연결되어 있다. 青草山 때문이라고도 하고 겨울과 봄에 물이 줄어들면 湖水에 青草가 가득하여 그렇게 부르게 되었다고도 한다. 唐・宋時에 둘레가 2백6십5리였으며 湖水의 北쪽에 모래섬이 있어 洞庭湖와 떨러졌으나 물이 불면 합쳐지므로 詩文에서는 洞庭湖와 竝稱하였다. 湖水이름에 "青"字가 있어 對句를 지을 때 "黃"字를 넣은 例로 아주 有名한 것이 둘 있다.

〈鷓鴣. 자고〉 (七言律詩)의 3・4句 唐・鄭谷

雨昏青草湖邊過, 花落黃陵廟裏啼.

鷓鴣새는 비가 어둡게 내릴 때는 青草湖가를 지나고, 꽃이 떨어질 때에는 堯임금의 따님이요 舜임금의 妃인 娥皇・女英을 모신 黃陵廟 속에서 운다.

〈贈湖南李思齊處士〉 唐・韓偓

三春日日黃梅雨, 孤客年年青草湖.

▹三春: 봄 석 달 중 세 번째 달 즉 季春・暮春・늦봄을 말함.

▹黃梅雨: 그냥 梅雨라고도 한다. 늦은 봄, 초여름 사이의 梅實이 누렇게 익는 때에 내리는 비를 말한다. 이 때 中國 長江의 中・下流지역은 연일 비가 내리고 곰팡이가 핀다.

봄의 세 번째 달인 暮春에는 매일 매일 黃梅雨가 오고, 외로운 나그네는 해마다 해마다 青草湖 보고 있다네.

▸溜: 流의 뜻. 流는 水의 뜻으로 됨. 이처럼 動詞를 名詞로 풀이하는 경우가 또 있으니 泣(운다)이 淚(눈물)로 쓰이고 設(늘어놓다)이 肴饌(요리)으로 쓰이며 飮(마시다)은 酒로 쓰인다.

▸平湖: 물이 가득 차 突出物이 다 숨어버린 반반한 水面의 湖水.

▸錦帆: 錦으로 된 돛. 비단 중에서 가장 귀한 것이 錦이니 틀에서 짤 때 여러 색과 무늬를 넣어서 만들어낸다. 繡는 비단에 수바늘을 써서 여러 색의 실로 무늬를 넣는 것이니 過程이 다르다. 그러나 最高級의 비단이며 흔히 三千里錦繡江山하듯 가장 찬란하고 아름다운 비단이다. 錦 中에서 제일 좋은 것이 蜀에서 나는 것으로 蜀錦을 天下第一의 비단으로 친다. 그러나 蜀錦보다 더 귀한 것이 高麗紙이니 이것을 中國人이 얻었을 때에는 蜀錦으로 싸서 모셔두었다고 한다.(雨田선생님 말씀) 陰鏗의 詩에 나오는 錦帆은 정말 비단 돛을 말함이 아니고 裝飾이 華麗한 배라는 뜻이라고 ≪漢語大詞典≫에서 풀이하였다.

☛ **參考**

옛날에는 모든 物資가 不足하였다. 特히 衣料는 말할 것도 없었으니 合成纖維가 나오기 前에는 베 · 무명 · 명주 이외에는 별다른 것이 없어서 자식 많은 집에서는 옷 걱정이 큰 걱정이었다. 따라서 베로 돛을 만드는 것은 개인이 아닌 관청에서도 큰 부담이었으며 애지중지 하였다는 것을 다음의 例로 알 수 있다.

"顧長康作殷荊州佐, 請假還東. 爾時例不給布帆, 顧苦求之, 乃得. 發至破冢, 遭風大敗, 作箋與殷云: '地名破冢, 眞破冢而出, 行人安穩, 布帆無恙.'" (≪世說新語 · 排調篇≫)

"顧愷之가 荊州刺史 殷仲堪의 屬僚였을 때 휴가를 얻어 東쪽으로 가게 되었다. 이 때 官廳의 慣例上 屬僚의 身分인 사람에게는 베로 만든 돛을

提供할 수 없게 되어있었다. 顧는 哀乞伏乞하여 겨우 얻어냈다. 출발하여 破冢이란 곳에 이르자 큰 바람을 만났고 그래서 布帆이 많이 상했다. 顧는 機智를 써서 편지에 '地名이 破冢이라 정말 산채로 묻혔다가 무덤을 깨고 나온 것처럼 가까스로 살아났습니다. 사람은 온전히 안 찢어졌고 布帆 또한 편안하십니다.'라 하였다." (行人이 편안하고 布帆이 안 찢어졌다고 해야 하는 것이 바른 말이나 이미 찢어진 布帆에 대해 변명할 길이 없어서 이렇게 바꿔서 베가 안녕하시다고 미안한 마음을 농담으로 둘러댄 것이다.)

布帆도 어려웠으니 一般百姓들은 자리를 가지고 돛을 대신하였다. 그래서 席帆·帆席이란 말이 생겼으니 席이란 바로 자리를 말함이다. ≪文選≫ 木華의 〈海賦〉에 "挂帆席"이라 했는데 李善의 注에서 劉熙의 〈釋名〉을 引用하여 바람불면 펼치는 것이 帆인데 간혹 席으로 帆을 삼으니 그래서 帆席이라 한다고 하였다. 不得已하여 使用하는 것이지만 富裕層이 보기에는 이 또한 韻致있는 일인듯 싶었으리라. 말하자면 野性과 質朴의 아름다움을 발견한 것이며 巨創하게 意味를 賦與하면 自然과의 合一 親環境이라고 할까. 그래서 康樂公이라는 地位에 大地主 富豪인 謝靈運도 그의 佳作인 〈遊赤石進帆海〉의 第9·10句에서 "揚帆採石華, 掛席拾海月. 돛을 올려 바다로 나가 굴 따고, 자리 걸고 바다로 나가 조개 줍는다."라 하여 자리를 돛으로 썼다고 했으나 다 말이 그렇지 하고 믿는 사람은 없는 것이다. 멋으로 實踐했을 수 있긴 하다.

우리가 여름에 요긴하게 쓰는 돗자리가 있는데 왕골이나 골풀의 줄기를 재료로 하여 만든 자리를 말한다. 그런데 雨田선생님의 말씀은 돛자리가 변하여 돗자리가 된 것이니 깔고 앉았다가 여차직하면 달아매고 배를 띄웠다는 것이다. 기연가 미연가 알쏭달쏭한데 하도 强力히 主張하셔서 그런가보다 하고 있다.

錦帆의 有名한 例

隋 煬帝는 西北에 치우친 首都 大興城(漢·唐의 長安城)을 싫어하고 溫暖·濕潤한 江都(揚州·廣陵·蕪城으로 여러 이름이 있다)를 사랑하여 세 번이나 다녀갔으며 네 번째에는 그곳에서 피살되었다. 그리고 그 밖의 다른 곳도 두루 놀러 다녀 在位 14年에 首都에 있었던 기간은 1年 이 채 못 되

었단다. 그의 浪費와 奢侈는 하나의 典型이 될 程度인데 그 中에 錦帆이 代表走者라 하겠다.

唐나라 末期 皇帝들의 昏庸과 豪奢를 詠史詩의 形式으로 迂廻批難하기로는 李商隱을 덮을 사람이 없다. 作品을 보자.

〈隋宮〉(七言絶句) 唐・李商隱

乘輿南遊不戒嚴, 九重誰省諫書函. 春風擧國裁宮錦, 半作障泥半作帆.

註

▷戒嚴: 임금의 거둥 즉 나들이에는 반드시 警戒를 하였다. 어렵게 쓰면 "出警入蹕"이라 하여 帝王의 出入時에는 길을 깨끗이 치우고 사람의 通行을 禁하였다. ➪ 明・萬曆帝・神宗의 警蹕圖卷이 아주 긴 것으로 有名하다.

▷誰省: 어찌 省察하겠는가.

▷諫書函: 남이 볼 수 없도록 布袋에 넣은 忠諫하는 글.

▷擧國: 全國(의 人力, 物力 즉 勞動力, 財力).

▷宮錦: 宮中의 要求와 規定에 따라 特別히 짜낸 비단.

▷障泥: 말다래. 말 탄 사람의 옷에 흙이 튀지 않도록 말의 안장 양쪽에 늘어뜨려 놓은 기구.

解說

흥이 나서 南國으로 놀러가니 警戒는 필요 없다고 輕妄을 떨고 九重宮闕에 있을 때라고 忠誠의 言論을 살폈겠는가. 봄바람 좋다고 온 나라 들어먹어 宮闕用 고급 비단 말라서 반은 말다래 만들고 반은 돛을 만들었네.

〈隋宮〉(七言律詩) 唐・李商隱

紫泉宮殿鎖煙霞, 欲取蕪城作帝家. 玉璽不緣歸日角, 錦帆應是到天涯.
於今腐草無螢火, 終古垂楊有暮鴉. 地下若逢陳後主, 豈宜重問後庭花.

註

▷紫泉: 紫淵이란 江이름. 長安의 北에 있다. 唐·高祖·李淵의 이름을 피해 淵을 泉으로 고친 것임.

▷蕪城: 지금의 揚州. 廣陵으로 불렸으며 戰爭으로 철저히 破壞되어 鮑照가 그 景狀을 〈蕪城賦〉란 傑作으로 逼眞하게 描破하였다. 要衝인 탓이리라. 천년이 지나 淸나라가 揚州를 包圍攻擊할 때 頑强하게 抵抗하였고 독이 오를 대로 오른 淸軍은 慘酷하게 城民을 屠戮하였다. 王秀楚란 사람이 直接經驗한 것을 ≪揚州十日記≫라고 題하고 記錄을 남겼는데 反淸復明을 꾀하는 人士들의 必讀書가 되었다.

▷日角: 이마의 한 가운데가 둥글게 솟아오른 것을 말하는데 帝王의 相이라 하였다.

▷腐草: ≪禮記·月令≫에 "腐草爲螢. 썩은 풀이 반딧불이가 된다."라 하였다.

▷螢火: 煬帝가 반딧불이를 잡아오라 하여 몇 섬을 담아 놓고 밤에 산에 놀러나가 풀어 놓으니 환하게 빛났다고 한다.

▷陳後主: 煬帝가 일찍이 文帝의 아들일 때 晉王·楊廣의 신분으로 陳을 攻擊할 때에는 아주 聰明하였고 氣槪가 높아 陳後主의 荒淫無道를 峻截하게 問責하였다. 그러나 지금 저나 나나 똑같은 길을 가고 있으니 어찌 다시 문책할 수 있겠는가 하는 말이다.

解說

紫淵水 옆의 좋은 宮殿은 못 살겠다고 팽개치듯 안개 노을 속에 잠가놓고, 兵亂으로 철저히 파괴되어 蕪城이라 불렸던 廣陵을 江都라 이름 짓고 帝王의 고을로 삼았다네. 蕪字가 풍기는 不吉한 兆朕이여, 나라를 傳하는 玉璽가 이마의 가운데가 太陽처럼 둥글게 솟은 帝王(唐·高祖·李淵)에게 돌아가지 않았다면 비단 돛 단 임금의 놀잇배는 분명히 하늘가 끝까지 흘러갔으리라. 오늘날에는 썩은 풀은 여전히 있어도 그것이 변해서 된다는 반딧불이를 몇 섬씩 잡아 풀어놓는 일은 없고 煬帝가 천 삼 백리에 걸쳐 심은 永遠히 存在하리라는 隋堤柳의 버들에는 부귀영화 분위기는 간데없이 사라지고 저문 날의 까마귀만 있다. 地下에서

만약 南朝・陳의 마지막 皇帝인 陳叔寶를 만난다면 隋의 軍隊를 引率하고서 後主의 荒淫無道의 象徵인 〈玉樹後庭花〉란 舞曲과 張麗華란 美人에 빠져 國家를 망쳤다고 問責하던 일을 어찌 거듭할 수 있겠는가.

➡ 李商隱의 이 作品은 杜甫를 徹底히 배워 다시 그 그늘을 벗어나 獨立한 作品으로 유명하다.

▸沅・湘: 모두 江이름. 屈原이 쫓겨난 뒤 長期間 이곳을 流浪하였다.

▸桃花色: 粉紅色을 말함. 庾信 〈咏畵屛風詩〉 二十四首 其十에 "流水桃花色, 春洲杜若香. 흐르는 강물은 온통 분홍색이고, 봄날의 물 섬은 두약향이 풍긴다."이라 함.

▸穴: 禹穴. 禹임금이 巡狩하다가 會稽에 이르러 죽자 그 곳에 장사지냄. 위에 孔穴이 있는데 민간에서는 禹가 그리로 들어갔다 한다.

▸去: 距離.

▸茅山: ① 漢・袁康 〈越絶書・外傳記越地傳〉에 禹임금이 茅山을 會稽山으로 바꾸었다 함. 浙江省에 있다. ② 漢의 有名한 道士 茅盈・茅衷・茅固가 採藥하고 修道하던 곳. 본래 句曲山이었다가 茅氏 兄弟로 말미암아 이름이 바뀜. 江蘇省에 있다.

▸帶天……. 映日……. 帶는 映의 뜻이니 帶와 映은 互文이다. 照의 뜻. 杜甫 〈夜宴左氏莊〉의 "春星帶草堂"에서 帶도 같은 뜻이다.

▸逈: 遙遠하다. 외진 곳. 차이가 심한 것을 형용할 때 사용. 卓越함. 정도가 심한 것을 나타내는 부사.

▸浮光: 水面에 反射하는 빛.

▸逗: 머무르다. 이르다. 도달하다.

▸葦(위): 갈대로 엮은 떼(浮筏). 작은 배의 뜻으로도 쓰임. ≪詩・衛風・河廣≫: "誰謂河廣, 一葦杭之. 누가 황하가 넓다 했던가, 작은 갈대 떼로도 건널 수 있거늘."

解說

〈青草湖를 건너며〉

洞庭湖에 봄물이 가득하니 반반해진 水面에 비단 돛 펼칠만하다. 沅水는 粉紅色띠어 눈이 즐겁고 湘水는 杜若의 香氣풍겨 코가 흐뭇하지. 禹穴은 모산(茅山)과 거리가 가깝고 長江은 巫峽과 이어져 아득하다. 하늘이 물 속에 비치니 강물은 더욱 뛰어난 푸른 빛 머금어 맑고 맑으며, 햇빛이 두루 내리쬐니 물 위로 반사하는 광채가 어지럽게 일어난다. 저 멀리 가는 배들은 아득한 곳 나무 있는 곳에 멈추었고 지나던 새는 고단한지 아슬아슬하게 높은 돛대 위에서 잠시 쉬누나. 이렇게 출렁이는 큰 물은 헤아릴 수도 가늠할 수도 없는데 가벼운 갈대 묶은 작은 떼로 어찌 저어갈 수 있으리.

10.〈渡岸橋〉

畫橋長且曲, 傍險復憑流. 寫虹晴尙飮, 圖星晝不收.
跨波連斷岸, 接路上危樓. 欄高荷不及, 池淸影自浮.
何必橫南渡, 方復似牽牛.

註

▶畫橋: 화려하게 새기고 장식한 橋梁.

▶曲: 활이나 무지개같이 한가운데가 높고 길게 굽은 형상. arch狀의 다리.

▶傍險: 險難한 地形에 접해있다. 즉 강물 양쪽의 솟은 언덕을 말한다. 이때에 傍은 (bàng)으로 읽어야 하며 접근하다. 의지・의탁하다. 기대다. 따르다의 뜻이다.

▶憑流: 流는 名詞일 때에는 水・江의 뜻. 憑은 기대다. 의지하다의 뜻. 다리가 江물에 가깝게 자리 잡다. 接近해 있다는 뜻임.

▶寫虹晴尙飮: 寫: ① 모방하다. 본뜨다. 아랫句의 圖와 互文. ② 옮겨놓다. 물건을 보내주다. ③ 瀉와 같다. 傾瀉. 쏟아 붓다. 飮: 吸. ① 들이키다. 마시다. 빨아드리다. ② 끌어당기다.

➥ ≪漢書・武五子傳≫의 燕王旦에 關한 部分을 보면 武帝의 死後에 어린 昭帝가 卽位하자 자기가 年長인데 帝位를 繼承하지 못한 것에 不滿을 품고 누이인 蓋長公主, 左將軍 上官桀 等과 逆謀하였고 綻露나자 自決하였다. 逆謀를 前後하여 燕王의 宮안에 不吉한 兆朕이 나타났는데 다음과 같다.

"是時天雨, 虹下屬宮中, 飮井水, 井水竭. 廁中豕群出, 壞大官竈. 烏鵲鬪死, 鼠舞殿端門中, 殿上戶自閉, 不可開. 天火燒城門, 大風壞宮城樓, 折拔樹木. 流星下墮. 后姬以下皆恐, 王驚病.……"

▷下屬: 下連. 밑으로 연결되다.

▷廁(측): 돼지우리. 뒷간.

▷大官: 태관으로 읽음. 음식 담당관리.

▷竈(조): 부엌. 大官竈는 대궐의 소주방(燒廚房), 또는 수라간(水剌間).

▷端門: 正門.

▷天火: 벼락 또는 자연 발화한 불. 사람의 放火나 失火가 아닌 것을 말함.

▷墯: 墮와 같은 字.

"이때 비가 오는데 무지개가 밑으로 宮中에 이어지고 우물물을 빨아들여 우물물이 말랐다. 우리 속의 돼지 떼가 나와 소주방을 부수고 까막까치가 싸워죽고 쥐가 宮殿의 正門에서 들까불었다. 殿閣의 문이 절로 닫혀 열 수 없었으며 원인 모를 불이 城門을 태웠으며 큰 바람이 宮城의 樓臺를 부수고 나무를 꺾고 뽑았으며 유성이 떨어졌다. 王妃·後宮以下 모두 두려워했으며 왕은 놀라 병이 났다……"

中國에서 典故를 運用할 때 한 가지만을 취하고 全體的인 大義를 깊이 따지지 않는 것이 唐代까지의 慣習이었다. 어떤 사람이 어떠한 벼슬을 하면 옛날의 같은 벼슬 같은 姓氏의 사람을 따서 썼을 뿐 그 사람의 最後가 悲慘하다던가 하는 것은 考慮하지 않았다. 다만 벼슬 姓氏의 同一함만을 選擇하는 式이다. 예를 들어 駙馬에게 詩를 줄 때 古人 中의 姓이 같은 駙馬를 빗대어 썼는데 古人의 駙馬가 非命橫死한 境遇에도 責하지 않았다. 駙馬였다는 事實만을 選擇적으로 받아들일 뿐이었다. 그러나 宋代부터는 論理가 强하고 內省的·理智的인 氣風이 社會를 휩쓸면서 그런 式의 典故運用은 終焉을 告하게 되었다.

本詩에서도 무지개 云云한 것은 不吉한 兆朕과는 何等關係가 없고 무지개 모양의 橋梁과 우물과 四寸인 江물을 念頭에 두고 썼을 뿐이다. 우리 또한 宋人의 머리가 아닌 南北朝·唐人의 가슴으로 해석 이해하여야만 할 것이다.

▶圖: 模倣하다. 본뜨다.

▶星: 星橋. 즉 烏鵲橋. 이 때 江물은 銀河水를 빗댄 것이다.

▶收: 消散되다(흩어져 사라지다). 消失되다(사라져 없어지다).

▶跨: 넘어가다. 건너가다. 걸치다(이쪽에서 저쪽까지 뻗음).

▶波: 江波. 강 물결.

▶斷岸: 원래는 연결되어 있던 땅이 가운데로 강물이 지나가 끊어진 듯한 양쪽의 江邊 絶壁을 말함.

▶接: ① 捷字와 통함. 敏捷. 迅速. ② 두 길을 이어주다.

▶危樓: 高樓.

▶接路上危樓: 이 구의 해석은 ① 이 다리 때문에 길을 신속하게 갈 수 있으니 行人들이 돌아가지 않고 그대로 시원하게 가는 것이 마치 높은 樓臺에 오른 듯하다. 거참 길 한번 시원하게 뚫렸구나! ② 다리가 아치형이어서 가운데 오르는 것이 높은 누각에 오르는 듯하다.

▶荷不及: 난간이 높아서 물 위의 연에는 손이 미치지 않는다. 따라서 采蓮은 抛棄해야 할 판이다.

▶池淸: 江물을 제2구에서는 "流", 제5구에서는 "波"라고 썼으며 이 구에서는 "池"라고 하여 變化를 주었는데 "池"는 "池塘" 물결일지 않고 고요한 연못·호수 같다는 뜻이니 그림자가 떠오르려면 출렁거리지 않고 수면이 거울 같아야 한다고 "池"를 쓴 것이다. 同一한 江을 表現하면서 "流", "波"를 쓴 것은 險難한 條件을 强調하여 그 위에 다리 만들기의 어려움을 나타낸 것이다. 우리의 경우도 漢江의 고요한 부분을 湖로 불렀다. 지금의 東湖大橋 있는 곳을 東湖로 西江大橋 있는 곳을 西湖라 했었다.

▶橫: 橫渡. 이쪽 언덕에서 저쪽 언덕으로 건너감.

▶南: 南北. 牽牛星은 南에 있고 織女星은 北에 있다. 牽牛는 南에서 銀河水의 烏鵲橋를 건너 北으로 건너가는 것이다.

▶方: ① 비로소. 이제 막. ② 장차. ③ 한창. 바야흐로. ④ 가까스로. 겨

우. ⑤ 도리어. 반대로.

▸何必橫南渡, 方復似牽牛: 왜 반드시 남쪽에서 북쪽으로 건너가야만 비로소 겨우 牽牛가 織女와 만나는 것 같다고 하는가. 아마 이 다리는 東西로 걸려있는 다리인 것 같으며 情人들이 이 다리가 생겨 만나기가 수월해졌다는 뜻이 있는 것 같다. 東에서 西로 건너가 만남도 牽牛·織女가 南北으로 烏鵲橋 건너 만나듯이 懇切한 所望을 이운 것이니 결국 東西와 南北이 하나의 뜻이요 烏鵲橋와 渡岸橋가 功이 같은 것이다.

解說

〈江의 양 언덕을 건너가게 하는 다리〉

화려한 다리는 길고 굽었는데 험한 땅에 붙어있고 흐르는 물에 접근해 있다. 옛날 비올 때 연나라 대궐에 내려와 우물물 말린 무지개를 본떴는가, 이렇게 개인 날에 또 강물을 들이켜 다 말리려는 듯 물에 다가있고 저 하늘 별님이 건널 때 생긴다는 烏鵲橋를 모방했는가. 그런데 왜 환한 대낮에 사라지지 않고 그대로 있는가. 강물 위에 걸쳐 끊어진 양쪽 언덕 이어주고 그래서 끊어졌던 道路가 그냥 이어지니 길가는 것이 신속하기 짝이 없어 시원하게 내달릴 수 있으니 꼭 높은 樓臺에 올라간 것 같다.—요즈음 스카이라운지에서 느끼는 상쾌함과 같으리라. 다리 양쪽에는 떨어지지 말라고 높은 난간을 설치해 採蓮은 안되지만 연못 같고 호수 같은 맑은 물이라 다리의 그림자가 손에 잡힐 듯 절로 떠오른다. 왜 꼭 南北으로 銀河水를 건너듯 해야만 牽牛·織女같이 사랑한다 하리오. 東西로 건너도 님을 그리고 사랑하는 마음은 조금도 못하지 않거늘.

➥ 宋·張擇端의 〈淸明上河圖卷〉을 보면 둥글게 굽은 다리를 금방 알 수 있다.

11. 〈遊始興道觀〉

紫臺高不極, 淸谿千仞餘. 壇邊逢藥銚, 洞裏閱仙書.
庭舞經乘鶴, 池遊被控魚. 稍昏蕙葉斂, 欲暝槿花疎.
徒教斧柯爛, 會自不淩虛.

註

▸始興: 地名이다. 그러나 始興王과 관련된 道觀일 수도 있겠다.

▸道觀: 道敎의 廟. 道敎의 寺院.

▸紫臺: 道家에서 神仙들이 사는 곳을 가리킨다. 여기에서는 道觀을 말한다. 紫는 예로부터 幻想, 神秘, 高貴함을 象徵. 帝王이나 神仙과 關係된 事物에 썼다.

▸不極: 無窮. 無限.

▸谿: 계곡물. 시내.

▸仞(인): 옛날 길이의 단위. 일곱 자 또는 여덟 자라 한다. 우리말에 "길"은 사람 키 정도의 길이를 말하니 길이라 해석 할 수 있겠다.

▸壇: 흙이나 돌을 쌓아 만든 높은 자리. 祭壇, 講壇, 演壇 같이 行事를 치를 때 사용하는 높게 만든 자리를 가리킨다. 여기에서는 丹藥을 만드는 부엌의 높은 곳, 즉 부뚜막이라는 뜻으로 쓰였으니 丹竈(단조)를 말한다.

▸銚(조): 자루와 귀때가 달린 냄비. 藥銚는 약탕관(藥湯罐)을 생각하면 쉽게 알 수 있다.

▸洞: 洞穴, 洞窟을 말한다. 이러한 洞窟속에 別天地가 있다 하여 神仙들의 居處를 洞府, 洞天, 洞天福地라고 하였다. 여기에서는 道觀을 말한다.

▸經: 曾(일찍이). 已(이미).

▸乘鶴: 漢・劉向 ≪列仙傳・王子喬≫: "王子喬者, 周靈王太子晉也. 好吹笙作鳳凰鳴. 遊伊・洛間, 道士浮丘公接上嵩高山. 三十餘年後, 求之於山上, 見柏良曰: '告我家, 七月七日待我於緱氏山巓.' 至時, 果乘鶴駐山頭, 望之不可到, 擧手謝時人, 數日而去.", "王子喬는 周나라 靈王의 太子인 晉이다. 笙黃을 불어 鳳凰새 울음소리 내기를 좋아하였다. 伊水와 洛水 사이에 노니니 道士인 浮丘公이 맞아 嵩高山에 올랐다. 삼십 여년 뒤에 산위에서 만났는데 柏良이란 사람을 보고 말하길 '우리 집에 알려라, 7월7일 나를 구씨산(緱氏山) 꼭대기에서 기다리라고.' 그 때가 되니 과연 학을 타고 산꼭대기에 머물렀는데 바라볼 수는 있어도 갈 수는 없었다. 손을 들어 그 당시 사람들에게 안부를 묻고(인사를 하고) 며칠있다 가버렸다."

▸控: (수레・말 따위를)몰다. 부리다. 조종하다. 제어하다.

▸魚: 마땅히 잉어(鯉)일 것이다. 協韻上 魚字를 썼을 뿐이다. 漢・劉向 ≪列仙傳・琴高≫: "琴高, 趙人, 能鼓琴, 爲宋康王舍人. 行涓彭之術, 浮遊冀州・涿郡間二百餘年. 後入涿水取龍子, 與諸弟子期, 某日當返. 諸弟子日齋潔, 待于水傍, 設祠. 高果乘鯉而來, 觀者萬餘人, 留一月復入水去.", "琴高는 趙나라 사람으로 琴을 잘 타 宋나라 康王의 舍人 — 좌우에서 친근하게 모시는 사람으로 官名이다 — 이 되었다. 神仙인 涓子와 彭祖의 秘術을 행하여 冀州와 涿郡 사이를 한가하게 놀러 다니길 이백 여년 하였다. 뒤에 涿水에 들어가 龍王의 아들을 잡아타고 여러 제자들과 약속하였다. 某日에 꼭 돌아오리라고. 뭇 제자들은 날마다 齋戒하고 江가에서 기다리며 祠堂을 세웠다. 琴高는 果然 잉어를 타고 왔는데 구경꾼이 만 명이 넘었고 한 달을 머물다가 다시 물로 들어가 버렸다." 또 南朝・梁・任昉・〈述異記〉에도 子英이란 사람이 붉은 잉어(赤鯉)타고 하늘로 올라가 신선이 되었다는 전설이 있다.

▶稍: 차츰, 점점. 막. 바야흐로. 조금. 약간.

▶疎: 稀疎. 稀少.

▶徒教: 徒는 공연히. 헛되이. 教는 使와 같아 ~하게 하다.

▶斧柯爛(부가란): 南朝・梁・任昉・〈述異記〉: "信安郡・石室山, 晉時王質伐木, 至, 見童子數人, 棋而歌, 質因聽之. 童子以一物與質, 如棗核, 質含之, 不覺飢. 俄頃, 童子謂曰: '何不去.' 質起, 視斧柯爛盡, 旣歸, 無復時人.", "信安郡의 石室山에 晉나라 때 王質이란 사람이 나무하러 갔다가 童子 몇이서 바둑두며 노래하는 것을 보았다. 王質이 이에 듣고 있자니 童子가 물건 하나를 王質에게 주는데 대추씨 같았다. 王質이 물고 있으니 배고픈 줄 몰랐다. 잠시 뒤 동자가 말하였다. 왜 안가세요. 王質이 일아나며 보니 도끼자루가 다 썩었고 돌아와 보니 자기와 같은 때 살았던 사람이 한 명도 없었다."

▶會自: 會當이라고도 쓴다. 應當의 뜻이다. ➪ 杜甫〈望嶽〉: "會當凌絶頂, 一覽衆山小."

▶淩虛: 하늘 높이 오르다. 신선이 되는 것을 말한다. 그 나무꾼이 하늘로 올라가 신선이 되지 못할 것이 분명한데―天稟이나 資質 等의 문제로―먹고 사는데 쓸 도끼자루만 썩게 하였으며 부모형제 친척친구도 다 없어지게 했으니 공연한 짓을 한 것 같구만.

解說

〈始興의 道觀에 노닐다〉

神秘스런 보랏빛 樓臺는 끝없이 높고 맑은 계곡물까지지는 천 길이 넘게 깊구나. 丹藥 만드는 부뚜막 옆에서 藥湯罐을 만날 수 있고 仙人의 洞府 안이니 仙書를 볼 수 있다. 뜰에는 일찍이 타고 다녔던 학이 춤추고 못에는 부리고 다녔던 잉어가 놀고 있다. 차츰 黃昏이 가깝자 蕙草는 잎 오므라들었고 어둑어둑해지려 하니 무궁화 꽃은 거의 다 떨어져 드물어졌다. 공연히 도끼자루 썩게 하였구나 분명히 하늘에 올라 신선될 사람 못되었는데. —이 別天地는 내 넋을 빠지게 해 시간 가는 줄 모르게 하였구나. 나는 분명히 神仙은 커녕 道士도 못될 인물인데.……

12. 〈開善寺〉

鷲嶺春光遍, 王城野望通. 登臨情不極, 蕭散趣無窮.
鶯隨入戶樹, 花逐下山風. 棟裏歸雲白, 窗外落暉紅.
古石何年臥, 枯樹幾春空. 淹留惜未及, 幽桂在芳叢.

註

▶開善: 좋은 일을 首創(맨 먼저 시작)함. ≪呂氏春秋・樂成≫: "船車之始見也, 三世然後安之. 夫開善豈易哉. 배와 수레가 처음 나왔을 때 세 세대를 지나서야 편안하고 쾌적하다 여겼다. 좋은 일을 맨 먼저 시작한다는 것이 어찌 쉬운 일이겠는가." 陳奇猷의 校釋에 "開善이란 善事・善政을 처음 한다는 말이다."라고 하였다.

▶春光: 봄날의 풍광・景致.

▶鷲嶺: 鷲山. 靈鷲山(영취산). 古代 印度 마가다國 王舍城의 北東쪽에 있는 山. 석가모니가 ≪法華經≫, ≪無量壽經≫을 講했다는 곳이다. 이 詩에서는 開善寺 있는 곳을 가리킨다. 韓國의 通度寺가 있는 梁山市 북쪽 山이름도 같다.

▶王城: 王舍城. 빈비사라王이 옛 도읍을 떠나 이곳으로 왔다 한다. 이곳의 西南에 釋迦牟尼가 깨달음을 얻은 부다가야가 있다. 흔히 이것으로 佛國・佛寺를 나타낸다.

▶野望: 野外의 眺望.

▶通: 시원하게 뚫림. 툭 트임.

▶登臨情: 登山하고 臨水하는 情趣. 즉 山水間에 노니는 흥취.

▶蕭散趣: 蕭散은 蕭灑(소쇄)와 같다. 행동거지・정신・풍격등이 깨끗하고 맑으며 얽매임이 없는 것이니 蕭散趣는 그러한 정취를 말한다.

▸鶯: 꾀꼬리 울음소리.

▸入戶樹: 窗戶에 들어오는 나무 그림자・그늘.

▸花: 花香. 꽃내음.

▸下山風: 山위에서 아래쪽으로 부는 바람.

▸棟: 마룻대. 이것으로 建物內部를 나타냄.

▸歸雲: 行雲. 가는 구름. 마룻대 속으로 구름이 간다는 것은 建物이 아주 높은 곳에 位置하고 있다는 말이다.

▸落暉: 落日・落照・落景・夕陽・夕照・殘陽・殘暉・殘照. 다 같다.

▸古石: 오래된 바윗돌. 묵은 바윗돌.

▸臥: 눕다. 엎드리다.

▸枯樹: 枯木. 말라서 죽어버린 나무. 고목나무라고 흔히 부른다.

▸幾春: 幾年. 幾歲. 春은 年・歲의 뜻으로 쓰인다.

▸空: 없다는 뜻으로 쓴다. ⇨ 例: 空枝는 꽃・과일이 다 떨어져 버린 가지이며, 空林은 잎이 다 진 숲을 말한다. 本詩에서는 枯木나무가 잎・꽃・열매 없이 몇몇 해나 지났던고 하는 뜻이다.

▸淹留: 오래 머물다.

▸未及: 시간적으로 ~할 수 없다. ⇨ 이 구는 惜 未及淹留라 하면 쉽게 풀린다.

▸幽桂: 幽는 숨다, 감추다. 桂: ① 보통 桂花・金桂・丹桂라 불린다. 木犀科에 속한다. 가을에 黃色이나 白色의 꽃이 피며 대단히 향이 좋다. 魯迅은 ≪阿Q正傳≫의 序에서 阿Quei가 阿桂인지 阿貴인지를 따지며 그의 號가 月亭이라던가 八月에 生日이 있으면 분명 阿桂일 것이라 하였는데 巷間에서 말하는 桂는 달 속의 桂樹나무나 陰曆 八月과 관련있는 것으로 보아 가을에 꽃피는 이 桂花가 틀림없다. ② 月桂樹. 유럽 地中海부근에서 나는 나무. 이것으로 만든 月桂冠으로 이름이 났다. ③ 肉桂. 껍질을 藥用함.

▸芳叢: 꽃 무더기. 총생한 꽃들.

解說

〈開善寺〉

부처님이 說法하던 영취산 그대로인 이 山에는 봄날의 風光이 두루 펼쳐져 있고 그 옛날 印度의 王舍城과 같은 이 寺院. 野外의 眺望이 그야말로 툭 트여 시원하구나. 이곳에 있으면 登山臨水하는 山水의 情趣가 끝이 없고 깨끗하고 맑은 거리낌 없는 風趣 또한 다함이 없다. 꾀꼬리 소리는 창으로 들어오는 나무그림자 따라 들어오고 꽃향기는 산 밑으로 불어오는 바람 좇아 내려온다. 절 건물 안 마룻대 속으로 지나가는 구름 희고 창밖으로는 지는 해가 붉다. 뜰의 오래된 바윗돌은 어느 해에 엎드려 지금까지 그대로며 죽은 고목나무는 얼마만큼의 봄날을 꽃도 열매도 없는 빈가지로 지냈던가. 아쉽고 안타깝다. 오랫동안 머무를 수 없는 것이. 봄꽃이 무더기로 핀 속에서 가을이 돼야 피는 桂花가 숨듯이 수줍은 듯이 있는 것을 보았는데, 내가 가을까지 시간적으로 머물 수 없는 것이 참으로 애석하구나.

13. 〈罷故章縣〉

秩滿三秋暮, 舟虛一水濱. 漫漫遵歸道, 淒淒對別津.
晨風下散葉, 歧路起飛塵. 長岑舊知遠, 萊蕪本自貧.
被褁恒容吏, 正朝不繫民. 惟當有一犢, 留持贈後人.

註

▸罷~縣: ~고을살이를 그만둠. 임기가 만료됨.

▸故章: 어느 곳인지 알 수 없음.

▸秩滿(질만): 官吏의 임기가 끝남. 瓜期·瓜滿이라고도 씀.

▸三秋暮: 7·8·9 가을 석 달 중 9월을 말함. 晩秋·暮秋.

▸虛舟: ① 노를 젓거나 부리는 사람이 없는 빈 배를 虛舟·虛船이라 함. ≪莊子·山木≫에 "두 隻의 배를 묶어 안전한 큰 배를 만들어 黃河를 건널 때 사람 없는 빈 배가 와서 부딪히면 비록 속 좁고 성마른 사람이라도 화를 내지 않는다. 方舟而濟於河, 有虛舟來觸舟, 雖有惼心之人不怒."라 하였다.

▹두 척의 배를 나란히 잇댄 것을 方舟라 함. 舫字를 쓰기도 함.

▹惼心(편심): 속이 좁고 성마른 즉 성질이 급한 것.) 이 虛舟로 도량이 넓고 속이 툭 트이고 私利·私慾없음을 比喩하였다.

② 輕捷(움직임이 가볍고 날쌔다)한 배를 가리킴. 謝靈運〈遊赤石進帆海〉: "溟漲無端倪, 虛舟有超越. 바다는 가도 없고 끝도 없는데, 가볍고 날쌘 배타니 俗世를 벗어난 마음 있구나."

▹溟: 바다.

▹漲(창. zhàng): 바다.

▹端倪: 끝. 가.)

▸漫漫: (時間·空間이) 끝없다. 가없다. 가득하다.

▸淒淒: 쓸쓸하다. 처량하다. 슬프다.

▸長岑: ≪後漢書·崔駰傳≫: "……及(竇)憲爲車騎將軍, 辟駰爲掾. 憲府貴重, 掾屬三十人, 皆故刺史, 二千石; 唯駰以處士年少, 擢在其間. 憲擅權驕恣, 駰數諫之. 及出擊匈奴, 道路愈多不法, 駰爲主簿, 前後奏記數十, 指切長短. 憲不能容, 稍疎之. 因察駰高第, 出爲長岑長. 駰自以遠去, 不得意, 遂不之官而歸. 永元四年, 卒于家. ……"

"……竇憲이 車騎將軍이 되자 崔駰을 招聘하여 補佐官으로 삼았다. 竇憲의 幕府는 莫强한 곳이라 補佐官 30인이 모두 예전의 刺史·二千石(郡守의 俸祿이 二千石이므로 郡守를 二千石이라 함)이었는데 다만 崔駰만이 官職없는 處士요 靑年이건만 그 속에 拔擢된 것이다. 竇憲이 權勢를 마음대로 하고 驕慢放恣하니 崔駰이 자주 충고하였다. 匈奴를 出擊함에 途中에서 不法을 저지름이 더욱 많았고 그때 崔駰은 主簿였으므로 前後에 自己의 意見을 陳述하여 올린 文書가 數十件이었는데 그 잘못을 深刻하게 指摘하였다. 竇憲은 容納할 수 없어 점점 멀리하게 되었고 崔駰의 優秀한 考課를 빙자하여 長岑의 守令으로 내쳤다. 崔駰은 本來 멀리 간다는 것과 뜻대로 되지 않은 것으로 드디어 赴任하지 않고 歸鄕하였다. 和帝의 永元 四年에 집에서 세상을 떴다……"

▹竇憲: 東漢時代 사람. 和帝의 母后인 竇太后의 오라비. 和帝가 어린 나이로 등극하여 竇太后가 政事를 보니 侍中이 됨. 죄를 짓자 匈奴를 쳐서 贖罪하겠다 하고 邊塞 삼천리 밖에 나아가 大破하였다. 이에 班固에게 銘을 짓게하고 燕然山에 刻石(돌 절벽이나 비석에 새김)하여 漢나라의 威嚴을 誇示하였다. 돌아와 大將軍이 되었으나 專權(權力을 獨占함)하였고 그 一家親戚과 무리들이 朝廷에 가득하여 임금이 長成하자 憤怒했으나 母后 때문에 차마 죽이지 못하고 그 印綬를 거두었고 冠軍侯로 삼아 封國으로 가게하였으나 이내 自決하도록 하

였다. ≪後漢書·竇融列傳≫에 나온다.

▷掾: 官府中의 補佐(輔佐)하는 官吏. 參謀.

▷掾屬: 補佐官. 參謀. 漢代에는 三公으로부터 郡·縣에 이르기까지 모두 掾屬이 있었으며 主官이 任意로 選拔하였고 朝廷의 任命에 의하지 않았다.

▷奏記: ① 漢代에 公府의 長官에게 意見을 陳述한 文書. ② 公府의 長官에게 書面으로 意見을 陳述함.

▷指切: 指는 指摘함, 指責함. 切은 深切함, 急迫함, 譴責함.

▷長短: 長은 뜻이 없고 短만 뜻이 있는 偏義複詞. 短點을 말한다.

▷高第: 官吏의 考課(근무성적을 평가하여 결정하는 일)가 아주 優秀함.

▷長岑長: 長岑(장잠)은 고을의 이름으로 遼東에 있다. 앞의 長은 平聲, 뒤의 長은 上聲. ≪後漢書注≫: "長岑, 縣. 屬樂浪郡. 其地在遼東. 長岑은 고을이니 樂浪郡에 속하는데 遼東에 있다." ⇨ 崔駰으로 말미암아 後世에 권력있고 지위높은 사람에게 굽히지 않는 대찬 官吏를 長岑長이라 부르게 되었다.

▷自以遠去: 自는 本來라는 뜻.

▷之官: 任所에 가다. 到任하다. 赴任하다.

▶萊(래): 雜草. 休耕中인 밭. ⇨ 萊蕪: 荒蕪地. 荒廢.

▶被裏恒容吏: 漢·劉向 ≪列女傳·魯黔婁妻傳≫: "……先生死, 曾子與門人往弔之. 其妻出戶, 曾子弔之, 上堂, 見先生之尸在牖下, ……覆以布被, 手足不盡斂, 覆頭則足見, 覆足則頭見. 曾子曰: '斜引其被則斂矣.' 黔婁妻曰: '斜而有餘, 不如正而不足也.'……", "선생이 죽자 曾子와 弟子들이 가서 弔喪하였다. 그 아내가 문으로 나오니 曾子가 弔問하엿고 대청에 오르자 선생의 尸身이 窓 아래 있는 것이 보였다.……베이불로 덮는데 손발을 다 가릴 수 없었으니 머리를 덮으면 발이 나오고

발을 덮으면 머리가 드러났다. 曾子가 말했다. '이불을 비뚤게 잡아당기면 가릴 수 있겠습니다.' 黔婁(금루)의 아내가 말했다. '비뚤게 하여 남아도느니 바르게 하여 모자라는 것이 낫습니다.'……" 이 詩에서는 高士이고 隱者인 黔婁에게 그렇게 嚴格하고 苛酷하게 그 몸을 다 容納해주지 않던 이불이 나같은 俗世의 벼슬아치의 천한 몸을 항상 容納해주었으니 그것이 고맙고 대견하다는 一種의 悲哀中의 諧謔, 그러니까 슬픔 속의 익살이라 하겠다. 陶淵明처럼 아예 "寒夜無被眠"(怨詩楚調示龐主簿鄧治中〉)라고 極言을 하기도 하긴 하였지만……

▸正朝不繫民: 正朝는 임금이 臣下들의 조현(朝見)을 받는 곳. 至尊이신 임금이 조현을 받는 正殿도 벼슬 그만둔 草野의 한낱 백성을 잡아 묶어두지는 못한다는 뜻. 罷官한 뒤의 홀가분하고 떳떳한 心懷를 나타냈다.

▸當: 尙. 還. 그래도, 오히려, 아직도.

▸持贈: 들어서 주다.

▸惟當有一犢, 留持贈後人: ≪三國志・魏書・和・常・楊・杜・趙・裴傳≫의 〈常林傳〉의 裴松之의 注가 三國・魏・魚豢(어환)의 〈魏略〉에 실린 時苗의 事績을 引用하였는데 "壽春令인 時苗는 젊어서부터 淸白하였다. 그가 赴任할 때 薄畚車(박본거) — 薄笨車(박분거). 엉성하게 만들어 잘 달리지 못하는 수레. 畚・笨은 수레를 덮는 뜸. — 을 타고 黃犢牛(황독우. 누런 암소)가 이를 끌었는데 布被囊(포피낭) — 베로 만든 이불과 옷을 넣는 가방 — 을 지녔었다. 在職한지 일년이 넘어 소가 송아지를 낳았다. 離任할 때에 그 송아지를 남겨두며 主簿에게 이르기를 '壽春令이 올 때 본래 이 송아지는 없었다. 송아지는 淮南땅의 所生이고 所有다.' 여러사람들이 '家畜은 아비를 알 수 없으니 본시 마땅히 어미를 따라야 합니다.'했으나 時苗가 듣지 않으니 當時사람들이 모두 過激하다 하였으나 이로 말미암아 天下에 이름이 났다."하였다. ≪晉書・羊祜傳≫에도 鉅平侯 羊篇이 "잇달아 官職에 있었는데 淸白하고 勤愼

하였다. 個人所有의 암소가 官舍에서 송아지를 낳았는데 뒤에 轉任할 때 남겨두고 갔다."라고 기록하였다.

解說

〈故章고을살이를 그만두며〉

나의 任期가 다 끝난 때는 何必 쓸쓸한 가을 석 달 중에서 晩秋요 暮秋인 九月인데, 한 줄기 강가에는 욕심 없고 넓은 내 마음인가 텅 빈 배 한척 있구나. 끝없고 가없는 내 돌아갈 길을 따르려 처량하고 쓸쓸한 마음으로 이별의 나루를 대하노라. 새벽바람 속에 나뭇잎은 떨어져 흩어지고 갈림길에는 흙먼지가 날아오른다. 예전부터 알았었다. 높은 분에게 용납되지 않아 가는 長岑의 守令자리란 먼 곳이란 것을, 그리고 벼슬 던지고 돌아가는 荒蕪地 시골은 본래 貧寒하다는 것도. 그래도 일찍이 幸福했었다. 高尙한 隱士인 黔婁에게 그렇게 嚴格·苛酷하여 살아서는 말할 것 없고 주검이 되도 온 몸을 다 가려주지 않던 이불이 이 더러운 벼슬아치의 온 몸을 너그럽게 容納해 주었던 것을. 가자, 草野로 돌아가자. 至尊께서 조현(朝見)을 받으시는 大闕의 正殿도 이름 없는 百姓을 묶어둘 수는 없으리라. 그래도 나에게는 오히려 덤으로 생긴 송아지 끝끝내 받지 않고 물리치는 淸白하고 廉潔한 志操있어 그것을 後人들에게 남겨서 물려주노라.

14. 〈閒居對雨〉

四溟飛旦雨, 三徑絶來遊. 震位雷聲發, 離宮電影浮.
山雲遙似帶, 庭葉近成舟. 茅簷下亂滴, 石竇引環流.
寄言一高士, 如何麥不收.

註

▸閒居: ① 避人獨居. 즉 세상과 담쌓고 조용히 사는 것. ≪禮記 · 孔子閒居≫: "孔子閒居, 子夏侍. 孔子가 世上일 世上사람과 관계 않고 조용히 계실 때 子夏가 모시고 있었다." ② 편안하게 집에 있다. 하는 일없이 집에 한가로이 있다.

▸四溟: ① 四海. 四方之海 (東海 · 南海 · 西海 · 北海). ② 全國. 天下.

▸飛雨: ① 飛飄之雨. 謝朓 〈觀朝雨〉: "朔風吹飛雨. 북풍이 부니 비가 흩날린다." ② 驟雨(취우). 소나기.

▸三徑: 三逕. 晉 · 趙岐의 〈三輔決錄 · 逃名〉에 의하면 蔣詡(장후)가 鄕里로 돌아가서는 가시로 문을 막아놓고 竹林에 작은 길 셋을 내고 다만 求仲 · 羊仲만 따르게 하고 집밖으로 나가지 않았다 한다. 以後로 三徑은 隱士의 집을 가리키게 되었다. 晉 · 陶淵明 〈歸去來辭〉에 "三徑就荒, 松菊猶存. 세 오솔길은 거칠어져 가도 솔과 국화는 여전히 있구나." 라고 하였다.

➥ 비오면 손이 안 오는 것은 古今의 常例인 듯 杜甫의 글에도 나온다. 杜甫 〈秋述〉: "秋, 杜子臥病長安旅次, 多雨生魚, 靑苔及榻, 常時車馬之客, 舊, 雨來, 今, 雨不來.…… 가을 杜先生 長安의 旅舍에 병들어 누웠다. 많은 비에 고기가 생길 지경이요, 푸른 이끼가 침상에 이를 정도다. 평소 수레와 말을 부리는 귀한 분들 중에 오래된 벗은 비가 와도 찾아오

지만, 근래에 알게 된 인사는 비오면 찾아오질 않더라……”

➡ 杜甫 〈秋述〉의 “舊, 雨來” 때문에 오래되고 막역한 벗을 “舊雨”라고 부르게 되었다.

▸震位雷聲發: ≪易 · 說卦傳≫: “……雷以動之, 風以散之, 雨以潤之, 日以烜之.……萬物出乎震, 震, 東方也.…… 만물을 우렛소리로 움직이고, 바람으로 흩뜨리며, 비로 적셔주고, 햇볕으로 말려준다.……만물은 震位 (震方, 震의 位置)에서 나오니, 震이란, 東方이다.……” 이 句는 東方인 震位에서 우렛소리(천둥소리) 일어난다(發生한다)의 뜻이다.

▸離宮電影浮: ≪易 · 說卦傳≫: “……離也者明也. 萬物皆相見, 南方之卦也. 聖人南面而聽天下, 嚮明而治, 蓋取諸此也.……離라는 것은 光明을 말함이니 이로써 만물이 서로 볼 수 있으며 南方의 방위이다. 聖人이 南面하여 天下의 일을 살피고 결정하며 光明을 向하여 다스림은 대개 이러한 의미를 採取 · 選擇함이라.”

▹聽天下의 聽은 審察 · 斷決 · 治理의 뜻이다.

▹取諸此의 取는 選拔의 뜻이다.

▸宮: 있는 곳. 머무는 곳.

▸電影: 閃電之光. 閃 또한 電의 뜻이다. 번개. 번개의 번쩍번쩍하는 빛. 번개가 번쩍하다.

▸影: 名詞 뒤에 붙어 模糊한 모습을 나타낸다.

▸浮: 나타나다. 드러나다. 이 句는 光明이 머무는 곳인 南方에서는 번개의 번쩍하는 빛이 나타난다는 뜻이다.

▸庭葉近成舟: 많은 빗물이 고여 떨어진 나뭇잎이 거의 배처럼 둥둥 떠다닐 지경이 되었다는 뜻이다.

▸近: 殆(거의. 대개. 아마도)의 뜻인데 윗句의 “遙”字와 外形上으로는 “멀다”, “가깝다”로 짝을 이루나 內容上으로는 “아득히”와 “거의”로 쓰였다.

▶成은 似(흡사하다. 類似하다). 像. 윗句의 似와 互文이다.

▶茅簷: 초가지붕의 처마.

▶亂: 잔뜩. 번잡하게. 가득히.

▶滴: 액체가 한 방울 한 방울씩 떨어짐. 한 방울씩 떨어지는 액체. 本詩에서는 처마에서 떨어지는 빗물을 말한다. 즉 落水. 낙숫물. 屋霤水(옥류수)를 가리킨다.

▶竇(두): 배수구. 도랑. 하수구. 水溝. ≪周禮≫의 孫詒讓 ≪正義≫: "竇若今陰溝, 穿地爲之, 以通水潦者. 竇는 오늘날의 陰溝와 같으니 땅을 파서 만들어 빗물이 흐르도록 한 것이다."

▶引: 이끌어내다. 받아들이다.

▶環流: 빙빙 돌고 구불구불 흐르다.

▶引流: 물이 흐르는 것을 잘 통하도록 유도함 · 받아들임.

▶≪後漢書 · 逸民傳 · 高鳳≫: "高鳳字文通, 南陽葉人也. 少爲書生, 家以農畝爲業, 而專精誦讀, 晝夜不息. 妻嘗之田, 曝麥於庭, 令鳳護鷄. 時天暴雨, 而鳳持竿誦經, 不覺潦水流麥. 妻還怪問, 鳳方悟之. 其後遂爲名儒, 乃敎授業於書唐山中.……鳳年老, 執志不倦, 名聲著聞. 太守連召請, 恐不得免, 自言本巫家, 不應爲吏, 又詐與寡嫂訟田, 遂不仕.……隱身漁釣, 終於家.", "高鳳의 字는 文通으로 南陽 · 葉땅 사람이다. 어려서 學業에 뜻을 둔 儒生이 되니 집안이 본시 농사로 생업을 삼았건만 한 마음 한 뜻으로 읽고 외어 밤낮으로 쉬지 않았다. 그 아내가 밭으로 가며 뜰에 보리를 말리니 高鳳에게 닭이 먹지 못하도록 지키게 하였다. 그 때 갑자기 暴雨가 쏟아졌는데 高鳳은 작대짚고 經典을 읽으며 빗물이 보리를 쓸어가는 것도 몰랐다. 아내가 돌아와 보리가 없어진 것을 이상히 여겨 물으니 비로소 깨달았다. 그 뒤에 드디어 名儒가 되어 西唐山 속에서 學業을 전수했다.……高鳳은 연로하여서도 평소의 뜻을 堅持하여 싫증내지 않으니 명성이 자자했다. 太守가 계속 招聘하

니 피하기 어려울까 봐 두려워 스스로 본시 巫覡(무격)의 집안이라 官吏될 수 없다고 말하고 또 거짓으로 홀로 사는 과수댁(寡守宅)과 논밭 놓고 다투어 訴訟을 하여 드디어 벼슬하지 않았다.……漁夫 · 낚시꾼으로 몸을 숨겨 집에서 세상을 뜰 수 있었다."

解說

〈하는 일없이 한가로이 있으며 비를 대하다〉

四海라 온 世上에 새벽부터 비가 날리며 흩뿌리니 나의 뜰 知己들만의 천지인 세 오솔길에도 와 노니는 이 없구나. 東쪽에서는 우렛소리 일어나고 南方에서는 번갯불이 드러난다. 산에 걸린 구름은 아득하게 띠처럼 둘렀는데 뜰에 진 나뭇잎은 거의 떠다니는 작은 배와 흡사하다. 초가지붕 처마에서 낙숫물 쏟아지고 돌로 된 下水溝는 마당의 빙빙 돌고 구불구불 흐르는 빗물을 끌어들이고 받아들인다. 거 뜻과 행실 고결하시며 隱居하고 不仕하시는 분에게 말씀을 부치노니 널어놓은 보리 거두지 않고 어떡하자는 것이오.

15. 〈又〉

蘋藻降靈祇, 聰明諒在斯. 觸石朝雲起, 從星夜月離.
八川奔巨壑, 萬頃溢澄陂. 綠野含膏潤, 青山帶濯枝.
嘉禾方合穎, 秀麥已分歧. 寄語紛綸學, 持筆詎必知.

註

▸蘋藻: 네가래와 마름. 이것으로 祭祀 지냄. 祭需의 일부임. ≪詩・召南・采蘋≫: "于以采蘋, 南澗之濱. 于以采藻, 于彼行潦. 네가래 따네, 남쪽 시냇가에서. 마름을 뜯네, 길옆 개울에서." 이것은 士大夫 집안의 딸이 시집가기 전에 祖先들에게 祭祀지내는 것을 읊은 것이다.(注마다 내용이 차이가 나는데 蘋藻로 祭物을 삼는다는 것은 同一하다.)

▸降靈祇: 祇(기): 地神. 神의 泛稱. 降神・降靈: 神靈을 降臨하게하다. 신을 맞아들이다.

▸聰明: 智慧・才智로 쓰임. 원래는 귀 밝고 눈 밝다는 뜻이다.

▸觸石朝雲起: ≪公羊傳・僖公三十一年≫: "觸石而出, 膚寸而合, 不崇朝而徧乎天下者, 唯泰山爾. 돌과 부딪쳐 나오고 작은 것들이 차츰차츰 합치고 뭉쳐서 아침이 다 끝나기 전에 天下에 두루 비를 뿌리게 하는 것은 오직 泰山(의 구름)뿐이다."

▸膚寸: ① 옛날 길이의 단위. 손가락 하나의 너비가 寸이고, 손가락 네 개면 膚라 한다. ② 極小 또는 極少를 比喻한다. ③ 비 내리기 전의 차츰차츰 모여드는 구름을 말한다.

▸崇朝: 終朝. 날이 밝아 朝飯까지의 시간. 날이 밝아 아침 먹을 때까지의 시간.

➡ 구름은 돌과 부딪쳐 나온다 하여 산석에서 생기는 구름, 즉 石雲이라고

불렀다.

唐・李賀의 〈黃頭郎. 노란 모자 쓴 뱃사공〉에서 抄. "玉瑟調青門, 石雲濕黃葛. 玉瑟은 青門曲을 演奏해 내고, 산돌에서 나온다는 구름은 노란 꽃 피는 칡을 적셔준다."

➥ 山石에서 구름이 생긴다 하여 山石을 雲根 즉 구름의 바탕, 구름의 根源이라 한다. 또한 깊고 깊은 구름 생기는 산속도 雲根이라 하였다.

▸從星: 달이 箕와 畢 두 별자리의 범위에 들어감. ≪書・洪範≫: "月之從星, 則以風雨. 달이 箕宿(기수)와 畢宿(필수)에 들면, 바람 불고 비 온다."

▸月離: ≪詩・小雅・漸漸之石≫: "月離于畢, 俾滂沱矣. 달이 畢宿와 만나니 큰 비 퍼붓게 하네."

▹漸漸은 (참참)으로 읽으며 嶄嶄의 뜻이다. 즉 높다는 말이다.

▹俾: 使.

▹滂(방)・沱(타)는 둘 다 큰비의 뜻.

▸八川: 옛날 關中地域의 灞(파)・滻(산)・涇・渭・酆(풍)・鎬・潦(료)・潏(휼)의 여덟 갈래 강물을 말한다.

▸巨壑: 大海를 가리킨다.

▸萬頃: 一頃은 百畝(백무), 즉 2만여 평임. 萬頃은 2억여 평임. 面積이 極히 廣闊할 때에 이 말을 쓴다.

▸膏: ① (gāo): 脂肪. 肥肉. ② (gào): 潤澤. 매끈하게 하다. 매끄럽게 하다.

▸膏潤: 草木을 滋潤(촉촉하다) 하게 하며 生長시켜주는 비・이슬・養分을 가리킨다. 他人에 대한 恩惠를 나타내기도 한다.

▸濯枝: 濯枝雨의 준말. 陰曆 오뉴월(五六月)에 오는 큰비. ≪初學記≫ 卷二에서 晉・周處 〈風土記〉의 "六月有大雨, 名濯枝雨."를 引用하였다.

▸嘉禾: 낟알이 많이 달린 큰 벼. 大禾. 農耕時代의 第一 큰 吉瑞·吉祥이다.

▸合穎(합영): 合穗(합수). 볏묘(禾苗)의 한 줄기에 두 이삭이 달림(禾苗一莖, 生二穗). 祥瑞임.

▸秀麥: 이삭이 핀 보리.

▸分歧(분기): 分蘖(분얼). 움, 곁가지. 稻孫: 그루터기에서 다시 난 벼.

▸紛綸: 淵博함. 學問이나 教養이 깊고 넓다. ≪後漢書·逸民傳·井丹≫: "井丹字大春, 扶風·郿人也. 少學業太學, 通〈五經〉, 善談論, 故京師爲之語曰: '五經紛綸井大春.' 性淸高, 未嘗修刺候人.…… 井丹, 字는 大春으로 扶風의 郿땅 사람이다. 어려서 太學에서 공부하였고 〈五經〉에 通達하였으며 談論에 能하였다. 따라서 서울에서 이 때문에 말하길 '五經의 學識이 깊고도 넓은 井大春이로구나.'하였다. 천성이 맑고 고고하여 일찍이 명함을 준비하여 朝廷의 賓客接待官에 준 적이 없었다."

▹修刺: 名刺(명자. 즉 명함)을 準備하여 姓名을 通報함.

▹候人: 賓客을 마중하고 배웅하는 官員.

▸持筆: 執筆. 執筆하여 作文함.

▸必: ① 必然. 一定. ② 豈(어찌). ③ 通"畢". 완전히. 모두.

➥ ≪論語·微子≫: "子路從而後, 遇丈人, 以杖荷蓧. 子路問曰: '子見夫子乎', 丈人曰: '四體不勤, 五穀不分, 孰爲夫子.' 植其杖而芸(耘과 통함).…… 子路가 孔子를 모시고 따라가다 처졌는데 지팡이 끝에 삼태기 건 노인을 만났다. 子路가 물었다. '老人丈께서는 저의 스승님을 보셨습니까.' 노인이 말했다. '四肢를 꿈지럭거리지도 않고 五穀이 무엇인지 구별도 할 줄 모르는 인간이 누가 스승님이란 말인가.' 이내 지팡이를 땅에 꽂고 김을 매기 시작하였다……"

▹蓧(조): 삼태기.

解說

〈또 읊는다〉

네가래・마름으로 祖上의 靈魂을 降臨하게 하니 智慧롭고 뛰어난 女人들의 祭祀擔當은 다 이 물에 달려있도다. 아침 돌과 부딪쳐 구름이 끼더니 밤에 달이 별자리에 들어가 畢宿와 만났구나. 그렇게 되어 억수같이 비가 내렸다. 關中이라 首都圈의 여덟 줄기 강물은 가득 불어 세상에서 제일 巨大한 골짜기라는 바다를 向해 달려가고 萬頃이라 2억평의 넓은 물은 맑고 맑던 湖水에서 넘쳐난다. 草綠빛 들은 萬物을 촉촉하게 적셔주고 길러주는 물과 양분을 잔뜩 머금었고 푸른 山은 草木의 가지 깨끗이 씻어준다는 오뉴월의 큰 비 濯枝雨를 띠고 있구나. 낟알 많이 달린 嘉禾는 막 한 줄기에 두 이삭 달려 收穫이 곱절되고 이삭 팬 보리도 벌써 곁 이삭 생겨 倍로 거두어들이겠구나. 한마디 해야 하겠소, 學識과 敎養이 깊고 넓은 분들에게. 붓대 잡고 있다고 어찌 世上일을 몽땅 죄다 아시겠소. 나처럼 벼・보리가 잘되고 못되고에도 관심이나 있으신지 궁금하구려. 젠장.

➥ 以上 두 首의 詩는 實生活에 좀 더 關心을 가져보라는 의견인데 世上이 어떻게 돌던 나 몰라라 하는 孤高한 隱者와 허울 좋은 知識層에게 現實도 좀 알라고 침 한방 놓은 것도 되겠다.

16. 〈行經古墓〉

偃松將古墓, 年代理當深. 表柱應堪燭, 碑書欲有金?
逈墳由路毁, 荒隧受田侵. 霏霏野霧合, 昏昏隴日沈.
懸劍今何在, 風楊空自吟.

註

▸行經古墓: 길 가다가 옛 무덤을 지나다.

▸偃松(언송): 누운 잣나무. 倭松. 오랜 세월에 지쳐 누운듯하다는 含義가 있다.

▸將: 與. ~과.~와.

▸年代: 시대. 시간. 세월.

▸理當: 應當.

▸深: 시간이 오래됨. 例: 夜深하다.

▸表柱: 華表柱. 본래는 ① 里程標. ② 誹謗木 — 百姓들이 政府의 失政한 것을 條目條目 써서 붙이는 나무. ≪呂氏春秋 · 自知≫에 보면 堯임금 때에는 諫鼓가 舜임금 때에는 誹謗木이 있었다 한다. — 인듯하나 後世에는 ③ 宮殿, 橋梁, 陵墓 앞에 세우는 裝飾性이 强한 돌기둥이다. 中國 · 北京 · 天安門 앞에 가면 볼 수 있다. ⇨ 諫鼓는 申聞鼓와 誹謗木은 民願書類函, 訴願狀과 흡사하다.

▸燭: 횃불. 촛불. 비추다. 여기에서는 발전하여 洞察하다, 明察하다로 쓰임.

▸表柱應堪燭은 遼東城門 華表柱에 鶴이 되어 날아 온 丁令威의 忠告를 잘 살펴서 道를 닦아 神仙이 되어야 했었는데 그러지 못하고 죽어서 무덤 속에 들어갔다는 뜻이다.

≪搜神後記≫: "丁令威, 本遼東人, 學道于靈虛山. 後化鶴歸遼, 集城門華表柱, 時有少年擧弓欲射之, 鶴乃飛, 徘徊空中而言曰: '有鳥有鳥丁令威, 去家千年今始歸. 城郭如故人民非, 何不學仙冢纍纍.' 遂高上冲天. 今遼東諸丁云, 其先世有升仙者, 但不知名字耳."

"丁令威는 본래 遼東 사람으로 靈虛山에서 道를 닦았다. 뒤에 鶴이 되어 遼東으로 돌아와 城門앞 華表柱에 머물렀다. 그때 젊은이가 활을 들어 쏘려하니 鶴은 날아 空中에서 徘徊하며 말하렸다.: '새여! 새여! 丁令威로다, 집 떠나 천년 만에 이제 비로소 돌아왔네. 城郭은 예대로나 사람은 바뀌었으니, 왜 神仙되는 것을 배우지 않고 무덤만 겹겹이 만들었나.' 하고는 드디어 높이 날아 하늘로 곧장 올라갔다. 지금 遼東의 丁氏들은 말하기를 先代에 신선된 분이 계셨는데 다만 이름을 모른다 한다."

▷集: 棲止. 至. 到.

▷有鳥有鳥의 有는 名詞앞에 붙는 의미 없는 語助詞.

▷人民非의 非는 바뀌다. 본래와 같지 않다의 뜻임.

▷纍纍(루): 여러 겹으로 쌓인 모습.

▷冲天: 空中으로 直上함.

▷先世: 先代.

▷升仙: 成仙.

▶碑書欲有金: ① 王隱 ≪晉書≫: "〈石瑞記〉曰: '永嘉初, 陳國·項縣·賈逵石碑中生金, 人鑿取賣. 賣已復生, 此江東之瑞.'" 王隱의 ≪晉書≫에서 〈石瑞記〉를 인용하였는데 '永嘉初에 陳國·項縣에 있는 가규(賈逵)의 石碑에서 金이 나왔다. 사람들이 파서 팔았는데 다 팔면 또 생겼다. 이것은 江東 地方의 祥瑞다.'라 하였다." ② 道源의 李商隱詩注: "庾信碑文: '刺史賈逵之碑, 旣生金粟; 將軍衛青之苗, 方留石麟.'", "僧·道源이 李商隱詩에 注를 달았는데 庾信의 비문을 引用하였다. '刺

史 賈逵의 비에는 금 알갱이가 나왔건만, 將軍 衛靑의 묘에는 돌 기린만 남았구나.'" 이 句는 죽었으면 그만이고 무덤 만들었으면 됐지 뭘 자랑하려고 碑石을 세웠느냐. 그러면 碑石 글씨 새긴데서 금 알갱이라도 나오게 하려는가 하고 죽어서도 높은 封墳, 巨大한 碑石으로 權力·金力 誇示하려는 인간들의 虛妄함을 비꼬고 빈정거리는 것 같다.

▸迥: 본래 遙遠하다는 뜻. 거기서 발전하여 아득히 높다는 뜻이 됨.

▸由路毁: 由는 聽憑. 聽任. 내맡기다. 마음대로 하게하다.

▸隧(수): ① 墓道. 무덤길. ② 터널.

▸受: 遭受. (불행·손해를) 만나다. 입다. 당하다.

▸荒隧受田侵는 다음을 變用한 듯하다. 古詩十九首의 其十四: "古墓犁爲田, 松柏摧爲薪. 옛 무덤은 갈아엎으니 밭이 되고, 天子와 諸侯의 무덤에만 심을 수 있는 소나무·측백나무도 後世에 가면 꺾여 땔나무되고 만다."

▸霏霏(비비): 구름이 뭉게뭉게 피다. (김·아리랑이가) 무럭무럭 오르다.

▸合: 모이다.

▸昏昏: 어둑어둑. 어두운 모양.

▸隴: ① 무덤. ② 언덕. ③ 밭두둑. 밭둑.

▸懸劍: ≪史記·吳太伯世家≫: "季札之初使, 北過徐君. 徐君好季札劍, 口弗敢言. 季札心知之, 爲使上國, 未獻. 還至徐, 徐君已死. 於是乃解其寶劍, 繫之徐君冢樹而去. 從者曰: '徐君已死, 尙誰予乎.' 季子曰: '不然. 始吾心已許之, 豈以死倍吾心哉.'"

吳나라 季札이 처음으로 使臣되어 中原으로 갈 때 북쪽의 徐나라 임금을 뵈었다. 徐나라 임금은 季札의 劍이 마음에 들었으나 입으로는 차마 말을 못했다. 季札이 속으로 알았으나 中原에 있는 先進의 文明한 여러 나라에 使臣으로 가니 禮服에 빠질 수 없는 劍인지라 주지를 못했다. 일을 마치고 돌아오는 길에 徐나라에 이르러보니 徐나라 임금은 이미 죽어있었다. 이에 그 寶劍을 풀어 徐나라 임금 무덤가 나무에 매달고 가버렸다. 하인이 '徐나라 임금이 이미 죽었는데 그래도 준단 말입니까.'하니 季札이 '그렇지 않다. 처음 내 진심으로 이미 주기로 작정했으니 어찌 죽었다고 내 마음을 저 버리겠는가.'하였다." 이 때문에 後世에 "懸劍"은 守信 (신의를 지키다)의 뜻으로 쓰이게 되었다.

▷上國: 中原에 있는 先進文明國들을 말함.

▷尙誰予: 尙: 오히려. 그래도. 誰: 反問을 表示함. 그래도 ~한단 말인가. 予: 주다. 증여하다.

▷倍: 背와 통함. 背叛. 違背.

▶風楊空自吟: 옛사람의 作品을 통하여 무덤에는 白楊을 많이 심었다는 것을 알 수 있다. ① 古詩十九首의 其十三: "驅車上東門, 遙望郭北墓. 白楊何蕭蕭, 松柏夾廣路."

▷上東門: 洛陽城의 동쪽에 문 셋이 있는데 가장 북쪽에 있는 문 이름.

▷郭北墓: 洛陽城 북쪽의 墓. 즉 北邙山의 墓를 말함.

▷蕭蕭: 쏴쏴(하는 바람소리). 휙휙(부는 바람소리).

▷廣路: 넓은 무덤 길. "上東門으로 수레를 몰고 나가면, 멀리 城 북쪽 北邙山의 무덤들이 보인다. 백양나무는 어찌 그리 쏴쏴 소리 내는가, 소나무 측백나무는 말없이 넓고 넓은 墓道를 끼고 서 있는데." ② 古詩十九首의 其十四: "北郭門直視, 但見丘與墳. 古墓犁爲田, 松柏摧爲薪. 白楊多悲風, 蕭蕭愁殺人."

▷丘: 무덤.

▷犁: 쟁기질하다. 갈아엎다.

▷殺(쇄): 程度가 深한 것을 나타내는 副詞. 例: 惱殺(뇌쇄): 애타도록 괴로워함. "城郭門을 나서 똑바로 보면 애오라지 封墳만 보일 뿐이다. 옛 무덤은 갈아엎어 밭이 되고, 소나무 측백나무도 꺾여 땔나무된다. 백양나무에는 처량한 바람소리 심하니, 쏴쏴 불어 사람을 미치도록 시

름 차게 하누나." ③ 晉·陶淵明〈擬輓歌辭三首〉其三: "荒草何茫茫, 白楊亦蕭蕭.", "이 共同墓地 있는 산 속에는 거친 풀밭이 어쩌면 그렇게도 아득하게 한없이 펼쳐졌으며, 백양나무도 질세라 또한 쏴쏴 소리내며 있구나."

▶吟: 呻吟. 歎息. 울다. 소리치다.

解說

〈길가다 옛 무덤을 지나며〉

지쳤는가 누운 잣나무. 나이 먹을 대로 먹었는가 옛 무덤. 歲月은 응당 깊었으리라. 遼東城門의 華表柱에 鶴이 되어 돌아온 丁令威가 忠告했으면 잘 살펴 신선될 길을 찾아야 했건만 남들하고 똑같이 무덤 하나 만들었구나. 그러면 됐지 뭐 잘난 일 많이 했다고 거창하게 碑石 세웠나. 거기에 새긴 글씨는 저도 혹시 금 알갱이 나올까 하고 해놨단 말인가. 뭐 장마다 꼴뚜기냐, 체. 살아서 權力·金力 많아서 封墳 한 번 높고 높게 쌓았건만 시간은 흘러 새로운 길이 나면서 까뭉개도 그대로 내맡길 수밖에, 황량해진 무덤길도 부지런하고 영악한 농부들 밭 늘리려 침노하면 당할 수밖에. 그 옛날의 權勢·財力이 무슨 소용이람. 지금은 무럭무럭 피어오르는 안개만 모여들 뿐. 빌붙고 아첨하던 群像들은 모두 어데 갔나. 어둑어둑 무덤 뒤로 해는 잠기는데…… 生前에 세상 떠들썩하게 管鮑之交(관포지교)·刎頸之友(문경지우)하며 믿고 친하던 벗님들은 다 어데 갔나. 부는 바람 속의 백양나무만이 허무하게 그대를 위해 울고 소리치는 듯 하는데.

17. 〈和樊晉陵傷妾〉

畵梁朝日盡, 芳樹落花辭. 忽以千金笑, 長作九泉悲.
鏡前塵劇粉, 機上網多絲. 戶餘雙入燕, 牀有一空帷.
名香不可得, 何見返魂時.

註

▸晉陵: 地名. 晉陵 고을의 守令을 지낸 樊氏의 〈傷妾〉이란 詩에 和한 詩임.

▸傷: 哀悼함.

▸畵梁: 흔히 畵棟雕梁이라 쓴다. 여러 빛깔로 무늬를 그리고 아로새긴 기둥과 들보라는 뜻이니 華麗하고 奢侈스러운 建築物을 나타낸다.

▸朝日: 中國에서는 옛부터 아름다운 여인을 아침의 햇빛에 비하였으며 그 햇빛이 梁—대들보. 또는 屋梁 즉 대마루, 용마루—에 비침은 女人이 男子의 품 또는 男子의 집에서 잘 지내는 것을 나타내었다. 例를 들겠다.

① 戰國·楚·宋玉 〈神女賦〉: "其始來也, 耀乎若白日初出, 照屋梁." 楚나라 襄王이 꿈에 神女를 만난 뒤 그 神女를 描寫하는데 이렇게 말하였다. "처음 올 때에 찬란하기가 흰 해 막 떠올라 대마루를 비추는 것 같았다."

② 漢·無名氏 〈陌上桑〉: "日出東南隅, 照我秦氏樓. 秦氏有好女, 自名爲羅敷.…… 해가 동남쪽에서 떠 우리 秦氏네 樓閣을 비춘다, 秦氏네는 예쁜 딸 있어 본래 이름이 나부(羅敷)란다.……"(▹我: 친근감을 나타낼 때 붙인다. 우리 애인. 우리 집사람의 "우리"와 같다.) ⇨ 陶淵明은 술을 너무 좋아하여 술에도 붙였다. 〈歸園田居五首〉 其五: "漉我新

熟酒, 隻鷄招近局. 우리 갓 익은 술 거르고, 닭 한 마리 잡아 이웃을 불러보자."(▷好女: 예쁜 딸. ▷自: 본래. 본시.) 이 詩에는 梁이 나오지 않으나 대신 높은 樓가 나오고(이것도 男性의 象徵이리라) 日出이 好女의 登場을 豫告한다.

③ 南朝·梁·簡文帝 〈怨歌行〉: "十五頗有餘, 日照杏梁初. 열다섯을 꽤 넘겼으니 햇빛이 막 은행나무 들보를 비추는 좋은 때였다."

▷十五: 이미 앞에서 女子의 結婚適齡期임을 說明하였다.

▷杏梁: 唐·王維·≪輞川集≫ 二十首中 〈文杏館〉: "文杏裁爲梁, 香茅結爲宇. 질좋은 은행나무 다듬어 들보 만들고 향기로운 띠풀 엮어 지붕 삼았네."에서 보듯 은행나무로 들보 만드는 것은 상당히 자랑스러운 일이었나 보다.

이 詩는 班婕妤를 슬퍼한 〈怨歌行〉을 본받아 노래한 것으로 이 두 句는 男女間의 좋은 時節·環境·條件을 于先 强調한 部分이다. 이렇게 좋은 시절·분위기건만 버림을 받았다는 탄식인 것이다.

④ 南朝·梁·何遜 〈看伏郎新婚〉: "霧夕蓮出水, 霞朝日照梁. 何如花燭夜, 輕扇掩紅妝. 〈伏郎의 新婚을 구경하며〉: "안개가 아른 아른 피어오르는 저녁 물위로 솟은 연꽃이 곱고, 노을이 붉게 물든 아침 들보를 비추는 太陽이 찬란해도, 무늬 고운 밀납 촛불 밝힌 밤, 얇은 깁부채로 가린 盛妝한 고운 新婦에 비하면 어떠할지. 아마 못하리라."

▷花燭: 彩燭과 같다. 龍鳳무늬 등을 장식한 蠟燭(납촉)으로 結婚의 新房에 使用한다. 그래서 花燭夜, 花燭洞房이란 말이 생겼다.

▷輕扇: 얇은 깁부채.

▷紅妝: 盛妝. 나아가 美女를 가리킴.

⑤ 唐·沈佺期 〈獨不見〉: "盧家少婦鬱金堂, 海燕雙棲玳瑁梁. 돈 많은 이름난 家門의 젊고 아름다운 새색시는 鬱金香나는 집에 살았었는데 신랑 신부 상징하듯 바다제비는 쌍쌍이 대모 박은 들보에 깃들어

있었다. — 그런데 신랑이 멀리멀리 戰場에 나간지 벌써 십년이 됐다는 것이다."

▷盧家少婦: 앞에서 이미 紹介하였다. 梁武帝의 〈河中之水歌〉에서 "洛陽女兒名莫愁, 十五嫁爲盧家婦"라 하여 洛陽의 莫愁라는 美人이 열다섯에 盧家로 시집갔다는 것인데 즉 돈과 名譽 다 갖춘 집안의 예쁜 새색시라는 의미로 쓰인다.

▷鬱金: ① 香의 이름. ② 튤립 꽃.

▷海燕: 海外에서 봄에 왔다 가을이면 가는 제비라고: "海"字를 붙임.

▷玳瑁(대모): 열대지방에 사는 거북의 한 종류. 등딱지가 노란색이며 갈색의 구름무늬가 있어 아름답다. 예전에는 갓끈, 貫子에 쓰였으며 近來에는 안경테에 많이 쓰였는데 高價라 갈색무늬가 얼룩얼룩한 발그스름하고 노르스름한 안경테는 대부분 모조품으로 안경테하면 의례 그렇게 만드는 줄 알았던 것이 삼사십년 전까지의 일이었다. 본 詩에서는 太陽이 省略되었다. 그러나 대모 박은 발그레한 들보는 太陽빛을 머금은 듯하다고 할 수 있겠다.

⑥ 唐・李商隱 〈無題〉: "照梁初有情, 出水舊知名. 들보를 비추는 太陽같은 그대의 아름다움에는 처음부터 사랑이 갔었고, 물위로 솟은 연꽃같은 그대의 미모는 옛부터 세상에 이름났었다."

李商隱이 科擧에 失敗한 뒤 자기의 新婦에게 보낸 詩의 첫 부분인데 何遜詩의 뜻을 그대로 썼다.

⑦ 唐・李商隱 〈初起〉: "三年苦霧巴江水, 不爲離人照屋梁. 삼년을 해롭다는 짙은 안개와 巴江의 물 사이에서 보냈는데 이별한 사람을 위해 대마루에 太陽이 비추지 못하게 하려는 하늘의 뜻이라나. 太陽이 屋梁에 찬란하게 빛나면 不知不識間에 고운 아내 생각이 날까봐서라나. 그래서 나를 위해 하늘은 太陽이 못 비추게 삼년 내내 濃霧와 강물로 나를 둘러쌌다는군."

〈새벽에 막 일어나서〉라는 詩題가 좀 야릇하다. 三年동안 巴蜀地方에서 幕僚生活을 하며 안개와 강물의 눅눅한 속에서 따분한 생활을 하루하루 힘들게 하면서도 그것도 다 아내 없는 자기를 위한 하늘의 배려라고 능쳐버린 솜씨가 기특하다.

⑧ 1960年 前後 美國의 팝송(Pop Song) 〈You are my sunshine〉이 크게 流行하였다. 코러스(chorus) 部分이 이러하였다. “You are my sunshine, My only sunshine. You make me happy when skies are grey. You'll never know dear How much I love you. Please don't take my sunshine away.” 그 당시 입 달린 애들은 죄다 하루 종일 불러댔다. 屋梁에 비치는 朝日의 現代版 再湯이라 하겠다.

▶芳樹: 花木. 꽃나무.

▶辭: 告別. 辭別.

▶千金笑: 一笑千金. 一笑値千金. 한번 웃음이 千金의 값어치가 있다. 미인의 웃음 얻기가 극히 어려움을 말한 것이다. ≪藝文類聚≫ 卷57에 漢・崔駰(최인)의 〈七依〉를 引用하였다. 즉 “迴顧百萬, 一笑千金. 돌아보면 百萬, 한번 웃으면 千金”이라나.

▶九泉: 黃泉. 죽은 사람을 파묻은 땅 속을 가리킴.

▶劇: 繁多하다. 巨大하다. ~보다 심하다.

▶網: 蜘蛛網. 거미줄(로 만든 그물).

▶空帷: 본래 빈 방을 나타내는 말이다. 例를 든다. ① 晉・張華 〈情詩〉之二: “幽人守靜夜, 迴身入空帷. 혼자 쓸쓸히 사는 사람은 고요한 밤을 지키려, 몸을 돌려 빈방으로 들어간다.” ② 梁・江淹 〈離情賦〉: “佳人撫鳴琴, 淸夜守空帷. 佳人은 소리 잘 내는 琴을 타며, 맑은 밤 빈 방을 지키누나.” 그러나 本詩에서는 이미 앞에 牀이 나온다. 寢牀에 붙어있는 휘장을 말하니 님 없는 텅 빈 침상의 휘장으로 해석해야 한다.

▶何見: 見은 알다. 깨닫다. 짐작하다. 추측하다. 何見은 어찌 알겠는가.

▸返魂香: ① 返生香이니 전설에 나오는 죽은 사람을 다시 살아나게 한다는 신기한 향을 말한다. ② 역시 전설에 나오는 피우면 사람들에게 친한 사람의 亡靈을 볼 수 있게 해준다는 향.

解說

〈樊晉陵의 "傷妾"에 和함〉

아름다운 들보에 다시는 아침 태양 비추는 일 없을 것이니 꽃나무의 落花는 영원히 간다고 告別했구나. 순식간이네, 千金 값어치 웃음이 길이 九泉地下의 슬픔으로 바뀜이. 鏡臺앞에 쌓인 먼지는 그 옛날 짙은 단장하느라고 흘린 분가루보다 더 많고, 베틀에 친 거미줄은 걸었던 실보다 하고 하네. 문에는 다만 쌍쌍으로 드나드는 제비만 남았을 뿐. 님없는 침상에는 텅 빈 휘장 쓸쓸하네. 이미 간 사람의 떠다니는 魂을 알아보게 하는 名香을 얻을 수 없으니 넋이 돌아올 때에도 어찌 알아볼 수 있으리.

18. 〈和侯司空登樓望鄉〉

懷土臨霞觀, 思歸想石門. 瞻雲望鳥道, 對柳憶家園.
寒田穫裏靜, 野日燒中昏. 信美今何益, 傷心自有源.

註

▸司空: 벼슬이름.

▸望鄉: 故鄕쪽을 바라봄. 그리하여 자연히 故鄕을 생각함, 그리워함으로 변함.

▸懷土: ① ≪論語・里仁≫에 "君子懷德, 小人懷土."라 하여 지금 살고 있는 곳을 편안히 여기고 옮기기 싫어함을 말한다. ② 故土 즉 故鄕을 그리워 함.

▸霞觀(하관): 높이 솟은 樓臺. 霞는 遐(하)와 통한다. 遐는 멀다. 아득하다. 높다의 뜻.

▸石門: ① 지명. ② 道路名. ③ 돌로 쌓은 댐, 둑.

▸望鳥道: 望은 간절히 바라다. 희망하다. 기대하다. 鳥道는 鳥道羊腸과 같다. 둘 다 아주 좁고 험한 산길을 말한다.

▸瞻雲望鳥道: 一句는 晉・陶淵明 〈始作鎭軍參軍經曲阿〉의 "望雲慚高鳥, 臨水愧游魚. 구름 보면 높이 마음대로 나는 새에 부끄럽고, 물에 다가가면 자유롭게 헤엄치는 고기에 猖披(창피)하다."에서 힌트를 얻은 듯하다.

▸家園: ① 家中庭園. 나아가 故鄕의 뜻으로 쓰임. ② 자기 집에 딸린 숲.

▸對柳憶家園: ① ≪詩・小雅・采薇≫: "昔我往矣, 楊柳依依, 今我來思, 雨雪霏霏."

▹依依: 가는 버들가지가 봄에 물이 올라 하늘하늘 나긋나긋한 모양.

▷思: 뜻 없는 語助詞.

▷雨: 떨어지다. 내리다. ≪詩·小雅·고비 뜯으며≫: "예전 내가 떠나올 때 봄버들이 하늘하늘 했는데, 지금 내가 돌아갈 때는 눈이 펄펄 내리네." 以後로 버들은 고향을 떠나는 것을 나타냈다.

② 漢·無名氏 〈古詩十九首〉에서 "靑靑河畔草, 鬱鬱園中柳. 푸르고 푸른 강가의 풀이여 빽빽한 뜰의 버들이로다."

③ 晉·陶淵明 〈歸園田巨〉 五首 其一: "楡柳蔭後簷, 桃李羅堂前. 느릅나무, 버드나무는 뒷 처마에 그늘 지우고, 복사나무 오얏나무는 대청 앞에 벌여있네."

②와 ③의 例에서 보듯 버들은 집안에 있는 나무로 고향의 자기집 뜰을 나타냈다.

▶穫裏靜: 裏는 範圍를 나타냄. 거두어들인 안쪽 즉 收穫을 끝낸 部分을 말함. 靜은 깨끗함, 아무것도 남은 것 없음.

▶野燒: 野火와 같다. 野外에서 짚북데기나 마른 풀을 태우기 위해 놓은 불.

▶信美: ≪三國志·魏書·王·衛·二劉·傅傳≫: "獻帝西遷, 粲徙長安. 左中郎將蔡邕見而奇之. 時邕才學顯著, 貴重朝廷, 常車騎塡巷, 賓客盈坐·. 聞粲在門, 倒屣迎之, 粲之, 年旣幼弱, 容狀短小, 一坐盡驚. 年十七, 司徒辟, 詔除黃門侍郎, 以西京擾亂, 皆不就. 乃之荊州依劉表, 表以粲貌寢, 而體弱通侻, 不甚重也. 表卒, 粲勸表子琮, 令歸太祖.", "後漢의 獻帝가 董卓의 힘에 屈服 東쪽의 洛陽에서 서쪽의 長安으로 强制 遷都하니 王粲도 長安으로 移徙하였다. 左中郎將인 蔡邕이 보고 奇特하게 여겼다. 當時 蔡邕은 才學으로도 크게 드러났었고 벼슬로도 朝廷에서 莫重하여 항상 車騎가 골목을 메웠고 賓客이 자리에 가득하였다. 그런데 王粲이 門에 있다 듣자 신발을 거꾸로 신고 마중나갔다. 王粲이 들어온 것을 보니 어린데다 외모도 작고 초라해 모든 賓客이 다

놀랐다. 열 일곱 살에 司徒가 招聘, 詔命으로 黃門侍郎의 職을 주었으나 當時 西京인 長安이 아주 混亂하여 就任하지 않았다. 그리고 荊州로 가서 劉表에게 依託했으나 劉表는 그의 용모가 醜陋한 것과 약한 몸에 제멋대로인 성격과 예절에 구애받지않는 태도 때문에 별로 重視하지 않았다. 劉表가 죽자 王粲은 그의 아들 劉琮을 설득 太祖(曹操)에게 歸順하도록 하였다."

後漢末 政權이 十常侍 等의 宦官의 손에 들어가자 선비들은 改革을 하고자 했으나 나쁘게 말하면 입만 까서 떠들어대기만 했지 具體的인 方案을 提示하지는 못했다. 입만 까지니 실속없는 人物品評만 盛行하여 汝南땅의 許劭(허소)·許靖(허정)이 다달이 새로운 人物評을 發表하니 世間에서는 아예 "汝南月旦. 여남월단"이라 하였다. 當時의 人物評은 제일 꼭대기가 "三君" 다음이 "八俊", "八顧", "八及" 맨 마지막이 "八廚"였는데 劉表 또한 "八及"에 끼었었다. 劉表는 荊襄이라는 要衝에 있으면서 좋게 말해 時勢의 變化를 靜觀, 나쁘게 말하면 無事安逸 明哲保身으로 進取的이거나 積極的으로 亂世에 對處하지 못하고 天下名士로의 自負心만 있었다. 人物을 外貌나 言辯으로 判斷, 評價하였고 自身을 낮춰 선비를 대우하지 못하니 禰衡(예형)을 容納 못했고, 龐統·諸葛亮같은 눈앞에 있는 人才도 拔擢·重用하지 못하였다. 王粲도 薄待를 받고 몹시 鬱寂한 마음으로 當陽縣의 城樓에 올랐다가 天下의 名文인 〈登樓賦〉를 짓게 된 것이다.

三國·魏·王粲 〈登樓賦〉: "雖信美而非吾土兮, 曾何足以少留. 비록 정말 아름답다하지만 내 고향이 아니니, 어찌 잠시라도 머물 수 있는 값어치가 있는 곳이었던가!" 자기가 대우를 받지 못하니 地域까지 도매금으로 싸잡아 욕을 한 것이다.

▶源: 根源. 來源. 源由: 原因.

解說

〈侯司空의 "樓臺에 올라 故鄕 그리며"란 詩에 和함〉

故鄕땅 그리네, 아스라하게 높은 樓臺에서 내려다보며. 돌아가길 생각하네, 石門땅 내 고장을 상상하며. 구름만 보아도 생각나는 것은 새나 다닐 수 있다는 좁고 험한 고향 가는 산길이요. 버들만 마주해도 고향집 마당일세, 버들동산 그립네. 그곳 차가운 계절의 논밭 수확이 끝난 곳은 깨끗하게 비워졌을 것이고 벌판의 太陽은 들불 연기 속에 어둑어둑 하겠지. 옛날 王粲처럼 높은 樓臺에서 내려다보니 진실로 아름다운 풍경이지만 그것이 지금 나에게 무슨 보탬이 되겠는가. 내 마음의 서러움은 본래 까닭이 있는 것이니.

내 고향으로 날 보내주. 〈Old Black Joe〉가 따로 있느냐, 나지!

➥ 〈Old Black Joe〉: 美國의 作曲家 Foster가 1860년에 作曲한 歌曲. 자기 집의 늙은 노예 조를 위해 지은 것이다. 가사는 "내 고향으로 날 보내주"로 시작된다.

19. 〈登武昌岸望〉

遊人試歷覽, 舊跡已丘墟. 巴水縈非字, 楚山斷類書.
荒城高仞落, 古柳細條疎. 煙蕪遂若此, 當不爲能居.

註

▸武昌: 地名. 지금의 湖北省에 있다.

▸岸: 언덕. (상)기슭.

▸遊人: ① 職業없이 한가한 사람. ② 집・고향 떠나 타향에 사는 사람. ③ 유람 다니는 사람. 관광객.

▸試: ~ 한번 해보다. 試驗해보다.

▸歷覽: 두루두루 살피다. 하나하나 구경하다.

▸舊跡: 舊迹. 舊蹟. 옛사람들의 자취・흔적. 주로 옛사람들이 쌓은 큰 功績을 가리킨다.

▸丘墟: ① 廢墟. ② 陵墓. 墳墓.

▸巴水縈非字: 巴江이 이리저리 구불구불한 것이 巴라는 글자의 생긴 모양이 아니겠는가.

▸非: 豈非. 어찌 ~가 아니겠는가. ≪文獻通考・輿地七≫: "巴江自古集來派於(巴州)郡治之右, 狀如巴字, 又曰字江. 巴江은 옛부터 흘러오는 支流들이 고을 中心의 오른쪽에서 다 모여 形狀이 巴字처럼 구불구불하여 一名 字江이라고도 한다."

▸楚山斷類書: 옛 楚나라 땅이던 이곳의 山은 잘라낸듯 가파르고 우뚝우뚝 솟아 山이라는 글자와 비슷하구나.

▹斷山: 가파르고(陡峭) 깎아지른 절벽 같은(壁立) 산.

▹類: 類似하다. 相似하다.

▷書: 文字. 字. 字體. 字形.

▶荒城高仞落: 높은 城壁의 城도 荒廢되어 沒落하다.

▷仞: 七尺 또는 八尺.

▷落: 零落. 衰落. 沒落.

▶≪漢書・食貨志上≫: "神農之教曰: '有石城十仞, 湯池百步, 帶甲百萬而亡粟, 弗能守也.'"

▷步: 五尺 또는 六尺, 八尺. "神農의 가르침에 '돌로 쌓은 十仞높이의 城, 끓는 물로 된 500尺 너비의 垓子, 그리고 갑옷입은 병사 百萬이 있어도 식량이 없으면 지킬 수 없다.'하였다."

▶≪孟子・公孫丑下≫: "天時不如地利, 地利不如人和. 일을 하기에 적합한 자연기후조건도 지형의 이로움만 못하고, 지형의 이로움도 사람들이 서로 和合함만 못하다." ➪ 武昌은 한때 三國時代 吳나라의 首都로 江邊에 位置하고 높은 城壁으로 難攻不落인 듯하였으나 結局 남은 것은 沒落한 荒城일 뿐이다라는 의미임.

▶古柳細條疎: 길고 가는 가지 많기로 이름난 버들도 묵어버리니 엉성하고 성기구나.

▷疎: 엉성하다. 빽빽하지 않고 성기다.

▶≪晉書・陶侃傳≫: "(侃)嘗課諸營種柳, 都尉夏施盜官柳植之於己門, 侃後見, 駐車問曰: '此是武昌西門前柳, 何因盜來此種.' 施惶怖謝罪.", "(陶侃) 일찍이 여러 營寨에 버들을 심는 業務를 주었다. 都尉로 있는 夏施가 官有物인 버들을 훔쳐 자기 門에 심었다. 陶侃이 뒷날 보고 수레를 멈추고는 물었다. '이것은 武昌城 西門앞의 버들인데 어떻게 훔쳐와 여기에 심었는가.' 夏施가 무섭고 두려워 사죄하였다." 이 때문에 後에는 버들을 말할 때 武昌柳라 불렀다. 즉 武昌에서 事件 한번 일으킨 버들이라는 뜻이니 武昌하고는 아무 관련없이 쓰일 때에도 柳를 말하려면 으레 武昌柳라 한 것이다. 번역을 하려면 아주 말이 길어지게 되는

것인데 이런 例는 앞에 나온 〈對雨書懷走邀許主簿〉 詩의 幕燕을 해설할 때 자세하게 例를 들어 설명하였으니 參考하시라.

▶煙蕪: 煙은 煙霧. 蕪는 잡초 무성함, 잡초 무성한 묵은 밭의 뜻. 따라서 煙蕪는 내와 안개 낀 잡초 무성한 荒廢한 땅이라는 뜻.

▶能: (내. nài)로 읽으면 耐의 뜻이니 참아내다, 견뎌내다의 뜻.

▶≪三國志・吳書・潘濬・陸凱傳≫을 보면 吳의 임금 孫皓가 建業에서 武昌으로 遷都하니 百姓들의 어려움이 한두 가지가 아니었다. 丞相 陸凱가 諫하는 글을 올렸는데 그 속에서 다음과 같은 童謠를 引用하였다. "寧飮建業水, 不食武昌魚. 寧還建業死, 不止武昌居. 차라리 建業에서 맹물만 먹고 살면 살았지 武昌에서 고기 먹고는 안 살겠다. 차라리 建業에 가서 죽고 말지 武昌에 머물러 살지는 않겠다." 建業은 建康인데 지금의 南京一帶로 이렇게 되다보면 地域感情이 相當히 激烈・熾烈해지기 십상이다.

解說

〈武昌의 강 언덕에 올라 바라보다〉

나 같은 일없는 유람객 한 번 두루두루 구경해보니 옛 英雄豪傑들의 자취는 이미 廢墟로 되었군. 그저 변함없는 것은 巴江이니 구불구불 도는 蛇行川은 영락없는 巴字 모양이고 옛날 楚나라의 땅이던 이곳의 山도 가파르고 잘라낸 듯하여 山字와 참 흡사하군. 아무리 城壁이 높아도 별 수 없지. 사람이 제대로 못 지키니 沒落한 荒城만 남았고 晉代의 陶侃 때문에 유명해진 버들도 지금 보니 너무 늙은 고목나무라 그러한가, 가늘고 줄줄이 푸르름이 본래의 모습이요 특징인데 엉성하고 성긴 것이 城이고 나무고 죄다 그 꼴이군. 안개 속에 잡초만 무성한 荒廢한 이곳, 옛날 번성할 때에도 建業에서 죽으면 죽었지 武昌에서는 안 살겠다고 노래했는데. 지금도 맑은 정신 갖곤 살아내기 어렵겠구먼. 참.

20. 〈晩出新亭〉

大江一浩蕩, 離悲足幾重. 潮落猶如蓋, 雲昏不作峯.
遠戍唯聞鼓, 寒山但見松. 九十方稱半, 歸途詎有蹤.

註

▸新亭: 亭子 이름. 遺址가 지금 江蘇省 江寧縣 南쪽에 있다. 三國時代 吳나라에서 세웠을 때 이름은 臨滄觀이었는데 晉나라 安帝 隆安年間에 丹陽의 太守인 司馬恢之가 重修하고 新亭이라 불렀다 한다. ≪世說新語 · 言語篇≫을 보면 晉이 망하고 渡江하여 東晉을 세운 人士들이 날씨좋은 날이면 이곳에 모여 술 마시고 놀았는데 주의(周顗)가 슬프게 탄식하며 "눈앞의 風景은 북쪽의 서울 洛陽과 다를 것 없지만 國家의 疆土는 틀리구나." 하니 모두들 눈물을 흘렸다. 이에 丞相 王導가 엄하게 나무랐다. "모두가 힘써 王室을 도와 中原을 恢復할 생각을 해야지 갇힌 罪囚 故鄕그리듯 울어서야 쓰겠소." 하였다한다. 後世에 "新亭淚", "新亭泣"이란 말은 故國을 생각하거나 憂國하고 傷時하며 悲憤慷慨한다는 뜻으로 쓰이게 되었으며 新亭은 이 때문에 그야말로 脚光을 받게 되었다한다.

▸一: ① 온통. 모조리. ② 끊임없이. 줄곧. 내내. ③ 의외로. 상상외로.

▸浩蕩: ① 물이 엄청나게 넓고 壯한 모습. ② 廣大하고 曠遠함.

▸足: ① (족. zú): 富足. 充足. 充滿. 滿足. ② (주. jù): 보태다. 첨가하다. 때우다. 보충하다.

▸重(chóng): ① 重疊. 重複. ② 量詞: 層. 種. 件. 級. 이 句는 "足幾重離悲"로 정리된다. ⇨ 高麗 · 鄭知常 〈大同江〉: "雨歇長堤草色多, 送君南浦動悲歌. 大同江水何時盡, 別淚年年添綠波. 비개인 긴 둑 풀빛은

짙은데, 南浦에서 님 보내니 슬픈 노래 울려 퍼진다. 大同江물이 언제 다하랴, 이별의 눈물이 해마다 푸른 물결에 보태지는데."

▶潮落: 落潮. 退潮. 썰물. ⇨ 漲潮: 밀물. 本詩에서는 밀물은 말할 것 없고 썰물일 때에도 온 세상을 다 덮을 수 있는 덮개처럼 어마어마하다는 뜻이다.

▶昏: ① 어둡다. 빛이 없다. ② 저녁. 어둑어둑해 질 무렵.

▶遠戍: 먼 곳에 있는 哨所. 堡壘. 營壘.

▶寒山: 추운계절(늦가을이나 겨울의) 산. 외롭고 쓸쓸하며(零落) 괴괴한(寂靜) 산.

▶九十方稱半: 九十은 榮啓期를 말함. 方: 비로소. 장차. 바야흐로. ≪列子・天瑞篇≫과 ≪孔子家語・六本篇≫을 보면 榮啓期는 春秋時代의 隱士로 孔子가 泰山에 갔을 때 만났는데 다 떨어진 가죽옷에 새끼줄로 띠를 하였건만 琴을 타며 노래하고 몹시 즐거워하더란다. 孔子가 이유를 물으니 "하늘이 萬物을 내시니 사람이 귀한데 나는 사람이 되었으니 첫 번째 즐거움이요, 男子와 女子는 差別있어 男尊女卑라 男子가 귀한데 기왕에 남자가 되었으니 두 번째 즐거움이요, 사람으로 태어나도 日月을 보지 못하고 襁褓를 면하지 못하는 자도 있지만 나는 行年(① 지나온 햇수. 곧 지금의 나이. ② 장차 이를 나이)이 구십이니 세 번째 즐거움이라. 가난이란 선비의 正常的이고 떳떳한 일이며 죽음은 사람의 끝마침이라 正常的이고 떳떳함 속에서 살며 끝마침을 기다리니 무엇을 근심하며 즐거워하지 않겠는가." 하였다. 孔子도 인정했다. "좋구나. 여유있고 넉넉하여 느긋할 줄 아는구나.", "吾樂甚多; 天生萬物, 唯人爲貴. 而吾得爲人, 是一樂也. 男女之別, 男尊女卑, 故以男爲貴. 吾旣得爲男矣, 是二樂也. 人生有不見日月不免襁褓者, 吾旣已行年九十矣, 是三樂也. 貧者士之常也, 死者人之終也, 處常得(待者가 맞음)終, 當何憂哉." 孔子曰: "善乎, 能自寬者也."(≪列子・天瑞篇≫에서)

➥ 晉・陶淵明은 그의 〈飮酒〉 二十首의 其二에서 "九十行帶索, 飢寒況當年. 九十 노인이면서도 出入에 새끼줄로 허리띠 했으니, 한창 젊었을 때의 굶주림 추위가 어떠하였을까."하였다. 林語堂은 그의 力作인 ≪生活의 藝術≫에서 中國人들은 너무나 老人에 대한 대우가 극진해 모두 손꼽아 늙기를 기다리며 거지도 늙은 거지는 특별대우를 받는다고 광을 치고 허풍을 떨었는데 이 詩에서 말한 바를 이해하기에는 아주 적합하다. 구십 노인이면 가족이건 남이건 음으로 양으로 상당히 보살펴주는데도 나다닐 때 새끼줄로 허리띠를 했다면 當時의 經濟與件이 아주 劣惡하다는 이야긴데 그렇다면 남들이 사정 안 봐주는 젊은 시절의 고생은 안 봐도 뻔한 것이라는 것이다. 〈詠貧士〉 七首의 其三에서 "榮叟老帶索, 欣然方彈琴. 榮氏 老人 늙어서도 새끼줄 허리에 두르고 기쁘게 한창 琴을 탄다."라고 하였다. 저보다 못한 사람과 비교하면 가난의 괴로움이나 슬픔 견디기가 조금 수월하였으리라.

解說

〈저녁에 新亭에 나가다〉

大江은 줄곧 온통 浩浩蕩蕩 끝없고 가없이 넓고 넓으니 얼마나 많은 갖가지 겹겹의 離別의 悲嘆으로 흘린 눈물이 보태져서 그러할까! 潮水는 썰물 되어 물러갈 때에도 솟구치는 절벽 같은 물은 온 세상을 덮은 덮개가 그러할까, 덮치듯 쏟아져 내리고, 구름은 이제 어둑어둑한 저녁이라 더 이상 봉우리를 짓지 않는다. 멀리 있는 哨所는 잘 보이지 않고 다만 북소리만 들리고 찬 날씨 속 산에서는 운치 있고 멋들어진 松籟・松濤는 안 들리고 푸른 소나무만 보일 뿐이다. 樂天的인 榮啓期先生 때문에 잘 알려진 구십이라는 나이의 절반을 (즉 마흔 다섯) 칭할 때가 되었으니 自然으로 돌아갈 내 길에 어찌 功勞・業績하며 痕跡을 남길 것인가.

➥ 이 作品은 歷代 評者들이 陰氏 作品中의 佳作으로 손꼽는 것이다.

21. 〈晩泊五洲〉

客行逢日暮, 結纜晩洲中. 戍樓因嵁險, 村路入江窮.
水隨雲度黑, 山帶日歸紅. 遙憐一柱觀, 欲輕千里風.

註

▸泊: 碇泊하다. 배를 멈춰 강 언덕에 대다. 머무르다.

▸五洲: 地名. 지금의 湖北省 浠水縣 西南쪽 長江 속에 있다. 江 가운데 다섯 개의 물섬이 서로 이어져 있어 이렇게 부른다.

▸纜: 배 매는 밧줄. 닻줄.

▸結纜(결람): 배를 멈추다. 碇泊하다. ⇨ 解纜(해람): 出帆하다. 出航하다.

▸戍樓: 적군의 동정을 살피려고 성위에 만든 누각. 望樓. 望臺.

▸因嵁險: 因: 이용하다. 의지하다. 빌리다. 嵁(감): 우뚝 솟은 바위. 가파른 낭떠러지. 깎아지른 절벽. 險: 아슬아슬 하다. 아주 높고 험하다. 이 句는 적을 살피는 望樓는 높이 솟은 바위를 이용해 만들어 아주 아슬아슬하게 높다는 뜻임.

▸村路入江窮: 江과 닿아있는 길은 강으로 들어가는 바람에 길이 다 끝났다, 없어졌다로 표현함.

▹窮: 盡. 終極. 完.

▸水隨雲度黑: ▹隨: 따르다. 맡기다. 마음대로 하게하다. 이 句는 간단히 정리하면 "雲度, 水隨黑"이다. 구름이 물속에 그림자 검게 만들며 지나가면 강물은 그대로 검은대로 내버려두고 즉 구름 뜻대로 하라며 따라간다는 뜻이다.

▸山帶日歸紅: ▹帶: 映照(비추다). 빛나다. 뒤덮다. 이 句는 간단히 정리

하면 "日歸, 山帶紅"이다. 太陽이 西쪽으로 기울어가면 西山은 붉게 타오르듯 빛난다는 뜻이다.

▶遙憐: 멀리 그리워하다. 생각하다. 憐은 想念이다.(王鍈 ≪詩詞曲語辭集釋≫)

▶欲輕千里風: ▷欲: 바라다. 희망하다. ▷輕: 수월하다(容易). 간단하다(輕易). 민첩하다. 재주가 뛰어나다. 이 句는 "欲望輕易千里之風" 또는 "欲望千里之輕風"하면 쉽게 이해가 갈 것이다. 즉 "千里를 수월하고 빠르게 갈 수 있는 바람을 바란다"는 뜻이다. ⇨ 輕風: 輕捷之風(날랜 바람. 빠른 바람).

➡ 一柱觀은 앞서 〈和登百花亭懷荊楚〉 詩의 첫 句 "江陵一柱觀"에서 알 수 있듯이 江陵에 있는데 五洲에서 江陵까지 단숨에 가기를 바란 것이다. 後世 唐 李白은 白帝城에서 江陵까지 정말로 하루에 갔다. 그는 〈早發白帝城〉에서 "早辭白帝彩雲間, 千里江陵一日還. 兩岸猿聲啼不盡, 輕舟已過萬重山. 아침에 오색 노을 찬란한 白帝城을 떠나, 千里밖 江陵을 하루 만에 다시 돌아 왔구나. 양쪽 강 언덕의 잣나비 소리 귀속에 그 울음 餘音이 채 사라지기전에, 날랜 배는 이미 만겹의 산을 지나왔구나."라고 읊었다. 陰氏는 希望하였고 李氏는 達成하였다. 夜郎으로 귀양가느라 江陵에서 三峽으로 기를 쓰고 거슬러 올랐다가 赦免받아 다시 江陵으로 돌아오는데 얼마나 신이 났을까.

解說

〈저녁 五洲에 碇泊하다〉

나그네 길 해 저물녘 되니 물 섬에 닻줄을 맬 수밖에. 人間處를 둘러보니 望樓는 높은 바위산을 이용해 자리잡아 아주 아슬아슬하게 높은 곳에 있고 마을의 길은 겁도 없이 그대로 강으로 들어가 사라져버렸군. 自然環境은 어떠한가 살펴보니, 하늘 위 구름이 물속에 그림자 검게 만들며 지나가면 강물은 구름 뜻대로 하라며 그대로 검게 내맡기고, 太陽이 서쪽으로 기울면 西山은 붉게 타오르듯 훤하게 빛나네. 아득히 江陵의 一柱觀을 그리워하며 생각하니 千里 뱃길을 수월하고 빠르게 갈 바람이 있었으면 하고 바라네.

22. 〈詠得神仙〉

羅浮銀是殿, 瀛洲玉作堂. 朝遊雲暫起, 夕餌菊恒香.
聊持履成燕, 戱以石爲羊. 洪厓與松子, 乘羽就周王.

註

▶羅浮: 山이름. 廣東省에 있다. 晉나라 葛洪이 修道하였으며 道敎에서는 이곳을 第七洞天이라 한다.

▶瀛洲(영주): 바닷속에 있다는 傳說上의 三神山 즉 三島(蓬萊, 方丈, 瀛洲)의 하나.

▶第3 · 4句: "暫起之雲을 타고 朝遊하며 恒香之菊을 夕餌하다."하면 된다.

▶餌: 食物의 泛稱. 藥物. 미끼. 服食하다.

➥ 乘雲 · 駕雲은 神仙들의 交通手段이다. ≪楚辭 · 離騷≫: "吾令豊隆乘雲兮, 求宓妃之所在. 나는 豊隆에게 구름타고 宓妃(복비) 있는 곳을 찾게 하노라."

➥ 菊花를 먹는다는 것은 自身의 高尙 · 潔白을 나타내는 象徵이었는데 後世에는 延年益壽(연년익수. 즉 장수)를 위한 現實的인 方法이 되었다.
① ≪楚辭 · 離騷≫: "朝飮木蘭之墜露兮, 夕餐秋菊之落英. 아침 木蘭에서 지는 이슬 마시고 저녁 秋菊의 새로 핀 꽃을 먹는다. ➪ 落, 始也." 이것은 상징일 것이다.
② 三國 · 魏文帝(曹丕) 〈九日與鍾繇書〉: "至于芳菊, 紛然獨榮, 輔體延年, 莫斯之貴. 謹奉一束, 以助彭祖之術." 〈九月九日 鍾繇에게 보내는 글〉 "향기로운 菊花를 들어서 말하자면 잔뜩 홀로 피어났는데 몸을 보해주고 수명을 늘려주는데 이보다 귀한 것이 없소이다. 그래서 삼가 한 묶음 올려 팔백년 살았다는 彭祖의 長壽하는 秘訣에 一助를 하고자

합니다."

③ 晉·陶淵明〈九日閒居〉: "酒能祛百慮, 菊爲制頹齡. 술은 온갖 근심 없애주고, 국화는 늙어가는 나이를 막아준다." 以上은 具體的인 補身劑일 것이다.

▶履成燕은 履成鳧일 것이다. 陰氏가 石羊·石燕의 故事와 混同한 것 같다.

≪後漢書·方術列傳≫: "王喬者, 河東人也. 顯宗世, 爲葉令. 喬有神術, 每月朔望, 常自縣詣臺朝. 帝怪其來數, 而不見車騎, 密令太史伺望之. 言其臨至, 輒有雙鳧從東南飛來. 於是候鳧至, 擧羅張之, 但得一隻舃焉. 乃詔尙方言爾視, 則四年中所賜尙書官屬履也. 每當朝時, 葉門下鼓不擊自鳴, 聞於京師. 後天下玉棺於堂前, 吏人推排, 終不搖動. 喬曰: '天帝獨召我邪?' 乃沐浴服飾寢其中, 蓋便立覆. 宿昔葬於城東, 土自成墳. 其夕, 縣中牛蓋流汗喘乏, 而人無知者. 百姓乃爲立廟, 號葉君祠.……"

"王喬는 河東사람이다. 顯宗時代에 葉縣의 원이 되었다. 王喬는 神通力이 있어, 매달 초하루와 보름—이때 임금은 正式의 조현(朝見)을 받는다.—이면 항상 고을에서 조정에 알현(謁見)을 하러왔다. 임금은 그가 자주 오지만 수레나 말이 보이지 않는 점이 이상하여 비밀리에 太史에게 살피도록 하였다. 太史의 말이 그가 이르려 할 때에는 문득 오리 한 쌍이 동남쪽에 날아온다는 것이었다. 이에 오리가 도착할 때를 기다려 새잡는 그물을 들어 폈는데 단지 신발 한 짝을 얻었을 뿐이다. 이에 御命으로 宮中의 物品擔當部署인 尙方에 자세히 살피라하니 근래 사년사이에 하사한 尙書省 소속관리용 신발이라는 것이었다. 매양 王喬가 朝廷을 갈 때에는 縣門 아래의 북이 두드리지 않아도 저절로 울려 서울에까지 들렸다. 뒤에 하늘에서 玉棺이 대청앞에 떨어졌는데 이속(吏屬)들이 밀어내도 끝내 움직이지 않았다. 王喬가 말하기를 '하느님이 장차 나를 부르시려는가?' 하고는 목욕하고 正服입고 玉裝飾을 차고 그 속에 누웠다. 그러자 관 뚜껑이 곧 덮혀졌다. 밤중에 城東에 장사지내니 흙이 저절로 封墳을 만들어냈다. 그날 밤 고을안의 소들이 모두 땀을 흘리고 숨을 헐떡거리며 지쳐서 느른해졌으나 까닭을 아는 사람이 없었다. 百姓들이 이에 그를 위해 廟를 세우고 葉君祠라 불렀다."

▷臺朝: 朝廷. 臺는 中央政府機構임.

▷太史: 官名. 漢以前에는 史書를 編하고 國家의 典籍, 天文曆法을 담당함. 漢代에는 天文, 氣象, 曆法을 담당함.

▷擧羅張之: 새그물을 들어 펼치다.

▷舃(석): 바닥이 나무로 된 신발.

▷尙方: 宮中에서 물품을 만들고 음식과 器物을 관리하는 官署.

▷言爾: 同診字. 診: 살피다. 자세히 보다. 병을 진단하다.

▷尙書官屬: 尙書省의 屬官들.

▷獨召我邪: 獨은 장차(將)의 뜻으로 疑問文에 쓰임.

▷服飾: 正服을 입고 玉 따위의 裝飾을 차다. 正裝을 하였다는 뜻.

▷寢: 臥. 눕다.

▷宿昔: 밤중. 宿이나 夕이나 夜의 뜻이다.

▷喘乏(천핍): 숨을 헐떡거리고 지쳐서 느른하다.

이 이야기는 漢·應劭의 ≪風俗通·正失·葉令祠≫에도 보인다. 이 이야기 때문에 縣令을 "舃鳧. 석부"라 하고 縣令이 赴任하거나 離任할 때에 "鳧飛"라 하였다.

➥ 北魏·酈道元 ≪水經注·湘水≫: "湘水東南流經石燕山東, 其山有石, 紺而狀燕, 因以名山. 其石或大或小, 若母子焉. 及其雷風相薄, 則石燕群飛, 頡頏如眞燕矣.", "湘水는 東南으로 흘러 石燕山 東쪽을 지나는데 그 산에 돌이 있어 紺色인데 제비의 형상이라 산을 그렇게 이름지었다. 그 돌은 크기도 하고 작기도 하여 母子같은데 우레와 바람이 서로

치고 응하면(≪周易·說卦傳≫에 나오는 말이다) 돌제비들은 떼 지어 날으며 오르락내리락함이 진짜 제비 같았다."

▶以石爲羊: 晉·葛洪 ≪神仙傳·黃初平≫: "黃初平者, 丹溪人也. 年十五家使牧羊, 有道士見其良謹. 便將至金華山石室中, 四十餘年, 不復念家. 其兄初起行山尋索初平, 歷年不得. 後見市中有一道士.……道士曰: '金華山中有一牧羊兒, 姓黃名初平, 是卿弟非疑.' 初起聞之, 卽隨道士去求弟, 遂得相見.……問初平羊何在. 曰: '近在山東耳.' 初起往視之不見, 但見白石而還.……初平與初起俱往看之, 初平乃叱曰: '羊起.' 於是白石皆變羊數萬頭.……初起便棄妻子留住. 就初平學, 共服松脂·茯笭, 至五百歲, 能坐在立亡, 行於日中無影, 而有童子之色. 後乃俱還鄉里, 親族死終略盡, 乃復還去. 初平改字爲赤松子, 初起改字爲魯班, 其後服此藥得仙者數十人.", "黃初平이란 사람은 丹溪사람으로 열 다섯에 집에서 양을 돌보게 하였다. 道士가 그의 善良하고 誠實한 것을 보고 데리고 金華山의 石室 속으로 갔다. 사십 여년이 되도록 집 생각을 안했다. 그의 형 初起는 山속을 다니며 初平을 찾고 수색하였으나 세월이 흘러도 찾을 수 없었다. 후에 저자에서 道士 하나를 보았다.…… 道士가 말하길: '金華山 속에 양치는 아이가 있는데 姓이 黃이고 이름이 初平이니 그가 그대의 동생이 아닌가 생각되네.' 하니 初起가 듣고는 그대로 道士를 따라가 동생을 찾으니 드디어 만나게 되었다.……初平이 치던 羊이 어데있는가 물으니 '가까이 산 동쪽에 있다.' 初起가 가서보니 보이지 않고 다만 흰 돌만 보고 돌아왔다.……初平과 初起가 함께 가서 보는데 初平이 이에 큰소리로 명령했다. '양들은 일어나라.' 그러자 흰 돌이 모두 양 수만마리로 변했다.……初起는 妻子를 버려두고 머물렀다. 初平을 좇아 배우며 함께 송진·복령을 먹고 오백세에 이르자 앉거나 서 있거나 하는 行動中에 存在하기도 하고 사라지기도 하였으며 햇빛아래 다녀도 그림자가 없었으며 童子의 顔色을 가졌다. 일찍

이 함께 고향마을에 간 적이 있었는데 일가친척은 죽어 거의 없어졌으므로 다시 돌아갔다. 初平은 赤松子로 改名하고 初起는 魯班으로 바꿨다. 후에 그들이 먹던 약을 먹고 신선된 사람이 수십명이었다."

세상에서는 "黃初平"·"赤松子"·"金華牧羊兒"等으로 부르게 되었다.

▶洪厓與松子, 乘羽就周王: ▷洪厓: 洪涯·洪崖等으로 쓰며 黃帝의 臣下인 伶倫의 神仙으로의 號稱이다. ▷羽는 鳥의 代稱인데 鶴을 가리킬 것이다. 郭璞의 〈遊仙詩〉에 "左把浮丘袖, 右拍洪崖肩. 왼쪽으로 浮丘의 소매 당기고, 오른쪽으로 洪崖의 어깨를 친다."라 하여 浮丘·洪崖가 左右에 있으므로 그 속에 赤松子도 함께 있었으리라고 본 것이다. 漢·劉向의 ≪列仙傳·王子喬≫를 보면 周靈王의 太子인 晉을 浮丘公이 맞이하여 嵩高山에 오른 것으로 나온다. 따라서 이 두句는 浮丘公 그리고 洪厓와 赤松子 셋이서 함께 학을 타고 太子 晉을 맞으러 周나라 靈王 있는 곳으로 나아갔다고 해석하면 될 것이다.

解說

〈神仙을 읊어보다〉

羅浮山에서는 銀으로 殿閣을 만들어 살고 瀛洲에서는 玉으로 殿堂 지어 계신다지. 아침 잠시 구름 일으켜 나들이 하고 저녁 언제나 향기로운 菊花 맛보신다네. 심심하면 신발 가지고 제비(오리의 잘못 일듯) 만들고 장난삼아 돌을 양으로 바꾼다네. 下界라 人間處에 쓸만한 仙才가 있으면 浮丘公은 洪厓·赤松子와 더불어 두루미 타고 周靈王 있는 곳으로 太子晉을 데리러 가기도 한다네.

23. 〈遊巴陵空寺〉

日宮朝絶磬, 月殿夕無扉. 網交雙樹葉, 輪斷七燈輝.
香盡奩猶馥, 幡塵畫漸微. 借問將何見, 風氣動天衣.

註

▸巴陵: 고을이름이며 山이름도 된다. 모두 湖南省 岳陽에 있다.

▸空寺: 僧侶가 다 떠난 빈 절. 廢寺.

▸日宮: 佛敎에서 말하길 日天子는 太陽속에 있으므로 太陽이 日天子의 宮殿이 된다 하였다. 나아가 佛寺를 가리키기도 한다. 日天子는 觀世音菩薩의 化身이라 한다.

▸磬(경): 寺院에서 僧侶들을 召集할 때 쓰는 雲板모양의 鳴器 또는 誦經할 때 쓰는 鉢(발)모양의 打樂器. 雅樂을 演奏할 때 볼 수 있는 編磬·石磬과는 別個의 물건임.

▸月殿: ① 月宮. 달의 女神 嫦娥가 사는 月中의 宮殿. 廣寒宮이라고도 한다. ② 印度 마가다國 王舍城 長者의 아들로 佛法을 篤實하게 믿던 月光童子가 있었다. 그가 사는 곳이라고도 할 수 있다. 둘 다 本詩의 內容과는 거리가 있다. 本詩에서는 日은 낮 月은 밤의 뜻이며 宮殿은 神殿·佛寺·道觀에 흔히 붙이는 말이므로 낮과 밤의 寺院으로 해석함이 妥當할 것이다. 햇빛이 찬란히 비치던 부처의 宮闕, 달빛이 영롱하던 보살의 殿閣쯤으로 해석하면 될 것이다.

▸磬은 磬을 두드리는 소리. 扉는 문짝을 닫아 걸다의 뜻이다.

▸網: 網戶. 網窓. 그물모양의 무늬가 조각된 窓戶. 꽃살창.

▸交: 交錯. 錯雜. 뒤섞이다. 얽히다. 엇갈리다.

▸雙樹: 娑羅雙樹. 釋迦牟尼가 涅槃한 곳. 그 곳의 四方에는 各各 두 그

루의 娑羅樹가 있어서 娑羅雙樹라 부르게 되었다.

▶輪燈: 佛前에 매달린 燈. 천장 소란반자에서 줄을 늘어뜨려 燈을 매달았는데 바퀴처럼 둥글어서 輪燈이라 한다. ➪ 法輪: 佛法을 比喩함. 佛法은 圓通无碍하며 쉬지 않고 運轉(不息)하여 衆生의 煩惱를 깨뜨림. ➪ 法燈: 佛法을 比喩함. 佛法은 밝음으로 나아가고 어둠을 깨뜨린다하여 燈에 비함.

▶七: 佛教에서 말하는 七寶. ≪无量壽經≫에 의하면 金·銀·琉璃·珊瑚·琥珀·瑪瑙·硨磲(거거).

▶奩(염): 화장품 상자. 함. 여기에서는 香盒·香函을 말한다.

▶幡(번): 부처·보살의 盛德을 나타내는 旗. ➪ 幢(당): 法會 等 儀式에 쓰이는 기. ➪ 幡幢: 寺刹에서 쓰이는 各種 旗의 총칭.

▶風氣: 空氣와 空氣가 流動하여 생기는 바람.

▶天衣: ① 佛教에서 諸天들이 입는 옷. ② 飛天 (壁畫나 石刻中의 空中을 飛舞하는 神)의 옷자락.

▶動天衣: ① 壁畫나 石刻中 飛天의 옷자락이 너무나 생동감있어 바람불면 흔들릴 듯하다. ② 길이·너비·높이가 十里인 돌이 있는데 天衣가 무게가 三銖(一銖는 戰國時代에는 0.65그램. 秦·漢時代에는 0.57그램)밖에 안 나가는데 그 가볍고 얇은 옷자락이 삼년에 한 번 이 돌을 스쳐 돌이 다 닳아 없어지면 그것을 一小劫이라 한다. 南朝·陳·徐陵의 〈天台山徐則法師碑〉에서 "夫海水揚塵, 幾千年而可見; 天衣拂石, 幾萬年而應平. 바다가 땅으로 바뀌어 먼지가 날리는 것을 몇 천년 지나면 볼 수 있고, 天衣가 돌을 스쳐 몇 만년이면 분명 돌은 반반해지리라."하였다. 이 절이 廢寺가 되었는데 다시 모든 것이 다 사라지고 마는 劫의 時間이 지나가는 것을 보려고 머물렀겠는가 하는 뜻이나 本詩와는 조금 어긋나는 듯하다. 다만 參考로 添附하였다.

解說

〈巴陵의 廢寺를 거닐다〉

太陽이 燦爛하던 부처의 宮闕 아침에는 磬소리 끊어졌고, 月色이 玲瓏하던 보살의 殿閣 저녁에 문짝 닫아걸 일 없다. 꽃살창에는 釋迦가 涅槃하던 娑羅雙樹인가 나뭇가지 얽혀있으니 뭇 스님들이 다 본받아 入寂을 했단 말인가. 佛前에 매달렸던 七寶로 莊嚴했던 法輪·法燈을 상징하던 輪燈도 끊어져 빛을 잃었구나. 香은 없어졌어도 盒속에는 은은한 내음 있건만, 번당(幡幢)은 먼지앉아 그림은 차츰 희미해지는구나. 또 무엇을 보려고 안 떠나고 기웃거리냐 묻는다면 바람 불면 저 벽의 飛天 옷자락이 움직일까하고 기다린다 하리라.

24. 〈秋閨怨〉

獨眠雖已慣, 秋來只自愁. 火籠恒煗脚, 行障鎭牀頭.
眉含黛俱斂, 啼將粉共流. 誰能無別恨, 唯守一空樓.

註

▸閨怨: 남편이 집을 비웠을 때 (주로 從軍·賦役·장사하러 나감), 空閨에 있는 젊은 아낙의 哀怨의 情을 말하는데 이런 題材로 그려낸 詩를 〈閨怨詩〉 또는 〈閨怨〉이라고도 부른다. ⇨ 郭沫若의 〈李白與杜甫〉에서 言及한 바 長江의 中上游에서 興盛한 貿易이 가져온 副産物이 商人아낙들의 所謂 〈閨怨〉으로 唐代詩人들이 즐겨 쓴 題材가 되었다는 것이다. 唐初 張朝의 〈長干行〉에서 "那作商人婦, 愁水復愁風. 어쩌다 상인의 아낙 되어 물 걱정 또 바람 걱정한단 말인가."라 한 것이나 李白의 〈長干行〉에서 "早晩下三巴, 預將書報家. 相迎不道遠, 直至長風沙. 어느 때나 三巴에서 내려오시려오, 그때에는 미리 집에 편지를 주시오. 내 마중하러 먼 길 상관하지 않고 곧장 長風沙까지 가리다."한 것이 다 그 例가 될 것이다. 勿論 〈閨怨〉·〈閨思〉는 이전에는 出征한 남편을 그리워하는 내용이었는데 이처럼 확대된 것이라 하겠다.

▸雖: ① 비록. ② 本來. 本是.

▸只自: 徒自. 徒然. 괜스레. 공연히. ⇨ 괜시리는 方言임.

▸火籠: 화로 덮는 대바구니. 가운데 작은 화로를 놓고 그 위를 덮는 농 모양의 기구. 농(籠)은 새장이나 병아리를 가둬기르던 半球形의 어리를 생각하면 된다.

▸煗: 煖·煖·暖 모두 音과 뜻이 같다.

▸行障: 行鄣. 障은 屛障이니 圍屛 즉 병풍이다. 붙박이가 아니고 옮길

수 있으므로 行字를 붙인 것이다.

▸鎭: 지키다. 守護하다. 자리잡다.

▸牀頭: 침대 머리맡. 베갯머리.

▸黛: 눈썹먹.

▸含: 帶着(띠다. 머금다.)

▸斂眉(염미)는 皺眉(추미)와 같다. 眉間을 찡그리다. 眉間을 모으다.

▸啼: 울다. 여기에서는 눈물의 뜻.

▸將: 더불어. 함께.

▸誰: 何.

▸守: 지키다. 기다리다.

▸一: 끊임없이. 줄곧. 내내.

▸空: 寂靜. 썰렁하다.

▸마지막 一聯 二句는 이렇게 정리하면 쉬울 것 같다. 別恨품고 그저 줄곧 空樓를 守하는 일이 어찌하면 없을 수 있을런지. "別恨, 唯守一空樓, 誰能無!"

解說

〈가을날 閨怨〉

홀로 잠드는 것 이제는 아예 습관이 되었건만 그래도 가을만 되면 괜스레 시름차네. 모든 것은 옛날과 같다. 아래로는 화로 덮은 농이 내 발을 항상 따뜻하게 해주고 위로는 병풍이 머리맡을 지켜주는데. 눈썹먹과 함께 眉間은 찡그리게 되고 눈물은 흰 분과 더불어 흐르네. 어떡하면 없앨 수 있을까. 이별의 한을 품고 오로지 님없는 빈 樓閣을 지키는 일을.

➡ 守空樓하면 中國詩歌에서 첫 손꼽는 것이 唐나라 白居易의 〈燕子樓〉 三首일 것이다. 남편이 살아있으면 그래도 한 가닥 希望이 있을 것이나, 死別한 境遇에는 오직 絶望과 悲哀뿐일터. 〈燕子樓〉序에 의하면 武寧軍節度使였다가 다시 中央으로 와서 工部尙書를 지냈고 死後에 尙書

右僕射로 追贈된 張愔(음)의 愛妓였던 眄眄(면면)—사람들이 돌아 볼 만큼, 곁눈질할 만큼 예쁘다는 뜻이겠는데, 盼盼(반반)이라고 된 곳도 있으니 이때에는 눈이 특별히 예쁘다는 뜻도 되겠다.—은 歌舞에 能했고 자태 또한 뛰어났다고 한다. 白居易가 校書郎으로 있을 때 徐州에 놀러 갔는데 張愔이 그를 위해 잔치를 열어주었고 眄眄을 불러내 아주 즐겁게 놀았다고 한다. 그 후 소식을 모르고 거의 一紀(十二年)가 되었는데 張仲素라는 사람을 通해 그 소식을 들었다. 張尙書가 죽은 뒤 洛陽으로 歸葬하였는데 徐州에 있는 張尙書의 옛집에는 燕子樓라는 작은 樓閣이 있어 眄眄은 改嫁하지 않고 그 곳에서 산지 十餘年되었다는 것이다. 그래서 옛날을 생각하며 絶句 三首를 지었다는 것이다.

其一:

滿窗明月滿簾霜, 被冷燈殘拂臥牀. 燕子樓中霜月夜, 秋來只爲一人長.

▷霜月: 본래 음력 7월을 가리키고 또한 싸늘한 밤의 달이라는 뜻으로 쓰이나 本詩에서는 글자 그대로 서리와 달이다. ➪ 李商隱도 〈霜月〉 詩에서 "青女素娥俱耐冷, 月中霜裏鬪嬋娟. 서리의 女神 青女와 달의 女神 素娥 모두 싸늘함에 잘 견디니, 하나는 달 속에서 하나는 서리 가운데서 아리따움 다투네."라 하여 서리와 달의 뜻으로 썼다.

▷爲: ~ 때문에. ~까닭에.

解說

창문 가득 달빛 발 가득 서리 빛 들어올 때, 님 모시던 침상 쓸어보면 이불은 싸늘하고 등불은 가물가물. 燕子樓에 서리・달만 있는 밤은 가을이면 애오라지 한 분 때문에 길고 기네.

➪ 晉・傅玄은 〈雜詩〉에서 "愁人知夜長. 시름찬 사람 밤이 긴 것을 알고 말고."라고 했고, 晉・陶淵明도 〈雜詩〉 其二에서 "不眠知夕永. 잠 못 이루니 밤이 긴 것을 알겠군."이라 했다.

其二:

鈿暈羅衫色似煙, 幾回欲著卽潸然. 自從不舞霓裳曲, 疊在空箱十一年.

▷鈿: 金・銀・玉・자개 등으로 만든 꽃모양의 머리장식품. 머리꽂이.

▷暈(운): 무리. 구름이 태양이나 달의 표면을 가릴 때 태양이나 달의 둘레에 생기는 불그스름한 빛의 둥근 테. ⇨ 日暈: 햇무리. 月暈: 달무리.

▷潸(산): 눈물 흘리다.

▷潸然: 눈물이 그렁그렁하다.

▷霓裳羽衣曲: 唐代의 著名한 法曲. 원래 佛敎의 法會에서 使用한 音樂을 基本으로 만들었으므로 法字를 붙였다. 西域의 音樂과 中國本來의 音樂이 混合되어 이루어짐. 開元時代에 河書節度使 楊敬忠이 올린 것으로 처음 이름은 〈婆羅門曲(바라문곡)〉이었는데 玄宗이 潤色하고 歌詞를 지어 改名함. 白居易의 〈長恨歌〉와 比肩할 만하다 하며 雙璧이라 불리는 鄭嵎(우)의 傑作 〈津陽門〉 詩의 鄭嵎 自身의 注에 의하면 임금이 月宮에 갔는데 가을이 깊어가는 때라 너무 추워 오래 있기 어려워 돌아오는데 仙樂을 들었단다. 돌아와서 보니 기억나는 것이 절반인데 젓대(笛)에 이것을 옮겼다고 한다. 그때 마침 西凉의 都督인 楊敬述이 〈婆羅門曲〉을 올렸는데 聲調가 서로 符合하였으므로 月宮에서 들은 바로 散序(導入部)를 삼고 楊이 올린 것을 主曲調로 하여 〈霓裳羽衣法曲〉이라 이름을 붙였다 한다. 옛날에는 百姓을 속이기 위해 이런 일을 예사로 하였으며 어리숙한지 알고도 그러한지 詩人들이 廣告・宣傳을 착실하게 해주었다. 여기에 맞춰 추는 춤이 霓裳羽衣舞인 것은 말할 필요도 없으리라.

▷空箱: 空은 물건이 뚫어졌거나 해어졌거나 떨어졌다는 뜻이다. 空箱은 해어진 상자. 다 떨어진 상자.

解說

님 계실 때 쓰던 머리꽂이는 해무리 달무리처럼 은은하게 빛나고 비단적삼 빛깔 안개처럼 어슴푸레하네. 몇 번이던가! 꽂고 입으려다 눈물이 그렁그렁해진 일이. 〈霓裳羽衣曲〉에 맞춰 춤춘 일 그만둔 뒤로 개켜서 해어진 상자에 넣은지 열하고도 한 해.

其三:

今春有客洛陽回, 曾到尙書墓上來. 見說白楊堪作柱, 爭教紅粉不成灰.

▷來: 뜻없는 語助詞.

▷見說: 聽說. 듣건대.

▷紅粉: 胭脂와 白粉. 나아가 美人을 가리킴.

▷灰: ① 塵土. 晉・陸機 〈挽歌〉之二: "昔爲七尺軀, 今成灰與塵. 옛날 칠척의 몸뚱이, 지금은 흙과 먼지 되었네." ② 諦念・斷念의 상징. 李商隱 〈無題〉: "一寸相思一寸灰. 한 치만큼 그리면 남은 것은 한 치만큼의 재." 本詩에서는 眄眄의 죽어 흙이 되기를 바라는 마음 외에도 그리는 마음, 타오르는 情火가 끝끝내 재가 되지 않고 계속 타오르니 어서 다 抛棄하고 싸늘한 재처럼 되었으면 한다는 마음을 표현했다.

解說

금년 봄 洛陽갔던 사람 돌아와서는 尙書의 墓에 가보았다 하더라. 듣건대 白楊나무 그사이에 기둥감이 되었다는데, 왜 이 여인은 ① 죽어 백골되고 진토되게 하지 않으실까. ② 그 그리움이 체념으로 재처럼 싸늘하게 식게 하지 않으실까.

白氏의 作品은 끝났고 陰氏의 作品으로 돌아가자.

25. 〈南征閨怨〉

湘水舊言深, 征客理難尋. 獨愁無處道, 長悲不自禁.
逢人憎解佩, 從來懶聽音. 唯當有夜鵲, 南飛似妾心.

註

▸征客: 他鄕을 떠돌아다니는 사람.

▸理: ① 理致上. ② 使者.

▸無處道: 道는 ① 말하다. ② 알아주다.

▸長: 恒常.

▸不自禁은 感情을 억제하지 못하다. 그리움을 견디지 못하다.

▸禁: ① (jìn): 禁止. 禁忌. 法令. ② (jīn): 견디다. 참다. 이겨내다. 억제하다. ➪ 禁不住, 禁不起, 禁不得은 모두 견디지 못하다, 참지 못하다의 뜻.

▸解佩: 漢·劉向 〈列仙傳·江妃二女〉: "江妃二女者, 不知何所人也. 出遊于江·漢之湄, 逢鄭交甫, 見而悅之, 不知其神人也; 謂其僕曰: '我欲下請其佩.'……交甫曰: '……願請子之佩.' 二女遂手解佩與交甫, 交甫悅, 受而懷之, 中當心. 趨去數十步, 視佩, 空懷無佩, 顧二女, 忽焉不見.", "江妃 두 여인은 어데 사람인지 알 수 없다. 江水·漢水의 물가에 나와 거닐다가 鄭交甫를 만났다. 鄭이 보고 사랑하는 마음이 생겼는데 그들이 神人인 줄 몰랐다. 그 하인에게 '내가 가서 그 패옥을 달라고 하겠다.'……交甫가 '……그대들의 패옥을 주십시오'하니 두 여인은 선선히 손수 패옥을 풀어 交甫에게 주었다. 交甫가 기뻐하며 받아 품안에 넣으니 佩玉의 中間이 가슴에 닿았다. 몇 십보를 걷다 佩玉을 보니 품안은 비고 佩玉은 없었으며 뒤돌아 두 여인을 보니 홀연히 보이지 않

았다."

▸從來: 예로부터, 본래부터, 여태까지, 줄곧.

▸懶: ① (란. lǎn): 게으르다. ② (라. lài): 嫌惡하다. 憎惡하다. 第5句의 憎과 第6句의 懶는 互文이다.

▸當有夜鵲: 當: 오히려. 그래도. 三國・魏武帝(曹操) 〈短歌行〉: "月明星稀, 烏鵲南飛. 달 밝아 별은 드문데, 까막까치 남으로 난다."

解說

〈남쪽으로 떠도는 사람 아낙네의 원망〉

옛날부터 일러왔다 湘水는 깊다고, 그러니 그 물따라 떠도는 사람 찾기 어려움은 이치에 맞는 말이겠지. 나 혼자 근심할 뿐 하소연 할 곳도 없이 늘 슬픔에 젖어 있는 것 더 이상 견딜 수 없다. 정망 증오한다. 그 옛날 그를 만나 내 佩玉을 풀어주던 그날을. 달콤한 말소리 꾐에 빠진 그때부터 줄곧 사람이고 禽獸고 소리라곤 듣기 싫다. 예외가 있긴 있다. 단 하나 오히려 밤에 울며 가는 까치 남으로 나니 이년의 마음과 똑같은 것 바로 그것이다.

26. 〈侯司空宅詠妓〉

佳人遍綺席, 妙曲動鵾弦. 樓似陽臺上, 池如洛水邊.
鶯啼歌扇後, 花落舞衫前. 翠柳將斜日, 俱照晚妝鮮.

註

▸綺: 무늬고운 비단. 華麗하다. 아름답다.

▸綺席: ① 아름납고 고운 깔개. ② 훌륭한 잔치자리. 잔치 판.

▸妙曲: 妙: ① 巧妙함. ② 아름답다. 훌륭하다. ③ 나이 어리다.

▸鵾弦: 鵾雞(곤계. 목이 길고 주둥이가 붉은 학모양의 새)의 심줄로 만든 琵琶의 絃. 絃樂器를 거창하게 표현한 것.

▸陽臺: 巫山의 神女가 살며 아침에는 구름, 저녁에는 비가 된다는 곳. 男女가 合歡하는 곳의 比喩.

▸洛水: 洛水의 神인 宓妃가 사는 강물.

▸翠柳: 푸른 버들 같은 눈썹.

▸斜日: 저녁노을 같은 두 뺨(紅頰)의 紅潮. ➪ 南北朝에서 隋까지 活躍한 庾信의 美麗의 極인 〈春賦〉에 "眉將柳而爭綠, 面共桃而競紅. 눈썹은 버들과 푸르름을 다투고, 얼굴은 복사꽃과 붉음을 겨룬다."라 함.

▸照: 비치다. 아른거리다. 밝다. 환하다.

▸鮮: 鮮明하다. 환하다. 신선하다. 淨潔하다.

解說

〈侯司空宅에서 妓女를 읊다〉

찬란하고 화려한 잔치자리에 앉은 것은 佳人들이고, 鵾雞의 심줄로 시울 없은 비파는 멋진 소리 내는구나. 司空宅 樓閣은 巫山의 神女 산다는 陽臺처럼 고운 여인 많은데, 司空宅 연못은 宓妃가 있다는 洛水인가 예쁜 여인 가득하네. 꾀꼬리도 못 따라가겠다고 歌手의 부채 뒤에서 울고, 꽃잎도 부끄럽다고 舞姬의 옷 앞에서 떨어져버린다. 푸른 버들의 눈썹과 저녁노을의 두 뺨 紅潮는 바로 저물 때 고운 단장(晩妝)이니 선명하게 함께 빛난다.

➥ 司空宅의 妓女는 무조건 예쁘다. 俗言대로 歷史와 傳統을 자랑하나 보다. 陰氏의 作品에서는 그렇게 生動感있게 描寫하지는 못하였지만 그런대로 美貌에 對해 稱讚을 아끼지 않았는데 數百年 뒤 唐代의 改革派요 詩人인 劉禹錫도 司空宅에서 妓女를 보고는 그냥 가버렸다. 그리하여 아주 露骨的인 詩를 지어 本心을 率直하게 吐露하였는데 結果는 상상에 맡기겠다.

唐・孟棨(계)의 〈本事詩・情感〉에는 다음과 같은 이야기가 있다. 劉禹錫은 蘇州刺史를 지냈는데 司空 李紳이 그의 名聲과 재주를 높이 사 잔치를 베풀고 초대하였으며 歌妓로 흥을 돋우게 하였다. 그러자 劉禹錫은 〈贈李司空妓〉를 지었는데 "高髻雲鬟宮樣妝, 春風一曲杜韋娘. 司空見慣渾閑事, 斷盡蘇州刺史腸. 높게 틀어 올리고 구름처럼 묶은 머리 궁중의 패션인데, 봄바람인가 杜韋娘 한 곡조는. 司空에게야 눈에 익어 심드렁하시겠지만, 蘇州刺史의 애간장을 몽땅 태우는구나."라 하였다. 나이로 보나 지위를 따지거나 제가 이럴 수 있나, 원 참. 그러나 "司空見慣"이라는 成語가 이래서 또 생겨났다. 즉 늘 있고 별 것 아닌 시시한 일을 가리킬 때 쓴다.

▷髻(계): 상투.

▷鬟(환): 쪽.

▷宮樣: 대궐 안에서 유행하는 화장・옷차림 등을 말함.

▷杜韋娘: 노래의 제목.

▷見慣: 늘 보다. 항상 보다. 눈에 익다.

▷渾: 온통. 전부.

▷閑事: 시시하고 하찮은 일. 심드렁한 일.

27. 〈經豊城劍池〉

清池自湛澹, 神劍久遷移. 無復連星氣, 空餘似月池.
夾篠澂深淥, 含風結細漪. 唯有蓮花萼, 還想匣中雌.

註

▸劍池: 江西省 豊城縣에 있는 못 이름. 雷煥이 寶劍을 파낸 자리가 못으로 됐다 함. ≪晉書・張華傳≫에 의하면 吳가 망하고 晉이 興盛할 때 하늘의 斗牛之間에 항상 紫氣가 있었다 한다. 張華가 雷煥이 天文에 能通하다는 말을 듣고 불러 함께 天文을 보았다 한다. 煥이 말하길 斗牛之間에 奇異한 기운이 있는데 이것은 寶劍의 精氣가 하늘에까지 통한 것・뻗친 것(寶劍之精, 上徹于天)이며 劍은 豫章의 豊城縣에 있다 하였다. 張華는 즉시 雷煥을 豊城令으로 補職하니 煥은 縣에 도착하자마자 감옥의 터를 팠다. 땅 속으로 네 길 넘게 들어가서야 石函을 얻었는데 기이한 光彩가 대단하였고 그 속에 한 쌍의 칼이 있었는데 새겨있기를 하나는 龍泉, 하나는 太阿라 하였다. 그날 저녁 斗牛之間의 氣運은 다시는 보이지 않았다 한다.(入地四丈餘, 得一石函, 光氣非常, 中有雙劍, 並刻題, 一曰龍泉, 一曰太阿. 其夕斗牛之間氣不復見焉.

▸斗牛: 二十八宿中 斗宿와 牛宿다. 中國의 옛날 계산법으로 하면 吳越地域이 斗牛二宿의 分野에 해당한다 하여 吳越지역을 가리키기도 한다. 또한 張華의 寶劍이야기로 말미암아 斗牛라는 말로 寶劍을 代稱하기도 한다.

▸湛澹(잠담): 물이 깊이 고여 있는 모양.

▸月池: ① 달빛 비치는 못. ② 달 모양의 못.

▸夾(협): 끼우다. 사이에 두다. 뒤섞이다. 혼합하다. 클립. 집게.

▶篠(소. xiǎo): 조릿대. (조): 삼태기.

▶澂(징): 澄과 같다. 이 시에서는 맑게 만든다의 뜻으로 쓰임.

▶淥(녹): 맑다. 淥水: 맑은 물.

▶結: 連接하다. 聯結하다. 모으다. 結成하다.

▶漪(의): 잔물결. 細漪는 細波와 같다.

▶化蕚: 꽃받침. 單純히 꽃을 말할 때도 이렇게 어렵게 쓴다.

▶還想: 還을 hái로 읽으면 ① 아직도. 여전히. ② 도리어. 반대로. ③ 또 다시의 뜻으로 쓰임.

解說

〈豊城고을의 劍池를 지나며〉

맑은 못. 물만 깊이 고였을 뿐, 神靈하던 寶劍은 옮겨 간지 오래됐다네. 당연히 별과 이어졌던 기운은 찾을 길없고 허무하게 달 닮은 못 하나 남았지. 물을 끼고 있는 무성한 대나무는 깊고 깨끗한 물을 더욱 맑게 만들고 때때로 바람을 머금으면 곱고 잔물결이 잇달아 생겨나지. 寶劍의 자취 없다고 섭섭해 하지 말 것이. 안에 연꽃 있어 여전히 雄劍까지는 아닐지라도 雌劍 하나는 상상해 낼 수 있으니.

28. 〈西遊咸陽中〉

上林春色滿, 咸陽游俠多. 城斗疑連漢, 橋星象跨河.
影裏看飛轂, 塵前聽遠珂. 還家何意晚, 無處不經過.

註

▸咸陽: 옛 秦의 수도. 지금 陝西省 長安縣 東쪽 渭城의 옛터임.

▸遊俠: 阮籍 〈詠懷詩〉 其五: "西遊咸陽中, 趙李相經過. 서쪽 咸陽에 놀러가서 交際·往來함은 趙氏·李氏였다."

▹趙·李: ① ≪漢書·蓋·諸葛·劉·鄭·孫·毋將·何傳≫의 何並에 關한 記錄을 보면 陽翟(양책)地方의 俠客으로 趙季와 李款이 賓客을 많이 기르며 힘을 믿고 민간에서 약탈하고(漁食閭里. 漁는 掠奪의 뜻), 남의 婦女를 劫奪하고(至姦人婦女), 官吏의 弱點을 잡고서(持吏長短. 長短에서 長의 뜻은 없고 短만 쓰임. 弱點 過失을 잡음), 고을 안에서 제멋대로 굴기에 이르렀다. 그러나 그들은 何並이 赴任하여 온다는 말에 모두 다른 곳으로 도망갔으나 다 잡혀왔다. 義俠이 못 되고 건달·한량에 속한다 하겠다. ② 漢武帝의 李夫人·成帝의 趙飛燕을 가리키며 노래와 춤에 능한 一流級의 美女를 말한다.

▹經過: 交際하다. 往來하다.

▸上林: 옛날 나라 동산의 이름. ① 秦代의 것을 漢武帝가 새로 단장하고 확장한 것. 지금 西安의 서쪽에 있었다. ② 後漢 光武帝가 만들었다. 기금의 洛陽 동쪽에 있었다. 後에는 帝王의 동산을 가리키는 말이 되었다.

▸游俠: 義氣높은 俠客.

▸斗城: 漢나라의 長安故城인데 지금 西安의 북쪽에 있었다. ≪三輔黃圖·漢·長安故城≫: "城南爲南斗形, 北爲北斗形, 至今人呼漢京城爲

斗城. 城의 남쪽은 南斗의 모양이고, 城의 북쪽은 北斗의 모양이어서, 지금까지 사람들은 漢나라의 京城을 斗城이라 부른다." 後에는 斗城이 京城의 代稱이 되었다.

▶疑는 類似하다. 比擬하다(모방하다. 본뜨다). 아랫句의 "象"字도 모방하다. 본뜨다. 類似하다의 뜻으로 쓰였다. 즉 "疑"·"象"은 互文이다.

▶漢·河: 銀漢·天漢·河漢·銀河·天河·明河·星河로 쓰이며 모두 같은 뜻이다.

▶星橋: 神話에 나오는 烏鵲橋. 牽牛星과 織女星을 위한 별님의 다리.

▶跨河: 烏鵲橋가 銀河水를 넘다(가로지르다). 關中에는 八川이 있는데 有名한 다리는 다음과 같다. ① 渭橋는 셋이 있는데 東渭橋·西渭橋(便橋·便門橋라고도 하며 唐代에는 咸陽橋라 하였다)·中渭橋(본래 橫橋—광교라고 읽음—라 불렀는데 간단히 渭橋라고도 한다. 唐以後 毁滅되었다)가 그것이다. ② 灞橋: 본래 霸橋라 하였다. ≪三輔黃圖·橋≫에 의하면 長安의 동쪽에 있으며 客을 배웅할 때 여기에 이르러 버들을 꺾어 贈別한 곳으로 이름이 났다 한다.

▶影: 日影. ➪ 日下는 서울을 가리킴. 太陽도 이곳에서는 특별히 더욱 빛나고 이곳의 수레들은 더욱 성능 좋은 수레들이라 나는 것같이 달린다.

▶飛轂(비곡): 나르는 바퀴통. 수레가 빨리 달린다는 뜻으로 쓰임. 飛輪과 같다. 陰氏의 이 句는 다음의 글들을 염두에 두고 참고·변화시킨 듯하다. ≪戰國策·齊策一≫: "臨緇之途, 車, 轂擊; 人, 肩摩, 連衽成帷, 擧袂成幕, 揮汗成雨. 齊나라 서울 임치(臨緇)의 길에서는 (수레가 많아) 수레의 경우에는 바퀴통끼리 부딪치고, (사람이 많아) 사람에 있어서는 어깨를 서로 비비고 옷섶을 이으면 휘장이 될 것이고 소매를 들면 장막이 될 지경이며 땀을 뿌리면 비가 될 정도다." ≪史記·蘇秦列傳≫도 똑같이 記述하였다. 굳이 다른 곳을 대라면 臨緇之途를 臨菑之塗로 한

것인데 상말로 이뿐이가 갑분이인데 字音과 字義가 같은데 字形이 다른 경우가 왜 그렇게 많은지, 원 참. 말이 나온김에 그 옛날 臨緇의 繁盛함을 言及한 다른 글도 보자. ≪晏子春秋·雜下九≫: "臨緇三百閭, 張袂成陰, 揮汗成雨, 比肩繼踵而在, 何爲無人. 臨緇 삼백 洞里(마을)는 소매를 펼치면 그늘을 이루고 땀을 뿌리면 비가 되며 옆으로는 사람의 어깨와 어깨가 나란하고 앞뒤로는 앞사람의 발꿈치와 뒷사람의 발부리가 잇닿아 있으니 어찌 사람이 없다고 하리오."

➡ 中國의 文章은 본래 구두점이나 註釋이 전혀 붙어있지 않은 이른바 白文이라 아무리 大家일지라도 失手가 있기 마련이다. 雨田선생님께서 ≪史記·蘇秦列傳≫의 "車, 轂擊; 人, 肩摩"에 대하여 한 말씀하셨다. "車는 轂擊이요 人은 肩摩라"해야지 "車轂은 擊, 人肩은 摩"라 하면 語勢와 語感이 확 바뀌어 所謂 젬병이 된다는 것을 꼭 알아두어야 한다는 것이다. 듣는 순간에 여지껏 잘못 읽었구나 하고 고대 알 수 있었다. 그 後 史記의 여러 註釋本을 보니 果然 "車, 轂擊; 人, 肩摩"라고 구두점을 찍은 것이 그야말로 가뭄에 콩 나듯 있기는 있었다. 그들에게도 白文에 구두점 찍는 것은 至難한 일인 모양이다.

▸塵: 香塵. 晉·王嘉의 ≪拾遺記·晉時事≫에 "(石崇)又屑沉水之香如塵末, 布象牀上, 使所愛者踐之. (石崇은) 또한 沉香을 먼지처럼 가루내어 象牙박은 寢牀에 뿌리고 사랑하는 사람에게 밟게 하였다." 따라서 香塵은 美人이 걸을 때 일어나는 먼지를 말하지만 또한 繁華하고 殷盛하며 모든 文物이 그야말로 향내 풍기는 곳의 먼지라고 많이들 써왔다. 먼지마저 향기로운 대도시하면 알기 쉬울 것이다.

▸珂: 貴人들의 말굴레에 장식하여 소리도 내고 번쩍거리는데 쓰이는 흰 玉이나 큰 대합조개의 껍질. 먼지마저 향기로운 이곳에서는 貴人 말굴레의 玉珂 또한 質좋고 뛰어난 것이라 먼 곳에서도 아스라하게 그 소리가 들린다.

▸何意: 何故와 같다. 무엇 때문에. 무슨 까닭에.

▸經過: 위에 나온 經過와 그 뜻이 다르다. 지나가다. 들르다의 뜻이다. 간단히 말해 관광하러 구경하러 안간데 없이 싸다닌다는 뜻이다.

解說

〈서쪽 함양(咸陽)에 노닐다〉

咸陽은 帝鄕. 임금님의 고을이었으니 임금님의 동산인 上林苑은 봄빛마저 그야말로 초만원이라 가득한데 그래도 여행의 참맛은 뭐니 뭐니해도 사람만나는 데 있는 법. 이곳은 義氣높은 俠客이 많아 더더욱 좋구나. 咸陽은 또한 斗城이라 하니 하늘의, 北斗·南斗星座가 天漢과 잇닿은 것을 모방하여 江 가까이에 자리 잡았고 이곳의 渭橋와 灞橋는 하늘의 烏鵲橋가 銀河水 넘는 것을 그대로 본떠 渭水와 灞水를 넘는구나. 太陽도 이곳에서는 더욱 빛나고 찬란하여 그 빛 아래에서 수레들은 또한 성능좋은 바퀴통을 자랑하여 나는 듯 달리며 모든 文物이 發達하여 繁華하고 殷盛한 大處는 먼지마저 향기로운데 貴人들의 말굴레에 장식된 玉珂 또한 質좋고 뛰어나 먼 곳에서도 아스라하게 그 소리가 들리는구나. 집으로 돌아가는 것이 왜 그렇게 늦느냐 하면 구경하러 안 들르는 곳이 없기 때문이지요.

29. 〈觀釣〉

澄江息晚浪, 釣侶枻輕舟. 絲垂遙濺水, 餌下暗通流.
歌聲時斷續, 檝影乍橫浮. 寄言濯纓者, 滄浪終滯遊.

註

▸息: 정지(停止)하다. 정지(靜止)하다. 사라지다.

▸釣侶: 낚시동무.

▸枻(예): 노. 노젓다.

▸輕舟: 작고 날랜 배(輕快之小舟).

▸絲垂: 낚싯줄을 드리우다. 垂綸(수륜)이라고도 함.

▸濺(천): 뿌리다. 흩뜨리다. 흩어지게 하다.

▸餌(이): 미끼.

▸通流: 流는 水의 뜻. 미끼를 물속에 던져놓으면 그 맛·냄새가 물속으로 통한다, 이어진다의 뜻.

➡ 미끼에 걸린 고기는 名利의 덫에 걸린 사람을 빗대서 쓰였다.

〈放魚〉 唐·李群玉

早覓爲龍去, 江湖莫漫游. 須知香餌下, 觸口是銛鉤.

▹銛鉤(섬구): 날카로운 낚시 바늘.

〈고기를 놓아주다〉

빨리 용 되는 법 찾고, 험난한 江湖에서 기분 나는 대로 노닐지 말지어다. 그리고 꼭 알아야해. 좋은 미끼 있는 곳에는 입에 닿는 것이 바로 날카로운 갈고리 같은 낚시 바늘인 것을.

▸歌聲: 漁歌之聲. 고기잡이의 노래.

▸斷續: 時斷時續. 때때로·이따금 끊어질듯하다 다시 이어지다.

▶檝影: 檝(즙)은 楫으로도 쓰인다. 노, 노젓다의 뜻. 나아가 배(舟)로도 쓰인다. 影은 名詞뒤에 붙어 不分明한 모습을 나타낸다. 檝影은 밤중에 물위의 흐릿하게 보이는 배를 말한다.

▶乍(사): ① 언뜻. 졸지에. 갑자기. ② 잠깐. 잠시. ③ 막. 금방.

➥ "時"와 "乍"는 作詩에 있어 좋은 짝인 듯하다.

〈巫山高〉 南朝・齊・王融

煙霞乍舒卷, 猿鳥時斷續.

안개・내는 뭉게뭉게 갑자기 펴졌다 합치고, 잣나비・새소리는 때때로 끊일 듯 이어지네.

▶橫浮: 배가 옆으로 떠가듯 지나감.

▶濯纓(탁영): 《孟子・離婁上》: "滄浪之水淸兮, 可以濯我纓, 滄浪之水濁兮, 可以濯我足. 滄浪의 물이 맑으면 내 갓끈 씻고, 滄浪의 물 흐리면 내 발 씻으리." 《楚辭・漁父》에는 "我"字가 "吾"字로 바뀐 것 말고 다 같다. 그러나 含義는 같지 않았으니 《孟子》에서는 吉凶・禍福은 모두 自招한 것이라는 뜻으로 쓰였고 《楚辭》에서는 세상 돌아가는 대로 맡겨두자는 뜻, 즉 맑으면 거기에 맞춰 흐리면 거기에 따라 살자는 뜻으로 쓰였다.

▶滄浪: ① 푸른 물빛. ② 漢水의 下流.

▶終: ① 결국. 마침내. 끝내. 드디어. ② 전부. 모두.

▶滯遊: 오랫동안 노닐며 돌아가지 않음. 또 그러한 사람을 가리킨다.

解說

〈낚시를 구경함〉

맑은 강, 저녁물결 잠잠해지자 낚시동무는 작고 날랜 배 노 저어 나간다. 낚싯줄 드리우자 멀리서 물방울 흩어지고 미끼 내리자 그 냄새・맛이 슬며시 물속을 퍼져간다. 고기잡이들의 노랫소리 이따금 끊일 듯 이어지고, 눈앞으로는 갑자기 흐릿한 배가 옆으로 떠가듯 지나간다. 滄浪

에 갓끈 씻는 高尙하시고 高潔하신 분들이여 끝내 오래오래 머물러 있을만한 곳이 바로 이 곳이라오.

30. 〈詠石〉

天漢支機罷, 仙嶺博棋餘. 零陵舊是燕, 昆池本學魚.
雲移蓮勢出, 苔駮錦紋疏. 還當穀城下, 別自解兵書.

註

▸支機: 앞에서 이미 나왔다. 織女가 河水의 發源을 찾아온 사람에게 베틀받침돌을 주었고 蜀의 嚴君平이 某年·某月·某日에 客星이 牽牛宿를 犯하였다 함.

▸罷는 받침돌 역할이 끝나서 俗世에 와 있다는 뜻.

▸仙嶺博棋餘: 南朝·梁·任昉 《述異記》 卷上에 다음과 같은 이야기가 나온다. "信安郡의 石室山에 晉나라 때에 王質이란 사람이 나무하러 갔는데 童子 몇 명이 바둑 두며 노래하고 있었다. 王質이 듣고 있자니 童子가 王質에게 물건 하나를 주는데 대추씨(棗核) 같았다. 王質이 입에 물고 있으니 배고픈 줄을 몰랐다. 잠시 후에 童子가 말했다. '왜 안가시오' 王質이 일어나보니 도끼자루가 다 썩어있었다(斧柯爛盡). 돌아오니 당시의 사람은 아무도 없었다."

▹餘는 바둑에 쓰인 돌의 나머지라는 뜻, 또는 바둑 끝난 뒤의 남겨진 돌이라는 뜻도 된다.

➥ 中國에서 이 이야기는 廣範圍하게 퍼져 있었던 듯하다. 爛柯山은 一名 石室山이라하며 지금 浙江省 衢縣에 있지만, 同時에 河南省 信安縣, 山西省 沁縣, 廣東省 高要縣에도 爛柯山이 있으며 모두 樵夫遇仙 즉 나무꾼이 신선 만난 곳이라 하니 말이다.

▸零陵舊是燕: 앞에서 이미 나왔다. 《水經注·湘水》에서 "石燕山에 돌이 있어 제비모양이며 우레와 바람이 서로 치고 응하면 돌제비들이

떼 지어 날며 오르락내리락함이 진짜 제비 같다."라 하였다.

▶昆明池: 漢武帝 元狩三年에 長安의 西南 郊外에 판 큰 못으로 水戰연습용이었다 한다. 周圍가 四十里에 달했다 하며 宋나라 以後에 湮沒되었다 한다. ≪三輔黃圖・池沼≫: "(昆明)池中有豫章臺及石鯨. 刻石爲鯨魚, 長二丈, 每至雷雨, 常鳴吼, 鬣尾皆動. 昆明池 안에는 豫章臺와 돌로 만든 고래가 있다. 돌을 새겨 고래를 만들었는데 길이가 二丈이며 매양 뇌우가 쏟아지면 늘 울부짖고 지느러미와 꼬리가 모두 움직였다."

▷豫章臺: 樓臺이름.

▷鯨魚: 고래를 물고기로 보고 이렇게 부름.

▷雷雨: 천둥소리와 함께 내리는 비.

▷鬣(렵): 말갈기. 지느러미.

➡ 昆明池는 이후 宮闕의 못을 가리키게 되었으니 北京 頤和園에 있는 못도 昆明湖라 부른다.

▶蓮勢出: 中國 五嶽中 西嶽인 華山에는 다섯 方位에 따른 五峯이 有名하다. 蓮花(西峯)・落雁(南峯)・朝陽(東峯)・玉女(中峯)・五雲(北峯)이 그것이다. 그런데 中國에서는 山峯을 흔히 蓮花에 比하였으니 陰氏보다 훨씬 後인 唐代의 李白이 그의 〈望廬山五老峯〉에서 "廬山東南五老峯, 靑天削出金芙蓉. 廬山의 東南에 있는 五老峯은 푸른 하늘에 깎아 놓은 황금빛 연꽃이네."라 하였다. 朝鮮에서 널리 불렀던 "鎭國名山萬丈峯이 靑天削出金芙蓉이라"는 노래도 李白의 詩句를 그대로 쓴 것이다. 이때에는 白岳山 즉 北岳山을 가리킨다. 韓國이나 中國의 堪輿家들이 들먹이는 것 중에 꼭 蓮꽃이 있다. 山勢가 蓮같다는 것이다. 佛敎의 影響與否는 잘 알 수 없으나 陰氏詩 속의 蓮勢가 꼭 華山의 蓮花峯을 指稱함인지 아니면 그럴듯하게 생긴 山峯의 泛稱인지는 確實하게 알 수 없다.

▶駁(박): 駮과 같은 字. 얼룩얼룩하다.

▸錦紋: 화려하고 아름다운 무늬.

▸疏: 드물다. 성글다.

▸還當穀城下: 還은 (hái)로 읽으며 다시, 또의 뜻. 當은 在, ~에 있다의 뜻이다. ≪史記·留侯世家≫를 보면 張良은 下邳(하비)땅의 다리 위에서 신발 집어 달라던 老人에게 迂餘曲折 끝에 兵書를 물려받는다. "……出一編書曰: '讀此則爲王者師矣. 後十年興. 十三年孺子見我於濟北, 穀城山下黃石卽我矣.' 遂去, 無他言, 不復見. 旦日視其書, 乃太公兵法也. 竹簡으로 엮은 冊을 내놓으며 '이것을 잘 읽으면 帝王의 스승이 될 것이며 십년 뒤에 昌盛할 것이다. 십 삼년 뒤에 젊은이는 濟北에서 나를 볼 것이니 穀城山 밑의 黃石이 바로 나다.' 그런 뒤 가버리니 다른 말은 없었고 다시 만날 수 없었다. 날이 밝은 뒤 그 책을 보니 바로 太公兵法이었다."

▹興: 成功. 成就. 昌盛. 興盛.

▸別: 따로, 각자, 홀로.

▸解: 解釋하다. 講解하다. ➪ 參考: 淸代 康有爲의 ≪大同書≫에 別自란 말이 나오는데 獨自·各自의 뜻으로 쓰였다.

➥ 陰氏의 이 〈詠石〉은 石을 아주 골고루 늘어 놓은것도 아니고 그렇다고 該博한 知識을 자랑한 것도 못되며 하나의 消遣이라고 밖에는 볼 수 없다. 20세기 초 우리나라의 이현익(李鉉翼)이 만든 노래로 경기 휘모리 소리의 하나인 〈바위타령〉이 京鄕各地의 有名한 바위이름을 두루 열거하여 울연(蔚然)히 大觀인 것에 비하면 그야말로 兒戲·어린애 장난에 불과할 뿐이다.

解說

〈돌을 읊다〉

銀河水가 織女의 베틀 받치는 일이 끝나서 下界에 왔는가, 神仙들 산마루에서 바둑둔 뒤에 俗世에 남겨졌는가. 零陵땅 산에서는 옛날에 제비 되어 날았었고, 昆明池 못에서는 原來 鯨魚를 본받은 적도 있었지. 구름이 옮겨가면 蓮꽃의 形勢되어 드러났었고, 이끼가 얼굴 얼룩할 때에는 찬란하고 고운 무늬는 성글어졌었지, 그리고 다시 또 穀城山 아래서 홀로 兵書를 解釋하고 있었지.

31. 〈侍宴賦得夾池竹〉

夾池一叢竹, 垂翠不驚寒. 葉醞宜城酒, 皮裁薛縣冠.
湘川染別淚, 衡嶺拂仙壇. 欲見葳蕤色, 當來菟苑看.

註

▸侍宴: 잔치할 때 높은 분을 모시거나 시중드는 것.

▸垂: ① 伏. 俯. 엎드리다. 南朝・齊・謝朓 〈詠竹〉: "前窗一叢竹, 青翠獨言奇.……月光疎已密, 風來起復垂.…… 앞창 한 무더기 대, 산뜻하게 푸르러 홀로 별나게 뛰어나네.……달이 비치면 성글고 또 촘촘하고 바람이 불면 일어났다 다시 엎드리네.……" ② 懸挂(걸다). 드리우다. ③ 덮다. 가리다. 덮어씌우다. 뒤덮다.

▸驚: 恐懼(겁먹다. 두려워하다). ➪ 菊花를 傲霜孤節이라 稱하는데 서리에 傲慢하다는 뜻이 아니고 屈하지 아니한다는 뜻이다.

▸醞酒: 술 빚다. 술 담그다. 醞釀. 釀酒.

▸宜城酒: 古代 襄州・宜城(지금의 湖北省 宜城)에서 만든 술. ≪方輿勝覽≫에 의하면 宜城縣 東一里에 金沙泉이란 샘이 있어 술을 빚으면 대단히 맛있어 세상에서 宜城春, 또는 竹葉酒라 불렀다 한다. ➪ 竹葉青 또는 竹葉淸: 술 이름. 晉・張華 〈輕薄篇〉: "蒼梧竹葉淸, 宜城九醞醝. 蒼梧땅의 竹葉淸. 宜城고을의 여러 번 빚은 흰빛의 술."

▹九醞(온): 여러 번 빚은 고급 술. 酎(주)도 여러 번 빚은 고급술이다. 燒酎.

▹醝(차): 흰빛의 술. 李時珍 ≪本草綱目・穀四・酒≫에 의하면 맑고 투명한 술을 釀(양)이라 하고 붉은 것을 醍(제), 綠色을 醽(령), 白色을 醝라 한다 함.

▶竹皮冠: 竹葉冠이라고도 함. 漢·高祖·劉邦이 써서 유명해짐. ≪史記·高祖本紀≫: "高祖爲亭長, 乃以竹皮爲冠, 令求盜之薛治之, 時時冠之, 及貴常冠. 所謂劉氏冠, 乃是也. 高祖가 亭長이 되었을 때 竹皮로 冠을 만들었었다. 手下의 捕卒을 薛땅에 보내 만들게 하였다. 항상 이것을 썼으며 天子라는 貴한 신분이 되어서도 늘 썼으니 이른바 劉氏冠이라는 것은 바로 亭長때부터 쓰던 이것을 가리킨다."

▷亭長: 秦·漢時 鄕村에 十里마다 亭을 설치하고 亭長을 두었는데 治安을 맡고 盜賊을 잡았으며 民願事務도 보고 겸하여 旅客들을 머물고 쉬게 하였다.

▷求盜: 도적 잡는 일을 담당한 사람. 朝鮮의 捕卒이라 보면 된다.

▷薛: 고을이름. 그곳에 竹皮冠을 만드는 匠人이 있었음.

〈裴駰集解·引應劭〉曰: "以竹始生皮作冠, 今鵲尾冠是也. 竹筍이 막 솟았을 때의 껍질로 冠을 만들었는데 지금의 鵲尾冠이 바로 그것이다."

▶湘川染別淚: 晉·張華 ≪博物志≫ 卷8: "堯之二女, 舜之二妃, 曰湘夫人. 帝崩, 二妃啼, 以涕揮竹, 竹盡斑. 堯임금의 두 딸은 舜임금의 두 妃인데 湘夫人이라 한다. 舜임금이 죽자 두 妃가 울며 눈물을 대에 뿌리니 대가 모두 아롱지게 되었다." ⇨ 자갈색(紫褐色)의 얼룩점이 있는 참대 즉 반죽(斑竹)은 이 傳說 때문에 湘竹·湘江竹·湘妃竹 으로도 불리게 되었다.

☛ **參考**

唐·王叡〈竹〉七律의 3·4句

翠筠不樂湘娥淚, 斑籜堪裁漢主冠.

▷樂(료. liáo): 治療하다. 멈추다. 제거하다. 없애다.

▷籜(탁): 竹筍의 껍질.

아름답고 푸른 대도 湘妃의 눈물을 멈추게 할 수 없었으나, 얼룩무늬 죽순겁질은 漢主(高祖 劉邦)의 冠을 만들만 했었다.

▶衡嶺: 衡山. 中國의 五嶽中의 南嶽. ⇨ 戰國·楚·宋玉 笛賦〉"余嘗觀於衡山之陽, 見奇篠異幹. 罕節間枝之叢生也. 내 일찍이 衡山의 남쪽에서 유람할 때 奇異한 가는 대 줄기를 보았는데 드문드문하게 간격이 뜬 마디와 성긴 가지의 대가 무더기로 있는 것이었다."

▷觀: 遊覽. 玩賞.

▷篠(소): 조릿대. 細竹.

▷間: 簡의 뜻으로 쓰임.

▶仙壇: 仙人들이 居住하는 곳.

▶葳蕤(위유): 나무가 우거지다. 초목이 무성하다.

▶兎苑·兎園·菟苑·菟園: 園囿(원유. 琪花瑤草를 심고 珍禽異獸를 놓아기르는 동산)의 이름. 梁園이라고도 부른다. 지금의 河南省 商丘縣 東쪽에 있었다. 漢나라 文帝의 아들이자 景帝의 동생인 梁孝王 劉武가 만들었다. 遊覽·玩賞하고 文人등 賓客을 접견하던 곳이다. ⇨ 漢·枚乘〈梁王菟園賦〉: "脩竹檀欒, 夾池水. 旋菟園, 並馳道, 臨廣衍, 長冗板. 밋밋한 대 늘씬하고 아름다워라. 못 물을 끼고 있으며, 드넓은 菟園을 빙 둘러싸고 달리는 큰 길과 함께 가며 廣闊한 低地帶를 굽어보고 있다가 한가하고 쓸쓸한 산비탈에서도 자란다."

▷脩竹: 밋밋한 즉 미끈하게 곧고 긴 대나무.

▷檀欒(단란): 늘씬하게 아름다운 모습. 대개 대나무를 형용할 때 쓰며 대나무의 代稱으로도 쓰인다.

▷旋: 빙 둘러싸다. 빙 돌다.

▷並: 나란히 하다. 같이. 함께.

▷馳道: 본래 임금만이 다닐 수 있던 中央의 御路를 가리켰으나 후에는 車馬가 달릴 수 있는 큰 길. 한길. 大道를 말한다.

▷廣衍: 廣闊한 低地帶.

▷臨: 내려다 봄.

▷宂(용): 閒散(한가하고 자유롭다. 중요하지 않다) 하다. 庸劣하다. 駑鈍하다.

▷板은 坂의 잘못인 듯하다. (산)비탈. (산)언덕.

解說

〈어른 모신 잔치에서 夾池竹을 읊다〉

못을 끼고 있는 한 무더기의 대. 언제나 푸르름을 드리우며 추위를 두려워 않는다. 이파리는 宜城고을의 竹葉酒를 빚어냈고 새로 솟은 筍의 껍질은 薛땅의 竹皮冠을 만들어냈다. 湘江에서는 님과 영원한 이별이 설워 흘린 눈물에 아롱졌었고 衡山에서는 젓대(笛) 만들기 알맞은 가늘고 긴 줄기가 신선 사시는 곳을 스쳤었다. 가장 무성한 그리고 우거진 모습을 보시려면 마땅히 菟園에 가 보아야 할 것이다.

32. 〈雪裏梅花〉

春近寒雖轉, 梅舒雪尙飄. 從風還共落, 照日不俱銷.
葉開隨足影, 花多助重條. 今來漸異昨, 向晚判勝朝.

註

▸轉: 移動함.

▸舒: 뻗다. 늘이다. 펼치다.

▸共落. 俱銷의 共・俱는 눈과 더불어, 눈과 함께의 뜻이다.

▸葉: 花葉. 花瓣. 꽃잎.

▸隨: 맡기다. 마음대로 하게 하다.

▸足: 풍부한. 많은.

▸助: 도와주다. 보태다. 첨가하다.

▸今來: 當今. 如今. 현재. 지금. 이제.

▸向晚: 저녁때. 저물녘. 황혼 무렵.

▸判: 判定하다. 決定하다. 判斷하다.

解說

〈눈 속의 매화〉

봄이 가까우니 추위가 비록 옮겨갔다고는 하지만 梅가 필 때는 그래도 눈이 날린다. 부는 바람 따라 梅는 눈과 함께 떨어지지만 따뜻한 햇볕이 비춰도 눈과 같이 녹아 사라지지는 않는다. 꽃잎이 피어남이여. 더욱 풍성한 그림자 만들게 그대로 맡겨두며, 꽃송이 繁多함이여. 무겁게 드리운 가지를 더욱 보태주는구나. 차츰 지금이 어제와 사뭇 달라지며, 결정났지. 저물녘이 아침보다 뛰어난 것으로.

33. 〈五洲夜發〉

夜江霧裏闊, 新月迥中明. 溜船惟識火, 驚鳧但聽聲.
勞者時歌榜, 愁人數問更.

註

▸五洲: 앞에서 나왔다.

▸新月: 초승달. 초저녁에 뜬다.

▸迥: 아득히 멀다. 아주 높다.

▸溜(류): 水流. 滑溜(매끈하다. 반들반들하다).

▸火: 漁火. 즉 漁船(고기잡이 배)의 燈火.

▸勞者: 애쓰고 힘쓰는 사람. 여기서는 노를 젓는 뱃사공을 가리킴.

▸歌榜(가방): ① 歌舫(가방). 歌舟. 놀잇배. ② 뱃노래 부르다. 棹歌(도가). 櫓歌(노가). 船歌를 부르다.

▸愁人: 앞길을 걱정하는 나그네.

▸數(삭): 자주.

▸問更: 更은 夜間의 時間을 계산하는 單位로 하룻밤을 五更으로 나누니 짧은 여름밤과 긴 겨울밤의 一更은 당연히 차이가 나나 대략 지금의 두 시간쯤 된다. 更을 묻는다는 것은 밤이 얼마쯤 되었는지 즉 얼마나 깊었는지 또는 새벽이 가까운지를 묻는 것이다. 조바심, 焦燥를 나타낸다.

☛ 參考

① 晉・傅玄 〈雜詩〉: “志士惜日短, 愁人知夜長. 志士는 날이 짧은 것을 애석해 하고, 근심 많은 사람은 밤이 긴 것을 안다.”

② 晉・陶淵明 〈雜詩〉: “不眠知夕永. 근심・걱정으로 잠 못 이루니 밤이

긴 것을 알겠다."

解說

〈五洲에서 밤에 출발하다〉

안개는 무럭무럭 피어나고 칠흑 같은 밤이라 헤아릴 수 없는 것에 대해 느끼는 恐怖로 강은 더욱 아득하고 넓기만 한데 아스라하게 높은 하늘에는 새로 뜬 초승달이 밝게 빛나고 있다. 미끄러지듯 소리 없이 지나가는 배는 있는지 없는지 가늠이 가지 않고 오직 불빛만으로 알 수 있고 뱃소리·사람소리에 자다가 놀라 날아오르는 오리 떼는 보이지 않고 소리만 들릴 뿐이다. 힘들여 노 젓는 사공은 때때로 뱃노래 부르는데 걱정 많은 나그네는 자주자주 묻네. 지금 몇 경 쯤 됐냐고.

34. 〈詠鶴〉

依池屢獨舞, 對影或孤鳴, 乍動軒墀步, 時轉入琴聲.

註

▸依: 다가가다. 접근하다. 의지하다. 親愛하다.

▸屢: 자주. 종종. 여러 번. 여러 차례.

▸對影: 그림자를 대하다, 향하다. 孤獨과 孤高, 高尙은 그야말로 形과 影처럼 뗄 수 없으리라. 그림자를 벗하고 짝하는 境遇가 자못 많은데 좋게 말하면 孤高함이요 나쁘게 말하면 청승이다. ① ≪晉書·王沈傳≫: "偶景獨步. 그림자를 벗하여 홀로 거닐다." ② 晉·陶淵明 〈時運〉序: "春服旣成, 景物斯和, 偶影獨游, 欣慨交心. 봄옷은 다 지었고, 풍경은 화창한데 — 이것은 欣이고 — 그림자를 벗하여 홀로 놀자니 — 이것은 慨다 — 기꺼움과 서글픔이 마음속에 뒤섞인다." ③ 晉·陶淵明 〈飮酒〉序: "偶有名酒, 無夕不飮. 顧影獨盡, 忽焉復醉. 우연히 좋은 술 생겨 안 마시는 밤이 없었다. 내 그림자나 돌아보며 홀로 다 마시니 어느새 또 취했구나." ④ 晉·陶淵明 〈雜詩〉 其二: "揮杯勸孤影. 찌꺼기 휙 뿌려 잔 비운 뒤 외로운 그림자에 권한다." ⑤ 唐·李白 〈月下獨酌〉 其一: "花間一壺酒, 獨酌無相親. 擧杯邀明月, 對影成三人.…… 꽃 사이의 한 단지 술. 친한 사람 없이 혼자 따른다. 그러나 잔 들어 밝은 달 맞이하고 그림자 대하면 세 사람 되는 것을……"

▸乍: ① 돌연히. 홀연히. ② 잠시. ③ 막. 방금.

▸動: ① 활동하다. 활약하다. ② 변화하다.

▸軒墀: ① 殿閣앞의 계단. ② 朝廷의 代稱. ⇨ ≪左傳·閔公二年≫: "衛懿公好鶴, 鶴有乘軒者. 衛나라 懿公이 두루미를 좋아하여 大夫이상

이라야 타는 수레를 타는 놈도 있었다. 요즈음으로 따지면 官用車를 타는 신분이 된 것이다."

▶轉入琴聲: 轉入은 原來의 方向을 틀어 다른 方面으로 들어감. 琴聲은 琴曲임. 琴曲에 〈別鶴操〉·〈別鶴怨〉·〈別鶴弄〉·〈別鶴之曲〉이 있다.

➡ 宋·郭茂倩의 〈樂府詩集〉에서 崔豹의 〈古今注〉를 인용하였다. "〈別鶴操〉, 商陵牧子所作也. 娶妻五年而無子, 父兄將爲之改娶. 妻聞之, 中夜起, 倚戶而悲嘯, 牧子聞之, 愴然而悲. 乃歌曰: '將乖比翼隔天端, 山川悠遠路漫漫, 攬衣不寢食忘餐.' 後人因爲樂章焉.", "〈別鶴操〉는 商陵 땅 牧子(카우보이)가 지은 것이다. 장가든지 오년이 지나도 자식이 없으니 父兄이 그를 위해 새로 장가를 들이려하였다. 그의 아내가 듣고 한밤중에 일어나 문짝에 기대 슬피 휘파람 불었다. 牧子가 듣고 처량하고 슬퍼 이에 노래를 불렀다. '比翼鳥(암·수의 눈과 날개가 하나씩이어서 짝을 짓지 않으면 날지 못한다는 새. 아주 다정한 부부나 남녀를 가리킴)를 헤어지게 하여 이 하늘 끝과 저 하늘 끝으로 떨어지게 하면 山川은 멀고 길은 아득하리니……옷자락 걷어쥐고 일어나 잠 못 이루며 음식을 대해도 먹는 걸 잊겠네.' 후세 사람이 이 가사에 음악을 실었다." 그래서 〈別鶴操〉라는 琴曲이 생겨났다는 말이다.

解說

〈두루미를 읊다〉

깨끗한 물을 좋아하나? 못에 다가가 종종 홀로 춤추다가, 깔끔한 성격이라 벗이 없나? 그림자 대하며 간혹 외롭게 운다. 그러다가 돌연히 俗世에 나아가 활동하면 대궐 전각 앞 섬돌을 거닐 줄도 알고, 또 때가 되면 방향을 확 바꿔 琴曲이 되기도 한다.

35. 〈昭君怨〉

跨鞍今永訣, 垂涕別親賓. 漢地行隨盡, 胡關逐望新.
交河擁寒霧, 隴首暗沙塵. 惟有孤明月, 猶能送遠人.

註

▸跨: ① (과. kuà): 넘어가다. 건너가다. ② (고. kù): 걸터앉다. 타다.

▸跨鞍은 안장에 걸터앉다는 뜻이니 騎馬를 더 그럴 듯하게 표현한 것이다.

▸永訣: ① 영원한 이별. 즉 死別. 죽은 사람과 산사람이 서로 영원히 헤어짐. ② 아주 먼 길을 찾아가기 전에는 다시 보기 어려운 이별.

▸親賓: 親戚과 賓客.

▸胡關: 胡는 西쪽과 北쪽 사는 사람을 말한다. 胡關은 胡땅으로 가는 城門・要塞.

▸隨: 맡기다. 마음대로 하게 하다.

▸逐: 따르다. 뒤쫓다. 차츰차츰 나아가다.

▸交河: 강 이름. 하나는 山西省, 하나는 雲南省에 있다.

▸擁: 遮蔽하다. 가리다. 덮다. 막다. 다음 句의 "暗"字(뒤덮다. 가리다. 막다)도 같은 뜻으로 쓰였다. "擁"과 "暗"은 互文이다.

➥ 南朝・梁・劉孝威〈妾薄命〉: "嚴霜封碣石, 驚沙暗井陘. 된서리는 碣石山 가는 길 막았고, 狂風에 날리는 모래는 井陘山 일대를 덮었구나."

▹封: 막다. 가두다.

▹驚沙: 狂風에 날리는 모래.

▹碣石・石陘: 산 이름.

➥ 南朝・陳・江總〈隴頭水〉詩之二: "霧暗山中日, 風驚隴上湫. 안개는

산속의 태양을 가리고, 바람은 隴山의 물을 어지럽게 흩뜨린다."

▷隴頭・隴首・隴山・隴坂: 陝西省과 甘肅省에 걸친 큰 산을 말한다.

▷驚: 紛亂貌. 어지러운 모양.

▷湫: 깊은 못. 協韻上 개울물을 이렇게 쓴 것임.

➥ 옛부터 隴頭의 개울물은 民歌인 〈隴頭歌〉 때문에 이름이 났다.

〈隴頭歌〉: "隴頭流水, 嗚聲幽咽; 遙望秦川, 肝腸斷絶. 隴頭의 흐르는 물 그 물소리는 낮게 흐느끼는 소리 같아, 아득히 먼 서울 땅 바라보니 간장이 다 끊어지는구나."

▷嗚聲: 우는 소리가 아니고 나는 소리, 내는 소리의 뜻이다.

▷秦川: 지금의 陝西省・甘肅省・秦嶺以北의 平原地帶를 말한다. 春秋戰國時代 秦에 속해 그렇게 부른다. 漢・唐의 長安이 있으므로 서울 땅이라는 뜻도 된다. 川은 平原을 말함이니 李白의 秀作인 〈烏夜啼〉의 "機中織錦秦川女"를 보면 알 수 있다. 秦땅의 강물이 아닌 것이다. 비단 짜는 여인이 人魚가 아닌 것은 뻔한데 많은 사람들이 秦川을 秦땅의 江・내로 해석하곤 한다. 崔顥의 傑作인 〈黃鶴樓〉의 "晴川歷歷漢陽水"의 "川"도 마찬가지이니 注意를 要하는 글자이다.

解說

〈소군원〉

안장에 앉으면 이제 영원한 이별이니, 눈물 흘리며 친척・손님들과 작별한다. 漢나라 땅은 가며가며 사라지는 대로 맡길 수밖에 없고, 胡로 가는 길목들은 새록새록 나아갈수록 눈에 들어온다. 交河는 싸늘한 안개에 덮였고 隴首는 흙모래에 가렸구나. 모든 것이 낯선데 애오라지 明月 하나만 그래도 먼 길 가는 사람을 배웅할 줄 아는구나.

＊ 王昭君에 관한 中國人들의 曲解 乃至 誤解

1) 過去의 記錄을 살펴봄.

一國의 代表的인 辭典은 어떤 事件・事物・人物에 對해 가장 普遍的이고 常識的인 見解를 담고 있다고 하겠다. ≪中文大辭典≫은 近者에 나온 比較的 괜찮은—많은 缺點과 短點이 있다고는 하지만—辭典이다. 여기에서 紹介・解說한 王嬙(왕장) 卽 王昭君도 그들의 가장 一般的이고 通常的인 理解・把握일 것이므로 먼저 다루어 보겠다.

① ≪中文大辭典≫: "王嬙은 漢 元帝때의 宮女로 南郡의 秭歸(자귀) 사람이다. 이름은 嬙, 字는 昭君—≪漢書・元帝紀≫에는 王檣. ≪漢書・匈奴傳≫에는 王牆. ≪後漢書・匈奴傳≫에는 이름이 昭君, 字가 嬙으로 되어 있다—인데 晉나라 사람들이 司馬昭 때문에 避諱하여 明君이라 改稱하였고 後人들은 또 明妃라고도 하였다. 元帝때 宮廷에 選入(가려 뽑아서 넣음)되었다. 호한야선우(呼韓邪單于)가 中國을 訪問하여 美人을 얻어 연지(閼氏. 匈奴임금의 부인. 中國의 皇后에 해당함)로 삼고자 하니 임금이 嬙을 주었다. 嬙은 戎服乘馬(군복을 입고 말을 탐. 험하고 먼 길을 떠나는 복장과 통행수단을 가리킴)하고 琵琶를 안고—漢 武帝때 江都王 劉建의 딸 細君을 烏孫으로 政略結婚시킴. 이때 細君에게 말위에서 琵琶를 타며 먼 길의 괴로움을 달래라고 했다함. 따라서 王嬙이 떠날 때에도 그랬을 것이라고 晉나라의 石崇이 〈王明君詞〉의 序에 썼기 때문에 혼재된 듯하다—변방에 나갔으며 이후 王嬙을 영호연지(寧胡閼氏. 胡땅을 安寧하게 할 연지라는 뜻)라 불렀다.

本來 元帝의 後宮은 많은데다 늘 볼 수 없어 畵工에게 그 모습을 그리게 하고 그 그림에 依據하여 불러보았다. 이에 宮女들은 모두 畵工에게 뇌물을 주었는데 유독 王嬙만 그렇게 하질 않아 끝내 임금을 뵐 수 없었다. 匈奴땅으로 떠날 때에 불러보니 容貌가 後宮의 으뜸이었다. 이 일을 徹底히 調査하여 畵工을 모두 저자에서 죽였다. 호한야선우(呼韓邪單于)가 죽고 그 아들이 뒤를 이어 복주루약제선우(復株絫若鞮單于. 그는 呼韓邪의 前閼氏가 낳은 아들이다)가 되자 다시 昭君을 아내로 맞았다. 昭君

이 죽자 匈奴땅에 장사지냈는데 변방의 풀은 모두 희건만 昭君 무덤의 풀만 유독 푸르러 세상에서 青塚(푸른무덤)이라 불렀다."

② 다음에는 中國의 正史記錄을 간단히 추려 읽어보자.

ⓐ ≪漢書・元帝紀≫: "賜單于待詔掖庭王檣爲閼氏. 單于에게 掖庭(卽 後宮)에서 皇帝의 命을 기다리던 王檣을 下賜하여 그의 閼氏가 되게 하다."

ⓑ ≪漢書・匈奴傳下≫: "(呼韓邪)單于自言願壻漢氏以自親, 元帝以後宮良家子王牆・字昭君, 賜單于.……生一男, 伊屠智牙師, 爲右日逐王……復株絫單于復妻王昭君, 生二女."

"(呼韓邪)單于가 스스로 말하길 漢朝의 사위가 되어 심정적으로도 자연스럽게 국제관계상으로도 떳떳하게 和親하고 싶다 하였다. 元帝가 後宮의 良家子인 王牆, 字는 昭君을 單于에게 下賜하였다.……아들 하나를 낳으니 伊屠智牙師로 右日逐王이 되었다.……복주루선우(復株絫單于)가 다시 王昭君을 아내로 맞아 딸 둘을 낳았다."

▷漢氏: 漢王朝. 朝代에 氏字를 붙일 때도 있다. 例를들면 周氏, 漢氏, 唐氏 等이다.

▷自親: 自然히. 當然히 和親하게 되다.

▷良家: 漢代에는 醫・巫・商賈・百工 以外의 民家를 가리켰으며 朝鮮의 兩班과 賤民(백정・광대・무당 等)사이의 신분으로 賤役에 從事하지 않는 良民과 비슷하다고 할 수 있다.

ⓒ ≪後漢書・南匈奴傳≫: "昭君, 字嬙, 南郡人也. 初, 元帝時, 以良家子選入掖庭. 時呼韓邪單于來朝, 帝勅以宮女五人賜之. 昭君入宮數歲, 不得見御, 積悲怨, 乃請掖庭令求行. 呼韓邪臨辭, 大會. 帝召五女以示之, 昭君豊容靚飾, 光明漢宮, 顧景徘徊, 竦動左右, 帝見大驚, 意欲留之, 而難於失信, 遂與匈奴. 生二子, 及呼韓邪死, 其前閼氏之子代立, 欲妻

之, 昭君上書求歸. 成帝勅令從胡俗, 遂復爲單于閼氏焉."

"昭君은 字가 嬙으로 南郡 사람이다. 이전 元帝때에 良家의 자식으로 後宮에 選入되었다. 당시 호한야선우가 내조(來朝. 外國의 使節이 찾아 옴)하였는데 임금이 宮女 다섯을 내리도록 명하였다. 昭君이 입궁(入宮)하고 몇 해가 되도록 임금을 모실 수 없어 슬픔과 원망이 쌓였던 차라 後宮의 業務를 담당하는 掖庭令(액정령)에게 청하여 갈 것을 요구하였다. 호한야선우가 떠날 때 닥쳐 크게 파티를 열었는데 임금이 다섯 여인을 불러 보여주었다. 昭君의 풍만하게 아름다운 용모와 자태 그리고 화장과 치장의 세련됨은 漢나라 대궐을 빛나고 밝게 만들 지경이었다. 제 그림자를 돌아보고 그 아름다움에 대한 자부심에 스스로 대견하게 여기며 여유 있게 배회하니 좌우의 사람들을 진동시켰다. 임금도 보고 크게 놀라 속으로는 잡아두고 싶었으나 信義를 저버리는 것 또한 쉽지 않은 일이라 드디어 匈奴에 주고 말았다. 아들 둘을 낳았다. 호선야선우가 죽고 이전 연지(閼氏)의 아들이 자리를 계승하자 그를 아내로 삼고자 하였다. 昭君이 글을 올려 漢으로 돌아가길 청했으나 成帝는 胡의 風俗을 따르도록 명하였다. 그래서 드디어 다시 다음 선우의 연지가 되었다."

▹選入: 가려 뽑아서 넣음.

▹不得見御: 御되지 못하다. "御"의 뜻이 꽤 복잡·야릇하다. ① 말·수레를 타다·부리다. 馭(어)字와 같다. ② 다스리다. ③ 콘트롤하다. ④ 使用하다. ⑤ 먹다. 잡숫게 올리다. ⑥ 모시다. ⑦ 皇帝가 어느 곳에 이를 때 붙인다. ⑧ 帝王이 만든 것·쓰는 것에 붙인다. ⑨ 男女의 交合(즉 性行爲).

▹積悲怨: 積: ① 쌓이다. 증가하다. ② 長久하게. 오랫동안.

▹豊容: 豊滿하게 아름다운 용모와 자태.

▹靚飾(정식): 화장과 치장이 세련됨.

▹顧影徘徊: 자기의 그림자를 돌아보고 스스로 대견하게 즉 흐뭇하고

자랑스럽게 여기며 여유 있게 거닐다.

▷竦動: 驚動시킴. 震動함. 竦(송): 震動. 驚懼.

▷難於失信: 信義를 저버림이 쉽지 않다. 좋지 않다. 불가능하다. 難: 不易. 不好. 不能.

▷代立: 代位와 같다. 뒤를 이어 임금이 됨의 뜻이다. "立"은 "位"와 通한다. 代는 繼承의 뜻이다.

③ 野談類의 興味爲主이며 根據가 의심스러운 記錄을 보자.

ⓐ ≪西京雜記≫에 依하면 元帝의 後宮이 많은데다 늘 볼 수 없어 畵工에게 그 모습을 그리게 하고 그 그림에 의거하여 불러보았다(案圖召幸) 한다. 宮人들은 모두 畵工에게 賂物을 주어 많이 준 사람은 十萬이며 적게 준 사람도 五萬이하는 아니었다. 昭君은 자신의 容貌에 자신이 있어 혼자서 주려고 하지 않았다. 畵工은 이에 醜하게 그려(工人乃醜圖之) 마침내 임금을 뵈올 수 없었다. 後에 匈奴가 入朝하여 美人을 얻어 연지(閼氏)로 삼길 청하니 임금이 그림에 의거하여 昭君을 가게 하였다. 出發에 닥쳐 불러보니 容貌가 後宮의 第一이고 對話함에 응답도 잘하고 행동거지(行動擧止)가 아주 세련되고 우아하였다. 임금은 후회하였으나 名單이 이미 확정되었고 또한 外國과의 信義를 尊重해야하는 까닭에 다시 다른 사람으로 교체하지는 않았으나 그 일을 徹底히 조사하였다. 畵工에는 杜陵의 毛延壽……安陵의 陳敞·新豊의 劉白·龔寬등이 있었는데 한날에 저자에서 죽이고(同日棄市) 그 家産을 沒收하니 모두가 巨萬(막대한 금액. 또는 萬萬, 즉 億이라고도 함)이었다 한다.

ⓑ ≪樂府解題≫에서는 後宮에 들어가 5~6년이 지나도록 임금의 부름을 받지 못했고 單于가 使臣을 보내니 임금이 잔치를 베풀어 後宮의 女人 모두를 불렀으며 單于에게 女人 한 명을 下賜하려 하는데 그 任務를 能히 맡을 사람을 찾았다 한다. 그때 昭君이 자리를 離脫하여 가기를 청

했다(越席請行) 한다. 마침 單于의 使臣이 옆에 있어서 임금이 놀라고 안타까워했으나 어쩔 수 없었다(驚恨不及) 한다.……單于가 죽으니 아들 世達이 자리를 이어받았는데 昭君이 "胡의 慣習을 선택하면 어미를 아내로 삼지만 秦(中國)의 慣習을 선택하면 다른 사람에게 장가들어야 한다(爲胡者妻母, 爲秦者更妻)"하니 世達이 "胡의 風俗·規範을 따르겠다"하니 昭君은 藥을 먹고 자살하였다 한다.

➡ 〈樂府解題〉는 아들 世達이 昭君의 所生인 듯 오해하고 거기에서 발전하여 자살로 中國式 倫理에 꿰맞추었다.

➡ ≪西京雜記≫는 南朝·梁·吳均이 撰하였는데 後漢初 ≪漢書≫를 지은 班固가 記載하지 않은 것이 收錄된 前漢末 劉歆의 漢書遺稿를 葛洪이 入手하여 지었다고 둘러대서 或者는 劉歆 或者는 葛洪의 撰이라고 오해하고 있었다. 內容은 漢 武帝 前後時代의 雜事로 제법 豐富하다. 四庫提要의 子部·小說家類에 속한다.

➡ ≪樂府解題≫는 唐代 劉餗(유속)의 撰으로 樂府의 題意와 그 由來를 解說하였는데 여기저기서 根據없는 說, 이른바 道聽途說을 엮어 놓은 것이다.

2) 過去 記錄에 보이는 疑問點

① 女人들의 入宮經路

ⓐ 皇帝가 반하여 直接 入宮시키고 皇后로 封하는 境遇

漢 武帝의 衛皇后

衛子夫는 微賤한 신분으로 武帝의 누이인 平陽公主 집안의 전속가수였다. 平陽公主가 良家女 십여 명을 구하여 임금이 들른 김에 선보였으나 반응이 없다가 歌手들이 노래하러 나오는데 衛子夫에 한 눈에 반하였다. 후에 陳皇后를 廢하고 衛子夫를 皇后로 삼았다.

漢 成帝의 趙皇后

관청안의 官婢였는데 陽阿公主에게 보내졌다. 거기에서 노래와 춤을 배워 飛燕이라 불려졌다. 成帝가 微行할 때 陽阿公主 집에 들렀다가 보고는 반해 入宮하도록 하였고 동생인 合德도 불러들였다. 결국 許皇后를 廢하고 飛燕을 皇后로 삼았고 合德도 皇后 다음의 昭儀가 되었다. 武帝의 李夫人도 善歌妙舞라 하였으니 歌手의 全盛期라 하겠다.

ⓑ 君臣間의 利害關係나 義理上 入宮하고 皇后나 太子妃로 삼는 경우

대부분의 皇室 結婚은 여기에 속하며 外貌는 따질 것 없는 것이 大部分 描寫할 때 從容하다거나 閒雅하다거나 淑德이 있다는 등 大賢大孝하다는 등 구름 잡는 이야기만 한다는 점이다. 가장 有名하고 中國人들을 탄식하게 하는 경우를 紹介하겠다.

≪資治通鑑·晉紀·武帝·泰始七年≫의 記錄을 보면 晉의 創業에 가장 功이 큰 賈充의 딸과 武帝가 속으로 점찍은 衛瓘의 딸 사이에서 皇室이 고민하는 것이 나온다. 武帝는 이렇게 皇后에게 말했다. "衛公의 딸은 다섯 가지 좋은 점이 있고 賈充의 딸은 다섯 가지 不可한 점이 있습니다. 衛氏는 血統上 어질고 아들을 많이 낳으며 아름답고 키크고 살빛이 흽니다. 賈氏는 血統上 질투하고 아들이 적으며(賈充은 딸이 다섯인 듯하다) 醜하게 생겼고 땅딸보에 깜둥이입니다.(衛公女有五可, 賈公女有五不可, 衛氏種賢而多子, 美而長白. 賈氏種妬而少子, 醜而短黑.)" 이렇게 武帝의 本心은 衛氏에게 가 있었으나 重臣들이 執拗하게 賈氏를 추천하고 皇后도 賈充의 功勞를 力說하여 그대로 결정하고 말았다.

이 賈氏는 아주 慓毒(표독)스럽고 殘忍하여 太子도 사랑하며 동시에 두려워하였고(太子嬖 而畏之), 嫉妬로 제 손으로 여러 宮女를 죽였고 임신한 後宮에게 미늘창을 던져 태아(胎兒)가 날을 따라 떨어졌다 한다(以戟擲孕妾, 子隨刃墮). 武帝가 廢하려 했으나 重臣들이 反對하여 實行되지 못하였다. 皇后가 된 뒤에 姦通하였고 시어머니인 太后를 감금하고 음

식을 끊은지 팔일 만에 죽게 하였다(絶膳八日而卒). 結局 武帝는 제대로 判斷했으나 억센 臣下들과의 힘겨루기에서 밀려 이러한 結果가 생기고 말았다. 참고로 말하면 賈充의 다른 딸은 아버지의 秘書라 할 韓壽라는 건장하고 잘 생긴 청년에 반하여 私通했는데 皇帝가 賈充에게만 下賜한 外國의 珍奇한 名香 냄새가 韓壽에게서 풍기는 것에서 사태를 금방 파악한 賈充이 서둘러 결혼시켰다는 것이다. 賈氏집 딸들은 좋게 말하면 자기 感情에 충실하고 남자가 한눈 파는 것을 참지 못하는 現代的 思考方式을 가졌다고도 할 수 있겠다. 韓壽事件은 愛情에 率直한 例로 詩人들의 好感을 사 그들에게 좋은 詩題가 되었다.

ⓒ 名望있으나 權勢없는 臣下의 딸

이들은 감히 皇后나 太子妃는 바라지 못하고 단지 掖庭에 充當되었다가 機會가 오면 높은 자리의 後宮되길 바랄 뿐이나 간혹 例外로 皇后가 된 경우도 있긴 하다. 入宮하면 少使·才人 等 낮은 관직을 받고 다른 궁녀보다 우대를 받는다. 다음은 각자의 운과 총애에 달렸다.

明德 馬皇后의 경우를 보자. 伏波將軍으로 알려진 馬援은 타고난 軍人이라 일찍이 말하기를 男兒는 邊方에서 戰死하여 말가죽으로 시체를 싸 歸葬하면 될 뿐 죽음을 어찌 침상에서 아녀자 手中에 맡길 것인가 하였다. 그는 언제나 늠름(凜凜)하였고 堂堂하였으며 상대가 아무리 權貴일지라도 禮에 따랐을 뿐 卑屈하지 않았고 直言을 하였다. 일찍이 駙馬인 梁松이 그의 病問安을 와서 寢牀밑에서 특별한 禮를 行하였으나 答禮하지 않았다. 이유는 그가 친구의 아들이라는 것이었다. 그러나 梁松은 이 때문에 그를 원망하게 되어 뒷날 모함하여 임금이 그의 新息侯라는 爵位를 빼앗게 하는 張本人이 되고 만다. 또한 자기의 조카를 타이르는 편지에서 當時 名士들을 批評하며 본받을 者 본받지 말아야 할 者를 명토를 박아썼다. 임금이 梁松·竇固(當時 임금의 近臣)을 責望할 때 그 편지를 보여주었다. 이 또한 나중에 馬援에게 不利하게 작용하였다. 그가 일찍이

交阯를 침입하여 領土를 넓힐 때 그곳의 율무가 몸에 좋고 남방의 瘴氣를 물리침을 경험하자 그곳의 굵고 큰 율무를 수레 하나 가득 싣고 와 씨를 삼으려 하였다. 當時의 權貴들은 모두 南方의 特産인 珍珠·象牙·犀角·寶貝를 실어 온 줄 알고 목을 빼고 希望·期待하였으나 아무 消息이 없자 失望·憤怒하였지만 馬援에 對한 임금의 寵愛 때문에 말을 못하다가 그가 죽은 뒤에 그가 가져온 것이 珍珠와 犀角이었다고 참소하였다.

임금의 震怒 때문에 그의 妻子들은 두려워 先塋밑으로 歸葬하는 것은 꿈도 못꾸고 城 서쪽의 땅을 조금 사 허둥지둥 대강대강 초상을 치렀는데 賓客이고 친구고 감히 弔喪을 못하였다. 馬援의 조카인 馬嚴과 馬援의 妻子들은 새끼줄로 몸을 묶고 대궐 앞에서 무슨 죄 때문인지 묻고 處分을 기다렸다. 前後 여섯 번이나 억울함을 호소하였고 그 말이 哀切하니 겨우 歸葬할 수 있었다.

馬嚴은 모든 것이 皇室과 줄이 닿지 않아 큰 功을 세우고도 이렇게 비참한 지경으로 몰린 것이라 判斷하고 자기의 사촌 여동생들 즉 馬援의 딸 셋을 掖庭에 넣기로 馬援의 夫人과 결정하였다. 그래서 上書하길 "馬援의 妻子가 聖恩으로 살아있다는 것, 그것만도 다행이나 人情이란 죽지 않으면 또한 복 받길 바라는 것이라는 것, 太子와 諸王의 配匹될 분들이 未備하시다고 들었다는 것, 馬援의 딸 셋이 열 다섯, 열 넷, 열 셋인데 外貌는 上中(中國은 上上, 上中, 上下. 中上, 中中, 中下. 下上, 下中, 下下. 이렇게 九品으로 나누기를 좋아 하였다) 以上이나 모두가 孝順하고 小心(謹愼하다는 뜻)하며 婉靜(柔順하고 靜淑)하니 觀相家에게 可否를 선택하게 하라는 것, 馬援의 姑姊妹(아버지의 누이, 즉 姑母)들이 모두 成帝의 婕妤였다는 것, 更生한 聖恩을 입고 있는데 또한 馬援 姑母의 인연으로 後宮에 充當되길 바란다는 것."이라 하였다. 결국 막내딸이 太子宮으로 選入되었다. 그 後 시어머니인 陰皇后를 지극정성으로 모셨고 자기가 아이를 못 낳자 임금의 後嗣가 널리 퍼지지 않을까 晝夜로 걱정하여

後宮들을 적극 추천하였다 한다. 明帝가 卽位하자 皇太后의 뜻에 따라 貴人에서 皇后가 되었다. 간단히 말하자면 한 남편의 아내가 아니고 시어머니의 며느리로 立身出世한 셈이다. 요샛말로 여자의 길을 포기한 것이다. 容貌도 단지 美髮이라고 ≪東觀漢記≫에서 자세히 記錄하였으니 高句麗의 貫那婦人이 長髮美人인 것과 恰似한데 中國에서는 남자의 경우에도 "面首"라 하여 얼굴과 머리칼을 美貌의 代表로 치긴 하였다. 그러나 率直히 머리 숱 많은 것 外에는 別 特徵이 없고 오로지 淑德과 謹愼 그러니까 如臨深淵(깊은 못에 다다른듯)하듯 如履薄氷(살얼음을 밟듯)하듯 戰戰兢兢(두려워 벌벌 떨며 조심함)・戰戰慄慄(전전율률. 무섭고 두려워 몸이 떨림)하며 宮中生活을 하고 윗사람 모시기를 神섬기듯 하여 結局 大魚를 낚은 셈이라 하겠다. (≪後漢書・皇后紀≫와 ≪後漢書・馬援列傳≫에서 가려 뽑아 씀)

ⓓ 다음은 뛰어난 文才로 入宮된 경우를 보자. 晉 左思의 妹 左芬

中國은 옛부터 "以文立國"이라 하여 文을 崇尙하였다. ≪左傳・襄公二十四年≫에서 "가장 위가 立德, 그 다음이 立功, 그 다음이 立言으로 오래되도 없어지지 않으니 이를 不朽라 한다. 大上有立德, 其次有立功, 其次有立言, 雖久不廢, 此之謂不朽." 하여 立德, 立功, 立言을 三不朽라 하였다. 힘으로 漢을 밀어내고 魏를 세운 曹丕(魏文帝)도 〈典論論文〉에서 "대저 문장은 經國의 大業이고 不朽의 盛事"라 하였으니 더 할 말이 없다. 晉代에 詩・賦로 이름났던 左思는 일찍이 〈三都賦〉를 지어 사람들이 다투어 傳寫하는 바람에 洛陽의 紙價가 昂騰, "洛陽紙貴"라는 成語가 생기게 하였다. 지금 보면 〈三都賦〉는 漢代 賦의 울타리를 벗어나지 못하여 큰 가치가 없고 도리어 詩歌 特히 〈詠史詩〉 八首가 文學史上 不滅의 地位를 차지하고 있다. 그런데 左思 또한 다른 文人들처럼 政治的 野望이 컸는데 이것은 中國 모든 文人의 先天性 疾病이고 通弊라 左氏만 크게 나무랄 일은 아니다. 다만 그의 妹氏가 宮中에서 才德으로 禮遇

를 받자 혹시나 하는 마음으로 期待를 한 것은 조금 치사하다는 譏評 즉 헐뜯음을 당해도 싸다면 쌌지 피하거나 면할 수는 없을 것이다. 그의 妹氏 入宮이 皇帝의 一方的 決定이었는지 左思의 出世를 위한 工作의 結果인지는 알 수가 없다.

≪晉書·后妃上·貴嬪傳≫에 "貴嬪 左芬(좌분)은 어려서부터 공부를 좋아하고 글을 잘 지어 名聲이 오라비 左思에 버금갔다. 武帝가 소문을 듣고 入宮케 하였다. 泰始八年에 修儀(女官名)가 되었고……나중에 貴嬪이 되었다. 외모가 추루(醜陋)하여 寵愛는 받지 못했으나 才德으로 禮遇는 받았다. 몸이 약하고 병이 많아 薄室(暴室과 같다. 暴은 曝이다. 옷감 짜고 볕에 바래고 물들이는 일을 담당하는 곳인데 볕에 바랜다는 暴의 뜻을 취하여 이름을 지은 듯하다. 그런 일 외에 宮女의 疾病있는 사람과 后妃의 有罪者도 여기에 두었다)에 늘 거주하였다. 임금이 禁苑인 華林園에 노닐 때면 輦을 돌려 찾아주셨고 對話가 文章의 內容에 미치면 應答이 맑고 아름다워 좌우에서 모시고 듣던 사람들도 칭찬하지 않는 자 없었다……임금께서 左芬의 文辭修飾을 높이 사 地方의 特産이나 奇異한 보배가 생기면 반드시 賦를 읊고 頌을 짓도록 명하였다. 이 때문에 여러 번 賞賜를 받았다……"(葉慶炳先生著 ≪中國文學史≫에서 轉載함)라 하였는데 우리가 이를 통해 알 수 있는 것은 못 생긴 것으로 나름대로 명성이 있는 左思—≪世說新語·容止≫에 의하면 사람들이 너무 추하다고 침을 뱉었다 하니 설마 그렇기야 하겠냐만 못난 사람들 중에서도 先頭走者인 듯하다—와 左芬은 국화빵인 듯한 것.—그러나 左思의 〈嬌女詩〉를 보면 딸 자랑을 내놓고 했는데 突然變異인지 외탁인지 고슴도치도 제 새끼 곱다는 식인지 알 수 없다. 훗날 唐의 李商隱도 여기에 힘입어 〈驕兒詩〉를 지어 제 아들놈을 까놓고 칭찬하였다. 이로써 詩題의 範圍擴大라는 功을 세우긴 했다.—才德이 뛰어나 禮遇는 받았으나 한 女人으로 사랑은 얻지는 못했다는 것, 男子의 경우에는 陶淵明처럼 "죽은 뒤

의 名聲이란 나에게는 뜬 구름 같아. 吁嗟身後名, 于我若浮烟 (〈怨詩楚調示龐主簿鄧治中〉)"이라던가 張翰의 "죽은 뒤의 명성은 지금 눈앞의 한 잔술만 못해. 使我有身後名, 不如卽時一杯酒 (≪世說新語·任誕≫)"라며 말로 풀지만 여자의 경우 鄭重한 禮遇가 一時의 사랑만 못해라고 표현 할 수도 없었으니 더 답답했을 것이란 것, 친정을 위해 애를 쓰려 해도 衆人環視裏에 請託은 不可하며 베갯머리 송사에는 足脫不及이라 左思는 得은 없고 辱만 얻었다는 것. 具色을 갖추기 위해 文才있는 여인을 入宮시켰으면 ≪紅樓夢≫의 賈元春처럼 鳳藻宮의 尙書를 封하고 賢德妃로 加封하여 文人과 女人의 樂을 兼하게 하는 것이 임금을 떠나서 남자로서의 어질음과 의리가 아닐까 하는 점이다.

ⓔ 良家子의 入宮

大部分의 掖庭 女人들은 良家의 딸이었다. 그들 중 일부가 임금의 아들·딸을 낳을 것이므로 신분·혈통을 고려한 까닭일 것이다. 그러나 選拔基準은 徹頭徹尾 外樣이고 徹上徹下 容貌이었을 것이다. 心地가 곱다던가 德性을 갖추었다던가 하는 것을 따지기 始作하면 選拔擔當者의 私見이 크게 作用하여 捕風捉影(포풍착영)이라 바람 잡고 그림자 붙들듯 믿음성이 없을 뿐일 것이다. 일단 良家의 子女이므로 基本的인 敎養은 갖추었다고 속 편하게 생각하고 그저 바람둥이 文字로 傾國傾城이거나 演義式 表現으로 沈魚落雁之容이거나 閉月羞花之貌면 그것으로 足하였을 것이다. 먼저 行政의 末端單位 즉 우리나라로 따지면 洞·里에서 始作하여 邑·面·郡·道 이렇게 上級單位로 올라가며 솎고 추려서 最終合格者를 골라냈을 것이다. 그리고 마르코 폴로(MarcoPolo)의 ≪東方見聞錄≫에 元나라 칸을 위해 뽑힌 女人들의 심사 중에 밤에 잠꼬대하는지, 코를 고는지, 이를 가는지 따위도 있다고 했는데 이것은 時代를 超越하여 어느 때에도 調査의 對象이었을 것이다. 따라서 ≪後漢書·南匈奴傳≫에서 昭君이 良家子로 掖庭에 選入되었다 하였으니 外部的인 條件

은 거의 滿點이라고 보아도 좋을 것이다.

ⓕ 屠家女(도가녀)의 入宮 —良家女로 僞裝함.

우리들이 本是 寡聞한데다 淺學하여 겨우 두 사례를 알고 있을 뿐이다. 첫째 ≪後漢書·皇后紀下≫에서 後漢末의 靈帝 何皇后는 "집안이 본래 屠家였는데 掖庭에 選入되었고 키가 七尺一寸이다. (家本屠者, 以選入掖庭. 長七尺一寸)"라 하였다. 注에서 ≪風俗通≫을 引用하였는데 "漢以八月筭人, 后家以金帛賂遺主者以求入也.(筭은 算字와 같은 字이다. 그러나 選의 뜻으로도 쓰인다.) 漢나라는 八月에 宮女를 選拔한다. 皇后의 집에서 主管하는 사람에게 金帛을 뇌물로 주고 選入을 圖謀하였다."라 한 것을 보면 屠家의 딸이지만 늘씬한 정도가 아니고 아주 당당한 美人이었던 것 같다. 後漢의 한 尺은 23.75cm 一寸은 2.375cm이므로 계산하면 168.625cm다. 學者들의 硏究에 의하면 當時 女人들의 平均身長은 150cm 未滿이라니 현재 인기 있는 180cm 정도의 수퍼모델을 연상하면 될 것이다. 그런데 모든 것이 自信있었으면서 만사는 不如튼튼이라고 賂物을 준 것이 아니고 良家子가 아니므로 그렇게 한 것 같다.

屠는 늘 屠販(도판. 푸줏간과 장사치), 屠酤(도고. 푸줏간과 술장사)같이 良人이 못되는 商賈와 竝稱되니 分明 賤人이었을 것이다.

☛ **參考**

朝鮮의 高宗皇帝 딸인 德惠翁主의 生母 福寧堂 梁氏는 친정이 微賤하여 오라버니가 대가집을 상대로 하는 고기행상인이었다고 한다. 쇠고기를 받아다가 팔던 이가 누이 덕에 아니 翁主가 태어난 덕분에 堂上官朝服을 입고 德壽宮 정문을 드나들게 된 것이다. 日帝時代 "사람 八字 알 수 없다."는 말로 "梁상관이 팔자를 누가 알았겠는가", "梁상관 팔자 부럽지 않다"는 말이 있었다 한다.(金用淑著 ≪朝鮮朝宮中風俗硏究≫에서 가려 뽑음)

둘째 《資治通鑑·晉紀》(武帝·惠帝時 일을 추림)

晉 武帝가 才人(女官名) 許玖(허구)를 太子에게 下賜하여 皇孫 遹(휼)을 낳았는데 아주 총명하였다. 宮中에서 밤중에 失火事件이 일어나자 武帝가 樓上에 올라 바라보는데 遹이 그때 다섯 살 어린아이이건만 武帝의 옷자락을 당겨 어두운 곳으로 끌고 가며 "한밤이고 倉卒間이니 마땅히 非常事態에 대비하셔야지 임금님을 불빛이 비춰 드러나게 해서는 안된다."고 말하였다. (宮中嘗夜失火, 帝登樓望之, 遹年五歲. 牽帝裾入闇中曰: "暮夜倉卒, 宜備非常, 不可令照見人主.") 武帝가 이로써 기특하게 여겨 群臣들에게 자랑하였고 太子(뒷날의 惠帝)가 아주 못나 庸劣 程度가 아니라 팔푼이건만 孫子가 聰明·智慧로워 帝位가 장차 그리로 이어질 것이라 하여 廢太子할 마음을 접었다 한다. 이 못난 아버지와 똑똑한 아들 이야기는 中國人 들은 다 아는 이야기인데 그만큼 유명한 이야기를 더 紹介하겠다.

㉠ 中國에서 有名한 戰鬪를 列擧하면 뭐니뭐니해도 官渡·赤壁·淝水를 손꼽게 된다. 그 가운데 淝水의 전투는 北方의 遊牧民과 漢族의 乾坤一擲의 運命을 건 鏖兵(오병)으로 江南의 漢族은 거의 絶望的인 恐怖에 휩싸였었다. 風流로 이름난 宰相 謝安과 그의 조카인 名將 謝玄은 五萬의 兵力으로 百萬大軍의 前秦을 淝水에서 大破하여 漢族의 江南은 隋에 滅亡 統一天下될 때까지 명맥을 유지할 수 있었다. 그렇게 有能하고 傑出한 康樂公 謝玄도 자식농사는 마음대로 되지 않았다. 그의 아들 謝瑍은 이름난 멍청이였던 것이다. 家門과 家門끼리 결혼을 정하는 時代라 며느리는 堂堂한 王氏家門인 王獻之의 外甥女(① 생질녀 ② 외손녀의 뜻이 있어 아리송하다)인 劉氏를 얻었다. 그리하여 생각지도 않은 天才인 孫子 謝靈運이 생겨난 것이다. 착잡한 심정, 기쁨과 탄식이 뒤섞여 친척과 친구들 앞에서 이렇게 말하였단다. "생각지도 않았다. 내가 瑍이 같은 아들을 낳을 줄은, 그리고 瑍이 같은 녀석이 靈運이 같은 아이를 낳을 줄

을." 天下第一의 名將도 자식농사는 멍청이 보다 훨씬 못 지은 것이다.

㉡ 淸나라의 聖祖 康熙帝는 아들이 마음에 안드나 孫子가 極히 뛰어난 材木이라 孫子에게 帝位가 가도록 不得已 世宗 雍正帝를 太子로 삼았다고 전해진다. 孫子가 高宗 乾隆帝인 것이다. 그러나 世宗은 바보는커녕 아주 야무지고 똑똑한 것을 지나 狡猾(교활)·陰險(음험)으로 호가 났으니 이 이야기는 그리 신빙성이 없다고 한다.

다시 晉나라로 돌아가자. 武帝 死後 太子가 卽位하니 바로 惠帝요 遹을 太子로 삼았다. 太子는 어려서 聰明했으나 커가면서 공부를 싫어했으며 賈皇后가 陰으로 陽으로 사치·방탕한 생활을 하도록 아랫것들에게 유혹하도록 하여 점점 破局으로 치달았다. 그 중 有名한 例가 "宮中에 저자를 만들고 宮人들에게 푸줏간 술집을 열게 하였으며 손수 저울 없이 맨손으로 몇 근인지 몇 냥인지 가늠하는데 가볍고 무거운 무게에 착오가 없었다. 그의 어머니는 본래 푸줏간 딸이었다. 그래서 太子가 그런 일을 좋아한 것이다. 於宮中爲市, 使人屠酤, 手揣斤兩, 輕重不差. 其母, 本屠家女也, 故太子好之."라는 것이다. 史臣들이 너무 야박하고 야속하다는 생각이 들 것이다.

以上 良家子가 아닌 例를 들었는데 外貌가 뛰어나면 賂物인지 다른 方法을 썼는지 모르지만 例外的인 일도 생겨나게 마련인 것이라고 하겠다.

② 畵工의 弄奸에 對하여

ⓐ 醜한 肖像이 皇帝에게 直接 傳達됐을까하는 의문이 있다. 掖庭에는 數많은 宮女와 宦官이 있고 責任者인 掖庭令이 있는데 畵工이 만에 하나 弄奸을 부려 財物을 모을 때 그 많은 눈과 귀를 無事히 通過했을지 참으로 의문이다. 나중에 저자에서 死刑당할 때 한 명의 宦官이나 掖庭內部의 宮人이 없었다는 것은 그야말로 鬼神이 곡할 노릇이다. 畵工의 單獨犯行이 정말로 可能했을까. 掖庭內部의 人士들과 結託·癒着이 없었

을까.

ⓑ 醜한 肖像을 본 임금이 아무 反應없이 한쪽에 치워놓았다가 匈奴가 美人을 要求할 때 마침 잘되었다는 듯 주었다니 三尺童子도 納得할 수 없는 일이다. 市井의 匹夫도 仲媒가 醜女를 紹介하면 自尊心이 傷했다며 거짓말 보태 하늘이 낮다고 길길이 뛰고 땅이 좁다고 데굴데굴 구르는 판인데 임금이 너그럽고 아량이 있어 李白이 "天生我材必有用"(〈將進酒〉)이라 하듯 "天生醜女必有用"이라 하며 뒷날 쓸 일이 있을 것이라고 그냥 넘어갔다는 것이 말이 되는가. 勸力을 가진者는 權威에 挑戰하는 것을 절대 그냥 넘기지 않는 법이다. 당장 어느 고을에서 이런 醜女를 選拔하여 入宮시켰는지 벼락이 떨어질 판인데 畵工이 이것을 考慮하지 않았을까. 絶對權力者를 相對로 이런 戱弄이 可能하다고 여겼을까.

ⓒ 賂物을 준 女人들의 肖像은 어떻게 그려졌을까. 첫째 있는 모습 그대로 그려 주었으면 처음에는 醜하지 않게 된 것만도 甘之德之할 수도 있다. 그러나 인간은 忘却의 動物이라 시간이 지나면 억울하고 분한 생각이 들 것이다. 있는 그대로 그렸는데 돈까지 빼앗기다니 하고 말이다. 수많은 여인들이 억울하고 분하게 생각하면 자연히 말이 나오고 일은 점점 커지고 드디어는 폭발하고 말 것이다. 일이란 그렇게 발전되는 것이다.

ⓓ 둘째 아름답고 매력적으로 요즈음 애들 말로 섹시하게 그렸다 하자. 임금이 한두 번도 아니고 번번히 肖像과 實物에 큰 差異가 있다면 그림이란 본래 그런 것이려니 하고 寬大하고 度量넓게 넘어갔을까. 必是 曲折이 있고 야로가 있을 것이라 하여 嚴重追窮하지 않았을까.

ⓔ 畵工의 일이 事實이라면 王朝時代에 이런 欺君罔上이라 큰 事件이 史書에 缺漏될 리가 있겠는가.

ⓕ ≪西京雜記≫는 그들 스스로 子部 小說家類로 分類한 책이다. 라디오도 T.V도 없는 시절 심심하고 無聊할 때 심심破寂 심심消遣을 위한 無責任하고 虛無孟浪한 野談일 뿐이다.

③ 匈奴와의 和親政策에 對하여

漢 武帝의 匈奴와의 끝없는 戰爭. 限없이 벌이는 土木建築工事 — 하늘 높은 줄 알고 樓閣·榭臺 를 높이 높이 올렸고, 들 넓다고 놀이동산 上林園을 넓게 넓게 넓혔고 땅은 깊다고 둘레 수 십리의 昆明池 따위 못을 깊게 깊게 파냈다. — 죽은 사람 넋을 불러낸다고 方士에게 大明天地間에 속고 사기를 당하는가 하면 金銅仙人 承露盤 만드는 等 不老長生에 對한 執着으로 惹起된 많은 怪異한 事件 等으로 人民은 疲憊(피비) 한마디로 지쳐 나가떨어졌고 國庫는 蕩盡 그야말로 나라살림이 거덜이 나고 말았다. 많은 史家들이 秦始皇보다 더한 暴政이라고 비난하였다. 그러나 나라는 망하지 않았다. 秦은 끝없이 百姓들을 졸라매고 다그쳐 이래도 죽고 저래도 죽으니 이판사판으로 들고 일어난 것이다. 그러나 漢의 경우는 달랐다. 中國歷史上 세 번의 治世가 있었다고 史家들은 말한다. 첫째 漢의 文景之治(文帝와 그 아들 景帝 때의 정치), 둘째 唐나라 太宗의 貞觀之治와 玄宗의 開元之治, 셋째 淸나라 聖祖 康熙, 世宗 雍正, 高宗 乾隆의 백삼십년이 그것이다.

漢나라 百姓들은 文帝 景帝 時에 이르러 春秋·戰國·秦의 混亂·虐政에서 잠시 벗어나 休息할 수 있었다. 重病에서 回復期로 접어든 것이다. 武帝는 이것을 基盤으로 갖은 난리·소동을 일으켰고 百姓들은 忍耐했다. 儒家式 해석은 祖父(文帝)와 父親(景帝)의 善政에 對한 報答·義理라지만 現實派의 견해는 한 번 맛본 平和時代에 對한 미련, 곧 좋아지겠지 하는 희망과 기대로 이제나 저제나 내일일까 모레일까 하며 참았다는 것이다.

武帝 死後 統治階級들은 事態의 深刻性을 뼈저리게 느꼈다. 그리하여 昭帝·宣帝때에는 改革에 依한 善政이 베풀어졌고 뒤를 이은 元帝·成帝도 比較的 無難한 政事를 폈으나 武帝때에 걸린 重病은 그 症狀이 너무 嚴重하여 아무리 努力하여도 治療·回復이 不可能하였다. 結局 前漢

은 끝내 國力을 회복하지 못한 채 王莽의 新나라에 망하고 말았다.

王昭君이 登場하는 元帝時代는 이미 말한 대로 國力回復에 모든 精神·神經이 集中되던 때로 匈奴와의 衝突·戰爭은 焉敢生心 꿈도 못 꾸던 時節이었다. 對外政策은 和親 하나였다. 다른 방법이 없었다. 肖像 중에서 醜女를 골라 보내고 匈奴의 비위를 건드려 어떻게 하겠단 말인가. 戰爭을 誘導하기 위한 方策의 하나라면 이해가 되지만 애오라지 和親政策外에 別 對策이 없는 마당에 國家의 元老大臣이나 軍國의 機務를 擔當하는 經綸있는 臣僚들이 임금의 이런 兒戱같은 行動을 멀거니 보고만 있었단 말인가. 이렇게 世上物情에 어둡고 實情모르는 이야기에 깜빡 정신을 잃은 後世의 數많은 詩人들은 亦是 行政官僚들이 笑而不答하기에 足한 政策들을 내놓곤 하였으리라.

新나라를 세운 王莽은 國內의 關心을 外部로 돌리려는 속셈인지 아니면 百姓들의 힘을 對外戰爭을 통해 消耗·無力化시키려는 計算인지 匈奴와의 和親을 버리고 戰爭을 決心하였다. 이때 뒷날까지 비교적 正確한 分析이라는 말을 듣는 嚴尤의 諫言이 있었다.

"臣聞匈奴爲害, 所從來久矣. 未聞上世有必征之者也. 後世三家·周·秦·漢征之, 然皆未有得上策者也. 周得中策, 漢得下策, 秦無策焉. 當周宣王時, 獫允內侵, 至于涇陽, 命將征之, 盡境而還. 其視戎狄之侵, 譬猶蟁蝱之螫, 敺之而已. 故天下稱明, 是爲中策. 漢武帝選將練兵, 約賫輕糧, 深入遠戍, 雖有克獲之功, 胡輒報之, 兵連禍結三十餘年, 中國罷耗, 匈奴亦創艾, 而天下稱武, 是爲下策. 秦始皇不忍小恥而輕民力, 築長城之固, 延袤萬里, 轉輸之行, 起於負海, 疆境旣完, 中國內竭, 以喪社稷, 是爲無策."(≪漢書·匈奴傳下≫에서)

"臣은 匈奴가 害를 끼친 그 유래가 오래 되었다는 것을 들었지만 上古 아득한 옛날에 꼭 이들을 征伐했다는 것을 듣지 못했나이다. 後世의 세 王朝인 周·秦·漢이 征伐했으나 모두 上策(가장 좋고 합당한 計策)을 얻지는 못했나이다. 周는 中策을 얻고 漢은 下策을 얻었으며 秦은 無策이었나이다. 周나라 宣王의 時代에 험윤(獫狁)이 境內를 侵犯하여 涇陽까지 이르렀으나 將帥를 명하여 치되 周의 國境이 끝나는 곳에서 돌아왔습니다. (獫狁의 地境안으로 들어가지 않았다는 뜻) 西戎이나 北狄이란 西北 異族의 侵入보기를 비유하면 모기나 등에가 쏘는 것으로 치고 쫓아내고 몰아낼 뿐이었나이다. 그래서 천하가 '明' 즉 賢明하다 일렀으니 이것이 中策이나이다. 漢 武帝는 將帥를 가려 뽑고 兵卒을 訓練하며 가볍고 날랜 차림과 補給으로 그들 땅 깊이 들어가고 먼 곳까지 戍자리살게 하니 비록 승리와 敵軍의 虜獲, 物資의 鹵獲은 있었으나 胡 또한 곧 앙갚음을 하니 戰爭과 환란(患亂), 재화(災禍)가 끝없이 이어지길 삼십 여 년, 中國의 百姓들은 지쳐서 나가떨어지고 物資는 枯渴이라 거덜났으며 匈奴 또한 혼이 나고 넌더리나게 두려워하게 되어 天下가 '武' 즉 헌걸참을 칭하게 되었으니 이는 下策이나이다. 秦始皇은 작은 羞恥를 참지 못하고 百姓들의 勞動力을 貴重히 여기지 않아 長城이란 堅固한 울타리를 쌓으니 萬里에 길게 이어지고 物資의 輸送行爲가 바닷가에서부터 始作되어 (바다는 秦나라처럼 內陸에 있었던 나라로 치면 극히 멀고 험한 변두리를 뜻한다) 國家의 疆域은 오롯하게 되었다지만 나라 안은 속으로 휑하게 비고 거덜 나 그 때문에 社稷을 잃었으니 이는 無策이나이다."

▷上世: 上古時代. 아득한 옛날.

▷家: 王朝를 나타냄. 周家・漢家・唐家같이 표현함.

▷得策: 計策이 合當, 즉 꼭 알맞음.

▷周宣王: 周나라 中興의 英主임.

▷獫允: 獫狁. 周代의 北方種族. 夏代에는 훈육(獯鬻)이라 부르고 周代에는 험윤이라 칭했으며 漢代에는 匈奴라 이름 하였으니 名稱은 다르나 한 종족이다.

▷盡境: 盡은 止, 終의 뜻. 國境이 끝나는 곳.

▷蟁(문): 蚊(문)과 같다. 모기.

▷蝱(맹): 등에.

▷螫(석): 쏘다.

▷敺: 驅의 古字. 쫓아내다. 몰아내다.

▷約賫輕糧: 約은 적다는 뜻. 輕과 같은 뜻으로 쓰임. 賫(재)는 가져간다는 뜻. 賫糧: 被服·武器의 차림과 양식. 간단히 말하면 軍需物資. 補給物資.

▷克獲: 克服 즉 戰勝및 鹵獲(노획. 적의 물품을 빼앗음)과 虜獲(노획. 적군을 生捕하거나 죽임).

▷兵連禍結: 兵은 戰爭. 戰爭과 災禍가 이어져 끊임없는 것.

▷罷耗: 罷(피): 고달픔. 지침. 기운이 지치고 재물이 거덜 남.

▷創艾: 創은 懲治하는 뜻으로 쓰였다. 艾는 (애)로 읽으면 쑥, 늙은이의 뜻이고 (이)로 읽으면 다스리다 징계하다의 뜻. 創艾는 懲治를 받아 두려워 함, 경계함의 뜻으로 아주 넌더리나게 혼이 나서 두려워함이다.

▷延袤: 延은 橫(가로)으로 東西, 袤(무)는 縱(세로)으로 南北이다. 延袤는 길게 이어지는 것을 말한다.

▷轉輸: 運送, 輸送.

▷負海: 바다를 등지다. 바다를 뒤로 하다. 萬里長城은 東은 遼東, 北은 陰山, 西는 臨洮(지금의 甘肅省 岷縣)임.

▷疆境: ① 境域. ② 邊境.

▷中國: 國中.

嚴尤는 繼續하여 三十萬 大軍에 三百日의 糧食을 준비하고 그것을 運送하기 위해 牛力을 쓰며 牛가 먹을 물과 꼴을 또 걱정해야 하는 등 다섯가지 어려움을 陳述하고 前代에 胡와 戰鬪가 百日을 넘지 않았으니 長期戰을 하고 싶지 않아서가 아니고 形勢가 不可能하기 때문이라 하였다. 즉

速戰速決이 中國과 匈奴사이의 典型的 戰鬪方式으로 漢武帝 三十餘年의 戰爭도 戰鬪自體는 치고 빠지고 하는 式이었던 것 같다. 그러나 아무리 百日以內의 短期戰도 삼십 여년을 두고 계속 치르면 상말로 말짱 도루묵이라 나라살림이 거덜나고만 것이다.

우리는 嚴尤를 통하여 漢末 知識人들의 對匈奴戰 忌避를 알 수 있다. 그 以前 武帝의 政策을 下策이라 貶下하였으니 上策은 얻을 수 없다 하여도 中策까지는 가야 되지 않았을까 생각들하고 있었을 것이다. 結局 武帝以後 和親政策은 그야말로 쓴 經驗의 産物인 것이다. ≪西京雜記≫의 記述을 보면 宮中의 制度라든가 國際關係라던가 하는 問題에 無知하였으며 興味爲主로 想像·臆測하였다는 것을 알 수 있다.

國力이 微弱할 때에만 和親하고 和蕃公主를 보낸 것은 절대 아니다. 對外政策에 따라 全盛期라 할 때에도 國家를 위해서라면 얼마던지 女人 하나쯤은 犧牲할 수 있었다. 四海에 威嚴을 드날렸다던 漢武帝도 匈奴를 牽制하기 위해 孫女뻘인 江都王 劉建의 딸 細君을 烏孫에 보냈고 强盛한 大帝國을 세웠다던 唐太宗도 티베트에 文成公主를 보낼 수밖에 없었다. 그렇다고 그 女人들이 王妃자리를 독차지 한 것도 아니었다. 烏孫은 中國과 匈奴의 女人을 左右王妃로 삼았고 티베트도 中國과 네팔 公主를 左右夫人으로 待遇한 것이다. 中國으로서는 自尊心이 傷해도 별 도리가 없었고 女人들 또한 家門을 위하여 나라를 위하여라는 男子들 말에 길들여진 그 由來가 자못 길었으니 어찌 할 것인가.

3) 其他

① ≪西京雜記≫의 "工人乃醜圖之 공인은 이에 추하게 그려"와 "按圖以昭君行 그림에 의거하여 소군을 가게 했다"는 記錄에 쉽게 속은 점은 아마도 中華思想 때문인 듯하다. 中國 宮女中 醜한 者도 他國에 가면 水準級일 것이니 별다른 不滿이 없을 것이라는 妄自尊大하는 自慢心 때문

에 常識에 벗어나는 狀況을 그대로 收容한 듯하다. 唐·李白의 〈于闐採花〉를 보면 李白의 異民族에 대한 中國人들의 노골적이고 몽매한 자부심을 볼 수 있다. 모두가 그놈의 民族 — 이것은 19세기에 造作된 것이라 하지만 內容이 類似하므로 暫時 그대로 쓴다 — 感情, 中華·華夷라는 怪物에 정신이 혼미하여진 결과이리라. 昏迷하여지지 않은 境遇에는 상처받은 自尊心을 이런 式으로 表出한 듯하다. 內幕을 뻔히 알면서도 말이다.

② 歷代 許多한 詩人들이 丹青事件을 즐겨 다루고 나름대로 슬퍼했다 탄식하고 悲憤慷慨하였을 뿐 矛盾과 撞着을 指摘하지 못한 또 하나의 理由는 그것이 너무나 드라마 같았다는 것, 즉 事件과 狀況展開가 너무나 극적이라 理性보다는 感情에 치우치기 쉬운 詩人들이 그대로 傾倒된 것 같다는 것이다. 西洋의 探偵小說, 액션영화를 말할 때 內容을 간단히 정리하면 돈과 여자라고 한다. 이 간단한 骨骼에 많은 사람들이 歡呼하고 換腸한다는 것이다. 이천년 전이나 지금이나 동이나 서나 무슨 다름이 있겠는가. 돈과 여자에 관한한. 게다가 가련한 미모의 자국 여인과 무식하고 흉포(凶暴)한 외국남자의 억지 결합이라는 감정문제가 불을 질렀으니.

③ ≪中文大辭典≫에 실린 昭君의 青塚 또한 自慢心에 의한 造作내지는 희망사항인 듯하다. 변방의 풀은 모두 흰데 昭君무덤만 유독 푸르르다 하여 마치 昭君이 끝내 匈奴와는 調和될 수 없고 溶解될 수 없는 唯獨無二의 徹底한 그야말로 죽어서도 꺾이지 않는 漢人의 表象인듯 내세운 것 같다. 그러나 ≪漢書·西域傳上≫의 顔師古 注를 보면 "白草는 莠(유. 狗尾草. 강아지 풀)와 비슷하나 더 가늘고 까끄러기가 없으며(無芒) 잘 말랐을 때 아주 희고 마소가 즐겨 먹는다(牛馬所嗜也)."라 하였다. 그렇다면 白草는 遊牧民에게는 所重한 資源이며 青草는 쓰잘머리 없는 雜草일 뿐이다.

≪漢語大詞典≫, ≪中文大辭典≫에 의하면 ≪歸州圖經≫에 "邊地多

白草나 昭君冢獨青이라"하였다고 引用하였다. 오늘날 青塚은 ≪황제의 나라≫ (劉煒지음, 김양수옮김)107쪽에 사진이 실렸는데 크기와 形態가 경주의 王陵과 비슷하나 黃土가 드러난 곳이 많으며 灌木이 듬성듬성 자라고 있다. 앞에는 요즈음 세운 듯한 亭子가 있다.

4) 丹青·青塚 等을 認定하고 다룬 唐代 詩人들의 作品.

＊ 唐·沈佺期 〈王昭君〉에서 抄

薄命有驕虜, 無情是畫師.

기구한 운명은 우쭐대는 북쪽 오랑캐 때문이라지만, 진실하지 않은 거짓된 外貌로 변한 것은 畫工 때문이었네.

▷無情: 虛僞. 眞實하지 않음.

▷是: ~때문.

＊ 唐·梁獻 〈王昭君〉에서 抄

圖畫失天眞, 容華坐誤人.

그림이 본래의 모습을 벗어나고 어지럽히니, 곱던 용모도 마침내 허무하게 사람을 해칠 뿐이었네.

▷失: 위배하다. 벗어나다. 變易하다. 錯亂하게 하다.

▷天眞: 事物의 本來面目.

▷容華: 아름다운 容貌.

▷坐: ① 막. 마침. ② 마침내. 드디어. ③ 허무하게. 헛되이.

▷誤人: 사람에게 해를 끼치다. 해독을 남기다.

＊ 唐·東方虯 〈王昭君〉 三首의 其三

胡地無花草, 春來不似春. 自然衣帶緩, 非是爲腰身.

胡땅은 花草가 없어, 봄이 와도 봄 같지 않네. 허리띠 느슨해진 것은 저절로 된 것이지, 허리를 가늘게 하려한 것 아니네.

▷衣帶: ① 束衣之帶. 띠. ② 衣와 帶. 제대로 된 옷차림. 여기서는 ①의 뜻으로 쓰임.

▷腰身: 腰肢. 간단히 腰. 허리. 허리통인데 좀 知識人답게 協韻上 이렇게 쓴 것이다.

＊ 唐 · 郭元振 〈王昭君〉에서 抄

容顏日憔悴, 有甚畵圖時.

얼굴은 날로 초췌해지니, 그림 속에 그려져 있을 때보다 심하구나.

＊ 唐 · 劉長卿 〈王昭君〉에서 抄

自矜妖艶色, 不顧丹青人. 那知粉繢能相負, 却使容華翻誤身.

요염한 아름다움에 긍지를 가져, 畵工을 고려하지 않고 상관하지 않았네. 어찌 알았으랴! 색칠한 그림이 사람을 저버리고 고운 용모가 도리어 몸에 해를 끼칠 줄을.

▷繢: 繪와 같다. 紛繢는 彩色한 圖畵.

▷翻: 반대로. 거꾸로.

▷誤身: 自身에게 잘못을 미침 · 남김.

＊ 唐 · 李白 〈王昭君〉 二首의 其一에서 抄

燕支長寒雪作花, 蛾眉憔悴沒胡沙.

生乏黃金枉圖畵, 死留青塚使人嗟.

燕支山은 언재나 추워 눈이 꽃 노릇하는데, 蛾眉의 美人은 초췌해져 胡땅 모래 속에 묻혔네. 살아서는 황금이 없어 그림을 그르쳤고, 죽어서는 青塚을 남겨 사람을 탄식하게 했네.

▷燕支: 山 이름. 東西가 백여 리 南北이 이십 리며 물과 풀이 풍부하

고 祁連山과 똑같이 아름답다. 또한 北邊·邊方의 汎稱도 된다. 李白이 詩에서 말한 燕支山과 실제는 딴판이다.

▷沒: 埋沒.

▷乏: ① 不足함. 넉넉하지 않음. ② 없음. 無.

＊ 唐·李白〈于闐採花〉

于闐採花人, 自言花相似.

明妃一朝西入胡, 胡中美女多羞死.

乃知漢地多明姝, 胡中無花可方比.

丹青能令醜者姸, 無鹽翻在深宮裏.

自古妬蛾眉, 胡沙埋皓齒.

우전국(于闐國)의 꽃 따는 여인은 스스로가 꽃 같다고 여겼다. 明妃 가 일조에 서쪽으로 胡땅에 들어가니 胡땅의 미녀가 대부분 부끄러워 죽을 지경이었다. 이에 알았다. 漢땅에는 산뜻하고 아름다운 여인이 많지만, 胡땅에는 비교할만한 꽃다운 여인이 없다는 것을. 붉고 푸른 물감으로 그린 그림은 못생긴 것을 곱게 할 줄 아니, 무염녀(無鹽女) 鍾離春같은 醜女가 도리어 깊은 대궐에 있었다. 蛾眉를 가진 고운 여인을 질투함은 예부터의 일이라, 胡沙속에 흰 이 붉은 입술의 美人을 묻고 말았네.

▷于闐: 옛날 西域의 나라이름. 지금의 新疆의 和田一帶임.

▷自言: 言은 知(알다). 料(헤아리다, 짐작하다)의 뜻으로 쓰임.

▷羞死: 다르게 쓰면 羞殺, 羞煞인데 대단히 부끄럽다는 뜻이다.

▷明姝: 明은 鮮麗. 姝는 美女.

▷方比: 比較. 方도 比의 뜻이다.

▷無鹽: 戰國時代 齊 宣王의 妃 鍾離春. 無鹽땅 出身이라 無鹽女라고도 한다. 德은 있으나 못생겼다 한다. 漢·劉向 ≪列女傳·齊·鍾離春≫에 자세한 모습이 나온다.

▷皓齒丹脣: 흰 이 붉은 입술. 美女를 가리킴.

＊ 唐・杜甫〈詠懷古跡〉五首의 其三

群山萬壑赴荊門, 生長明妃尙有村.

一去紫臺連朔漠, 獨有靑塚向黃昏.

畫圖省識春風面, 環佩空歸月夜魂.

千載琵琶作胡語, 分明怨恨曲中論.

많고 많은 뭇山과 하고 한 골짜기가 荊門으로 치닫는 山紫水明한 곳. 地靈人傑이라, 明妃를 낳고 자라게 한 마을이 사람은 갔건만 여전히 있구나. 뽑혀서 대궐로 들어갔건만 한 번 아차 보랏빛 궁전을 나서니 그대로 북방 사막으로 이어졌고 모든 것은 끝나 靑塚만 남아 황혼을 대했단다. 모든 원인은 초상 그림 통해 봄바람 같은 고운 얼굴을 건성으로 대충 보아 넘긴 탓이니 環佩소리 울리며 달빛에 넋만이 겨우 돌아올 뿐이었다. 千年의 恨을 琵琶소리에 오랑캐말로 노랫말지어 올렸으니 뚜렷한 怨恨을 노래 속에서 따졌으리라.

▷尙: 아직도. 여전히. 사람은 갔으나 마을은 여전히 있다는 뜻.

▷紫臺: 紫宮. 帝王의 宮殿. 高貴함의 象徵인 보라색을 쓴다.

▷朔漠: 北方의 沙漠.

▷省(생): 덜다. 줄이다. 아끼다. 나아가 대략, 간략, 건성, 대충으로 하다는 뜻이 됨.

▷環佩: 環은 둥근 모양의 玉. 環佩는 허리에 차는 한 벌을 이루는 여러 옥을 말함.

▷空: 겨우. 가까스로

▷千載: 千年. 千年恨을 가리킴.

▷胡語: 胡地의 女人이 되었고 漢人이 없으므로 절로 胡語로 노랫말을 지음.

＊ 唐 · 僧 皎然 〈王昭君〉에서 抄

黃金不買漢宮貌, 靑塚空埋胡地魂.

黃金으로 漢宮에서 外貌를 사지 못하더니, 靑塚이라 胡地에다 魂魄마저 그대로 묻었구나.

＊ 唐 · 白居易 〈王昭君〉 二首의 其一에서 抄

愁苦辛懃憔悴盡, 如今却似畫圖中.

근심, 고민, 신산(辛酸), 고통으로 초췌의 극에 이르니, 지금에야 마침 그림 속과 꼭 흡사하구나.

▷懃(근): 勞苦. 愁苦.

▷盡: 極限에 이르다.

▷如今: 지금. 현재.

▷却: ① 다시. 또 ② 반대로. 도리어. ③ 마침. 꼭. 바로.

＊ 唐 · 白居易 〈昭君怨〉에서 抄

自是君恩薄如紙, 不須一向恨丹靑.

본래 임금의 사랑이란 엷기가 종이 같으니, 외곬으로 그림을 원망할 것 없느니라.

▷自是: 本是.

▷一向: 그저 단순히. 오직 외곬으로. 줄곧 덮어놓고,

＊ 唐 · 杜牧 〈靑塚〉

靑塚前頭隴水流, 燕支山上暮雲秋.

蛾眉一墜窮泉路, 夜夜孤魂月下愁.

靑塚앞 들리는 것은 흐느끼는 隴頭의 물소리, 燕支山 위 보이는 것은 저문 날 스산한 구름 빛이라. 눈썹 고운 육신이 한 번 황천으로 떨어진 뒤

로, 외로운 혼백만이 밤마다 달빛아래 시름찼다네.

▷隴頭歌: 隴頭流水, 嗚聲幽咽, 遙望秦川, 肝腸斷絶. 앞에서 여러 차례 설명하였다.

▷燕支山: 앞에서 이미 설명하였다.

▷秋: 破敗(무너지다. 퇴락하다). 蕭條(적막하다. 스산하다. 쓸쓸하다).

▷窮泉: ① 九泉(地下). 墓中. ② 땅속 샘까지 땅을 팜. ③ 深泉.

＊ 唐・李商隱〈王昭君〉

毛延壽畫欲通神, 忍爲黃金不爲人.

馬上琵琶行萬里, 漢宮長有隔生春.

毛延壽의 그림재주는 마침 神靈과 通했는데, 모질게도 黃金위해 썼지 사람 위해 부리지 않았다. 그래서 佳人은 말에 앉아 琵琶타고 萬里길 떠났으니, 宮闕안에서는 항상 세월이 지난 뒤에야 봄 같은 佳人을 제대로 認識하는 버릇이 있었나보다.

▷欲: ① 이미. ② 마침. 꼭. 바로. ③ ~와 같은.

▷通神: 神靈과 通함. 기량이 뛰어나고 재능이 비범함을 말함.

▷忍: 殘忍하다. 모질다. 독하다.

▷長: 恒常. 늘. 永遠히.

▷隔生: 隔世. 一世를 隔하다. 世代를 거르다.

▷春: ① 佳人의 春風面. ② 青塚의 언제나 봄 같은 푸른 풀.

以上 作品들이 虛妄한 浪說에 어이없이 당한 것은 이미 말했고 덧붙여 말하자면 自己의 不遇함을 昭君에 寄託하여 所懷를 털어놓은 경우도 많다. 特히 李白・白居易・李商隱의 作品은 佳人과 才子가 險難한 世波에 결국 犧牲되고 만 것과 大闕・朝廷의 人主와 高官들의 野薄함 蒙昧함을 상당히 辛辣하게 諷刺・헐뜯고 비꼬았다. 나쁘게 말하면 모든 것이

제 설움·제 신세타령·넋두리로 돌아가는 것이다. 事必歸正이라 하는데 詞必歸情 이라고 할 수 있겠다.

【附錄 3】

李賀와 曹唐의 馬詩

杜甫는 말이나 말 그림을 보고 시를 많이 지었다. 약 열 두어 수 되는데 다 제 신세 제 설움을 寄托한 것으로 中國의 詩人들은 말에다 이렇게 自己의 感慨·心境·意態를 빗대어 표현하였다. 나는 이렇게 슬프다, 분하다, 억울하다 하자니 너무 露骨的이요 直說的이라 쓰는 자신도 좀 부끄럽고 어색하며 읽는 사람도 모든 文士들 특히 詩人들이 저저히 분하고 억울하다니 — 시인 중에 현재의 상태에 만족한다는 사람은 없는 것 같다. 다 자기가 부당하게 대우를 받고 있으며 지금의 자리보다 더 높은 자리가 제가 차지하여야할 자리라고 부르짖는다. 저는 잘났는데 세상이 알아주지 않는다는 것이다. — 한두 번도 아니요 진절머리 나고 넌덜머리 칠 일일 것이다. 그래서 이렇게 말에다 빗대어 넌지시 넋두리인지 하소연인지를 하는 것이다. 唐代 詩人 중에 말을 읊어서 아니 제 신세를 읊어서 有名한 詩를 紹介하여 보겠다. 唐代中葉의 李賀는 〈馬詩〉 二十三首를 連續 시리즈(series)로 엮었으며 또한 육십 수의 詩에서 말(馬)을 言及하였다. 그가 남긴 詩는 이백 사십 수인데 말에 관한 詩가 팔십 삼수이니 삼분의 일이 넘는다. 그 이유는 간단하다. 그는 德宗 貞元六年 즉 庚午年에 태어났으니 바로 말띠인 것이다. 그래서 말에다 自身을 比하고 自身의 不遇함을 슬퍼하고 탄식한 것이다. (以上은 臺灣 故宮博物院의 ≪故宮文物≫ 民國七十九年元月 第82號에 실린 葉慶炳先生님의 〈以馬喩人 馬有榮焉〉이라는 글에서 뽑은 것이다.)

李賀의 馬詩

1. 〈馬詩〉 二十三首 其一

龍脊貼連錢, 銀蹄白踏煙. 無人織錦韂, 誰爲鑄金鞭.

註

▸龍: 駿馬를 가리킨다. ≪儀禮·覲禮≫에 "天子乘龍, 載大旆. 天子는 龍을 타고, 큰 깃발인 대패(大旆)을 올린다."라 하였는데 鄭玄의 注에서 "馬의 八尺 以上을 龍이라 한다"라 하였다. 載는 擧, 懸의 뜻이다. 또한 ≪魏書·吐谷渾傳≫에서 "青海周回千餘里, 海內有小山, 每冬氷合後, 以良馬置此山, 至來春收之, 馬皆有孕, 所生得駒, 號爲龍種. 青海는 주위가 천리가 넘는데 그 안에 작은 산이 있다. 매년 겨울 얼음이 얼면 좋은 암말을 이 산에 풀어놓는다. 明年 봄에 이들을 모으는데 모두 새끼를 가졌다. 그렇게 낳은 망아지를 龍種, 즉 龍의 씨라 하였다."라 하였다. 좋은 말을 龍種이라 하는 것이다. 世間에서는 이를 또한 青海馬·青海驄이라고도 불렀다. ⇨ 龍子·龍孫: 帝王의 後裔. 李賀는 唐 宗室인 鄭王의 後孫이다.

▸貼(첩): ① 붙다. 붙이다. ② 메우다. ③ 妥貼. 매우 알맞다. 적당하다.

▸連錢: 連錢이란 무늬나 圖案이 서로 連結된 銅錢같다는 것이 通常的인 뜻이다. 唐·韓偓의 〈卽目〉이란 詩에 "雨晴雲葉似連錢. 비 개니 구름 같은 잎들은 둥근 돈이 이어진 듯하다."이라 하였으니 草木의 잎이 겹치고 포개진 모습을 말함이며 ≪世說新語·術解≫에 "連錢障泥"라는 物品이 나오는데 둥근 돈이 이어진 무늬가 있는 말다래라는 것이다. 以上

連錢에서 連은 이어지다, 연결 되다는 뜻으로 쓰인 것이 分明하다. 問題는 連錢馬·連錢驄이다. ≪爾雅·釋畜≫에서 "青驪驎, 驒"라 하였다. 해석하기 까다롭다. 驪는 검은 빛의 말인데 여기에서는 검다는 뜻만을 선택적으로 썼다. 驎은 鱗狀의 斑紋이 있는 말인데 여기에서는 비늘모양의 무늬라는 뜻만을 선택적으로 썼다. 따라서 青驪驎은 "푸르며 검은 빛이 감도는데 그 검은 빛이 비늘모양의 무늬를 이루고 있다"는 말이 되겠다. 그리하여 그런 말을 驒(타. tuó. 비늘 같은 무늬 있는 푸른 말)이라 부른다는 것이다. 무늬는 검은 무늬를 간단하게 줄인 듯하다. 郭璞의 注에 "色有深淺, 班駁隱鄰, 今之連錢驄. 털빛에 짙고 엷음이 있어 — 아마 青色은 진하고 黑色은 엷다는 말씀인 듯하다 — 어룽어룽한 무늬가 보일듯 말듯 어른어른하니 바로 지금의 連錢驄이 되겠다."이라 하였다. 郭先生은 晉代의 人物인데 當時의 連錢驄은 푸른바탕에 검은 빛이 어룽어룽 무늬를 이루었는데 비늘모양이고 보일듯 말듯하여 아주 뚜렷하지는 않은 듯하다. 비늘모양이면 둥근 돈무늬가 반정도는 가려졌을 것이며 비스듬히 포개진 상태니 아마 疊錢이라 하는 것이 더 妥當하리라. 連錢이란 둥근 것이 이어진 것이니 사슬모양을 말하는 것이 아닐까 생각이 드니 말이다. 그러나 우리같이 不學하고 無識한 사람들의 漢字實力이란게 다 그저 그렇고 그런 정도라 겸손한 마음으로 辭典을 찾는 것이 上數요 上策이다. 그 結果 우리는 連에 遍, 즉 두루·널리의 뜻과 滿, 즉 가득하다·그득하다의 뜻도 있다는 것을 알아냈다. 이렇게 되면 連錢은 둥근 돈무늬가 두루두루 가득차 있다는 말씀이 되겠다. 여기에서 생각나는 것이 앞에서 이미 소개한 ≪故宮文物≫ 第82號에 실린 吳璧雍 先生의 글과 거기에 收錄된 사진들이다. 吳先生의 〈五花馬與連錢驄〉 一文을 보면 連錢은 대략 毛色을 가리킨 것이며 圓形이라 하였다. 그리고 둥근무늬를 가진 唐三彩의 말 사진 두 장이 있는데 日本 天理大 所藏의 唐三彩의 무늬는 바탕빛깔과 획연(劃然)히 區別되는 다른 빛깔의 둥근고리무늬, 즉 굴렁쇠 같은 무늬로 전신에 펴져있으며 또 다른 것은 바탕빛깔과 전혀 다른 빛깔의 둥근 공(球)같은 큰 點 즉 속속들이 꽉찬 點 같은 무늬가 전신에 가득하였다. 다시 말해 하나는 環形이고 또 하나는 球形의 무늬인데 同一한 點은 전혀 연결되거나 이어지거나 포개진 상태가 아니고 獨立된 무늬라는 것이다. 이 글을 따르고 사진을 따르면 連은 遍 또는 滿의 뜻이 되리라. 문제는 두 장 사진 다 흑백이라 빛깔을 알 수 없다는 것이었다. 그리하여 千辛萬苦는 결코 아니지만 꽤 그리고 상당히 애를 쓴 끝에 天然色寫眞을 볼 수 있었다. 中國 天津에 있는 百花文藝出版社에서 나온 閻存良著 ≪古陶珍寶・唐三彩≫에 이것들이 실려있는 것이었다. 이 책의 圖85에 天理大 所藏의 唐三彩가 뚜렷히 모습을 드러냈는데 "唐三彩錢紋鞍馬"라 命名되었다. 連錢驄이라 하기 어려움은 말의바탕색이 紅褐色이니 어찌할 도리가 없었을 것이다. 그런데 解說에 "白色을 使用하여 連錢紋을 그렸다. 馬體大部分用白色繪畫連錢紋" 하였는데 이점 우리는 고개를 갸우뚱하게 된다. 첫째 連結된 즉 사슬모양의 무늬가 아니며, 둘째 錢紋이 가득했다 하면 이렇게 連錢紋이라고 이어서 쓸 수 없기 때문이다. 무슨 까닭인지 알 수가 없다. 이 사진을 통해 우리는 ≪故宮文物≫에서 吳璧雍先生이 天理大 所藏의 唐三彩를 連錢驄이라 命名한 것은 분명 문제가 있다고 생각한다. 그리고 吳先生이 그냥 三彩馬라 부른 또 다른 唐三彩와 類似한 것을 閻先生의 冊에서 發見했는데 圖82에 "唐三彩鞍馬"라고만 하였는데 "全身은 藍色을 베풀었고 …… 白色의 花斑이 있다. 馬通體施藍彩, 釉面均勻, 中有白色花斑."고 解說하였다. 즉 푸른색 바탕에 흰 얼룩무늬가 있다는 말이다. 閻先生은 이 作品을 連錢驄과는 거리가 먼 것이라 여겼음을 짐작할 수 있었다. 그러나 굴렁쇠 즉 環形말고 큰 點 즉 球形이 가득하면 連錢이라는 말과 相通되지 않나 생각할 수 있으며 바탕이 푸른 색이니 驄과도 어울리지 않나 하고 추측할 수도 있겠다. 그러나 두 작품 모두

≪爾雅≫의 郭璞 注와는 빛깔에 있어서 들어맞지 않는다는 점이 우리를 어렵게 한다. 소득이라면 連錢을 錢이 두루두루 가득하다고 해석할 수 있다는 것인데 이 또한 愚鈍한 우리의 管中窺豹(관중규표)에 不過할 수도 있으니 무어라 말하기 어렵다.

▸韂(첨. chàn): 障泥. 말다래. 말 탄 사람의 옷에 흙이 튀지 아니하도록 말의 안장 양쪽에 늘어뜨려 놓은 기구를 말한다.

▸金鞭: 黃金으로 裝飾한 채찍. 말에 대한 사랑과 重視함을 나타낸다. 上等의 말은 채찍을 使用할 必要가 없고 또 使用해서는 안된다고 한다.

➡ 名馬는 智能이나 눈치, 狀況判斷力이 이 程度는 돼야한다고 옛사람들은 생각하였다. ≪世說新語・術解≫에 "王武子善解馬性, 嘗乘一馬, 著連錢障泥, 前有水, 終日不肯渡. 王云: 此必是惜障泥. 使人解去, 便徑渡. 王濟는 말의 성질을 잘 이해하였다. 일찍이 말을 탄 적이 있는데 이 말에는 連錢무늬가 있는 말다래가 얹혀있었다. 앞에 강물이 있는데 오랫동안 건느려하지 않았다. 王濟가 이것은 필시 말다래가 아까워 그러는 것이리라 하고 사람을 시켜 벗기니 곧장 건너갔다."라 하였다. 李賀의 말씀인즉 龍馬쯤 되면 비단 중에 가장 고급인 錦繡로 말다래를 해줘도 안 버리게 할 자신 있으며 채찍이 필요없는 몸이지만 황금장식의 채찍을 갖춰 禮遇를 해준 달까 상말로 폼이 나게 해주기를 바란다는 것인데, 알아보고 해주는 사람이 없다는 것이니 바로 自身의 懷才不遇를 빗댄 것이다.

解說

〈馬詩〉 其一

龍馬 등에 連錢무늬 붙인 듯 하니 참으로 잘 어울리고 白銀같은 발굽 어찌나 빨리 달리는지 네 발굽이 마치 흰줄 하나가 안개, 구름 스치고 지나가는 듯하다. 錦繡로 말다래 짜줄 사람 없는 판에 더구나 그 누가 黃金으로 裝飾한 채찍을 만들어주겠는가.

2. 〈馬詩〉 二十三首 其二

臘月草根甛, 天街雪似鹽. 未知口硬軟, 先擬蒺藜啣.

註

▸臘月: 음력 12월. 섣달.

▸天街: 京城의 거리. 皇帝 즉 天子가 있는 곳이라 天字를 붙였다.

▸雪似鹽: ≪世說新語 · 言語≫: "謝太傅寒雪日內集, 與兒女講論文義, 俄而雪驟, 公欣然曰: '白雪紛紛何所似?' 兄子胡兒曰: '撒鹽空中差可擬,' 兄女曰: '未若柳絮因風起' 公大笑樂.…… 太傅 謝安이 춥고 눈오는 날 일가를 다 모아놓고 아들 · 딸 · 조카 · 조카딸과 함께 詩文의 內容을 討論하였다. 갑자기 눈이 펑펑 쏟아지니 謝公은 흥이 나서 '흰 눈이 펄펄 내리는 것을 무엇과 비슷하다고 할까?' 하였다. 謝安의 次兄인 謝據의 아들 胡兒 즉 謝朗이 '虛空에서 소금을 뿌리는 듯하다하면 얼추 비슷하다 할 수 있겠군요' 하자 謝安의 長兄인 謝奕(사혁)의 딸 謝道韞(사도온)이 '버들 솜이 바람 따라 날린다는 것만은 못 하네요'하니 謝公이 크게 웃으며 즐거워하였다.……" ➪ 소금은 흰 것은 눈과 같으나 무거워 날리지는 못한다. 버들 솜은 희고 또한 바람에 날리니 눈과 더욱 비슷하다는 뜻임. 하늘나라의 거리에 해당한다는 서울거리에도 눈은 운치 있게 내리지 않고 아주 모질게 소금처럼 무겁게 내렸다는 의미. 窮氣에 찌든 者들에게 눈은 버들 솜처럼 운치 있게 여겨질 수가 없다.

▸知: 따지다. 헤아리다. 推測. 料想.(王鍈 ≪詩詞曲語辭集釋≫)

▸口硬軟: 입이 나이 먹어가며 단련되어 억세진 것과 아직은 어려서 여린 것을 말한다.

▸擬: ~하려하다. ~할 예정이다. ~할 작정이다.

▶蒺藜(질려): 남가새. 한해살이풀로 높이는 1미터 정도. 여름에 노란 꽃이 핀다. 꽃·뿌리·씨는 藥用한다. 열매는 가시가 아주 날카롭다. 이것을 본 따 만든 것이 鐵蒺藜, 蒺藜鐵, 마름쇠로 끝이 뾰족한 서너 개의 발을 가졌으며 도둑이나 적군을 막기 위해 흩어두었다. 本詩에서는 이 남가새의 열매를 먹을 수 있다고 한 것으로 窮塞한 環境과 同時에 堅忍不拔의 意志도 나타냈다. 그런데 우리속담에 아주 탐욕스러운 사람을 욕할 때 "마름쇠도 삼킬 놈"이라 하였는데 本詩의 第4句와 겹쳐지지만 내용은 다르다.

▶啣(함): 銜과 같은 字. 물다. 씹다. 머금다.

解說

〈馬詩〉 其二

섣달에는 연한 잎은 바라지도 않고 땅속의 풀뿌리도 感之德之하는 터인데—또한 찬 서리를 맞으면 풀뿌리는 단 맛이 생긴다고 말하기도 합디다. 하늘나라 거리처럼 화려하고 찬란한 서울거리에 지금 눈은 버들솜처럼 운치 있게 내리지 않고 묵직한 소금처럼 쌓여갑니다. 눈을 헤치며 풀뿌리 뒤질 때 입이 억센지 여린지는 따지지도 않고 먼저 작정합니다. 남가새의 가시달린 씨라도 물고 씹겠노라고.

3. 〈馬詩〉 二十三首 其三

忽憶周天子, 驅車上玉山. 鳴騶辭鳳苑, 赤驥最承恩.

註

▸周天子: 周나라의 天子는 한 둘이 아니다. 本詩에서는 穆王을 가리킨다. 다른 것이 아니고 天下를 周遊한 것으로 이름났다. 政治的 목적이 아니고 그냥 싸지르며 놀러 다닌 듯하다.

▸玉山: 옛 전설속의 仙山. ≪山海經 · 西山經≫에 의하면 西王母가 사는 곳이며 郭璞의 注에 따르면 이 山에서 玉石이 많이 나므로 이름을 그렇게 지었으며 ≪穆天子傳≫에서는 群玉之山이라 한다고 하였다.

▸騶(추): 마부. 말 기르는 하인. 뒤따라 다니는 하인.

▸鳴騶: 귀한 신분의 인물이 出行할 때 뒤따르며 또한 벽제(辟除) — 즉 雜人의 通行을 禁하는 것 — 를 담당하는 하인. 本詩에서는 周穆王의 御駕가 경필(警蹕, 雜人의 通行을 금하고 길을 깨끗이 치우는 것)하며 大闕을 나서 巡行에 나선 것을 말한다.

▸鳳苑: 唐나라 宮中의 마구간을 말함. ≪新唐書 · 百官志二≫에서 "武后萬歲通天元年, 置仗內六閑, 一曰飛龍, 二曰祥麟, 三曰鳳苑, 四曰鵷鸞, 五曰吉良, 六曰六群, 亦號六廐. 武后의 萬歲通天 元年(AD696年) 左右仗廐 안에 육한(六閑)을 또 設置하니 飛龍, 祥麟, 鳳苑, 鵷鸞, 吉良, 六群으로 육구(六廐)라고도 하였다."라 하였다.

▹閑이나 廐나 모두 마구간이라는 뜻이다. 勿論 唐의 궁중 마구간으로 周나라 궁중 마구간을 대신한 것이다.

▸赤驥: ≪穆天子傳≫에 의하면 周穆王에게는 八駿이라는 여덟 匹의 駿馬가 있었는데 赤驥(적기), 盜驪(도려), 白義, 踰輪(유륜), 山子, 渠黃

(거황), 華騮(화류), 綠耳가 그것이다. 이 가운데에서도 赤冀는 가장 傑出하여 首位를 차지하고 있다.

▶承恩: ① 臣下가 임금에게서 특별한 은혜를 받음. ② 여자가 임금의 寵愛를 받아 임금을 밤에 모심. 連續史劇으로 말미암아 ②의 뜻으로만 아는 사람이 대부분이다.

解說

〈馬詩〉 其三

느닷없이 생각난다. 周나라 穆天子가 수레 몰고 玉山에 오른 것이. 大闕의 마구간 鳳苑에서 御駕몰고 天下를 다니기 위해 여덟 駿馬가 뽑혔는데 그중 제일 뛰어난 赤冀가 가장 임금님의 사랑을 받았단다.

➥ 特別한 才能을 가졌으면 마땅히 選擇되어 높은 地位에 올라야하며 그 中에서도 拔群하면 더욱 寵愛와 禮遇를 받는 것이 당연하다는 말씀. 出衆하면 特別待遇받고 劣等하면 淘汰됨을 認定한 듯하다. 그러나 現實은 正反對로 自己같은 俊才의 能力이 死藏됨을 슬퍼한 듯.

4. 〈馬詩〉 二十三首 其四

此馬非凡馬, 房星是本星. 向前敲瘦骨, 猶自帶銅聲.

註

▸房星: 星宿의 이름. 房宿라고도 함. 이것으로 天馬를 象徵하였다. ≪晉書·天文志≫: "房四星……亦曰天駟, 爲天馬, 主車駕. 房宿四星 …… 또한 天駟라고도 하니 天馬로 御駕를 담당한다." ≪李長吉歌詩 王琦彙解≫에서 王琦가 〈瑞應圖〉를 引用하였는데 "馬爲房星之精. 말은 房星의 精靈이다"이라 하였다.

▸瘦骨: ≪史記·滑稽列傳≫: "諺曰: 相馬失之瘦, 相士失之貧. 속담에 말을 살펴 선택할 때 마른 것 때문에 실수하고, 선비를 살펴 가려낼 때 가난 때문에 실수한다."이라 하였다. 駿馬는 아주 잘 먹이고 조심스럽게 다루지 않으면 바짝 마른다 하였다. 그러나 本質은 변하지 않으므로 그럼에도 불구하고 두드리면 銅鐵소리가 날 지경이라는 말씀이다.

▸猶自: 尙. 尙且. ① 그래도. 그럼에도 불구하고. ② 또한. 더구나. 게다가.

▸帶: 含有하다. 머금다. 띠다.

▸銅聲: 놋쇠(黃銅)소리. 銅鐵소리. 金屬聲.

解說

〈馬詩〉 其四

이 말은 세상의 平凡한 말이 아니니 하늘의 房星이 그 根本이 된다. 제대로 기르지 않아 몸이 비쩍 말라 뼈만 남았어도 다가가서 그 마른 뼈를 두드리면 그럼에도 불구하고 쇳소리를 지녔도다.

5. 〈馬詩〉 二十三首 其五

大漠沙如雪, 燕山月似鉤. 何當金絡腦, 快走踏淸秋.

註

▶大漠: 中國 西北部의 廣大한 沙漠地區.

▶燕山: 現 蒙古國境內에 있는 杭愛山. 東漢 때 竇憲이 北匈奴를 大破한 뒤 이 山에 올라 돌에 그 功을 세겼다. 이 일이 너무 有名해져 燕然山은 邊塞의 汎稱이 되었고 詩文 中에서는 邊方의 功을 세웠다던가, 세우고 싶다, 세우라는 希望을 나타낼 때 이 말을 썼다.

▶鉤: ① 갈고리. ② 兵器名. ≪漢書≫ 顔師古注에 "鉤亦兵器也, 似劍而曲. 鉤는 兵器니 劍과 비슷하나 구부러졌다."이라 하였다. 春秋時代에 吳나라에서 이것을 잘 만들었으므로 普通 吳鉤라 한다. 아라비아인들이 흔히 차는 半圓에 가까운 칼과 類似한 듯하다.

▶何當: ① 何時. 언제. 어느 때에. ② 安得. 어떻게 ~할 수 있겠는가.

▶金絡腦: 絡腦는 絡頭니 말머리에서 재갈에 걸친 장식끈을 말한다. 參考로 말하면 굴레는 장식이 아니고 말을 부리기 위하여 머리와 목에서 고삐에 걸쳐 얽어매는 줄을 말한다. 羈絆(기반). 기미(羈縻)라고 어렵게 쓰기도 한다. 金은 金絲, 또는 金粧飾이다.

▶快走: ① 빠르게 달리다. 疾走하다. ② 신나게 달리다. 痛快하게 달리다.

▶淸秋: 가을에 하늘은 맑고 높으며 날씨는 서늘하니 때맞춰 말들은 살찐다. 이 때는 中國 西北의 遊牧民들이 크게 설치는 때로 同時에 中國의 農耕民들은 아주 不安해하는 季節이다. 우리는 "天高馬肥"라 하여 肯定的이며 詩的인 內容으로 해석하나 中國에서는 "秋高馬肥"라 쓰며

아주 否定的이고 등골이 오싹한 느낌을 갖게 하는 뜻으로 쓰였었다.

解說

〈馬詩〉 其五

廣大無邊한 沙漠. 모래는 사시장철 白雪처럼 차고 싸느랗단다. 아아(峨峨)한 燕然山. 거기에는 언제나 굽은 칼 같은 달이 섬뜩하게 떠있단다. 어느 때일까? 금실(金絲)로 머리를 멋있게 얽어매고 하늘 높고 말은 살찌는 季節에 신나고 빠르게 달려 오랑캐 침입자들을 밟을 날이!

6. 〈馬詩〉二十三首 其六

飢臥骨査牙, 麤毛刺破花. 鬣焦朱色落, 髮斷鋸長麻.

註

▸査牙: 楂枒, 槎枒(사아)로도 쓴다. 錯雜不齊貌. 뒤섞여 가지런하지 않은 모습. 本句에서는 바짝 말라 뼈가 두드러지고 솟아나온 것을 形容하였다.

▸麤(추): 粗와 같은 뜻이다. 거칠다. 조잡하다. 엉성하다.

▸麤毛: 거칠고 光澤이 없는 털. 꺼칫한 털. 꺼칠꺼칠한 털. 영양부족에 솔질, 빗질을 안 해주면 털은 자연히 이렇게 되고 만다.

▸刺: 刺繡.

▸花: 자수 위의 무늬, 도안.

▸鬣(렵): 갈기. 갈기 털. 말의 목덜미에 난 긴 털.

▸焦: (불에) 타다. 눋다. 바삭바삭하다.

▸落色: 퇴색(褪色)하다. 색이 바래다.

▸髮: 말 이마에 난 털.

▸鋸(거): 톱. 톱으로 켜다. 자르다. ① 鋸長痲: 길게 자란 삼을 베다. 우리말에 "삼대 베듯", "삼대 쓰러지듯"이라 하여 많던 것이 무더기로 없어질 때를 比喩하였다. 本句에서도 이마에 난 무성하던 털이 긴 삼대 베어 버린 듯 깡그리 사라졌다는 뜻이리라. 즉"髮斷如鋸長痲"로 볼 수 있다. ② 王琦의 注에서는 긴 삼밧줄로 머리를 묶으니 그것이 이마의 털을 끊어냈다고 하였다. 즉 粗惡한 長痲繩으로 絡頭하여 額上의 髮을 磨落 — 쓸어서 없앰 — 하였다 함. 즉 "長痲斷鋸髮"로 보았다.

解說

〈馬詩〉 其六

굶어 엎어지고 주려 자빠지고 가죽과 뼈만 남았는데 그 뼈는 또 울퉁불퉁 솟아나왔으며 거칠고 광택 없는 털은 刺繡의 무늬가 닳고 해져 부푸러기가 일어난 듯하다. 갈기는 불에 타 마른 듯 붉은 빛은 바랬고 이마의 털은 긴 삼대 베어버린 듯 깡그리 잘려나가 없도다.

7. 〈馬詩〉二十三首 其七

西母酒將闌, 東王飯已乾. 君王若燕去, 誰爲拽車轅.

註

▸西母・東王: 王琦의 注에서 ≪太平廣記≫를 引用하였다. “金母者, 西王母也. 木公者, 東王公也. 此二元尊, 乃陰陽之父母, 天地之本源, 化生萬靈, 育養群品. 木公爲男仙之主, 金母爲女仙之宗. 長生飛化之士, 昇天之初, 先覲金母, 後謁木公, 然後昇三淸, 朝太上矣. 金母는 西王母요, 木公은 東王公이다. 이 두 元尊은 陰陽의 父母며 天地의 本源으로 뭇生靈을 化育하여 生長시키며 萬物을 養育한다. 木公은 男仙의 으뜸이고 金母는 女仙의 큰 어른이다. 不老長生하여 날아올라 神仙이 되는 자들은 하늘에 오르자마자 먼저 金母를 뵙고 다시 木公에 인사하며 연후에 三淸에 올라 太上道君을 알현한다.”

▹化生: 化育長生.

▹萬靈: 衆生靈. 人類.

▹群品: 萬物.

▹飛化: 飛昇하여 神仙으로 化함.

▹三淸: 道教의 三淸境. 즉 玉淸, 上淸, 太淸.

▹太上: 太上道君.

▸闌: 다해가다. 끝나가다.

▸乾: 텅비다. 다해가다. 闌과 乾은 互文이다.

▸燕: 宴과 같다. 잔치・연회(宴會). 파티.

▸拽(예): 끌다. 잡아당기다.

▸轅: 끌채. 즉 수레의 앞 양쪽에 대는 긴 채. 本詩에서는 車轅 합쳐 수레

라고 해석하면 된다.

解說

〈馬詩〉 其七

西王母의 약주도 다 돼가고 東王公의 진지도 끝나 가는데 임금께서 잔치에 가시려면 그 누가 수레 채를 끌 것인가?

➡ 王琦의 注에서는 周나라 穆天子가 八駿馬를 얻었기에 萬里길을 달릴 수 있었고 결국 西王母의 손님이 되어 瑤池에서 술을 나눌 수 있었지만 지금은 이런 駿馬들이 없으니 임금께서 그런 잔치에 가시려 해도 누가 수레를 끌고 갈 것 인가라 해석하고 나아가 당시의 임금들이 神仙을 구하려다 方士들에게 속기나 하는 것을 婉曲하게 諷刺, 그 헛생각의 無益함을 나타낸 것이다 하였다.

그러나 이 〈馬詩〉들은 李賀가 自身을 포함하여 不遇한 人材를 말에 빗대 쓴 것이 그 대략이고 大意이므로 따를 수 없다. 결국 숨어있고 버려진 賢士나 人物을 잘 살펴 登用하라는 뜻일 것이다.

8. 〈馬詩〉 二十三首 其八

赤兎無人用, 當須呂布騎. 吾聞果下馬, 羈策任蠻兒.

註

▶赤兎. 呂布: 이미 앞에서 言及하였다.

▶當須: 必須. 반드시. 꼭. 기필코.

▶果下馬: ≪後漢書·東夷列傳≫과 ≪三國志·魏書·烏丸·鮮卑·東夷列傳≫에 濊(예)에서 果下馬가 난다 하였다. 李賢과 裴松之의 注에 의하면 키가 三尺으로 사람이 이것을 타고 과일나무가지 밑으로 지나갈 수 있어서 그렇게 부른다는 것이다.

▶羈: 굴레. 고삐.

▶策: 채찍. 羈策은 몰다. 부리다. 발전하여 제어하다. 지배하다로도 쓰임.

▶任: 맡기다. 따르다.

▶蠻兒: 南方少數民族을 경멸하여 부르는 말.

解說

〈馬詩〉 其八

赤兎같은 駿馬는 쓸 사람이 없으니, 반드시 呂布같은 猛將이라야 탈 수 있단다. 내 듣건대 키가 석자인 果下馬는 시시한 변방의 사람들이 고삐잡고 채찍 쓰는대로 몸을 맡긴단다.

➡ 王琦의 評에 俊逸한 人才는 凡庸한 사람에게는 부려지지 않는다는 것이란다. 駿馬가 勇猛한 사람 아니면 부릴 수 없듯이. 不遇한 天才는 自己같은 人物을 쓸 사람이 없다는 식으로 이렇게 스스로를 달랜 듯하다.

9. 〈馬詩〉 二十三首 其九

飂叔去匆匆, 如今不豢龍. 夜來霜壓棧, 駿骨折西風.

註

▸飂(류): ① 높이 부는 바람. 바람이 빠른 모양. ② 古國名. ③ 姓.

▸飂叔安: ≪左傳・昭公二十九年≫에 "昔有飂叔安, 其裔子曰董父. 實甚好龍, 能求其耆欲以飲食之. 龍多歸之, 乃擾畜龍, 以服事帝舜, 帝賜之姓曰董, 氏曰豢龍. 옛날 飂나라의 叔安이란 임금이 있었는데 그 後裔中에 董父란 이가 나오게 되었다. 그는 정말로 龍을 좋아하여 龍의 嗜好와 要求에 맞춰 飼養하니 龍의 대부분이 그에게 가서 의지하였다. 이에 龍을 잘 길들여 舜임금을 위해 일하도록 하니 舜임금이 그에게 董이라 姓과 豢龍이란 氏를 내려주었다."라 함.

▹擾(요): 길들이다.

▹姓氏: 姓은 母系社會의 産物이니 옛 姓은 女字가 붙어있다. 例컨대 姬・姜・嬀・孋 等이 그것이다. 氏는 父系社會의 産物이니 姓보다 나중에 나왔다. 그러나 後代에는 姓 또는 姓氏라고 區別없이 부르게 되었다.

▹豢(환): 가축을 기르다. 飼育하다.

▸匆匆(총총): 급한 모습. 분주한 모습. 서두르는 모습.

▸如今: 지금. 오늘날. 現在.

▸夜來: 夜間. 昨夜(어젯밤).

▸棧: 棚. 즉 짐승을 가두고 기르는 우리. 막을 말한다. 本詩에서는 마구간의 뜻이다.

▸折骨: 斷骨. 亦喻悔恨之極(또한 후회・한탄의 극도에 달함을 比喻함).

▶西風: 秋風.

➡ 傳說에 의하면 옛날에는 龍도 家畜처럼 길렀다 한다. 그런데 옛날 사람들은 좋은 말을 龍에 比하여 그렇게 불렀다고도 한다. 本詩에서도 龍을 말의 뜻으로 썼다.

解說

〈馬詩〉其九

류(飂)나라 叔安임금의 後孫인 동보(董父)가 무엇이 그리 바쁜지 서둘러 가고나니 지금 세상에는 龍을 기르는 이가 없구나. 밤중에 눈서리 쏟아져 마구간을 덮치니 찬 가을바람 속에 龍馬는 뼈가 부러지는 怨恨을 품었단다. 나는 결국 알아 써주는 主人없이 이렇게 버림받았구나 하고.

10. 〈馬詩〉 二十三首 其十

催榜渡烏江, 神騅泣向風. 君王今解劍, 何處逐英雄.

註

▸榜: 베를 젓는 노. 배(船舶)의 의미로도 쓰임. 노를 젓다는 뜻도 있음.

▸神: 非凡함을 말함.

▸騅(추): ① 털빛이 푸르고 흰 것이 섞인 말. 또는 검고 흰 것이 섞인 말. ② 項羽가 타던 말 이름. 즉 烏騅馬.

▸泣向風: 向風은 臨風, 迎風이니 ① 바람을 맞다. 바람을 타다. ② 바람을 맞받다. 바람을 안다의 뜻이다. 옛부터 바람을 맞거나 바람을 그리워한다는 것은 얻을 수 없는 것을 기다림, 갈 수 없는 곳을 그리워함의 뜻으로 쓰였다. 例를 들겠다. ≪楚辭·九歌·少司命≫: "望美人兮未來, 臨風怳兮浩歌. 고운 님 기다려도 오지 않으니 바람을 맞으며 失望한 마음이여 목 놓아 노래를 부르노라." ≪古詩十九首·行行重行行≫: "胡馬依北風, 越鳥巢南枝. 北方인 胡땅의 말은 언제나 北風을 그리워하며 南方인 越땅의 새는 항상 남쪽 가지에 둥지 트네."

▸解劍: 칼을 풀다, 벗다. 王琦의 注에서는 "解去其劍而自刎也. 차고 있던 칼을 뽑아 스스로 제 목을 베고 죽다."라 하였다.

➥ ≪史記·項羽本紀≫에 의하면 項羽가 烏江을 건너가려하자 烏江의 亭長이 배를 기슭에 대고 기다리다 項羽를 보고 "江東이 비록 작아도 地方千里요 衆數十萬人이라 王노릇할 수 있으니 급히 건너가시라. 배는 저 혼자만이 가졌으니 漢軍이 와도 건널 수 없나이다."하였다. 項羽는 "하늘이 나를 망하게 하니 건널들 무슨 소용이랴! 또한 내가 江東의 子弟(젊은이) 팔천 명과 함께 강 건너 서쪽으로 갔는데 지금 한명도 돌아

가는 사람 없으니 江東의 父兄(어른)들이 나를 동정하여 왕으로 삼은들 내 무슨 면목으로 그들을 볼 것인가? 그들이 비록 말을 안 한다 해도 내 스스로 어찌 부끄럽지 않겠는가?" 하고는 亭長에게 "나는 그대가 長者임을 안다. 내 이 말을 탄지 오 년, 향하는 곳에 상대할 자 없었으며 일찍이 하루에 천리를 간 적도 있었음이라. 내 차마 죽일 수 없어 그대에게 주노라. 吾知公長者, 吾騎此馬五歲, 所當無敵, 嘗 一日行千里, 不忍殺之, 以賜公."하였다. ≪史記≫에서 項羽가 타던 騅馬에 관한 記錄은 이것으로 끝났으며 下回나 結末은 알 수 없다. 本詩는 詩人의 想像에 의한 虛構이며 自己를 알아주던 참主人을 잃은 英才의 슬픔을 노래한 것이다.

解說

〈馬詩〉 其十

서둘러 노를 저어 烏江을 건널 때 이 非凡하고 神異한 烏騅馬는 바람을 향래 울며 "君王께서 지금 차고 있던 칼을 풀고 뽑아 목을 베고 죽으시니, 내 어느 곳에서 또 다시 그런 英雄을 따를 수 있으리오?" 탄식했단다.

11. 〈馬詩〉 二十三首 其十一

內馬賜宮人, 銀韉刺麒麟. 午時鹽坂上, 蹭蹬溘風塵.

註

▸內: 帝王所居處. 皇宮. 內馬는 宮內에서 飼養한 말.

▸宮人: 妃嬪. 宮女의 通稱.內命婦와 宮女들.

▸韉(천. jiān): 언치. 마·소의 안장·길마 밑에 깔아 등을 덮어주는 방석·담요 따위를 말한다. 第2句는 理致상 은(銀)안장 아래의 기린 자수 놓은 언치가 맞으니 直譯하면 銀鞍 밑의 언치는 기린 수놓았다가 된다. 銀鞍은 銀으로 裝飾한 안장으로 詩人들이 자주 썼는데 특히 李白의 詩句에 많이 登場한다. 例는 생략하겠다.

▸午時: 오전 11시부터 오후 1시까지. 한낮. 따라서 정오는 12시임.

▸鹽坂: 虞坂(우판)을 말한다. 지금의 山西聲 平陸縣 北의 中條山에 있다. 傳說에 의하면 伯樂이 일찍이 소금수레 끌며 困境에 처한 名馬를 이곳에서 만났다 하며 그 때문에 虞坂을 鹽坂으로 부르게 되었다는 것이다. 名馬가 소금수레 끄는 것은 ≪戰國策·楚策≫에 나오는데 앞에서 나온 〈李監宅〉 二首의 其二에 이미 紹介되었다. 간단히 다시 써보겠다. 사람들이 驥馬를 못 알아보고는 그것이 일하기에 적당한 나이에 이르자 소금수레를 끌고 太行山을 오르게 하여 발굽은 갈라지고 무릎은 굽었으며 꼬리는 땀에 젖고 살갗은 터졌으며 땀은 땅을 적시고 진땀이 흐르는데 수레채를 진채 미적거리며 오르지 못하고 있었다. 伯樂이 보고 울면서 모시웃옷을 벗어 덮어주었다 云云. 本詩에서는 알아보기 쉽게 풀면 소금수레 끌며 비탈을 오르다가 되겠다. 上은 오르다로 動詞로 쓰였다.

▶蹭蹬(층등): ① 몹시 고달프다. 곤궁하다. 곤경에 처하다. ② 失意하다. 挫折하다. ③ 헛디디다. 비틀거리다. 발을 질질 끌다.

▶溘 (합. kè): 의지하다. 근거로 삼다. 부착(附着)하다. 달라붙다.

▶風塵: 보통 風塵世上하여 俗世의 어수선한 일을 말한다. 本詩에서는 바람에 날리는 티끌의 뜻으로도 쓰였다. 따라서 어수선한 세상사에 몸을 부치니 고달프다도 되고 발을 헛디디고 비틀거리는데 바람에 날리는 티끌은 사정없이 온몸에 달라 붙는다도 된다.

解說

〈馬詩〉其十一

대궐 안에서 기른 말을 妃嬪·宮女에게 下賜하니 銀으로 장식한 안장에 그 밑은 기린 수놓은 언치로다. 티눈만도 못한 눈을 가진 자, 눈은 있어도 망울이 없는 인간들은 千里名馬를 못 알아보고 소금수레 끌게 하니 한낮 비탈 오를 때 어수선한 세상사에 고달프고말고! 발을 헛디디고 비틀거리는데 바람에 날리는 티끌은 사정없이 온몸을 침노(侵擄)하니.

12. 〈馬詩〉 二十三首 其十二

批竹初攢耳, 桃花未上身. 他時須攪陣, 牵去借將軍.

註

▸批竹: 대를 깎다. 쪼개다. 대쪽. 댓조각 같은 귀를 말함. 대쪽으로 駿馬의 귀를 나타내곤 하였으니 예컨대 杜甫는 〈房兵曹胡馬〉에서 "竹批雙耳峻"이라고 하렸고, 〈李鄠縣丈人胡馬行〉에서도 "頭上銳耳批秋竹"이라 하였다. 대를 귀에 비긴 것은 ≪齊民要術≫에서 "馬耳欲小而銳, 狀如削竹筒. 말의 귀는 작으나 쫑긋해야만하니 모양이 대통을 깎은 듯하다."이라 한 것이 始初, 有識하게 말해 權輿인듯 한데 그대로 따다 쓴 結果이리라.

▸初: 막. 방금.

▸攢耳(찬이): 두 귀가 바특이 다붙음. 第1句는 "初攢耳如批竹"이라 하면 쉽게 풀린다.

▸桃花馬: 白色 바탕에 紅色이 섞인 말. "毛色白中有紅點之馬"라고 ≪漢語大詞典≫에서 풀이하였다. 그러나 ≪爾雅・釋畜≫에서 "黃白雜毛, 駓. 누르고 흰색의 털이 섞인 것이 비(駓)이다."라 하였는데 郭璞의 注에서 "今之桃花馬"라 하였으니 紅色인지 黃色인지 그야말로 뒤섞여 잘 모르겠다.

▸未上身: 未: 아직 ~하지 않다. 上: 增加. 늘어나다. 더하다. 添附. 보태다. 보충하다.

▸他時: 他日. ① 옛날. 과거. ② 장래. 미래.

▸攪(교): 휘젓다. 고루섞다. 뒤섞다. 攪亂하다.

▸攪陣: 돌격하여 적진을 함락시키다.

▸借: ① 빌려주다. 王琦의 注에 의하면 "이것은 다 크지 않은 망아지를 말함이니 骨相은 비록 아름다우나 毛色은 아직 完備하지 못했다. 그러나 장래 攬陣의 雄建이 있으리라는 것을 이미 알겠다. 借字는 참으로 깊은 뜻이 있다. 대저 그 재능이 가려져 한 번도 쓰이지 못함을 견딜 수 없으나 또한 이 말이 나를 떠나 종당에는 남에게 귀속됨 또한 바라지 않는다는 것이니 사람하고 아낌의 지극함을 나타낸다. 此言駒之未成者. 骨相雖美, 毛色未齊, 已知其他日有攬陣之雄建. 借字煞有深意, 蓋不忍沒其材而不見之于一試. 又不欲其去己, 而竟屬他人, 以見憐惜之眞至."라 하였다. ② 도와주다. 보살피다. 배려하다는 뜻이 借에는 있다. 葉葱奇先生은 이 뜻을 선택하였다. 그리고 王琦의 注가 빌려주다, 빌리다의 뜻으로 해석하여 그 內容이 더욱 복잡하고 迂闊하게 되었으며 詩의 본래의 뜻을 놓쳤다고 하였다. 우리생각에 이 〈馬詩〉 二十三首 시리즈의 其八에서도 이미 赤兎는 呂布가 타야 한다고 말하였으며 ≪易·乾≫에서도 "同聲相應, 同氣相求; 水流濕, 火就燥; 雲從龍, 風從虎……各從其類也. 같은 소리끼리 서로 응하고 같은 기운끼리 서로 찾는다. 물은 축축한 곳으로 흐르고 불은 마른 데로 번진다. 구름은 용을 좇고 바람은 범을 따른다……이것은 모두가 같은 무리를 따르기 때문이다."라 하여 後世에서는 "物以類聚"라 하였으며 우리도 흔히 "物各有主"라 하였으니 駿馬는 勇將에게 가는 것이 順理라 하겠다. 또한 中國의 戲曲에서도 "寶劍賣與烈士, 紅粉贈與佳人"이라 흔히 쓰고 있다. 다 같은 말이다. 王琦의 說도 一理가 있으나 駿馬가 勇將을 도와 才能을 發揮하고 그에게 가버리느니 차라리 자기가 끼고 있겠다는 강한 執念을 드러낸 것은 시인의 本意와는 어긋난다고 하겠다.

解說

〈馬詩〉 其十二

이제 겨우 이마에 두 귀가 바특이 붙어 쫑긋하니 똑 대를 쪼갠 댓조각 같지만. 물론 아직은 頭角을 나타냈다 할 수 없지요. 아직은 몸뚱이에 복사꽃 무늬가 보태지지 않았으니 당연히 脚光을 받을 수 없겠지요. 그러나 훗날 반드시 돌격하여 敵陣을 무너뜨릴 것이니 끌고 가 將軍의 功 세움을 돕도록 하여야겠지요.

13. 〈馬詩〉 二十三首 其十三

寶玦誰家子, 長聞俠骨香. 堆金買駿骨, 將送楚襄王.

註

▸寶玦(보결): 珍貴한 佩玉. 玦은 고리모양인데 한 쪽이 트인 말하자면 귀가 떨어진 둥근 玉이다. 허리에 차며 이것으로 決斷의 뜻을 상징하는데 쓰였다 한다. 決字는 터진다는 뜻 즉 제방 같은 것이 무너져 물이 흘러나온다는 뜻이니 한 쪽이 터진 둥근 玉과 의미가 통하기도 하며 決定·決斷의 뜻으로도 쓰인다. 두 字 다 (jué)로 同音에 四聲 또한 平聲으로 같아서 이것을 허리에 차고는 優柔不斷한 性格을 고치려 했다니 조금 억지가 느껴지지만 그런대로 받아들일 수 있겠다. 왜냐하면 비슷한 경우가 ≪韓非子·觀行≫에 나오기 때문이다. 거기에서 말씀하시기를 "西門豹는 성질이 급해서 위(韋) — 무두질하여 부드러워진 가죽 — 을 차고는 스스로 느리고 느슨해지고 부드럽게 하려하였다. 西門豹之性急, 故佩韋以自緩."이라 하였겠다. 中國人들은 意味을 附與하고 새로운 價値를 創出하는데 능하여 비슷하면 가져다 붙이는데 망설이고 주저함이 없으니 이해할 만하다. 이 寶玦은 杜甫의 〈哀王孫〉에 "腰下寶玦青珊瑚, 可憐王孫泣路隅. 허리에는 珍貴한 佩玉인 寶玦과 세상에 없는 푸른 산호가지를 찼는데, 가련하다! 왕손이여. 길모퉁이에서 울고 있다니." 라 하여 유명해졌다. 이 때 寶玦은 王孫에게 決斷을 재촉하는 何等의 作用을 못한듯하다. 다 큰 어른이 길모퉁이에서 對策없이 눈물이나 짜고 있으니 말이다. 杜甫야 王孫이라는 신분과 훤칠한 외모를 고려해 접어 생각하기로 했겠지만 嚴格이 아닌 公正한 눈으로 보아도 無策이 上策이겠지 이해해주기 어려울라. 書·畫로 이름난 淸나라 皇族 溥心畬

(愛新覺羅溥儒)가 1950年代 訪韓하였는데 그 분의 書·畵에 찍은 閒章을 보니 "路隅寶玦"이라 되어 있었다 한다. 그러니까 "哀王孫"이란 말씀이 되겠다. 雨田선생님께서 하신 말씀이다. 누가 그랬더라 아는 만큼 보인다고.

▸誰家子: ① "誰"·"何人"과 같다. 魏·曹植의 〈白馬篇〉에서 "借問誰家子, 幽幷遊俠兒. 누구냐고 물어보니 幽州·幷州출신의 靑年俠客이란다."라 하였고 李賀의 〈崇義里滯雨〉에서 "落漠誰家子, 來感長安秋. 처량하고 청승맞게 長安의 가을을 느끼는 이는 누구인가."라 하였다. 그러나 葉嘉奇先生은 "誰家之男子"라고 해석하였다. 우리는 엄연한 外國人인지라 그들의 言語를 속속들이 알 수 없으니 마음에 들고 말고 없이 그냥 그런가보다 하고 넘어가겠다. ② 경멸의 뜻으로 쓰였다. 뉘 집 자식. 뭐하는 녀석. 李白의 〈金陵歌送別范宣〉에서 "白馬小兒誰家子. 白馬 탄 애녀석은 뉘 집 자식 인고."라 하였고 杜甫는 〈青絲〉에서 "青絲白馬誰家子. 푸른 고삐에 흰 말 탄 녀석은 누구더냐."라 하였다.

▸長聞: 長은 永遠히 또는 恒常.

▸聞은 냄새를 맡다. ⇨ 聞香: 香氣를 맡다.

▸俠骨香: ① 義俠心 — 남의 어려움을 돕거나 억울함을 풀어주거나 또는 强者에 맞서서 弱者를 구하기 위해 自身을 희생하는 마음 — 을 가진 사람이 죽어서 남긴 뼈의 향기. 그러나 조금 穿鑿하면 肉脫된 白骨은 별로 냄새가 안 난다. 따라서 다른 해석이 可能하다. ② 義俠心을 가진 사람이 남긴 屍體의 향기. 骨은 屍體의 뜻으로도 쓰인다. 杜甫의 〈自京赴奉先縣詠懷五百字〉에서 "路有凍死骨. 길에는 얼어 죽은 시체가 있다"가 그것이다. 그런데 萬事는 不如튼튼이라 했겠다. 우리의 생각이 꼭 맞는다는 보장은 없으니 ≪漢語大詞典≫을 찾은 결과 ③ 俠骨은 英武하고 剛强함 즉 英敏하고 勇猛스러우며 굳세고 억셈. 또는 義를 보면 勇敢히 행하는 氣質, 性格이다라고 풀이하였다. 원래 骨에는 氣質·心意

의 뜻이 있으니 예를 들면 强骨은 억센 기질을 말한다. 그리고 香은 受珍視, 즉 귀중하게 여겨짐. 소중하게 여겨짐. 또는 受贊美, 즉 찬미함을 받는다의 뜻으로 풀이하였다. 대단한 意譯이 되겠다. 생각하건대 ≪漢語大詞典≫은 義理를 重視하고 弱者를 도우며 生命을 草芥처럼 버리는 俠客이나 君主와 國家를 위해 목숨을 鴻毛같이 여기는 熱血青年들의 屍體나 白骨마저 향기롭다 하자니 아무래도 過激하고 煽動的이며 또한 全體主義的인 냄새가 진동할까 저어되어 조금 방향을 틀어 해석한 듯하다. 그러나 詩人들의 本來 意圖는 忠君·愛國을 鼓吹한 것이 틀림없으니 글자 그대로 直譯함이 本來의 뜻에 가깝지 않을까 여겨진다. 晉의 張華는 〈博陵王宮俠曲〉 二首의 其二에서 "死聞俠骨香. 죽으면 사람들에게 俠骨의 香氣를 맡을 수 있게 하리라." ≪漢語大詞典≫에 따라 풀면 "죽으면 사람들이 그의 씩씩함과 의로운 氣質을 소중히 여기고 찬미하는 것을 들을 수 있네."라 하였고 唐의 王維는 〈少年行〉 四首의 其二에서 "縱死猶聞俠骨香. 설령 죽는다해도 사람들은 俠骨의 香氣를 맡을 수 있다네." ≪漢語大詞典≫을 따라 풀면 "설령 죽는다해도 씩씩함과 의로운 기질을 소중히 여기고 찬미하는 것을 들을 수 있다네."라 하였다. 山戰水戰 다 겪은 어른들이 들으면 섬뜩해지고 진저리칠 말이겠지만 피끓는 그야말로 血氣旺盛한 젊은이들은 선뜻 나서고 말것이다. 싸우다 죽자!

➥ 美國의 第35代 大統領인 케네디(John F. Kennedy)의 就任演說文이 名文이라 칭송을 하며 그중의 클라리맥스(climax)라나 白眉라나 하는 대목이 잘 기억은 안 나지만 대충 "祖國이 무엇을 해줄까 바라지 말고 祖國을 위해 무엇을 해야 하나를 생각하라"는 것이었다. 이것은 民族·國家 같은 全體의 存立과 發展을 위해 個人이 存在해야 한다는 이탈리아의 파시즘, 독일의 나치즘과 무슨 큰 差異가 있단 말인가? 大日本帝國 아니 天皇陛下를 위해 아들을 잘 키워 바쳐야 한다는 日本軍國主義者들

도 아마 이런 式으로 말하지 않았을까? 獨・伊・日은 强要한 것이며 美의 경우는 自發的이라는데 意義가 있다고 抗辯할 수도 있겠으나 歷史를 보면 自發的이라는 美名 아래 행해진 오만가지 醜行・蠻行・非行・惡行을 곳곳에서 發見할 수 있으리라. 楊朱는 天下을 위해 터럭하나 내놓는 것도 거부한 極度의 利己主義者라고 비난을 받는데 약간의 오해가 있는 듯하며 그를 위한 변호가 있어야 하겠다. 上層의 執政者나 當權者는 처음에는 터럭 하나를, 그리고 다음에는 머리채 정도를, 그리고 그 다음에는 손가락 하나를, 또 다시 팔뚝 하나를 이렇게 점점 天下를 위해 나라를 위해 要求하는 것을 擴大・增幅해 나가며 從當에는 "祖國은 靑年의 피를 필요로 한다"는 말로 아예 까놓고 露骨的으로 목숨을 强要하게 되는 것이다. 楊朱가 누구냐? 머리 좋고 判斷 잘하기로 호가 난 인물이 아니더냐! 그가 생각도 없고 머리가 없을 손가? 事態의 進行, 發展을 훤히 꿰뚫고 있었으므로 初場에 싹을 잘라 버린 것이다. 못줘! 안 돼! 썩 꺼져!

▶堆(퇴): 積과 같다. 쌓다. 놓다. 흔히 "堆金積玉"으로 財物의 豊饒로움과 蓄積의 대단함을 나타낸다.

▶買駿骨: 죽은 駿馬의 뼈를 사다. 살아있는 駿馬를 반드시 후한 대가를 치르고 산다는 것을 보여주기 위한 일종의 豫備的 行動이니 人材을 招致하기 위하여 平凡한 人物을 優待하면 여기에 刺戟되어 傑出한 人物들은 더 두터운 待遇를 期待하며 제 발로 모여들게 된다는 內容을 이렇게 簡略하게 쓴 것이다. 옛부터 "先從隗始"라는 成語로 以上의 뜻을 표현했는데 그것은 ≪戰國策・燕策≫에서 나왔다. 燕나라가 형편없이 깨지고 나서 昭王이 卽位하였다. 昭王은 이 殘破한 燕나라를 復興하려는 計策을 곽외(郭隗)와 상의하였다. 郭隗는 대단히 能手能爛한 능구렁이라 할까 하여튼 굉장한 너구리 영감이었다. 그의 主張은 天下의 人材를 招致하려면 선종외시(先從隗始)—먼저 郭隗같이 모자란 인물을 優待하는 것으로 일을 始作하다—하라는 것이었다. 그들이 郭隗

정도의 수준으로도 그토록 잘 대우받는 것을 보고는 不遠千里하고 달려오리라는 것이다. 그리하여 그가 든 비유가 바로 死馬의 머리를 샀다는 것이다. 즉 옛날 어느 임금이 千金으로 千里馬를 구했건만 삼년이 되도록 얻지 못했다. 宮中의 侍從이 自己가 구해보겠다 하여 출장을 허락하니 삼 개월 만에 千里馬의 所在를 알아냈는데 벌써 죽었다는 것이다. 이에 죽은 말의 머리를 五百金을 치르고 사서는 돌아와 임금에게 복명(復命)하였겠다. 임금이야 당연히 怒發大發했으나 그는 조금도 당황하지 않고 천연덕스럽게 말했다. "死馬를 五百金에 샀다면 하물며 生馬의 경우에 어떻겠습니까? 온 天下사람들이 임금님이 분명히 제값을 치루고 말을 산다고 여길 것이니 이제 말이 제 발로 올 것입니다." 정말 일 년이 안 돼 千里馬가 세 마리나 제 발로 왔다는 것이다. 昭王이 말뜻을 제대로 이해하고는 郭隗을 위해 宮을 짓고 스승으로 섬겼다. 果然 樂毅(악의)가 魏나라에서, 鄒衍(추연)이 齊나라에서, 劇辛(극신)이 趙나라에서 왔으며 그 밖의 유능한 人材들이 燕나라로 폭주병진(輻輳幷臻)하였다.

▶將送: ① 배웅하다. 전송하다. ② 송환하다. 돌려보내다의 뜻으로 쓰인다. 그러나 本詩에는 將하여 送하다로 해석하여야 한다. 이때 將은 ① 가지다. 쥐다. ② 거느리다. 데리다의 뜻으로 쓰였다. 따라서 本詩의 將送은 가지고 가다. 데리고 가다는 해석이 합당하다.

▶楚襄王: 卽 楚의 頃襄王(경양왕)으로 懷王의 아들이다. 懷王은 莫强한 秦과 殷盛한 齊의 사이에서 齊와 同盟하였으나 秦의 張儀에게 농락(籠絡)되어 齊와 斷絶하였는데 背信을 責望하는 齊・魏・韓의 攻擊을 받았고 다시 秦에게도 버림받아 외톨이가 되고 말았다. 마지막에는 秦의 懷柔를 울며 겨자 먹기로 받아들여 會盟하러 秦에 갔으나 抑留되었다. 秦은 楚에 割地를 要求하였고 楚의 大臣들은 商議끝에 齊에 人質로 가있던 太子 橫을 불러다 王으로 세워 秦의 計策을 꺾었다. 大怒한

秦·昭王은 楚를 攻擊하여 大勝, 열다섯 城을 빼앗고 가버렸으나 처음의 意圖는 挫折된 셈이다. 楚·懷王은 틈을 엿보다 탈출하여 楚로 도망하였다. 秦이 楚로 통하는 길목을 막으니 사잇길로 趙에 가서 도움을 청하였으나 두려워한 趙王이 받아들이지 않자 다시 魏로 갔으나 秦의 追擊隊에 잡혀 도로 秦으로 끌려갔으며 곧 병이 나서 죽었다. 이 때가 頃襄王 3年이었다. 4年뒤 즉 頃襄王 7年에 秦이 一戰하자고 恐喝하니 楚는 두려워 秦에서 婦人을 맞이하여, 즉 秦의 사위가 되어 平和를 가까스로 維持하게 되었다.(以上은 ≪史記·楚世家≫에서 간추린 것임) 懷王은 外交政策의 失敗로 나라를 엉망진창으로 만들었으며 自身도 異國에서 客死하였다. 그러나 失政과 人格이나 德行은 別個문제라 할 수 있다. 國際政治는 權謀術數와 갖은 策略, 譎計가 亂舞하니 道德君子나 仁義之士가 堪當할 수 없음은 充分히 理解가 되니 懷王을 너무 나무랄 수도 없는 것이다. 問題는 襄王이다. 當時 儒學이 얼마만큼 影響力있는지는 알 수 없지만 ≪禮記·曲禮上≫에 보면 "父之讎, 弗與共戴天. 아버지를 죽인 원수와는 함께 하늘을 이고 살 수 없다."이라 하였다. 그러니까 원수가 죽던가 내가 죽던가 하는 일만 있을 뿐이다. 苟且스럽게 살고 있다면 이것은 반드시 뒷날을 기약하는 것이니 臥薪嘗膽이 바로 그것이다. 襄王이 秦의 사위된 것도 이를 악물고 隱忍自重하며 韜晦(도회)하여 逆轉과 復讐를 위함이라면 또한 있을 수 있는 일이다. 그러나 ≪史記≫에 나타난 襄王의 行跡은 右往左往이다. 秦과 同盟하여 겨우 平和를 누리다 몰래 列國과 聯合하여 秦을 圖謀, 다시 秦에게 크게 깨지고 할 수 없이 또 秦과 屈辱的 和解하는 식으로 姑息과 彌縫이 있을 뿐, 堅忍不拔의 意志나 努力은 보이지 않는다. 더구나 두 임금은 文士들 덕분에 널리 알려진 바 懷王은 屈原의 〈離騷〉, 〈卜居〉, 〈漁父〉 때문에, 그리고 襄王은 宋玉의 〈高唐賦〉, 〈神女賦〉 덕분에 그야말로 不朽의 汚名을 전하게 되었다. 襄王은 宋玉과 雲夢澤에 노닐다가

父王과 巫山神女의 이야기를 듣고 自己도 만나보기를 원했는데 李賀가 보기에 너무 寒心하고 딱하였던 것같다. 아버지 懷王만 생각하면 치가 떨리고 피가 끓어야 마땅하거늘 한가하게 꿈 속 여인의 이야기나 宋玉과 노닥거리고 있었으니 말이다. 그래서 駿馬의 뼈를 그에게 보내 깨우쳐 주고 싶었던 것 같다. 옛부터 美女와 말은 竝稱되었으며 同等한 價値를 가진 것으로 看做되었다. 그래서 ≪樂府詩集≫ 雜曲歌辭에 〈愛妾換馬〉가 있는 것이다. 〈樂府解題〉에 의하면 "이것은 淮南王이 지은 것이라하니 아마 淮南王 劉安인 듯하나 歌辭는 전해지지 않는다." 하였고 〈叙小志〉에 의하면 "三國·魏·曹彰 — 曹操의 아들로 文에 뛰어난 曹丕·曹植과 달리 武에 능한 將帥였다 — 은 척당(倜儻)이라 뜻이 크게 氣槪가 있었는데 우연히 駿馬를 보고는 몹시 좋아했으나 또한 馬主가 아끼는 것인지라 이에 曹彰이 나에게 美妾들이 있으니 그대가 마음대로 고르라 하니 馬主가 한 妓妾을 가리키자 곧 바꾸었다. 말의 이름은 白鵲 — 흰까치. 아마도 白馬인 듯하다 — 이었으며 이에 後人들이 〈愛妾換馬〉란 詩를 지어 弦樂에 맞춰 불렀다 한다." 하였다. 만약 襄王이 살아있는 女人에 빠져있었다면 또한 살아있는 駿馬를 보냈을 것이나 있는지 없는지 아리송한 꿈속의 女人에 至大한 關心을 가지니 馬骨을 보내자고 한 것 같다. 巫山의 神女는 宋玉의 賦를 보면 꼭 있는 것 같으나 사실 아리송한 存在라 李商隱도 그의 〈無題〉 詩에서 "神女生涯元是夢"이라고 斷言하였다. 그러니 이 馬骨보고 정신차리고 철 좀 들어 千里駿馬 구하여 父王을 위해 그리고 나라를 위해 힘껏 뛰어보라는 一種의 訓戒와 激勵를 겸한 듯하다.

▶本詩는 用字와 用意가 迂晦 — 에돌고 뒤엉켜 불분명함 — 하다고 모두들 말했다. 王琦의 말에 의하면 襄王은 말을 좋아하지 않았으니 그에게 보내는 것은 "明珠暗投" — 우리나라에서는 진주를 돼지에게 던진다고 한다 — 라는 뜻이라 하였다. 葉葱奇先生은 下二句는 세상에 識馬·愛

馬하는 이 없는 것에 憤慨하여 중값을 치르고 馬骨을 사서 襄王의 넋에게 보내면 襄王은 능히 꿈속에서 神女도 볼 줄 아니 그의 英靈이 혹 駿馬를 알아보지 않을까 하는 뜻으로 풀었다. 李賀 本人 말고는 그 複雜多端한 內容을 뉘라서 짐작할 수 있겠는가?

解說

〈馬詩〉 其十三

珍貴한 佩玉・玉玦을 찬 이는 누구였던가? 駿馬몰고 戰場에서 散華하니 永遠히 俠骨의 香을 맡을 수 있다네. 옛날 꿈 속의 神女에 빠져 國家의 恥辱, 父親의 復讐도 시들하게 여긴 楚나라 襄王을 위해 黃金을 쌓아놓고 駿馬의 뼈라도 사서 그에게 보내자. 神女와 駿骨을 바꾸면 좋고 나아가 駿馬를 찾아 名將에 주어 國恥를 雪辱하면 그 아니 좋으랴.

➥ ≪禮記・曲禮上≫에 "夫唯禽獸無禮, 故父子聚麀, 다만 禽獸는 禮가 없으니 그래서 父子가 암컷을 共有한다.(▹聚: 共同. ▹麀(우): 암사슴. 암컷.)"라 하였다.

襄王은 巫山의 神女가 비록 꿈 속이지만 父親과 이른바 雲雨之情을 나눈 것을 알면서도 굳이 만나고자 하였으니 상당히 문제가 있는 인물이라 하겠다. 그래서 宋의 洪邁는 ≪容齋三筆・高唐神女賦≫에서 "若如所言, 則是王父子皆與此女荒淫, 殆近於聚麀之醜矣. 만약 말한 바와 같다면 楚王 父子 모두가 이 女人과 荒淫을 한 것이니 아마도 암컷을 共有한다는 醜行에 가깝다고 할 것이다."라 하였다. 말 나온 김에 별로 香氣롭지 못한 일이지만 歷史上 有名한 인사들의 이러한 醜行을 들춰보면 曹操의 아들 曹丕가 魏나라의 皇帝가 된 뒤 어머니인 卞太后가 어느 날 아들이 사는 大闕의 後宮에 갈 일이 있었는데 가보니 남편인 曹操의 後宮 中 行方이 묘연(杳然)했던 이들이 거기에 다 있는 것 아닌가. 기막히고 憤이 오르고 창피(猖披)스러워 詛呪가 절로 나왔다. "복조(福祚)를 제대로 누리지 못하리"하고. 그래서 그랬는지 曹丕는 AD187에서 AD226까지 生存, 겨우 사십에 갔다.

唐나라 高宗의 皇后인 武后는 本來 太宗의 後宮이었다. 高宗은 太子 時節부터 눈독을 들인 듯하다. 太宗의 死後 자식 없는 後宮들을 절로 보내 이승(尼僧)이 되게 하고 先王의 冥福을 빌게 하였다. 高宗은 卽位한 뒤 절에 찾아가 만나보고 還俗시켜 再入宮하게 한 뒤 寵愛하였고 結局 王皇后를 廢黜하고 武氏를 皇后로 삼았다.

世上에 제일 잘 알려진 것은 唐 玄宗과 楊貴妃일 것이다. 아들인 壽王의 妃, 간단히 말해 며느리를 아들은 韋氏 딸에게 새장가 들게 하고 빼앗은 것이다. 우리나라에서는 말할 것도 없이 엄하여 아버지가 使用하던 竹夫人도 아들이 물려받아 使用하지 않는 것이 不文律일 정도였다.

☛ **參考**

(1) 南朝・梁・簡文帝〈愛妾換馬〉

功名幸多種, 何事苦生離. 誰言似白玉, 定是愧青驪.

必取匣中釧, 迴作飾金羈. 眞成恨不已, 願得路傍兒.

功名을 이루는 데에는 본래 여러 종류가 있는데 무엇 때문인가? 사람끼리의 生離別을 괴롭게 선택하다니! 그 누구인가? 나더러 하얀 옥같이 곱다던 이가. 결국에는 저 검푸른 말에게 수치를 당했거늘. 내가 가면 분명 상자 속 팔찌를 내다가 바꿔 만들어 말굴레 치장에나 쓰겠지. 정말 내 怨恨은 그칠 길 없으니. 거리의 건달이나 만날 것을.

▷幸: 本來, 原來.

▷定: 究竟. 마침내. 결국.

▷青驪: 검은색・푸른색 털이 섞인 말.

▷迴: 改變. 變易.

▷羈: 말굴레. 고삐.

▷眞成: 확실히. 분명히. 정말.

▷得: 遇. 値. 만나다.

▷路傍兒: 길거리의 한량. 건달.

(2) 隋・僧・法宣〈愛妾換馬〉

朱鬣飾金鑣, 紅妝束素腰. 似雲來躞蹀, 如雪去飄颻.

桃花含淺汗, 柳葉帶餘嬌. 騁先將獨立, 雙絶不俱標.

붉은 갈기 금재갈의 駿馬. 붉게 盛妝한 여인의 흰 깁을 묶은 듯한 허리. 구름이 왔는가! 저벅저벅 걸어오는 발굽. 흰 눈이 갔는가! 하늘하늘 나부끼는 여인의 소매. 桃花色 털 섞인 몸에 가벼운 땀. 柳葉眉 가늘고 푸른 눈썹에 넘치는 애교. 내달려 앞자리에 홀로 우뚝 섰으니, 駿馬의 勝利로다. 결국 뛰어난 한 쌍은 함께 드날릴 수 없구나.

▷鬣: 갈기. 말의 목덜미에 난 긴 털.

▷鑣(표): 재갈.

▷紅妝: 盛妝. 여인들의 단장에는 紅色이 많이 쓰이므로 이렇게 쓴다.

▷束素: 흰 깁을 묶은 듯한 허리를 말함. 즉 가늘고 희다는 뜻이다. 戰國・楚・宋玉의 〈登徒子好色賦〉에 "腰如束素, 齒如含貝. 허리는 흰 깁을 묶은 듯하고, 이는 자개를 물고 있는 듯하다."라 하였다.

▷雲: 말을 가리킴. 漢 文帝의 아홉 필 말에 浮雲이 있었다.

▷躞蹀(섭접): 걷는 모양. 저벅 저벅.

▷雪: 여인의 소매를 가리킴. 漢・張衡의 〈觀舞賦〉에 "裾似飛鸞, 袖如廻雪. 펄렁거리는 옷자락은 나는 난새 같고, 빙빙 도는 옷소매는 눈보라 치는 듯하다."라 하였다.

▷桃花: 桃花馬. 말의 한 종류. 털빛은 흰데 붉은 점이 있는 말.

▷柳葉: 柳葉眉. 버들잎 모양의 고운 눈썹. 확대되어 미인. 미인의 눈썹을 가리킨다.

▷絶: 獨特. 唯一無二.

▷標: ①나무의 끝, 즉 우듬지. 꼭대기. ② 본보기. 모범. 대표. ③ 나타나다. 나타내다. ④ 顯揚하다. 表彰하다.

(3) 唐・張祜〈愛妾換馬〉二首 其一

一面妖桃千里蹄, 嬌姿駿骨價應齊. 乍牽玉勒辭金棧, 催整花鈿出繡閨.

去日豈無沾袂泣, 歸時還有頓銜嘶. 嬋娟躞蹀春風裏, 揮手搖鞭楊柳堤.

고운 복사꽃 같은 하나의 얼굴과 하루에 천리를 뛰는 말발굽. 여인의 사람스런 자태와 駿馬의 傑出한 바탕. 가치는 분명 맞먹으리. 갑자기 옥륵(玉勒)을 당겨 금잔(金棧)을 떠나며 서둘러 화전(花鈿)을 손질하라하니 수규(繡閨)를 나서네. 떠나는 날 어찌 옷소매 적시는 눈물이 없을손가? 새 주인에게 돌아가는 때 도리어 발 구르며 울음 삼켰으리. 아리따운 여인, 저벅저벅 걷는 駿馬, 다 봄바람속이요, 떠난다며 흔드는 손, 어서 가자고 휘두르는 채찍, 양쪽 모두 길게 버들 늘어선 뚝길 위로다.

▹駿骨: 骨은 氣骨. 素質. 心神의 뜻이 있다.

▹玉勒: 勒은 말머리에서 재갈에 걸친 끈이다. 玉은 그냥 붙인 修飾語다.

▹金棧: 棧은 우리. 마구간이며 金은 그냥 붙인 修飾語다.

▹花鈿: 얼굴에 붙이는 얇은 장식물. 雲母, 물고기 비늘. 매미나 잠자리 같은 昆蟲의 날개. 半透明의 매끈한 종이 등으로 만든다. 대개 黃金色, 翠綠色, 鮮紅色의 세 가지 색으로 물들이며 모양은 圓月, 三葉, 桃, 銅錢, 菱(마름), 梅花, 鳥, 魚 등이다. 遼東地方에서 나는 阿膠 즉 갖풀을 발라서 입김을 쏘이면 쉽게 붙일 수 있었다 한다. 붙이는 곳은 이마·뺨·입가·귀밑머리 나는 곳·보조개 등이다. (以上은 陝西人民出版社의 中國風俗叢書 中 ≪中國古代婦女化妝≫에서 뽑은 것이다.) 그런데 ≪漢語大詞典≫에서는 花鈿을 金·翡翠·珍珠·寶石으로 만든 花形의 首飾이라 하였다. 그리고 例文을 들었는데 元·貫雲石의 〈一枝花·離間〉 套曲: "花鈿墜, 懶貼香腮, 衫袖濕, 鎭淹淚眼, 玉簪斜, 倦整雲髻. 花鈿이 떨어져도 고운 뺨에 다시 붙이기 귀찮아, 저고리 소매 축축한 것은 눈물 솟는 눈을 줄곧 가린 탓이고, 옥비녀 기울어도 구름같은 머리 매만지기 성가셔.(▹鎭: ① 항상. 늘. 줄곧. ② 온통. 전부. ▹淹: 掩과 통한다. 가리다의 뜻)"가 그것이다. ≪漢語大詞典≫의 풀이가 옳다면 떨어진 花鈿을 고운 뺨에 붙이기가 귀찮고 성가시다는 풀이가 되는데 語不成說이다. 그 묵직한 首飾을 머리에 꽂아야지 어떻게 뺨에 붙일 수 있는가. 또한 아래에 옥비녀가 나오는데 花鈿이 首飾이면 內容이 重複되니 이를 어찌하리오? 上記 ≪中國古代婦女化妝≫의 著者는 汪維玲, 王定祥 두 분인데 프로필(profile)을 보아도 믿음직하였으며 무엇보다 冊의 內容이 대단히 仔詳하

며 考證 또한 徹底하여 信賴가 간다. ≪漢語大詞典≫의 해석은 錯誤가 있는 듯하다. 愚見으로 말이다.

▷繡閨: 繡房과 같다. 女人이 거처하는 繡놓은 듯 곱고 화사한 閨房을 말한다.

▷還有: 還은 (hái)로 읽으며 여전히, 도리어, 다시, 또, 더욱의 뜻이다.

▷頓: 발을 구르다는 뜻.

▷銜嘶(함시): 눈물을 머금다. 울음을 참다. 울음을 삼키다.

▷嬋娟(선연): 자태가 곱고 아름답다.

▷躞蹀(섭접): 걷는 모습. 저벅저벅 걷다.

▷揮手: (이별할 때) 손을 흔들다. 자 나는 이제 갑니다 하는 의미.

▷搖鞭: 채찍을 휘두르다. 길 떠나자는 뜻. 어서 가자는 의미.

(4) 唐·張祜〈愛妾換馬〉二首 其二

綺閣香銷華廄空, 忍將行雨換追風. 休憐柳葉雙眉翠, 却愛桃花兩耳紅.

侍宴永辭春色裏, 趁朝休立漏聲中. 恩勞未盡情先斷, 暗泣嘶風兩意同.

비단같이 곱고 화사한 樓閣에 香氣는 스러지고, 근사하게 꾸몄던 마구간은 텅 비었다. 모질고 말고. 아침에 구름되고 저녁에 비 되어 내리던 巫山의 神女같던 여인인데, 바람을 뒤쫓고 번개를 따라잡는 말이라고 바꾸다니. 한 쌍의 푸른 柳葉眉는 그만 사랑하고, 두개의 붉은 桃花耳를 다시 아껴 보잔다. 봄날 風光 속에 잔치 모심은 영원히 끝났으며 漏閣소리 맞춰 朝會에 가서 있는 일도 그만이구나. 여인의 사랑, 駿馬의 애씀, 다하지 않았는데 情이 먼저 끊어졌으니. 남몰래 흐느끼고 바람 속에 울부짖는 두 마음은 같으리.

▷綺閣: 비단처럼 화려한 樓閣.

▷華廄(화구): 근사한 마구간.

▷忍: ① 참다. 인내하다. 견디다. ② 殘忍하다. 殘酷하다. ③ 모질게 ~하다. 차마 ~하다.

▷將: ~으로. ~을. ~를.

▷行雨: 巫山의 神女. 아침에는 구름 저녁에는 비가 된다 하며 楚 懷王이 꿈속에서 사랑을 나눴다 한다. 그래서 雲雨之情이란 말이 생겼다.

▹追風: 駿馬의 이름. 더 誇張된 것으로 追電이란 駿馬도 있다.

▹趁朝: 朝廷에 나감. 朝會에 참석함.

▹漏聲: 漏刻. 즉 물소리.

14. 〈馬詩〉 二十三首 其十四

香樸赭羅新, 盤龍蹙鐙鱗, 迴看南陌上, 誰道不逢春.

註

▸樸(복): 보자기. 평상시에는 이것으로 안장을 덮었다가 탈 때 벗긴다.

▸赭(자): 붉은 빛. 붉은 흙. ➪ 杜甫의 〈驄馬行〉에 "銀鞍却覆香羅帕. 白銀의 안장에 다시 향내 나는 비단 보를 덮었다."라 하였다.

▸盤: 서리다. 빙빙 돌다. 둘둘 감다.

▸蹙(축): 줄이다. 줄어들다. 縮小하다. 찡그리다. 오므리다. 凝縮하다. 壓縮하다.

▸鐙: 등자(鐙子). 발걸이. 말을 타고 앉아 두 발로 디디게 되어있는 물건. 안장에 달아 말의 양쪽 옆구리로 늘어뜨린다.

▸鱗: 비늘. 여기에서는 용의 비늘이 겹겹이 차곡차곡 덮인 모양을 말한다.

▸南陌: 남쪽의 길. 皇宮 앞의 길이다. 文武百官이 다니는 곳이다.

▸逢春: ① 春은 萬物이 生長하는 때. 欣欣向榮하는 때를 말한다. ② 逢時는 좋은 時運을 만난다는 뜻으로 쓰인다. ③ 따라서 逢春은 한창 좋은 때를 만나 繁榮하며 得意함을 말한다.

解說

〈馬詩〉 其十四

안장 덮은 보(樸), 향기롭고 붉은 새 비단인데, 등자의 겹겹이 덮인 비늘, 서린 용이 한껏 몸을 오므림이네. 대궐 앞 남쪽 大路에서 머리 돌려 보면서 거들먹거린다네. "그 누가 찬란한 봄날을 못 만났다고 말한다지, 어느 못난이가." 또 하나의 풀이. 대궐 앞 남쪽 대로에서 머리 돌려 보며 거드름 부리니 찬란한 봄을 못 만났다고 어찌 말하리!

15. 〈馬詩〉 二十三首 其十五

不從桓公獵, 何能伏虎威? 一朝溝隴出, 看取拂雲飛.

註

▶≪管子・小問≫: "桓公乘馬, 虎望見之而伏. 桓公問管仲曰: '今者寡人乘馬, 虎望見寡人而不敢行, 其故何也?' 管仲對曰: '意者君乘駮馬而洀桓, 迎日而馳乎?' 公曰: '然'. 管仲曰: '此駮象也. 駮食虎豹, 故虎疑焉.' 齊나라 桓公이 말을 타고 있는데 호랑이가 멀리서 보더니 엎드려 숨었다. 桓公이 管仲에게 ' 지금 과인이 말을 타고 있는데 호랑이가 멀리서 과인을 보고 감히 행동하지 못하니 그 까닭이 무엇이오?'하고 물었다. 管仲이 '아마 임금님이 얼룩말을 타시고 배회하시다 해를 향해 달리셨는지요.'하고 말하였다. 桓公이 '그렇소'하니 管仲이 '이 얼룩말은 박(駮)이라는 猛獸의 形象인데 박(駮)은 호랑이, 표범을 잡아먹으니 그래서 호랑이가 아리송하여 주저하였을 것입니다.' 하였다."

▷伏: 엎드리다. 숨다. 숨기다. 감추다. 隱居하다.

▷駮(박. bó): 同 駁字. ① 얼룩말. 말의 털이 얼룩덜룩하다. ② 전설에 나오는 猛獸. 호랑이, 표범을 잡아먹는다 함.

▷意者: 아마. 혹시. 대개.

▷洀: 盤의 옛글자. 盤桓: 머무르다. 배회하다.

▷迎日: 해를 향하다.

▷象: 形象. 狀貌. 類似.

▷疑: ① 遲疑 즉 주저하다, 망설이다. ② 迷惑. 惑亂. 혼란하다. 아리송하게 되다. 판단을 못하다.

▶伏虎: 호랑이를 屈伏하게 하다. 호랑이를 制壓하다.

▸溝隴: 논의 도랑과 밭의 두렁. 재주있으나 때를 못 만나 숨어있는 곳, 즉 草野를 말한다.

▸出: 벗어나다. 이탈하다.

▸看取의 取는 뜻이 없는 語助詞. 聽取하다는 말도 마찬가지다.

▸拂雲: 掠雲. 구름을 스치다. 아주 높은 곳에 이르렀다는 뜻.

解說

〈馬詩〉 其十五

齊나라 桓公의 사냥에 따라가지 않았다면 어떻게 호랑이를 엎드려 숨게 하는 威風이 可能했겠는가? 하루아침에 논도랑, 밭두렁을 벗어나면, 사람들이여 구름스치며 나는 駿馬를 볼 수 있으리라.

16. 〈馬詩〉 二十三首 其十六

唐劍斬隋公, 拳毛屬太宗. 莫嫌金甲重, 且去捉飄風.

註

▶唐劍: 隋・煬帝 末年 天下가 板蕩할 때 李世民이 父親인 唐公 李淵을 說得하여 擧兵함. 唐劍은 아마도 主動인 李世民의 將領의 劍을 나타낼 것이다.

▶隋公: 隋나라를 創業한 文帝 楊堅이 北周에서 臣下로 있을 때의 爵號가 隋公이었다. 여기에서는 拳毛騧의 본래 主人인 隋나라의 王公이라는 뜻으로 쓰였다.

▶拳毛騧: 唐太宗 李世民이 天下를 얻기 위하여 東征西伐할 때에 타던 여섯 駿馬의 하나. 隋末 群雄의 하나인 劉黑闥(유흑달) ― 李密의 裨將이었다가 李密이 敗한 뒤 王世充에게 갔고 漢東王이 되어 洺州를 都邑으로 정하였다. 秦王으로 있던 李世民에게 쫓겨 突厥로 도망갔다 ― 을 平定할 때에 이 拳毛騧를 탔다고 한다. 騧는 (과, 왜. guā)로 읽으며 입이 검은 황색말이다.

▶屬(속. shǔ): 歸屬. 隸屬.

➥ 王琦의 注에 이르기를 "拳毛騧는 必是 隋의 公侯가 타던 것인데 그 사람은 唐에 殺害되었고 그 말은 결국 太宗의 것이 되었다. 史實은 비록 散佚되어 考證할 수 없으나 詩語는 아주 분명하다." 하였다.

▶莫: ① ~하지 말라. ② ~ 하지 않다. 不과 같다.

▶嫌: ① 싫어하다. 꺼리다. 역겨워하다. ② 懷疑하다. 疑心하다.

▶金甲: ① 黃金으로 장식한 鎧甲, 즉 갑옷. ② 금속제의 갑옷. 鎧甲은 사람이나 말을 보호하기 위한 服裝이다. 金屬이나 皮革으로 만들었다.

▸捉風: 捉은 ① 잡다. 쥐다. ② 追擊하여 붙잡다. 흔히 駿馬의 이름으로 追風이 쓰이는데 같은 뜻이다.

▸飄風: 旋風, 羊角이라고도 한다. 회오리바람이다.

▸第3·4句는 두 가지 풀이가 가능하다. ① 황금빛 나는 쇠 갑옷이 무겁지 않나 하고 의심할 것 없으니 도리어 가서 회오리바람을 잡을 수 있다오. ② 황금빛 쇠 갑옷이 무겁다고 꺼리지 않으니 오히려 달려가 회오리바람을 붙들 수 있다오.

解說

〈馬詩〉其十六

唐나라 將領의 劍이 隋나라 王公을 베고 나니 그동안 才能을 發揮하지 못하던 拳毛騧가 참主人인 太宗에게 돌아갔다. 黃金빛 쇠 갑옷이 너무 무겁지 않나 의심들 하지 마시오. 오히려 달려가 회오리바람을 잡을 수 있다오.

17. 〈馬詩〉 二十三首 其十七

白鐵剉青禾, 碪間落細莎. 世人憐小頸, 金埒畏長牙.

註

▶白鐵: 작두의 흰 날.

▶剉(좌): 저미다. 잘게 썰다. 부구다. 꺾다.

▶青禾: 青苗. 푸른 볏모(禾苗). 장차 곡식알이 달릴 作物의 어린 싹.

▶碪(침): 砧. 다듬잇돌. 모탕. ➪ 모루: 鐵砧.

▶落: 떨어져 쌓이다.

▶莎(사): ① 莎草. 방동사니과에 속하는 多年草. 축축한 곳이나 물가 모래땅에 자란다. 잎은 가늘고 길며 질기고 광택이 있어 도롱이 만드는데 쓰였다. 땅속에 있는 덩이줄기(塊莖)는 香附子라 하여 약에 쓰인다. ② 잔디. ➪ 詩에서는 莎草의 뜻으로 쓰인 듯하나 지금 이해하기에는 細字가 있으므로 고운 잔디라 하면 쉽게 할 알 수 있을 듯하다.

▶憐: ① 아끼다. 사랑하다. 어여삐 여기다. ② 불쌍히 여기다. 동정하다.

▶小頸: ≪爾雅・釋畜≫: "小領, 盜驪." 領은 頸이니 목이다. 郭璞의 注에 盜驪는 良馬의 이름이다. 毛色은 옅은 黑色이며 목이 가늘다라 하였다. 穆天子의 八駿에 盜驪가 있다.

▶金埒: 埒(랄): 낮은 담. 낮은 담으로 둘러싸인 馬場. ≪世說新語・汰侈≫에 "王武子被責, 移第北邙下. 于時人多地貴, 濟好馬射, 買地作埒, 編錢匝地竟埒. 時人號曰: 金埒. 王濟가 譴責 免官된 뒤에 北邙山 아래로 移徙하였다. 당시 인구는 조밀(稠密)하고 땅은 귀하였다. 王濟는 騎馬하여 활쏘기를 좋아하니 땅을 사서 담을 쌓고 돈꿰미로 땅을 온통 두르고 담에 가득 걸어두었다. 당시 사람들이 돈 울타리 금

담장이라 불렀다."이라 하였다.

本詩에서는 王濟의 金埒로 잘알려진 馬場이라는 뜻으로 쓰였다. 앞에 나온 〈對雨書懷邀許主簿〉의 幕燕을 설명할 때 자세하게 例를 들었으니 참고하시라.

▷王武子: 王濟. 晉 武帝의 딸인 常山公主와 결혼하였다. 奢侈로 이름을 떨쳤다.

▷被責: 譴責免官됨.

▷馬射: 騎射. 騎馬하여 射箭함.

▷編錢: 돈을 줄로 꿴. 돈꿰미.

▷匝: 빙돌다. 두르다. 바퀴.

▷竟: 滿. 遍. 두루. 널리.

▶長牙: 王琦의 注에서 引用한 ≪齊民要術≫에 "相馬之法, 上齒欲鉤, 鉤則壽; 下齒欲鋸, 鋸則怒. 牙欲去齒一寸則四百里, 牙劍峯則千里. 말을 살피는 법에 의하면 윗니는 갈고리 같아야 하니 갈고리 같으면 오래 산다. 아랫니는 톱같아야 하니 톱같으면 기운이 强盛하다. 엄니는 上齒·下齒와 차이가 한 치—즉 한 치 정도 길다는 뜻—정도면 하루에 사백리 가고 엄니가 칼날·칼끝 같으면 천리를 간다."라 하였다.

王琦先生의 말씀: "長牙는 톱니 같은 엄니를 가진 잘 무는 말을 말한다. 무리 중에서 뛰어난 말은 굴레같은 속박에 굴복하지 않으며 낯선 사람이 다가가면 왕왕 차고 문다. 그러나 이것을 타면 敵陣을 공격·突破하여 특별한 공을 많이 세우는 것이다. 王孫·公子들이 金埒에서 서로 반대 방향으로 달려 씩씩함을 겨루는 따위 같은 것은 그저 멋진 구경거리일 뿐이다. 목이 가는 上等의 말은 사람들이 다투어 아끼고 사랑하나 긴 엄니로 잘 무는 놈은 비록 奇特하고 非凡하며 氣槪가 있을 지라도 두려워 선택하지 않는 것이다. 저 豪傑들도 재주가 너무 커서 사람들에게 쓰이지 않으며 시시한 재주 가진 자들은 성심을 다하니 任用되고 厚

祿을 받는다. 또한 이 말들과 무엇이 다르겠는가! 長牙者, 蓋謂馬之鋸牙善嚙者也. 逸群之馬, 多不伏羈絡, 生人近之, 往往踶嚙. 然乘之衝鋒突陣, 多有奇功. 若王孫公子分馳角壯于金埒之間, 只取觀美而已. 小頸細馬, 競加憐愛, 其長牙善嚙者, 雖有權奇倜儻之才, 亦畏而不取. 彼豪傑之士, 以材大而不爲人所用, 小材者悉心委使而得厚資焉. 亦何以異于此馬歟!

▷嚙(교): 씹다. 깨물다.

▷生人: 낯선 사람. 모르는 남.

▷踶(제): 차다. 밟다.

▷衝鋒: 敵의 前列과 맞부딪치다. 鋒은 무기의 날카로운 부분이외에 軍隊의 前列이라는 뜻도 있다. 따라서 衝鋒은 무기끼리 부딪친다도 되지만 보통 敵의 先鋒軍과 正面으로 衝突한다는 뜻으로 쓰인다.

▷突陣: 敵陣으로 突擊·突進함.

▷奇功: 남달리 특별하게 세운 공.

▷分馳: 반대 방향으로 달리다.

▷角: 겨루다. 다투다.

▷細馬: 좋은 말. 細에는 매끈하다. 上等이다의 뜻이 있다.

▷權奇: 權謀. 譎計. 奇策에 능함.

▷倜儻(척당): 뜻이 遠大하고 氣概가 있음.

▷悉心(실심): 盡心. 全心.

▷委使: 任用함.

解說

〈馬詩〉 其十七

시시한 꼴이나 여물은 안 된단다. 흰 작두날은 장차 알곡이 달릴 귀한 볏모를 잘게 써니 모탕 안에는 고운 잔디 같은 잎이 떨어져 쌓인다. 이 정도라야 사랑하는 말의 먹이가 된단다. 세상 사람들은 복가는 상등의 말을 아끼니 돈 울타리 안 馬場의 王孫·公子들도 긴 엄니의 잘 차고 잘 무는 억센 말은 두렵단다. 싫단다.

18. 〈馬詩〉 二十三首 其十八

伯樂向前看, 旋毛在腹間. 祇今掊白草, 何日驀青山.

註

▶回毛라고도 한다. 털이 한 곳을 중심으로 빙 돌아나서 소용돌이 모양으로 된 것을 말한다. 이것이 사람의 머리나 짐승의 대가리에 있으면 특별히 가마라고 부른다. ≪爾雅 · 釋畜≫에서 "回毛在膺, 宜乘. 回毛가 가슴에 있으면 宜乘이라 부른다."이라 하였다. "宜乘"은 글자 그대로 해석하면 "타기 좋다"가 되겠다. 郭璞의 注에서 "樊光云: '俗呼之官府馬. 伯樂相馬法, 旋毛在腹下如乳者, 千里馬.' ≪爾雅≫에 注를 단 後漢의 樊光이 말했다. '이것이 世稱 官府馬다. 伯樂의 相馬法에 의하면 旋毛가 배에 젖처럼 있는 것은 千里馬다.'"라 하였다. 그런데 ≪爾雅≫의 本文과 注에서 하나는 膺, 하나는 腹이라 하여 部位가 다르다. 사람의 경우 境界가 分明하지만 짐승은 그렇지 않아 表現에 融通性이 많은 듯하다. 너그럽게 봐 주어서 말이다.

▶祇今: 지금. 현재. 只今.

▶掊(부): ① 減少하다. 털어내다. ② 苛斂誅求하다. 收奪하다. ③ 떼어내다.

▶白草: 牧草. 가을에 제대로 마르면 白色을 띠므로 이렇게 부른다. ≪漢書 · 西域傳≫의 顔師古注에 "白草似莠而細, 無芒, 其乾熟時正白色, 牛馬所嗜也. 白草는 강아지풀과 비슷하나 더 가늘고 가시랭이가 없으며 제대로 잘 말랐을 때 바야흐로 白色이 된다. 소 말이 좋아하는 것이다."라 하였다.

▶驀(맥): ① (산 따위를) 넘다. 통과하다. 지나가다. ② 跳躍하다. ③ 말

타다. 王鍈의 ≪詩詞曲語辭集釋≫에 의하면 李賀 詩 속에서 쓰인 驀은 唐代의 口語詞로 敦煌變文의 用例가 證據가 되니 〈伍子胥變文〉에서 "今日登山驀嶺. 오늘 산에 오르고 령을 넘는다."라 하였다 함.

▶王琦先生의 말씀에 "世人들은 凡常한 말로 간주했으나 伯樂은 旋毛를 보고 千里馬인 줄 알았다. 그런데 꼴·여물이 부족하면 말의 筋力 또한 充實하지 못한 법. 지금 먹이를 떼어먹으니 언제나 배가 곯아 있다. 이래서야 언제 氣力을 養成하여 산을 넘고 영을 달려 그 駿足을 과시하겠는가. 後의 두 句는 伯樂이 탄식하는 말로 보아야 제대로 이해한 것이다."라 하였다.

解說

〈馬詩〉 其十八

세상 사람들은 다 平凡한 말이라 여겼으나 伯樂이 앞으로 나가 보니 腹部 中間에 旋毛가 뚜렷하다. 千里馬로다. 그러나 지금 白草를 떼어먹고 가로채 배 곯리니, 어느 때 어느 날일런가. 靑山을 뛰어 넘는 것이? 쯧쯧!

19. 〈馬詩〉 二十三首 其十九

蕭寺馱經馬, 元從竺國來. 空知有善相, 不解走章臺.

註

▸蕭寺: 唐・李肇의 ≪唐國史補≫ 卷中에서 “梁・武帝가 寺刹을 創建하고 蕭子雲으로 하여금 皇室의 姓인 蕭字를 飛白體로 크게 쓰게 하였는데 지금까지 蕭字가 存在한다. 梁武帝造寺, 令蕭子雲飛白大書蕭字, 至今一蕭字存焉.”이라 하였다. 後世에는 이 때문에 佛寺를 蕭寺라고도 하였다.

▸馱(타. tuó): 짐승이 짐을 싣다. (태. duò): 짐을 실은 짐승. 짐승이 실은 짐.

▸馱經: 王琦의 注에서 引用한 ≪魏書・釋老志≫에 의하면 “後漢의 明帝가 金人을 꿈에서 보았는데 정수리에서 흰 광채가 나며 궁전의 뜰을 날아다녔다. 이에 여러 臣下들에게 물으니 傅毅가 처음으로 부처라고 아뢨다. 임금이 郎中인 蔡愔과 博士弟子인 秦景등을 天竺으로 보내니 부처의 遺像을 模寫하고 佛經 四十二章과 釋迦의 立像을 얻었다. 蔡愔의 歸還에 白馬가 佛經을 싣고 漢나라로 왔으므로 洛陽의 雍門 서쪽에 白馬寺를 세웠다. 後漢孝明帝夜夢金人, 頂有白光, 飛行殿庭, 乃訪群臣, 傅毅始以佛對. 帝遣郎中蔡愔・博士弟子秦景等使於天竺, 寫浮屠遺範, 得佛經四十二章, 及釋迦立像. 愔之還也, 以白馬負經而至漢, 因立白馬寺於洛城雍門西.

▹訪: 물어보다. 의론하다. 상의 하다.

▹博士弟子: 博士가 教授하는 學生. 漢・武帝는 博士官을 두고 弟子五十人을 가르치게 하였다.

▷寫: 模寫. 繪畫.

▷浮屠: 浮圖. ① 부처. 佛陀. ② 佛塔. ③ 和尙. ④ 佛敎.

▷遺範: ① 遺像. ② 前人이 남긴 본받을만한 法度・規範・標準."

➥ 이 白馬寺는 河南省 洛陽 東郊에 있으며 後漢 明帝 永平 11年에 創建되었다. 中國의 最初 佛敎寺院이 된다.

▶竺國: 天竺. 예전에는 Sindhu라 하였다. ≪史記≫, ≪漢書≫에서는 身毒(견독)이라 하였으나 그 후의 모든 史書는 天竺이라 하였고 唐時에는 婆羅門이라고도 하였다. 印度를 말한다.

▶空: ① 헛되이. 쓸데없이. 공연히. ② 그저. 다만. 王鍈의 ≪詩詞曲語辭例釋≫ 참조.

▶善相: 相貌가 溫和하고 善良함을 말한다. 그러나 佛敎에 立脚하여 풀이하면 약간 다르게 된다. 葉葱奇先生은 南朝・梁・簡文帝의 〈大愛敬寺刹下銘〉의 "儼如常住, 妙相常存. 端正함이 항상 머물고 莊嚴함이 언제나 있도다.

▷儼如: 端莊한 모습.

▷妙相: 莊嚴한 모습."과 ≪楞嚴經≫의 "於我法中, 見何勝相. 우리 佛法속에서 어떤 훌륭하고 뛰어난 모습을 보았는가."의 妙相・勝相이 바로 善相으로 佛法을 가리킨다 하였다.

▶解: ① 이해하다. 알다. ② ~할 줄 안다. ~할 능력이 있다.

▶章臺: 漢代 長安의 거리 이름. 漢代 長安은 北에서 南으로 章臺街를 곧게 뚫었으며 이것을 中心으로 東에 長樂宮, 京兆府, 東市, 西에 未央宮, 北宮, 桂宮, 丞相府, 武庫, 長信宮, 扶風府, 西市가 자리 잡았다. 가장 中心이 되고 繁華한 거리다.

▶3・4句는 解釋이 紛紜하고 多岐하다. 于先 王琦어른의 가르침인즉 "此詩似爲番僧之才俊者而作. 이 詩는 西域의 僧侶, 그러니까 라마승(喇嘛僧)의 재능이 뛰어난 사람을 위하여 쓴 듯하다."이라 하였다. 이렇게 되

면 해석이 좀 야릇해진다. 라마승은 헛되이 佛法의 莊嚴만을 알 뿐 世上의 利害得失을 모르니 말하자면 죽은 공부일 뿐이라는 뜻이 가능해진다. 좋게 풀이하면 오직 佛法에만 관심이 있을 뿐 異國의 殷盛한 文物, 繁華하고 奢侈스런 逸樂은 吾不關焉이라는 것도 된다. 다음으로 葉葱奇先生의 高見인즉 佛經을 싣고 온 말은 원래 佛國에서 왔는데 애오라지 淸淨 慈悲의 妙相만 알뿐 塵濁한 勢利의 길을 달릴 줄 모른다는 것이다. 이것은 資質이 淸高한 人物의 思想이 超逸하여 鑽營 — 권세에 빌붙어 이익을 꾀함 — 이나 奔競 — 獵官運動 — 을 좋아하지 않음을 比喩함이니 바로 陶潛의 "少無適俗韻, 性本愛邱山. 어려서부터 俗世에 맞추려는 趣向이 없었고 본성은 산을 좋아하였다."이라는 뜻이 된다 하였다.

슬기롭지 못하나 끈기하나는 뛰어난 우리의 생각으로는 이 〈馬詩〉는 대체로 詩人의 자己의 生不逢時, 懷才不遇를 말에 빗대어 쓴 것이므로 여기에 따른다면 다음의 풀이가 가능하다고 본다. 이 말이 佛經을 싣고 온 것은 사람들이 決定한 것이지 말이 自願한 것은 아니다. 勿論 佛敎에 따르면 前生에 善業을 쌓고 因緣이 닿아 그렇게 큰일을 한 것도 된다. 그러나 뛰어난 이 말의 本心이 무엇인지는 따지지 않고 佛心이 가득할 것이며 佛法을 받들고 있을 것이라고 斷定지을 수는 없을 것이다. 말이 속으로 좀 섭하게 여길지 누가 알겠는가? 따라서 우리식으로 풀어 "世人들은 그저 말이 善相 즉 莊嚴한 佛道·佛法을 가졌다고만 알 뿐, 立身揚名과 濟世救民할 수 있는 長安이라 大서울의 中心街를 달리게 할 줄은 모르는구나!"도 틀린 말은 아닐 것이다. 李賀는 世人이 自己를 뛰어난 詩人으로만 상대할 뿐, 세상을 經營할 人才로 알아주지 않는 것을 이렇게 표현했다고 할 수도 있지 않겠는가? 참고하시라.

解說

〈馬詩〉 其十九

梁나라 皇室 蕭氏가 尊崇한 佛寺라 하여 蕭寺라 불리는 寺院은 원래 漢나라 明帝때 白馬가 佛經을 싣고 와 처음 세운 것이다. 그 때 經을 싣고 온 말은 天竺國에서 온 것이다. 佛敎徒들의 말씀: 그 말은 애오라지 善相만을 알 뿐 章臺街를 달릴 줄 모른다오. 다른 분들의 말씀: 공연히 말이 善相을 가졌다고 알 뿐 章臺街를 달리게 할 줄은 모르는군. 말의 속을 어떻게 아나!

20. 〈馬詩〉 二十三首 其二十

重圍如燕尾, 寶劍似魚腸. 欲求千里脚, 先采眼中光.

註

▸重圍: 王琦의 注에 의하면 圍는 腰圍로 즉 腰帶를 가리킨다 하였다. 허리띠란 말이다. 그리고 重圍는 雙層腰帶를 말하는 것 같다 하였다. 즉 이중의 허리띠, 겹으로 된 허리띠라는 것이다. 葉葱奇의 注는 허리를 두른 玉帶를 말함이며 重圍는 두겹으로 두른 허리띠라 하였다.(指雙重圍的繞腰帶)

▸燕尾: 王琦의 注에 의하면 허리를 두루고 남은 것 한 쌍이 밑으로 드리운 것이 마치 제비꼬리 같다는 말이라 하였다. 葉葱奇의 注는 밑으로 드리운 띠의 끝부분이라 하였다.

▸第1句는 해석이 아주 어렵고 까다로운데 첫째 이중의 허리띠라는 것이 문제다. 띠자체가 포개진 겹으로 된 것이라는 말인지 하나의 띠의 위나 아래에 또 다른 띠를 둘렀다는 것인지 알기가 어렵다. 우선 玉帶의 경우에는 떴다 봐라가 아니고 둘렀다 봐라가 되겠는데 포갠다면 밑에 있는 玉은 보이지 않으니 하나마나라 결국 위 아래로 두 개의 玉帶를 둘렀다는 말이 되겠다. 帝王들의 肖像은 華麗·莊嚴의 極이라 하겠는데 눈씼고 보아도 그런 例는 보지를 못했다. 犀角帶도 마찬가지일 것이다. 다음으로 革帶의 경우 상당히 두툼하고 빳빳한데 거기에 또 다시 덧붙인다면 거의 木材水準이라 몸에 두르기가 꽤 어려울 것이다. 그렇다고 革帶를 위 아래로 두개 둘렀다는 것도 우리같은 아둔한 머리로는 이해도 납득도 가지를 않는다. 여기에서 重字의 다른 해석도 가능하다. 1句와 2句는 분명히 짝을 맞춰서 쓴 對句다. 그렇다면 重이 寶와 어울리자

면 "重貴한", "高價의"라는 뜻이 더 妥當할 것이다. 그리고 또 다른 풀이로는 寶劍이라는 말이 劍을 근사하게 부르는 말이듯이 重圍 또한 그냥 멋있게 貴重한, 값비싼 허리띠 하고 불렀는지도 모른다는 것이다. 둘째 燕尾의 문제다. 띠의 남은 부분이 밑으로 드리웠다는 말이라고 王·葉 두 先生이 풀었다. 그러나 玉帶·犀角帶·革帶 모두 밑으로 처지기는 대단히 어렵게 되어있다. 玉帶·犀角帶는 實用이 아니고 誇示 내지 禮裝用으로 묶거나 매거나 할 필요없이 그냥 둘렀던 것이며 革帶는 管仲이 小白—後日의 齊·桓公—을 射殺하려다 잘못 맞춰 幸運의 象徵이 된 帶鉤 즉 버클(buckle)을 갖췄고 여러 구멍을 뚫어 느슨하게 하거나 조일 때 썼다. 南朝·梁·沈約의 〈與徐勉書〉에 "百日數旬, 革帶常應移孔. 일백하고도 수십 일간 야위고 마르니 革帶는 항상 구멍을 바꿔야 했습니다."라 하였으니 지금 우리가 쓰는 革帶와 비슷하다고 할 수 있겠으며 그 自體를 가지고 조이거나 매거나 하지는 않았으니 밑으로 드리울 것 또한 없었을 것이다. 그렇다면 織物을 길게 오려 만든 띠가 매거나 조이면 남아서 밑으로 드리우는 부분이 여덟 八字 콧수염 같은 모양이 될 것이니 바로 제비꼬리와 비슷하게 되겠다. 문제는 雨田선생님께서 하신 말씀—근거는 설명하지 않으셨다—貴賤上下의 區別없이 男子는 가죽 띠 女子는 비단이나 베 따위의 織物띠가 常例라는 것이다. 勿論 《列子》에 나오는 榮啓期같은 隱者는 새끼로 띠를 삼고도 欣欣自得·悠悠自適했다지만 이는 稀有요 例外니 말 할거리가 못 되겠다. 그래서 窮理한 끝에 나온 것이 가죽은 가죽이로되 무두질한 가죽, 다룬 가죽은 나긋나긋하고 보들보들하기가 명주고름 맞잡이라 이것으로 띠를 삼으면 능히 잡아 묶거나 매어 밑으로 八字, 콧수염 형태로 드리워질 것이 아닌가 하는 것이었다. 상당히 그럴듯한데 어디까지나 想像·推測이지 무슨 證憑될 資料가 不足이 아니라 全無한 점이 참으로 可惜이요 可嘆할 일이다. 그러면 어떻게 할 것인가? 억지를 한번 써보면—억지가 사촌보다 낫다는 말이 있긴 하다—第2句의 寶와 魚腸에 짝을 맞추자니 第1句에 不得已 重과 燕尾를 짜 맞추었다고 보는 것이다. 外形上 對句를 이루되 內容은 아니라는 말씀이다. 즉 第1句의 본뜻은 "허리띠 묶은 것이 제비처럼 날씬 날렵 세련되었다"는 것으로 띠 자체도 산뜻하지만 묶은 허리도 제비처럼 매끈하고 맵시 있다는 것이다. 다만 外形上 對句를 만들기 위해 燕에 尾를 붙여 魚의 腸과 한 팀을 이루어준 것이다 하고 풀어 보는 것이다. 中國의 詩人들은 對句에 무한 신경을 쓰고 문제 삼고 따지니 가끔 無理를 범하는데 作詩의 어려움을 彼此 아는지라 諒解하고 넘어가는 것이 慣例다. 아둔하고 우둔하고 멍청한 우리는 더 以上알아낼 수 없으니 야무지고 영리하고 똑똑한 江湖諸賢들의 進一步한 아니 進千步 進萬步한 見解를 기다린다.

▸寶劍: 원래는 아주 날카롭고 稀有·珍奇한 칼을 가리켰으나 後世에는 그저 칼의 美稱이 되고 말았다. 參考로 말하면 玉劍은 玉으로 만든 칼이 아니고 玉具劍의 略稱인데 칼코등이에 玉裝飾이 있으며 칼집에 各種 紋樣의 玉을 象嵌한 대단히 高價의 實用이 아닌 禮裝用의 칼을 말한다.

▸魚腸: 王琦의 注에서 ≪吳越春秋≫를 引用하였는데 "吳王이 越나라에서 올린 寶劍 세 자루를 받았는데 그 중 하나가 魚腸이다."라 하였으니 魚腸은 칼의 이름이다. 또한 高誘의 〈淮南子注〉를 引用하였는데 "魚腸이란 칼은 무늬의 구불구불함이 魚腸 즉 물고기 창자 같은 것으로 良劍이다."라 하였으니 칼의 무늬가 생선 배알 같아서 그렇게 불렀다는 것이다. 그렇다면 생선 밸은 어떠한 모양인가? ≪爾雅·釋魚≫에 "魚枕謂之丁, 魚腸謂之乙, 魚尾謂之丙. 물고기 머리뼈 같은 글자는 丁—甲骨文에서는 네모, 金文에서는 세모임.—이고, 물고기 창자 같은 글자는 乙—甲骨文·金文 모두 乙字를 아래 위로 당겨놓은 모습, 즉 지그재그(zigzag) 모양—이고, 물고기 꼬리 같은 글자는 丙—甲骨文·金文

모두 톱니모양, 제비꼬리 모양임 — 이다."이라 하였다. 따라서 魚腸이란 良劍에는 지그재그 무늬가 있다는 말이 되겠다.

➥ 以上 두 句는 王琦先生이나 葉葱奇 어른이나 다 비슷하게 풀이하셨다. 우리의 경우 重圍와 燕尾의 해석에 큰 애를 먹고 있으나 내용은 뻔하다. 간단히 말해, 물론 복잡하게 말해도 허리띠 단단히 매고 즉 단정·엄숙하게 차려입고 손에는 잘 드는 칼을 들고 雄志를 펴고 큰일을 한판 벌이겠다는 것이다. 그러자면 꼭 필요한 것이 있는데 바로 3·4句가 그 답이 되겠다.

▸欲: 원하다. ~하려고 하다는 것 이외에 만약에라는 뜻으로도 쓰인다. 王鍈 ≪詩詞曲語辭例釋≫.

▸千里脚: 千里足. 하루에 천리를 뛰는 다리·발이니 바로 千里馬로 千里駒·千里驥라고도 한다. ≪韓詩外傳≫ 卷七에서 "使驥不得伯樂, 安得千里之足, 造父亦無千里之手矣. 가령 駿馬라 해도 伯樂을 만나지 못했다면 어찌 하루 천리의 발걸음이 可能했겠는가? 穆天子의 뛰어난 마부였던 조보(造父) 또한 하루에 천리 달리는 손재간을 부릴 수 없었으리라."라 하였다.

▹使: 假使. 設使. 設令.

▹不得의 得은 만남. 맞이하다임.

▹安得의 得은 可能하다, 할 수 있다임.

▹足: 차다. 밟다. 발길, 발걸음.

▹手: 기량. 재능. 수완. 손재간. 손재주.

▸采: ① 선택하다. 고르다. ② 따다. 캐내다. ③ 수집하다. 채집하다. ④ 彩色. 光彩.

▸眼中光: 王琦의 注에서 ≪齊民要術≫을 引用하였는데 다음과 같다. "馬目欲大而光. 目中五采盡具, 五百里, 壽九十年, 良. 多赤 血氣也, 駑. 多青, 肝氣也, 走. 多黃, 腸氣也, 材智. 多白, 骨氣也, 材. 多黑, 腎

氣也, 駑. 말의 눈은 크고 광채가 나야한다. 눈 속에 青·黄·赤·白·黑의 다섯 가지 색을 모두 갖추면 하루에 오백 리를 가고 구십년을 사니 훌륭한 말이다. 赤色이 많으면 血의 기운이 강하니 굼뜨고 둔한 말이다. 青色이 많으면 肝의 기운이 강하니 잘 달리는 좋은 말이다. 黄色이 많으면 腸의 기운이 강하니 才能도 있고 똘똘한 말이다. 白色이 많으면 骨의 기운이 강하니 才能있는 쓸만한 말이다. 黑色이 많으면 腎의 기운이 강하니 굼뜨고 둔한 말이다."

解說

〈馬詩〉其二十

重價의 허리띠는 燕尾와 같고, 보배로운 칼은 魚腸과 비슷하다. 이제 세상에 나가 活躍한 것인데 여기에 보태 千里馬를 구해야 하니 먼저 말 눈 속의 색을 따져서 골라야 하리라.

21. 〈馬詩〉 二十三首 其二十一

暫繫騰黃馬, 仙人上綵樓. 須鞭玉勒吏, 何事謫高州.

註

▸騰黃: 神馬의 이름. 葉葱奇의 注에서 〈瑞應圖〉를 引用하였다. "王者順時而制事, 因時而順道, 則來騰黃. 騰黃者, 神馬也, 其色黃, 王者德御四方則至, 一名吉光, 乘之壽三千歲, 此馬無死時. 王者가 時宜에 맞춰 政治·軍事를 處理하며 時勢를 좇고 道義·規律을 따르면 騰黃이 온다. 騰黃은 神馬로 그 빛은 누른데 王者가 德으로 天下 四方을 統治하면 오는데 吉光이라고도 하며 이것을 타면 삼천 살을 사는데 이 말은 죽는 때가 없다." ≪漢語大詞典≫에서는 ≪初學記≫에서 引用한 〈符瑞圖〉를 記載하였다. "騰黃者, 神馬也. 其色黃, 一名乘黃, 亦曰飛黃, 或作古黃, 或曰翠黃, 一名紫黃. 其狀如狐, 背上有兩角. 騰黃은 神馬로 그 빛은 누른데 일명 乘黃이고 또한 飛黃이라고 하며 혹은 古黃이라고도 하고 혹은 翠黃이라고도 하며 일명 紫黃이라고도 한다. 여우같은 모습인데 등에 두개의 뿔이 있다." 신문·잡지·라디오·텔레비전·영화가 없던 시절, 저녁은 든든히 먹었겠다 밤은 길고 긴데 할 일이 무엇 있겠는가. 上記의 헛소리를 하며 시간을 죽이는 수밖에. 勿論 돈 없는 知識人의 경우다. 金錢的 여유가 있으면 이야기는 달라진다.

▸綵樓: 彩色비단으로 두른 假建物·簡易樓臺. 名節이나 慶事가 있을 때 이것을 만들어 썼다.

▸須鞭: ① 王琦의 해석을 따르면 須는 모름지기, 반드시의 뜻이며 鞭은 鞭刑, 笞刑, 즉 매질하는 형벌의 뜻으로 쓰였다는 것이다. ② 葉葱奇의 해석에 의하면 須는 等待하다, 즉 기다리다의 뜻이며 待鞭은 채찍을 가

지고 기다리다는 뜻이란다.

▶鞭: 鞭刑, 笞刑, 즉 죄인을 매로 다스리는 것인데 옛날에 매질은 가벼운 벌이었다.

▶玉勒吏: 玉勒은 구슬꿰미로 만든 말굴레다. 玉勒吏는 구슬꿰미 말굴레를 담당하는 官吏라는 뜻이니 馬夫를 아주 귀티 나고 어렵게 쓴 것이다.

▶何事: ① 무슨 일. ② 어째서. 무슨 까닭에.

▶謫: ① 귀양가다. 좌천되다. ② 處罰하다. 懲罰하다.

▶高州: 지명. 唐代에 高涼郡이라고도 하였으며 嶺南道에 속하였으니 지금의 廣東省이 되겠다. 그곳은 장려(瘴癘)—아열대의 濕地帶에서 발생하는 악성의 말라리아 같은 전염병인데 옛날에는 瘴氣가 이병의 原因이 된다고 여겼다.—가 심하여 귀양 보내는 땅으로 모진 執權者에게 選好되었다 한다.

➥ 3·4句는 王琦의 해석에 의하면 당시의 正直한 관리로 時任宰相을 거슬러 高州로 내쳐진 사람이 있어 李賀가 가슴 아파 말을 빌려 비유한 것이란다. 대저 騰黃같은 말은 쉽게 얻을 수 없는 것인데 지금 잠시 매두고 쓰지 않음은 仙人이 綵樓에 있어 탈 일이 없는 까닭인데 玉勒吏란 녀석이 平時이 잘 길러 힘껏 달릴 때를 대비할 생각을 하지 않고 도리어 먼 곳 瘴癘의 땅으로 내버렸으니 큰 過失이라는 것이다. 李賀는 겨우 매질하는 가벼운 형벌로 判決함 또한 너무 寬大하게 法을 썼다고 함께 나무랐다.

葉葱奇先生의 풀이는 조금 다르다. 지금 잠시 말을 안탄다고 채찍잡고 말 다루는 마부를 어떻게 먼 곳으로 귀양 보냈냐는 것이다. 즉 천하가 잠시 평안하다고 國家라는 神馬의 수레를 모는 마부 같은 重臣을 그렇게 가볍게 버릴 수는 없다는 비유라는 것이다. 王先生이나 葉先生이나 大略은 비슷한데 詩題가 〈馬詩〉니 馬가 主人公되는 것이 妥當하지 않나 생각도 할 수는 있겠으나 馬에게 "謫"字를 使用함이 조금 어색한 듯하다.

解說

〈馬詩〉 其二十一

잠시 騰黃이란 神馬를 매어두고, 仙人은 잔치에 참석하려 綵樓에 올라갔다. 다시는 이 神馬를 탈 일이 없다고 여겼나 보다. 채찍 들고 대기하던 구슬꿰미 말굴레 담당의 馬夫를 어째서 저 먼 嶺南 高州로 내쳤단 말인가.

22. 〈馬詩〉 二十三首 其二十二

汗血到王家, 隨鑾撼玉珂. 少君騎海上, 人見是青騾.

註

▸汗血: 汗血馬. 피땀 흘리는 준마. 앞에서 이미 소개하였다.

▸鸞: 鑾(란. luán)字와 通한다. 鑾輿, 鑾駕는 임금의 수레를 말하는데 鑾이라는 방울을 달아서 그렇게 부른다고 한다. 간단히 설명하면 鸞새의 소리를 내는 방울을 鑾이라 부르는데 이 방울을 天子가 타는 수레나 그것을 끄는 말에 매달았으므로 다시 轉換되어 天子의 수레라는 뜻으로 쓰인 것이란다. 옛날부터 漢字는 "音이 같으면 뜻이 通한다"하였는데 이것도 그러한 例의 하나일 것이다. 갖다 붙이는 데는 名手들이다.

▸撼(감): 흔들다. 흔들리다. 요동하다. 요동시키다.

▸玉珂: 珂(가. kē)는 흰 빛의 옥돌, 흰 빛의 마노(瑪瑙), 큰 조개껍질인데 보통 玉珂로 쓰이며 말굴레에 다는 이 옥이나 조개껍질은 흔들리면 소리가 나므로 "鳴玉珂", "撼玉珂"라 표현한다. 高官・貴人의 경우에 이것을 썼으므로 그들의 행차를 우아하게 나타낼 때 흔히 鳴玉珂・撼玉珂라 하였다.

▸少君: 漢武帝 때의 方士인 李少君. 齊人인 少翁, 欒大와 함께 武帝에게 詐欺를 친 人物로 ≪史記・孝武本紀≫에 나온다. 그는 司竈(竈王神을 모심, 즉 부뚜막 귀신을 섬김)・穀道(辟穀함). 卻老方(老衰를 退却시키는 秘方)으로 武帝를 眩惑시켰다. 그의 말에 의하면 부뚜막 신을 섬기면 精靈을 부릴 수 있고 精靈을 부리면 丹砂를 黃金으로 바꿀 수 있으며 그 黃金으로 먹고 마시는 그릇을 만들면 長壽할 수 있으며 長壽하면 바다 속 蓬萊山의 仙人을 만날 수 있으며 그런 뒤에 封禪을 행하

면 不死하니 옛날의 黃帝가 바로 그 證左라 하였다.(司竈則致物, 致物則丹沙可化爲黃金, 黃金成以爲飮食器則益壽, 益壽而海中蓬萊僊者可見, 見之以封禪則不死, 黃帝是也.……) 그후 李少君은 病死하였는데 임금은 그가 神仙이 되어 하늘로 올라 간 것이지 죽은 것은 아니라고 여겼다. 뻔한 詐欺인데도 世上에는 그들의 奇異한 行跡이 그럴듯하게 포장되어 流傳되었다. 王琦의 注에서 引用한 ≪神仙別傳≫에 의하면 그의 死後 百餘日에 少君이 河東의 蒲坂에서 청노새 탄 것을 본 사람이 있었다 한다. 임금이 듣고서 그의 棺을 열게 하니 아무 것도 없었다 한다. 李賀는 李少君의 나쁜 행실은 다 제쳐두고 無妻子, 塵世를 벗어남, 功名·富貴를 헌 신짝 버리듯 하는 道士의 模範·標準으로 썼다. 그러니까 世人이 아는 有名한 道士를 選擇하자니 그가 뽑힌 것뿐이다.

▸靑騾(청라): 검은 노새.

解說

〈馬詩〉 其二十二

汗血馬가 帝王家에 와서 임금님의 수레인 鑾輿를 따를 때 玉珂는 흔들려 소리 내니, 좋구나! 모두들 千里駿馬라고 입을 모아 칭찬한다. 그러나 俗世의 富貴榮華 다 버린 道士 李少君이 이것을 타고 바닷가를 가면 세상 사람들 눈에 보이는 것은 청노새 한 마리일 뿐이다.

➥ 긴 설명이 필요 없으리라. 때를 만나고 主人을 만나면 人傑이 되지만 그렇지 못하면 庸才로 치부되고 만다. 本質은 변함이 없건만 처한 位置, 環境에 따라 評價는 天壤之差가 되고 마는 것이다.

23. 〈馬詩〉 二十三首 其二十三

武帝愛神仙, 燒金得紫煙. 廐中皆肉馬, 不解上青天.

註

▶愛神仙: 愛는 좋아하다. 마음에 두다. 호감을 가지다. 葉葱奇 注에서 引用한 ≪漢武內傳≫에서 武帝는 “好神仙之道”라 하였다. 즉 神仙과 관련된 神秘하고 奇異한 일과 神仙될 수 있는 方術을 아주 좋아하여 迷惑되었다는 것이다.

▶燒金: 王琦 · 葉葱奇 두 분 모두 丹砂로 黃金만드는 것이라 하였다. 앞의 二十二 注 “少君”에서 引用한 ≪史記 · 孝武本紀≫에서도 丹砂로 黃金을 만들고 그것으로 먹고 마시는 그릇을 만들면 장수한다 하였다. 그렇다면 여기에서 黃金을 만든다는 것은 財富가 目的이 아니고 長壽 내지 神仙됨이 목표라 하겠다. 그리고 第1句의 愛神仙과도 어긋나지 않으니 틀림은 없을 것이다. 다만 너무 에돌아 말하는 것 같다. 그냥 燒金은 燒丹의 뜻이니 즉 金丹을 굽는 것이다 하면 아주 간단히 풀리게 되는데 굳이 어렵게 말할 필요는 없다고 본다. 그리고 神仙과 金丹이 神仙과 黃金보다 보기에도 더 잘 어울리지 않는가?

▶肉馬: 平凡한 말. 王琦는 “不可乘之以上青天. 타고 하늘에 오르지 못한다”이라 하였다. 우리말에도 쓸모없는 사람을 가리킬 때 “고깃덩어리”라 하였고 ≪三國演義≫에서 禰衡이 曹操의 謀士와 將帥를 하나하나 빈정거린 뒤 나머지 手下를 싸잡아 욕하는데 “衣架 · 飯囊 · 酒桶 · 肉袋. 옷걸이 · 밥통 · 술독 · 고깃자루, 즉 소시지(sausage)”라 하였다. 肉은 말하자면 精神 · 魂魄이 빠진 나머지를 말함이다. 後世에는 아예 走肉行尸라고 험악하게 욕을 하기도 하였다. 우리식으로 말하면 산송장이

되겠다. 또한 이 말은 ≪漢書·張騫傳≫의 "初, 天子發書 ≪易≫, 曰: '神馬當從西北來'. 得烏孫馬, 好. 名曰天馬. 及得宛汗血馬益壯, 更名烏孫馬曰西極馬, 宛馬曰天馬云. 이전에 天子 즉 武帝가 ≪周易≫의 卦를 뒤적이니 거기에서 神馬가 반드시 西北에서 올 것이다라 하였다. 烏孫의 말을 얻었는데 좋은지라 天馬라고 불렀다. 大宛의 汗血馬를 얻고 보니 더욱 훌륭한지라 烏孫馬를 西極馬로 바꿔 부르고 大宛馬를 天馬라 하였다."를 비꼬아 쓴 듯하다. 神馬·天馬를 얻었다더니 青天에 오를 줄 모르는데 무슨 神이며 天이란 말인가? 그저 고깃덩어리에 불과할 뿐이다 하고.

▸解: 할 줄 알다.

➥ 王琦는 이 詩가 憲宗이 神仙을 좋아하고 方士의 말을 믿는 것 때문에 지어진 듯하다 하였으며 葉葱奇先生은 人君이 진심으로 治世를 追求하지만 제대로 된 人才를 重用하지 못하니 모든 것이 空論이요 徒勞일 뿐이라는 것으로 풀이하였다.

解說

〈馬詩〉 其二十三

漢武帝. 미련하게 神仙에 미련을 두고 애착을 가져 金丹을 굽는다더니 얻은 것은 한 줄기 보랏빛 연기였다. 神馬·天馬·汗血馬 구한다고 야단을 부리더니 마구간의 말들은 죄다 고깃덩어리에 불과할 뿐, 저 푸른 하늘로 날라오를 줄 모르는 平凡한 녀석들이었다.

＊ 總評

王琦先生의 말씀을 적어보겠다.

"馬詩二十三首, 俱是借題抒意, 或美, 或譏, 或悲, 或惜, 大抵于當時所聞見之中各有所比. 言馬也, 而意初不在馬矣. 又每首之中皆有不經人道語. 人皆以賀詩爲怪, 獨朱子以賀詩爲巧. 讀此數章, 知朱子論詩眞有卓見.”

〈馬詩〉 스물세 首는 모두 말을 핑계삼아 자기의 속마음을 털어놓은 것으로 기리기도 하고 빈정거리기도 하고 슬퍼하기도 하며 안타까워하기도 했는데 대체로 당시에 보고 들은 것 중에서 각각 빗댄 바가 있는 것이다. 말(馬)을 말(言)했지만 그 意圖함은 本來 그리고 始終 말(馬)에 있지 않았으며 또한 한 首 한 首 속에는 모두 인간세상의 規範이나 法度·理致에 닿지 않는 말이 들어있다. 사람들은 모두 李賀의 詩를 怪異함, 怪常함으로 치부하였는데 다만 朱子는 李賀의 詩를 工巧하다 하였다. 이 여러 首의 詩를 읽으니 朱子의 詩를 論함에 卓見이 있다는 것을 알게 되었다.

▷借題: 핑계삼다. 구실삼다.

▷抒意: 흉금을 털어놓다. 생각을 말하다.

▷初: 本來. 始終.

▷不經: 正常的인 法度·理致에 닿지 않음.

▷人道: 人倫. 사람이 따라야 할 道德·規範.

曹唐의 馬詩

다음으로는 晚唐의 曹唐이 지은 〈病馬五首呈鄭校書章三・吳十五先輩〉를 紹介하겠다. 曹唐은 字가 堯賓이며 桂州사람이다. 生卒年은 모두 분명하지 않으나 宣宗・懿宗 때 사람인 것은 확실하다. 처음에는 道士가 되었는데 詩文에 能하였다. 宣宗의 大中(AD 847~859)年間에 科擧를 보았으나 失敗하였고 懿宗의 咸通(AD860~873)年間에 從事노릇을 하였다. 그는 羅隱과 同時代人物로 함께 詩作에 관해 討論하였는데 羅隱이 그의 〈仙子洞中有懷劉阮. 仙女가 洞天 안에서 俗世가 그리워 神仙의 洞天을 떠난 劉晨・阮肇를 생각한다〉라는 七言律詩의 第3・4句인 "洞裏有天春寂寂, 人間無路月茫茫. 仙人의 洞天, 別天地 있어도 봄날은 적적하고, 人間世上, 가는 길은 없으니 달빛만 아득하다."은 鬼神 말이다 하니, 曹唐은 웃으면서 足下의 〈牡丹〉 七言律詩의 第3・4句 "若教解語應傾國, 任是無情也動人. 만약 말을 할 줄 알게 한다면 분명 나라 하나 들어먹을 傾國之色이 되겠지만, 그대로 두어라! 말없이 無情함 또한 사람을 감동시키니"은 美人 그린 가리개지요 하니 座中이 모두 大笑하였다. 그는 〈大遊仙〉 詩 五十首와 〈小遊仙〉 詩를 지었는데 널리 세상에 傳播되었다한다. 그러나 지금 ≪全唐詩≫에는 다만 〈小遊仙〉 詩 九十八首가 실려 있어 조금 다르다. 그가 劉晨・阮肇(완조)에 관한 詩를 시리즈로 짓고 遊仙詩를 많이 쓴 것은 現實을 逃避하려는 마음의 表出일 것이다. 世上事가 뜻대로 되지 않는 것에 마음이 상하여 〈病馬〉 詩 五首를 지어 스스로를 빗댔다. 어느 날 낮잠 자는데 꿈속에 鷥服입고 花冠 쓴 仙女가 옷은 안개 같은데 나무에 기대 曹唐이 지은 天台山의 劉晨・阮肇詩 ―① 劉晨과 阮肇가 天台山에 노닐다 ② 仙女를 만나고 ③ 다시 그 仙女의 洞天을 떠나며 ④ 仙女들이 劉晨・阮肇를 그리워하고 ⑤ 劉晨・阮肇가 다시 天

台山을 찾았지만 仙女를 못 만났다는 다섯 首의 詩가 있다—를 읊으며 그를 불러 함께 가려하였다. 놀라 깼는데 다음 날 急病으로 세상을 떠났다 한다. (以上은 世界書局의 ≪中國文學家大辭典≫과 ≪全唐詩≫를 보고 엮은 것이다.)

1. 〈病馬五首呈鄭校書章三 · 吳十五先輩〉 其一

騄駬何年別渥洼, 病來顏色半泥沙.
四蹄不鑿金砧裂, 雙眼慵開玉燭斜.
墮月兎毛乾觳觫, 失雲龍骨瘦牙槎.
平原好放無人放, 嘶向秋風苜蓿花.

❖ 詩題

〈病馬詩 다섯 首를 鄭校書와 章三 · 吳十五 先輩에게 드린다〉

註

▸騄駬(록이): 周나라 穆王이 부리던 여덟 駿馬의 하나.

▸渥洼(악와): 甘肅省에 있는 江. ≪史記 · 樂書≫에서 일찍이 이 강물 속에서 神馬를 얻었다.(嘗得神馬渥洼水中)라고 斷言했다. 그러나 이러한 荒唐無稽한 말에 쉽게 넘어갈 知識人은 드물 것이다. 그래서 裴駰의 ≪集解≫에 李斐의 말을 引用하였는데 그 내용은 다음과 같다. 南陽의 新野고을 사람인 暴利長(포리장)은 일찍이 武帝 때에 刑을 받고 燉煌 근방에서 屯田 — 邊境에서 수자리 사는 병졸이나 민간인이 荒蕪地를 開墾하여 軍糧을 充當하는 것 — 하고 있었다. 그런데 사람들이 이곳 강가의 뭇 野生馬중에 奇異한 놈이 있어 다른 말들과 틀렸는데 이 물가에 물 마시러 오는 것을 자주 보았다. 暴利長은 먼저 그 지역사람에게 굴레와 발 묶는 끈을 가지고 있게 하였다. 후에 말이 그러려니 하고 익숙해진지 한참 되자 그 土人을 대신하여 굴레와 발 묶는 끈을 가지고는 그 말을 잡아 바쳤다. 그런데 그 말을 神秘 · 奇異하게 만들려고 강물 속에서 나온 것이라고 말한 것이다.

➥ 이 暴利長의 다음 消息을 알 수 없음이 유감이었다.

▸半: 俱. 全. 모두. 전부. 다. 王鍈의 ≪詩詞曲語辭集釋≫을 보시라.

▸鑿蹄(착제): 편자를 달다. 즉 말굽에 半圓形의 쇳조각을 붙임.

▸金砧(금침): 쇠로 만든 모루. 쇠같이 단단한 모탕. 발굽을 말한다.

▸慵: 피곤하다. 고단하다. 게으르다.

▸玉燭: 촛불을 근사하게 부르는 말. 나아가 目光·眼光을 말하게 되었다.

▸斜: 비스듬하다. 기울다. 즉 눈빛이 바로 되지를 못하고 흐릿하게 됨. 거슴츠레함. 즉 눈의 정기가 풀리고 흐리멍덩하며 거의 감길 듯한 모습.

➥ 玉燭이 玉筯(옥저)로 된 곳도 있다. 옥 젓가락의 뜻이니 슬퍼서 흘리는 눈물이 끊임없이 이어져 옥 젓가락 같다는 말이다.

▸墮月兎毛: 옛 神話·傳說에 의하면 달 속에는 白兎가 있다 하여 月中兎·月兎라 하였다. 晉·傅咸의 〈擬天問〉에 "月中何有? 白兎擣藥. 달 속에 무엇이 있나? 흰 토끼가 약을 찧지."라 하였다. 晉·崔豹의 ≪古今注·鳥獸≫에 秦始皇의 일곱 필 名馬를 소개하였는데 白兎가 그중 하나다. 또한 앞에서 이미 나온 呂布가 타던 말은 赤兎다. 토끼를 상당히 높게 평가한 것을 알 수 있다.

▸觳觫(곡속): 부들부들 떨다. 벌벌 떨다가 본래의 뜻이나 本詩에서는 毛乾觳觫으로 쓰였으니 털이 매말라 까칠하다는 뜻이다.

▸失雲龍: ≪易·乾≫에서 "雲從龍, 風從虎. 구름은 용을 좇고, 바람은 범을 따른다."라 하였다.

▸龍: ≪周禮·夏官≫에서 "馬八尺以上爲龍. 말이 여덟 자 이상이면 용이라 한다"이라 하였고, ≪儀禮·覲禮≫에서 "天子乘龍, 載大旆. 天子는 龍을 타고 큰 깃발을 건다"라 하였는데 鄭玄의 注에서 "馬八尺以上爲龍"이라 하였다. 앞에서 紹介한 吳璧雍 先生의 〈五花馬與連錢驄〉에서는 ≪杜陽雜編≫에서 代宗의 御馬를 九花虬라 하였다고 인용했다. 虬는 龍의 一種이니 말의 뛰어난 놈을 龍에 비긴 것이다.

▸骨: 身體. 몸의 뜻으로 쓰인다. 例컨대 病骨은 병이 몸에 배다시피 하여 매우 허약한 몸 또는 그러한 사람을 가리키며 弱骨은 몸이 약한 사람, 또는 약한 몸을 말한다.

▸牙槎(아사): 牙楂. 앙상하다. 비쩍 야위다. 말라빠지다.

▸好放의 好는 기대하다. 바라다. 희망하다의 뜻으로 쓰인다. 자세한 설명은 王鍈의 ≪詩詞曲語辭集釋≫을 참고하시라.

▸嘶風(시풍): 바람을 향해 울부짖다. 용맹함이나 억울함, 분노의 표현이다.

▸苜蓿(목숙): 개자리. 콩과의 풀. 목초나 거름으로 쓰인다. 유럽원산의 귀화식물이다. 本詩에서 秋風苜蓿花라 하였는데 사실 꽃은 노란색이며 봄에 핀다. 秋와 花는 안 맞는데 그렇다면 秋風을 그냥 처량한 바람이라고 하던가 協韻上 不得已 花를 붙였을 뿐 의미는 없다고 보아야 할 것이다.

解說

騄駬 닮은 駿馬! 名馬의 産地라는 渥洼같은 故鄕을 언제 떠나왔던가? 지금 병들어 빛깔은 온통 흙・모래 같은데. 네 발굽에 편자도 안 달아주니 쇠모루 같던 굽은 갈라졌고, 두 눈을 고단하게 뜨니 옥 등잔 같던 눈빛은 거슴츠레하구나. 지는 달의 토끼인가. 털은 말라 까칠하고. 구름잃은 용인가, 몸은 여위어 앙상하구나. 평평한 넓은 들판에 놓아주길 바라나 놓아주는 이 없으니 처량한 바람 속 개자리를 향해 울부짖을 뿐이구나.

2. 〈病馬五首呈鄭校書章三・吳十五先輩〉 其二

隴上沙葱葉正齊, 騰黃猶自跼羸蹄.
尾蟠夜雨紅絲脆, 頭掉秋風白練低.
力憊未思金絡腦, 影寒空望錦障泥.
階前莫怪垂雙淚, 不遇孫陽不敢嘶.

註

▸隴: 甘肅・陝西에 걸친 山이름. ① 隴上은 甘肅・陝西一帶를 부르는 말이다. ② 本詩에서는 언덕・밭두둑의 뜻으로도 볼 수 있지 않나 생각이드나 本來 駿馬는 西域에서 오므로 ①이 더 타당하긴 하다.

▸沙葱: 산 마늘. 백합과의 여러해살이 풀. 높이는 30~60cm, 잎은 2~3개 나는데 타원형이다. 5~6월에 흰 꽃이 핀다. 食用한다.

▸騰黃: 李賀의 〈馬詩〉 其二十一에서 이미 설명함. 神馬의 이름.

▸猶自: 尙. 尙自. 아직도. 여전히. 그럼에도 불구하고.

▸跼: ① 구부리다. 구부러지다. ② 跼蹐(국척). 두려워 몸을 옴츠리다. ③ 跼躅(국촉). 머뭇거리며 나아가지 못하는 모습. ④ 특히 말이 앞으로 나아가지 못 할 때 이 跼字를 쓴다. ≪漢語大詞典≫에서는 구부리고 펴지 못함이라고 하고 이 詩의 第2句를 例로 들었다.

▹蟠: 돌다. 감다. 구부리다.

▹脆(취): 부스러지다. 약하다. 무르다.

▹掉(도): 흔들다. 흔들리다. 動搖하다.

▹掉頭: 머리를 흔들다. 현재의 상황・상태를 거부함, 원하지 않음.

▹白練: 누임한 흰 명주. 練, 白練으로 말(馬), 강(江), 기타 흰 것을 나타냈다. ≪太平御覽≫에서 ≪韓詩外傳≫의 한 내목을 引用하였는데

아래와 같다. "孔子·顔淵登魯東山望吳昌門, 淵曰: '見一疋練, 前有生藍.' 子曰: '白馬, 蘆芻也.' 孔子와 顔淵이 魯나라의 東山에 올라 吳의 昌門—春秋時代 吳나라의 西郭門. 흔히 閶門으로 쓴다. 지금의 蘇州에 해당한다.—을 바라보았는데 顔淵이 말하였다. '한 필의 누임한 피륙이 있는데 그 앞에는 싱싱한 쪽이 있습니다.'하니 孔子가 말하였다. '한 필 흰 말과 갈대 싹 꼴이니라.'"

➥ 우리의 경우 피륙을 세는 단위인 필(疋)과 마소를 세는 단위인 필(匹)을 區分하여 쓰나 中國은 위의 事件 以後 兩者를 混用한다고 한다. 믿거나 말거나! 사실은 둘 다 音이 (pǐ)이며 上聲이다. 앞에서 말했지만 音이 같으면 뜻이 通한다. 이것이 더 妥當하리라.

① 唐의 賈島와 同時代의 詩人인 莊南傑도 그의 〈雁門太守行〉 七言律詩의 3·4句에서 白練을 말의 뜻으로 썼다. "跨下嘶風白練獰, 腰間切玉青蛇活. 샅 아래로는 바람 맞아 울부짖는 흰 비단 같은 말이 용맹하고, 허리춤에는 옥도 자를 새파란 뱀 같은 칼이 생생하다."

② 南朝·齊·謝朓 〈晩登三山還望京邑〉의 5·6句는 강물의 뜻으로 썼다. "餘霞散成綺, 澄江靜如練. 이울어 가는 노을은 흩어져 무늬 비단 이루고, 맑은 강물은 깨끗하기가 누임한 명주 같구나."

③ 唐·孟郊 〈與韓退之, 秋雨聯句〉에서 屋霤水, 즉 낙숫물의 뜻으로 썼다. "簷垂白練直, 渠漲淸湘大. 처마에 흰 비단 드리워 반듯하고, 水路 불어나 맑은 湘江보다 대단하네."

▸低: 기운이 떨어지다. 意氣銷沈하다. 意氣沮喪하다. 풀이 죽다.

▸憊 (비): 매우 피곤하다. 매우 피로하다. 대단히 지치다. 보통 疲憊 즉 완전히 지쳐 나가떨어지다, 困憊 즉 피로하다, 고달프다로 쓰인다.

▸絡腦: 李賀의 〈馬詩〉 其五에서 이미 설명함. 絡頭와 같은 말로 말머리에서 재갈에 걸친 장식 끈이다. 金은 금실 또는 금장식.

▸影寒: 影은 物과 不可分의 關係에 있어 物의 뜻으로 쓰일 때가 많다. 影寒은 썰렁한 느낌을 주는 事物을 말한다.

▸障泥: 말다래. 李賀의 〈馬詩〉 其一에서 이미 나왔다.

▸孫陽: ≪莊子·馬蹄≫의 ≪陸德明釋文≫에서 말하기를 "伯樂의 姓은 孫이요 이름은 陽이니 말을 잘 다룬다. 石氏의 ≪星經≫에서 이르기를 '伯樂은 하늘의 별이름이니 天馬를 담당하는데 孫陽이 말을 잘 다루므로 伯樂이라 한 것이다.'"라 하였다.

▸第2句의 騰黃은 黃色이며 第3句는 紅絲라 하였으니 赤色이라 아마 周穆王 八駿馬 中의 赤驥나 華騮를 念頭에 두었을 것이며 第 4句의 白練은 白色의 말을 가리킬 것이니 秦始皇의 일곱 名馬의 하나인 白兎나 後漢末 公孫瓚의 白馬를 생각하며 썼을 것이리라. 한 마리의 말에 이렇게 여러 말을 등장시킨 것은 古代 많은 名馬와 比肩될 駿馬를 무게있게 描寫한 것일 뿐이니 당황해할 필요가 없다.

解說

서쪽 땅 隴上에는 산 마늘잎 가지런하여 먹기 좋은데, 騰黃 같던 駿馬, 병들어 힘없는 발굽을 펴지 못하네. 붉은 실 같던 털을 자랑하던 周穆王의 赤驥·華騮, 呂布의 赤兎와 莫上莫下 難兄難弟라 할 名馬, 밤비에 치렁치렁하던 꼬리는 감기고 말려 헝클어지고 털은 바스러졌으며, 孔子와 顔淵의 對話로 이름난 흰 비단 같은 白兎·白馬, 그 上馬가 가을바람 맞아 머리만 절레절레 흔드니 온몸은 풀이 죽었네. 고단하고 지쳐 금실의 머리띠 장식은 바라지도 않고 그림자마저 썰렁한 신세 비단 말다래는 그저 바라만 볼 뿐. 섬돌 앞에서 두 줄기 눈물 흘림을 괴이쩍게 생각 마시오, 伯樂을 못 만났으니 소리쳐 울 수 없을 뿐이라오.

3. 〈病馬五首呈鄭校書章三 · 吳十五先輩〉 其三

不剪焦毛鬣半翻, 何人別是古龍孫.
霜侵病骨無驕氣, 土蝕驄花見臥痕.
未噴斷雲歸漢苑, 曾追輕練過吳門.
一朝千里心猶在, 爭肯潛忘秣飼思.

註

▸焦毛(초모): 모지라진 털. 윤기 없고 까칠해진 털. 둥글게 말린 털.

▸半: 모두. 전부. 다. 앞에서 이미 소개함.

▸翻: 휘날리다. 뒤집히다. 헝클어지다.

▸別: 區別하다. 識別하다. 辨別하다.

▸古: 固의 뜻으로 쓰였다. 본래. 본디.

▸龍孫: 말의 뛰어난 것을 龍이라고 하였으며—八尺以上을 龍이라 함—또한 龍의 子孫이라고도 하였으니 龍子·龍孫은 모두 駿馬의 이름이었다. ≪西京雜記≫에 의하면 文帝가 代나라에서 長安으로 올 때 좋은 말 아홉 필을 가져왔는데 그중 하나가 龍子라는 이름이었다 한다.

▸蝕: 侵蝕. 즉 外部의 영향으로 세력이나 범위가 줄어듦. 本詩에서는 흙물이 밴 것을 말한다.

▸驄花: 驄馬의 무늬.

▸臥痕: 누웠던 자국.

▸未噴의 未는 不曾, 尚未. 즉 아직~하지 않다의 뜻. 噴은 숨을 내쉬다. 코를 불다. 즉 말이 코로 숨을 세게 내뿜으면서 독특한 소리를 내는 것을 말한다. 本詩에서는 ≪戰國策·楚策≫에 나오는 제대로 接待 못 받은 名馬의 이야기를 끌어다 쓴 것이다. 앞에 나온 〈李監宅〉 二首의 其

二 "鹽車"에서 자세히 引用하였다. 소금수레 끌며 태항산을 오르는 말이 갖은 고생을 다 하는데 伯樂이 보고 울면서 모시 웃옷을 벗어 덮어주자 名馬가 머리 숙여 코를 불고 머리 들어 우니 云云(驥於是俛而噴, 仰而鳴……)하였다. 간단히 말하면 제대로 풀리지 못해 온갖 辛苦를 겪다 가까스로 인정을 받았다는 것이 "噴"字에 들어있는 것이다. 따라서 "未噴"은 그런 험한 꼴·경험 없이 제대로 잘 풀려나갔다는 말인데 상당히 난(難)하고 또한 벽(僻)하게 典故를 썼다고 밖에는 할 말이 없다.

▸斷雲: 片雲. 孤雲의 뜻인데 其實은 말의 이름 중에 浮雲이 있어서 돌려서 쓴 듯하다. 곧이곧대로 浮雲으로 쓰지 않고 斷雲으로 쓴 심보가 놀부보다 더 고약하다. 이래도 알아낼래 하는 듯하니 어이가 없다. 알아냈다, 우짤래! ≪西京雜記≫에 의하면 漢·文帝가 代나라에서 長安으로 올 때 가져온 좋은 말 아홉 필 가운데 浮雲이란 이름의 말이 있었다 한다. 〈高都護驄馬行〉에서 ≪杜詩詳注≫가 ≪名畵錄≫을 引用하였는데 唐·玄宗 開元時代 궁중 마구간에 浮雲이란 말이 있었다 한다. 그동안 경험으로 보면 말 이름에 광을 쳐서 雲을 붙이는 것이 있었고 더욱 誇張하여 風을 쓰다가 아예 본격적으로 허풍을 떨면 電이 登場하더라.

▸漢苑의 苑은 珍禽異獸를 치고 琪花瑤草를 기르며 植樹造林한 帝王이나 貴族의 일종의 놀이동산으로 사파리(safari)와 비슷한 점도 있다. 말 기르는 마구도 이 속에 있으므로 歸漢苑이라 한 것이다.

▸輕練過吳門은 앞의 其二에서 나온 "白練"을 참고하시라.

▸爭肯: 爭은 怎. 豈. 어찌의 뜻이며 肯은 ~하려 하다의 뜻임.

▸潛: 감추다. 가리다의 뜻임.

▸秣: 여물. 사료(飼料). 秣飼는 가축을 치다. 가축을 먹이다.

解說

모지라진 것, 윤기 없이 까칠해진 것. 둥글게 말린 것을 다듬지 않아 말갈기는 온통 헝클어졌으니, 그 누가 이 몸이 본디 龍子·龍孫의 名馬인

줄을 識別해내리오. 모진 서리 병든 몸을 침노하니 건방진 태도 사라졌고, 더러운 흙 고운 무늬에 배니 땅에 누웠던 자국 나타남이라. 회상하면 갖은 辛酸·苦毒 끝에 겨우 認定받아 코를 부는 쓰라린 경험 하나 없이 浮雲같은 名馬 대접받아 漢나라 놀이동산처럼 화려한 곳에 들어갈 수 있었으며, 또한 일찍이 엷고 고운 비단 한 필 따라 吳나라 閶門에 전설 따라 간 적도 있었다오. 다 孔子·顔淵 덕이지만. 하루에 천리 뛸 씩씩한 뜻 아직도 있으니 내 어찌 먹여주던 은혜를 감추고 잊을 수 있으리오.

4. 〈病馬五首呈鄭校書章三·吳十五先輩〉 其四

空被秋風吹病毛, 無因濯浪刷洪濤.
臥來總怪龍蹄跙, 瘦盡誰驚虎口高.
追電有心猶款段, 逢人相骨强嘶號.
欲將鬐鬣重裁剪, 乞借新成利鉸刀.

註

▸吹病毛: ≪韓非子≫에 "不吹毛而求小疪. 털을 불어 헤쳐서 작은 흠을 찾지 않는다"라는 말이 있다.

▸刷: ① 닦다. 쓸다. ② 씻다. 더러운 것을 물에 씻음. 없애버림. ③ 솔로 문지르다.

▸第2句는 中國 神話式으로 하면 깨끗이 씻어줄 河伯의 손도 海若의 옷자락도 없다가 되겠고 그리스식으로 하면 포세이돈(Poseidon)의 손길도 안 미치고 가 되며 로마식으로 하면 넵투누스(Neptunus)의 도움도 못 받고가 되겠다.

▸臥: 눕다 말고 엎드리다는 뜻도 있다.

▸總: 縱使. 설사 ~할지라도. 가령 ~일지라도.

▸龍蹄: 용의 발. 구름타고 마음대로 나는 용으로 빠르게 달리던 말을 빗댐.

▸跙(저): 머뭇거리다. 잘 못 가다. 행동하기 어렵다.

▸瘦盡의 盡은 極限에 到達함. 한껏의 뜻이다.

▸虎口: 호랑이 아가리. 범 아가리. 아주 위험한 곳을 말함. 虎穴, 즉 호랑이 굴도 같은 뜻으로 쓰인다. 本詩에서 虎口는 駿馬의 犯接하기 어려움을 말한다.

▸高: ① 거만하다. 뽐내다. 우쭐대다. ②尊貴하다. ③方正하고 威嚴이 있다.

▸追電: 追는 쫓다. 뒤따르다는 뜻 말고 따라잡다, 맞먹다는 뜻도 있다. 追電은 번개를 따라잡다는 말이니 아주 빠른 것을 형용함인데 駿馬의 이름도 되겠다. 五代・馬縞가 지은 ≪中華古今注・秦始皇馬≫에 "일곱 필의 名馬가 있었는데 그 넷째가 追電이었다."고 하였다.

▸款段: ① 말의 행동이 느리고 굼뜬 것을 말한다. 擬態語인 듯하니 우리는 꾸물꾸물 다니다 하면 비슷하리라. ② 鈍馬. ③ 鈍才.

▸相骨: 앞날의 吉凶禍福이나 成功失敗를 외모를 통해 살펴보는 것.

▸嘶號: 嘶는 짐승 특히 말의 울음소리를 말하며 號는 짐승들이 길게 소리를 끌며 우는 것을 말한다. 嘶號는 말이 길게 울부짖는 것이다.

▸鬐(기): 말의 갈기. 물고기의 등지느러미.

▸鬣도 말갈기, 등지느러미를 가리킨다.

▸裁剪: 裁翦. ① 옷감・재목을 치수에 맞도록 재거나 자름. 즉 마름질함. ② 취사선택함.

▸乞借: 求借. 乞은 구걸하다. 요청하다. 부탁하다. 간청하다의 뜻임. 따라서 乞借는 꾸어달라고 부탁・간청함을 말한다.

▸鉸(교): 가위. 剪刀와 같다.

解說

부질없이 가을바람 불어 병든 털을 헤치는 꼴이나 당하다니, 그래보았자 흠이나 더 드러날 터인데. 아서라, 말아라! 시원하게 물결로 씻어내고 큰 파도가 닦아주고 문질러주는 일이야 인연도 기회도 없구나! 엎드려 있으니 용이 날듯 빠르던 발은 어데다 두고 저렇게 머뭇거리나 하고 사람들을 의아해하게 할지언정 한껏 말라비틀어진 지금. 범 아가리처럼 무섭고 당당하며 위엄 있던 모습 없어져 어찌 더 이상 놀라게 하겠는가? 마음이야 굴뚝같다. 번개를 따라잡아 追電이라 번개돌이라는 이름 되찾고 싶은 그 마음이야. 그러나 몸은 왜 이리 꾸물꾸물 말 안 듣나. 관상 보는 사람 만나면 혹시나 하는 기대에 힘써 큰소리로 길게 울부짖어 본다. 나 아직 쓸모 있다고. 갈기를 다시 한 번 다듬고 매만지고 싶구나. 새로 만든 잘 드는 가위를 꾸어 달라 해보자.

5. 〈病馬五首呈鄭校書章三·吳十五先輩〉 其五

病久無人著意看, 五華毛色欲凋殘.
飮驚白露泉花冷, 喫怕淸秋荳葉寒.
長襜敢辭紅錦重, 舊韁寧畏紫絲蟠.
王良若許相擡策, 千里追風也不難.

註

▸病久: 우리말에 "긴병에 효자 없다"는 말이 있다. 그러나 父母가 鉅萬의 財産이 있으면 이야기는 달라진다. 駿馬·名馬는 그 自體가 큰 財産이므로 所重하게 다루지만 잘못될 경우 물려줄 것이 없으므로 병이 오래 되어 가망이 없으면 그것으로 끝장이라는 것이다.

▸著意: 著은 (착. zhuó)로 읽어야한다. 마음을 쓰다. 주의력을 집중하다. 심혈을 기울이다의 뜻이다.

▸看: ① (kān) 平聲으로 읽으면 ⓐ 병을 간호하다. ⓑ 지키다. 돌보다의 뜻인데 주로 소·양·말 따위를 지키고 돌볼 때 쓴다. 蘇武가 匈奴에 抑留되었을 때 看羊하였다고 史書에 記載된 뒤 이 말은 아주 有名해졌다. 朝鮮 宣祖 때의 文人·學者로 義兵將이었던 姜沆이 포로가 되어 日本에 있을 때 그들에게 性理學을 傳授하였는데 抑留生活을 記錄하여 ≪看羊錄≫이라 한 것도 蘇武의 行跡을 念頭에 둔 것이리라. 아주 오래전에 텔레비전에서 連續史劇으로 放映되어 크게 히트를 쳤었다. ② (kàn) 去聲으로 읽으면 ⓐ 보다. 구경하다. ⓑ 방문하다. 위문하다. ⓒ 진료하다. 치료하다의 뜻으로 쓰인다.

▸五華毛色: 五花馬에서 자세히 다루었다.

▸欲: ① 已. 已經. 이미. 벌써. ② 方. 正. 恰. 막. 방금. 한창. 바야흐로.

王鍈의 ≪詩詞曲語辭集釋≫을 참고하시라.

▶凋殘: 凋(조. diāo) 시들다. 느른하다. 殘은 쇠잔하다. 멸망하다. 나머지. 찌꺼기. 凋殘은 시들어 쇠잔함의 뜻인데 本詩에서는 털이 까칠해지고 퇴색함을 말한다.

▶白露: ① 가을날의 이슬을 가리킨다. ② 二十四 節氣의 하나로 處暑와 秋分 사이에 들며 陽曆 九月 八日 前後에 해당한다. 第4句의 淸秋와 짝이 되니 節氣로 봄이 합당할 것이다.

▶泉花: 泉華. 퐁퐁 솟아오르는 샘을 말한다. 우물의 경우 새벽에 처음 뜬 물을 井花·井華 또는 井花水·井華水라 한다. 花가 물을 나타내는 데에 쓰인 듯하니 杜甫의 〈醉時歌〉에 "燈前細雨簷花落"이라 하였는데 簷花는 불빛에 꽃처럼 보이는 비(雨)라는 해석이 有力하다. 즉 花를 水의 뜻으로 쓴 것이라 하겠다. 한편 浪花처럼 물보라·물거품의 뜻으로도 쓰였으니 ≪三國志≫의 序詞에서 "滾滾長江東逝水, 浪花淘盡英雄"이라 하였다. 영원히 세차게 흐르는 長江, 바다로 가는 그 물위의 물거품 같은 수많은 영웅들을 다 쓸어버렸다는 것이다.

▶荳: 豆와 같다.

▶襜(첨): 행주치마. 두루마기 비슷한 겉옷. 옷소매의 뜻이 있다. 本詩에서는 車帷, 즉 수레휘장의 뜻으로 쓰였다.

▶重: (chóng)로 읽는다. ① 겹. 층(層). ② 중복된, 겹쳐진의 뜻이다. (zhòng)로 읽으면 무겁다. 중요하다의 뜻이다.

▶韁(강): 고삐로 말의 재갈에 맨다.

▶王良: 春秋時代 말 잘 다루기로 이름난 인물로 ≪孟子·滕文公下≫에 나온다.

▶擡策: 擡(대). 들다. 들어올리다. 策은 채찍.

▶千里追風: 千里는 千里馬라는 말 이름과 하루에 천리를 갈 수 있는 능력의 두 가지 뜻을 가진다. 追風 또한 追風이라는 말 이름과 바람을 따

라잡는 능력의 두 가지 뜻을 가진다. 晉나라 崔豹의 ≪古今注·鳥獸≫에 秦始皇의 일곱 필 名馬를 소개하였는데 追風이 그중 하나가 된다. 千里·追風 다 대단한 힘이지만 약간 다르니 하나는 持久力 하나는 瞬發力을 나타낸 듯하다.

解說

병든 지 오래되니 신경 써서 돌보는 이 없어 五花의 털빛은 벌써 까칠해지고 날았네. 더운 여름 가고 節氣는 이제 白露인데 솟는 샘 마시다 너무 차 깜짝 놀랐으며 하늘 높고 말 살찐다고 일러오던 맑은 가을에 콩잎이 싸늘해 먹기가 겁났네. 돌도 씹고 쇠도 삭히던 씩씩한 놈이 이게 무슨 꼴인가? 그러나 다시 일어나야 되겠지! 어찌 붉은 비단 겹 휘장 친 수레를 마다하겠으며 어찌 보랏빛 줄 말은 옛 고삐를 두려워하리? 만약 王良같은 名手가 채찍을 잡으신다면 하루에 千里가고 단박에 바람 따라잡아 이름 그대로 千里駿足·追風 名馬됨이 무에 어려우리?

【附錄 4】

庾信·鮑照 詩抄

庾信의 詩歌

庾信(513~581)이니 字는 子山으로 南陽 新野 사람이다. 梁 나라의 著名한 詩人 庾肩吾의 아들로 徐陵과 함께 宮體詩에 뛰어나 世上에서는 "徐庾體"라 불렀다. 그의 젊은시절 作品은 綺麗, 纖細, 淸新하였으며 特히 小品의 賦인 〈春賦〉, 〈燈賦〉, 〈對燭賦〉, 〈鏡賦〉 等을 보면 무엇이라 形容할 수 없는 瓏玲한 美感을 느낄 수 있다. 이 時期의 詩는 〈詠畵屛風詩〉 二十四首가 특히 人口에 膾炙되었다.

侯景의 亂 때에 江陵으로 逃避하였는데 그곳에서 元帝가 卽位하자 右衛將軍, 散騎侍郞이 되었고 武康縣侯에 封해졌다. 西魏에 使臣으로 갔는데 西魏는 梁을 滅亡시켰고 그는 그곳에 抑留되었으며 西魏가 亡한 뒤에 다시 北周에서 벼슬을 받아 驃騎大將軍, 開府儀同三司가 되었으며 이 때문에 庾開府라 불리게 되었다.

北朝에 抑留되었을 때의 詩風은 젊은 날과는 逈異하였으니 鄕關之思 卽 望鄕의 情과 亡國의 悲哀, 悔恨이 짙게 배어있고 風骨은 늠연(凜然)하였다. 이때의 대표작은 詩로는 〈擬詠懷〉 二十七首가 있고 賦로는 〈哀江南賦〉라는 長篇巨作이 있는데 當時의 文壇을 震驚시켰다. 杜甫가 〈詠懷古跡〉 五首 其一에서 "庾信平生最蕭瑟, 暮年詩賦動江關."이라 한 것이 이때를 누고 한 말이다. 杜甫는 그의 〈戱爲六絶句〉의 其一에서 "庾信

文章老更成, 凌雲健筆意縱橫"이라 하여 "老成"을 다시 稱讚하였다. 杜甫는 庾信에게서 "淸新"과 "老成"을 본받을 만하며 또한 長點이라고 본 것이다. 아마 그의 綺麗, 纖細는 不足掛齒라 여긴 듯하다.

1. 〈詠畵屛風詩〉 二十四首 其三

昨夜鳥聲春, 驚聞動四鄰. 今朝梅樹下, 定有詠花人.
流星浮酒泛, 粟瑱繞杯脣. 何勞一片雨, 喚作陽臺神.

註

▸聲: 읊다. 노래하다.

▸驚動: 震動. 四隣聞驚動임.

▸定: 마침내. 결국. 아무래도.

▸流星: 眼光을 말함.

▸粟(속): 조. 좁쌀. 곡식. 피부의 소름으로 쓰이나 本詩에서는 눈썹이 길지 않을 때 보충하여 그리는 부분. 粟眉. 그냥 곱게 그린 눈썹으로 쓰임.

▸瑱(전): 귀마개 옥. 나중에는 귀고리의 뜻으로 쓰임.

▸繞: 감다. 휘감다. 감돌다. 빙빙 돌다. 뒤얽히다. 달라붙다.

▸一片雨, 陽臺神: 巫山의 神女. 아침에는 구름, 저녁에는 비가 되어 아침 저녁으로 陽臺에 있다 한다. 아름답고 신비한 女人으로 쓰인다.

解說

〈그림 병풍을 읊다〉 其三

어젯밤 새가 봄을 노래하니, 사방 이웃들이 듣고 깜짝 놀랐다. 오늘 아침 梅花나무 아래에, 결국 꽃을 읊는 사람이 있게 되었다. 술 위에 떠 넘치는 流星같은 눈빛. 그린 눈썹 귀고리에 술잔에 붙은 입술. 무어 애써 한차례 비로 陽臺의 神女를 부를 것 있나. 巫山의 神女보다 梅花아래의 女人이 더 낫고말고.

2. 〈詠畵屛風詩〉 二十四首 其六

高閣千尋起, 長廊四柱連. 歌聲上扇月, 舞影入琴弦.
澗水纔窗外, 山花卽眼前. 但願長歡樂, 從今盡百年.

註

▸尋: 여덟 자. 한길.

▸四柱: 四注가 맞는 듯. 四方을 돌고 감싼 것.

解說

〈그림 병풍을 읊다〉 其六

위로는 천 길의 樓閣이 솟았고, 밑으로는 長廊이 四方을 돌고 둘렀네. 歌手의 노랫소리 달 같은 부채에 오르고, 舞姬의 그림자 시울 얹은 琴瑟에 드네. 산골짝 시냇물이 바로 창문 밖이고, 산속에 피는 꽃도 이내 눈앞이네. 바라노니 영원한 즐거움, 지금부터 一生 百年이 다하도록.

3. 〈詠畵屛風詩〉 二十四首 其八

徘徊出桂苑, 徙倚就花林. 下橋先勸酒, 跂石始調琴.
蒲低有抱節, 竹短未空心. 絶愛猿聲近, 惟憐花徑深.

註

▸徙倚(사의): 徘徊.

▸跂石(기석): 발을 늘어뜨리고 돌에 앉는 것. 즉 돌에 앉았는데 돌이 조금 높아 발이 땅에 안 닿는 것을 말함.

▸調: 演奏.

▸蒲, 節: 菖蒲의 뿌리줄기는 마디가 많다.

▸絶: 극히. 매우. 몹시.

解說

〈그림 병풍을 읊다〉 其八

桂樹나무 동산에 나가 배회하고, 흐드러지게 꽃핀 숲에 들어 서성인다. 다리에서 내려가 우선 술 한 잔 권하고, 돌에 앉아 발 늘어뜨리고 비로소 琴을 탄다. 菖蒲는 아직 낮아도 마디를 품었는데, 대나무는 상기 짧으니 속이 안 비었다. 잔나비 소리 가까워 정말 귀여운데, 꽃핀 길 그윽해 참으로 사랑스럽다.

4. 〈詠畵屛風詩〉 二十四首 其九

千尋木蘭館, 百尺芙蓉堂. 落日低蓮井, 行雲礙芰梁.
流水桃花色, 春洲杜若香. 就階猶不進, 催來上伎牀.

註

▸木蘭: 향기가 나는 나무이름.

▸芙蓉: 연꽃.

▸蓮井: 연꽃이 그려진 藻井, 天花板이라고도 한다. 藻井은 소란반자라 하는데 그 밖에 우물반자, 화반자등이 있다.

▸芰梁(기량): 마름이 새겨진 들보. ⇨ 天障이나 들보에 물에서 나는 연, 마름을 장식한 것은 木造建物의 최대 敵인 火魔를 막기 위함이었다 한다. 즉 希望事項이다.

▸流水桃花色: 桃花水, 桃花汛(도화신), 春汛이라 하는 것은 仲春에 비가 오고 또 얼음이 녹아 물이 한창 불어 기세가 대단한데 때가 마침 桃花가 필 때라 桃花를 붙인 것이다. 물빛은 흙탕물이니 桃花色하고는 거리가 멀다. 그러나 本詩에서는 桃花汛이라는 멋진 이름을 그대로 풀어서 아름다운 봄날의 복사빛 물로 바꾸어 썼다. 그리고 屛風의 流水는 粉紅의 桃花色일 수도 있다.

▸杜若: 香草의 이름.

▸伎牀(기상): 技藝를 펼쳐 보이는 곳, 즉 舞臺.

解說

〈그림 병풍을 읊다〉 其九

천 길의 향기로운 木蘭館, 百尺의 아름다운 芙蓉堂. 지는 해도 연꽃 있는 藻井보다 낮고, 가는 구름도 마름 새긴 들보에 걸린다. 흐르는 물 도

화처럼 아름다운데, 봄날의 물 섬 杜若이 향기롭다. 섬돌에 다가서서 오히려 머뭇거리니, 재촉한다 어서 舞臺에 오르라고.

5. 〈詠畫屛風詩〉二十四首 其十四

河流値淺岸, 斂轡暫經過. 弓衣濕濺水, 馬足亂橫波.
半城斜出樹, 長林直枕河. 今朝遊俠客, 不畏風塵多.

註

▸値: ~을 만나다. 어떤 때를 맞이하다.

▸橫波: 橫은 가로라는 뜻으로 쓰일 때는 (héng)으로 平聲이다. 그러나 橫暴, 橫財, 橫死처럼 사납다, 제멋대로다, 意外, 突然의 뜻으로 쓰일 때는 (hèng)으로 去聲이다. 橫波는 橫流로 물이 제 곬을 흐르지 아니하고 옆으로 꿰져 흐름을 말한다. 勿論 이때의 橫은 去聲이다.

▸枕: 베개를 베다. 가깝다. 접근하다.

▸遊俠, 俠客: 자기의 목숨을 가볍게 여기고 義를 중히 하며 사람들의 患難을 구하는데 용감한 사람들. 遊俠, 俠客으로 쓰는데 本詩에서는 겹쳐서 썼다.

▸風塵: ① 어수선한 현실생활을 말함. ② 벼슬길. 벼슬아치들의 세계를 말함. ③ 戰亂. 戰爭을 말함. ④ 나그네 길의 험함을 말함.

解說

〈그림 병풍을 읊다〉 其十四

강물이 얕아지는 기슭을 만나서, 잠시 고삐 당겨 어슬렁댄다. 어렵쇼! 활집, 튀는 물에 축축해지고, 웬걸! 말의 발 멋대로 흐르는 물에 혼란스럽다. 城은 반쯤 나무 있는 곳으로 비스듬히 나타나고, 큰 숲은 곧장 강물을 베려는 듯 다가가네. 오늘 아침 俠客은, 어수선한 俗世의 風塵을 두려워 않는다네.

6. 〈詠畵屛風詩〉 二十四首 其十六

上林春逕密, 浮橋柳路長. 龍媒逐細草, 鶴氅暎垂楊.
水似桃花色, 山如甲煎香. 白石淸泉上, 誰能待月光.

註

▸上林: 漢나라 때 나라의 동산이름인데 후에는 임금님의 동산은 다 上林苑이라 하였다.

▸密: 靜寂.

▸浮橋: 橋脚을 쓰지 아니하고 배나 뗏목 따위를 잇대어 매고 그 위에 널빤지를 깔아서 만든 다리. 浮梁이라고도 한다. ⇨ 舟橋, 船橋: 배다리. 작은 배를 한 줄로 여러 척 띄워놓고 그 위에 널판을 건너질러 깐 다리.

▸柳路: 버들 심은 길. 長安 동쪽의 霸橋는 이별하는 곳으로 유명한데 이곳의 버들을 꺾어 정표로 주었다 한다.

▸龍媒: ≪漢書·禮樂志≫에서 "天馬徠, 龍之媒. 天馬가 왔으니 장차 龍도 오게 만들 媒介로다."라 하였다. 顔師古의 注에서 應劭의 말을 인용하였는데 "言天馬者乃神龍之類, 今天馬已來, 此龍必至之效也. 天馬는 神龍의 種類라 지금 天馬가 이미 왔으니 이는 龍도 반드시 오리라는 證驗이 된다고 말하는 것이다."라 하였다. 後世에는 이 때문에 駿馬를 龍媒, 즉 龍을 오게 만드는 居間, 媒介, 주릅이라 부르게 되었다.

▸鶴氅: 흔히 학창의(鶴氅衣)라 하며 鶴의 깃털로 만든 옷을 말하나 우리나라에서는 좀 다르다. 즉 소매가 넓고 뒤 솔기가 갈라진 흰옷의 가를 검은 천으로 넓게 댄 웃옷을 말한다.

▸甲煎(갑전): 유명한 香料의 이름.

解說

〈그림 병풍을 읊다〉 其十六

上林苑의 봄 길은 靜寂 속에 잠겨있고, 浮橋있는 강가의 버드나무 길은 아스라하다. 龍을 오게 媒介한다는 駿馬는 고운 풀을 따르고 있고, 鶴의 깃털로 만든 옷 입은 사람은 수양버들 속에서 어른거린다. 물은 桃花水라 그러한지 복사꽃 빛깔이고, 산은 甲煎의 향기를 풍긴다. 흰 돌, 맑은 샘가에서 그 누구일까? 月光을 기다릴 줄 아는 이는.

7. 〈詠畵屛風詩〉 二十四首 其二十二

今朝好風日, 園苑足芳菲. 竹動蟬爭散, 蓮搖魚暫飛.
面紅新著酒, 風晚細吹衣. 跂石多時望, 蓮船始復歸.

註

▶風日: 바람과 햇빛. 따라서 날씨라는 뜻으로 쓰이며 다시 나아가 風景, 景致도 나타내게 되었다.

▶園: 庭園. 池塘과 樹林을 觀賞하며 散步, 休息하는 곳.

▶苑: 珍禽異獸를 치고 琪花瑤草를 기르며 植木造林한 帝王이나 貴族의 놀이동산.

▶第3·4句는 唐·王維의 〈山居秋暝〉 中 "竹喧歸浣女, 蓮動下漁舟. 대숲이 시끄러움은 빨래꾼 여인들 돌아옴이고, 연잎이 흔들림은 고기잡이 배 내려옴이지."의 뿌리가 되겠다.

▶飛: 흩어지다.

▶著酒(착주): 술기운이 돌다. 술기운이 오르다.

▶多時: 長時間. 한참. 한참동안.

▶蓮船: 연밥을 따거나 연근을 캐는 배.

解說

〈그림 병풍을 읊다〉 其二十二

오늘 아침 바람 좋고 별 좋은 날씨, 庭園과 동산에는 향기 뿜는 꽃 아름다운 풀이 가득하다. 대나무 움직이니 매미는 다투어 날아가고, 연잎이 흔들리니 고기는 잠시 흩어진다. 얼굴이 붉어짐은 막 술기운이 돌았음이며, 바람은 저녁 되자 부드럽게 옷자락에 불어온다. 발 늘어뜨리고 돌에 앉아 한참동안 바라보니, 연밥 따고 연근 캐는 배 비로소 다시 돌아온다.

8. 〈詠畫屛風詩〉 二十四首 其二十四

竟日坐春臺, 芙蓉承酒杯. 水流平澗下, 山花滿谷開.
行雲數番過, 白鶴一雙來. 水影搖叢竹, 林香動落梅.
直上山頭路, 羊腸能幾廻.

註

▸竟日: 終日.

▸春臺: 봄 경치 보기 좋은 높은 樓臺나 둔덕.

▸芙蓉承酒杯: 承芙蓉酒杯. 蓮葉 모양의 술잔을 들다.

▸平澗: 물이 가득히 계곡을 채워 평평하게 만듦.

▸行雲: 열구름. 즉 지나가는 구름.

▸林香動落梅: 落梅動林香. 動은 이끌어내다. 招致하다.

▸直上: 向上. 向前. 즉 위를 향하다. 앞으로 향하다.

▸羊腸: 양의 창자. 꼬불꼬불한 길을 비유. 흔히 九折羊腸이라 쓴다.

解說

〈그림 병풍을 읊다〉 其二十四

종일 봄나들이 高臺에 앉아, 蓮葉杯 술잔을 들고 있다. 봄 날 불어난 물은 계곡을 반듯하게 덮어 흘러내리고, 산꽃 들꽃은 골짜기를 가득 채워 피었다. 열구름은 몇 번이나 지나갔는가, 흰 두루미 한 쌍이 왔도다. 대무더기 물속 그림자 져 흔들리는데, 숲이 향기로움은 지는 매화가 불러 일으킴이겠지. 산 정상의 길로 나아가려면, 꼬불꼬불 羊腸길 몇 번을 돌아가야 할런지.

9. 〈梅花〉

當年臘月半, 已覺梅花闌. 不信今春晚, 俱來雪裏看.
樹動懸氷落, 枝高出手寒. 早知覔不見, 眞悔著衣單.

註

▸當年: 往年. 昔年.

▸臘月: 음력 12월. 섣달.

▸不信: 不知. 不料.

▸俱: ① 모두 함께. 전부. 모두. ② 똑같이. 같게.

▸懸氷: 매달린 고드름.

▸著衣 (착의): 옷을 입다.

▸早知覔不見: 梅花를 찾아도 아직 안 피어 보이지 않았을 때 반드시 추위가 닥쳐야 그때 피리라는 것을 미리 알았어야 했다는 것. 즉 梅花는 추위와 같은 모진 환경에 피니 앞으로 큰 추위가 닥치리라는 것을 예측했어야 했는데 추위가 다 가고 봄이 온 줄 알고 가볍고 얇은 봄옷으로 갈아입은 것이 후회된다는 말씀.

解說

〈매화〉

例年에는 섣달이 반쯤 지나면, 이미 알았다 梅花가 거의 다 진 것을. 今年 봄에는 늦게 핀다는 것을 헤아리지 못했다가, 모두 함께 春雪 속의 梅花를 본다. 나무가 찬바람에 흔들리면 매달린 고드름 떨어지니. 가지는 높아 너의 흰 손 내밀 때 분명 시렸으리라. 찾아도 안 보일 때 미리 알았어야 했는데, 정말 후회된다! 입은 옷 얇은 것이.

10. 〈杏花〉

春色方盈野, 枝枝綻翠英. 依稀映村塢, 爛熳開山城.
好折待賓客, 金盤襯紅瓊.

註

▸翠英: 푸른 잎과 붉은 꽃.
▸依稀: 모호하다. 희미하다. 어슴푸레하다.
▸映: 가리다. 감추다.
▸村塢: 村落.
▸爛熳: 빛깔이 선명하고 아름답다. 눈부시다. 꽃이 많이 피어 화려하다.
▸好: ~를 바라다, 기대하다.
▸襯(츤. chèn): ① 속옷. ② 가까이 하다. ③ 안에 대다. 안에 받치다. ④ ~을 어울리게 하다. 돋보이게 하다. 두드러지게 하다.

解說

〈살구꽃〉

봄빛 바야흐로 들을 채우니, 가지마다 터졌구나 푸른 잎 붉은 꽃이. 어슴푸레 시골 마을 가리더니, 흐드러지게 山城에도 피었구나. 바라노니 꺾어서 귀한 손님 대접할 때 황금쟁반으로 받쳐 붉은 구슬 같은 꽃을 돋보이게 하길.

11. 〈山齋〉

石影橫臨水, 山雲半繞峯. 遙想山中店, 懸知春酒濃.

註

▶山齋: 山房. 山莊.

▶半: 전부. 모두. 다.

▶遙想: 멀리 想像함.

▶店: 店幕. 酒幕. 旅館.

▶懸知: 미리 알다. 예상하다. 추측하다.

▶春酒: 겨울에 담가 봄에 익은 술. 봄에 담가 가을 겨울에 익은 술. 그러나 보통 좋은 술을 춘주라고도 한다. 우리나라의 경우 淸明酒, 三亥酒를 가리킨다. 勿論 정성이 많이 가고 질이 좋은 술이다.

▶濃: 액체 속의 含有된 某種의 成分이 많은 것을 가리킨다. 술의 경우 물을 안 탄 전국, 전내기를 말한다.

解說

〈山房〉

돌 그림자 물속을 가로지르고, 산의 구름 온통 봉우리를 감쌀 때. 멀리 산속 酒幕이 생각나는 것은, 잘 익은 술이 전내기인 것을 미리 알기 때문이네.

12. 〈野步〉

值泉仍飮馬, 逢花卽擧杯. 稍看城闕遠, 轉見風雪來.

註

▸野步: 野外의 散步.

▸仍: ① 따르다. 말미암다. ② 이에. ③ 또. 다시.

▸稍: 漸漸.

▸看: 고려하다. 짐작하다. 예측하다.

▸城闕: 都城안에 宮闕이 있어 이렇게 쓴다. 都城. 京城.

▸轉: 반대로. 도리어.

解說

〈野外의 散步〉

샘을 마주치면 그 김에 말에 물 먹이고, 꽃을 만나면 즉시 술잔 들리라. 차츰 城闕과 멀어 진다 짐작했는데, 웬걸 오히려 눈보라가 몰아침만 보이다니.

13. 〈閨怨〉

明鏡圓花發, 空房故怨多. 幾年留織女, 還應聽渡河.

註

▸閨怨: 閨中 젊은 아낙의 원망하고 슬퍼함. 또한 이 題材로 지은 詩를 말함.

▸明鏡圓花: 둥근 거울, 둥근 보름달같이 둥근 것은 團圓이라 하여 家族 특히 夫婦가 흩어졌다가 다시 만나 단란하게 지냄을 상징하였다. 지금 거울은 둥근데 夫婦가 헤어져 있음을 말하는 것이다.

▸故: 副詞일 경우 ① 본래. ② 여전히. 그래도. ③ 특히. 連詞일 겨우 ① 그래서. 이 때문에. ② 이에.

▸還: (hái)로 읽으며 다시, 또의 뜻임.

▸聽: 따르다. 들어주다. 복종하다.

解說

〈규중 아낙의 원망〉

밝은 거울은 언제나 둥근 꽃 피어 있는 듯, 님 없는 빈 방은 그래서 원망이 많은가! 몇 년인가! 織女를 잡아둔지가, 이제 다시 은하수 건넘을 응당 들어주셔야지.

14. 〈塵鏡〉

明鏡如明月, 恒常置匣中. 何須照兩鬢, 終是一秋蓬.

註

▸何須: 何必.

▸一: ① 전부. 온통. ② 똑같이. 거울 밖 사람과 거울 안 사람 모두 똑같이 쑥대머리라는 말씀.

解說

〈먼지 낀 거울〉

밝은 거울은 밝은 달 같았는데, 항상 갑 속에 두어 뿌옇게 되었네. 왜 꼭 두 귀밑머리를 비출 것인가? 결국 모두가 똑같이 가을의 쑥대 같은데.

15. 〈春望〉

春望上春臺, 春窗四面開. 落花何假拂, 風吹會倂來.

註

▸假: ~을 의지하다. ~을 빌리다. ~을 통하다.

▸拂: 털다. 닦다. 스치다.

▸會: 應當.

▸倂: ① 일제히. 동시에. ② 함께. 같이. ③ 전부. 모두.

解說

〈봄 구경〉

봄날을 구경하러 봄나들이 樓臺에 올라, 四方의 봄 맞을 창문을 열자. 지는 꽃을 무슨 수로 내 얼굴 내 술잔 스치게 하나? 바람 불면 분명 한꺼번에 올 것이네.

16. 〈秋日〉

蒼茫望落景, 羇旅對窮秋. 賴有南園菊, 殘花足解愁.

註

▸蒼茫: 넓고 가없는 모습.

▸落景: 夕陽.

▸羇旅: 타향살이. 타향살이 하는 사람.

▸窮秋: 晩秋. 深秋. 음력 9월.

▸賴: ① ~을 의지하다. ② 다행히. 요행으로. 운 좋게.

▸南園: 동산이나 정원은 남쪽에 있게 마련이라 南字를 붙였다. 그냥 동산, 정원의 뜻이다. 南窗도 이와 같으니 窗은 대개 남으로 내게 마련이라 그냥 南字를 붙인 것이니 窗이라 해석하면 된다.

▸殘花: 시들은 꽃. 손상된 꽃 즉 落花라는 의미와 殘餘한 꽃 즉 아직도 지지 않고 남아있는 꽃의 뜻이 있다. 여기에서는 후자의 뜻으로 쓰였다.

▸足: 많다. 充分하다. 充足하다. 한껏 ~을 하다.

解說

〈가을날〉

넓고 가없는 落日의 景狀, 타향살이 나그네가 깊어가는 가을을 마주한다. 다행히 동산에 菊花 있어, 남은 꽃이나마 한껏 시름을 풀어준다.

17. 〈新月〉

鄭環惟半出, 秦鉤本獨懸. 若交臨洒影, 堪言照弩弦.

註

▶新月: 초승달.

▶鄭環: ≪左傳·昭公十六年≫에는 다음과 같은 이야기가 기록되어 있다. 晉나라의 韓宣子가 玉環 한 벌 중 一部를 가졌는데 나머지 一部는 鄭나라 商人에게 있었다. 宣子가 鄭나라 임금에게 청하였으나 子産이 주지 않으며 그것은 관청의 소유가 아니니 우리 임금님이 모르는 것이라 하였다. 사람들은 韓宣子의 要求가 큰 것도 아니며 大國 晉의 實力者니 그만 눈감아 주자 하였으나 子産의 見解는 달랐다. 大國이 弱小國에 청하는 것마다 얻을 수 있다면 그 뒤를 어떻게 감당해 나갈 것이며 한 번 주었다 한 번 안 주면 죄는 더 커질 것이다. 强大國의 요구를 禮儀로 거절하지 않으면 그들의 욕심이 어찌 한이 있고 끝이 있겠는가. 弱小國은 결국 大國의 변방 한 고을로 轉落하고 堂堂한 하나의 나라라는 지위를 잃고 말 것이다. 게다가 韓宣子는 晉나라의 使命을 받들고 온 신분으로 玉環이나 구한다니 貪慾이 심하지 않은가 하였다. 그러나 韓宣子는 鄭나라 商人과 直接 교섭하여 매매를 성사시켰다. 事實은 强奪이나 마찬가지였다. 商人은 마지막으로 子産에게 기대를 걸고는 반드시 君大夫(자기의 封地가 있어서 君과 같은 위치의 大夫를 말함)에게 알려야 한다고 하였다. 韓宣子는 이전에 玉環을 구하였으나 義롭지않다 하셔 다시는 청하지 않았는데 商人에게 사려고 하니 꼭 아뢰어야 한다 하여 감히 청합니다 하였다. 子産은 옛날 鄭나라 桓公과 商人들이 함께 周나라에서 이곳으로 왔을 때 땅을 고르고 雜草 雜木을 베어내 살 곳을

마련하였으며 盟誓한 것이 있는데 "너희들이 나를 배반하지 않으면 나 또한 너희들의 물건을 강제로 사지 않는다. 거저 달라고 求乞하지 않으며 강제로 掠奪하지도 않는다. 너희들이 장사로 이윤을 남기고 귀한 보배를 가진 것에 대해 알려고도 참견하지도 않는다."등 이었습니다. 이 盟誓를 지켜 지금까지 서로 지탱하여 왔습니다. 지금 우리 商人에게서 물건을 强奪하려 하니 이것은 우리의 盟誓를 저버리는 것입니다. 만약 玉環을 얻었으나 諸侯의 地位를 잃는다면 분명히 그렇게는 안 하실 것입니다. 또한 大國이 命令을 내린다고 法度없이 따르는 짓은 鄭나라가 시골구석이지만 그렇게는 못하겠습니다. 제가 玉環을 바친다고 해서 좋아질 것이 무엇인지를 도무지 모르겠습니다 하고 强硬하게 나가니 결국 韓宣子는 물러났다. 이후 環하면 鄭나라 子産과 晉나라 韓宣子가 우선 떠오르게 되었으며 鄭環이라고 아예 하나의 語詞가 되었다. 쉽게 풀면 鄭나라에서 큰 사건 하나 일으킨 玉環이 되겠다.

➥ ≪爾雅·釋器≫에 "肉倍好謂之璧, 好倍肉謂之瑗, 肉好若一謂之環. 肉이 好의 갑절이면 璧이라 하고, 好가 肉의 갑절이면 瑗이라 하며, 肉과 好 가 같으면 環이라 한다."이라 하였다. 모두 둥근 고리모양의 옥이나 이렇게 다른 것이다. 好는 동전이나 옥의 구멍을 말함이며 肉은 구멍 바깥부분을 말한다. 쉬운 글자일수록 엉뚱한 뜻이 많다.

➥ ≪左傳≫에 "宣子有環, 其一在鄭商. 晉나라의 韓宣子가 한 벌의 玉環 中 一部를 가졌는데 나머지 一部가 鄭나라 商人에게 있었다."는 대목은 상당히 애를 먹게 하는 부분이었다. 玉環은 둥근 고리모양의 玉인데 이것이 몇 개가 모여야 한 벌이 되는지는 알 길이 없는 것이다. 보통 옛글에 보면 하나의 玉環이지 몇 개가 모여 完整한 한 벌을 이룬다는 말이 없다는 것이다. 그래서 위와 같이 한 벌의 일부 또 나머지 일부 이렇게 풀이를 하여왔다. 그러면서 계속 찜찜하다고 하여왔다. 그런데 王國維의 ≪觀堂集林·說環玦≫에서 "내가 ≪春秋左氏傳≫의 '宣子有環, 其一在鄭商'을 읽고서 環은 하나의 玉으로 이루어진 것이 아니라는 것을 알

았다. 己未年에 上虞의 羅氏所藏의 古玉을 보았는데 모두가 세 부분 즉 세 조각으로 이루어져있었고 매 조각마다 위는 크고 아래는 줄어들었는데 셋을 합치면 하나의 둥근 형태가 되었다. 매 조각의 양가에 각각 하나의 구멍이 있어 옛날에는 끈 같은 물건으로 맬 수 있었으니 나는 이것이 바로 옛날의 環이라고 여기게 되었다. 環은 完의 뜻이니 玦에 대하여 말한 것으로 한쪽이 이지러지면 玦이 되니 玦은 缺의 뜻이다. 이것을 가지고 ≪左傳≫을 읽으니 제대로 된 풀이를 할 수 있게 되었다. 後世 사람들은 날로 簡易함을 추구하니 環이고 玦이고 모두 하나의 옥으로 만들어 드디어 그 制度를 잃게 된 것이다. 余讀 ≪春秋左氏傳≫ '宣子有環, 其一在鄭商', 知環非一玉所成. 歲在己未, 見上虞羅氏所藏古玉, 一共三片, 每片上侈下斂, 合三而成規. 片之兩邊各有一孔, 古蓋以物繫之, 余謂此卽古之環也. 環者, 完也; 對玦而言, 闕其一則爲玦. 玦者, 缺也. 以此讀 ≪左傳≫, 乃得其解. 後世日趨簡易, 環與玦皆以一玉爲之, 遂失其制."라 하였다. 王先生의 말씀대로라면 하나의 完整한 環은 세 개의 玦 로 이루어졌다는 것이 된다. 하나의 玦은 접선(摺扇. 쥘부채. 흔히 合竹扇이라 부른다)을 완전히 펼치지 않은 狀態 즉 120° 펼친 모습이 된다. 이것이 셋이면 360°가 되니 둥근 모습이 되겠다. 그러나 通常的이고 傳統的인 玦은 둥근 고리의 아주 적은 부분이 빠진 것으로 둥근 고리의 겨우 삼분의 일에 해당하는 모양과는 큰 차이가 있다. 쉽게 설명하면 330 짜리 이 빠진 동그라미가 되겠다. 王先生의 말씀은 하나의 說로 여기에 소개한 것인데 그렇다고 環이 몇 개 모여 한 벌을 이룬다는 說이 맞는 것도 아니니 답답하기는 매 일반이다.(楊伯峻의 說에 우리의 의견을 보탬)

下回가 궁금하실 것이다. 韓宣子가 晉으로 歸國할 때 그는 子産을 私事로 만나고 옥(玉)과 말(馬)을 예물로 바치며 말했다. 저에게 玉環을 버리라고 玉같은 말씀을 내려주셔 저의 죽을죄를 면하게 해주셨으니 어찌 이 적은 예물로 拜謝하지 않을 수 있으리오. 子産은 말로 말을 얻었다고 말할 수 있겠다.

▸秦鉤: 〈陌上桑〉 또는 〈艷歌羅敷行〉에 나오는 말. 이 詩歌의 앞부분을 소개하겠다. "日出東南隅, 照我秦氏樓. 秦氏有好女, 自名爲羅敷. 羅敷善蠶桑, 採桑城南隅. 青絲爲籠系, 桂枝爲籠鉤. 頭上倭墮髻, 耳中明月珠.……해가 동남쪽에서 솟아, 우리 秦氏네 樓閣을 비춘다. 秦氏에게 고운 딸 있어, 본래 이름이 羅敷란다. 羅敷는 누에치고 뽕 가꾸기에 능한데, 城南의 모퉁이에서 뽕을 딴다. 푸른 실로 바구니 끈을 만들고, 桂樹가지로 바구니 고리를 만들었다. 머리위에는 倭墮髻로 쪽 짓고, 귀에는 明月珠 로 귀거리 했다.……" 秦鉤는 秦羅敷 籠鉤인 것이다.

▸若交는 若敎다. 交는 敎와 通한다. 만일 ~하게 한다면, 가령 ~한다면.

▸弩: 쇠뇌. 쇠로 된 발사장치가 달린 활. 本詩에서는 그냥 활의 뜻이다. 弩를 쓴 것은 故事에 弓이 아닌 弩가 나오므로 그대로 쓴 것 이외에 별다른 의미는 없다.

➥ 弩弦이 酒에 影한다는 것은 原來 다른 뜻으로 쓰인다. 新月과는 좀 거리가 있는 일이나 너무 有名하여 兼事兼事 쓴 듯하다.

漢 應劭 ≪風俗通・怪神・世間多有見怪驚怖以自傷者≫

予之祖父郴爲汲令, 以夏至日請見主簿杜宣, 賜酒. 時北壁上有懸赤弩, 照於杯中, 其形如蛇. 宣畏惡之, 然不敢不飮, 其日便得胸腹痛切, 妨損飮食, 大用羸露, 攻治萬端, 不爲愈. 後郴因事過至宣家, 闚視, 問其變故, 云畏此蛇, 蛇入腹中. 郴還聽事, 思惟良久, 顧見懸弩, 必是也. 則使門下史將鈴下侍徐扶輦載宣於故處. 設酒, 杯中故復有蛇, 因謂宣, 此壁上弩影耳, 非有他怪, 宣意遂解. 甚夷懌, 由是瘳平.

≪風俗通・怪異와 鬼神・世間에는 怪異한 것을 보고 놀라며 두려워하다가 스스로 몸이 상하는 자가 많다≫

나의 祖父이신 郴(침)字 어른께서 汲郡의 원님이셨는데 夏至날이라 主簿인 杜宣을 불러보시고 술을 내리셨다. 그때 北쪽 벽에 붉은 색 쇠뇌가 걸려있었는데 술잔에 비치니 모양이 뱀 같았다. 杜宣은 두려웠지만 안 마실 수가 없었다. 그날 가슴과 배가 극심하게 아팠는데 먹고 마시는 것이 힘들었으며 그래서 바짝 말랐고 오만가지 치료를 해 보아도 낫지를 않았다. 후에 郴字 어른께서 일이 있으셔 杜宣의 집을 방문하셨다가 問病하시며 憂患의 까닭을 물으시니 말하기를 그 뱀이 무섭다, 뱀이 뱃속에 들어갔다 하는 것이었다. 郴字 어른께서 廳事 즉 官衙로 돌아오셔 한참 생각하시다 걸려있는 쇠뇌를 보시고는 필시 이것 때문이리라 하시고 心腹의 直屬補佐인 門下史에게 하인 종들을 거느리고 가서 杜宣을 조심조심 부축하여 옛 자리로 옮기게 한 다음 술자리를 베푸셨다. 술잔 속에 여전히 뱀이 있었다. 이에 杜宣에게 말씀하셨다. 그 뱀은 벽 위의 쇠뇌 그림자일 뿐 다른 怪異한 것은 없다네. 杜宣의 의심은 풀렸고 아주 유쾌하여 이로부터 平復되었다.

▷畏惡(외오): 두려워하다. 惡도 懼의 뜻이다. 즉 두렵다는 뜻이다.

▷妨損: 妨은 妨碍, 阻碍, 損은 減少. 즉 먹고 마시는 것이 장애를 받고 줄어들었다는 뜻이다.

▷羸露(이로): 露도 羸와 같은 뜻이다. 파리하다. 마르다. 瘦弱하다.

▷攻治: 攻도 治의 뜻이다. 고치다. 치료하다. 다스리다.

▷愈(유): 병 낫다. 고치다.

▷闚視(규시): 探望하다. 問病하다.

▷聽事: 廳事와 같다. 官衙를 말한다.

▷門下史: 門下掾. 地方의 守令들이 직접 선택한 心腹의 直屬 輔佐官들. 항상 門下에서 待期하므로 이렇게 부른다.

▷鈴下: 侍衛. 하인. 종. 문지기.

▷輦載: 輦(연)은 본래 사람이 끄는 수레를 말한다. 여기에서 발전하여 무엇을 옮기다 나르다의 뜻으로 쓰인다. 載도 싣다, 나르다의 뜻이다. 輦載는 운반하다, 옮기다, 나르다는 뜻이 되겠다.

▷故復有蛇의 故: 여전히. 그대로.

▷宣意遂解의 意: 懷疑. 疑心.

▷夷懌(이역): 夷: 喜悅. 愉快. 懌도 같은 뜻이다.

▷瘳平(추평): 瘳는 병이 낫다. 平은 平復. 平癒. 즉 병이 나아 회복됨이다.

▶庾開府의 〈新月〉 第3·4句는 위의 이야기를 參酌한다면 다음과 같은 풀이가 可能하다.

만약 이 초승달을 술잔 가까이 가서 비치게 한다면 옛날 小心했던 어떤 친구처럼 뱀이 잔속에 들었다고 기겁하지 말 것이며 그냥 시위를 건 활이 비쳤다고 여기면 될 것이다. 초승달, 弩弦, 뱀 다 비슷비슷한데 왜 그렇게 나쁜 쪽으로만 보려한단 말이요. 예끼 못난 친구.

解說

〈초승달〉

≪左傳≫을 보면 晉나라 韓宣子의 玉環 한 벌 중 일부가 가있어 韓宣子를 애태우게 한 鄭나라 商人의 玉環. 그것이 겨우 절반 출현한 모습. 〈陌上桑〉에 나오는 秦羅敷라는 美人이 뽕따러 갈 때 쓰는 바구니의 고리. 그것은 원래 하나가 걸렸는데 이와 같다. 만약 술잔 가까이 가서 그림자 비치게 한다면, 시위를 건 활이 비쳤다고 말할 수 있으리라.

18. 〈和趙王看伎〉

綠珠歌扇薄, 飛燕舞衫長. 琴曲隨流水, 簫聲逐鳳凰.
細縷纏鐘格, 圓花釘鼓牀. 懸知曲不誤, 無事畏周郎.

註

▸綠珠: 晉의 富豪 石崇이 珍珠 세 섬(三石)을 주고 샀다는 미녀. 孫秀가 탐내자 綠珠는 樓閣에서 投身自殺하였고 石崇과 그 一門은 모두 살해되었다.

▸飛燕: 漢 成帝 때 몸 가볍기로 有名한 美女. 손바닥에 올라서서 춤을 출 정도였다 한다. 成帝가 許皇后를 廢하고 皇后로 삼았다.

▸舞衫長: 衫은 본래 홑 웃옷을 가리켰으며 소매가 없었다. 그러나 後世에는 그냥 衣服의 通稱으로 쓰였다. 약간 엉뚱하지만 本詩에서는 옷소매의 뜻으로 보아야 한다. 왜냐하면 ≪史記·范雎蔡澤列傳≫과 ≪韓非子·五蠹≫에서 世間의 俗談을 引用하였는데 "長袖善舞, 多錢善賈. 소매 길면 춤 잘 추고, 밑천 든든하면 당사 잘하지."라 하였기 때문이다. 이 俗談은 명도 길어 現代 中國人士들도 다 알고 있는데 옛날의 器物이나 壁畫를 보면 舞姬가 상당히 긴 소매를 돌리고 감고하는 것을 볼 수 있다.

▸流水: 琴曲中에 〈高山流水曲〉이 있다.

▸鳳凰: ≪風俗通≫에서 "舜임금이 簫를 만들었는데 形狀이 길고 짧고 들쭉날쭉하니, 이것은 鳳凰의 날개를 본뜬 것이다. 舜作簫, 其形參差, 以象鳳翼."라 하였다. 지금의 簫는 洞簫처럼 한 개의 竹管으로 되어 있지만 옛날의 簫는 길고 짧은 여러 개의 竹管을 엮었으며 따라서 새의 날개와 비슷한 모양을 가지게 되었다 한다.

▶鐘格: 鐘簴(종거)와 같다. 종을 매다는 틀이다.

▶鼓牀: 북을 앉히는 난간이 있는 틀. 북을 安置하는 난간 있는 座臺. (앉히다는 安置다?)

➥ 이상의 詩句를 보면 看伎의 內容은 歌·舞·琴·簫·鐘·鼓인 것을 짐작할 수 있다.

▶懸知: 미리 알다. 예상하다. 추측하다.

▶周郎: 三國時代 吳나라의 周瑜를 말한다. ≪三國志·吳書·周瑜魯肅呂蒙傳≫에서 "周瑜는 소싯적에 음악에 專心專力으로 沒頭하였었다. 그래서 三爵 (爵은 발이 셋 달린 술그릇인데 한 되가 들어간다. 따라서 술잔이라 부르기는 좀 난처하다) 석 되를 마신 뒤라도 錯誤가 있으면 반드시 알았고 알았으면 꼭 돌아보았다. 그래서 당시 사람들의 노랫말에 '曲에 잘못 있으면 周郎 이 돌아본다네.'라 하였다. 瑜少精意於音樂, 雖三爵之後, 其有闕誤, 瑜必知之, 知之必顧, 故時人謠曰: '曲有誤, 周郎顧.'"라 하였다.

解說

〈趙王의 歌舞를 감상하는 詩에 和함〉

노래하며 쥔 부채가 얇기도 하여 綠珠 美人인가 여겼고, 춤추며 돌리는 소매가 길기도 하여 飛燕 皇后인가 하였네. 琴曲은 흐르는 물 따라 高山流水曲 彈奏하며, 簫聲이라 鳳凰개 날개 좇아 가지런한 竹管을 吹奏한다네. 鐘틀을 얽은 것은 가늘고 고운 끈이며, 북받침에 박힌 것은 둥글고 둥근 못이네. 잘한다! 曲에는 잘못이 없으리라 내 미리 알겠으니, 周郎을 겁낼 일 전혀 없구나.

19. 〈和趙王看妓〉

長思浣紗石, 空想擣衣砧. 臨邛若有便, 爲說解琴心.

註

▸浣紗石: 빨랫돌. 이 돌이야 천하 坊坊曲曲, 골골샅샅 살림하는 집 있는 마을에는 꼭 있게 마련이건만 이 돌 또한 數가 있고 命이 있어 詩文에 나오는 놈은 春秋時代 越나라 西施가 빨래하던 돌만이 頭角을 나타내고 脚光을 받게 되었으니 나머지 돌들이야 그야말로 돌 팔자인 것을 어찌하랴. ≪太平御覽≫ 卷47에서 晉 孔曄의 ≪會稽記≫를 引用하였는데 "越王 勾踐이 美女를 구하여 吳王에게 바치려 하였다. 그리하여 諸暨縣(제기현) 苧羅山(저라산)에서 땔나무 팔던 西施와 鄭旦을 얻었는데 먼저 土城山에서 各種技藝와 化粧하는 법, 옷 입는 법, 進退周旋 等 行動擧止를 가르치고 익히게 하였다. 산기슭에 돌이 있는데 西施의 빨랫돌이라 한다. 勾踐索美女, 以獻吳王, 得諸暨苧羅山賣薪女西施 · 鄭旦, 先敎習於土城山, 山邊有石, 云是西施浣紗石."이라 하였다.

▸擣衣砧: 옷 다듬는 다듬잇돌. 이 또한 世上 사람 사는 곳에는 다 있는 것이지만 매스콤을 타려면 著名人士와 끈이 닿아야 하는 법. ≪庾子山集≫의 倪璠(예번) 注에 인용된 ≪絶異記≫에 "嵩山의 頂上에 玉女의 비단 다듬는 돌이 있는데 빛나고 깨끗하며 透明하였다. 산 아래 사람들이 말하길 立秋 하루 전 날이면 한 밤중에 늘 다듬잇방망이 소리를 들을 수 있다 한다. 嵩山之上, 有玉女擣帛石, 瑩徹光潔, 山下人曰: '立秋前一日, 中夜嘗聞杵聲.'"라 하였다.

▹瑩徹(영철): 光潔透明.

▹嘗: 常과 통한다."

玉女는 仙女다. 물어보나마나 예쁠 것이다. 그리고 이름난 것으로 荊州 秭歸縣北의 屈原宅 하고도 東北으로 다시 六十里를 가면 女媭廟(여수묘)가 있는데 그곳에 떡하니 있다는 擣衣石이다. 女媭는 屈原의 누님이니 아무래도 아주머니였을 것이다. 그래서 美女의 代稱으로 쓰기에는 좀 거시기 하였지만 李商隱은 〈念遠〉에서 눈 질끈 감고 "牀空鄂君被, 杵冷女媭砧. 잘 생기고 더불어 다정다감한 楚王子 鄂君(악군) 덕에 이름난 이불만 있고 사람은 없어 침상은 텅비었는데, 근심많고 슬픔많은 屈原의 누님인 女媭가 썼던 다듬잇돌은 쓸 일 없어 다듬잇방망이는 싸늘하구나."라 하였다. 鄂君이 봄에 뱃놀이하는데 그에게 반한 越人 뱃사공이 사람을 고백하는 越人歌를 부르자 수놓은 이불로 뒤집어 씌웠다 한다. 좋게 말하면 다정이나 나쁘게 말하면 좀 헤프다. 이후 이불에는 鄂君이 붙어다녔다.

▶臨邛・琴心: ≪史記・司馬相如列傳≫을 보면 梁孝王이 죽자 相如는 故鄕인 蜀땅으로 돌아왔는데 가난하여 살림이 말이 아니었다. 그때 臨邛(임공)땅의 富者로 卓王孫이란 이가 있었는데 家僮만 팔백명이었으니 나머지는 不問可知다. 그의 딸 文君이 막 홀로되어 친정에 와 있었는데 音樂을 좋아하였다. 司馬相如가 以琴心挑之(琴의 소리에 自己의 마음을 담아 집적거리고 꼬드김)하였는데 大成功, 文君은 夜亡奔相如(밤중에 相如에게 도망가버렸다)라. 그리고는 둘이 成都로 내 달렸는데 집은 네벽만 서있어 서발막대 휘둘러도 걸릴 것이 없었다. 文君이 다시 臨邛으로 가자 하였다. 卓王孫은 大怒하여 내 차마 죽이지는 못하지만 돈은 한푼도 줄 수 없다 하였다. 이에 둘은 수레마차를 다 팔아 술집을 열었다. 文君이 직접 술청에 나앉고 相如는 중노미들과 함께 행주치마 걸치고 그릇을 씻었다. 王孫이 듣고는 부끄러워 杜門不出하였다. 일가친척이 모두 말을 하니 부득이 家僮 백명과 百萬錢을 주었다. 둘은 다시 成都로 와서 집과 밭을 사 부자가 되었다. 卓文君은 藝術을 잘 理解

하고 사랑에도 충실한 아주 멋쟁이로 인식되어 詩人들이 즐겨 다루었다. 本詩에서는 지금 눈앞의 이 妓女도 文君만큼 音樂을 잘아는 女人이니, 臨邛에 인편이 있던지 기회가 닿던지 하면 文君 만큼 琴心을 알아낼 또 하나의 멋쟁이가 있으니 말해달라는 것이다. 간단히 정리하면 妓女가 西施와 天上의 玉女 그리고 卓文君을 합친 것 만큼 잘났다는 말이 되겠다. 문제는 알아먹기 힘들게 아주 공들여 작심하고 썼다는 점이다.

解說

〈趙王의 歌舞를 감상하는 詩에 和함〉

긴 긴날 그리워했었지 빨랫돌에 빨래하던 西施를, 부질없이 생각에 잠겼었지 다듬잇돌에 다듬이질하는 玉女를. (이 妓女를 보니 西施·玉女 생각이 다 달아났다네. 게다가 外貌만 보암직한 것이 아니라네, 음률(音律) 또한 잘 안다는군.) 臨邛땅에 형편이 닿고 기회를 얻는다면, 말 전해주시오! 卓文君만큼 琴에 실은 마음 이해하는 이 또 있다고.

＊ 浣紗石을 읊은 詩로는 李白의 作品을 덮을 것이 없다. 여기에서 紹介하겠다.

唐 李白〈送祝八之江東賦得浣紗石〉

西施越溪女, 明艶光雲海. 未入吳王宮殿時, 浣紗古石今猶在.

桃李新開映古査, 菖蒲猶短出平沙. 昔時紅粉照流水, 今日靑苔覆落花.

君去西秦適東越, 碧山淸江幾超忽. 若到天涯思故人, 浣紗石上窺明月.

西施는 越나라 若耶溪의 女人, 선명하며 아름다운 달이 구름바다에서 빛나는 듯. 吳王의 宮殿에 들기 전에, 깁을 빨던 옛 돌이 지금도 있으니. 복사 오얏 새로 피어 물에 뜬 나무토막에 어른대고, 菖蒲는 아직 키 작아도 모래펄에 솟아오르는데. 붉은 연지 흰 분의 고운 얼굴 流水에 비침은 옛날 일이고, 푸른 이끼 깔린 위로 落花가 덮임은 오늘의 정경이네. 그대 서쪽 秦땅 長安을 떠나 동쪽 越땅으로 간다니, 碧山 넘고 淸江 건너 아득한 곳을 어찌

하라! 그 하늘가에 이르러 옛 친구 그립거든, 빨랫돌 위에 밝은 달빛비치면 날인가 여기소서.

▷賦得: 옛사람의 詩句를 따서 詩題로 할 때 앞에 이 두 글자를 붙였다. 科擧보던 時代의 試帖詩는 詩題가 흔히 옛사람의 詩句를 따서 썼기 때문에 題앞에 이 구 글자를 붙였으며 또한 임금의 명에 따라 짓는 應制詩에도 이 두 글자를 붙였다. 詩人들이 모여서 題目을 나눌 때에도 붙였으니 本詩는 여기에 해당될 것이다.

▷越溪: 越나라 안에 개울이 어디 하나 둘 이겠는가? 그러나 越溪하면 美人 西施가 빨래하던 若耶溪라고 굳어진지 오래다. 勿論 異說도 있으나 굳이 캘 필요도 또 알아낼 수도 없는 일이다.

▷明艶光雲海: 卓文君作이라 전해오는 〈白頭吟〉에서 "皚如山上雪, 皎若雲間月. 희고 깨끗하기는 산위의 눈, 맑고 밝기는 구름사이의 달."이라 하였고 陶淵明은 〈擬古〉 九首 其七에서 "皎皎雲間月, 灼灼葉中華. 맑고 밝기는 구름사이의 달, 빛나고 곱기는 잎 가운데 꽃."라 하였다. 우리의 가요 〈홍도야 우지마라〉에서도 "세상은 구름이요, 홍도는 달빛"이라 하였겠다. 本詩에서 明艶은 달이요 西施가 되겠다. 雲海는 구름의 바다. 또한 樹海라는 말도 있으니 나무의 바다라 울창한 삼림의 광활함을 이르는 말이며 다시 人海는 사람의 바다로 수없이 많이 모인 사람을 가리키는 말이다.

▷古査: 査는 楂, 槎와 같다. 뗏목. 浮木, 즉 물위에 떠있는 나무. 古査는 묵은 듯한 오래돼 보이는 물에 뜬 나무토막이다.

▷平沙: 모래펄.

▷紅粉: 紅色 臙脂와 白色粉. 擴大되어 美人을 가리킨다.

▷幾: 어떡하나? 어떻게 할까? 어쩌면 좋으냐?

▷超忽: 아득히 멀다. 까마득하다.

▷天涯: 하늘 가. 하늘 끝. 아득히 먼 곳.

＊ 하는 김에 浣紗女도 한번 보고 지나가자.

唐・王昌齡 〈浣紗女〉

錢塘江畔是誰家, 江上女兒全勝花. 吳王在時不得出, 今日公然來浣紗.

錢塘江邊에 그 누굴까? 강가의 처자(處子) 꽃송이 보다 훨씬 낫고말고 吳王이 살았을 땐 나오지 못하더니, 오늘 거리낌 없이 내놓고 와서 깁을 빠는군.

▷誰家: 何人. 누구.

▷女兒: 女子. 그러나 보통 젊은 미혼의 처녀를 가리킨다.

▷全勝: 훨씬 능가하다. 훨씬 낫다. 훨씬 우수하다.

▷公然: 公開的으로 조금도 거리낌 없이.

＊ 魚玄機의 〈浣紗廟〉도 빼놓을 수 없다.

魚玄機는 唐 武宗・宣宗・懿宗時代의 人物로 약 二十餘年을 살았다. 補闕 李億의 妾이 되었는데 本夫人이 질투하며 용납하지 않자 李億은 그를 道觀으로 보내 女道士로 만들려 하였다. 魚玄機는 원망 끝에 "易求無價寶, 難得有心郎. 값을 매길 수 없는 보물 구하기는 쉬워도, 중심이 뚜렷하게 있는 서방 만나기는 어려워."라는 名句를 남겼다. 溫庭筠・李郢과 같은 當時의 名詩人들과 酬唱하였는데 後에 罪를 지어 斬刑에 처해졌다 한다.(世界書局 ≪中國文學家大辭典≫에서)

唐・魚玄機〈浣紗廟〉

吳越相謀計策多, 浣紗神女已相和. 一雙笑靨纔回面, 十萬精兵盡倒戈.

范蠡功成身隱遯, 伍胥諫死國消磨. 只今諸暨長江畔, 空有青山號苧羅.

吳나라와 越나라가 죽자 사자 서로 圖謀하니 計策도 가지가지, 깁을 빨던 仙女도 어느새 거기에 어울리게 되었다. 막 한 쌍의 보조개 핀 얼굴을 돌리자마자, 십만의 정예부대 모두 창을 거꾸로 끌고 물러났다. 越나라의 范蠡(범려)는 功을 이룬 뒤 그 몸을 숨겼는데, 吳나라의 伍子胥는 忠言끝에 죽고 나라는 滅亡했다. 지금 諸暨고을 長江의 물가, 허무하게 苧羅라는 이름의 푸른 산만 남아있다.

▷神女: 仙女.

▷笑靨(소엽): 보조개. 웃는 얼굴.

▷回面: 얼굴을 돌려 상대방을 보다.

▷倒戈: ① 창을 거꾸로 돌리다. 즉 배반하다. ② 무기를 거꾸로 끌고 가다.

즉 敗走함. ③ 무기를 거꾸로 돌려 놓아버리다. 다시는 무기를 쓰지 않고 평화를 구가함.

20. 〈慨然成詠〉

新春光景麗, 遊子離別情. 交讓未全死, 梧桐唯半生.
値熱花無氣, 逢風水不平. 寶雞雖有祀, 何時能更鳴.

註

▸遊子: 自身은 南朝·梁나라 사람인데 지금 北朝·周의 長安에 살고 있다는 말씀.

▸交讓: 나무의 이름. 두 가지 說이 있으나 신빙성 없기는 하나다. ① 左思 〈蜀都賦〉의 劉逵 注에서 "交讓, 木名也. 兩樹對生, 一樹枯則一樹生, 如是歲更, 終不俱生俱枯也. 交讓은 나무 이름이다. 두 나무가 마주 향하고 사는데 한 나무가 마르면 한 나무는 싱싱하다. 이렇게 해마다 바뀌는데, 끝끝내 함께 싱싱하거나 함께 마르지는 않는다"라고 하였다. ② 南朝·梁·任昉의 ≪述異記≫에서 "黃金山有楠樹, 一年東邊榮西邊枯, 後年西邊榮東邊枯, 年年如此. 張華云: '交讓樹也.' 黃金山에 楠樹가 있는데 일년은 동쪽이 무성하고 서쪽이 마르며 다음 해에는 서쪽이 무성하고 동쪽이 마르는데 해마다 이렇게 된다. 張華가 交讓樹라 말했다."라 하였다. 결국 한 그루에서 생긴 일이냐 두 그루에서 발생한 사건이냐의 차이는 있으나 서로 繁榮·茂盛을 辭讓·讓步한다는 뜻은 같은 것이다.

▸半生梧桐: 漢·枚乘의 〈七發〉에서 "龍門之桐, 高百尺而無枝,……上有千仞之峯, 下臨百丈之谿.……其根半死半生……. 龍門山의 梧桐 높이는 百尺인데 가지는 없다……. 위로는 千仞의 봉우리가 있고 밑으로는 百丈의 계곡에 臨하였다.……그 뿌리는 반은 죽고 반은 살았다……"라 하였다. 半死半生의 梧桐은 이로부터 매스콤을 탔나보다. 庾信의 아버지인 庾肩吾도 〈春日〉 詩에서 "水映寄生竹, 山橫半死桐. 물에는 漢의

東方朔이 〈七諫〉에서 읊은 江潭에 얹혀사는 대가 비치고 산에는 漢의 枚乘이 〈七發〉에서 노래한 半生半死의 梧桐이 가로지르고 있다."라 했으니 말이다.

▸無氣: 氣는 香氣도 되고 生氣·活氣도 된다. 꽃의 향기는 의례 새벽과 저녁에 강하다. 그리고 더위를 만나면 당연히 꽃은 생기가 없고 시들어지니 生氣·活氣의 뜻도 가능하다.

▸寶雞: 옛날 전설속의 신령한 닭. 이것을 얻으면 王霸之業을 이룬다고 하였는데 陝西省 寶雞縣은 여기에서 그 고을의 이름이 생긴 것이다. ≪太平廣記≫에서 張華의 ≪列異傳·陳倉·寶雞≫를 인용하였는데 그 內容은 秦穆公때에 숫컷을 얻으면 王者가 되고 암컷을 얻으면 霸者가 된다는 寶雞가 있었는데 穆公은 그 암컷을 얻었단다. 그것이 변하여 돌이 되었고 文公때에 祠堂을 세우고 陳寶라 이름하였다 한다. 近來 學者들의 研究한 바에 따르면 그 지역에서는 닭을 토템(totem)—未開社會에서 部族이나 氏族과 特別한 血緣關係가 있다고 믿어 神聖하게 여기는 特定한 動植物 또는 自然物—으로 하였다 한다. 아마도 맞는 말일 것이다. 漢 宣帝가 民間에서 皇帝로 登極한 뒤에 方士들이 益州에 金馬·碧雞가 있어 祭祀지내면 오게 할 수 있다 하여 王褒를 보내 祭祀지내게 하였다 한다. (≪漢書·王褒傳≫에 나옴.) 이것은 말모양의 金과 닭형상의 碧인데 이 또한 토템이라고 말들한다.

解說

〈마음 깊은 곳에서 배어나오는 감정으로 한 수 완성하다〉

새로 맞는 봄이라 풍경은 아름다우나, 떠도는 몸이라 이별의 슬픔만 있다네. 交讓나무처럼 다 죽지는 않았다 해도, 龍門의 梧桐인가 오직 절반만 살아있다네. 더위만나 꽃은 향기가 없으며, 바람일어 물은 잔잔하지 않다네. 신령한 닭을 모시는 사당은 지금도 있건만, 언제 나에게 새로운 날이 온다고 울어주겠는가?

21. 〈寄王林〉

玉關道路遠, 金陵信使疏. 獨下千行淚, 開君萬里書.

註

▸王林: 南朝 梁의 忠臣. 南朝 陳에 對抗하여 奮戰하였으나 결국 敗死하였다.

▸玉關: 玉門關. 自身이 長安에 抑留됨은 마치 먼 玉關에 戍자리 사는 것 같다는 말이다.

▸信使: 使臣. 使者. 使命을 받들어 派遣되나 또한 消息 書信을 전해주는 사람이라 信을 붙여 쓴다.

解說

〈王林에게 부치다〉

西北의 玉關 길은 아득한데, 東南의 金陵 使臣은 드물다. 홀로 다만 천 줄의 눈물을 흘림은, 그대 萬里 밖 편지를 뜯었기 때문이다.

22. 〈重別周尙書〉 二首 其一

陽關萬里道, 不見一人歸. 惟有河邊雁, 秋來南向飛.

註

▶周尙書: 周弘正. 南朝 陳의 尙書右僕射. 열 살 때 ≪老子≫, ≪周易≫에 通達, 占을 잘 쳤다 한다.

▶陽關: 玉門關과 함께 燉煌附近의 關門이름. 自身의 長安 抑留를 여기에 빗댄 것임.

解說

〈또 다시 周尙書와 이별하며〉

陽關이라 萬里길, 한 사람도 돌아감을 볼 수 없다. 다만 강가의 기러기, 가을되면 남으로 나누나.

23. 〈擬詠懷〉 二十七首 其七

榆關斷音信, 漢使絶經過. 胡笳落淚曲, 羌笛斷腸歌.
纖腰減束素, 別淚損橫波. 恨心終不歇, 紅顔無復多.
枯木期塡海, 靑山望斷河.

註

▶榆關: 榆塞. 山海關이라고 하기도 하나 邊塞의 泛稱으로 쓰인다.

▶經過: 往來. 交際. 去來.

▶胡笳: 管樂器의 한 種類. 西北方의 樂器라 胡를 붙였다.

▶羌笛: 管樂器의 한 種類. 西北쪽 羌人들의 樂器라 羌이 붙었다.

▶束素: 묶은 흰 비단. 女人의 가는 허리를 말한다. 戰國 楚 宋玉의 〈登徒子好色賦〉에서 "腰如束素, 齒如含貝. 嫣然一笑, 惑陽城, 迷下蔡. 허리는 묶은 흰 비단 같고, 이는 자개를 문 듯. 쌩긋 웃으면 陽城과 下蔡의 사람들이 홀리네."라 하였다.

▶橫波: 女人의 秋波를 보내는 것이 물이 橫流함 같다는 것. 本詩에서는 橫波目의 준말이다. 李白의 〈長相思〉 二首 其二에서 "昔時橫波目, 今作流淚泉. 옛날 추파 던지던 눈이 지금은 흐르는 눈물의 샘이 되었구나."이라 하였다.

▶多: 낫다. 우수하다. 칭찬하다. 중시하다.

▶塡海(전해): ≪山海經≫에 精衛라는 새가 나오는데 本來 炎帝의 딸인데 東海에서 놀다가 溺死하여 된 것이라 한다. 이 새는 西山의 돌과 나무를 물어다 東海를 메우려한다는 것이다. 陶淵明은 〈讀山海經〉 十三首 其十에서 "精衛銜微木, 將以塡滄海. 精衛는 작은 돌 나무 물고는 그것으로 바다를 메우려 한다."라 하였다.

▸望斷: 먼 곳에서 보이지 않는 곳까지 줄곧 바라 봄.

➥ 한 首의 詩에 斷字를 세 번 쓴 것이 意圖的인지 失手인지……. 한번 생각을 해보시오.

解說

〈阮籍의 詠懷詩를 본뜸〉 其七

邊方에 수자리 사는 將卒들:

이 먼 榆關에 故鄕의 소식은 끊어지고, 故國 使臣의 往來도 다시는 없구나. 胡笳는 눈물 떨구게 하는 曲을 불러주고, 羌笛은 애 끊게 하는 노래를 연주하네.

邊方으로 님 보낸 閨中의 아낙들:

가늘어진 허리는 묶은 비단을 더 덜어낸 듯하고, 이별 때문에 흘리는 눈물은 秋波 던지던 눈을 상하게 하네. 한탄하는 마음 끝내 다할 길 없으니, 홍안의 곱던 얼굴 옛 모습 가셨구나.

將卒과 아낙:

아! 양쪽의 바람은 돌과 나무로 바다를 메우려는 가엾은 새와 같은가? 靑山을 그리지만 아무리 애써도 강물만 보이니.

24. 〈擬詠懷〉二十七首 其十一

搖落秋爲氣, 淒涼多怨情. 啼枯湘水竹, 哭壞杞梁城.
天亡遭憤戰, 日蹙値愁兵. 直虹朝映壘, 長星夜落營.
楚歌饒恨曲, 南風多死聲. 眼前一杯酒, 誰論身後名.

註

▸搖落: 戰國 楚 宋玉의 〈九辯〉은 "悲哉! 秋之爲氣也. 蕭瑟兮, 草木搖落而變衰. 슬프다! 天地를 덮는 가을의 氣여. 바람은 휘휘 쏴쏴 불고 草木은 零落하고 시든다."라고 始作된다.

▸啼枯: 晉 張華 ≪博物志≫에서 "堯之二女, 舜之二妃, 曰湘夫人, 帝崩, 二妃啼, 以涕揮竹, 竹盡斑. 堯임금의 두 따님은 舜임금의 두 妃인데 湘夫人이라 한다. 舜임금이 죽자 두 妃가 울며 눈물을 대에 뿌리니 대가 모두 얼룩이 졌다."라 하였다. 오늘날 斑竹, 瀟湘斑竹(소상반죽)이라고 하는 대가 있는데 줄기에 茶褐色의 斑點 즉 얼룩이 있는 것을 말한다.

▸哭壞: 春秋時代 齊 莊公 四年 齊가 莒(거)를 습격하였는데 齊의 大夫 杞梁(기량)이 戰死하였다. 그의 아내가 郊外에서 靈柩를 맞이할 때 슬프게 통곡하니 城이 무너졌다 한다. 漢 劉向의 ≪列女傳 · 齊杞梁妻≫에서 "杞梁之妻無子, 內外無五屬之親. 旣無所歸, 乃枕其夫之屍于城下而哭, 內誠動人, 道路過者莫不爲之揮涕. 十日而城爲之崩.

▸五屬: 五服안의 親族. 즉 참최(斬衰), 자최(齊衰), 대공(大功), 소공(小功), 시마(緦麻)를 가리킨다.

▸枕: 臥. 睡.

▸內誠: 속에 간직한 誠信. 杞梁의의 아내는 아들이 없었으며 안팎으로는 五服의 親族도 없었다. 돌아갈 곳이 없으니 남편의 시신을 城 아래에

놉히고 곡을 하였다. 속에서 우러나오는 진정이 사람을 감동시켜 길 지나던 사람들 중 눈물을 뿌리지 않는 자 없었다. 열흘 뒤 城이 그 때문에 무너졌다."이라 하였다. ≪禮記・檀弓下≫, ≪孟子・告子下≫에서도 이를 다루었는데 조금씩 차이가 난다.

▶天亡: ≪史記・項羽本紀≫에서 "吾起兵至今八歲矣, 身七十餘戰, 所當者破, 所擊者服, 未嘗敗北, 遂霸有天下. 然今卒困於此, 此天之亡我, 非戰之罪也.……내가 起兵하여 오늘까지 팔년이 되었는데 직접 칠십여 전투를 치렀다. 맞닥치면 격파했고 공격하면 굴복시켜 패배한 적 없었으니 드디어 天下의 霸王이 되었다. 그러나 지금 猝地에 여기에서 困境에 빠지니 이것은 하늘이 나를 망하게 함이며 싸움을 잘못함은 아니다.……"라 하였다.

▶日蹙(일축): 하루 하루 緊迫하여 짐.

▶直虹: 長虹. 긴 무지개. 祥瑞롭지 못한 不吉한 徵兆. 庾信은 〈哀江南賦〉에서도 "直虹貫壘, 長星屬地. 긴 무지개 堡壘를 꿰고, 巨大한 별 땅으로 들다."라 하였다.

▶長星: 巨星. 三國 蜀 諸葛亮이 軍中에서 죽기 전에 長星이 그의 營寨에 떨어졌다. 大將의 죽음・敗亡을 나타낸다.

▶楚歌: ≪史記・項羽本紀≫에서 "項王軍壁垓下, 兵少食盡, 漢軍及諸侯兵圍之數重. 夜聞漢軍四面皆楚歌, 項王乃大驚曰: '漢皆已得楚乎? 是何楚人之多也.……' 項王의 軍隊가 垓下에 營寨를 세웠는데 兵士는 적고 食糧은 다 떨어졌다. 漢軍과 諸侯들의 軍隊가 몇겹으로 包圍하였다. 밤중에 漢軍이 四方에서 楚땅의 노래를 부르는 것을 들었다. 項王이 이에 크게 놀라 漢이 이미 楚를 다 얻었단 말인가? 어찌 이렇게 楚人이 많단 말인가 하였다."라 하였다.

▶南風: ≪左傳・襄十八年≫에 "晉人聞有楚師, 師曠曰: '不害, 吾驟歌北風, 又歌南風, 南風不競, 多死聲, 楚必無功.' 晉나라 사람들이 楚나

라가 軍事를 일으킨다 들었다. 師曠이 말하기를 '害로울 것 없다. 내가 누차 北方의 曲調를 불러보고 또 南方의 曲調를 불러 보았는데 南方의 曲調가 强하지 못하고 죽음을 띤 소리가 많았으니 楚나라는 功을 세우지 못할 것이다.'"라 하였다.

▷驟(취): 屢次.

▷競: 强盛. 强勁.

▶眼前: ≪世說新語・任誕≫에 "張秀鷹縱任不拘, 時人號爲江東步兵. 或謂之曰: '卿乃可縱適一時, 獨不爲身後名耶?' 答曰: '使我有身後名, 不如卽時一杯酒.'

▷步兵: 步兵校尉를 지낸 竹林七賢의 대표격인 阮籍. 그는 벼슬이고 명예고 다 아랑곳하지 않았는데 步兵部隊의 炊事場 담당자가 술을 잘 담그고 삼백 섬의 술을 저장했다 듣자마자 步兵校尉자리를 달라하여 가서는 다 마셔버렸다 한다.

▷獨: 豈. 어찌.

▷身後: 死後.

▷使: 假使. 假令.

▷卽時: 卽刻. 當場. 張翰은 마음 내키는대로 하며 禮法에 拘束받지 않아 당시 사람들이 江東의 阮籍이라 불렀다. 어떤 사람이 그에게 그대가 한 때 마음껏 기분좋게 사는 것은 좋으나 어찌 죽은 뒤의 명예는 생각하지 않는가 하였다. 대답하길 가령 죽은 뒤의 명예가 있다해도 당장(當場)의 한 잔 술만 못하지 하였다."

▶誰論: 誰管. 不管之義. 관계하지 않다. 간섭하지 않다. 돌보지 않다.

解說

〈阮籍의 詠懷詩를 본뜸〉 其十一

가을의 天地를 덮는 氣는 萬物을 零落하게 하니, 淒涼하며 哀怨의 감정이 깊어진다. 가신 님 생각하며 湘江에 뿌리는 눈물 대나무를 마르게 하고, 戰死한 남편 杞梁을 두고 통곡하니 울음소리는 성벽을 무너뜨린다. 人力으로는 어쩔 수 없다. 하늘이 망하게 하니 억울한 전투에 걸려들고, 아무리 애써도 나날이 緊迫하여지니 시름하는 兵士들만 마주친다. 아침, 긴 무지개 堡壘에 비치고, 밤, 거대한 별 營寨에 떨어진다. 楚歌는 怨恨의 曲調가 하고 하며, 南方의 노래는 死亡을 象徵하는 소리가 많기도 많다. 눈앞의 한 잔술이 제일이니, 죽은 뒤의 명성을 어찌 상관하랴!

25. 〈擬詠懷〉二十七首 其十四

吉士長爲吉, 善人終日善. 大道忽云乖, 生民隨事蹇.
有情何可豁, 忘懷固難遣. 麟窮季氏罝, 虎振周王圈.
平生幾種意, 一旦銜風卷.

註

▸吉士: 賢人. 男子의 美稱. 吉은 善, 美, 吉祥의 뜻으로 쓰인다.

▸終日: 오래도록 즉 良久의 뜻이다.

▸大道: ① 正道, 常理니 最高의 治世原則이다. ② 自然의 法則을 말한다.

▸忽云의 云은 뜻 없는 語助辭다.

▸乖(괴): 어긋나다. 위배되다.

▸生民: 百姓. 人民.

▸隨事: ① 時間의 推移에 따라. ② 언제 어디서나.

▸蹇(건): ① 굼뜨다. 느리다. ② 周易의 卦名. 험준한 곳에서 고생하는 象임.

▸豁: 확 트이다. 활짝 열리다. 豁達하다 즉 명랑하고 속이 넓고 너그럽다.

▸遣: 버리다. 怨恨, 憤怒 따위를 풀다.

▸麟窮: ≪左傳·哀公十四年≫에 "十四年春, 西狩於大野, 叔孫氏之車子鉏商獲麟, 以爲不祥, 以賜虞人, 仲尼觀之, 曰麟也. 然後收之. 十四年 봄 서쪽의 大野란 곳에서 사냥했는데 叔孫氏의 馬夫인 자서상(子鉏商)이 麒麟을 잡았다. 상서롭지 못하다고 여겨 그것을 山林과 川澤을 관장하는 虞人에게 주었다. 孔子가 자세히 살피더니 麒麟이라 하고 거두었다."라 하였나. 以上을 보면 季氏罝 대신에 叔孫罝라 해야 할

것이다.

▶罝(저): 그물. 짐승 특히 토끼 잡는 그물을 말한다.

▶虎振: ≪穆天子傳≫에 "有虎在於葭中, 天子將至, 七萃之士曰高奔戎請生搏虎, 必全之, 乃生搏虎而獻之天子. 天子命爲柙, 而畜之東虢, 是曰虎牢. 호랑이가 갈대 덤불 속에 있는데 天子가 도착하려 하니 禁衛軍인 七萃의 武士인 高奔戎이 산채로 호랑이를 잡겠다하여 꼭 온전하게 하라하니 이에 산채로 호랑이를 잡아 天子에게 바쳤다. 天子가 우리를 만들어 東虢땅에서 기르도록 하니 이곳이 바로 虎牢땅인 것이다."라 하였다.

▷葭(가): 갈대.

▷七萃(칠췌): 周나라 天子의 禁衛軍. ≪穆天子傳≫의 郭璞 注에 의하면 萃는 集, 聚, 즉 모으다, 모이다는 뜻이니 智力있는 者들을 모아서 임금의 爪牙(즉 발톱과 엄니의 뜻으로 守護, 護衛하는 武士의 代稱이 된다)로 삼았다는 것이다.

▷搏: ① 치다. 때리다. ② 잡다. 덮치다.

▷柙(합): 우리.

▷東虢(동괵): 地名.

▷虎牢(호뢰): 호랑이 우리가 본뜻인데 地名이 되었다.

▶振: 본래 ① 떨치다. ② 움직이다. ③ 떨다의 뜻이나 여기에서는 발버둥치다, 몸부림 치다는 뜻으로 쓰였다.

▶衝風: 暴風. 猛烈한 바람.

解說

〈阮籍의 詠懷詩를 본뜸〉 其十四

賢者는 길이 賢明했고, 善人은 오래도록 善良했다. 大道가 느닷없이 어긋나고 부터, 백성의 삶은 시간이 갈수록 어려워졌다. 感情이 있는데 어떻게 속이 탁 트일 수 있으며, 근심을 잊자하나 참으로 풀기 힘들었다. 麒麟은 魯 나라 季氏의 그물에서 끝장났고, 호랑이는 周나라 天子의 우리에서 몸부림 쳤다. 평소의 가지가지 意志, 意圖, 하루아침에 猛烈한 暴風이 말아 가버렸다.

26. 〈擬詠懷〉 二十七首 其十八

尋思萬戶侯, 中夜忽然愁. 琴聲遍屋裏, 書卷滿牀頭.
雖言夢胡蝶, 定自非莊周. 殘月如初月, 新秋似舊秋.
露泣連珠下, 螢飄碎火流. 樂天乃知命, 何時能不憂.

註

▸尋思: 깊이 생각하다. 곰곰이 생각하다. 이모저모로 궁리하다.

▸萬戶侯: 食邑 — 임금이 신하에게 대대로 누리라고 떼어준 封地. 그곳의 租稅를 가지고 부유한 생활을 자자손손 영위하라는 것이다 — 이 萬戶인 封侯. 대체로 武功을 세운 경우에 萬戶侯에 봉해진다. ≪史記 · 李將軍列傳≫에서 "惜乎, 子不遇時! 如令子當高帝時, 萬戶侯豈足道哉. 아깝다, 그대가 때를 못 만났음이여! 만약 그대가 高帝時에 살았다면 萬戶侯는 말할거리도 못 되었으리."라 하였다. 書生 文人들은 대개 自嘲的으로 이것을 썼다.

예를 들겠다.

ⓐ 唐 · 李賀 〈崇義里滯雨〉

落漠誰家子, 來感長安秋. 壯年抱羈恨, 夢泣生白髮.

……憂眠枕劍匣, 客帳夢封侯.

누구인가? 零落한 몸으로 長安의 가을을 느끼는 이는. 한창나이에 나그네의 설움을 안고, 꿈속에서 울었네. 하얗게 센 머리칼 보고……칼 상자 베고 시름 차 잠들면, 旅舍의 커튼 아래 萬戶侯되는 꿈꾼다네.

ⓑ 唐 · 李商隱 〈驕兒詩〉

……兒當速成大, 探雛入虎窟. 當爲萬戶侯, 勿守一經帙.

……애야 어서 빨리 커라. 그래서 호랑이 굴에 들어가 새끼를 잡아라. 그리하여 萬戶侯에 봉해져야지. 죽자사자 經典 한 帙 끼고 있지 말아라.

▷探雛入虎窟: ≪後漢書・班梁列傳≫에서 "班超曰: '不入虎穴, 不得虎子.' 班超가 말했다. 호랑이 굴에 들어가지 않으면, 호랑이 새끼를 잡을 수 없다."라 하였다.

▷守一經: ≪漢書・韋賢傳≫에서 "故鄒魯諺曰: '遺子黃金滿籯, 不如一經.' 그래서 孟子의 고향인 鄒땅과 孔子의 고향인 魯땅의 속담에 자식에게 황금 한 바구니 남기는 것은 經典 한 질 주는 것만 못하다 했다."이라 하였다. 지금 李商隱은 이것을 뒤집어 말한 것인데 亂世에 푸대접받는 文士의 憤怒를 이렇게 표현했을 뿐이다.

▶書卷: 木簡이나 竹簡을 엮은 것이 冊이다. 비단, 종이 두루마리로 된 것은 두루마리 책이라 하여 書卷이라 하였다.

▶雖言의 言은 헤아리다. 알다는 의미임.

▶夢 胡蝶: ≪莊子・齊物論≫에서 "昔者莊周夢爲胡蝶, ……不知周之夢爲胡蝶, 胡蝶之夢爲周與? 周與胡蝶, 則必有分矣. 此之爲物化. 예전에 莊子는 꿈에 나비가 되었다……莊周가 꿈에 나비가 된 것인지 나비가 꿈에 莊周가 된 것인지를 모르겠다. 莊周와 나비는 분명 차이, 다름이 있으니 이것을 形象의 變幻이라 하는 것이다."라 하였다.

▶殘月: ① 그믐달. ② 새벽에 지려는 달.

▶初月: ① 초승달. ② 막 돋는 달.

▶新秋云云: 李賀가 그대로 써먹었다. 李賀〈莫種樹〉"園中莫種樹, 種樹四時愁. 獨睡南窗月, 今秋似去秋. 아서. 뜰에 나무 심지마! 나무 심으면 봄・여름・가을・겨울이 시름겨워. 외로이 잠자면 남창에 달이 뜨고, 이번 가을도 지난 가을 같아."

▶樂天知命: 天道가 按排해준 것을 즐겁게 따르고 運命이 정해준 몫・分數를 편안하게 지키는 것이라고 일러왔다. ≪易・繫辭上≫에서 "樂天知命, 故不憂. 樂天知命하니 그래서 근심이 없다."라 하였는데 孔穎達의 疏에서 "順天道之常數, 知性命之始終, 任自然之理, 故不憂也.

天道의 一定한 法則에 따르고, 生命의 시작과 끝남은 알며, 自然의 이치에 맞기니, 그래서 근심이 없다."라 하였다. 그러나 支配層은 이것을 巧妙하게 活用, 百姓들에게 現狀에 安住하며 本分을 지키라고 强調하였다.

解說

〈阮籍의 詠懷詩를 본뜸〉 其十八

곰곰이 萬戶侯를 생각해보니, 밤중에 느닷없이 시름 찬다. 맑은 琴의 소리 집안을 두루 채우고, 말린 冊 두루마리 침상의 머리맡에 가득할 뿐. 비록 사람이 꿈속에 나비되고 나비가 꿈속에 사람 된다고 머리로는 헤아리지만, 필경 본래부터 莊周같이 死生을 度外視하고 萬物의 無窮한 變化를 몸으로 느끼지는 못한다. 그믐달은 초승달 같고, 새로 맞는 가을은 지나간 가을과 같고……, 이슬이 눈물지네! 꿴 구슬이 떨어지듯, 반딧불이가 나는군! 바스러진 불이 흐르는 듯. 하늘이 마련한 것을 즐겁게 따르고 운명이 정해준 몫을 지키면 된다는데, 나 언제나 그렇게 하여 근심이 없을런지.

27. 〈擬詠懷〉二十七首 其二十四

> 無悶無不悶, 有待何可待. 昏昏如坐霧, 漫漫疑行海.
> 千年水未清, 一代人先改. 昔日東陵侯, 惟有瓜園在.

註

▶無悶: 세상을 버리고 홀로 살던가, 혹은 감투를 나라에 반납하고 退休하여 사는 사람의 苦惱・煩悶이 없음을 말한다. ≪易・乾≫: "初九曰……遯世無悶, 不見是而無悶, 樂則行之, 憂則違之.……初九에 가로되……세상을 떠나 숨어 살아 苦惱가 없으며 옳다고 여겨지지 않아도 煩悶하지 않는다. 즐거우면 나아가 행하지만, 근심되면 세상을 떠나는 것이다.……" 倪璠의 注에 "無悶無不悶"은 "不隱不仕"를 말함이다 하였다. 隱居함도 아니요 出仕함도 아니라는 말인데 알아듣기 쉽게 말한다면 隱居하고 싶어도 안 되고 出仕하기 싫어도 그렇게 못하는 自身의 進退兩難 어정쩡한 處地를 이 句로 나타낸 것이다.

▶有待: 倪璠은 "有待何可待"는 梁나라의 興盛을 기대했으나 梁은 도리어 망했다는 말이란다. 그러나 다른 해석도 가능하다. ≪莊子・逍遙遊≫에 "夫列子御風而行, 泠然善也, 旬有五日而後返. 彼於致福者, 未數數然也. 此雖免乎行, 猶有所待者也. 列子가 바람을 타고 떠가니 가볍고 거침없어 근사한데 열흘하고도 닷새 만에 돌아온다. 그는 또한 福祿을 얻으려고 아등바등하지 않는다. 그러나 이것은 步行을 면한 것일 뿐 결국 의지하고 期待하는 것이 있는 것이다."라 하였다. 庾信은 이것을 뒤집어 使用한 듯하다. 列子의 시원하고 거침없는 出遊도 完全함은 못 된다 하였으나 自己는 그것 정도면 대만족이라는 것이다. 列子가 비록 精神의 自主, 心靈의 安閑을 못 이루었다고 하나 이 잡답

(雜沓), 훤효(喧囂)의 世間을 떠나 잠시나마 호호탕탕(浩浩蕩蕩)한 蒼穹을 날 때의 그 爽快함이 부럽다는 말이다. 정리해 보자. 依支하고 期待함이 있어도 상관없다. 最善이 아닌 次善도 지금의 抑留·拘束을 벗어나 잠깐의 解放을 누릴 수 있게 해 준다면 말이다. 그러나 그런 依支·期待도 어떻게 손에 넣을 수 있단 말인가?

▸昏昏: 어둑어둑하다. 어둠침침하다. 음침하다.

▸漫漫: 끝없다. 가없다. 一望無際.

▸疑: 似, 如와 같다. 第3句의 如와 第4句의 疑는 互文이다.

▸千年水未淸: 黃河는 흐리기로 이름났으며 이것이 맑아지면 泰平의 兆朕이요 昇平의 象徵이라 하였다. 그래서 "河淸", "河淸三日"이라는 말이 생겨나게 되었다. 倪璠의 注에서 ≪易·緯乾鑿度≫ 卷下를 引用하였다. 가라사대 "聖人受命, 瑞應先見於河. 河水先淸, 淸變白, 白變黑, 黑變黃, 各三日. 聖人이 天命을 받으면 瑞應(즉 天下를 다스리는 聖人·帝王이 德을 쌓아 時代가 淸平해지면 하늘에서 祥瑞를 내려주어 여기에 應하게 하였으니 이를 瑞應이라 하느니라)이 먼저 黃河에 나타난다. 黃河의 물이 먼저 맑아졌다가 다시 白色으로 바뀌고 다시 黑色으로 변하며 또 黃色이 되는데 각각 사흘씩 그 색을 維持하느니라"이라 하였다. 이 때문에 "河淸三日"이라 하는 것이다. 그런데 이것은 期限까지 정해져 있고 淸·白·黑·黃으로 五色玲瓏은 못 돼도 자못 多彩하며 또한 信憑性에 문제가 있어 그냥 "河淸"이라고 두루뭉수리로 쓰는 것이 一般化되었다. 漢·張衡의 〈歸田賦〉에서 "徒臨川以羨魚, 俟河淸乎未期. 빈 손으로 냇물에 다가가 고기를 탐내고 黃河 맑아지기 기다리니 기약은 없다."라 하였다. 또한 옛날부터 전해오기를 黃河는 千年에 한번 맑아진다 하였다. 그래서 "河淸"은 만나기 어려운 時機도 뜻하게 되었다. 三國·魏·王粲은 〈登樓賦〉에서 "惟日月之逾邁兮, 俟河淸其未極. 아아! 해와 달은 흘러만가는데, 黃河 맑아지기를 기다리니 끝이

없구나."이라 하였다.

▸一代: 一世. 三十年을 말한다.

▸人: 人事. 즉 사람이 살며 接觸하는 一切의 社會現象.

▸東陵侯: 秦・漢時代의 邵平. 東陵瓜로 이름이 났다. ≪三輔黃圖・都城十二門≫에서 "長安城東出南頭第一門曰霸城門……或曰青門, 門外舊出佳瓜. 廣陵人邵平爲秦東陵侯, 秦破, 爲布衣, 種瓜青門外, 瓜美, 故時人謂之東陵瓜. 長安城에서 동으로 나가 남쪽의 첫번째 문이 霸城門이다……青門이라고도 하는데 문밖에서 옛날에 좋은 외가 나왔다. 廣陵사람 邵平은 秦의 東陵侯가 되었는데 秦이 망하자 布衣가 되고 말았는데 青門밖에 외를 심었다. 그 외가 훌륭하여 당시 사람들이 東陵瓜라 불렀다."라 하였다. 世上에는 青門瓜라는 이름으로도 잘 알려졌다.

解說

〈阮籍의 詠懷詩를 본뜸〉 其二十四

隱居하여 苦惱가 없는 듯하나 同時에 出仕하여 煩悶하지 않음이 없는 듯하며, 依支・期待할 것이 있기를 바라나 그렇다고 依支・期待할 것이 또 어떻게 이루어지겠는가? 어둠침침함이여! 안개 속에 앉아있는가? 가없이 아득함이여! 바다 위를 가는가? 千年에 한번 맑아져 태평을 상징한다는 황하 물은 그대로인데, 一代 三十年에 人間世上事가 먼저 바뀌었네. 옛날에는 東陵侯라 높은 爵位 누리더니, 지금에는 다만 외밭만 가졌구나.

＊〈詠懷詩〉는 阮籍의 作品이다. 지금 전해지기로는 四言體가 三首, 五言體가 八十二首다. 그는 魏・晉의 交替期라는 亂世에 살아 언제나 아슬아슬하고 조마조마한 心情으로 一生을 보냈다. 斷乎하고 確實하게 立場을 밝히자니 목숨이 위태롭고 그렇다고 강한 新勢力에 붙자니 良心과 義理가 許諾하지를 않았을 것이다. 그는 世俗의 規範을 無視하고 禮節을 度外視

하던 竹林七賢中에서도 內心의 矛盾이 가장 많았으며 따라서 苦痛도 가장 심하였다고 보여진다. 그는 〈詠懷詩〉를 지어 自己의 心思를 寄託하였는데 워낙 隱晦하여 딱 부러지게 무엇이라고 말하기는 어렵다. 葉慶炳先生의 ≪中國文學史≫에서는 八十二首의 內容을 다음과 같이 要約・整理하였다. ① 時政을 諷刺하고 비꼼. ② 人生을 탄식함. ③ 老子・莊子를 높이 기림. ④ 仙界를 그리워 함. 以上이다. 좋게 말하면 幽思를 그렸다던가, 旨趣가 淵放하다던가 情思를 八荒의 밖에 寄託했다던가 하겠지만 나쁘게 말하면 筆端에 情懷를 부치고 싶기는 한데 목숨 또한 아까운지라 알쏭달쏭하고 기연가미연가하게 그려놓은 것이 되겠다.

庾信이 波瀾萬丈한 一生을 보낸 시기는 阮籍 當時의 亂世보다 더욱 滋甚한 南北朝時代 — 이때에는 南과 北의 對決뿐 아니라 南에서도 王朝가 交替되고 北에서도 또한 興亡이 無常한 시절이라 知識人들은 그야말로 안팎곱사등이처럼 處身하기가 아주 어려웠다. — 였기 때문에 속마음을 드러내거나 털어놓기는 거의 不可能하였을 것이다. 이 點 庾信은 阮籍을 가장 잘 理解하였을 것이고 同病相憐이었음은 말할 필요도 없을 것이다. 그리하여 자연스럽게 〈詠懷詩〉를 본받아 〈擬詠懷〉 二十七首를 썼을 것이며 당연히 寫作技巧・風格도 닮은꼴이 되었을 것이다. 그 內容은 ① 祖國 梁의 滅亡을 슬퍼함. ② 故鄉을 그리워 함. ③ 亂世를 탄식함. ④ 武力이 橫行하는 世上에서 文士의 無力에 대한 自愧感 等等이다. 물론 알아먹기 어렵게 쓴 隱晦 또한 充實히 踏襲하였다.

＊ 鮮卑・匈奴・羯・氐・羌 等의 遊牧民니 세운 十六國, 이른바 五胡十六國과 그 뒤를 이은 北魏・東魏・西魏・北齊・北周는 强盛한 武力을 誇示하였으나 漢族의 높은 水準의 文化 앞에서는 어쩔 수 없이 屈服, 自發的으로 漢의 文化를 吸收하며 急速히 同化되어갔다. 庾信이 使臣으로 갔다가 抑留된 것은 그와 같은 文才를 지닌 人才가 北朝에는 없었기 때문인데 아주 率直하게 까놓고 애기하면 北朝의 實力者를 위해 碑文・

墓誌銘을 지을 文士로 그만한 適任者가 없었다는 이야기다. 그리하여 그는 執權層, 上流階級의 碑文 · 墓誌銘을 많이 지었는데 어떻게 보면 까마귀같은 신세라 하겠으니 屍身만 보면 소리를 내었으니 말이다. 자연히 上流社會와 交際하게 되었고 또 碑文 · 墓誌銘을 그럴 듯하게 잘 지어주면 遺族들이 고마워하는 것은 人之常情이라 아무리 虛銜(허함) 즉 空職銜이라지만 驃騎大將軍 · 開府儀同三司 — 옛날 三公이나 大將軍 等이 自身을 위한 府署를 세우고 屬僚(속료)를 뽑아 둘 수 있는 것을 開府라 했다. 庾信은 말로는 驃騎大將軍이라 하나 實權없는 虛銜이니 實際로 開府를 한 것은 아니다. 이때의 開府는 府署를 세울 權利가 있다 친다는 것이니 오해마시라. 사실 빛좋은 개살구라면 너무 지나칠까? 儀同三司에서 三司는 즉 三公인데 그 儀禮가 三公과 같다는 것이니 이 또한 名色뿐인 것을 알 수 있다. 그러니까 實權은 없으나 待接은 해 주었다는 말이 되겠다— 에 까지 이르게 된 것이다. 그러면 그의 碑文 · 墓碑銘이 어느 程度인가를 斷的으로 말해주는 事實을 들어보겠다.

* 碑文하면 사람들은 王朝時代의 일이려니 하지만 지금도 普遍的은 아니지만 그렇다고 稀有 · 罕見 또한 아니다. 雨田선생님께 碑文을 청하는 사람이 제법 있었으며 선생님께서는 拒絶하지 않으셨다. 어느 날인가 선생님의 座右에 ≪庾子山集≫이 있는 것을 보았다. 요즈음 갑자기 庾信의 詩 · 賦를 보시나 하고 생각하다가 짚이는 바가 있어 여쭈어 보았다. "碑文하면 庾信을 덮을 사람이 없겠지요"하니 빙긋 웃으시며 "너도 눈치는 하나 참"하시는 것이었다. 그리고는 ≪庾子山集≫을 치우셨다. 일 천하고도 오백년이 돼가며 중국에서도 다시 동쪽의 大韓民國에서 庾信의 碑文은 아직도 模範이요 典型이니 말하자면 完了形이 아니고 進行形이라 할까? 그러나 그것은 죽은 사람을 위해 살아야했던 庾信의 목숨保全과 生活維持를 위한 不得已와 無可奈何라는 한숨과 諦念의 産物이리라.

鮑照의 詩歌

鮑照(約 414~466). 字는 明遠으로 東海人이다. 집안이 寒微하였으니 門閥, 閥閱을 심하게 따지는 六朝라는 貴族社會에서 이것이 平生의 멍에가 되었다. 이십여 세 때 臨川王 劉義慶에게 시를 바쳐 侍郎이 되었다. 다시 衡陽王 劉義秀, 始興王 劉濬(유준) 밑에서 侍郎노릇을 하였는데 貧困과 疾病속에서 세월을 보냈다. 나중에 가서야 中央政府의 관리가 될 수 있었으니 太學博士, 中書舍人, 海虞令, 秣陵令, 永嘉令 등을 거쳤다. 南朝・宋의 世祖는 재주있는 인물을 아주 미워하고 꺼렸다. 그래서 그는 故意로 "鄙言累句. 천박한 말과 흠있는 구절"를 써서 文章을 지어 겨우 禍를 피하였다는 유명한 이야기가 전해진다. 臨海王 劉子頊(유자욱)이 前軍參軍으로 삼았는데—이 때문에 鮑照를 鮑參軍이라 부른다—劉子頊이 亂을 일으키자 그 渦中에 亂兵들에게 殺害되었다. 鮑照는 文에도 能하였는데 〈蕪城賦〉가 탁월하다. 詩는 古詩와 樂府가 半半인데 樂府가 뛰어나고 그중에서도 〈擬行路難〉 十八首가 冠絶로 後世 盛唐의 高適, 岑參, 李白의 豪放한 格調는 여기에 뿌리를 두고 있다고 하며 특히 七言詩에 대한 影響이 깊고 컸다고 한다.

1. 〈代挽歌〉

獨處重冥下, 憶昔登高臺. 傲岸平生中, 不爲物所裁.
埏門祇復閉, 白蟻相將來. 生時芳蘭體, 小蟲今爲災.
玄鬢無復根, 枯髏依靑苔. 憶昔好飮酒, 素盤進靑梅.
彭韓及廉藺, 疇昔已成灰. 壯士皆死盡, 餘人安在哉.

註

▸代: 繼承. 承襲.

▸挽歌: 본래의 뜻은 상엿소리다. 즉 상여꾼들이 상여를 메고 가면서 부르는 구슬픈 소리를 말한다. 그러나 나중에는 죽은 사람을 애도하는 노래나 가사를 가리키게도 되었다. 挽歌는 漢代의 〈薤露歌〉, 〈蒿里曲〉이 嚆矢요 濫觴이라 하겠는데 前者는 王公貴人用이며 後者는 士大夫·庶人用이라 하였다. 魏·晉에서 唐까지 이를 본받아 지은 作品이 약간 있다. 그런데 아예 〈挽歌〉라는 詩題로 작품을 남긴 사람은 魏의 繆襲(무습. Miàoxí)이 最初일 것인데 그 뒤를 이어 晉의 陸機 陶潛이 유명하며 唐代에도 孟雲卿 白居易가 染翰成章하였으나 古人의 作品과 大同小異라 별 特色은 없었다.

▸重冥: 重疊된 어두움. 밤이니 九天地下를 가리킨다. 冥字가 들어가면 陰散하고 오싹한 기분이 드는 것은 人之常情이라 아무리 똑똑하고 깨우친 사람도 例外는 아닐 것이다. 冥王은 閻羅大王이며 冥中은 사람이 죽은 뒤 영혼이 머무는 곳이란다. 幽冥은 저승을 말함이니 그래서 地藏菩薩을 幽冥界의 敎主라고도 한다. 이러니 어찌 오싹하지 않을 수 있겠는가?

▸傲岸: 거만하다. 오만하다. 건방지다. 岸은 강기슭이나 언덕으로 흔히

쓰이나 거만·오만·嚴正함의 뜻도 있다.

▶物所裁: 物은 나와 相對되는 다른 人物·事物을 말한다. 裁는 節制·制裁의 뜻이다. 本句는 나 아닌 다른 사람이나 事物·事件의 節制·制裁를 받지 않았다는 것인데 우리가 겪은 세상살이에 의하면 아마 이런 사람은 없을라!

▶埏門(연문): 羨門과 같다. 이 때 羨은 (선)이 아니고 (연)이라 읽는다. 무덤입구의 문을 가리킨다.

▶祇(지): ① 마침. 막. ② 결국. 끝내.

▶相將: 서로 어울려. 서로 함께.

▶災: 害毒. 害. 害를 끼치다. 損傷시키다.

▶根: 依據할 몸. 바탕이 될 肉身. 뿌리 내릴, 뿌리박을 터.

▶髏: 髑髏(촉루) 즉 해골.

▶依: 依附 즉 의지하여 따르다. 從屬하다. 따르다. 依托 즉 의지할 곳. 根據. 支柱.

▶素盤: 옷 칠 안하고 장식 없는 소박한 쟁반. 희고 깨끗한 쟁반.

▶青梅: 梅實. ≪三國演義≫ 二十一回에 "盤置青梅, 一樽煮酒, 二人對坐, 開懷暢飮. 쟁반에 梅實놓고 한 단지의 데워 去冷한 술을 두 사람이 마주 앉아 마음을 열고 痛快하게 마신다."이라 하였다.

▶彭韓: 彭越과 韓信. 秦·漢 交替期의 英雄豪傑.

▶廉藺: 廉頗는 戰國時代 趙나라의 將帥. 藺相如는 戰國時代 趙나라의 經世智略家. 두 사람은 刎頸之交(문경지교)로 有名하다.

▶疇昔(주석): 往日. 從前.

▶灰: 塵土의 뜻. 타고 남은 재의 뜻이 아니다.

▶壯士: 勇士.

▶死盡: 盡 또한 死의 뜻이 있다. 그리고 없어지다. 다 되다는 뜻도 있다.

▶餘人: 壯士가 아닌 나머지 人生들. 즉 시시한 張三李四 또는 匹夫匹婦

를 말한다.

解說

〈옛 挽歌를 이어서〉

홀로 겹으로 된 어둠속 九泉地下에 있자니, 생각난다 옛날 높은 樓臺에 오르던 일이. 평생동안 傲然했으니, 사람이고 일이고 나를 막을 것이 없었다. 무덤의 문 나를 위해 열렸다 결국 다시 닫히니, 함께 어울려 오는 것은 흰 개미뿐이다. 살아서 蘭香 쏘이던 肉身, 지금은 시시한 벌레에 손상되누나. 검고 윤나던 머리카락 뿌리내릴 몸이 없어졌고, 마른 해골은 푸른 이끼에 스스로를 내맡겼다. 생각난다 옛날 술 마시기 좋아하여, 희고 깨끗한 쟁반에 푸른 매실을 올렸었는데……. 彭越·韓信·廉頗·藺相如 같은 英雄豪傑도 아득한 過去에 이미 塵土가 되었다. 헌걸찬 勇士들도 모두 죽어 없어졌는데, 시시한 나머지 인생들이야 어느 곳에 있겠는가?

➡ 清末의 吳汝綸이 한 말씀 하였다. "杜公이 말한 俊逸은 아마도 이러한 것들일진저! 杜公所稱俊逸, 殆是此等."

➡참고로 挽歌 몇 수를 보자.

漢·無名氏 (一說에는 田橫의 門人) 〈薤露歌〉

薤上露, 何易晞. 露晞明朝更復落, 人死一去何時歸.

염교 위의 이슬이여, 어찌 그리 쉬이 마르는가? 이슬은 말라도 다음날 아침이면 또 방울지지만, 사람 죽어 한번 가면 어느 때 돌아오나?

漢·無名氏 (一說에는 田橫의 門人) 〈蒿里曲〉

蒿里誰家地, 聚斂魂魄無賢愚. 鬼伯一何相催促, 人命不得少踟躕.

쑥대밭은 누구네 땅이더냐? 魂魄을 긁어모으는데 잘나고 못나고가 없구나. 鬼伯인 閻羅大王은 어찌 그리 재촉하며 볶아치나, 사람의 목숨이 잠시도 머뭇거릴 수 없으니……

魏·繆襲 〈挽歌〉

生時遊國都, 死沒棄中野. 朝發高堂上, 暮宿黃泉下.

白日入虞淵, 懸車息駟馬. 造化雖神明, 安能復存我.

形容稍歇滅, 齒髮行當墮. 自古皆有然, 誰能離此者.

살았을 땐 首都 서울에서 날쳤는데, 죽고 나니 들판 가운데에 버려졌다. 아침에 高臺廣室 떠났는데, 저녁에는 黃泉地下에 잠들었으니……흰 해가 虞淵(우연)에 잠기는 黃昏녘, 曦和(희화)는 몰던 太陽의 수레 달아매고 말들도 쉬는 때. 造化翁·造物主가 제 아무리 神明해도, 어찌 나를 다시 살아있게 할 수 있으리오. 내 外形 肉身은 차츰 사라지고 없어질 것이며, 이빨 머리칼은 장차 분명히 떨어져 나가리라. 자고로 모두가 그러하였으니, 그 누가 이것을 벗어날 수 있으리오.

晉·陶潛〈擬挽歌辭〉三首

其一

有生必有死, 早終非命促. 昨暮同爲人, 今旦在鬼錄.

魂氣散何之, 枯形寄空木. 嬌兒索父啼, 良友撫我哭.

得失不復知, 是非安能覺. 千秋萬歲後, 誰知榮與辱.

但恨在世時, 飮酒不得足.

生이 있으면 반드시 死가 있으니, 夭折했다고 命이 짧은 것도 아닐세. 어제 저녁만 해도 똑같이 사람이었는데, 오늘 아침에는 鬼神의 名簿에 이름이 올랐군. 넋과 기운은 흩어져 어디로 갔을까? 마른 肉身을 텅 빈 棺 속에 맡겼을 뿐. 응석둥이는 아비 찾으며 울어대고, 친한 벗들은 나를 쓰다듬으며 통곡한다네. 생전의 利害得失을 더 이상 모르겠는데, 是非曲直 또한 어찌 깨닫겠는가! 千年萬年 지난 뒤에는, 그 누가 榮譽 恥辱을 알아주리오? 딱하나 한이 되는 것은 세상에 살았을 적, 술 마실 때마다 모자랐던 것이라네.

其二

在昔無酒飮, 今旦湛空觴. 春醪生浮蟻, 何時更能嘗.

肴案盈我前, 親舊哭我傍. 欲語口無音, 欲視眼無光.

昔在高堂寢, 今宿荒草鄕. 一朝出門去, 歸來夜未央.

옛날에는 마실 술 없더니만, 오늘 아침에는 비었던 잔이 찰람찰람 하군. 잘 익은 막걸리에 거품 둥둥 떠 있어도, 어느 때일까? 다시 맛 볼 날이. 풍성한 안주상 내 앞에 있는데, 친척과 벗님들은 내 곁에서 통곡만 하는군. 말하고 싶어도 입에서 소리 안 나오고, 보고 싶어도 눈에는 빛이 없다네. 예전에는 高臺廣室에서 잠잤는데, 지금은 雜草 우거진 고을에서 묵는군. 하루아침에 대문 밖으로 나가고 나니, 돌아가려해도 무덤 속 밤은 끝나지 않는다네.

其三

荒草何茫茫, 白楊亦蕭蕭. 嚴霜九月中, 送我出遠郊.
四面無人居, 高墳正嶕嶢. 馬爲仰天鳴, 風爲自蕭條.
幽室一已閉, 千年不復朝. 千年不復朝, 賢達無奈何.
向來相送人, 各自還其家. 親戚或餘悲, 他人亦已歌.
死去何所道, 託體同山阿.

거칠게 자란 무성한 잡초는 어찌 저리 아득하게 퍼졌는가? 백양나무 숲 또한 쏴쏴 바람 속에 소리치네. 된서리 내리는 晩秋 구월에, 나를 보내니 먼 郊外로 나왔다. 사방을 둘러봐도 사람 사는 집 없으며, 높은 무덤들만 한창 우뚝우뚝 솟아있구나. 말도 나 때문에 하늘 보고 울부짖으며, 바람도 나 때문에 슬프게 신음하는가. 으슥한 墓穴 한번 닫히고 나면, 千年이 지나도 아침 해를 못 맞으리라. 千年이 지나도 아침 해를 못 맞으리니, 똑똑한 賢人, 깨우친 達士도 어쩔 수 없으리라. 앞서 나를 보내준 사람들은, 각자 제 집 찾아 돌아가누나. 친척이야 간혹 남은 슬픔 있을지라도, 타인이야 또한 벌써 노래하고 있겠지. 죽어버렸으니 무슨 할 말 있겠는가? 몸을 맡겨 산언덕과 영원히 함께 할 뿐인데.

2. 〈代東門行〉

傷禽惡弦驚, 倦客惡離聲. 離聲斷客情, 賓御皆涕零.
涕零心斷絶, 將去復還訣. 一息不相知, 何況異鄉別.
遙遙征駕遠, 杳杳白日晚. 居人掩閨臥, 行子夜中飯.
野風吹草木, 行子心腸斷. 食梅常苦酸, 衣葛常苦寒.
絲竹徒滿坐, 憂人不解顏. 長歌欲自慰, 彌起長恨端.

註

▸東門行: 樂府의 相和歌辭에 作者未詳의 〈東門行〉이 실려 있다. 貧困과 窮塞에 견디지 못한 사람이 칼 뽑아들고 한판 벌이려 하는데 그 아내가 말리는 內容으로 아주 迫進感있는 佳作이다. 鮑照의 作品은 詩題를 借用한 것이며 內容은 다만 別離를 슬퍼함이니 差異가 크다. 괜찮은 作品이니 잠깐 보고가자.

〈東門行〉: "出東門, 不顧歸. 來入門, 悵欲悲. 盎中無斗米儲, 還視架上無懸衣. 拔劍東門去, 舍中兒母牽衣啼. 他家但願富貴, 賤妾與君共餔糜. 上用倉浪天故, 下當用此黃口兒. 今非, 咄, 行. 吾去爲遲, 白髮時下難久居.

'내 동문으로 나가면 다시는 집 돌아올 생각 않으리라!' 집의 문에 들어가니, 원망스러워 절로 슬퍼지네. 독 속에는 쌀 한 말도 없고, 횃대를 보아도 걸린 옷 한 벌 없다. 칼 뽑아들고 東門으로 가려니, 집안의 애어멈이 옷자락 부여잡고 울어댄다. '남들은 그저 富貴를 바라지만, 이년은 그저 당신과 함께라면 죽을 먹고 살겠소. 위로는 푸른 하늘 때문이고, 아래로는 마땅히 노란 병아리 입 같은 새끼를 생각해야 하기 때문이요.', '지금 세상은 틀렸어, 비켜, 나 간다. 가는 것이 늦었지. 지금 눈앞에 白髮이 닥쳤는데 그냥 길게 이렇게 살기는 어렵지, 암 어렵고말고.'"

＊ 東大門市場의 武裝强盜 사연 같기도 하다.

▷悵(창): 원망. 원한.

▷盎(앙): 독. 동이.

▷架: 衣架. 옷걸이. 〈東門行四解〉에는 桁(항)으로 되어있다. 횃대의 뜻이니 옷걸이와 비슷하다.

▷兒母: 아이어멈. 애들에미.

▷餔: 먹다.

▷糜 (미): 죽(粥).

▷用: 須, 즉 반드시 ~해야 한다. 마땅히 ~해야 한다. 需要, 즉 요구하다. 필요로 하다.

▷倉浪: 青綠色. 倉은 蒼이다.

▷黃口兒: 노란 부리. 새 새끼. 확대되어 젖내 나는 아이. 애송이. 풋내기.

▷咄(돌): ① 탄식하는 소리. 즉 쯧쯧. ② 꾸짖는 소리.

▷時下: 現在. 眼下 즉 目下. 지금.

▶傷禽惡弦驚: 과거에 화살 맞아 상처를 입은 새는 화살을 걸지 않은 빈 활시위의 헛소리에도 놀라 떨어진다고 하였다. ≪戰國策・楚策四≫에서 "異日者, 更羸與魏王處京臺之下, 仰見飛鳥. 更羸謂魏王曰: '臣爲王引弓虛發而下鳥.' 魏王曰: '然則射可至此乎?' 更羸曰: '可.' 有間, 雁從東方來. 更羸以虛發而下之. 魏王曰: '然則射可至此乎!' 更羸曰: '此孽也.' 王曰: '先生何以知之?' 對曰: '其飛徐而鳴悲. 飛徐者, 故瘡痛也; 鳴悲者, 久失群也, 故瘡未息, 而驚心未去也. 聞弦音, 引而高飛, 故瘡隕也.' 過去에 更羸(경리)와 魏王이 京臺아래에 있다가 날아가는 새를 올려다보았다. 更羸가 魏王에게 말했다. '臣이 王을 위해 화살 걸지 않은 빈 시위를 당겨 새를 떨어뜨리겠습니다.' 魏王이 말했다. '그렇

다면 활쏘기가 그런 경지에 이를 수 있다는 것입니까?' 更羸가 말했다. '가능합니다.' 얼마있다 기러기가 동쪽에서 왔는데 更羸가 빈 시위를 당겨 떨어뜨렸다. 魏王이 말했다. '이렇다니. 활쏘기가 이런 경지에 이를 수 있다니!' 更羸가 말했다. '이것은 正常이 아닌 상처 입은 놈입니다.' 王이 말했다. '先生께서는 어떻게 아시오?' 대답하였다. '그 나는 것이 더디고 내는 소리가 슬펐습니다. 나는 것이 더딤은 옛 상처가 아픈 것이며 내는 소리가 슬픔은 오랫동안 무리를 잃었기 때문입니다. 옛 상처가 낫지 않고 놀란 마음이 가시지 않았는데 활시위 고리를 듣자 목을 늘여 높이나니 옛 상처가 터진 것입니다.'"

▷京臺: 臺의 이름이라 하는데 혹은 높은 臺라고도 한다. 京은 크다, 높다의 뜻.

▷孽(얼): 상처 입은 새.

▷未息: 安寧하지 못함. 멈추지 않다.

▷隕(운): 떨어지다. 파괴되다. 손상되다.

▶第1句의 惡는 畏懼, 즉 두려워함이고, 第 2句의 惡는 嫌惡·憎惡의 뜻이다. 第3句의 斷客情의 斷은 害치다, 傷하게 하다.

▶賓御: 賓은 餞送나온 분. 御는 마부.

▶第5句의 心斷絶은 悲痛함이 極에 이름을 形容함이다.

▶一息不相知: 해석이 어렵고 안 되는 부분이다. 一息은 한 번 숨 내쉬고 들이쉬는 것이니 짧은 시간을 말한다. 瞬息間은 눈 한번 깜짝하거나 숨 한번 쉬는 짧은 시간을 말한다. 相知는 서로 이해하다, 마음을 알다는 뜻과 서로 마음이 통하는 벗을 나타내는데 여기에서는 안 통한다. 그래서 우선 잠깐의 이별이 있을 것도 알지 못했었는데라고 풀이하였다. 高見을 기다리겠다.

▶征駕: 멀리 가는 수레와 말.

▶杳杳(묘묘): 어둑어둑한 모습. 멀고 먼 모습. 흐릿하고 모호한 모습.

▸居人: 집에 머무는 사람.

▸掩閨: 문을 걸다. 문을 닫다.

▸行子: 집 떠난 나그네.

▸絲竹: 絃樂器와 管樂器.

▸解顔: 활짝 웃다. 얼굴에 웃음을 띄다.

▸長歌: ① 放聲高歌. ② 篇幅이 긴 詩歌.

▸長恨: 千古에 길이 남을 원한.

解說

〈옛 東門行을 이어서〉

상처 입은 새는 활시위의 놀라게 하는 소리를 두려워하고, 타향살이에 지친 나그네는 이별이라는 말 자체를 싫어한다. 이별한다는 말은 나그네의 심정을 상하게 하며, 크게 상관없는 배웅객과 마부 모두 눈물을 흘리게 한다. 눈물을 흘리면 심장이 쪼개지듯 서러우니, 가려다가 또 다시 작별하며 아쉬워한다. 잠깐의 이별도 알지 못했었는데, 하물며 이제 먼 타향으로 떠나다니. 아득하게 수레와 말은 멀어지는데, 어둑어둑 밝던 해도 저물어간다. 제 집에 사는 사람이야 문 닫아걸고 누워 자지만, 길 가는 나그네는 한밤중에 밥 먹는다. 들판의 바람 풀과 나무에 불어오면, 길가는 나그네는 애간장이 다 끊어진다. 매실을 먹었나 언제나 신 것에 질렸으며, 칡베 옷 입었나 언제나 추위에 힘들었다. 줄 풍류·대 풍류 공연히 자리에 가득하니, 시름찬 사람 얼굴 펴게는 못하는구나. 목 놓아 큰소리로 노래하여 마음을 달래려 해보아도, 천년을 갈 원한의 꼬투리 더욱 끌어당기는구나.

➡ 이 作品도 한 首에 斷字가 세 번 쓰였습니다. 이 點 앞에서 紹介한 庾信의 〈擬詠懷〉 其七과 類似합니다. 意圖的인지 失手인지 또 한 번 생각해 보십시오.

3. 〈代門有車馬客行〉

門有車馬客, 問客何鄕士. 捷步往相訊, 果得舊鄰里.
悽悽聲中情, 慊慊增下俚. 語昔有故悲, 論今無新喜.
淸晨相訪慰, 日暮不能已. 歡戚競尋緖, 談調何終止.
辭端竟未究, 忽唱分途始. 前悲尙未弭, 後感方復起.
嘶聲盈我口, 談言在君耳. 手迹可傳心, 願爾篤行李.

註

▸〈門有車馬客〉: 樂府詩로 相和歌辭에 속한다. 이 詩題로 晉 · 陸機에서 唐 · 李白까지 대여섯 수가 전해오는데 亦是 이름난 것은 陸機와 李白의 作品이다. 陸機는 故鄕사람 만나서 옛 벗님들과 유지 및 어른들이 모두 세상을 떠나고 市朝가 바뀌었으며 城闕은 황폐한데 무덤만 늘어났다고 듣자 人生의 無常, 世事의 虛無, 生者必滅의 悲哀를 느낀다며 이를 아주 임리(淋漓)한 筆致로 流暢하게 써 내렸다. 李白은 이와 달리 所謂 懷才不遇, 生不逢時의 憤怒와 抑鬱, 寃痛을 자못 慷慨한 가운데 激烈하게 그려내고 끝에 가서 마지못해 "惻愴한들 결국 무슨 말을 하겠는가? 存亡을 天地 自然에 맡긴다"고 맺었다. 陸機의 것이 더 眞率하고 感動的이다. 鮑照의 本作品은 內容上 魏 · 曹植의 〈門有萬里客行〉과 恰似하며 아마도 이를 仔詳하게 敷衍한 듯하다. 曹植의 作品을 보자. "門有萬里客, 問君何鄕人. 褰裳起從之, 果得心所親. 挽裳對我泣, 太息前自陳. 本是朔方士, 今爲吳越民. 行行將復行, 去去適西秦. 문에 萬里길을 떠도는 나그네 있다니, 어느 고을사람인지 물어야지. 옷자락 부여잡고 일어나 가보니, 과연 진심으로 가까운 사람을 만났네. 옷자락 잡고서 나를 보자 울면서 길게 한숨 쉬고 다가오며 말한다네. 내 본시

저 북방의 사람인데, 지금은 남방 吳·越의 백성이 되었다오. 끝없이 가고 가고 또 가야하니, 멀리 멀리 서쪽의 秦땅으로 또 간다오."

▸捷步: 敏捷한 걸음. 잰 걸음. 한 걸음.

▸訊: 묻다. 심문하다. 알아보다. 소식.

▸果得: 그 합당함을 얻다가 본뜻이나 本詩의 경우는 다르다. 이때의 得은 値, 遇이니 즉 만나다, 맞닥뜨리다의 뜻이다.

▸鄰里: 같은 마을사람. 고향사람.

▸悽悽: 悲傷한 모습. 淒凉한 모습.

▸中情: 內心의 眞實, 誠意.

▸慊慊(겸겸): 恭敬하는 모습.

▸下俚: 마을. 고향. 한 고향사람. 낮고 천함. 누추함.

▸不能已의 已는 止, 즉 멈추다, 중지하다.

▸歡戚競尋緖는 競尋歡戚緖와 같다. 戚은 憂愁, 悲傷. 緖는 端緖, 실마리.

▸談調何終止: 調는 戱弄, 嘲笑의 뜻이 있다. 따라서 談調는 談笑하다가 된다. 또 한편 대화가 죽과 장이 맞다로 할 수도 있는데 이때 調는 和諧 즉 어울리다는 뜻이 되겠다. 陶潛의 〈乞食〉에서 "談諧終日夕. 이야기 웃음꽃에 하루해를 다 보냈다. 대화가 죽과 장이 맞아 하루해를 다 보냈다"이라 하였다.

▸辭端: 말머리.

▸究: 다하다. 끝나다. 두루 미치다. 철저하다.

▸唱: 歌唱하다. 吟咏하다. 소리 지르다.

▸弭(미): 멈추다. 잊다.

▸嘶(시): 말의 울음소리. 목쉬다. 목메다.

▸手迹: 자기 손으로 직접 쓴 글이나 그린 그림.

▸篤: 誠實. 着實. 熱心.

▸行李: ① 使者. 命을 받들어 出使한 사람. ② 命을 받들어 出使함. ③ 行旅. 行旅中인 사람. ④ 旅行中 携帶한 짐, 보따리.

解說

〈옛 門有事馬客行을 이어서〉

문에 수레와 말 거느린 貴한 客이 있다니, 客이 어느 고을 분인지 물어보련다. 한 걸음에 달려가 알아보니, 과연 옛 고향사람을 만났구나. 슬프고 가슴 아픈 목소리는 진실한 속마음 그대로며, 서로 받들고 위함은 시골 고향생각 더하게 한다. 過去事를 얘기하니 옛 슬픔 있는데, 오늘날은 따져보아도 새로운 기쁨이 없다. 맑은 첫새벽부터 찾아가 위로하니, 해 저물도록 그만둘 수 없다. 기뻤던 일 슬펐던 일의 실마리를 다투듯 찾아내니, 이야기 웃음꽃이 어찌 그치겠는가. 말머리가 아직 끝나지 않았는데, 느닷없이 제 갈길 가야한다 읊조린다. 만나기 전의 슬픔 채 가시지 않았는데, 헤어진 뒤의 느꺼움 북받침이 막 치솟는다. 내입에 가득한 것은 목멤인데, 그대 귀에 있는 것은 작별의 인사리라. 내손으로 한두 자 끼적거려 내 마음 전하노니, 使者의 할 일 성실하게 하시길.

4. 〈代櫂歌行〉

羇客離嬰時, 飄颻無定所. 昔秋寓江介, 玆春客河滸.
往戢于役身, 願言永懷楚. 泠泠條疏潭, 邕邕雁循渚.
颸淚長風振, 搖曳高帆擧. 驚波無留連, 舟人不躊竚.

註

▶櫂歌行: 櫂(도. zhào)는 棹와 같다. 배 젓는 노를 말한다. 櫂歌는 櫂唱, 櫂聲이라고도 하는데 뱃노래다. 樂府詩로 相和歌辭에 속한다. 魏·明帝의 作品이 嚆矢요 權輿인데 內容은 吳와 蜀의 오랑캐들이 江과 山을 의지해 저항하니 백성들이 믿을 곳이 없단다. 魏의 皇帝가 許昌의 대궐을 떠나 배를 띄우고 파도를 타니 "棹歌悲且涼"이라 뱃노래는 슬프고 수심찼다. 이에 威嚴을 떨치고 罪많은 吳를 伐하고 그 백성을 위로했으며 東南方 疆土를 깨끗하게 만들었다는 것이다. 〈樂府解題〉에서 "備言平吳之勳. 吳를 平定한 功勳을 詳細히 말했다"이라 했는데 다 希望事項이니 吳는 當時 健在하였음이라. 뒤를 이은 晉의 陸機, 梁 簡文帝의 作品은 단순히 배타고 노는 것을 말했을 뿐이다. 鮑照의 作品은 跋涉의 辛酸, 奔走의 苦楚를 嘆息한 것이니 요샛말로 轉勤다니기 힘들고 出張다니기 바쁜 세상살이에 대한 고통을 그린 것이다.

▶羇客: 나그네. 길손.

▶離: 근심. 걱정. 슬픔. 憂愁. 悲哀.

▶嬰(영): 감다. 감돌다. 얽히다. 엉키다. 만나다. 부딪치다.

▶時: 늘. 항상. 언제나.

▶飄颻(표요): 나부끼다. 한들거리다. 하늘거리다.

▶江介: 江岸.

▶河滸: 河邊.

▶戢(집): 거두어들이다. 감추다. 추스르다.

▶于役: 行役. ① 兵役. 勞役. 公務로 出張감. ② 出行. 行旅의 汎稱.

▶願言: ① 그리워하다. ② 진심으로 원하다. 기꺼이 하려하다.

▶永懷: 늘 그리워함. 情懷를 펼침.

▶泠泠(영령): ① 물・바람의 맑은소리. ② 淸白・潔白한 모습. ③ 淸涼함.

▶鯈(조. tiáo): 피라미.

▶疏: 分布. 陳列.

▶嗈嗈(옹옹): 새들의 우는 소리. 여기에서는 기러기의 우는 소리를 말함인데 音에 있어서 英語의 honk라 함과 相通한다.

▶循渚: 물 섬이나 물가를 따르다.

▶飂戾(요려): 바람소리. 쌩쌩. 휙휙.

▶長風: ① 遠風. ② 暴風.

▶振: 奮起하다. 振作하다. 搖動하다.

▶搖曳(요예): 바람에 나부끼는 모습. 펄렁펄렁. 펄럭펄럭.

▶驚波: 사람 놀라게 하는 험악한 물결.

▶留連: 체류하다. 지연・지체하다. 차마 못 떠나다.

▶躊竚(주저): 躊躇와 같다.

解說

〈옛 櫂歌行을 이어서〉

나그네 늘 시름이 엉켜있음은, 나부끼듯 정해진 처소 없기 때문이리. 지난 가을은 江 기슭에 잠시 머물렀고, 이번 봄에는 河邊에 또 몸을 부쳤다. 나가자! 出張가는 몸 추스리니, 所願이다! 楚땅이여 언제나 그립다. 깨끗하고 흰 피라미들 못 속에 흩어지고 퍼져있는데, 기럭기럭 기러기는 물 섬을 따라 난다. 쌩쌩 먼 곳에서 바람이 불어오니, 펄럭펄럭 높다랗게 돛을 올린다. 험악한 파도! 더 지체말자. 뱃사공도 망설임 없도다.

5. 〈代白頭吟〉

直如朱絲繩, 淸如玉壺氷. 何慙宿昔意, 猜恨坐相仍.
人情賤恩舊, 世議逐衰興. 毫髮一爲瑕, 丘山不可勝.
食苗實碩鼠, 玷白信蒼蠅. 鳧鵠遠成美, 薪芻前見陵.
申黜褒女進, 班去趙姫昇. 周王日淪惑, 漢帝益嗟稱.
心賞猶難恃, 貌恭豈易憑. 古來共如此, 非君獨撫膺.

註

▶〈白頭吟〉: 樂府詩로 相和歌辭에 속한다. ≪西京雜記≫에서 "司馬相如가 茂陵 사는 사람의 딸을 妾으로 맞으려하자 卓文君이 〈白頭吟〉을 지어 서로 끊고 갈라서자하니 相如가 그만두었다"라 하였다. 〈樂府解題〉에서 "'皚如山上雪, 皎如雲間月'이라 하였고 또 '願得一心人, 白頭不相離'라 하여 먼저 남편이 두 마음 품었으므로 그래서 딱 갈라서자 하였으며 다음으로 溝水가에서 이별함을 말하여 本情을 敍述하였다. 마지막으로 男兒는 意氣를 重히 여겨야지 돈푼은 따져 무엇하냐고 하였다. 宋·鮑照의 '直如朱絲繩' 陳·張正見의 '平生懷直道' 唐·虞世南의 '氣如幽徑蘭'은 詩題가 모두 〈白頭吟〉인데 自身은 맑고 곧고 향기롭건만 뭇사람들의 입이 쇠를 녹이듯 또한 더러운 것이 美玉을 더럽히듯 하는 誹謗을 받았고 임금의 은혜도 야박한 것 等을 슬퍼한 것으로 옛 〈白頭吟〉에 近接한다 하겠다"라 하였다. ≪樂府詩集≫에서 다시 "一說에는 〈白頭吟〉이란 사람이 서로 사귈 때 新人이 舊人을 이간질하여 머리가 하얗게 셀 때까지 가지 못함을 싫어하여 이름을 이렇게 지은 것이라고도 한다. 唐의 元稹에게 〈決絶詞〉 三首가 있는데 여기에 근원을 둔 것이다."라 하였다. 李白 또한 〈白頭吟〉 二首를 지었고 張籍도 한 首

읊었으며 白居易는 그것을 뒤집어 〈反白頭吟〉을 지어 鮑照 等을 反駁하였는데 한 마디로 말해 다 저하기 나름이며 더럽고 위험한 곳은 떠나면 되지 무어 가슴 칠 것 있느냐 하며 큰소리 땅땅 쳤다. 인생살이에 상당히 자신이 있었던 모양이다. 〈白頭吟〉은 漢初 卓文君의 作品이라 전해왔다. 그러나 이렇게 完整한 五言詩가 西漢初에 있을 수 없으므로 지금은 作者不明의 東漢末 作品이 아닌가 추측한다. 中國詩歌史上 有名한 作品이므로 一讀할 價値가 있다.

皚如山上雪, 皎如雲間月. 聞君有兩意, 故來相決絶. 今日斗酒會, 明旦溝水頭. 躞蹀御溝上, 溝水東西流. 淒淒復淒淒, 嫁娶不須啼. 願得一心人, 白頭不相離. 竹竿何嫋嫋, 魚尾何簁簁. 男兒重意氣, 何用錢刀爲. 희기는 산위의 눈, 밝기는 구름사이의 달. 이렇게 살아왔고 살아가기를 바랐는데 그대 두 마음 가졌다 듣고, 그래서 딱 갈라서자 합니다. 오늘은 한 말술로 모꼬지하고, 내일 아침 개천가에 섭시다. 개천가에서 종종걸음으로 헤어지면, 개천 물이 東으로 西로 등지고 가듯 되겠지요. 슬프고 슬프고 또 슬픈지고, 시집 장가 따위로는 울 필요 없겠지요. 바라기는 한 마음 가진 사람 만나서, 흰 머리 되도록 헤어지지 않음이지요. 대나무 장대는 어찌 그리 간들간들하고, 물고기 꼬리는 어찌 그리 어른어른 하늘하늘하단 말인가! 그렇게 두 남녀는 꼬드기고 꼬리쳤는가? 男兒大丈夫는 意氣를 중히 여겨야지, 돈푼 따위 무엇 하겠는가?

▷皚(애): 서리나 눈이 흰 모양. 흔히 白雪皚皚라 쓴다.

▷皎(교): 희다. 깨끗하다. 흔히 皎皎한 달빛이라 쓴다.

▷決絶: 決은 訣의 뜻이다. 訣은 영원한 이별 즉 生死告別에 쓴다.

▷躞蹀(섭접): 종종걸음. 성큼성큼 걷다. 저벅저벅 걷다. 擬態語다.

▷御溝: 대궐 안에서 흘러나오는 개천.

▷願得의 得은 만나다, 마주치다는 뜻.

▷嫋嫋(요뇨): 휘청휘청한 모양. 간드러진 모양.

▷簁(사): 체. 어레미. 체질하다.

▷簁簁: 물고기 노는 모양.

▷錢刀: 옛날의 돈(錢)은 칼(刀) 모양이었다. 그래서 錢刀라 한다.

▶朱絲繩: 붉은 명주실을 꼬아 만든 琴瑟의 絃.

▶宿昔: ① 從前. 昔日. 過去. ② 어젯밤.

▶猜恨: 猜는 疑心. 恨은 怨恨.

▶坐: 부질없이. 헛되이.

▶相仍: 相繼. 이어지다. 계속되다.

▶恩舊: 舊交. 옛 친구. 오래 사귄 친구.

▶世議: 世人의 評論.

▶逐: 追求하다.

▶衰興: 興의 뜻만 있다. 즉 衰興은 한쪽의 뜻만 있는 偏義複詞다. 杜甫 〈佳人〉 "世情惡衰歇, 萬事隨轉燭"

▶苗: 곡식. 낟알. ≪詩 · 魏風 · 碩鼠≫에서 "碩鼠碩鼠, 無食我苗. 큰 쥐야 큰 쥐야, 우리 곡식 먹지마라."라 하였다.

▶玷(점): 더럽히다. 잘못하다. 옥의 티. 과실. 잘못.

▶蒼蠅(창승): 파리. 青蠅은 금파리를 말한다. ≪詩 · 小雅 · 青蠅≫에서 "營營青蠅, 止于樊. 豈弟君子, 無信讒言. 윙윙거리는 금파리, 울타리에 앉았다. 개제(愷悌, 점잖고 온화)하신 君子여, 참소를 믿지 마세요."이라 하였다. 鄭玄 즉 鄭康成 先生의 말씀에 의하면 파리라는 놈은 돼먹기를 흰 것은 검게 더럽히고 검은 것은 희게 더럽히니 그것으로 간녕(奸佞)한 인간이 善惡을 바꾸고 어지럽힘을 비유한다(蠅之爲蟲, 汙白使黑, 汙黑使白, 喩佞人變亂善惡也)라 하였다.

▶鳧鵠(부곡): 鳧는 오리를 가리키나 本詩에서는 먼 곳에서 온 것을 말하니 野鴨, 물오리, 청둥오리라 해야 합당하다. 鵠은 天鵝, 白鳥, 고니를 말한다.

▸遠成美: 黃節의 ≪鮑參軍詩注≫에서 ≪韓詩外傳≫을 引用하였는데 다음과 같다. "田饒가 魯 哀公을 섬겼는데 選拔되지를 못하였다. 이에 哀公에게 아뢰었다. 대저 닭이란 머리에 갓을 썼으니 文이며 발에 며느리발톱있으니 武라 敵을 만나면 敢然히 싸우니 勇이며 먹이가 있으면 무리를 부르니 仁이고 밤에 때를 놓치지 않고 우니 信이라. 닭은 五德 즉 다섯가지 長點이 있는데도 임금님께서 날마다 삶아 드시는 것은 그것이 가까이에서 왔기 때문이나이다. 대저 고니는 단번에 천리를 가는데 임금님의 동산과 연못에 나타나 임금님의 고기와 자라를 먹고 임금님의 벼와 수수를 쪼며 닭의 다섯 가지 장점이 없어도 귀하게 여겨짐은 온 곳이 멀기 때문이나이다. 그래서 신은 장차 임금님을 떠나 고니처럼 날아가겠습니다."

▸薪芻前見陵: 薪은 땔나무 芻(추)는 牧草 즉 꼴이다. 陵은 凌蔑하다. 凌侮하다. 즉 깔보다. 무시하다. 업신여기다는 뜻이다. ≪史記·汲·鄭列傳≫에 다음과 같은 대목이 있다. 汲黯(급암)이 九卿의 자리에 있었을 때 公孫弘과 張湯은 小吏 즉 末端官吏였다. 그러나 그들은 차츰 승진하여 同等하여지고 나중에 公孫弘은 丞相, 張湯은 御史大夫로 그를 능가하였다. 汲黯은 원래 속이 좁은 爲人인지라 약간의 怨望이 없을 수 없었다. 그래서 임금에게 아뢰기를 "陛下께서 群臣을 쓰심은 꼭 장작 쌓는 것 같습니다. 나중에 온 사람이 위를 차지하니까요."하였다. 임금은 말이 없다가 그가 나가자 말했다. "사람은 정말 배우지 않으면 안 되는구나, 云云" 임금의 뜻은 重臣을 장작에 비유한 汲黯의 상스러움을 나무란 것인데 웬걸 後世에 "用群臣如積薪, 後來者居上"은 아주 有名한 成語가 되고 말았다. 상스럽지만 우선 재미있는 비유인데다 正鵠(장곡)을 찌르는 말이니까.

▸申黜褒女進: ≪史記·周 本紀≫에 의하면 宣王의 아들 幽王은 申侯의 딸로 王后를 삼았고 그가 나은 아들 宜臼(의구)를 태자로 세웠다. 그러다가 褒姒(포사)를 몹시 사랑하여 申后와 宜臼를 내쫓고 褒姒를 王后

로 그가 낳은 아들 伯服을 太子로 삼았다. 褒姒는 잘 웃지를 않았는데 幽王은 그를 웃기려고 千方百計를 썼으나 끝내 웃지를 않았다. 幽王은 烽燧와 큰 북을 설치하였는데 만약에 적이 침입하면 烽火를 올리게 되어있었다. 褒姒를 웃기려고 공연히 烽火를 올리니 諸侯들이 허겁지겁 달려왔으나 敵이 없었다. 이에 褒姒가 拍掌大笑하였다. 幽王은 기뻐서 그 후 수차례 烽火를 올렸으나 결국 信義를 잃게되니 諸侯들은 오지 않게 되었다. 申后와 太子가 쫓겨나자 申侯는 大怒하여 繒나라 西戎과 함께 幽王을 攻擊하였다. 幽王은 烽火를 올렸으나 諸侯들의 救援兵은 오지 않았다. 西戎은 驪山 아래에서 幽王을 살해하고 褒姒를 사로잡은 뒤 首都 鎬京의 財物과 함께 가지고 가버렸다. 이에 諸侯들은 申侯와 함께 太子 宜臼를 擁立하니 平王으로 그는 西戎의 侵襲을 피하여 洛邑으로 東遷, 西周時代는 끝나고 東周時代가 열리게 된다.

▶漢帝益嗟稱: ≪漢書·外戚傳≫에 의하면 成帝는 본래 班倢伃(반첩여)를 지극히 총애하였다. 그러나 趙飛燕 姊妹라는 莫强한 人物이 出現, 許皇后는 廢黜되고 危殆롭다 느낀 班倢伃는 長信宮에 가서 太后를 모시겠다고 自願하여 물러났다. 趙飛燕은 皇后가 되었고 그 동생은 昭儀가 되었는데 十餘年동안 임금의 사랑을 독차지 하였으나 끝내 자식을 두지는 못하였다. ≪西京雜記≫에 의하면 趙皇后는 몸이 날렵하고 허리는 나긋나긋하며 行動擧止가 뛰어나니 이점 동생 趙昭儀는 따를 수 없었다. 그러나 昭儀는 纖弱한 骨格 豊滿한 살집 그리고 우스갯말에 능하였다 한다.(趙后體輕腰弱, 善行步進退, 女弟昭儀不能及也. 但昭儀弱骨豊肌, 尤工笑語.……) ≪鮑參軍集注≫에서 ≪飛燕外傳≫—漢의 伶元이 撰하였다 하나 文句가 纖巧·柔弱하여 漢代의 글과 差가 많으며 後世사람이 依託한 것이라 추측함—을 引用하였는데 다음과 같다. ⓐ 임금께서 일찍이 번예(樊嫕)에게 비밀이야기를 하였다. 皇后가 비록 奇異한 香을 지녔지만 婕妤인 趙飛燕의 몸자체에서 저절로 나는 향내

만은 못하다.(帝嘗私語樊嫕曰: “后雖有異香, 不若婕妤體自香也.”) ⓑ 대궐안에서 평소 임금의 사랑을 받던 사람이 한가한 틈에 임금에게 여쭈어보았다. 임금께서 “豊滿하기는 넘치는 듯하고 柔然하기는 뼈가 없는 듯하다. 물러서며 겸손하고 두려워할 줄 알아 혹은 멀리 혹은 가까이 할 줄 아니 禮義를 아는 사람이니라. 어찌 너희들의 婢僕이 脅肩諂笑—어깨를 움추려 두려워하며 아첨하는 웃음을 치사하게 짓는다—하는 것과 비하겠느냐?” (宮中素幸者, 從容問帝. 帝曰: “豊若有餘, 柔若無骨, 遷延謙畏, 若遠若近, 禮義人也. 寧與女曹婢脅肩者比耶?”하셨다. 임금이 더욱 감탄·칭찬한다는 것을 以上의 內容이 된다 하겠다.

解說

〈白頭吟을 이어서〉

곧기는 붉은 실 꼬아 만든 시울 같고, 맑기는 옥항아리 얼음 같다. 옛 情意를 생각하면 얼마나 부끄러운가? 의심과 원한이 부질없이 잇따르니. 사람의 마음이란 옛 친구를 경시하고, 世評이란 興하는 것을 좇는다. 한번 터럭만한 티나 흠이 생기면, 언덕이나 산도 못 당할 결과가 생긴다. 곡식을 먹는 것은 사실 큰 쥐고, 흰 것을 얼룩지게 하는 것은 정말로 파리로다. 청둥오리·고니는 먼 곳에서 와 기려지고 칭찬받으나, 닭은 눈앞에 있어 먹힌다. 땔나무·꼴은 먼저 벤 것은 무시하듯 밑에 놓고 나중에 자른 것은 위에 놓는다. 申王后가 廢黜되니 褒姒는 나아가고, 班婕妤가 떠나가니 趙飛燕은 올라선다. 周幽王은 날로 깊이 迷惑되고, 漢成帝는 더욱 감탄·칭찬한다. 마음속으로 아끼던 사람도 오히려 믿기 어려운데, 겉모양 공순하다고 어찌 쉽사리 의지하겠는가? 古來로 모두 이와 같았으니, 그대만 홀로 가슴칠 일은 아니지.

➥ 方植之 가라사대: 이 作品은 君臣·朋友·夫婦의 情이 언제나 변함없이 維持되기 어려움을 말한 것이니라. (此統言君臣·朋友·夫婦之情難常保.……)

6. 〈擬行路難〉 十八首 其一

奉君金巵之美酒, 瑇瑁玉匣之雕琴,
七綵芙蓉之羽帳, 九華蒲萄之錦衾.
紅顔零落歲將暮, 寒光宛轉時欲沈.
願君裁悲且減思, 聽我抵節行路吟.
不見柏梁銅雀上, 寧聞古時淸吹音.

註

▶擬: 模擬. 模倣. 옛날의 〈行路難〉을 본뜨고 흉내내어 지은 것이라는 말이다.

▶〈行路難〉: 樂府詩로 雜曲歌辭에 속한다. 〈樂府解題〉에 의하면 〈行路難〉은 世路의 艱難, 離別悲傷을 한껏 두루 말한 것으로 대부분 "君不見"으로 시작된다고 한다. ≪陳武別傳≫에서 말하기를 陳武가 羊을 치는데 여러 집안의 牧童중에 歌謠를 아는 자 있어 陳武가 드디어 〈行路難〉을 배웠다 하니 그 起源이 오래 되었음을 알 수 있겠다. 지금 ≪樂府詩集≫의 〈行路難〉은 鮑照의 作品으로 머리를 삼는다. 그런데 鮑照는 〈擬行路難〉이라 하였으니 그가 分明히 옛 〈行路難〉을 보고 模擬하였을 것이나 옛 作品은 지금 알 수가 없다. 後人의 것으로 이름난 것은 南朝·梁·吳均의 四首, 費昶의 二首, 唐·盧照鄰, 崔顥 各一首, 賀蘭進明의 五首, 顧況의 三首, 高適의 二首, 僧貫休의 五首, 僧齊己의 二首 等이며 柳宗元·韋應物·張籍도 한 首씩 남겼다. 그러나 가장 傑出하여 鮑照와 伯仲之間이라고도 하고 青出於藍이라고도 하는 것은 李白의 三首로 가장 人口에 膾炙되었다. 詩題를 若干 바꾼 것으로 駱賓王의 〈從軍中行路難〉 二首와 王昌齡의 〈變行路難〉이 있다.

▶金巵: 巵 또는 卮(치), 술 담는 그릇인데 원통형(圓筒形)이다. 따라서 술잔이라기보다는 술 담는 그릇이라 하는 것이 옳겠다. 그러나 詩에서는 술잔을 예스럽고 멋있게 하려고 이 字를 쓴다. 따라서 金巵는 黃金 또는 貴金屬으로 만든 술잔이 되겠다.

▶美酒: 맛있는 술이다. 아름다운 술이라 하는 사람도 있는데 말인즉 그럴듯하기도 하나 그렇게 되면 술이 빛깔이 아주 玲瓏하며 燦爛하다는 느낌이 강하게 된다. 그것과 술 맛은 별개이라.

▶瑇瑁(대모): 玳瑁. 熱帶·亞熱帶의 바다에 사는 바다거북의 하나로 그것의 등과 배를 싸고 있는 껍데기를 玳瑁甲이라 하는데 노란색에 구름모양의 어두운 갈색무늬가 있어 아름답다. 갓끈, 貫子, 머리빗, 안경테 만드는데 쓰였다.

▶雕琴: 精巧하게 아로새기고 곱게 장식한 琴.

▶七綵: 일곱 가지 빛깔.

▶羽帳: 물총새 따위의 고운 깃털 꽂은 장막.

▶九華: ① 꽃송이가 아주 많은 모양. ② 현란(絢爛)하고 美麗하며 多彩로움.

▶寒光: 사람을 오싹하게 하는 빛. 즉 冬節의 日光.

▶宛轉: 해가 뉘엿뉘엿 넘어감. 光陰(햇빛과 그늘, 낮과 밤)이 흘러감.

▶時欲沈: 時는 하나의 季節, 즉 春·夏·秋·冬 중의 하나를 가리킴.

▶裁: ① 抑制하다. 節制하다. ② 깎다. 덜다.

▶抵節(지절): 擊節. 박자를 맞추다.

▶不見: 不聞이나 不見은 不知의 뜻이다.

▶柏梁: 樓臺의 이름. 漢 武帝때 香柏으로 棟梁을 삼았기 때문에 그것으로 이름을 지었다.

▶銅雀: 樓臺의 이름. 魏 武帝때 지었는데 구리로 孔雀을 만들어 지붕에 세워 그렇게 이름 지은 것이다.

▶淸吹音: 맑은 吹奏樂의 소리.

解說

〈옛 行路難을 본떠서〉 其一

그대에게 바칩니다. 금잔의 맛있는 술, 대모 박은 옥 상자 안의 아로새긴 琴 소리, 일곱 빛깔의 실로 부용을 수놓고 깃털 꽂은 장막, 아홉 가지 색으로 그린 포도무늬 있는 비단이불을. 발그레한 젊은 얼굴 시들면 해도 저무는데, 오싹하게 하는 겨울 해는 뉘엿뉘엿 이 季節도 잠깁니다. 바라노니 그대여. 슬픔은 누르고 그리움은 덜어내시며, 제가 박자 맞춰 〈行路難〉 뽑는 것 들어주십시오. 모르십니까? 漢 武帝 柏粱臺 魏 武帝 銅雀臺 위의 歡樂 지금에는 어찌 그 옛날의 맑은 피리소리 들을 수 있겠습니까?

7. 〈擬行路難〉 十八首 其二

洛陽名工鑄爲金博山, 手斲復萬鏤, 上刻秦女攜手仙.
承君淸夜之歡娛, 列置幃里明燭前.
外發龍鱗之丹綵, 內含麝芬之紫煙.
如今君心一朝異, 對此長嘆終百年.

註

▸鑄: 녹인 쇳물을 거푸집에 부어 물건을 만듦.

▸博山: 博山爐. 博山香爐. 옛 香爐의 이름. 뚜껑의 모양이 傳說上의 海中名山인 博山과 비슷하다 하여 이렇게 부른다 함. 一說에는 華山의 모양을 본뜬 것이라고 하는데 秦昭王과 神仙이 이 山에서 博 즉 노름을 하여 그렇게 이름지었다 한다. ≪西京雜記≫에 "長安의 솜씨 좋은 匠人 丁緩이……또한 아홉층의 博山香爐를 만들었는데, 기이한 새와 짐승을 새기고 뭇 神奇怪異를 다 했는데 모두 저절로 움직였다. 長安巧工丁緩者……又作九層博山香爐, 鏤爲奇禽怪獸, 窮諸靈異, 皆自然運動."이라 하였다. 그런데 ≪표준국어대사전≫에서는 중국 山東省에 있는 博山의 모양을 본떠 만든 향로라 하였다.

▸秦女: 秦 穆公의 딸 弄玉. 남편 蕭史와 함께 鳳凰을 타고 날아갔다 함.

▸承: 奉. 즉 받들다. 負擔하다. 擔當하다. 擔任하다.

▸歡娛: 歡樂.

▸列置: 安置. 設置. 放置.

▸丹綵: 朱紅의 色彩.

▸麝芬(사분): 麝香의 芬芳함.

▸如今: 지금. 이제. 오늘날.

▶終年: 壽命을 다함.

解說

〈옛 行路難을 본떠서〉 其二

洛陽의 名匠이 쇳물을 거푸집에 부어 博山香爐 만드는데, 다시 천 번 깎고, 만 번 새기더니, 그 위에는 弄玉이 神仙의 손잡은 조각을 했다. 그대 맑은 밤의 歡樂을 받들려고, 장막 안 환한 촛불 앞에 두었다. 밖으로는 용 비늘의 진홍빛 色彩가 피어나고, 안으로는 麝香의 芬芳 지닌 보랏빛 연기를 머금었다. 지금 그대의 마음 하루아침에 바뀌니, 이 香爐 마주하며 긴 탄식으로 一生 百年을 끝내겠구나.

8. 〈擬行路難〉 十八首 其四

瀉水置平地, 各自東西南北流.
人生亦有命, 安能行嘆復坐愁.
酌酒以自寬, 擧杯斷絶歌路難.
心非木石豈無感, 呑聲躑躅不敢言.

註

▸瀉: 쏟다. 붓다.

▸各自: 제각기. 각자.

▸行嘆坐愁: 行坐는 一擧手一投足. 모든 行動擧止를 말함.

▸第五句에서 第八句까지는 李白의 〈宣州謝朓樓餞別校書叔雲〉의 “抽刀斷水水更流, 擧杯銷愁愁更愁. 칼 뽑아 물을 끊어도 물은 또 흐르고, 잔 들어 시름 녹여도 시름은 더욱 시름 차.”와 詩想이 類似하다.

▸木石: 知覺도 없고 感情도 없는 것을 比喩함. 漢 司馬遷 〈報任少卿書〉: “身非木石, 獨與法吏爲伍, 深幽囹圄之中.……이 몸은 목석이 아닌데 다만 法吏들과 짝이 되어 엄히 감옥 속에 갇혔었으니……”

▸呑聲(탄성): ① 말을 안 함. 소리를 안 냄. ② 소리 죽여 울다. 울음을 삼키다.

▸躑躅(척촉): ① 배회하다. ② 주저하다. 망설이다.

解說

〈옛 行路難을 본떠서〉 其四

물을 쏟아 편편한 땅에 두면, 제각기 동·서·남·북으로 흐른다. 인생 또한 운명이 있으니, 어찌 걸으며 탄식하고 앉으며 근심하겠는가? 술 따라 느긋하고 너그럽게 마음먹고, 잔 들어 〈行路難〉 노래는 끊어버리고 잘라냅시다. 그러나 마음이 목석이 아닌 다름에야 어찌 느낌이 없으리오? 목소리 죽이고 머뭇머뭇 망설이며 말 못할 뿐이지요!

9. 〈擬行路難〉 十八首 其五

君不見河邊草, 冬時枯死春滿道.
君不見城上日, 今暝沒山去, 明朝復更出.
今我何時當得然? 一去永滅入黃泉.
人生苦多歡樂少, 意氣敷腴在盛年.
且願得志數相就, 牀頭恒有沽酒錢.
功名竹帛非我事, 存亡貴賤付皇天.

註

▸君不見, 君不聞: 모두 그대는 모르는가의 뜻이다.

▸春滿道: 봄에 풀이 무성하면 사람이 밟고 다니는 길에도 자란다. 白居易의 〈賦得古原草送別〉에서 "遠芳侵古道, 晴翠接荒城. 아득하구나, 옛길을 침범하여 아름답고, 맑게 개인 날 荒城과 잇닿아 푸르르다."라 하였고, 다른 경우로 李商隱은 〈與同年李定言曲水閑話戲作〉에서 "碧草暗侵穿苑路, 珠簾不卷枕江樓. 동산을 관통하는 길에는 푸른 풀이 슬며시 침범했고, 강물을 베듯 다가선 樓閣에는 구슬발도 걷지 않았다." 라 하여 人跡이 끊어진 曲江의 길이 풀에 덮임을 탄식하였다.

▸今我何時當得然: 今은 夫와 같다. 자, 무릇, 대저의 뜻인데 語氣助詞다. 當: 應當. 마땅히이며 得은 能히의 뜻이다.

▸敷腴(부유): 喜悅. 기쁘고 즐거움.

▸盛年: 靑壯年. 젊고 기력 좋을 때.

▸且: 그런대로. 아쉬운대로. 마음에 꼭 드는 것은 아니지만 그럭저럭.

▸得志: 자기의 志願을 實現함.

▸數(삭): 자주. 빈번히.

▶相就: 능동적으로 접근하다. 적극적으로 다가가다. 자발적으로 가까이하다.

▶牀頭: 침대 머리맡. 베갯머리. 鮑照의 이 詩句 때문에 後世 사람들은 술 사는 돈을 牀頭錢이라 부르게 되었다. 그런데 이와 비슷한 것으로 杖頭錢이라는 말도 있는데 이 또한 술값의 뜻으로 쓰였다. ≪晉書 · 阮脩傳≫에 "常步行, 以百錢挂杖頭, 至酒店, 便獨酣暢. 언제나 걸어 다녔으며 百錢을 지팡이 머리에 걸어 두었다가 술집에 가면 혼자서 신나게 마셨다."이라 하였는데 ≪世說新語 · 任誕≫에도 같은 내용의 글이 있다. 後世의 사람들이 술값을 杖頭錢이라 부르는 契機가 되었다.

▶竹帛: 竹簡과 흰 비단. 옛날 종이가 없을 때 여기에 글을 썼다. 이로써 書籍 특히 史書를 나타낸다.

▶皇天: 하늘과 하느님을 한껏 높여 부르는 말이다. 皇은 大의 뜻이 있고 天이나 天神 즉 하늘 · 하느님의 뜻도 있으니 皇天은 重疊으로 尊敬의 뜻을 나타낸 말이다.

解說

〈옛 行路難을 본떠서〉 其五

그대는 모르는가? 강가의 풀이 겨울에는 말라 죽어도, 봄에는 길까지 가득 차는 것을. 그대는 모르는가? 城위의 태양이 오늘 저녁에는 산에 잠기지만, 내일 아침에는 또 다시 나오는 것을. 대저 우리는 어느 때에야 그렇게 될 수 있을까? 한 번 가면 영원히 스러지네, 황천에 들어……. 인생이란 괴로움은 많고 즐거움은 적은데, 그나마 마음이 기쁘고 즐거움은 한창 때에나 있구나. 그런대로 뜻을 펴려고 자주자주 즐거운 일에 다가가니, 침상 머리맡에 늘 술살 돈이 있어 다행이고말고. 竹帛에 功名을 남김은 우리 일이 아니니, 살고 죽고 출세하고 卑賤함은 皇天에 맡기네.

10. 〈擬行路難〉 十八首 其六

對案不能食, 拔劍擊柱長嘆息.
丈夫生世會幾時, 安能蹀躞垂羽翼?
棄置罷官去, 還家自休息.
朝出與親辭, 暮還在親側.
弄兒牀前戲, 看婦機中織.
自古聖賢盡貧賤, 何況我輩孤且直.

註

▸不能食: 中國人들은 먹는 것을 상당히 따지고 연구하여 中國料理라는 傑出한 飮食文化를 創出해냈다. ≪禮記·禮運≫에서 "飮食男女, 人之大欲存焉. 마시는 것, 먹는 것, 남녀지간의 거시기에는 人間의 最大欲望이 存在한다."하여 아주 肯定的으로 보았고 ≪孟子·告子上≫에서 "告子曰: 食色, 性也. 먹고 마시는 것 남녀지간의 거시기는 本性이다" 라고 告子는 斷言하였다. 一部人士들이 質樸·儉約을 主張하고 一部는 自然으로 돌아가 糲食·粗食을 하자 하였으나 主流는 못 되었다. 옛부터 八珍味, 五侯鯖이라는 말이 있었고 "日食萬錢"—晉의 何曾이 하루 食費로 萬錢을 썼다함—이라는 成語까지 있는 판이니……. 지금 詩人은 對案하여도 不能食이라 하였다. 中國의 生活習慣을 考慮할 때 天災地變에 比肩할 큰 事件이라면 좀 過한 말이 될까? 하여튼 예삿일은 아니고 凡常히 지나칠 일도 아닐 것이다.

▸拔劍擊柱: ≪史記·劉敬·叔孫通列傳≫을 보면 漢 高祖는 秦의 苛酷한 儀法을 除去하고 簡易하게 만들었다. 그러자 群臣들이 飮酒하면 功勞를 다투고 醉한 끝에 함부로 악을 쓰고 칼 뽑아 기둥을 찍곤 하니 高

祖가 크게 근심하였다.(高帝悉去秦苛儀法, 爲簡易. 群臣飮酒爭功, 醉或妄呼, 拔劍擊柱, 高帝患之.) 漢의 創業功臣들은 功을 자랑하고 다투다 기둥을 찍지만 詩人 自身은 아무런 業績도 없이 그렇게 하니 나오느니 탄식이요 떨어지니 눈물뿐이로구나. 李白은 本詩의 一 二句가 썩 마음에 들었나 보다. 그래서 그는 自身의 〈行路難〉 二首의 其一에서 "金樽淸酒斗十千, 玉盤珍羞直萬錢. 停杯投箸不能食, 拔劍四顧心茫然. 금동이의 맑은 술은 한말에 일천의 열배 값, 옥쟁반의 진수성찬은 값어치가 일 만전. 그러나 잔을 멈추고 저를 놓고 먹을 수 없으니, 칼 뽑아 사방을 둘러보아도 마음은 멍하기만 하구나."이라고 꽤 仔詳히 重言復言하였다. ⇨ ≪春香傳≫에서 "金樽美酒千人血, 玉盤佳肴萬姓膏. 燭淚落時民淚落, 歌聲高處怨聲高."라 하였는데 상당히 낯이 익고 눈에 설지 않았으리라.

▶蹀躞(접섭): 종종걸음 치다.

▶棄置: 한 쪽에 던져 놓다. 放置하다. 無用之物로 제쳐놓다. 묵살하다.

▶罷官: 辭官棄職. 官職을 버리고 물러남.

▶朝出 ……暮還 ……: 〈禮記·曲禮上≫에서 "夫爲人子者, 出必告, 反必面. 자식 되는 사람이란 외출할 때 반드시 아뢰고, 돌아와서도 그래야 한다."이라 하였다.

▶弄兒: 晉 陶潛〈和郭主簿〉二首 其一에서 "弱子戲我側, 學語未成音. 此事眞復樂, 聊用忘華簪. 어린 아들 내 곁에서 노는데, 말을 흉내 내지만 제소리 못 낸다. 이러한 일—여름의 대청 앞 나무그늘, 남풍이 내 옷깃 젖히는 것, 세상과 인연 끊고 琴과 書를 벗하는 것, 뜰의 채소 풍성하고 지난 해 거둔 곡식 아직도 남아 있는 것, 술 담그고 익으면 마시는 것, 아들이 노는데 한창 말배우지만 제소리 못내는 것 等—이 정말로 즐거우니, 그런대로 벼슬아치의 화려한 감투와 꽃 비녀 잊을 만하다."이라함.

▸看婦……: 五胡十六國時代 前秦의 竇滔(두도)는 秦州刺史가 되었다가 죄를 짓고 流沙로 귀양 갔다. 그의 妻 蘇蕙가 回文璇璣圖詩(회문선기도시) 八百四十字 — 前後左右 이리저리 돌아가며 뜻이 다 통하였다 — 를 비단으로 짜서 남편에게 부쳤다. 後世에 이를 回文錦字詩라 하였으니 思婦의 相思歌인 것이다. 지금 鮑照는 아내가 그런 回文詩 지을 필요 없게 늘 곁에서 지켜주겠다고 지킬 수 없는 희망사항을 늘어놓고 있는 것이다.

▸何況: 항차. 하물며. 더군다나.

▸孤且直: 孤는 出身이 寒微함. 直은 고지식함.

解說

〈옛 行路難을 본떠서〉 其六

상을 마주하여도 먹을 수 없어, 칼 뽑아 기둥 치며 장탄식한다. 장부가 세상사는 날이 대체 몇 때나 된다고, 날개쭉지 늘어뜨리고 종종걸음 쳐야 하는가? 다 내버리고 감투 벗고 떠나, 집으로 돌아가 쉬자꾸나. 아침에 외출할 땐 양친께 아뢰고, 저녁에 돌아오면 양친 곁에 머물자. 평상 앞에서 노는 아이들 어르고, 베틀에서 길쌈하는 아내나 보살피자. 옛부터 聖賢들은 모두 貧困·微賤했는데, 하물며 우리 따위의 寒微하고 고지식한 인생이야…….

11. 〈擬行路難〉 十八首 其七

愁思忽而至, 跨馬出北門.
擧頭四顧望, 但見松柏園, 荊棘鬱蹲蹲.
中有一鳥名杜鵑, 言是古時蜀帝魂.
聲音哀苦鳴不息, 羽毛憔悴似人髡.
飛走樹間啄蟲蟻, 豈憶往日天子尊?
念此死生變化非常理, 中心愴惻不能言.

註

▸跨: 두 다리를 벌리고 앉다. 跨馬: 말을 타다.

▸北門: ≪詩·邶風·北門≫에서 "出自北門, 憂心殷殷. 終窶且貧, 莫知我艱. 已焉哉! 天實爲之, 謂之何哉! 北門을 나서니 근심이 끝없다. 困窮하고 貧寒하나 내 어려움 몰라준다. 두어라! 하늘이 하시는 것, 말해 무엇하리"라 하였다.

▸松柏: 〈古詩〉 十九首 其十三에서 "驅車上東門, 遙望郭北墓. 白楊何蕭蕭, 松柏夾廣路. 下有陳死人, 杳杳卽長暮. 潛寐黃泉下, 千載永不寤.……洛陽城 東門중의 제일 북쪽인 上東門을 나서서 멀리 城郭의 북쪽 무덤들을 본다. 백양나무 쏴쏴 소리 내며, 松柏은 넓은 무덤길을 끼고 푸르다. 그 밑에 오래된 死者가 있으니, 어둑어둑 영원한 黃昏으로 다가갔음이라. 黃泉에 잠겨 잠들었으니, 천년을 두고 길이 깨어나지 않으리.……"라 하였으며 其十四에서 "……出郭門直視, 但見丘與墳. 古墓犁爲田, 松柏摧爲薪. 白楊多悲風, 蕭蕭愁殺人.……城郭門을 나와 똑바로 보니, 다만 무덤과 封墳만 보인다. 옛 무덤은 쟁기질에 밭이 되었고, 松柏은 꺾여 땔감이 되었다. 白楊나무에는 슬픈 바람이 거세니,

쏴쏴 사람을 한없이 시름 차게 한다."라 하였다. 무덤에는 白楊나무를 심었는데 언제부터 普遍化가 되었는지 알 길이 없다. 秦·漢時代에는 皇帝의 陵에는 소나무(松), 諸侯의 경우 측백나무(柏), 大夫는 버드나무(柳), 士는 느릅나무(楡)였다. 그러나 唐代에는 皇帝의 陵에는 측백나무(柏)을 심어 陵을 柏城이라고도 하였다. 古詩에서 무덤이 밭이 되고 松柏이 땔감 되었다는 것은 尊嚴을 자랑하던 帝王의 陵도 世上이 바뀌어 毁損되고마니 榮枯盛衰의 無常을 이것으로 표현함이다.

▶園: 帝王과 后妃의 무덤.

▶蹲蹲(준준): 茂盛한 모습. 우거진 모습.

▶蜀帝魂: 黃節의 ≪鮑參軍詩註≫에서 ≪華陽國志≫를 引用하였는데 蜀의 望帝때 水災가 있었는데 宰相인 開明이 이를 잘 處理하자 望帝는 그에게 禪位하고 西山에 숨었다 한다. 그때가 마침 이월인데 子鵑鳥(즉 杜鵑鳥임)가 우니 蜀人들이 그 울음을 슬퍼하였다 한다. 또한 ≪成都記≫를 引用하였는데 望帝가 죽자 그 魂이 새가 되었는데 杜鵑이라 하고 또한 子規라고도 하였다고 한다.

▶髡(곤. kūn): 머리를 깎다. 옛날의 머리를 깎아버리는 刑罰.

▶蟲蟻: 蟻는 개미를 가리킨다. 그러나 蟲蟻라 할 때에는 蟲豸와 같은 뜻이다. 蟲은 발 있는 벌레, 豸(치)는 발 없는 벌레를 가리킨다. 따라서 蟲豸는 작은 벌레의 通稱으로 쓰인다.

解說

〈옛 行路難을 본떠서〉 其七

시름이 느닷없이 닥치네, 말 타고 北門을 나섰더니. 머리 들어 사방을 둘러보니, 松柏 우거졌던 옛 帝王의 陵에, 지금은 애오라지 荊棘만 빽빽하고 무성할 뿐이네. 그 속에 새 있어 이름은 杜鵑인데, 옛 蜀 望帝의 넋이라고 말들하네. 소리는 애달프고 괴로운데 울음을 그치지 않으며, 깃털은 모지라지고 까칠하여 머리 깎는 형벌 받은 것 같아. 나무 사이를 날아다니며 벌레나 쪼니, 어찌 지난 날 天子의 尊貴함을 더듬고 헤아릴 수 있으리오? 이러한 死生·變化의 恒久的·一般的이지 못한 이치를 생각하면, 내 가슴 속 비통하여 말을 잇지 못하겠네.

12. 〈擬行路難〉 十八首 其八

中庭五株樹, 一株先作花.
陽春妖冶二三月, 從風簸蕩落西家.
西家思婦見悲惋, 零淚霑衣撫心嘆.
初送我君出戶時, 何言淹留節廻換?
牀席生塵明鏡垢, 纖腰瘦削髮蓬亂.
人生不得恒稱意, 惆悵徙倚至夜半.

註

▸作花: 開花. 꽃망울을 터뜨리다.

▸陽春: 溫暖한 봄날.

▸妖冶: 艷麗. 요염하게 아름답다.

▸簸蕩: 까불리다. 흔들리다. 簸(파. bǒ)는 키질하다, 까부르다는 뜻이다.

▸落西家: 봄에는 東風이 부니 따라서 꽃잎은 西家에 떨어질 것이다.

▸思婦: 遠行한 남편을 그리워하는 부인.

▸悲惋(비완): 슬퍼하며 탄식함. 서글피 한숨 쉼.

▸撫心: 가슴을 쓰다듬다. 가슴을 치다.

▸初: ① 本來. ② 從前. 過去. 지난 날. ③ 막. 방금.

▸何言: 어찌 알았으랴. 어찌 짐작이나 했으랴. ≪鮑參軍集注≫의 〈增補〉에서는 "어찌 일찍이 말했던가"로 풀이하였다. "言"에 알다. 헤아리다. 짐작하다는 뜻이 있는 줄은 알지도・헤아리지도・짐작하지도 못한 결과일 것이다.

▸淹留: 滯留하다. 오래 머물다.

▸廻換: 改換. 回는 改變의 뜻이 있다. 지금 換과 잇대어 썼으니 同義複

詞가 된다. (王鍈先生의 말씀)

▶瘦削: 앙상하게 마르다. 말라빠지다.

▶稱意: 稱心. 마음에 꼭 들다. 마음에 맞다. 이때 稱은 平聲이 아니고 去聲인 것을 알아야 한다. 보통 "稱心如意", "稱心快意"로 쓰여왔다. 晉・陶淵明의 〈時運〉에서 "人亦有言, 稱心易足. 사람들이 말하기를 마음에 맞으면 쉬이 만족한다."이라 하여 유명해졌다.

▶惆悵: 실망하는 모양. 슬퍼하는 모양.

▶徙倚(사의): 배회하다. 바장이다. 서성거리다.

解說

〈옛 行路難을 본떠서〉 其八

뜰 안의 다섯 그루 복사나무, 한 그루가 먼저 꽃망울을 터뜨려. 따뜻한 봄 이삼월에 요염하고 아름답더니, 바람 따라 까불거리고 흔들려 서쪽의 이웃에 떨어졌다. 서쪽이라 이웃집 남편 그리는 아낙이 보고는 슬피 한숨 쉬니, 떨어지는 눈물 옷 적시는데 가슴 치며 한탄한다. 지난 날 길 떠나려 문 나서는 우리 님을 배웅할 때에야, 어찌 짐작이나 했으랴? 계절이 바뀌도록 滯留할 줄을……. 寢牀・座席은 먼지 끼고 밝던 거울도 뿌옇게 녹슬었는데, 날씬하던 허리는 앙상하게 마르고 머리는 그대로 어수선한 쑥대. 人生이란 언제나 제 뜻대로 되는 것은 아닌데, 서글피 바장이고 서성대니 어느덧 한밤이로구나.

13. 〈擬行路難〉 十八首 其十二

今年陽初花滿林, 明年冬末雪盈岑.
推移代射紛交轉, 我君邊戍猶稽沈.
執袂分別已三載, 邇來寂淹無分音.
朝悲慘慘遂成滴, 暮思遶遶最傷心.
膏沐芳餘久不御, 蓬首亂髮不設簪.
徒飛輕埃舞空帷, 粉筐黛器靡復遺.
自生留世苦不幸, 心中惕惕恒懷悲.

註

▸今年: 話者가 말하는 이 해.
▸陽初: 陽은 春・夏, 陰은 秋・冬.
▸明年: 다음 해. 이 해의 다음 해.
▸岑(잠): 작지만 높은 山.
▸推移: 일이나 형편이 시간의 경과에 따라 변하여 나감.
▸代射: 代는 代替・交替・更迭, 謝도 交替・交代임. 代射는 新舊가 更迭함. 新舊가 交替함.
▸交轉: 交替, 交代.
▸稽沈(계침): 滯留. 稽는 留의 뜻임.
▸邇來(이래): 어떤 時點 以來.
▸寂淹: 孤寂・寂寞하게 滯留함.
▸分音: 조금의, 얼마 안 되는, 근소한 音信・消息.
▸慘慘: ① 憂愁. 苦悶. ② 昏暗貌. 暗澹함.
▸成滴: 눈물이 방울져 떨어짐을 이루다.

▶遶遶(요요): 돌다. 감다. 서리다.

▶膏沐: ≪詩 · 衛風 · 伯兮≫ "豈無膏沐, 誰適爲容? 어찌 머리 감고 기름 바르지 못하랴? 그러나 그 누구를 위해 화장하겠는가?"

▶芳餘: 芳은 芳香의 化粧品. 香料. 餘는 裕餘있다. 넉넉하다. 남아돈다.

▶御: 使用하다. (말 · 수레 등을) 부리다, 타다. 먹다.

▶空帷: 휘장이 텅 비다. 즉 빈 방, 空房의 뜻이다. 晉 · 張華 〈情詩〉 之二: "幽人守靜夜, 回身入空帷. 조용히 사는 사람 고요한 밤 지새우다, 몸을 돌려 빈방으로 들어간다." 南朝 · 梁 · 江淹 〈離情〉: "佳人撫鳴琴, 淸夜守空帷. 아름다운 사람 잘 울리는 琴을 타며, 맑은 밤 텅 빈방을 지키누나."

▶粉筐黛器: 筐(광)은 광주리, 바구니다. 粉筐은 분 담는 그릇인데 요즈음 식으로 하면 콤팩트(compact)가 이에 해당하리라. 黛器는 눈썹 그리는 먹 담는 그릇이니 지금의 아이펜슬(eye pencil)과 類似하리라.

▶靡復遺: 靡는 ① 毁滅되다. ② 靡爛(미란) · 腐爛 즉 썩어 문드러지다라는 뜻이며 遺는 버리다, 흘리다는 뜻이다.

▶惕惕(척척): 憂勞(근심. 걱정). 愛(안타까워하다. 아쉬워하다).

解說

〈옛 行路難을 본떠서〉 其十二

이 해 봄 초 꽃이 숲에 가득하고, 다음 해 겨울말 눈이 멧부리에 꽉 차리니. 이렇게 흐르는 시간 따라 사물은 변하고 묵은 것과 새 것은 바뀌며 부지런히 교대하건만. 우리 님 邊方에 수자리 사는데 오히려 붙박이로 굳었구나. 옷소매 부여잡고 이별한 지 벌써 삼년, 그때부터 寂寞속에 머물렀는데 조그마한 소식마저 없구나. 아침의 서러움은 暗澹하여 결국 방울져 떨어지고, 저녁의 그리움은 돌고 감기니 제일 가슴 상하누나. 머리 윤내고 때 빼는 香料는 남아돌아도 오래도록 쓰지 않았으니, 쑥대머리 엉클어진 터럭에 비녀도 안 꽂아. 텅 빈 휘장 님 없는 방안 가벼운 먼지만 한갓되이 날고 춤추는데, 분바르고 눈썹 그리던 화장합(化粧盒)도 망가져 내버렸으니……. 태어나 世上에 머무는게 이토록 불행하다니, 안타깝게 애태우며 늘 슬픔만 품고 있구나.

14. 〈擬行路難〉 十八首. 其十四

君不見少壯從軍去, 白首流離不得還.
故鄉窅窅日夜隔, 音塵斷絶阻河關.
朔風蕭條白雲飛, 胡笳哀極邊氣寒,
聽此愁人兮奈何, 登山遠望得留顏.
將死胡馬蹄, 能見妻子難.
男兒生世轗軻欲何道, 綿憂摧抑起長嘆.

註

▸流離: 流浪. 이리 저리 떠돌아다님.

▸窅窅(요요): 깊숙하고 먼 모양. 으슥한 모양.

▸音塵: 音訊. 消息.

▸阻: 막다. 저지하다. 방해하다.

▸蕭條: 적막하다. 쓸쓸하다. 스산하다.

▸留顏: 駐顏. 젊은 얼굴을 그대로 유지하여 늙지 않음.

▸能見의 見은 알다. 깨닫다. 짐작하다.

▸將死 ~, 能見~: 阮籍 〈詠懷〉 八十二首 其三에서도 "一身不自保, 何況戀妻子. 내 한 몸 지키지도 못하는데, 어찌 처자를 살피겠나"라 함.

▸轗軻(감가): 坎坷. ① 길이 험하여 다니기 힘들다. ② 일이 뜻대로 안돼 답답하다.

▸綿: 連續됨. 纏遶 즉 감다, 얽히다, 달라붙다.

▸摧抑: 挫折과 抑壓.

解說

〈옛 行路難을 본떠서〉 其十四

그대는 모르는가? 젊고 힘찰 때 從軍하여, 머리가 하얗게 세도록 流浪하며 돌아가지 못하는 사람을. 고향은 아득하니 매일 밤·매일 낮 떨어졌고, 소식은 끊어졌네, 강물과 關門이 막았으니……. 朔風은 스산한데 흰 구름 날며, 胡人의 피리소리 哀切하기 짝 없네, 邊方이라 날씨는 차갑고. 이를 듣는 시름겨운 사람, 어찌하면 좋단 말인가? 산에 올라 먼 곳을 바라보면 시들지 않는 젊은 얼굴 지켜낼런지! 장차 胡人의 말 발굽아래 죽을 터인데, 어느 겨를에 妻子의 苦難을 따질 수 있겠는가! 男兒로 세상에 살며 不遇하니 무슨 말을 하겠는가? 실처럼 길고 얽힌 근심, 挫折과 壓迫이 긴 탄식만 불러일으키는데.

15. 〈擬行路難〉 十八首. 其十五

君不見柏梁臺, 今日丘墟生草萊.
君不見阿房宮, 寒雲澤雉棲其中.
歌妓舞女今誰在? 古墳纍纍滿山隅.
長袖紛紛徒競世, 非我昔時千金軀.
隨酒逐樂任意去, 莫令含嘆下黃壚.

註

▸柏梁臺: 漢 武帝 때의 樓臺. 香柏으로 梁(들보)을 만들어 그렇게 불렀다한다.

▸丘墟: ① 廢墟. 荒蕪地. ② 墳墓.

▸草萊: ① 草莽 즉 雜草. ② 荒蕪地. ③ 草野. 民間.

▸阿房宮: ≪史記·秦始皇本紀≫에 의하면 "이에 朝宮(즉 離宮이나 別宮이 아닌 正式宮殿)을 渭水 南岸의 上林苑 속에 營造하였다. 먼저 前殿(즉 正殿. 法宮)인 阿房宮을 지었는데 東西로 너비가 五百步(一步는 五尺이다 秦代의 一尺은 23.1cm다. 따라서 五百步는 577.5m가 된다), 南北의 길이는 五十丈(十尺이 一丈이니 五十丈은 五百尺, 따라서 115.5m가 된다)으로 殿閣안에 萬名을 坐定하게 할 수 있었고 殿閣아래에는 五丈(11.55m)의 큰 깃발을 세울 수 있었다……阿房宮은 竣工되지 못하였다. 落城된 후 다시 좋은 이름을 붙이려 했던 것이다. 그저 阿房(四阿 즉 四方이 旁廣한 즉 두루 모두 넓게 툭 터진 곳)에 지었기 때문에 天下사람들이 그냥 阿房宮이라 부르게 된 것이다.(乃營作朝宮渭南上林苑中. 先作前殿阿房, 東西五百步, 南北五十丈, 上可以坐萬人, 下可以建五丈旗.……阿房宮未成, 成, 欲更擇令名名之, 作宮阿房, 故天

下謂之阿房宮.……)”라 하였다. ➪ 四阿가 旁廣한 곳이라고 풀이를 하였다. 그래서 阿房의 房은 (fáng)이 아니고 (páng)으로 읽어야 한다.(旁은 ① 廣泛, 普通. ② 같이. 함께의 뜻으로 쓰였다.)

▸寒雲: 추운 날의 구름. 스산하고 을씨년스러운 분위기를 조성한다. 晉·陶潛 〈歲暮和張常侍〉: “向夕長風起, 寒雲沒西山. 저물녘 먼 곳에서 바람이 불어오니, 寒冷한 날의 구름은 西山에 잠긴다.”

▸澤雉: 沼澤地에 棲息하는 꿩.

▸纍纍(누누): 겹친 모양. 포개진 모양. 잡다한 모양.

▸山隅: 山角(산 모퉁이). 山曲(산굽이).

▸紛紛: 어수선하게 많다. 옷소매나 치마가 펄렁펄렁하다.

▸競世: 當世에 서로 잘났다고 競爭함.

▸千金軀: 千金의 값어치에 해당하는 肉身. 몸을 아주 아낀다는 뜻. 晉·陶潛의 〈飮酒〉 二十首 其十一에서 “客養千金軀, 臨化消其寶. 天地間에 나그네처럼 잠시 부쳐사는 주제에 肉身을 千金처럼 귀하게 보살피더니, 죽음이라는 大變化가 닥치니 그 千金짜리 보배를 잃고 마는구나.”라 하여 유명해졌다.

▸逐樂: ① 歡樂을 追求하다. ② 위에 酒가 있으므로 音樂이라는 해석도 가능하다.

▸任意: ① 임의대로 하다. 제멋대로 하다. ② 제멋대로, 내키는대로.

▸黃壚(황로): ① 黃泉. ② 墳墓. ③ 大地. ④ ≪世說新語·傷逝≫를 보면 王戎이 黃公의 酒壚 즉 술청 부근을 지나다 그곳에서 함께 마시며 놀던 故人이 된 嵇康·阮籍을 생각하는 장면이 나온다. 이후 黃壚 즉 黃公의 술청은 죽은 벗을 그리워한다는 말이 되었다.

解說

〈옛 行路難을 본떠서〉 其十五

그대는 모르는가? 漢 武帝의 豪華롭던 柏梁臺, 오늘날 廢墟되어 雜草

만 돋은 것을. 그대는 모르는가? 秦始皇의 宏麗하던 阿房宮, 지금은 추운 날의 구름과 못가의 꿩만이 깃든 것을. 歌妓와 舞姬들 오늘 그 누가 살아있나? 높은 무덤들 겹겹이 산굽이에 가득할 뿐인데. 그 여인들 긴 소매 펄렁펄렁 부질없이 當世에 겨루었네, 이렇게 옛날의 千金짜리 肉身이 아닌 地下의 白骨될 것을. 마음대로 酒色 좇고 내키는대로 歡樂을 따를지니, 한탄하는 마음 품고 황천으로 내려가게 하지마시라.

16. 〈擬行路難〉 十八首. 其十六

君不見氷上霜, 表裏陰且寒,
雖蒙朝日照, 信得幾時安?
民生故如此, 誰令摧折强相看,
年去年來自如削, 白髮零落不勝冠.

註

▸氷上雪: 우리는 흔히 ≪景德傳燈錄≫에 나오는 "雪上加霜"이라는 말을 쓴다.

▸陰且寒: 陰에는 寒冷이라는 뜻도 있다.

▸蒙: 받다. 은혜 등을 입다.

▸信得: 信은 진실로, 정말로. 得은 能이다.

▸民生: 百姓들의 삶. ≪左傳 · 宣公十二年≫에서 "民生在勤, 勤則不匱. 백성들의 삶은 부지런한데 달렸다. 부지런하면 窮乏하지 않으리."라 하였으니 이는 支配者의 處地에서 한 말일 것이다.

▸故: ① 본디. 본래. 원래. ② 항상. ③ 여전히. 그래도.

▸誰: 어째. 왜.

▸令: ~하게 하다. ~하게 시키다.

▸摧折: ① 挫折. ② 毁壞. ③ 憂傷.

▸强: 억지로. 애써. 무리하게.

▸相看: ① 대우하다. 다루다. 보살피다. ② 접대하다. 대응하다.

▸自如: ① 依然히 옛과 같음. ② 自若. 어려운 상황에서도 아무렇지 않음.

▸削: 瘦削(수삭). 마르다. 여위다.

▸不勝: 담당하지 못함. 맡을 수 없음. 감당 못함. 杜甫 〈春望〉: “白頭搔更短, 渾欲不勝簪. 흰 머리 긁으니 다시 숱마저 드물어져, 전혀 동곳도 감당 못하겠네.”

解說

〈옛 行路難을 본떠서〉 其十六

그대는 모르는가? 얼음위의 서리, 안팎이 싸늘하고 차가워, 비록 아침 해의 비침을 받아도 정말로 얼마나 平安할 수 있겠는가? 백성들의 삶이란 본디 이와 같으니 왜 꺾어지게 해놓고 애써 보살피는가? 한 해가 가고 또 한 해가 와도 예전같이 비쩍 말랐는데, 흰 머리칼 떨어져 흩어지니 갓 하나 견디지 못하누나.

17. 〈擬行路難〉 十八首. 其十八

諸君莫嘆息, 富貴不由人.
丈夫四十彊而仕, 余當二十弱冠辰.
莫言草木委冬雪, 會應蘇息遇陽春.
對酒敍長篇, 窮途運命委皇天.
但願樽中九醞滿, 莫惜牀頭百個錢.
直須優游卒一歲, 何勞辛苦事百年.

註

▸諸君: ① 諸子. 아랫사람을 조금 높여 부르는 이인칭 대명사. ② 諸公. 諸位. 列位. 여러분.

▸不由人: 사람의 힘에 따르지 않는다. 人力에 말미암지 않는다.

▸≪禮記 · 曲禮上≫: "二十曰弱, 冠. 三十曰壯, 有室. 四十曰彊, 而仕.……이십이면 덩치는 어른이나 경험부족이니 弱이라 하며 冠禮를 치르고 成人대우를 받는다. 삼십이면 체력이 튼튼하니 결혼하여 가정을 꾸밀만하다. 사십이면 心神니 모두 강하니 비로소 職責을 맡아 社會의 指導層이 될 만하다."

▸辰: 時. 日.

▸委冬雪의 委. 버리다. 포기하다. 放置하다.

▸會應: 會當. 당연히. 모름지기.

▸蘇息: 蘇生. 復活. 息에는 불어나다, 生長하다는 뜻이 있다.

▸長篇: 篇幅이 긴 作品.

▸窮途: 흔히 窮途末路라 쓴다. 막다른 길, 막다른 골목인데 擴大發展하여 窮地, 困境, 困窮한 處地의 뜻으로 쓰인다.

▸委皇天의 委. 委任하다. 맡기다.

▸九醞: 九는 아홉이 아니고 여러 번이라는 뜻이다. 重釀 즉 여러 번 釀造한 전국의 술을 가리킨다. 重釀의 內容을 우리의 三亥酒로 짐작할 수 있겠다. 음력 正月의 세 亥日에 만든 술인데 上亥日에 찹쌀가루로 죽을 쑤어 식힌 다음에 누룩가루, 밀가루를 섞어서 독에 넣는다. 中亥日에 찹쌀가루와 멥쌀가루를 쪄서 식힌 뒤에 독에 넣는다. 下亥日에 흰쌀을 쪄서 식혀 독에 넣어 익힌다. 허시명 선생의 ≪주당천리≫를 보고 안 것인데 먼저 밑술을 담가 익히고 계속하여 덧술을 보태 익힌다. 여러 번 양조한다는 것은 이것을 말함이다. 上亥日에 담근 것이 밑술이고 中亥日・下亥日에 넣는 것이 덧술이 되겠다.

▸但願樽中九醞滿: ≪後漢書・鄭・孔・荀列傳≫에서 "(孔融)常歎曰: '坐上客恒滿, 尊中酒不空, 吾無憂矣.' 孔融이 일찍이 읊기를 '자리에는 손이 가득하고, 동이에는 술이 비지 않으면, 내 근심걱정 없으리.'"라 하였다.

▸牀頭百個錢: 앞의 〈擬行路難〉 其五에서 "牀頭恒有沽酒錢"이라 하였다. 간단히 말해 술값이다.

▸直須: 直은 단지. 그저. 須는 반드시. 마땅히.

▸優游: 悠悠自適하다. 우물쭈물하다. 망설이다.

▸卒歲: ① 한 해의 마지막(즉 동짓달, 섣달)을 보내다. ≪詩・豳風・七月≫에 "無衣無褐, 何以卒歲! 貴人은 衣裳, 가난뱅이는 헌털뱅이 없으면, 어떻게 해의 끝을 보낼꼬?"라 하였다. ② 歲月을 보내다. ≪左傳・襄公二十一年≫에 "≪詩≫曰: '優哉游哉, 聊以卒歲.' ≪詩≫ — 지금은 안 보이는 逸詩임 — 에 이르기를 '悠悠自適하며 그런대로 세월이나 보내지요.'"라 하였다. ③ 일 년간. 일 년 내내.

▸事百年의 事: 實踐하다. 從事하다. 勤勞. 勞苦.

解說

〈옛 行路難을 본떠서〉 其十八

여러분! 한탄하며 한숨을 쉬지 마세요, 富貴功名이란 사람의 마음대로 되는 것이 아닙니다. 男兒大丈夫는 四十이 되어서야 강하다고 할 수 있어 官職을 맡을 수 있는데, 우리는 겨우 二十에 해당하니 弱冠의 시절입니다. 草木이 겨울의 눈 속에 버려졌다 말씀하지 마세요, 따뜻한 봄을 맞으면 당연히 蘇生합니다. 술을 앞에 두고 길고 긴 시와 노래나 펼치시고, 막다른 길에 빠진 듯한 곤경은 운명이니 하느님께 맡기세요. 소원은 동이에 진한 전국술 찰람찰람 가득 찬 것에 한하시고, 베갯머리 돈 백 닢을 아깝다 마세요. 그저 悠悠自適 이렇게 한 해 한 해 보내세요, 무어 애써 힘들게 一生 百年을 일이나 합니까? 잘한다!

➡ 우리도 요즈음 안 것입니다. "우리나라의 화랑은 찹쌀로 만든 술이다. 밑술을 담그는 기간이 15일 덧술을 네 차례 나눠 담그는 기간이 60일 그리고 여과 5번을 하면서 숙성하는 기간이 75일 이렇게 모두 150일이 걸린다."(허시명 著 ≪주당천리≫에서)

18. 〈梅花落〉

中庭雜樹多, 偏爲梅咨嗟. 問君何獨然?
念其霜中能作花, 露中能作實.
搖蕩春風媚春日, 念爾零落逐寒風, 徒有霜華無霜質.

註

▸〈梅花落〉: 樂府의 橫吹曲辭에 속한다. 본래 笛中曲이니 피리로 吹奏하던 曲이었다. 옛날의 歌辭는 이미 없어졌고 鮑照의 이 作品이 이 題下의 最古作이 되겠다.

▸中庭: 庭中.

▸雜樹: 作品 속에서 主對象이 되는 나무 以外의 나무. 이때의 雜은 衆의 뜻이며 더럽다, 잡되다, 잡스럽다는 뜻은 결코 아니다. 例를 들겠다. ⓐ 晉·陶潛〈桃花源記〉: "忽逢桃花林, 夾岸數百步, 中無雜樹, 芳草鮮美, 落英繽紛. 느닷없이 桃花林을 만났다. 시내의 언덕을 낀 數百步 사이에 복사이외의 다른 나무는 없었고, 고운 풀이 싱싱하였는데, 복사꽃이 펄펄 날리고 있었다." ⓑ 朝鮮·金正喜〈薊門·雪中〉七言律詩의 맨 마지막 句: "雜樹圍村倂是梅. 마을을 에워싼 뭇나무들 눈 속에 모두 한꺼번에 梅花나무 되었구나."

▸偏: ⓐ 단지. 유독. 다만. ⓑ 굳이. 구태여. 기어코. 일부러.

▸咨嗟: ⓐ 讚嘆. 즉 칭찬하며 감탄함. ⓑ 嘆息함.

▸霜中: 霜雪中, 冰霜中을 줄인 것.

▸露中: 風露中, 凄風寒露中의 준말. 霜中, 露中은 결국 모진 環境을 말함이다.

▸搖蕩: 흔들리다. 동요하다.

▸媚: ⓐ 아첨하다. 아양떨다. 비위맞추다. ⓑ 아름답다. 귀엽다.

▸霜華: 서리 같이 희고 깨끗한 꽃.

▸霜質: 서리를 견디는 바탕. 추위를 이겨내는 본질. ➪ "徒有霜華無霜質"하면 外樣은 그럴듯하나 보잘것없는 것을 어렵게 말한 것인데 ≪三國演義≫에 비슷한 例가 나온다. 四世三公 家門의 貴公子인 袁紹가 賤하기 짝이 없는 宦官집안의 曹操 — 無視되고 下視당하여 더욱 切齒腐心하였고 野心滿滿하였겠다 — 에게 官渡에서 大敗하고 結局 悲慘하게 沒落한 뒤 그를 評한 詩 속에 "羊質虎皮功不就, 鳳毛雞膽事難成. 羊의 바탕에 범 껍질이니 功을 이룰 수 없고, 鳳凰털에 닭쓸개니 일을 완성하기 어려워."라 하였다. 이것은 본래 漢・揚雄의 ≪法言≫에 나오는 "羊質虎皮, 見草而悅, 見豺而戰, 忘其皮之虎也. 羊의 바탕에 범의 껍질이라 풀 보면 기뻐하나, 승냥이 보면 떠니, 겉껍질이 범인 것을 잊은 것이다."가 淵源이다.

解說

〈梅花落〉

뜰 안에 뭇나무 하고 많지만, 굳이 梅花만을 기리고 감탄한다. 왜 유독 그럭하냐 묻는다면, 눈・서리 속에서도 꽃을 피우고, 모진 바람 찬 이슬 속에서도 열매 맺음을 생각하기 때문이라 하리라. 봄바람 속에 흔들리고 봄볕 속에 아양 떠는 것들, 너희들 찬바람 따라 떨어짐을 생각하면, 부질없이 서리같이 흰 꽃은 있지만 서리 견디는 바탕은 없구나.

이 詩題로 쓴 作品中에 꽤 보암직한 佳作・秀作이 여럿이라 여기에 紹介하겠다.

ⓐ 南朝・梁・吳均〈梅花落〉

隆冬十二月, 寒風西北吹. 獨有梅花落, 飄蕩不依枝.

流連逐霜彩, 散漫下冰澌. 何當與春日, 共映芙蓉池.

嚴冬 十二月, 찬바람이 西北에서 부는데, 오직 매화만이 피었다 지니, 가지에 붙지 않고 흩날린다. 서릿발 따라 이리저리 옮겨가고, 둥둥 뜬 얼음위에 가득히 퍼지누나. 어느 때일까? 봄날의 太陽과 함께 芙蓉池에 어른거릴 날은.

▷澌(시): 물 위에 뜬 얼음.

ⓑ 南朝・陳・蘇子卿〈梅花落〉

中庭一樹梅, 寒多葉未開. 祇言花是雪, 不悟有香來.

上郡春恒晩, 高樓年易催. 織書偏有意, 教逐錦文回.

뜰 안의 한 그루 매화나무, 추위가 심하여 잎은 피지 않았다. 꽃을 보고 그저 눈이라 하니, 향기가 풍김은 못 깨달았던가. 西北의 邊方 上郡은 봄이 언제나 늦고, 높은 樓閣에는 세월이 어서가자 재촉한다. 편지를 베틀에서 짜 냄은 유독 먹은 마음이 있으니, 님으로 하여금 回文錦字詩 본받아 돌아오길 바람이다.

ⓒ 南朝・陳・張正見〈梅花落〉

芳樹映雪野, 發早覺寒侵. 落遠香風急, 飛多花徑深.

周人歎初摽, 魏帝指前林. 邊城少灌木, 折此自悲吟.

아름다운 나무 눈 덮인 벌판에서 빛나는데, 피어남이 일러 한기가 스밈 느끼리라. 향기 머금은 바람이 빠르니 落花는 멀리까지 갈 것이며, 꽃핀 길이 그윽하니 날리는 꽃 또한 많구나. 周나라 사람은 떨어지는 梅實을 읊었으며, 魏 武帝 曹操는 앞에 梅林이 있다고 가리켰다. 邊方의 城이라 梅花같은 떨기나무 드물어 이것을 꺾어들고 슬프게 읊어본다.

▷周人歎初摽: ≪詩・召南・摽有梅≫를 보시라.

▷魏帝指前林: ≪世說新語・假譎≫에 水源으로 가는 길을 잃고 兵士들이 몹시 渴症을 느낄 때 앞에 大梅林이 있는데 열매가 많으며 아주 달고 새콤하다 하니 士卒들이 듣고는 침이 고여 위기를 면했다 함.

ⓓ 南朝・陳・江總〈梅花落〉三首 其二

胡地少春來, 三年驚落梅. 偏疑粉蝶散, 乍似雪花開.

可憐香氣歇, 可惜風相摧. 金鐃且莫顧, 玉笛幸徘徊.

오랑캐 땅은 봄기운 오는 것도 드물어. 삼년 만에 매화꽃잎 지자 놀랐다. 다만 분가루 고운 나비가 흩어짐 같았고, 별안간 눈꽃이 핀 것인가도 여겼다. 처량하다! 향기가 스러지니, 애석하다! 바람에 다치다니. 놋쇠 징은 돌아보지 말고, 玉피리 위에 그저 오락가락하여라.

▷金鐃且莫顧: 징을 두드리며 부르는 軍樂에 鐃歌(요가)가 있다. 鐃(뇨) 징. 동발.

▷玉笛幸徘徊: 〈梅花落〉은 笛中樂이기 때문이다.

ⓔ 唐・盧照鄰〈梅花落〉

梅嶺花初發, 天山雪未開. 雪處疑花滿, 花邊似雪回.

因風入舞袖, 雜粉向妝臺. 匈奴幾萬里, 春至不知來.

梅花嶺에 막 梅花필 때, 天山의 눈은 아직 안 녹았다. 눈 있는 곳에서는 梅花가 가득한가 여기고, 梅花핀 속에서는 눈이 둘러쌌다 생각한다. 바람 따라 춤추는 소매에 들어가며, 분가루와 섞여 化粧臺에 가기도 한다. 匈奴 땅이 몇 만 리나 된다고, 봄이 왔건만 올 줄을 모르는가?

▷梅嶺: 梅花嶺. 즉 大庾嶺이니 江西省과 廣東省사이에 있다.

▷天山: 燕然山. 最北方에 있다.

▷因風入舞袖: 漢・張衡의 〈舞賦〉에 "袖如廻雪"이라는 句가 있다.

▷雜粉向妝臺: 南朝・宋・壽陽公主의 이마에 梅花가 붙어 안 떨어지자 이를 본떠서 이마에 梅花무늬를 붙이는 것이 流行하였다. 이를 梅花粧이라 한다.

19. 〈發後渚〉

江上氣早寒, 仲秋始霜雪. 從軍乏衣糧, 方冬與家別.
蕭條背鄕心, 悽愴淸渚發. 涼埃晦平皐, 飛潮隱脩樾.
孤光獨徘徊, 空煙視昇滅. 塗隨前峯遠, 意逐後雲結.
華志分馳年, 韶顏慘驚節. 推琴三起歎, 聲爲君斷絶.

註

▶後渚: 지금의 南京市 城外에 있는 모래톱. 나루터로 유명함.

▶江上: 江邊.

▶氣: 天氣. 날씨.

▶始: 막. 방금. 한창. 바야흐로.

▶方: 장차. ~에 다가가.

▶埃(애): 塵埃. 흙먼지.

▶晦: 어둡다. 가리다.

▶平皐(평고): 물가 평평한 땅.

▶飛: 높은 것을 형용할 때 쓴다.

▶脩: 長. 길다.

▶樾(월): 나무의 그늘. 그늘을 이룬 나무. 줄지어 선 나무들.

▶孤光: 單獨의 光이니 日光이나 月光을 가리킨다.

▶空煙: ⓐ 虛空의 연기. ⓑ 空虛한 煙氣.

▶視: ⓐ 바라보다. ⓑ 示. 보여주다.

▶昇滅: 연기가 오르고 사라지고 하다.

▶塗: 路程. 道程. 里程.

▶後雲: 배가 앞으로 가면 구름은 뒤로 물러나는 것 같이 보인다.

▸意結: 속으로 근심·걱정이 뭉침.

▸華志: 화려하고 찬란했던 意志·理想.

▸分: 分散. 分析. 흩어지다. 쪼개지다.

▸馳年: 달리듯 빨리 지나가는 세월.

▸韶顔(소안): 화사한 용모. 아름다운 얼굴.

▸驚節: 時節의 變化에 놀람.

▸三起歎: 여러 차례 탄식이 일어남.

▸君: 詩人이 스스로를 말하는 것. 末句는 自身이 琴을 안타는 것이 아니고 琴소리가 그대 때문에 中斷되었다고 琴의 立場에서 서술한 것임. 즉 너무 처량하고 우울한 그때 때문에 나 琴도 도저히 소리를 못 내겠다는 것임.

解說

〈後渚를 출발하며〉

강가라 날씨는 빨리 쌀쌀하여지니, 仲秋 八月에 한창 서리·눈이 내린단다. 從軍하면 늘 입을 것 먹을 것 모자라는데, 게다가 겨울의 문턱에서 집을 떠난다. 스산하다! 고향 등지는 내 마음이여, 처량하구나! 後渚 물가를 떠나니……. 荒凉하네! 흙먼지 자욱하게 넓은 벌을 뒤덮으며, 드높군! 潮水는 길게 뻗은 강 언덕의 나무들을 가린다. 孤獨한 太陽 홀로 서성거리면, 虛無한 煙氣 올라갔다 스러짐을 보여준다. 갈 길은 앞에 닥치는 봉우리 따라 아득해지며, 속마음은 뒤로 물러가는 구름과 함께 엉킨다. 찬란하던 理想 달리는 세월 속에 흩어졌고, 화사하던 얼굴 변하는 時節에 놀라 처참해졌다. 琴을 밀어내고 세 번 탄식하노니, 琴은 또한 그대 때문에 소리가 끊어졌다 핑계하누나.

➥ 沈德潛의 評이 그럴 듯하다. 가라사대 "詩句를 雕琢함에 차라리 떫고 껄끄러울지언정 平凡·淺近하려고는 안했다. 琢句寧生澀, 不肯凡近." 善哉라 德音이여.

20. 〈翫月城西門廨中〉

始出西南樓, 纖纖如玉鉤. 末映東北墀, 娟娟似蛾眉.
蛾眉蔽珠櫳, 玉鉤隔瑣窗. 三五二八時, 千里與君同.
夜移衡漢落, 徘徊帷戶中. 歸華先委露, 別葉早辭風.
客游厭苦辛, 仕子倦飄塵. 休澣自公日, 宴慰及私辰.
蜀琴抽白雪, 郢曲發陽春. 肴乾酒未闋, 金壺啓夕淪.
迴軒駐輕蓋, 留酌待情人.

註

▸翫月: 玩月. 달을 보고 즐김.

▸廨: 公府. 官府. 官署. 官衙. 쉽게 풀면 高級公務員의 執務室이 있는 廳舍. 이때 鮑照는 秣陵(지금의 江蘇省 江寧縣)令이었다. 우리식으로 하면 秣陵고을 원님이었다.

▸末: 나중에. 뒤에.

▸墀(지): 섬돌. 층계.

▸娟娟: 아름답고 어여쁘다.

▸蛾眉: 누에나방의 눈썹. 가늘고 길게 굽어진 아름다운 눈썹. 美人의 代稱.

▸珠櫳(주롱): 珠簾을 드리운 窓이나 門.

▸瑣窗(쇄창): 瑣는 連鎖 즉 이어진 사슬이다. 窗은 窗과 같다. 따라서 이어진 사슬모양의 살이 있는 窗이라는 말씀이다.

▸千里與君同: 千里・萬里밖에 떨어져도 月色을 사랑하는 사람들은 너 달과 이 밤을 함께한다.

▸夜移: 밤의 시간이 시나가다. 즉 밤이 깊어지다.

▸衡漢落: 衡은北斗星의 第五星이다. 北斗七星은 다 제 이름을 갖고 있으니 第一이 天樞, 第二가 旋, 第三이 璣, 第四가 權, 第五가 衡, 第六이 開陽, 第七이 搖光이다. 衡은 北斗의 中心이 되며 廻轉을 擔當한다고 한다. 本詩에서는 北斗星의 代稱일 뿐이다. 漢은 銀漢이니 바로 銀河다.

▸帷戶: 帷帳의 出入口.

▸歸華: 歸根하는 落花. ≪老子〉 16章: "夫物芸芸, 各復歸其根. 萬物이 繁盛하지만, 다 그 根源으로 돌아간다."

▸委露: 寒露에 시들고 망가지다. 委는 ① 시들다. 망가지다. ② 버리다.

▸別葉: 가지를 떠난 잎. 즉 落葉이다. 가지를 떠난 꽃이나 잎은 生을 마감하는 것의 比喩로 쓰인다. 唐・錢起〈哭辛霽〉七言律詩의 首聯・頷聯에서 "流水辭山花別枝, 隨風一去絶還期. 昨夜故人泉下宿, 今朝白髮鏡中垂.……流水는 山을 하직하고 落花는 가지와 작별하니, 바람 따라 한번 가면 돌아올 기약은 전혀 없네. 어젯밤 옛님은 黃泉에서 잠들었는데, 오늘 아침 이 몸의 白髮은 거울 속에 드리웠네."라 했다.

▸厭(염): ① 憎惡하다. 싫어하다. 귀찮아하다. ② 실컷 먹다. 배불리 먹다. ③ 물리다. 싫증나다.

▸仕: 벼슬하다. 仕子: 벼슬아치. 文人이나 學者를 가리키기도 한다.

▸休澣(휴한): 休浣(휴완). 休沐. 澣은 빨다. 洗滌하다는 뜻이며 浣도 같은 뜻이다. 沐은 머리감는다는 뜻인데 沐浴 즉 머리감고 몸 씻다의 준말이라고 할 수도 있다. 官吏들은 一定한 기간의 公務後에 쉬는데 그때에 빨래도 하고 목욕도 하니 이렇게 休와 澣・浣・沐이 결합된 것이다. 唐代에는 十日마다 하루를 쉬었으므로 一旬 즉 열흘을 一澣이나 一浣이라 하였고 上旬・中旬・下旬도 上澣・中澣・下澣이라고 유식하게 썼다. 唐代 官吏가 열흘마다 하루 휴일이 있는 것은 그들의 詩作을 통해 확실히 알 수 있으니 韋應物이 지은〈休暇日訪王侍御不遇. 쉬는 날

侍御史 王先生을 訪問했는데 못 만났다〉에서 "九日驅馳一日閑, 尋君不遇又空還. 아흐레를 뛰어다니다 하루가 한가하여, 그대를 찾았건만 못 만나고 또 속절없이 돌아간다."라 한 것이 例證이 되겠다.

▸自公: ≪詩・召南・羔羊≫에서 "退食自公, 委蛇委蛇. 官衙에서 退勤 저녁을 드니, 의젓하고 느긋하다."라 하였다. 後世에는 自公을 勤務에 着實하다는 의미로 썼다.

▸宴慰: 宴은 잔치・잔치 베풀다는 뜻 말고 편안하다, 쉬다, 평상시라는 뜻도 있다. 慰도 慰勞하다는 의미 以外에 定住하다, 멈추다는 의미로도 쓰인다. 本詩에서 宴慰는 한가하게 쉬다, 편안히 머물다로 풀어야 합당하다.

▸及私: 私生活에 미치다, 도달하다는 것이니 私的인 일을 할 수 있다는 말로 위의 自公과 짝이 된다.

▸辰: 時・日의 의미니 윗句의 日과 互文이다.

▸蜀琴: 蜀땅 出身인 司馬相如가 잘 타던 琴이라 하여 蜀琴이라고 하며 또한 蜀은 좋은 梧桐이 나서 琴 또한 훌륭하므로 이렇게 부른다고 하기도 한다.

▸抽: 끌다, 당기다, 뽑다로 쓰이는데 本作品에 쓰인 뒤에 彈奏・吹奏의 뜻이 添加되었다. 그런데 우리는 흔히 노래부를 때 한 곡조 뽑다하니 그냥 뽑다로 써도 통하기는 한다.

▸白雪・郢曲・陽春: 戰國・楚・宋玉의 〈對楚王問〉에서 "……客有歌於郢中者, 其始曰〈下里巴人〉, 國中屬而和者數千人; 其爲〈陽阿薤露〉, 國中屬而和者數百人; 其爲 〈陽春白雪〉, 國中屬而和者不過數十人; 引商刻羽, 雜以流徵, 國中屬而和者不過數人而已. 是其曲彌高, 其和彌寡.……楚나라 郢에서 노래하는 사람이 있었는데 처음에 〈下里巴人〉을 하니 國都의 따라서 함께 부르는 사람이 數千人이었는데 그가 〈陽阿薤露〉를 하사 國都의 따라서 함께 부르는 사람이 數百名이었으며 그가

〈陽春白雪〉을 하자 國都의 따라서 함께 부르는 사람 불과 數十名이었습니다. 五音中에 가장 높은 商聲으로 뽑으며 섬세한 羽聲으로 修飾하고 다시 유치(流徵)라는 曲調를 섞자 國都中의 따라서 부르는 사람이 불과 몇 명이었습니다. 이는 曲이 高尙할수록 함께 할 수 있는 사람은 더욱 줄어든다는 것입니다……"라 하였다. 後世에 高尙·優雅한 歌曲을 이 陽春白雪로 썼다.

▸肴乾: 肴는 안주·요리. 乾은 ① 다 없어지다. 텅비다. ② 식고 마르다. 안주·요리를 다 먹어버렸다는 해석과 손대지 않아 식고 말랐다는 풀이도 있다.

▸酒未闋: 闋(결)은 ① 止. 終了. ② 休息. ③ 다 없어짐. 남은 것 없음의 뜻이다.

▸金壺: 위에 있는 그릇에 물을 담아 좁은 구멍을 통하여 아래에 있는 그릇에 떨어지게 하여 고이는 물의 분량이나 줄어든 물의 분량을 헤아려서 시간을 계산할 수 있게 만든 것이 물시계·漏刻인데 아래에서 떨어지는 물을 받는 그릇이 金壺다. 金屬製의 동이라는 뜻이 되겠다. 또는 동이의 美稱일 뿐이다.

▸啓夕淪: 啓는 열다, 開通하다, 啓發하다는 뜻 이외에 開始 즉 始作하다와 招來하다, 招致·引發하다 즉 어떤 일을 불러일으키다, 惹起시키다는 뜻도 있다. 夕은 夜의 뜻으로 쓰일 때가 있으니 陶潛의 〈雜詩〉 十二首의 其二에서 "不眠知夕永. 잠 못이루니 밤이 긴 것을 알겠다."라 하였다. 淪은 잔물결, 微波. 물에 잔물결 일다는 뜻이다. 金壺啓夕淪은 물시계의 물이 고이는 아래쪽의 동이에 시간이 흘러 밤이 깊으니 물이 가득 고여 찰람찰람하는 일을 불러일으켰다는 말씀이다. 좀 어렵고 알기 힘들게 썼다. 따라서 異說도 많은데 생략하겠다.

▸廻軒: 수레를 돌리다. 官衙에서 자기집으로 수레를 돌려간다는 말이다.

▸駐輕蓋: 蓋는 수레에 꽂는 日傘모양의 덮개. 이것으로 수레를 나타낸다.

駐는 停止하다, 멈추다의 뜻이니 즉 수레를 멈추고 歸家하지 않았다는 말이 되겠다.

▶留酌: 酌은 술 따르다는 뜻 말고 술・술잔의 의미도 있다.

▶情人: ① 애인. 戀人. ② 감정이 깊고 풍부한 벗님. 本詩에서는 바로 ② 感情深厚之友人의 뜻으로 쓰였으니 바로 달님이다.

解說

〈城 西門의 執務室에서 달을 감상하다〉

막 西南의 門樓위에 나타날 때는, 가늘고 곱기가 玉고리 같더니, 뒤에 東北의 섬돌을 비출 땐, 아름답고 어여쁘기가 蛾眉 一般이구나. 珠簾걸린 門이 가려도 蛾眉는 보이고, 連鎖무늬 窗이 막아도 玉고리는 나타난다. 환하다! 三五 15일 二八 16일의 달이여, 千里・萬里밖의 내 맘 같은 어른님 벗님들도 그대의 밝은 빛을 함께 하리라. 밤은 흘러 北斗星 銀河水 기울어도, 내 방의 벌어진 휘장에 서성이며 안 떠난다. 뿌리로 돌아가는 落花는 일찍이 찬이슬에 시들었고, 가지를 이별하는 枯葉은 애초에 싸늘한 바람 따라 하직했는데, 나 또한 떠도는 몸이라 쓴맛 매운맛에 물렸고, 명색이 벼슬아치라 날리는 俗塵에 고단했다. 公務떠나 休沐하는 날이 閑居하며 私事일 하는 때라, 蜀나라 琴으로 〈白雪歌〉를 彈奏하며, 郢땅의 樂曲따라 〈陽春歌〉를 뽑아본다. 요리는 식고 말랐으며 술 또한 남았는데, 물시계의 물동이에 물결이 이니 밤은 깊었으리. 본래 수레 돌려 歸家하려다 머문 것은, 술 놓아두고 이 곱고 다정한 님을 기다리자는 뜻이었다네.

➡ 確士 沈德潛先生이 또 한 말씀하셨다. "少陵이 말한 俊逸은 분명 이러한 種類를 가리키는 것이리라. 少陵所云俊逸, 應指此種."

講解

崔年均

서울대학교 중어중문학과 졸업.
국립대만대학교 중문연구소 졸업.
〈도연명시승습고〉

鄭煥鍾

국민대학교 한문학과 졸업.
중국산동대학 중문학과 중국고전연구소 박사.
박사학위논문 〈혜강연구〉.
〈완적의 본유사상〉 등 다수 논문 발표.
국민대학교 인문사회연구소 선임연구원.

監修

鄭垣杓

서울대학교 국어국문학과 졸업.
서울대학교 국어국문학과 석사 · 박사.
홍익대학교 국어국문학과 교수.
홍익대학교 문과대학장, 대학원장 역임.

두시강해 2

초판 1쇄 인쇄 2010년 1월 20일 **초판 1쇄 발행** 2010년 1월 28일
강해 崔年均·鄭煥鍾 **감수** 鄭垣杓
펴낸이 박성복 **펴낸곳** 도서출판 월인
등록번호 제6-0364호 등록일 1998. 5. 4.
주소 142-879 서울특별시 강북구 휜구름길 19-3(수유2동 252-9)
대표전화 (02) 912-5000 팩스 (02) 900-5036
e-mail worinnet@hanmail.net homepage http://www.worin.net

ISBN 978-89-8477-457-5 94810
ISBN 978-89-8477-455-1 (세트)

값 35,000원